Peter Mertz

# Pflanzengesellschaften Mitteleuropas und der Alpen

Erkennen · Bestimmen · Bewerten
Ein Handbuch für die vegetationskundliche Praxis

**ecomed Umweltinformation**

Das vorliegende Werk besteht aus umweltfreundlichen und ressourcenschonenden Materialien. Da diese Begriffe im Zusammenhang mit den Qualitätsstandards zu sehen sind, die für den Gebrauch unserer Verlagsprodukte notwendig sind, wird im folgenden auf einzelne Details hingewiesen:

**Einband/Ordner**
Der innere Kern von Loseblatt-Ordnern und Hardcover-Einbänden besteht aus 100% Recycling-Pappe. Neue Bezugsmaterialien und Paperback-Einbände bestehen alternativ aus langfaserigem Naturkarton oder aus Acetat-Taftgewebe. Der Kartoneinband beruht auf chlorfrei gebleichtem Sulfat-Zellstoff, ist nicht absolut säurefrei und hat einen alkalisch eingestellten Pigmentstrich (Offsetstrich). Der Einband wird mit oxidativ trocknenden Farben (Offsetfarben) und einem scheuerfesten Drucklack bedruckt, dessen Lösemittel Wasser ist.
Das Acetat-Gewebe wird aus Acetat-Cellulose hergestellt. Die Kaschiermaterialien Papier und Dispersionskleber sind frei von Lösemitteln (insbesondere chlorierte Kohlenwasserstoffe) sowie hautreizenden Stoffen. Die Fertigung geschieht ohne Formaldehyd, und die Produkte sind biologisch abbaubar. Im Vergleich zu den früher verwendeten Kunststoff-Einbänden mit Siebdruck-Aufschriften besteht die Umweltfreundlichkeit und Ressourcenschonung in einer wesentlich umweltverträglicheren Entsorgung (Deponie und Verbrennung) sowie einer umweltverträglicheren Verfahrenstechnik bei der Herstellung der Grundmaterialien. Bei dem wesentlichen Grundbestandteil „Zellstoff" handelt es sich um nachwachsendes Rohmaterial, das einer industriellen Nutzung zugeführt wird.

**Papier**
Die in unseren Werken verwendeten Offsetpapiere werden zumeist aus Sulfit-Zellstoff, einem industriell verwerteten, nachwachsenden Rohstoff, hergestellt. Dieser wird chlorfrei (Verfahren mit Wasserstoffperoxid) gebleicht, wodurch die im früher angewendeten Sulfatprozeß übliche Abwasserbelastung durch Organochlorverbindungen, die potentielle Vorstufen für die sehr giftigen polychlorierten Dibenzodioxine (PCDD) und Dibenzofurane (PCDF) darstellen, vermieden wird. Die Oberflächenverleimung geschieht mit enzymatisch abgebauter Kartoffelstärke. Bei gestrichenen Papieren dient Calciumcarbonat als Füllstoff.
Alle Papiere werden mit den derzeit üblichen Offsetfarben bedruckt.

**Verpackung**
Kartonagen bestehen zu 100% aus Recycling-Pappe. Pergamin-Einschlagpapier entsteht aus ungebleichten Sulfit- und Sulfatzellstoffen.
Folienverschweißungen bestehen aus recyclingfähiger Polypropylenfolie.

**Hinweis:** Die ecomed verlagsgesellschaft ist bemüht, die Umweltfreundlichkeit ihrer Produkte im Sinne wenig belastender Herstellverfahren der Ausgangsmaterialien sowie Verwendung Ressourcen-schonender Rohstoffe und einer umweltverträglichen Entsorgung ständig zu verbessern. Dabei ist der Verlag bestrebt, die Qualität beizubehalten oder zu verbessern. Schreiben Sie uns, wenn Sie hierzu Anregungen oder Fragen haben.

Mertz

# Pflanzen-gesellschaften Mitteleuropas und der Alpen

Erkennen · Bestimmen · Bewerten

Ein Handbuch für die vegetationskundliche Praxis

ecomed

Die Deutsche Bibliothek – CIP-Einheitsaufnahme

Ein Titeldatensatz für diese Publikation ist bei Der Deutschen Bibliothek erhältlich

**Für Klaus mit dem Dank für seine Freundschaft**

Pflanzengesellschaften Mitteleuropas und der Alpen
Erkennen – Bestimmen – Bewerten
Ein Handbuch für die vegetationskundliche Praxis

Verfasser: Peter Mertz, Kaiser-Franz-Josef-Str. 16, 6020 Innsbruck
Titelbild: Flur mit Fetthennen-Steinbrech im Ködnitztal am Rande des Nationalparks Hohe Tauern in Osttirol
Alle Abbildungen stammen vom Autor mit Ausnahme von:
Abb. 36: Atelier für Fotografie, Mag. Arno Gisinger, Innsbruck
Abb. 58, 123, 124, 363, 431, 549: Mag. Klaus Krainer, Klagenfurt.
Abb. 207: Franz Gindl, Süd-Oststeirischer Naturschutzverein zur Rettung aussterbender Ackerwildblumen, Feldbach
Abb. 552: Büro Michael Jungmeier, Klagenfurt
Abb. 596, 624, 625: Dr. Johann Köllner, Illmitz


Rudolf-Diesel-Straße 3, 86899 Landsberg/Lech
Tel.: (0 81 91) 125-0, Telefax: (0 8191) 125-492; Internet: http://www.ecomed.de



Satz: FotoSatz Pfeifer GmbH, 82166 Gräfelfing
Druck: Kessler Verlagsdruckerei, 86399 Bobingen
Bindung: Thomas Buchbinderei, 86165 Augsburg
Printed in Germany 690 980/400305
ISBN 3-609-69980-9
Sonderausgabe zum Handbuch Angewandter Biotopschutz: ISBN 3-609-19380-8

# Vorwort

**„Trotz aller Wissenschaftlichkeit und Systematik vergeßt mir niemals, daß die Pflanzen einfach schön sind"**
**Prof. Hans Pitschmann, 1984**

Botanik im allgemeinen und Pflanzengesellschaften im besonderen sind für mich der Inbegriff des empirischen Forscherdranges, der mich zur Biologie brachte. Das Ordnen, Sortieren und Interpretieren von Artengarnituren im naturräumlichen Beziehungsgefüge stellte für mich schon lange vor dem Studium eine große Herausforderung dar. So gab es niemals einen Zweifel daran, daß die Vegetationskunde zu „meiner" Fachdisziplin werden würde. Später, im praktischen Naturschutzvollzug, ermöglichten es die Pflanzengesellschaften, innerhalb der raumkennzeichnenden Standortssysteme Interpretationen über die Naturraumpotentiale, deren Umweltbedingungen und Entwicklungen, aber auch über die Auswirkungen der menschlichen Tätigkeit auf die Naturlandschaften zu treffen. Darüberhinaus verführte mich aber stets der phänologische Aspekt der Artengemeinschaften, der sich im Leitgedanken von Prof. Dr. Hans Pitschmann, meines geschätzten Lehrers am botanischen Institut der Uni Innsbruck, wiederspiegelt. Denn was gibt es Schöneres, als einen von Geophyten erfüllten blühenden Buchenwald im Frühjahr, eine duftende Bergwiese im Sommer oder einen in gelben und braunen Farbtönen leuchtenden Schluchtwald im Herbst. Die Natur mit ihrer ästhetischen Wirkung und ihrer Möglichkeit, Farbe und Form zum Ausdruck zu bringen, waren schließlich auch ausschlaggebend für das Zustandekommen des Buches.

**Dieses Handbuch kann und will nicht alle Pflanzengesellschaften beinhalten oder abhandeln, sondern nur eine, wenn auch wohl überlegte, Auswahl präsentieren.**

Einen Bildatlas zu den Pflanzengesellschaften Mitteleuropas anzufertigen und vorzulegen, ist sicherlich in mancher Hinsicht ein gewagtes Unternehmen. Denn komplexe vegetationskundliche Inhalte, die aus zahllosen Vegetationsaufnahmen, Tabellen und komplizierten Klassifikations- und Ordinationsverfahren hervorgegangen sind, auf eine einfache, bildhafte und verständliche Ebene zu transformieren, ist schwierig. Das Grundkonzept dieses Handbuches besteht darin, nicht neue wissenschaftliche Inhalte zu präsentieren, sondern die derzeit gültigen der Fachliteratur für den nicht vegetationskundlich geschulten Biologen oder Landschaftsplaner, aber auch für alle im Naturschutz tätigen Personen wie Sachverständige, Lehrer, Naturinteressierte und Hobbybotaniker auf eine verständliche Ebene zu transformieren. Deshalb stehen Visualisierungen wie gesellschaftstypische Fotos und Schnellbestimmungskästen an erster Stelle. Es soll aber nicht verborgen bleiben, daß diese Konzeption während des neunjährigen Bearbeitungszeitraumes auch zu Zweifeln führte. Denn die Vereinfachung wissenschaftlicher Inhalte birgt stets die Gefahr in sich, unpräzise zu werden. Zudem lag die größte Herausforderung darin, die gesellschaftstypischen Fotografien anzufertigen. Da Gesellschaften nicht nur einem zeitlichen Rhythmus, sondern auch einer räumlichen Struktur unterliegen, gestaltete es sich äußerst aufwendig, alle Aspekte so typisch wie möglich in einem einzigen Foto darzustellen. Die Auswahl der behandelten Gesellschaften erfolgte nach meiner subjektiven Einschätzung unter Berücksichtigung zahlreicher Hinweise und Anregungen von Fachleuten und Kollegen. Als Zielsetzung stand die Findung der häufigsten und gebräuchlichsten Gesellschaften Mitteleuropas im Vordergrund. Ab und zu wird auf speziellere Pflanzengemeinschaften verwiesen, die zur Abrundung eines Themenblocks bzw. einer Großgruppe notwendig waren.

**Vegetation ist stets ein Spiegelbild der historischen Landschaftsentwicklung.**

Bevor im Hauptteil des Buches auf die einzelnen Pflanzengesellschaften, die in 6 Großgruppen und 23 Untergruppen aufgeteilt sind, eingegangen wird, vermittelt der ausführliche Allgemeine Teil in 4 Kapiteln vegetationskundliche Grundbegriffe. Der erste Abschnitt befaßt sich mit der Definition Mitteleuropas aus vegetationskundlicher Sicht, die eng mit der Vegetationsentwicklung der letzten 10 000 Jahre in Zusammenhang steht.

**Die Vegetationsdecke, die aus verschiedenen Pflanzengemeinschaften aufgebaut wird, ist einer der auffälligsten Bestandteile unserer Umwelt.**

Wie alles Lebende der Biosphäre unterlag und unterliegt auch die Vegetation einer langfristigen Entwicklung, die als kontinuierliches Hinführen zu stabilen, sich selbst erhaltenden Lebensgemeinschaften (Klimax) aufzufassen ist. Bedingt durch die Eiszeiten, begann die Neubesiedelung Mitteleuropas - erdgeschichtlich betrachtet – vor relativ kurzer Zeit. Im Alleröd (vor 11 000 - 12 000 Jahren) war Mitteleuropa nach dem Rückzug der mächtigsten Gletscher bereits weitgehend bewaldet. Im Nordwesten überwogen lichte Birkenwälder, während im Süden und Osten Kiefernwälder vorherrschten. In den Mittelgebirgslagen befand sich die Waldgrenze bei 900 bis 1200 m, darüber übernahmen Zwergsträucher und Grasheiden den Bewuchs. Nach einer weiteren kurzen Zwischeneiszeit setzte mit der Dryaszeit vor 10 200 Jahren jene Entwicklung ein, die die Grundlage der heutigen Vegetation bildet. Der Wald dehnte sich massiv aus und war aus Fichten und Kiefern zusammengesetzt. In den Gebirgen entsprach die Höhe der Waldgrenze bereits vor 7000 Jahren dem heutigen Stand. Etwa in der Mitte des Atlantikum vor 6000 Jahren herrschten eichenreiche Wälder vor, die auch Linden und Ulmen enthielten. Die Ostalpen wurden von einem Band aus fichtenreichen Wäldern gesäumt, die bis zu den Karpaten reichten. Während sich in den Inneralpen die Tanne von Westen nach Osten ausbreitete, wanderte die Buche in den südlichen Randalpen ein. Bis zum Subatlantikum vor 2600 Jahren hatte die Buche ihr Areal im Alpenvorland und am südlichen Alpenrand stark vergrößert, der Bewuchs der montanen und subalpinen Stufe setzte sich hingegen vorwiegend aus Fichten und Tannen zusammen. Vor etwa 1700 Jahren begann die intensivere

Einflußnahme des Menschen, die bis heute zu einer starken Veränderung der Naturlandschaften und der Lebensgemeinschaften führte. Stets stand das Anpassen der Umwelt an die gewünschten Lebensverhältnisse im Vordergrund. Werk und Wirken des Menschen innerhalb der Landschaft führten sowohl zu bewußten und unbewußten Traditionen, aber auch zu beinahe ausweglosen Zwängen. Aus der Urbarmachung der natürlichen Lebensräume zum Zwecke des eigenen Überlebens resultierten Folgen, die das natürliche Gefüge der Lebensgemeinschaften langfristig in Frage stellen könnten. Wir sprechen heute in Mitteleuropa daher von einer Kulturlandschaft, die aus dem Zusammenwirken verschiedenster natürlicher und anthropogener Faktoren resultiert. Weil der Landschaftsbegriff nicht auf den ersten Blick verständlich ist, widmet sich das zweite Kapitel des Allgemeinen Teiles diesem Thema.

**Dieses Handbuch ist so praxisgerecht wie möglich gestaltet.**

Das dritte Kapitel des Allgemeinen Teiles stellt die einfache Methode der händischen Vegetationsaufnahme vor, die mit Hilfe des im Anhang abgedruckten Aufnahmeformulares erstellt werden kann. Kapitel 4 gibt Aufschluß über einige Bewertungsverfahren, die in der angewandten Naturschutzarbeit und Landschaftsplanung von großer Bedeutung sind. Denn auf die Frage, was heute schon oder noch als „Natur" empfunden wird bzw. wie natürlich ein Lebensraum ist, kann die Vegetationskunde eine Antwort geben. Auch wenn nach Beck (1986) ein Gutteil des Natürlichkeitsempfindens von kulturgeprägten Wahrnehmungen abhängt, können durch den Vergleich von Pflanzenbeständen nachvollziehbare Quantifizierungen vorgenommen werden. Deshalb stellt dieses Buch relativ einfache numerische Untersuchungen vor, die zwar auf der subjektiven Einschätzung des Bearbeiters, aber auch auf objektiv feststellbaren Kriterien beruhen und die Bewertung der naturräumlichen und ökologischen Bedeutung von Pflanzengesellschaften ermöglichen. Eine Synopsis nach Adam, Nohl & Valentin (1986) faßt alle Einzelbewertungen zusammen und ermöglicht Aussagen über den Natürlichkeitsgrad der Vegetationsdecke bzw. einzelner Landschaftsteile, läßt aber auch Interpretationen zu, ob ein geplanter Natureingriff kompensierbar ist oder ausgeschlossen werden sollte. Diese Verfahren konnte ich während der mehrjährigen Tätigkeit in meinem Planungsbüro Ökologie & Kreativität testen und optimieren.

**In den Naturwissenschaften stand anfänglich nur die Inventarisierung der Erscheinungsformen des Lebens im Vordergrund.**

Die kausal-orientierte Deutung der Artenkombinationen, bedingt durch die Gegebenheiten ihrer Umwelt, kam erst später hinzu. Bis zum 19. Jahrhundert dominierte noch die deskriptive Inventarisierung der Pflanzenformationen, betrieben vor allem durch **Carl v. Linné** und **Alexander v. Humboldt**. Erst im 20. Jahrhundert entwickelten namhafte Forscher wie **Braun-Blanquet, Du Rietz** oder **Rübel** vor allem in der Schweiz den ersten Ansatz zur vegetationskundlichen Klassifizierung. Die **Zürich-Montpellier-Schule** charakterisiert als erste über floristische Zusammensetzung der Vegetationsdecke Vergesellschaftungen, die durch die standörtlichen Bedingungen geprägt sind. Parallel dazu hatten zahlreiche Studien die ökologischen Wechselbeziehungen zum Inhalt und sind eng mit den Namen **Tüxen, Walter, Meusel** (Arealkunde), **Oberdorfer** und **Ellenberg** verbunden. Ihm gelingt in den Nachkriegsjahrzehnten des 20. Jahrhunderts die bisher umfassendste Synthese der vegetationskundlichen Beschreibung der mitteleuropäischen Pflanzenbestände. Damit verbunden ist auch eine ökologische Interpretation der hierbei vorherrschenden Funktionszusammenhänge (Ellenberg 1963, 1996). Es ist daher unumgänglich, daß sich das vorliegende Werk stets an den Ellenberg'schen Erkenntnissen orientiert und Anleihen nimmt. In den neunziger Jahren des 20. Jahrhunderts haben Grabherr, Mucina, Ellmauer & Wallnöfer (1993) für Österreich und R. Pott (1994) für Deutschland umfassende Katalogisierungen der Pflanzengesellschaften der jeweiligen Länder vorgelegt. Diese Standardwerke dienten dem Handbuch als Datensätze und sind zur Vertiefung der Thematik für jedermann unentbehrlich. Natürlich gehört dazu auch die vegetationskundliche „Bibel" von Ellenberg, „*Vegetation Mitteleuropas mit den Alpen*", die 1996 als 5. Auflage stark erweitert erschienen ist.

**Am Ende der Arbeit an einem umfangreichen Buch möchte ich natürlich auch danken.**

Ein großer Dank richtet sich an meinen langjährigen Freund und Studienkollegen Klaus Krainer, der mit seiner schier unermüdlichen Unterstützung, sowohl in fachlicher als auch motivierender Hinsicht, einen wesentlichen Beitrag zum Zustandekommen dieses Buches geleistet hat. Herr Krainer hat mich auf einigen Forschungsreisen begleitet und in seinem Heimatbundesland Kärnten zahlreiche Plätze für fotografische Aufnahmen recherchiert. Selbstverständlich kann so ein Buch nur in einem harmonischen Arbeitsumfeld entstehen. Dafür danke ich meiner Frau Birgit, die am meisten alle Höhen und Tiefen während des langen Bearbeitungszeitraumes ausgleichen mußte, viel Geduld aufbrachte und mir stets eine liebe- und verständnisvolle Partnerin war. Dies gilt auch für alle, die mich auf meinen Forschungsreisen begleiteten. Herr Prof. Dr. Georg Grabherr von der Universität Wien darf als Betreuer meiner Diplomarbeit nicht unerwähnt bleiben, da ich bei ihm als Student die Grundkenntnisse der Vegetationskunde erlernen durfte. Ich möchte auch Herrn Dr. Köllner von der Forschungsstation Illmitz für seinen Beitrag zu den Salzböden des Binnenlandes sowie Herrn Dr. Wilfried Franz für seine fachlichen Auskünfte danken. Schließlich gilt mein Dank dem Team des ecomed-Verlages: Herrn Dr. Zoch, der das Buch vertraglich möglich gemacht hat, Herrn Dr. Mack als Lektoratsleiter für seine koordinativen Bemühungen sowie dem Lektor, Herrn Schmid, für die kritische Durchsicht des Manuskriptes und die vertrauensvolle Zusammenarbeit.

Mögen sich die Bemühungen zur Erarbeitung dieses Handbuches für alle Leserinnen und Leser, vor allem aber für die uns umgebende Natur gelohnt haben, deren Bewahrung unser aller größtes Anliegen sein muß.

Innsbruck, im November 1999 Peter Mertz

# Inhaltsverzeichnis

Vorwort . . . . . 5
Inhaltsverzeichnis . . . . . 7

## Allgemeiner Teil

1 **Die Definition von Mitteleuropa aus vegetationskundlicher Sicht** . . . . . 10

2 **Grundlagen der Vegetationskunde** . . . . . 13
2.1 Der Begriff Pflanzengesellschaft . . . . . 13
2.2 Vegetation und Standort . . . . . 14
2.3 Die Entwicklung von Pflanzengesellschaften . . . . . 17
2.4 Das System der Pflanzengesellschaften . . . . . 18
2.5 Die Höhenstufen . . . . . 19
2.6 Pflanzengesellschaften und Standortsfaktoren . . . . . 22

3 **Die Vegetationsaufnahme im Gelände** . . . . . 27
3.1 Das „richtige“ Erfassen der Landschaft – die Landschaftsanalyse . . . . . 28
3.2 Verteilung von Pflanzengesellschaften . . . . . 29
3.3 Der Aspekt ist entscheidend – Phänologie . . . . . 30
3.4 Die Kategorien einer Landschaft . . . . . 32
3.5 Die Vegetationsaufnahme im Gelände . . . . . 35
3.6 Ökologische Zeigerwerte und Pflanzengesellschaften . . . . . 39
3.7 „Rote Liste“ für Pflanzengesellschaften . . . . . 42
3.8 Pflanzengesellschaften als Instrumentarium bei Kartierungen . . . . . 43

4 **Die Bewertung von Pflanzengesellschaften** . . . . . 44
4.1 Bewertung der Schutzwürdigkeit nach Kriterien des Artenschutzes . . . . . 44
4.2 Bestimmung der Ökologischen Wertigkeit . . . . . 46
4.3 Bewertung der Ersetzbarkeit und der Entwicklungsdauer . . . . . 48
4.4 Die Wertstufenskala „Gefährdung“ . . . . . 49
4.5 Abschließende Bewertung (Synopsis) . . . . . 50

## Die Pflanzengesellschaften

**Benutzerhinweise** . . . . . 52

I **Laubwälder, Nadelmischwälder, Gebüsche** . . . . . 54
1 Sommergrüne Laubwälder, Schluchtwälder und Auenwälder . . . . . 62
2 Nadelwälder und Nadelmischwälder . . . . . 106
3 Hecken und anthropogene Gebüsche . . . . . 130

II **Schlaggesellschaften, ein- und mehrjährige Krautfluren** . . . . . 140
4 Schlaggesellschaften und Vorwald-Gehölze . . . . . 142
5 Krautige Säume an Wald- und Wiesenrändern . . . . . 154
6 Ruderalgesellschaften . . . . . 176

III **Wiesen, Weiden, Trockenrasen, Heiden** . . . . . 196
7 Europäische Wirtschaftswiesen . . . . . 202
8 Trockenrasengesellschaften . . . . . 222
9 Anthropogene Heiden . . . . . 240

IV **Vom Süßwasser geprägte Lebensräume** . . . . . 246
10 Feuchtwiesen, Naßwiesen, Mädesüßfluren . . . . . 252

11 Süßwasser-Schwimmpflanzengesellschaften ........ 276
12 Röhricht-Gesellschaften und Großseggenriede ........ 290
13 Kleinseggenmoore, Hochmoore, Bruchwälder ........ 306
14 Quellfluren ........ 334
15 Schotterfluren an Bächen und Flüssen ........ 342

**V Lebensräume der Gebirge oberhalb der Waldgrenze** ........ 350
16 Krummholz- und Zwergstrauchgesellschaften ........ 358
17 Alpine Hochstaudenfluren ........ 374
18 Alpine Rasengesellschaften ........ 388
19 Schutthaldengesellschaften ........ 406
20 Felsspaltengesellschaften ........ 424
21 Schneebodengesellschaften ........ 430

**VI Watt-, Dünen- und Salzbodengesellschaften der Meeresküsten und im Binnenland** ........ 440
22 Watt-, Dünen- und Salzwiesengesellschaften der Meeresküsten ........ 444
23 Salzböden des Binnenlandes ........ 462

## Anhang

Tabelle zur Interpretation der Ergebnisse der Bewertungsverfahren ........ 466
Tabelle häufig verwendeter Zeigerpflanzen ........ 467
Zeigerwerte nach Landolt ........ 470
Übersicht über das System der Pflanzengesellschaften ........ 474
Formulare für die Erstellung einer Vegetationsaufnahme ........ 483
Glossar und Abkürzungen ........ 485
Literatur ........ 488
Stichwortverzeichnis ........ 492

# Allgemeiner Teil

1 Die Definition von Mitteleuropa aus vegetationskundlicher Sicht
2 Grundlagen der Vegetationskunde
3 Die Vegetationsaufnahme im Gelände
4 Die Bewertung von Pflanzengesellschaften

# 1 Die Definition von Mitteleuropa aus vegetationskundlicher Sicht

Die Abgrenzung des Wirkungsbereiches dieses Buches setzt die exakte Definition des Begriffes „**Mitteleuropa**“ aus vegetationskundlicher Sicht voraus. Neben der rein geographischen Abgrenzung müssen weitere Parameter herangezogen werden, die sich vor allem mit klimatischen Zusammenhängen und vegetationsgeschichtlichen Verhältnissen befassen. Dadurch läßt sich ein aus vegetationskundlicher Sicht praktikabler Begriff definieren, der im folgenden erläutert werden soll.

Im allgemeinen umfaßt Mitteleuropa den geographischen Raum von den Meeresküsten der Nord- und Ostsee über Deutschland hinweg bis an den Nordrand des Alpenhauptkammes. Im Westen endet Mitteleuropa ungefähr bei der deutsch-französischen Grenze, während es nach Osten bis in die westliche Tschechei und an die Oder-Neisse-Linie reicht. Eine räumliche Gliederung, wenn auch in bezug auf die Waldregionen, haben RUBNER-REINHOLD (1953) aufgestellt. Diese Autoren stellen den Alpenraum als eigene Region dar. Im Norden beziehen sie die Südspitze Schwedens sowie den südlichen Abschnitt Norwegens mit ein. Ostfriesland und das Ostfriesische Wattenmeer wird zu Westeuropa gestellt. Hingegen reicht die Abgrenzung im Osten bis Polen und somit weit in den osteuropäischen Ostseeraum.

ELLENBERG (1996) hat Mitteleuropa aus vegetationskundlicher und klimatischer Sicht definiert. Im wesentlichen umfaßt es die nördlich gemäßigte Klimazone, die vom 50. Breitengrad halbiert wird und jeweils 3 Breitengrade nach Süden und nach Norden reicht. Die Gegensätze des Klimas verteilen sich entlang der Grenzlinie zwischen dem ozeanisch beeinflußten Westen und dem kontinental getönten Osten. Dazwischen liegt ein breiter Bereich, der als „**vegetationskundliches Mitteleuropa**“ angesprochen werden kann und das gesamte Bundesgebiet von Deutschland, westliche Teile Polens, die Tschechei, die Slowakei, Österreich, die Schweiz, Luxemburg und die östlichsten Abschnitte Frankreichs umfaßt.

Das Klima dieses Raumes läßt sich wie folgt charakterisieren: Die Sommer sind nicht allzu heiß, die Tiefstwerte reichen im Winter mit Ausnahme von den Hochgebirgen selten unter – 20 °C, während der Frühling und der Herbst gemäßigte Jahreszeiten darstellen und die Wachstumsperiode für die Pflanzen entscheidend verlängern. Es kann das ganze

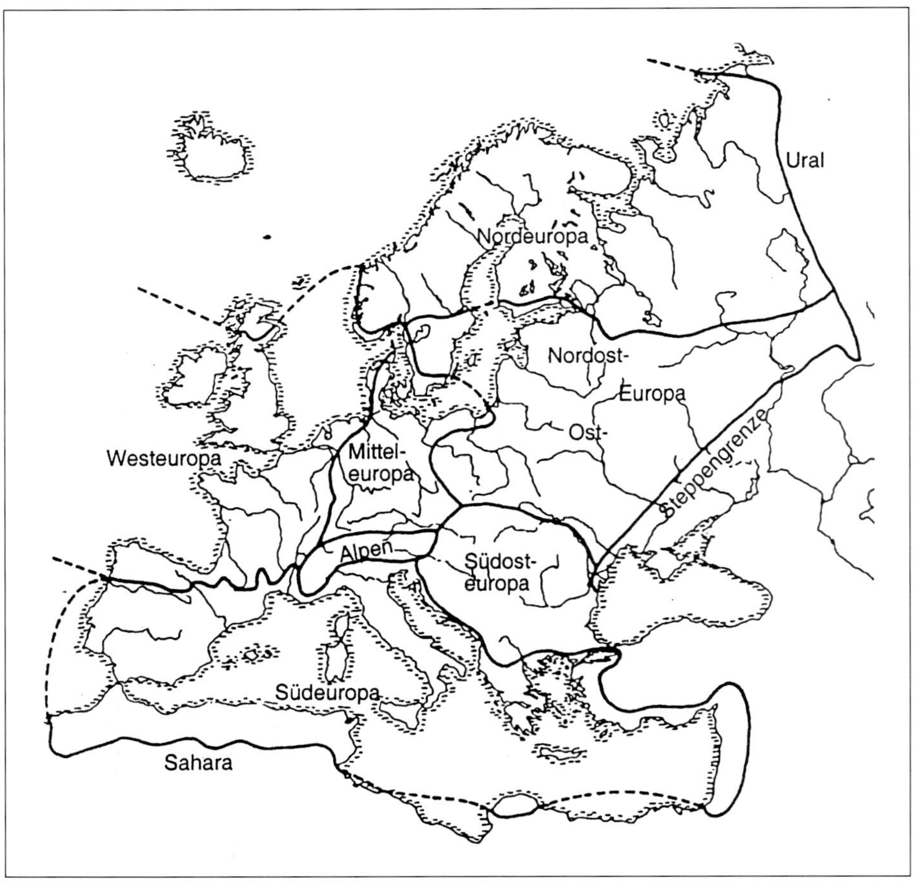


**Abb. 1:** Waldregionen Europas nach RUBNER-REINHOLD (1953) und MAYER (1984).

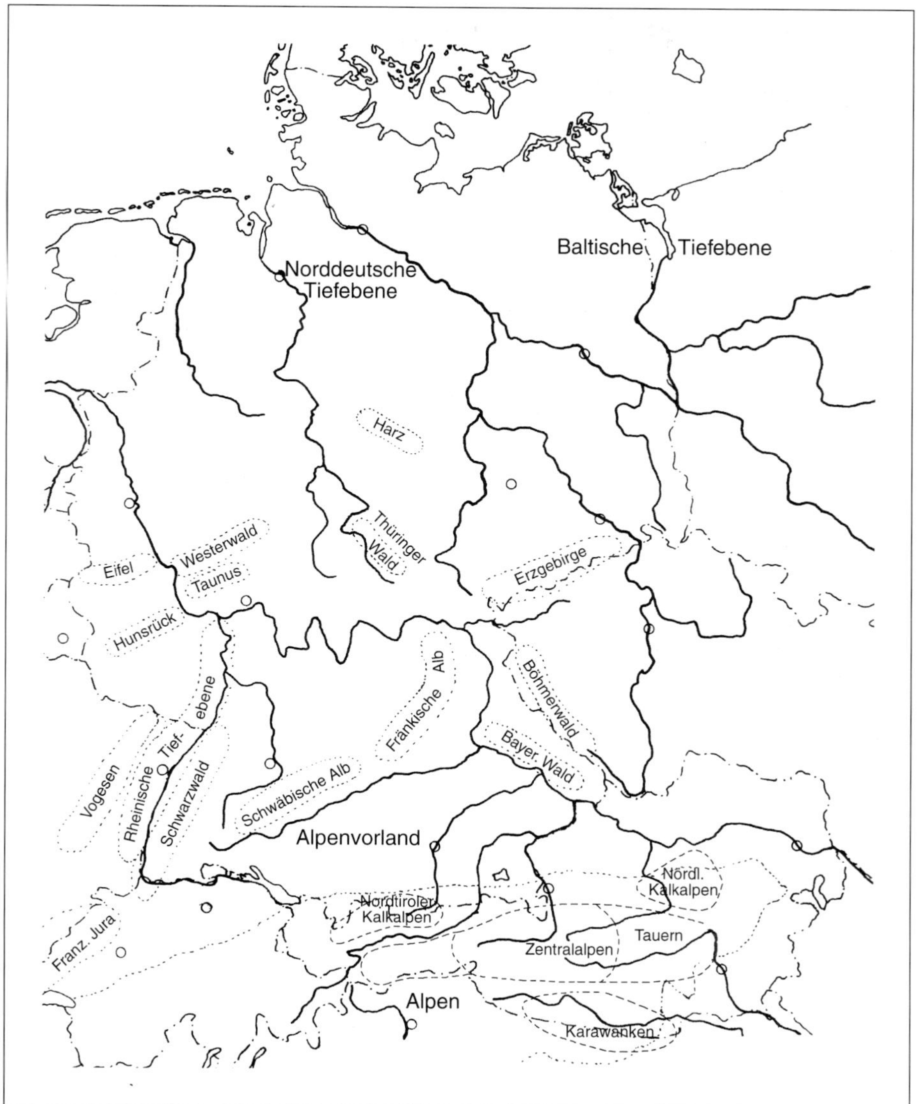


**Abb. 2:** Karte des im Buch behandelten Bereiches Europas.

Jahr über regnen bzw. schneien, was nach WALTER (1979) als günstiger Faktor für die Vegetation angesehen wird. Hitze- oder Dürreperioden treten nur ausnahmsweise in Katastrophenjahren auf. Da ein solches Klima für den Baumwuchs ideal ist, wäre Mitteleuropa heute einheitlich bewaldet, mit Ausnahme der Au- und Flußlandschaften, der Küsten und der natürlich baumfreien Regionen der Alpen oberhalb der Waldgrenze.

Für den Wirkungsbereich dieses Buches wurde eine Symbiose aus beiden dargestellten Definitionen gewählt. Einerseits wird gegenüber der Abgrenzung von ELLENBERG eine Einschränkung vorgenommen und auf die Abschnitte des westlichen Polens, der Tschechei und Slowakei verzichtet. Im Süden erfolgt gegenüber der Darstellung von RUBNER-REINHOLD eine Aufweitung, die bis an den Südabfall der Zentralalpen reicht und den Ostalpenbogen sowie angrenzende Abschnitte der östlichen Westalpen einschließt. Im Westen wird der Rheinlinie gefolgt, wodurch die Tiefebenen Ostfrieslands vom Dollart bis zur Elbemündung eingeschlossen sind. Die dänische Halbinsel findet ebenso Berücksichtigung wie die südschwedische Landspitze, da hier kaum Unterschiede zu „Festland-Mitteleuropa" feststellbar sind. Abbildung 2 stellt den Wirkungsbereich dieses Buches vor.

Heinrich WALTER (1979) teilte die Pflanzen der Welt nach **Florenreichen** ein, wobei er sechs verschiedene Bereiche unterscheidet und Europa zum **holarktischen** stellt. Jedes Florenreich besteht aus Florenregionen. Mitteleuropa gehört nach der Definition WALTERS zur **euro-westsibirischen Florenregion**, wobei er die Verbreitung einzelner Pflanzenarten bzw. -familien als Unterteilungskriterium heranzieht. Solche Pflanzenarten werden als Geoelement bezeichnet und charakterisieren einzelne geographische Abschnitte. Sie folgen im wesentlichen den verschiedenen zonalen Vegetationstypen, an deren Aufbau sie maßgeblich beteiligt sind. Für Mitteleuropa sind dies Arten, aus denen die Laubwaldzone zusammengesetzt ist. Der Hauptverbreitungsraum reicht im Westen bis zu einer imaginären Linie, die von der

**Tab. 1:** Gefäßpflanzen mit mitteleuropäischem Areal-Schwergewicht; nach Angaben von WALTER und STRAKA (1970) aus ELLENBERG (1996), verändert.

| Laubwald – Laubbäume | Laubwald – Sträucher und Lianen | Laubwald – Krautige Arten und Zwergsträucher | Wald-Lichtungen – Sträucher | Wald-Lichtungen – Krautige Arten | Wald-Säume | Felsen, Dünen | Magerrasen |
|---|---|---|---|---|---|---|---|
| *Acer pseudoplatanus, Carpinus betulus, Quercus petraea, Fagus sylvatica, Taxus baccata, Prunus avium, Tilia platyphyllos* | *Hedera helix, Rosa rubiginosa, Rosa villosa, Rubus hirtus* | *Allium ursinum, Arum maculatum, Cephalanthera damasonium, Circaea intermedia, Corydalis cava, Corydalis intermedia, Dentaria bulbifera, Galium sylvaticum, Hordelymus europaeus, Hypericum montanum, Luzula luzuloides, Luzula sylvatica, Melica uniflora, Mycelis muralis, Phyteuma spicatum, Petasites albus, Veronica montana, Vinca minor, Viola reichenbachiana* | *Rubus sulcatus,* andere *Rubus*-Arten | *Atropa belladonna, Dipsacus pilosus, Epilobium tetragonum, Hydrocotyle vulgaris* | *Agrimonia procera, Allium scorodoprasum, Allium vineale, Saxifraga granulata, Trifolium ochroleucon* | *Corynephorus canescens, Sedum sexangulare* | *Carlina vulgaris, Dianthus armeria, Hypochoeris radicata, Ononis repens, Orchis morio* |

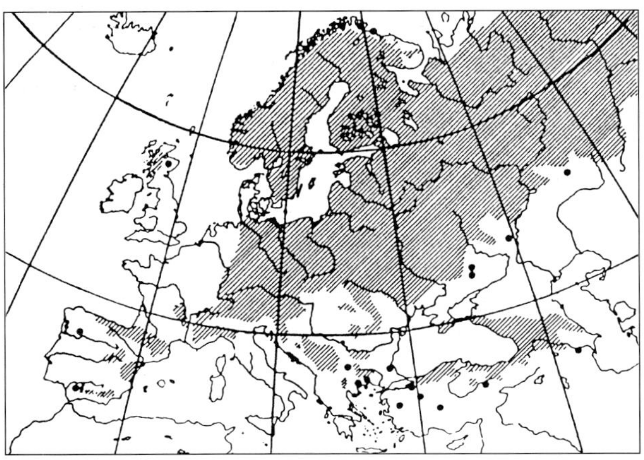

**Abb. 3:** Verbreitung der Kiefer oder Föhre nach WALTER (1979).

Rhone parallel zum Rhein bis zur Westküste Dänemarks verläuft, nach Osten jedoch unterschiedliche Ausdehungen besitzt. Die meisten mitteleuropäischen Arten im engeren Sinne machen jedoch schon an der Ostgrenze Deutschlands halt, wie die Buche, die Eibe, die Traubenkirsche, der Bergahorn, die Sommerlinde, die Süßkirsche und der Efeu. An krautigen Arten können vor allem Bärlauch, Lerchensporn, Tollkirsche, Waldlabkraut, Ährige Teufelskralle und Herbstzeitlose als typische mitteleuropäische Geoelemente angesprochen werden.

An der Verbreitung der noch öfters im Allgemeinen Teil dieses Buches als Beispiel herangezogenen Waldkiefer (Föhre, *Pinus sylvestris*) wird deutlich, daß sich die Ostgrenze Mitteleuropas durch charakteristische Baumarten nicht eindeutig festlegen läßt, vor allem, wenn diese nicht der Laubwaldzone angehören. Hingegen legt die Föhre recht ideal die Westgrenze fest.

Die Verbreitung der mitteleuropäischen Geoelemente im weiteren Sinne, versehen mit dem Kürzel „submi", führt bis in die Wolgatiefebene und reicht damit für dieses Buch viel zu weit. Deshalb kann als dritte Definition zur Abgrenzung des Wirkungsbereiches zusammenfassend aus der geobotanischen Lehre von WALTER die Verbreitung der **mitteleuropäischen Geoelemente im engeren Sinne** versehen mit der Abkürzung „**eumi**" herangezogen werden.

# 2 Grundlagen der Vegetationskunde

**Was sind Pflanzengesellschaften?**

> **„Pflanzengesellschaften sind gesetzmäßige, wiederkehrende, konkurrenzbedingte Kombinationen von Pflanzenarten, die meist unter gleichartigen Umweltverhältnissen vorkommen".**
>
> N. KNAUER 1981

## 2.1 Der Begriff Pflanzengesellschaft

Die Definition von KNAUER (1981) steht am Beginn mancher Lehrbücher und versucht, so kurz und präzise wie nur möglich das Wesentliche des Begriffes „Pflanzengesellschaft" zu erklären. Dieser Begriff und andere Grundlagen der Vegetationskunde sollen im folgenden näher erläutert werden.

> **Pflanzengesellschaften sind gesetzmäßige, standortsabhängige und konkurrenzbedingte Kombinationen von Pflanzenindividuen, die sich mit ihrer Umwelt in einem dynamischen Gleichgewicht befinden.**
>
> H. HOFMEISTER 1977

Die Bandbreite der pflanzlichen Lebensgemeinschaften ist sehr weitreichend, sie nehmen alle Lebensräume der mitteleuropäischen Landmasse ein: die Dünen- und Wattlandschaften der Nordsee, das Wirtschaftsgrünland der Tiefebenen, Täler und Mittelgebirgslagen, das hauptsächlich durch den Menschen entstanden ist, die vielfältigen Laub-, Nadel- oder Mischwaldtypen der collinen bis subalpinen Stufe, die durch Süßwasser geprägten Moore, Sümpfe, Seen, Bäche und Flüsse, die Übergangsbereiche, die als krautige Säume oder Gebüsche ausgebildet sind, die Ackerunkrautgesellschaften und Ruderalfluren sowie die Gebirge mit den Zwergstrauchheiden, den Alpinrasen und den Felsspaltenfluren. Alle Lebensräume werden von charakteristischen Gruppierungen von Pflanzen eingenommen, die bestimmten Gesetzmäßigkeiten unterliegen. SUKACEV (1954) kommt zu folgender Definition:

> **Unter einer Phytozönose oder Pflanzengemeinschaft soll jede Gesamtheit von Pflanzen verstanden werden, die in einem bestimmten einheitlichen Gebiet der Erdoberfläche leben und die nur in Wechselbeziehung zueinander sowie zu den Bedingungen des Habitats stehen und deshalb ihre eigene Umwelt (Phytomilieu) schaffen.**

Demnach hängen die Präsenz, die Formbildung und die raumzeitliche Anordnung der Bestandteile von Pflanzengemeinschaften nicht nur von den örtlichen Umweltbedingungen ab, sondern werden ebenso durch vielseitige, stets wechselnde Beziehungen von Pflanzen mitgeprägt. Eine Pflanzengemeinschaft ist daher ein dynamisches, stets in Entwicklung befindliches Strukturgebilde, das als der wichtigste Teil des Ökosystems Lebensraum und Nahrung für andere Lebewesen bietet (GLAVAC 1996).

Wegen der umfassenden Repräsentanz und wegen der leichten Zugänglichkeit beinahe zu jeder Jahreszeit sind Pflanzengesellschaften bestens dazu geeignet, Lebensräume und die darin herrschenden Umweltbedingungen und Einflüsse zu beschreiben. Die Pflanzendecke erweist sich auch als guter Indikator für die Kennzeichnung von Standorts- und Naturraumpotentialen sowie zur Bewertung von Eingriffen in die Ökosysteme. Mit diesen Studien befaßt sich die **Vegetationskunde** und die **Vegetationsökologie**, die als raumbezogene Wissenschaft die Pflanzendecke der Erdoberfläche beschreibt und erforscht. Hierzu bedient sie sich sowohl floristischer Einzelarten wie auch Artengruppen (Kombinationen von Einzelarten = Artengemeinschaften) oder **Pflanzengemeinschaften**, die Gegenstand dieses Buches sind.

Landschaften und die darin enthaltenen Lebensräume setzen sich aus Artengemeinschaften zusammen, die sowohl tierischer als auch pflanzlicher Natur sind. Zusammen bauen sie die **Ökosysteme** auf, die räumlich begrenzte Einheiten darstellen und in denen Tiere und Pflanzen in einem Wechselspiel zusammenleben und sich gegenseitig beeinflussen. Das Schlüsselwort jeglicher natürlicher Wirkungsgefüge lautet also **Wechselwirkung**. Arten bilden in der Natur ihre typischen Lebensrhythmen aus und beeinflussen damit andere, die sich darauf einstellen müssen und für die es notwendig ist, sich daran anzupassen. Diese als **endogen** bezeichneten Faktoren sind auch vornehmlich für die Ausprägung von Pflanzengesellschaften verantwortlich. Trotz der vielfach floristisch unterschiedlich zusammengesetzten Pflanzenbestände lassen sich bei nährerer und zeitlich umfassender Betrachtung Gemeinsamkeiten erkennen.

Dazu kommen die **Standortsbedingungen**, die auf die Pflanzen an ihrem Wuchsort einwirken. Diese werden unbelebte oder **exogene** Faktoren genannt und umfassen im wesentlichen das Klima mit Niederschlag, Schneelage, Temperatur und Wind sowie die Bodenverhältnisse und die geologischen Voraussetzungen. Werden Einzelbestände typisiert und im gegenseitigen Vergleich als Pflanzengesellschaft beschrieben, wird deutlich, daß diese in der Regel auch mehr oder weniger gleichen Umweltverhältnissen unterliegen. Pflanzengesellschaften stellen also das Ergebnis des Zusammenwirkens von exogenen und endogenen Faktoren dar, die an einem vergleichbaren Standort auftreten und eine ähnliche floristische Zusammensetzumg zur Folge haben. Sie stellen eine funktionierende Ganzheit dar, die auch über ihre florengeschichtliche Entstehung und über die Beeinträchtigungen durch den Menschen Auskunft geben.

Pflanzengesellschaften weisen nach Knauer (1981) als Vegetationstyp normierte Merkmale auf:

- Eine beschreibbare, diesen Typus kennzeichnende Artengarnitur
- Unterscheidbarkeit von anderen Pflanzengesellschaften durch das Vorkommen bzw. **Fehlen** bestimmter Arten
- Erkennbare **Verwandtschaftsbeziehungen** zu anderen Pflanzengesellschaften durch das Vorkommen gleicher, verbindender Arten
- **Gemeinsamkeit** der meisten exogenen Faktoren des Standortes

Als Teile des Ökosystems weisen Pflanzengesellschaften definierte Komponenten und Funktionen auf:

- Die **biotischen Komponenten**: meist werden nur höhere Pflanzen wie Flechten, Moose, Farne und Samenpflanzen verwendet.
- Die Komponenten unterliegen **Beziehungen** zu ihrem **abiotischem** Umfeld. Darin sind auch physiologische Abhängigkeiten der Pflanzen beinhaltet.
- Die Komponenten unterliegen **Beziehungen** zu ihrem **biotischen** Umfeld: Auswirkungen von pflanzenfressenden Tieren, menschlicher Einfluß, Wettbewerb (Konkurrenz) zwischen Arten um Ressourcen.
- **Zeitliche Veränderungen** als zyklische oder gerichtete Prozesse wie Sukzession, kurzfristig – jahreszeitlich bedingter Wechsel, langfristig – evolutionäre Prozesse

## 2.2 Vegetation und Standort

Die Gesetzmäßigkeiten, die für Pflanzengesellschaften ausschlaggebend sind, beruhen auf jenen Wechselwirkungen, die die grundlegende Voraussetzung aller Lebensgemeinschaften darstellen. Diese Wechselwirkungen entstehen natürlich nicht zufällig, sondern richten sich nach den äußeren Faktoren, die in ihrer Gesamtheit als **Standort** bezeichnet werden und für alle an einem bestimmten Wuchsort vorkommenden Arten in gleichem Maße wirksam werden.

**Die Gesamtheit aller naturgegebenen für das Leben einer Pflanze wichtigen Eigenschaften, die an einem bestimmten Wuchsort im Gelände zusammentreffen, wird als Standort oder „Potentielle Lebensstätte" bezeichnet. An einem Standort kann nur eine begrenzte Anzahl an Pflanzen vorkommen.**

J. Pfadenhauer

Die Standortsfaktoren wie Klima, Relief, Boden, Licht und Wasserhaushalt wirken unmittelbar auf die Pflanzen ein und bestimmen ihre Lebensprozesse. Im Überschuß oder Mangel verursachen sie Streß und damit einen Selektionsprozeß zugunsten streßtoleranter Arten. Die Standortsfaktoren lassen sich wie folgt zusammenfassen:

- **Strahlung:** Licht und Wärme
- **Wasser:** Überschuß (Moore und Gewässer), Mangel (Trockenstandorte)
- **Chemische Faktoren:** Für Pflanzen verfügbare **Nährstoffe** wie Stickstoff, Phosphor, Kalium, Chlor, Kalzium und Schwermetalle.
  **Bodenreaktion** als Indikator für die Verfügbarkeit (**pH-Wert**)
- **Biotische Faktoren:** Auswirkungen von Tier und Mensch auf die Pflanzendecke; Konkurrenz
- **Mechanische Faktoren:** Lokal bedeutsame Einzelmerkmale wie Wind, Wasser, Schnee, Feuer

Standortsfaktoren stehen untereinander ebenfalls in enger Wechselbeziehung. Der Wasserfaktor beispielsweise hängt in erster Linie vom Klima ab, wodurch Niederschlagshöhe und Luftfeuchtigkeit bestimmt werden. Das Relief entscheidet über die Exposition, also die Lage des Wuchsortes innerhalb der Landschaft. Die Ausbildung des Bodentyps ist für die Nährstoffversorgung bzw. die Nährstoffverfügbarkeit der Pflanze entscheidend, während die Windrichtung für die Ausbildung und Struktur der Pflanzendecke maßgeblich sein kann.

Neben den Standortsfaktoren treffen am Wuchsort aber weitere Einflüsse zusammen, die die Ausprägung einer Pflanzengesellschaft entscheidend beeinflussen und mit der Bezeichnung „**Wettbewerb**" zusammengefaßt werden. Dieser resultiert aus den Wechselbeziehungen zwischen den Komponenten einer Pflanzengesellschaft und ihrem biotischen Umfeld.

**Unter Wettbewerb versteht man die Wechselbeziehungen nahe beieinander wachsender Pflanzen, die dazu führen, daß einige Pflanzen die Vorherrschaft gewinnen und andere in ihrer Entwicklung mehr oder weniger gehemmt oder ganz unterdrückt werden.**

H. Walter

Eine weitere Bezeichnung für Wettbewerb ist **Konkurrenz**, wobei das Mitbewerben der Individuen um die lebenswichtigen Wuchs- und Nährstoffe und vor allem um Wasser und Licht gegenüber Konkurrenten, also gegenüber Pflanzen verstanden wird, die sich am gleichen Wuchsort ebenfalls um das Fortkommen bemühen.

**Konkurrenz ist der Wettbewerb um Nahrung, Raum oder andere ökologische Erfordernisse, der zwischen zwei Organismen entsteht, die in ihren Lebensansprüchen übereinstimmen, ohne daß diese sich in ausreichendem Maße erfüllen können.**

W. Tischler 1975

Schwerdtfeger (1975) definiert Konkurrenz oder Wettbewerb als die gemeinsame Inanspruchnahme einer lebensnotwendigen Gegebenheit. Diese Gegebenheiten können sich unter den Individuen ein und derselben Art (= intraspezifisch) oder zwischenartlich (= interspezifisch) abspielen und sind mit der Hemmung mindestens eines der Partner verbunden.

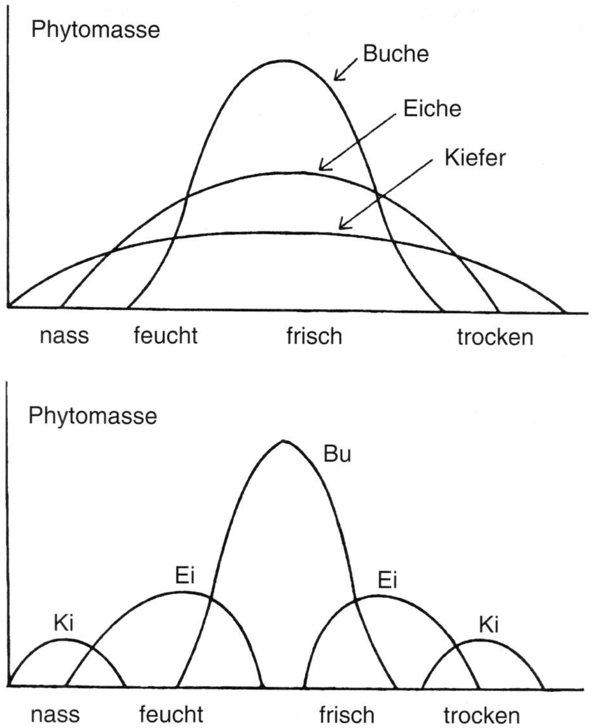


**Abb. 4:** Das Konkurrenzverhalten der Föhre (Kiefer) im Vergleich zu Laubbaumarten. Die Föhre wächst wie alle anderen Baumarten auf mittleren Standorten am besten, wird aber von den schneller wachsenden Laubhölzern (Buche und Eiche) auf ungünstigere Randbereiche verdrängt. Dort kann sie sich gut behaupten, da sie wiederum physiologisch an Extrembedingungen angepaßt ist (Trockenheit und extrem basische Böden tolerierend); nach PFADENHAUER (1993).

Dabei ist festzuhalten, daß auch die Anpassung an einen Standort eine wichtige Rolle spielt. Pflanzen, die an Sonderstandorte gut angepaßt sind, setzen sich gegenüber anderen wirkungsvoller durch. Hingegen verlieren sie an Dominanz, wenn sie auf „normalen" Standorten in Wettbewerb mit anderen treten. Untersuchungen im Labor haben bewiesen, daß sich Pflanzen anders verhalten, wenn sie nicht im Wettbewerb stehen. So wachsen Gebirgspflanzen unter Bedingungen, wie sie im Tal herrschen, schlechter, obwohl eine vielfach bessere Nährstoffversorgung gegeben ist. Sie werden jedoch von Arten verdrängt, die das gesteigerte Nährstoffangebot wirkungsvoller ausnützen können. Der Wettbewerb regelt somit wesentlich die Verbreitung und das Vorkommen sowie die äußere Ausbildung einer Pflanze, er ist somit für jeden Standort ein wesentlicher ökologischer Faktor. Ganz im Gegensatz dadurch steht der Begriff „Streß", den LARCHER (1987) als jene Einflüsse auf die physikalischen, chemischen und biotischen Umweltfaktoren bezeichnet, die die normalen Lebensvorgänge behindern und damit einer natürlichen Entwicklung oder Sukzessionsfolge entgegensteuern. Zusammengefaßt umschreibt Konkurrenz also einen Entwicklungsfaktor, Streß hingegen einen Störfaktor.

**Zusammenfassung**

Zu der eingangs erwähnten Definition läßt sich zusammenfassend anführen:

**Tab. 2:** Standortsbedingungen nach POTT (1992)

| **exogen** – *bestimmen die Grobauswahl der Arten* | **endogen** – *bestimmen die Endauswahl der Arten* |
|---|---|
| • Klimatische Faktoren: Niederschlag, Temperatur, Wind<br>• Edaphische Faktoren: physikalische und chemische Bodenbeschaffenheit<br>• Anthropozoogene Faktoren: Einwirkungen von Tieren und Menschen | • Konkurrenz: Wettbewerb um Wuchsort, Nährstoffe, Wasser, Energie<br>• Abhängigkeit von Standortsfaktoren<br>• Anpassung an zeitliche Lebensrhythmen<br>• Duldung |

**Tab. 3:** Standortsfaktoren nach WALTER (1960) und ELLENBERG (1967)

| **Geländefaktoren** (Umweltfaktoren im weiteren Sinn, die z. T. nur indirekt auf die Pflanzen wirken): | **Umweltfaktoren** (im engeren Sinn, die direkt auf die Pflanzen wirken): |
|---|---|
| KLIMA<br>Luftdruck<br>Strahlung<br>Temperatur<br>Niederschläge<br>Luftfeuchte<br>Blitzschlag<br>Wind<br><br>RELIEF<br>Höhenlage<br>Geländeform<br>Hangneigung<br>Exposition<br><br>BODEN<br>Horizontfolge<br>Korngrößen<br>Struktur<br>Humusgehalt<br>pH-Wert<br>Chemismus<br>Wassergehalt<br>Grundwasser<br>Bodenorganismen<br><br>BIOTISCHE FAKTOREN<br>Konkurrenten<br>Symbionten<br>Parasiten<br>Tiere<br>Mensch | ENERGIEQUELLEN<br>Licht<br>Wärme<br><br>STOFFE<br>Wasser<br>Kohlendioxid<br>Sauerstoff<br>Nährstoffe (N, P, K, S, Ca, Mg, Fe)<br>Spurenelemente (B, Mn, Zn, Cu)<br>Sonstige (NaCl, Pb)<br><br>RAUMBESCHAFFENHEIT<br>verfügbarer Raum<br>Medien (Luft, Wasser, Eis, Boden)<br>Substrat (Borke für Epiphyten)<br>Druck<br><br>MECHANISCHE EINWIRKUNGEN<br>Beschädigung (durch Verbiß, Schnitt, Brand)<br>Verbiegung<br>Losreißen haftender Pflanzen<br>Zerstörung |

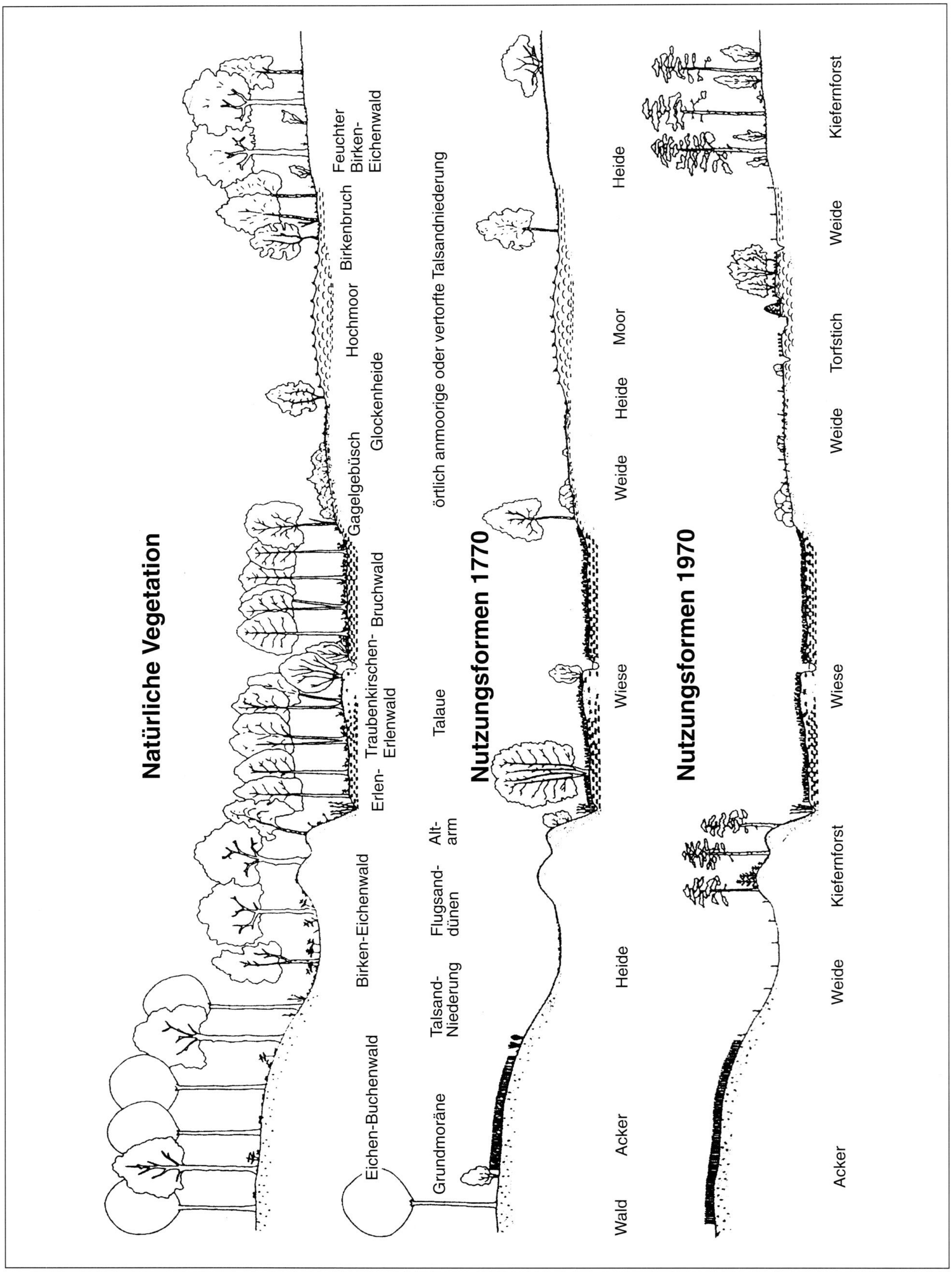


**Abb. 5:** Vegetationsentwicklung einer Landschaft mit natürlicher Vegetation unter dem Einfluß landwirtschaftlicher Nutzung im mittleren Wümmetal; nach Krause & Schröder (1966), Glavac (1996).

**Pflanzen sind Lebewesen, die dem Prinzip der Wechselwirkung mit ihren „Artgenossen“ und mit den Bedingungen, die sie am Standort vorfinden, unterliegen. Sie lassen nur bestimmte Artengemeinschaften zu, die wir als Pflanzengesellschaften bezeichnen. Diese sind somit gesetzmäßige, von ihrer Umwelt abhängige, konkurrenzbedingte und unter gleichen Standortsfaktoren wiederkehrende Kombinationen von Pflanzenarten.**

Pflanzengesellschaften lassen sich auch als funktionierende Einheiten bezeichnen, die durch die Wechselbeziehungen zwischen den einzelnen Gliedern der Gemeinschaft und der herrschenden Standortsbedingungen entstanden sind. Sie zeichnen sich durch eine beschreibbare Artenzusammensetzung aus, die sich deutlich von anderen Kombinationen durch das Vorkommen oder Fehlen bestimmter Arten unterscheiden läßt. Ferner müssen bedingt durch die übereinstimmenden Standortsmerkmale verwandtschaftliche Beziehungen zwischen ähnlichen Pflanzengesellschaften erkennbar sein.

### Die Rolle des Menschen

Bisher blieb ein wichtiger Faktor kaum erwähnt, der aber heute immer mehr an prägender Bedeutung gewinnt, nämlich die beeinträchtigende Wirkung, die der Mensch auf die Naturlandschaften und die darin enthaltenen Lebensgemeinschaften ausgeübt hat und ausübt. Durch die jahrtausendelange Siedlungstätigkeit und die zahllosen menschlichen Beeinflussungen wurden und werden die Pflanzengesellschaften nachhaltig verändert. Es entstanden neue Lebensgemeinschaften wie zum Beispiel die Grünländer der Tallagen oder die Ruderalfluren, andere wie die Feuchtlebensräume oder die Trockenstandorte wurden flächen- und zahlenmäßig so weit dezimiert, daß sie heute sehr selten geworden sind. Aber auch die Mobilität der Menschen schuf Veränderungen, die Pflanzen aus fernen Ländern einwandern ließ; andere konnten sich auf neu geschaffenen Transportwegen wie Straßenböschungen oder Bahndämmen weiter verbreiten, als dies von Natur aus möglich gewesen wäre. Der Mensch muß daher mittlerweile als ein Faktor der ganzheitlichen Wechselbeziehungen in die Definition der Pflanzengesellschaft mit aufgenommen werden.

## 2.3 Die Entwicklung von Pflanzengesellschaften

Die **zeitliche Komponente** spielt bei der Entwicklung einer Pflanzengesellschaft eine sehr wichtige Rolle. Aber nicht nur die Standortsfaktoren oder die Sukzession im Laufe der Zeit verändern Pflanzengemeinschaften. Auch die gesellschaftsspezifische Umgestaltung der bestandsinternen Lebensbedingungen durch die Interaktionen der Pflanzen untereinander verändern die Pflanzengemeinschaften. Sie verändern ihren bewohnten Standort, was seinerseits die Strukturbeschaffenheit des Pflanzenbestandes beeinflußt. So besteht ein Beziehungsgefüge von biotischen und abiotischen Bestandteilen. Innerhalb des Pflanzenbestandes wird die Strahlungsintensität, die Niederschlagsmenge, die relative Luftfeuchte und der Boden samt seiner Profilmorphologie mit den physikalischen, chemischen und biologischen Eigenschaften einer Veränderung unterzogen.
Eine Vegetationsaufnahme kann daher immer nur eine **Momentdarstellung** der jeweiligen Gesellschaft sein, daher muß durch die Bestimmung des Entwicklungsstadiums der zeitliche Zustand einer Gesellschaft eingeschätzt werden. Zur Beschreibung dieses Entwicklungszustandes verwenden Vegetationskundler mehrere Begriffe, die im folgenden Abschnitt erläutert werden.
Am Beginn einer jeden Vegetationsentwicklung steht, ausgehend vom unbewachsenen Rohboden, die **Pioniergesellschaft.**

**Pioniergesellschaften umfassen häufig Arten mit hoher vegetativer und generativer Ausbreitungseffizienz.**

Diese sind überall dort vorzufinden, wo Land oder besiedelbare Fläche neu entsteht, wie Kiesflächen an Flüssen, Vermurungsbereiche in Gebirgen, Sandbänke an den Meeresküsten oder vom Menschen genutzte und wieder aufgelassene Ruderalplätze. Typische Pioniergesellschaften sind Meersenf-Spülsäume, einjährige Trittgesellschaften, Ackerunkrautfluren oder Wasserlinsendecken. Sie verändern Standorte so, daß diese für die Pioniergesellschaft selbst ungünstiger werden, jedoch die Ansiedlung neuer Folgegesellschaften ermöglichen.
Schließlich wird die Pioniergesellschaft durch die Folgegesellschaft gänzlich verdrängt. Dieser Vorgang, der die zeitliche Entwicklung der Vegetation eines Standortes umschreibt, wird als **Sukzession** bezeichnet.

**Als Sukzession wird die Vegetationsentwicklungsreihe oder die Serie von Pflanzengesellschaften verstanden, die an einem Standort im Laufe der Zeit entsteht.**
J. Pfadenhauer

Diese umfaßt sowohl die jahreszeitlich bedingten **kurzfristigen** Veränderungen als auch die **langfristigen** evolutiven und historischen. Durch die an einem Standort herrschenden Wechselwirkungen verändern sich im Laufe der Zeit auch die Standortsbedingungen, die Wachstumsfaktoren und die entwicklungssteuernden Eingriffe. Beispiele dafür sind zunehmende Nährstoffzufuhr, Erhöhung des Samenvorrates in der oberen Bodenschicht, Veränderung der Lichtverhältnisse oder das Anwachsen der Humusschicht im Oberboden.
Vier Typen von **Sukzessionen** lassen sich unterscheiden:

1. **Primäre Sukzession** – ausgehend vom Rohboden (z.B. Ausediment); Abfolge: Pionierstadium → mehrere Übergangsstadien → Endstadium
2. **Sekundäre Sukzession** – ausgehend von einer bereits besiedelten Fläche, die noch nicht das Schlußstadium erreicht hat; Abfolge: Sekundäres Übergangsstadium 1 → Sekundäres Übergangsstadium 2 → Endstadium

3. **Progressive Sukzession:** Verläuft in Richtung des Klimaxstadiums
4. **Regressive Sukzession:** Verläuft in umgekehrter Richtung (Wald → Tollkirschen-Schlagflur nach Kahlschlag)

Der Folgezustand im Anschluß an die Pioniergesellschaft wird als **Übergangsstadium** bezeichnet, mehrere Phasen von Übergangsstadien können zustande kommen.

**Übergangsstadien können sehr unterschiedlich sein und richten sich nach Standort und Nutzung. Sie sind stets wesentlich artenreicher als Pioniergesellschaften und oft sogar artenreicher als Endgesellschaften.**

Das Entwicklungsziel einer jeden Pflanzengesellschaft ausgehend von der Pioniergesellschaft über verschiedene Übergangsstadien ist das klimatisch bedingte Endstadium der Entwicklung, das als **Klimaxgesellschaft** oder **zonale Schlußgesellschaft** bezeichnet wird. Ab diesem Zeitpunkt finden nur noch rhythmische, jahreszeitliche Veränderungen statt.

**Als Klimaxgesellschaft wird der vergleichsweise stabile Zustand einer Vegetationsentwicklung bezeichnet, in dem nur noch zyklische (= jahreszeitliche) Vorgänge, aber keine gerichtete Weiterentwicklung mehr stattfindet.**
**Zonal = Im Gleichgewicht mit dem Großklima (z. B. Borealer Nadelwald)**

Das Reifen von Pflanzengesellschaften geht in den meisten Fällen mit der mehr oder weniger intensiven Bodenbildung einher. Erst wenn sich tiefgründigere, humusreiche Böden gebildet haben, wird die Gesellschaft eine artenreichere und strukturiertere Ausprägung aufweisen können.
Da ja heute nicht alle Landschaften mit den darin herrschenden Standortsfaktoren als natürlich anzusprechen sind, kann auch nicht überall das Endstadium der Entwicklung erreicht werden. Dies zeigt sich vor allem, wenn natürliche Gesellschaftsausprägungen durch den Menschen verändert wurden und sich andere Entwicklungsstadien gebildet haben. Diese folgen zwar den Standortsbedingungen, wären von Natur aus aber anders verlaufen. Dann sprechen die Vegetationskundler von **Dauergesellschaften** oder **azonalen Klimaxgesellschaften**. Sie stehen mit den Bodeneigenschaften und dem Klima im Gleichgewicht, stellen aber nicht die von Natur aus potentielle Gesellschaft an dem betreffenden Standort dar.

**Azonal = Im Gleichgewicht mit speziellen Bodeneigenschaften (z.B. Erlenbruchwald)**
**Extrazonal = Im Gleichgewicht mit einem regionalen Geländeklima (z.B. Süd-, Nordhang)**

Das Endglied der Vegetationsentwicklung ist also nicht zwingend identisch mit der potentiellen natürlichen Vegetation, weil bei einer azonalen Vegetationsentwicklung Änderungen der abiotischen Faktoren ausgeschlossen werden, die bei der zonalen Entwicklung bis zur Schlußgesellschaft jedoch stattfinden.
Im Zuge der anthropogenen Veränderungen der mitteleuropäischen Landschaften von einer weitgehend bewaldeten Naturlandschaft zu einer naturnahen Kulturlandschaft wurde der Begriff der **Ersatzgesellschaft** geprägt. Darunter werden Pflanzengemeinschaften verstanden, die anstelle der natürlichen Vegetation (meist vielfältige Waldgesellschaften) deren Wuchsorte einnehmen und geänderten abiotischen Faktoren folgen. Ersatzgesellschaften sind die Ackerunkrautfluren, sämtliche Formen von Wiesen in Tallagen sowie anthropogene Heiden.

## 2.4 Das System der Pflanzengesellschaften

Die Pflanzengesellschaften sind, ähnlich dem hierarchischen Prinzip der Pflanzensystematik, zu einer Rangordnung zusammengefaßt, die Gesellschaftsverwandtschaften herstellt. Dieser Systematik liegt der Code der pflanzensoziologischen Nomenklatur zugrunde, der zum Ziel hat, vergleichbare und allgemein gültige Benennungen der verschiedenen Gesellschaften zu schaffen. Eine Typisierung der Pflanzengesellschaften erfolgt mit dem Ziel, Aussagen über regional erarbeitete Vegetationstypen zu generalisieren und den Gültigkeitsbereich der an konkreten Beständen gewonnenen Erkenntnisse abzugrenzen.
Am Beginn des Systems steht die Einzelgesellschaft, die als **Assoziation** bezeichnet wird:

**Die Assoziation ist eine Artenkombination, die unter gleichartigen Standortsbedingungen einheitliche Ausprägungen zeigt. Als grundlegende Einheiten der Systematik sind Assoziationen durch eine bezeichnende Artenverbindung einschließlich der in ihnen mit eindeutigem Häufigkeitsschwerpunkt vertretenen Kenntaxa ausgezeichnet.**

K. Dierssen

Eine Assoziation ist durch ihre **charakteristische Artenkombination**, d. h. durch **Charakterarten** sowie Begleiter gekennzeichnet.

### Charakter- oder Kennarten (Kenntaxa)

Eine wesentliche Eigenschaft zur Bildung von Gesellschaften ist, daß Arten eine mehr oder weniger starke Bindung (Gesellschaftstreue) an eine Gesellschaft zeigen. Pflanzen, die innerhalb einer Gesellschaft einen deutlichen Verbreitungsschwerpunkt aufweisen und eine Assoziation festlegen, werden als **Charakter- oder Kennarten** bezeichnet. Als Gesellschaftstreue wird der Grad der Beschränkung einer Sippe auf einen Vegetationstyp definiert. Braun-Blanquet (1964) nennt fünf Treuestufen, die über die Stetigkeit und Artmächtigkeit gekennzeichnet werden:

- *treu:* Arten bleiben ausschließlich oder überwiegend auf einen Vegetationstyp beschränkt
- *fest:* Arten haben einen deutlichen Schwerpunkt, sind aber zugleich mit geringerer Stetigkeit und/oder Deckung auch in anderen Vegetationstypen vertreten

- *hold:* Arten sind mit relativ hoher Stetigkeit in verschiedenen Vegetationstypen vertreten
- *vag:* Arten haben keine deutliche Bindung an einen Vegetationstyp (Begleitende Art)
- *fremd* (zufällig): Arten haben in einem anderen Vegetationstyp mindestens einen deutlichen Schwerpunkt ihres Aufretens

Als Kernproblem bei der Bestimmung von Kennarten hat sich vielfach gezeigt, daß der diagnostische Wert von kennzeichnenden Arten geographisch begrenzt bleibt. Während das Verbreitungsareal der betreffenden Art weiter reichen kann, folgt die Kennart den lokal bestimmten klimatischen und edaphisch-geologischen Rahmenbedingungen. Deshalb unterscheidet man folgende Kennarten:

- *lokale Kennarten:* Sie sind in einem Teilgebiet des Gesellschaftsareal "treu"
- *regionale Kennarten:* Sie sind im gesamten Gesellschaftsareal „treu", haben aber als Sippen ein weiteres Verbreitungsgebiet als die Gesellschaft
- *allgemeine Kennarten:* Die Arten besitzen eine weitgehende Deckung von Art- und Gesellschaftsareal

### Trenn- oder Differentialarten

Daneben gibt es Pflanzenarten, die in nahe verwandten Gesellschaften vorkommen und die eine Gesellschaft von der anderen unterscheiden. Demnach werden diese Arten **Trenn- oder Differentialarten** genannt. Sie beschreiben vor allem Untergesellschaften (Subassoziationen), also kleinere Einheiten von Assoziationen, die meist durch Standortsunterschiede definiert sind oder regionale Unterscheidungen von Einzelgesellschaften darstellen. Noch kleinere Untereinheiten werden als Variante, geographische Rasse, Phase oder Fazies bezeichnet.

### Verband – Ordnung – Klasse

Assoziationen werden als grundlegende nomenklatorische Einheit aufgefaßt. So wie in der Sippensystematik mehrere Arten aufgrund gemeinsamer übergreifender Merkmale zu einer Gattung zusammengeschlossen werden, schließt man in der Systematik der Pflanzengesellschaften (= Synsystematik) mehrere Assoziationen zu einem **Verband** zusammen. Entsprechend schließen Verbandscharakterarten mehrere Verbände zur **Ordnung** zusammen. Die höchste pflanzensoziologische Kategorie ist die **Klasse**, die mehrere Ordnungen enthält. Während der Begriff „Assoziation" einen konkreten Pflanzenbestand in der Natur umschreibt, sind Verband, Ordnung und Klasse abstrakte Gebilde, die abgestuften Ähnlichkeiten in der jeweiligen Artenkombination folgen und nicht direkten Verwandtschaftsgraden.
Um die Rangordnung der Gesellschaften kenntlich zu machen, wurden **vereinheitlichende Endungen** geschaffen, die die nachfolgende Tabelle zusammenfaßt:

**Tab. 4:** Systematik der Pflanzengesellschaften.

| Einheit | Charakteristika | Endung | Beispiel |
|---|---|---|---|
| Klasse | Klassen-Charakterarten | **-etea** | Erico-Pinetea |
| Ordnung | Ordnungs-Charakterarten | **-etalia** | Erico-Pinetalia |
| Verband | Verbands-Charakterarten | **-ion** | Erico-Pinion |
| Assoziation | Assoziations-Charakterarten | **-etum** | Erico-Pinetum |
| Subassoziation | Differentialarten | **-etosum** | Erico-Pinetum hylocomietosum |
| Variante | – | – | Erico-Pinetum hylocimietosum Dryas-Variante |

## 2.5 Die Höhenstufen

Die Abfolge der Vegetation und die Verbreitung der Pflanzengesellschaften richten sich nicht nur nach standörtlichen (abiotischen) Unterschieden, sondern folgen vor allem auch der Höhenlage. Diese kann in Mitteleuropa von 0 bis mehr als 3500 m reichen, womit dramatische Änderungen der Klimaelemente wie Temperatur, Niederschlag, Einstrahlungszeit, Luftfeuchte und Windrichtung verbunden sind. Mit zunehmender Meereshöhe fällt die Dichte der Luft ab, die Strahlungsintensität steigt, die mittleren Temperaturen fallen, die Häufigkeit und die Heftigkeit des Windes steigt an und die Länge der Vegetationsperiode verkürzt sich. Diese Dauer von Sommer und Winter führt zu deutlichen und drastischen Unterschieden innerhalb der Vegetation. Zusätzlich ist in den Gebirgen in Luv-Lagen mit einer erhöhten Nebel- und Wolkenbildung sowie mit vermehrtem Niederschlag zu rechnen.

Es werden sieben **Höhenstufen** unterschieden, die jeweils einen Bereich an Höhenmetern charakterisieren. Denn es bestehen zusätzlich Abweichungen entsprechend der geographischen Lage. Ein Höhengradient in den Südalpen unterscheidet sich von dem am Alpennordrand oder vom inneralpinen Raum. Die nachfolgende Unterteilung gilt in Anlehnung an Häupler (1970) und Landolt (1983) für das temperate Mitteleuropa:

**1 Planare Stufe 0 – 200 m**
Die Tieflandstufe, die vom Meeresniveau bis in die Tieflandbecken reicht, niederländisches, norddeutsches, polnisches Tiefland. Die Vegetation besteht aus spezialisierten Pflanzengesellschaften der Meeresküsten mit Watt und Sanddünen, ferner anthropogenen Heiden und Grasländern. Zur natürlichen Vegetation gehören Moor- und Hochmoorgesellschaften.

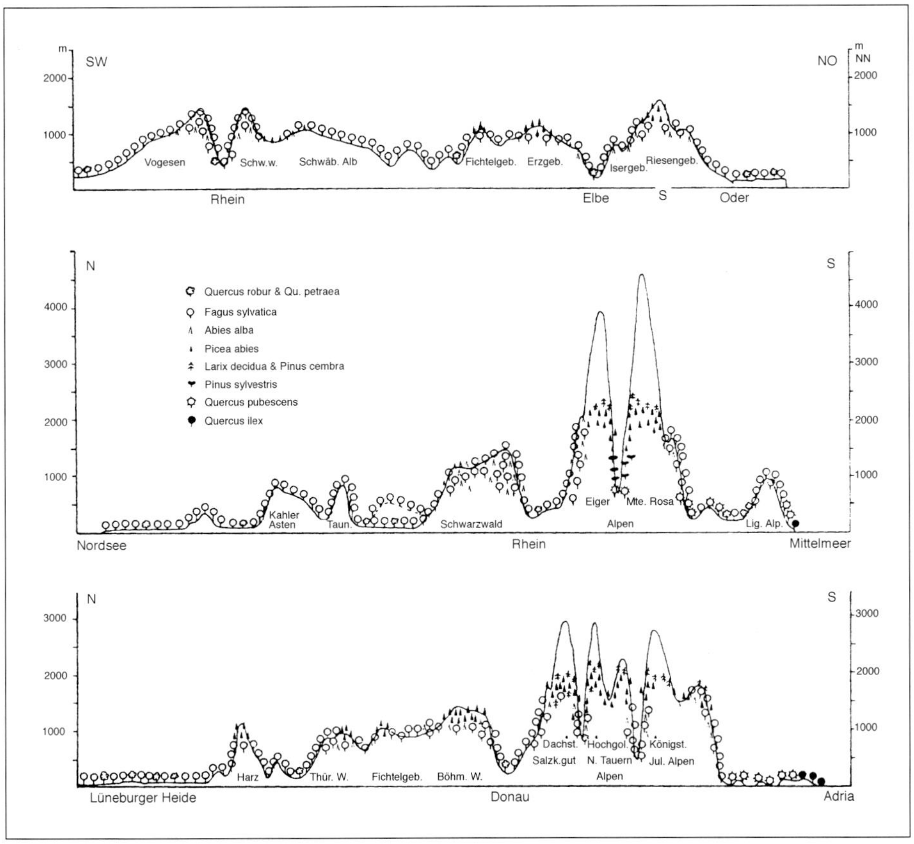


**Abb. 6:** Schematisierte Quer- und Längsschnitte der Vegetationsabfolge in Mittel- und Südeuropa nach HÄUPLER (1970); Bild 1: Querschnitt von West nach Ost; Bild 2: Längsschnitt von Nord nach Süd auf der Höhe Westdeutschlands (Rhein); Bild 3: Längsschnitt von Nord nach Süd auf der Höhe Mitteldeutschlands.

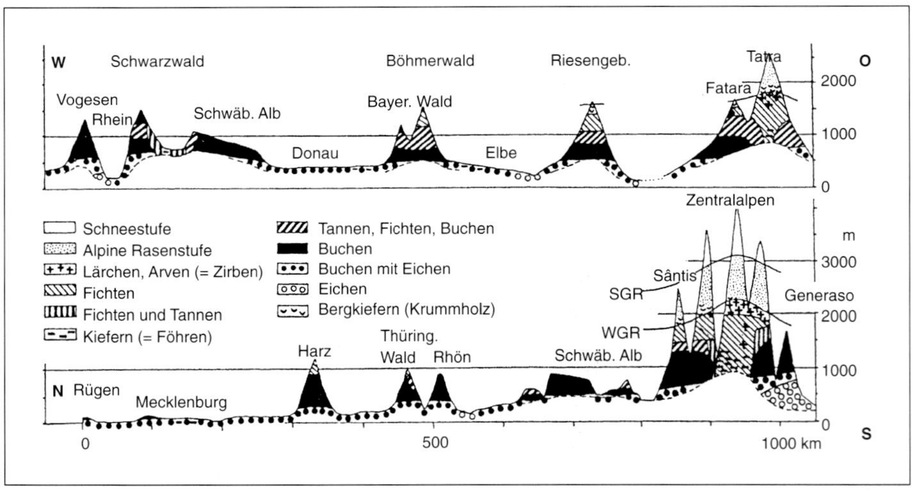


**Abb. 7:** Höhenstufenverteilung der Vegetation in den Ostalpen und ihrem Vorland samt der potentiellen Klimaxvegetation; nach WALTER (1979).

| | Harz | Bayer. Wald | Nördl. Randalpen | Zentralalpen |
|---|---|---|---|---|
| planar | 0 – 100 | | | |
| kollin | 100 – 200 | – 300 | – 400 | 400 – 500 |
| submontan | 200 – 400 | 300 – 500 | 400 – 600 | 500 – 800 |
| montan | 400 – 900 | 500 – 1100 | 600 – 1200 | 800 – 1400 |
| subalpin | >900 | >1100 | 1200 – 1800 | 1400 – 2300 |
| alpin | | | 1800 – 2700 | 2300 – 3000 |
| nival | | | >2700 | >3000 |

**Tab. 5:** Varianz der Höhenstufen gemäß dem Kontinentalitätsgefälle nach PFADENHAUER (1993).

**2 Kolline Stufe 200 – 400 m**
Die wärmebegünstigte Hügelstufe. Die typische Vegetation besteht aus trockenwarmen-Eichenmischwäldern mit Eiche, Esche, Feld- und Spitzahorn, Winterlinde, Feldulme und vereinzelt Hainbuche, die Buchen fehlen hauptsächlich oder sind nur vereinzelt eingestreut, ferner aus Steppenrasen (Pannonischer Raum).

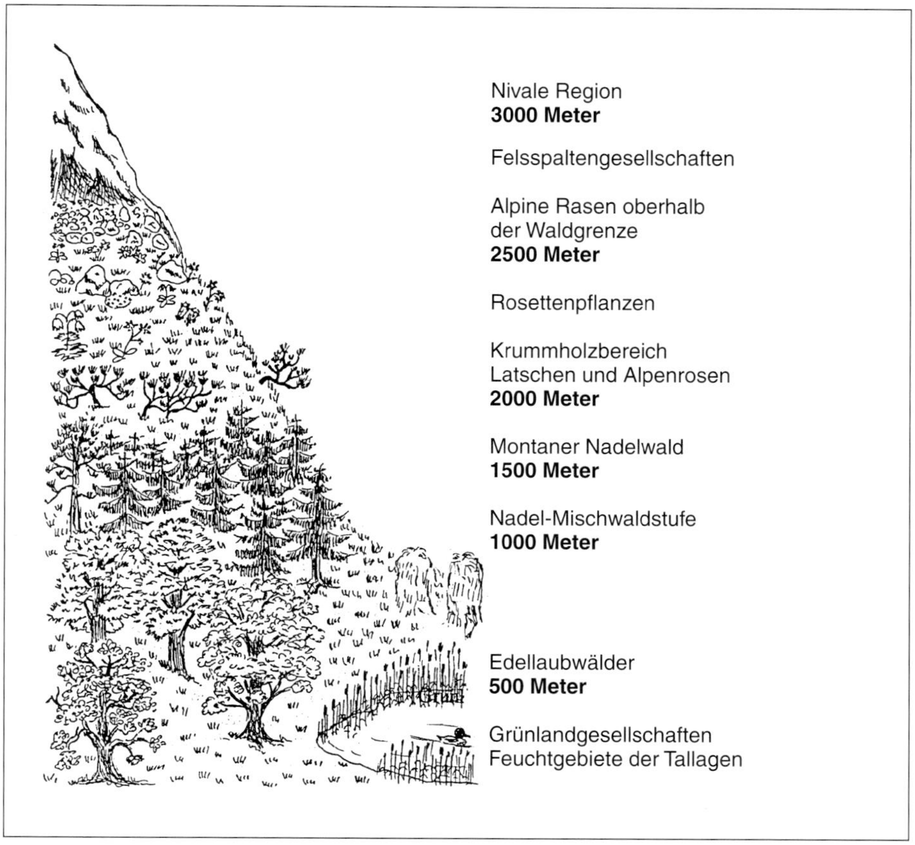


**Abb. 8:** Übersicht der Höhenstufen mit Angabe der Vegetationsgürtel (Grafik: Eva Oberauer).

**3 Submontane Stufe 400 – 800 m**
Warme Randlagen der Mittelgebirge und größere Flußtäler; nördliches und östlich-südöstliches Alpenvorland und Tiefebenen; größere Alpentäler. Auf frischen Hängen dominieren Buchenwälder, auf trockenen Eichen-Hainbuchenwälder. In den Inneralpen kommen Stieleichen- und Rotföhrenwälder dazu.

**4 Montane Stufe 800 – 1500 m**
In den Randalpen mit Fichten-Tannen-Buchenwald; untermontan von Buchenwäldern, in den Inneralpen von Fichtenwäldern bewachsen, hochmontan durch Fichtenwälder gekennzeichnet. In den Zwischenalpen herrschen meist Fichten-Tannen-Wälder vor, in den Inneralpen Fichten- sowie Fichten-Lärchenwälder. Wird auch als die Bergstufe oder Bergwald-Voralpenstufe bezeichnet. Die Übergangszone zur subalpinen Stufe kann auch als hochmontan (1500 – 1800 m) bezeichnet werden.

**5 Subalpine Stufe 1500 – 2300 m**
Diese Stufe liegt zwischen der Baum- und Waldgrenze und umfaßt den Kampfwald- und Krummholzbereich. Legföhren, Grünerlen- und Alpenrosengebüsche sowie aufgelokkerte Fichten-, Lärchen- und Zirbenwälder kennzeichnen die Vegetation. Die Waldgrenze ist meist anthropogen bedingt herabgesetzt. Beginn der alpinen Rasengesellschaften.

**6 Alpine Stufe 1900 – 2800 m**
Mit Ausnahme der Zwergsträucher gehölzfreie, im Winter stets mit Schnee bedeckte Vegetation; unteralpin Zwergstrauchheiden, oberalpin mehr oder weniger geschlossene Rasengesellschaften auf relativ günstigen, nicht zu steilen Hängen mit Bodenauflage; Sonderstandorte wie Windkanten, Felsspalten, Schuttfluren und Schneetälchen.

**7 Nivale Stufe ab 2800 m**
Die Nivale Stufe wird auch als Schnee-Stufe bzw. Stufe des ewigen Schnees bezeichnet und umfaßt Pionierstandorte in den Hochgebirgen der Zentralalpen. Samenpflanzen können nur noch auf begünstigten Standorten vorkommen, die entweder windgeschützt sind oder über erhöhte Feinerdeanteile (Felsspalten) verfügen. Meist besteht die Vegetation aus Algen in und auf Gletschern, vereinzelten Flechten und Moosen.

## 2.6 Pflanzengesellschaften und Standortsfaktoren

Auf die Pflanzen wie auch auf die Artenkombinationen wirken eine charakteristische Auswahl verschiedener Standortsfaktoren ein, die unmittelbar die Entwicklungs- und Lebensprozesse bestimmen. Jede Pflanze zeigt unter Wettbewerbsbedingungen ein typisches **ökologisches Verhalten.** Dennoch darf daraus nicht geschlossen werden, daß die offensichtliche Vorliebe für einen Standort die physiologischen Ansprüche einer Art zur Gänze charaktersiert. Denn unter standardisierten Bedingungen (= Wegfallen der Konkurrenz an einem Standort) können Pflanzen weiter verbreitet sein, als dies in der Natur der Fall ist. Deshalb muß von einer physiologischen Amplitude einer bestimmten Pflanze gesprochen werden. Die Fähigkeit einer Art, sich unter Standortsverhältnissen im Optimum der physiologischen Amplitude zu bewegen und andere Arten zu verdrängen, drückt die Konkurrenzkraft dieser Pflanzenart aus.

Das Diagramm der physiologischen Amplitude stellt das Verhältnis von Feuchtigkeitsanspruch und Bodenreaktion gegenüber und weist ein Maximum und ein Optimum aus. Ferner kann aus diesem Diagramm die bevorzugte Verbreitung der Art bei herrschendem Wettbewerb mit anderen Arten abgelesen werden.

Das Beispiel der Waldkiefer zeigt, daß dieser Baum in Bezug auf die physiologischen Ansprüche eigentlich überall vorkommen könnte und ein Optimum im Zusammenwirken von durchschnittlicher Feuchtigkeit und neutralem Boden hat. Bei Konkurrenz aber, und das entspricht dem tatsächlichen Zustand, wird sie durch die anderen Baumarten in den äußersten Randbereich ihrer ökologischen Amplitude verdrängt und muß auf karge, bodensaure und trockene Standorte ausweichen. Es muß also die Gesamtheit der Standortsansprüche einer Pflanzenart herangezogen werden, um das ökologische Verhalten exakt zu charakterisieren.

Folgende Standortsfaktoren wirken auf die Pflanzen ein:

- Strahlung: Licht, Lichtmangel
- Temperatur: Wärme, Hitze, Kälte
- Wasser: Überschuß und Knappheit
- Chemische Faktoren: Verfügbare Nährstoffe wie Stickstoff, Phosphor, Kalium; Bodenreaktion (pH-Wert) als Indikator für Verfügbarkeit
- Mechanische Faktoren: Wind, Bodenumlagerung, Schnee, Feuer
- Biotische Faktoren: Wechselwirkungen von Tier und Mensch, Nutzung; gegenseitige Beeinflussung

Welche Standortfaktoren eine Pflanze bevorzugt, wird mit der Endung „-liebend" oder „-phil" ausgedrückt: stickstoffliebend, wärmeliebend, feuchteliebend usw. (= nitrophil, xerophil, hygrophil)

### Licht

**Schattenzeiger – Halbschattenzeiger – Lichtzeiger – Starklichtzeiger**

Licht bildet die Voraussetzung für die Ernährung der Pflanzen, die bestimmte Komponenten der Sonneneinstrahlung als Antrieb der Photosynthese verwenden. Hier spielt die Beschattung bzw. das Ausrichten gegenüber dem Starklicht eine entscheidene Rolle. Unter Starklicht wird die direkte Besonnung von Pflanzenteilen verstanden, die vor allem an der Oberfläche oder am Rand eines Bestandes am größten ist. Dem entgegengesetzt wirkt die Beschattung von Pflanzen und Pflanzenteilen durch andere innerhalb eines Bestandes. Für die Pflanzen ist es daher wichtig, wo sie im Gelände angesiedelt sind, welche Exposition und Neigung der Standort zur Sonneneinstrahlung hat, ob dieser beispielsweise innerhalb eines geschlossenen Waldes oder auf einem Bergrücken liegt. Die Ansprüche der Pflanzen schwanken

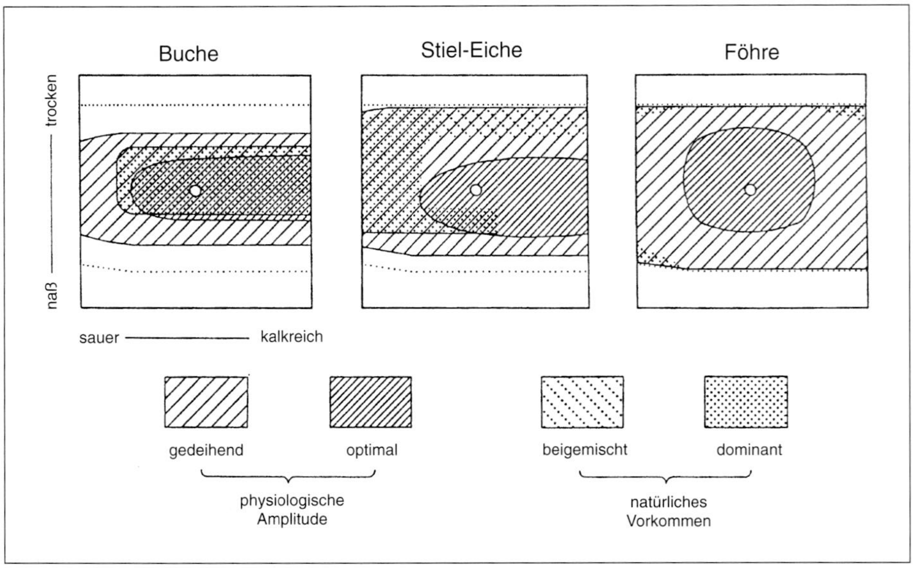


**Abb. 9:** Ökologische Amplitude der Waldkiefer (Pinus sylvestris) im Vergleich mit Buche und Stiel-Eiche in Hinblick auf Bodensäure und Bodenfeuchtigkeit in Mitteleuropa. Der kleine Kreis kennzeichnet die mittleren Standortsverhältnisse; nach STRASBURGER (1978) und ELLENBERG (1996), verändert.

von weniger als 1 % bis 100 % Lichtgenuß. Schattenpflanzen benötigen weniger als 5 %, Halbschattenpflanzen 10 % und Lichtpflanzen mehr als 50 %. Die Beleuchtungsintensität des Bodens ist im Laufe des Jahres ebenfalls starken Schwankungen unterworfen, vor allem an Waldstandorten. Dies hängt mit dem Rhythmus der Laubbäume zusammen, die den Waldboden nur über einige Monate des Jahres beschatten, in der restlichen Zeit aber Starklichtwirkungen selbst am Boden zulassen. Das Vorherrschen oder Ausbleiben von Licht regelt auch physiologische Vorgänge, wie zum Beispiel Keimungsvorgänge der Samen oder die Gestalt der Pflanzen. Beschattung im Pflanzenbestand fördert etwa das Streckungswachstum der Sproßachsen.

### Temperatur

**Kältezeiger – Kühlezeiger – Wärmezeiger – Hitzezeiger**
Die Wärmeeinstrahlung auf den Boden hängt von der Breitenlage, der Meereshöhe, der Exposition und Hangneigung sowie von der Oberflächenstruktur der Vegetation ab. Hier können sich Pflanzen durch die Dichte und Höhe der Vegetation, aber auch durch ihren Bau beeinflussen. Der Wärmehaushalt bildet einen wesentlichen Faktor für die Vegetationsgliederung. Vor allem die Bilanz zwischen Tageserwärmung und nächtlicher Abstrahlung sowie die Extremtemperaturen im Sommer und Winter stellen für die Pflanzen entscheidende Faktoren dar. Hitze- und Kältestreß werden von den Pflanzen mit speziellen Anpassungen bewältigt. Die Temperatur steuert aber auch die jahreszeitliche Entwicklung der Pflanzendecke.

### Wasser

**Trockniszeiger – Frischezeiger – Feuchtezeiger – Nässezeiger – Wechselwasserzeiger**
Der Wasserhaushalt ist oft für kleinräumigste Schwankungen der Vegetationsausbildung verantwortlich. Die Wasserversorgung wird durch die Niederschläge (Regen, Schnee, Tau, Nebel), durch Grund- und Stauwasser (kapillarer Anstieg in den Wurzelraum, Überstau durch Anstieg über die Bodenoberfläche) sowie durch periodische oder unregelmäßige Überschwemmungen (Meeresküsten, Flußtäler, Aulandschaften) gewährleistet. Für die Vegetation ist die Anzahl der trockenen und feuchten Monate während eines Jahres entscheidend. Innerhalb der Klimazonen treten aber noch zusätzlich Differenzierungen hinsichtlich der Lage zum Meer (Kontinentalität – Ozeanität) und der Höhenlage (Gebirgsgliederung) auf. Die Vegetation läßt sich hinsichtlich der Verfügbarkeit der Wasserpotentiale des Bodens, der Pflanze und der Atmosphäre in mangelhaft, optimal und überdurchschnittlich versorgte Arten unterteilen.
**Humidität/Aridität:** Wenn das Verhältnis des mittleren monatlichen Niederschlages in mm (l/m$^2$) zur mittleren Monatstemperatur in °C größer als 2:1 ist, spricht man von humiden Gebieten, wird dieses Verhältnis unterschritten, liegt ein arides Gebiet vor.
**Ozeanität/Kontinentalität:** Sehr milde Winter mit Monatsmitteln oberhalb 0 °C, kühle und wolkenreiche Sommer mit einer Temperaturamplitude um 10 °C, ein Niederschlagsmaximum im Winter und ausgedehnte Übergangsjahreszeiten kennzeichnen ozeanisch geprägte Gebiete. Hier herrscht eine ganzjährige Vegetationsperiode vor. Kontinentale Gebiete sind durch eine Jahrestemperatur-Amplitude gekennzeichnet, die bis zu 40 °C ansteigen kann. Dabei fällt die winterliche Abkühlung bis unter – 30 °C. Das Niederschlagsmaximum liegt im sehr warmen Sommer, die Vegetationsperiode ist auf die Sommermonate (halbjährig) beschränkt. Die Übergangsjahreszeiten dauern sehr kurz oder fallen überhaupt aus.

### Nährstoff- und Basenversorgung

**nährstoffarm-oligotroph, mäßig stickstoffreich-mesotroph, stickstoffreich-eutroph, übermäßig stickstoffreich-plytroph**
Für das Wachstum und die Reproduktion von Pflanzen sind zahlreiche chemische Elemente notwendig, um eine ausreichende bis optimale Versorgung zu gewährleisten. Sie werden als **Nährstoffe** bezeichnet und bestehen vor allem aus Stickstoff und Phosphor, während Calcium- und Magnesiumverbindungen **Basen** genannt werden. Das Vorliegen der Nährstoffe an einem Standort wird auch als Mineralstoffversorgung bezeichnet, ein Wuchsort kann also gleichzeitig basenreich und nährstoffarm sein. Der Mineralstoffgehalt des Bodens hängt von den Eigenschaften des Ausgangsgesteines ab, aus dem er sich entwickelt hat: Kalk – basenreich, Silikat – mittlere bis gute Basenversorgung, Quarz – basenarm. Als Indikator für die Mineralstoffversorgung kann in den meisten Fällen der pH-Wert herangezogen werden, der Auskunft über die Wasserstoffionenkonzentration gibt.

### Boden

**Säurezeiger – Mäßigsäurezeiger – Basenzeiger – Kalkzeiger**
Zur ganzheitlichen Beurteilung von Pflanzengesellschaften ist es unbedingt notwendig, den **Boden** mit einzubeziehen, auf dem die Pflanzengesellschaft aufwächst. Als Basis für die Pflanzen beeinflußt er maßgeblich die Wasser- und

**Tab. 6:** Unterschiede in der Pflanzendecke zw. kalkreichen Böden und kalkarmen /Silikat – Böden; nach Pfadenhauer (1993).

| | Silikat | Kalk |
|---|---|---|
| Alpide Arten | *Gentiana acaulis* | *Gentiana clusii* |
| | *Rhododendron ferrugineum* | *Rhododendron hirsutum* |
| | *Phyteuma hemisphaericum* | *Phyteuma orbiculare* |
| Alpine Rasen | Borstgrasrasen | Rostseggenrasen |
| | Krummseggenrasen | Blaugras-Horstseggenrasen |
| Moore | Braunseggenried | Davallseggenried |
| Heiden | Zwergstrauchheiden | Kalkhalbtrockenrasen |
| Wälder | Hainsimsen-Buchenwald | Orchideen-Buchenwald |

Nährstoffversorgung sowie die Durchwurzelung, die den Pflanzen den notwendigen Halt gibt. Böden sind das Ergebnis einer langen Entwicklung **bodenbildender Prozesse** wie Verwitterung, Durchmischung, Verlagerung, Versauerung und Humusbildung. Aus ihrem charakteristischen Aufbau und ihren Merkmalen wie Farbe, Gefüge und Fleckung kann die Geschichte ihrer Entstehung abgelesen werden. Sie sind auch Ausdruck bestimmter vorherrschender Standortsfaktoren.

**Kalkreiche und kalkarme** Böden in kühl-gemäßigten Klimagebieten der Gebirge oberhalb der Waldgrenze zeigen einen sehr klaren Unterschied in der Pflanzendecke. Wegen der dünnen Bodendecke werden Gesteinseigenschaften unmittelbarer wirksam als im Tiefland. Aber auch Moore und Heiden lassen sich entsprechend differenzieren (siehe Tab. 6, Beispiele nach PFADENHAUER 1993):

### Bodenart, Bodentyp, Bodenprofil

Vorerst müssen drei Begriffe unterschieden werden: Bodenart, Bodentyp und Bodenprofil.

Die **Bodenart** beschreibt die Korngrößenverteilung der einzelnen Bodenbestandteile wie Schluff, Sand, Ton, Lehm oder grobe Anteile, die in unterschiedlichen Mengenverhältnissen vorliegen. Die Größe der Partikel im Boden ist ein ökologisch aussagekräftiges Merkmal, vor allem das Verhältnis von sparrigem Skelett (>2 mm Ø) zu Feinerde (< 2 mm Ø) sowie die Menge der Kolloide. Nach dem Korngrößendurchmesser werden die Hauptbodenarten Sand (S), Schluff (U) und Ton (T) unterschieden. Hinzu kommt Lehm (L), der sich aus den drei zuvor genannten Komponenten zusammensetzt und eine Mittelstellung zwischen den Hauptbodenarten einnimmt. Die Bodenarten kennzeichnen auch unterschiedliche Bodeneigenschaften. Sandböden besitzen günstige physikalische Eigenschaften, während in Tonböden günstigere chemische Eigenschaften vorherrschen. Die Bodenart kann im Gelände durch die Fingerprobe bestimmt werden (siehe Kap. 3.4 Die Vegetationsaufnahme im Gelände, Abschn. Bodenkundliche Angaben). Als Kriterien dienen die Rauhigkeit, die Schmierfähigkeit, die Ausrollbarkeit und die Plastizität.

Vom **Bodentyp** spricht man, wenn die Anordnung der einzelnen Bodenschichten oder **Bodenhorizonte** entlang eines Bodenpro-

**Tab. 7:** Skala der Bodenschwere und der Bodenart in Bezug auf die Korngrößenverteilung (aus Mitteilungen der Österreichischen Bodenkundlichen Gesellschaft, Heft 13, 1969, S. 68).

| Bodenart | Symbol | Anteil der abschlämmbaren Teile |
|---|---|---|
| Sand | S | <10 % |
| schwach lehmiger Sand | Sl | 10 – 13 % |
| lehmiger Sand | lS | 14 – 18 % |
| stark lehmiger Sand bzw. stark sandiger Lehm | SL | 19 – 23 % |
| sandiger Lehm | SL | 24 – 29 % |
| Lehm | L | 30 – 44 % |
| toniger Lehm bzw. lehmiger Ton | LT | 45 – 60 % |
| Ton | T | >60 % |

| Bodenschwere | Bodenart | Symbol | Gehalt an Ton unter 2 μ | Gehalt an Schluff 2 – 60 μ | Gehalt an Sand 60 – 2000 μ |
|---|---|---|---|---|---|
| **I sehr leicht** | Sand | S | 0 – 5 | 0 – 30 | 65 – 100 |
| | | | 5 – 10 | 0 – 10 | 80 – 95 |
| | | | 5 – 10 | 10 – 15 | 80 – 85 |
| | schluffiger Sand | zS | 0 – 5 | 30 – 55 | 40 – 70 |
| **II leicht** | lehmiger Sand | lS | 5 – 10 | 15 – 55 | 35 – 80 |
| | | | 10 – 15 | 10 – 55 | 30 – 80 |
| | | | 5 – 10 | 10 – 15 | 75 – 80 |
| | sandiger Schluff | sZ | 0 – 15 | 55 – 75 | 10 – 45 |
| | Schluff | Z | 0 – 25 | 75 – 100 | 0 – 25 |
| **III mittel** | toniger Sand | tS | 10 – 25 | 0 – 10 | 65 – 90 |
| | sandiger Lehm | sL | 15 – 25 | 10 – 55 | 20 – 75 |
| | lehmiger Schluff | lZ | 15 – 25 | 55 – 75 | 0 – 30 |
| **IV schwer** | sandiger Ton | sT | 25 – 40 | 0 – 10 | 50 – 75 |
| | Lehm | L | 25 – 40 | 10 – 55 | 5 – 65 |
| | schluffiger Lehm | zL | 25 – 45 | 55 – 75 | 0 – 20 |
| **V sehr schwer** | lehmiger Ton | lT | 40 – 50 | 0 – 55 | 0 – 60 |
| | Ton | T | 50 – 100 | 0 – 50 | 0 – 50 |

**Tab. 8:** Skala der Bodenarten in Bezug auf den Anteil der abschlämmbaren Teile (aus Mitteilungen der Österreichischen Bodenkundlichen Gesellschaft, Heft 13, 1969, S. 69).

fils gemeint ist. Bodentypen zeigen unter ähnlichen Standortsbedingungen auch ähnliche Eigenschaften und Entwicklungsstadien, sie hängen unmittelbar vom Ausgangsgestein ab.
Als **Bodenprofil** wird ein senkrechter Schnitt durch den Boden bezeichnet, der von der Oberfläche bis zum Muttergestein reicht und die einzelnen Bodenschichten aufschließt.
Ein weiterer Begriff wird stets in Zusammenhang mit Pflanzengesellschaften auftauchen, nämlich der **Humusgehalt**. Abgestorbene Pflanzenteile wie Wurzeln, Nadeln, Zweige und Blätter werden zusammen mit den Körpern abgestorbener Tiere durch Mikroorganismen und Pilze aufgearbeitet und zersetzt. Diese natürlichen Reduzenten verhindern, daß sich in der Natur „Deponien" anhäufen, wie sie für menschliche Vorgänge typisch sind. Aus diesen Zersetzungsprozessen resultiert der **Humus**, der als umgeformte Substanz tierischer und pflanzlicher Herkunft zum Bodenbestandteil wird. Der Humus verbessert das Bodengefüge, steigert die Wasserspeicherkapazität des Bodens und hält Nährstoffe fest, um sie an die Pflanzen weiterzugeben. Es werden mehrere **Humusformen** unterschieden, die sich durch Aufbau, Zersetzungsgrad der organischen Substanzen, durch den pH-Wert und die Farbe unterscheiden:

**Mull:** Eine häufig vorkommende Humusform, die als lockere, graubraune Streuschicht zum Beispiel in artenreichen Laubwäldern angetroffen werden kann. Der Abbau der organischen Substanz erfolgt rasch und wird durch zahlreiche tierische Organismen gefördert.
**Rohhumus** bezeichnet ein saures Substrat, das oft über einem basenreichen Untergrund vorkommt und eine sehr ungünstige Humusform darstellt. Er ist biologisch nicht aktiv und setzt sich aus schwer abbaubaren pflanzlichen Substanzen zusammen.
**Moder** stellt eine Übergangsform zwischen Mull und Rohhumus dar und ist häufig über sauren Ausgangsgesteinen zu finden. Er kommt zum Beispiel in Eichenwäldern vor.

### Die Bodentypen:

Die häufigsten Bodentypen lassen sich anhand der Bodenhorizonte kurz charakterisieren. Die Haupthorizonte werden durch Großbuchstaben gekennzeichnet, schwach ausgeprägte Horizonte werden in Klammer gesetzt. Zusatzbuchstaben als Indizes erläutern die Horizonte näher.

### Haupthorizonte:

F = Streuschicht

A = Humoser Oberboden, oberster Mineralbodenhorizont
- $A_i$ = mit beginnender Humusbildung
- $A_h$ = durch organische Substanzen dunkel gefärbt

B = Mittelboden, der den Verwitterungshorizont darstellt, durch Eisenoxidhydrat gefärbter Verwitterungshorizont oder Anreicherungshorizont
- $B_v$ = mit Oxydation, Verlehmung durch Verwitterung
- $B_t$ = mit Ton aus den oberen Horizonten angereichert
- $B_h$ = mit sichtbaren Humusstoffen aus den oberen Horizonten angereichert (durch Podsolierung)
- $B_s$ = mit Sesquioxyden angereichert

C = Ausgangsgestein (Muttergestein), aus dem der Boden durch natürliche Entwicklung entstanden ist.
- $C_v$ = angewitterter Teil des C-Horizontes
- $C_n$ = unverwitterter Teil des C-Horizontes

D = unterlagerndes Material, an Bodenbildung nicht beteiligt

G = durch Grundwasser geprägter Horizont (Gleyhorizont, Mineralkörper im Grundwasserbereich)
- $G_o$ = Oxydationsbereich des G-Horizontes
- $G_r$ = Reduktionsbereich des G-Horizontes

P = durch Tagwasser geprägter, fahler, nicht humoser Teil der Stauzone

S = Staunässehorizont

O = organischer Auflagehorizont
- $O_l$ = Auflage durch nicht zersetztes Laub
- $O_f$ = Vermoderungsschicht mit noch erkennbaren Pflanzenresten
- $O_h$ = Humusschicht, ohne Pflanzenstruktur, stark zersetzt

T = Torfschichten bei Moorböden

### Buchstabenindizes:

ca = Index für Kalziumkarbonatanreicherung
cs = Index für Kalziumsulfatanreicherung
d = Staunässesohle ($S_d$)
f = Auflage von sich zersetzenden Pflanzenresten ($O_f$)
g = Leichte Grund- und Tagwassergleyerscheinung
h = humos
i = Beginnende Humusbildung
v = verwitternd, angewittert
t = mit Ton angereichert
s = mit Sesquioxyden angereichert
n = unverwittert
l = mit nicht zersetzbarem Laub bedeckt
o = Oxidationshorizont ($G_o$)
r = Reduktionshorizont ($G_r$)
sa = Index für Salzanreicherung
w = Staunässeleiter ($S_w$)

**Mächtigkeit der Horizonte:** Jede Lage ist durch 2 Zahlenangaben im cm definiert. Diese beziehen sich auf die Mineralbodenoberkante als Nullinie, nur bei Böden mit Torfhorizonten wird von der Oberkante des T1-Horizontes gemessen. Beispiel: $O_l$ 6 – 4 cm, $O_f$ 4 – 1 cm, $O_h$ 1 – 0 cm, A 0 – 20 cm, $B_v$ 20 – 45 cm, C ab 45 cm; Schwankt die Horizontmächtigkeit innerhalb eines Profils, erfolgen für die wechselnde Tiefe zwei Zahlenangaben, die durch einen Schrägstrich getrennt werden: 0 – 20/25, 20/25-40.
**Gründigkeit:** Darunter versteht man den für die Pflanzen verfügbaren Raum.

| | |
|---|---|
| Sehr flachgründig | < 15 cm |
| flachgründig | < 30 cm |
| mittelgründig | < 60 cm |
| tiefgründig | < 120 cm |
| sehr tiefgründig | > 120 cm |

### Sonderformen:

**Unterwasserböden:** Der Bodentyp sauerstoffarmer, nährstoffreicher Gewässer wird als **Sapropel** bezeichnet und ist durch eine anaerobe Faulschlammbildung gekennzeichnet. Der Bodentyp sauerstoff- und nährstoffreicher Gewässer heißt **Gyttia**, der von sauerstoff- und nährstoffarmen Gewässern **Dy** (organisches, dunkelbraunes Sediment = Braunschlamm).

Tab. 9: Übersicht der wichtigsten Bodenarten

| Name | Horizonte | Profil |
|---|---|---|
| Ranker | A-C | Kalkfreies, silikatisches Ausgangsgestein; A-Horizont sitzt unmittelbar auf dem C-Horizont, leichte bis mittelschwere Bodenart mit beträchtlichem Steingehalt, sehr unterschiedliche Humusformen, trockene Wasserverhältnisse, minderwertige Standorte. |
| Rendsina | A-C | tiefschwarzer humoser Oberboden, sehr flachgründig bis 30 cm mächtig, helles reines Kalkgestein als Ausgangsmaterial; extreme Wasserverhältnisse. |
| | A-AC-C | Eurendsina: ein mehr oder wenig mächtiger Humushorizont liegt durch einen Übergangshorizont getrennt über dem Muttergestein, kalkreich, Humusform meist Mull |
| Braunerde | A-B-C<br>$A\text{-}B_v\text{-}C$ | graubrauner humoser Oberboden mit organ. Auflage, intensiv braun gefärbter Unterboden, basenarmes oder basenreiches Ausgangsgestein; Vorgang des Verbraunens durch Freisetzen von Eisen-Oxiden, durch allmähliche Übergänge vom Humus- in den Verwitterungshorizont entstanden; Humusform meist krümeliger Mull, pH-Zahl, Gründigkeit und Wasserverhältnisse abhängig vom Ausgangsgestein, geringer Kalkgehalt. |
| | $A\text{-}E\text{-}B_t\text{-}C$ | Parabraunerde: durch den Prozeß der Tonverlagerung gekennzeichnet; Oberboden an Ton verarmt, unterschiedliche Mächtigkeiten; Eluvialhorizont durch fahle Farbe gekennzeichnet, Bodenart schwankt nach Ausgangsmaterial |
| Schwarzerde | A-C | Tschernosem: voll entwickeltes Profil, kalkig-silikatisches Ausgangsgestein, mächtiger Mull-Humushorizont (durch Regenwürmer entstanden), allmählicher Horizontübergang |
| Podsol | O-A-B-BC-C | Rohhumus als organ. Auflage (O), dunkler humoser Oberboden; durch einen deutlichen aschenfarbenen bleichen Oberboden über einem mit Sesquioxyden angereichertem Unterboden charakterisiert, tiefschwarzer Humusanreicherungshorizont, rostroter verdichteter Eisenanreicherungshorizont, Übergangshorizont mit dunklen Eisenbändern, basenarmes Ausgangsgestein; entsteht im humiden Klima mit hohen Niederschlägen; in anspruchslosen Nadelwäldern, im Wald meist mit dicker Rohhumusdecke über dem Mineralboden |
| Gley | $A\text{-}G_o\text{-}G_r$ | Dunkelbrauner humoser Oberboden, Oxydationshorizont ($G_o$) rostbraun, stark eisenfleckig (nach unten abnehmend), Reduktionshorizont ($G_r$); entstehen durch die Einwirkung von hochstehendem Grundwasser in Senken und Talböden; A-Horizont oft mächtiger als 25 cm, Humusform von Mull, Anmoorhumus bis Moder, naß bis feucht. |
| Pseudogley | $A\text{-}S_w\text{-}S_d$ | Dunkelbrauner humoser Oberboden, grau-weißer, gebleichter Stauwasserhorizont ($S_w$) mit schluffigem Boden und rostroten Eisenflecken, Staunässesohle ($S_d$) rotbraun mit stark eisenfleckigem Ton; Löß und Ton als Ausgangsmaterial, entstehen unter der Einwirkung von Stauwasser; nährstoff- und basenarm |
| Grauer Auboden | A-C,<br>A-C-D | aus feinem Schwemmatrial gebildet mit deutlich entwickeltem Humushorizont; Kalkgehalt richtet sich nach dem Ausgangsgestein, locker gelagert, trocken bis feucht |
| Brauner Auboden | $A\text{-}B_v\text{-}C$<br>$A\text{-}B_v\text{-}D$ | Unter einem Mullhumushorizont liegt ein brauner bis rostbraun gefärbter Verwitterungshorizont unterschiedlicher Mächtigkeit; meist tiefgründiger Boden mit undeutlich blockiger Struktur, Kalkgehalt je nach Ausgangsgestein, trocken bis mäßig feucht. |
| Moorböden | T-D, T-G | Niedermoor: mineralisch mit guter Nährstoffversorgung; Ausgangsmaterial sind Seggen, Schilf, Torfmoose; Boden enthält mehr als 30 % org. Material; Bruchwaldtorf ist mit Holzanteilen durchsetzt |
| | T-D, T-G | Hochmoor: Entstehung unter stark humidem Klima mit mehr als 30 % organischer Substanz; Ausgangsmaterial Torfmoose; Torfschicht weist verschiedene Zersetzungszustände auf; nach einer Entwässerung setzt rasch eine Mineralisierung und eine Humusierung ein. Böden sind stets kalkfrei, äußerst mineralstoffarm und stark sauer |
| | A-D, A-G | Anmoor: humusreicher Mineralboden von mehr als 25 cm Mächtigkeit mit 25 – 30 % org. Substanz |
| Salzböden | $A_{sa}\text{-}Gr$ | Solontschak: salzhaltiger Alkaliboden, karbonathaltig, pH über 9, blockig, keine Aggregate, beträchtliche Gründigkeit |
| | $AE\text{-}B_h\text{-}G$ | Solonetz: entsalzter Alkaliboden, dunkel gefärbter A-Horizont, Humusform Mull bis Anmoor, Natriumsättigung mehr als 15 % |

# 3 Die Vegetationsaufnahme im Gelände

**„Die Vegetation (Pflanzendecke) ist die Gesamtheit der Pflanzenvergesellschaftungen eines bestimmten Gebietes. Sie steht damit der Flora eines Gebietes als Gesamtheit aller Pflanzensippen gegenüber. Bei der Vegetationsaufnahme wird somit der pflanzliche Anteil der Ökosysteme, also die Pflanzengesellschaften erhoben und in entsprechender Weise in einem Aufnahmeformular dokumentiert“.**

**Anleitung zur einfachen Untersuchung eines Pflanzenbestandes**

Pflanzengesellschaften liegen in der Natur nicht scharf abgegrenzt vor, sie müssen erst innerhalb der Vegetationsdekke herausgearbeitet und beschrieben werden. Für die Vegetationsaufnahme und die damit verbundene Analyse der Pflanzenbestände (konkrete Gruppierungen im Gelände) werden nach FREY/LÖSCH (1998) hauptsächlich vier Methoden angewandt:

- Pflanzensoziologische Aufnahme
- Physiognomisch-ökologische Vegetationsgliederung
- Gradientenanalyse
- Numerische Vegetationsanalyse

Die Grundlage einer jeden Vegetationsaufnahme bzw. -analyse ist die Erhebung der **floristischen Zusammensetzung** eines Bestandes. Daran schließt die Bestimmung des syntaxonomischen Ranges sowie das Herausarbeiten der ökologischen Gruppen an, die mittels händischer oder EDV-unterstützter Tabellenarbeit erfolgt. Der Rahmen dieses Buches beschränkt sich auf die **pflanzensoziologische Aufnahme**. Damit soll geklärt werden, welche Pflanzenarten einen Bestand charakterisieren und welche erkenn- und typisierbaren Vergesellschaftungen beschrieben werden können. Ferner werden die **Charakter- und Differentialarten** herausgearbeitet, die einen Vegetationstyp vom anderen abgrenzen bzw. unterscheiden, sich aber mit dem jeweiligen Lebensraum in Einklang bringen lassen. Generell kann die **Pflanzensoziologie** als Wissenschaft von den Pflanzengesellschaften samt ihrer Artenzusammensetzung, den Ursachen ihrer spezifischen Strukturen, ihrer Verbreitung, ihrer Geschichte und ihres Verhältnisses zur Umwelt beschrieben werden. Der heute gebräuchlichere Bergriff ist **Vegetationskunde** oder floristisch-systematische Vegetationskunde.
Der Differenzierungsgrad von Pflanzengesellschaften hängt stets vom Aufnahme- bzw. Kartiermaßstab sowie von der möglichen Trenngenauigkeit verschiedener Untereinheiten einer Gesellschaft ab. Dazu wurden innerhalb der Wissenschaft der Vegetationskunde zahlreiche numerische Verfahren und Computermodelle entwickelt, die bis zu dreidimensionalen Vegetationsdarstellungen reichen. Grundlegend basieren alle Verfahren auf dem räumlichen und zeitlichen Vergleich der aufzunehmenden Gesellschaft („Ist-Zustand“) mit standardisierten Datensätzen von Vegetationsaufnahmen anderer, bereits ausgewerteter Untersuchungsbestände. Dabei finden selbstverständlich auch die spezifische Eigentümlichkeit des Standortes sowie die Besonderheit des Pflanzenbestandes Berücksichtigung. Es lassen sich durch den Vergleich mit bekannten Entwicklungsstadien auch schlüssige Aussagen über die Entwicklung einer Pflanzengesellschaft treffen. Hier soll, nachvollziehbar, die **einfache Vegetationsaufnahme** im Gelände beschrieben werden, die von jedermann ohne großen Zeit- und Kenntnisaufwand durchgeführt werden kann. Als meßbare Größe dienen die Individuenzahl pro Fläche, die Frequenz und die exakte Bestimmung des Deckungsgrades. Wesentlich kompliziertere, mathematische Verfahren wenden EDV-unterstützte Analysen an und liefern natürlich genauere Ergebnisse. Der grundsätzliche Unterschied zur Arbeitstechnik von BRAUN-BLANQUET liegt in dem Bestreben, nicht nach Schätzungen, sondern objektiv und reproduzierbar vorzugehen (FREY/LÖSCH 1998). Die beiden numerischen Methoden – Ordinations- und Klassifikationsverfahren – haben sich nach 1960 etabliert:

- **Ordinationsverfahren**: Anordnung von Arten oder/und Vegetationsaufnahmen entlang von direkt meßbaren oder indirekt aus dem Aufnahmematerial hergeleiteten Gradienten (numerische und nicht-numerische Verfahren).
- **Klassifikationsverfahren oder Clusteranalyse**: Erarbeitung von hierarchisch oder nicht-hierarchisch angeordneten Vegetationstypen aus dem Aufnahmematerial (numerische und nicht-numerische Verfahren). Agglomerative Verfahren gehen von einzelnen 'Objekten' aus und fügen diese über den Vergleich ihres Artenbestandes sukzessive zu Gruppen ähnlichen Artenbestandes zusammen. Divisive Verfahren untergliedern die 'Objekte' der Ausgangsgruppe meist nach einer Eigenschaft in zwei kleinere Gruppen. Bei Klassifikationsverfahren besteht die Möglichkeit zur Analyse von Detailfragen und zur ökologischen Differenzierung (WHITTAKER 1973, HAKES 1994).

Eine grundlegende Voraussetzung für eine Vegetationsaufnahme ist eine einigermaßen ausreichende Artenkenntnis, mit der man zuerst alle an einem Standort vorkommenden Pflanzen erhebt und eine sogenannte **Rohtabelle** anfertigt. Eine zweite Notwendigkeit besteht aber auch darin, die vorliegende Landschaft entsprechend zu analysieren und den jeweils notwendigen Beurteilungsanspruch unterscheiden zu können. Denn Pflanzengesellschaften sind meist in der undifferenziert vorliegenden Landschaft nicht offensichtlich ansprechbar, sie müssen vom Vegetationskundler durch eine differenzierte Betrachtungsweise erkannt werden. Ebenso wichtig ist es, die entsprechende Kategorie einer Landschaft auszuwählen. Deshalb steht das richtige Erfassen oder Analysieren einer Landschaft an vorderster Stelle.

## 3.1 Das „richtige“ Erfassen der Landschaft – die Landschaftsanalyse

**„Landschaft läßt sich als Inbegriff der Beschaffenheit eines als Einheit auffaßbaren Geosphärenteiles von geographisch relevanten Größenordnungen verstehen“.**

SCHMIDHÜSEN 1964

Der Landschaftsbegriff wird aber in der Literatur von zahlreichen Autoren als vieldeutig und terminologisch unbestimmt beschrieben (WALLTHOR & QUIRIN 1977, TREPL 1955), denn er unterliegt vielen meist subjektiven Kriterien, aber auch einer historischen und räumlichen Entwicklung. Die **Landschaft**, der man heute gegenübersteht, ist kaum mehr jenes Naturgebilde, wie es noch vor 400 oder 500 Jahren der Fall war. Landschaft ist heute das Ergebnis zahlreicher Beeinflussungen, Ansprüche, Nutzungen und Wirkungsweisen. Hinter dem Begriff verbergen sich aber auch ideelle und moralische Werte, die den Menschen als Betrachter ansprechen und ihm nicht unbedingt auf den ersten Blick alles offenlegen, was er sehen könnte.

### Die Landschaft rund um uns – keine Selbstverständlichkeit

Vordergründig ist **Landschaft** heute etwas sehr **Materielles.** Wir leben von ihr, wir nützen und verbrauchen sie und suchen die Wurzeln unseres Wohlbefindens in ihr, ohne Rücksicht auf Bewahrung. Wir normieren ihre Erscheinung und fassen „Vernetztes Denken“ als die Möglichkeit auf, technisierte Infrastrukturen anzureichern. Doch die Landschaft besitzt weit mehr **Dimensionen**. Die aus dem Zusammenwirken der menschlichen Ansprüche und der Gestaltungsfähigkeit der Natur hervorgegangene Landschaft ist sowohl die Quelle aller Lebensvorgänge, als auch die geistige und seelische Grundlage des Lebens.

**„Landschaft ist Natur, die im Anblick für einen fühlenden und empfindenden Betrachter ästhetisch gegenwärtig ist. Nicht die Felder, Wiesen oder Wälder sind als solche schon Landschaft. Sie werden dies erst, wenn sich der Mensch ihnen ohne praktischen Zweck in „freier“ genießender Anschauung zuwendet, um als er selbst in der Natur zu sein. Mit seinem Hinausgehen verändert die Natur ihr Gesicht. Was sonst das Genutzte oder als Ödland das Nutzlose ist und was über Jahrhunderte hin ungesehen und unbeachtet blieb oder was das abweisende Fremde war, wird zum Erhabenen und Schönen: es wird ästhetisch zur Landschaft“.**

PETER MERTZ 1993

### Die Landschaft als veränderliches Gut

Zu den emotionalen Werten gesellen sich die **menschlichen Bedürfnisse**. Diese waren dafür verantwortlich, daß sich die heutige Landschaft gegenüber der vor hunderten von Jahren weitgehend gewandelt hat.

Mitteleuropa wäre ohne das Zutun des Menschen heute weitgehend bewaldet. Durch die tiefgreifenden Veränderungen, die der Mensch vorgenommen hat, um sein Überleben zu sichern, hat sich Mitteleuropa in den letzten 200 Jahren von der Naturlandschaft zur Kulturlandschaft und in extremeren Fällen zur industriell-technisierten Landschaft verändert. Analysiert man die Landschaft im Lichte dieser Entwicklungen, steht man einem Mosaik aus natürlichen Vorgaben und anthropogenen Veränderungen gegenüber.

### Die Landschaftsanalyse

Um die Landschaft im Gelände zu beurteilen und Aussagen über ihre Zusammensetzung treffen zu wollen, muß zuerst eine detaillierte **Analyse** vorgenommen werden, die die unterschiedlichen Inhalte und Beurteilungskriterien aufschlüsselt. Es entsteht ein **Katalog aus Grundinformationen**, aus dem die gewünschten Daten herausgefiltert und interpretiert werden können.

### Katalog der Grundinformationen:

- Die abiotischen Grundinformationen
  Klima, Boden, Wasser, Temperatur, Licht, chemische und physikalische Faktoren
- Die biotischen Grundinformationen
  Vorkommen seltener, gefährdeter Arten
  Artenvielfalt
  Landschaftliche Vielfalt
  Einzigartigkeit
  Unersetzbarkeit (Tabuflächen-Disponibilität)
  Natürlichkeitsgrad
  Isolation und Zugänglichkeit
- Die emotionalen Grundinformationen
  Landschaftsästhetik – Landschaftsbild
  Landschaftsausstattung – Landschaftsstruktur
  Erholungswert
  Synchronizität der Wahrnehmungen

Eine häufige Differenzierung des Landschaftsbegriffes findet zwischen Natur- und Kulturlandschaft statt. Während nur mehr 15 % aller Landschaften Mitteleuropas als **Naturlandschaft** angesprochen werden können (GLAVAC 1996), kommt der **Kulturlandschaft** als Wirkungsraum größte Bedeutung zu. Denn in ihr sind in besonderem Maße die Ästhetik und die Funktion der Landschaft als Ausdrucksform menschlicher Handlungs- und Entwicklungsnormen verankert, sie repräsentiert die Spuren jahrhundertelanger Auseinandersetzungen des Menschen mit der Natur. Landschaften dienen aber auch als Wissensspeicher, sowohl aus naturwissenschaftlicher als auch aus kultureller Sicht, und gelten besonders im Dauersiedlungsraum als der lebendige Spiegel der menschlichen Entwicklungsgeschichte.

## 3.2 Verteilung von Pflanzengesellschaften

Wie in Abb. 20 zu sehen ist, verteilen sich Pflanzengesellschaften innerhalb einer Landschaft nicht willkürlich, sondern in den meisten Fällen entlang eines **Umweltgradienten**, der durch die Standortsfaktoren bestimmt wird. Im Falle eines Sees ist dies vor allem die **Wassertiefe**, an den Ufern und in der unmittelbar anschließenden Feuchtwiese der **Grundwasserspiegel**. Die Änderung von Umweltgradienten erfolgt zwar nicht abrupt, sondern fließend, **kontinuierlich.** Bei dem dargestellten Beispiel „See" verläuft der Gradient entlang der geringer werdenden Wassertiefe vom See-Mittelpunkt bis zum Röhricht im Uferbereich. Abb. 10 zeigt diese Verteilung zur nochmaligen Verdeutlichung als Grafik.

Die Entfernung der Wasseroberfläche vom Bodengrund ist für die festwurzelnden Schwimmblattgesellschaften entscheidend, die bei zu großer Tiefe den notwendigen Bodengrund nicht mehr erreichen können. Ferner können **mechanische Belastungen** wie Wellenschlag oder Windeinfluß auf der offenen Wasserfläche größer sein als im Schutz des Röhrichts. Mit zunehmender Ufernähe steht den Pflanzen fester Boden zur Verfügung. Hier siedeln sich je nach Wassertiefe und Schwankung der Staunässe im Jahresgang Verlandungsgesellschaften wie Großseggenrieder, Hochstaudenfluren oder Ufergebüsche an. Innerhalb des Röhrichts stokken submerse Pflanzen, die nicht mehr als maximal 20 cm Wassertiefe ertragen, genauso aber eine längere Austrocknung des Teichufers durch Absinken des Wasserspiegels (Trockenperiode im Sommer) überdauern können. Direkt am Ufer ändern sich weitere Standortsfaktoren wie zum Beispiel die **Sonneneinstrahlung.** Durch Röhricht und Ufergehölze kann eine Abschattung erfolgen, mit der auch **Temperaturschwankungen** verbunden wären.

Obwohl, wie ausgeführt, die Änderung der Standortsfaktoren kontinuierlich verläuft, ist nach Glavac et al. (1992) meist eine leicht sprunghafte Veränderung der Vegetation zu beobachten. Nach Untersuchungen an Buchenwaldgesellschaften am Vogelsberg nehmen Tieflagenarten in Altbeständen kontinuierlich zu, dennoch kommt es bei 500 m Seehöhe zu einem deutlichen „Sprung". Nach Löther (1969) muß daher in der vom Menschen beeinflußten Natur bei der räumlichen Abfolge von Pflanzengesellschaften die Auffassung einer Mischung aus nicht linearer Vegetationsentwicklung bei kontinuierlicher Änderung von Umweltgradienten angewandt werden (**non linear but continuous**).

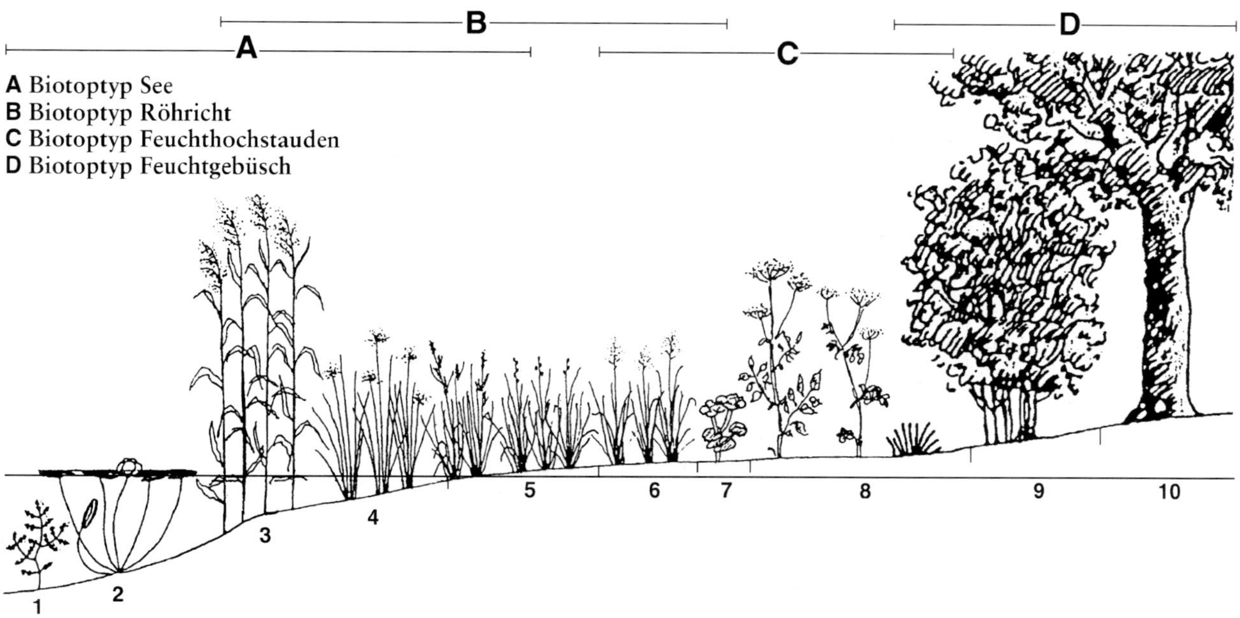


**Abb. 10: Vegetationsprofil eines Seeufers samt anschließender Feuchtwiese:** Der Querschnitt zeigt die Verteilung der Pflanzengesellschaften am Seeufer und der anschließenden Feuchtwiese bis hin zum Feuchtgebüsch. Wichtigster Standortsfaktor ist die Wassertiefe bzw. die Bodenfeuchte (Stauwasser) in Abhängigkeit der Entfernung vom Grundwasserspiegel; nach Frey/Lösch (1998) und Ellenberg (1996), verändert und ergänzt.

1 – Laichkrautgesellschaft *Potamogetion*
2 – Schwimmblattgesellschaften *Nymphaeion*
3 – Schilfröhricht *Phragmitetum australis*
4 – Steifseggenried *Caricetum elatae*
5 – Braunseggenried *Caricetum nigrae*
6 – Pfeifengraswiese *Molinietum caeruleae*
7 – Sumpfdotterblumenwiese *Calthion*
8 – Mädesüß-Hochstaudenflur *Filipenduletum ulmariae*
9 – Weichholzaue *Salicion albae*
10 – Hartholzaue *Fraxino excelsioris-Ulmetum*

## 3.3 Der Aspekt ist entscheidend – Phänologie

Der Eindruck einer Landschaft auf den Betrachter verändert sich auch mit den **Tages- und Jahreszeiten.** Zu unterscheiden sind **emotionale Aspekte**, die im Gefühlsbereich angesiedelt sind und Landschaften in unterschiedlichen Stimmungen erscheinen lassen, und **phänologische Aspekte**, die den Vegetationszustand im Jahresgang beschreiben.

Ein Sonnenuntergang auf einer Hochmoorfläche, der die gesamte Landschaft in ein tiefes Orangerot taucht, wird andere Bilder hinterlassen, als ein trüber Regentag im Ackerland. Damit werden subjektive Eindrücke beschrieben, die Landschaften austrahlen können.
Weitreichender gestalten sich die **jahreszeitlichen Verände-**

**Abb. 11: Frühjahrsaspekt eines Grauerlenwaldes:** Die Sträucher haben noch nicht ausgetrieben, deshalb findet sich am Boden eine Geophytenflur, die das Starklicht benötigt und abblüht, sobald die Beschattung durch die Belaubung eintritt. Die Frühjahrsarten sind gut bestimmbar, jedoch fehlen die Sommerarten und Feuchthochstauden. Eine Artenliste kann nur zu 50 % erstellt werden.

**Abb. 12: Blühaspekt einer Flachmoor-Streuwiese:** 90 % aller Arten zeigen ihr Wachstumsoptimum, blühen auffällig und lassen sich leicht bestimmen. Die Gesellschaft kann ohne Probleme aufgenommen werden.

**rungen**, die unmittelbar in der Vegetation abzulesen sind, und als phänologische Aspekte bezeichnet werden. Einer der auffälligsten ist der Blühaspekt – einer Obstkultur, eines Feldgebüsches oder einer Löwenzahnwiese – oder der Herbstaspekt – eines Buchenwaldes beispielsweise. Die Entwicklung einer Pflanzengesellschaft während einer Vegetationsperiode ist jedoch weit vielfältiger, aber auch schwieriger. Es gibt kaum Gesellschaften, bei denen alle Arten zur gleichen Zeit auffallen oder gar blühen. Andererseits zeigen Formationen deutliche Blühphasen oder die Häufung weniger Arten zu bestimmten Jahreszeiten.

**Der Aspekt, aus vegetationskundlicher Sicht definiert, beschreibt die jahreszeitliche Veränderlichkeit einer Pflanzengesellschaft und die damit verbundenen Schwankungen der Dominanzstrukturen der Artenzusammensetzung.**

**Abb. 13: Herbstaspekt einer Pfeifengraswiese:** Die rötlich-braune Färbung im September zeigt an, daß die Fruchtungsphase vorbei ist und ein Pflegeschnitt der Pfeifengraswiese erfolgen kann. Die Arten dieser Gesellschaft liegen zwar weitgehend vor, sind jedoch verblüht und zum Teil vertrocknet. Die Ansprache der Einzelarten verlangt einige Erfahrung.

**Abb. 14: Salzwiese im Mai und im August:** Der Strandflieder liefert den entscheidenden Blühaspekt, obwohl bereits im Mai die meisten Arten ersichtlich sind und eine Frühlingsphase bilden, während die eigentliche Blühphase im Hochsommer eintritt.

## 3.4 Die Kategorien einer Landschaft

Anhand einer **typischen mitteleuropäischen Landschaft** lassen sich die verschiedenen Kategorien darstellen, die in ein und derselben Landschaft enthalten sind bzw. überlagert sein können. Hier werden anhand einer extensiv genutzten Tiroler Kulturlandschaft (Schwemm bei Walchsee im Tiroler Zauberwinkel) vier verschiedene Kategorien gegenübergestellt. Jede bildet für sich eine spezifische Betrachtungsweise. Während die Kategorie **Landschaftsbild** eher eine emotional bedingte und sehr subjektive Betrachtungsweise ist, richtet sich die Kategorie **Nutzung** nach wirtschaftlichen Komponenten. Die am häufigsten undeutlich unterschiedenen bzw. vermischt angesprochenen Kategorien sind **Biotoptyp** und **Pflanzengesell-**

**Abb. 15: Kategorie Landschaftsbild:** Landschaft wird nach Gestaltungselementen, biologischen Strukturen, Nutzungen und gestalttypischen Leitlinien, aber auch nach ihrer Zugänglichkeit und Überschaubarkeit analysiert. Die Bewertung versucht die Eindrücke und Einflüsse dieser Parameter auf das Wohlbefinden der Menschen herauszufinden. Demnach werden innerhalb der Landschaft die Elemente, die Leitlinien und Strukturen betrachtet und zum Beispiel biologische Zusammenhänge oder Begriffe wie Schutzwürdigkeit, usw. nicht berücksichtigt.

**Abb. 16: Kategorie Nutzungen:** Landwirte, Agraringenieure oder Interessenten an Bodenschätzen bewerten die Landschaft nach ihren Ressourcen, den Lagerstätten, der Mächtigkeit und Ertragsfähigkeit der Böden. Sie nehmen keinen Bezug auf die biotischen Notwendigkeiten, auf raumgliedernde Strukturen oder auf landschaftsästhetische Belange.

**schaft.** In Abb. 17 heben die schraffierten Flächen den Biotoptyp „Flachmoor" sowie „Wirtschaftswiese" hervor. In Abb. 18 markieren die verschiedenen Texturen hingegen die 5 in der Landschaft enthaltenen Pflanzengesellschaften (auf Verbandsebene) wie „Fettwiese, Wärmeliebendes Saumgebüsch, Großseggenried, Schilfröhricht und Braunseggensumpf". Um die Kategorie Pflanzengesellschaft im vernetzten Gewebe der Landschaft richtig ansprechen zu können, muß schließlich der exakte, vegetationskundlich geschulte Blick entwickelt werden. Die vier Schaubilder sollen dazu eine visuelle Unterstützung bieten.

**Abb. 17: Kategorie Biotoptyp:** Die Einheiten, die in der Landschaft zuerst auffallen, sind die Biotope, also die einzelnen Lebensräume. Die mitteleuropäische Landschaft läßt sich ungefähr in mehr als 300 Biotope unterteilen, detaillierte Aufsplittungen und Sonderstandorte ausgenommen. Biotope lassen sich also durch Wahrnehmung oder Bestimmung der biotischen Landschaftsausstattung zusammenschließen und nach der Qualität sowie den ökologischen Ansprüchen der Lebewesen ordnen.

**Abb. 18: Kategorie Pflanzengesellschaft:** Gemäß der Definition, daß es sich um Gruppierungen von Pflanzen handelt, die sich gesetzmäßig durch die ökologischen Standortsfaktoren bilden, muß zuerst die Landschaft nach den Standortfaktoren gegliedert werden. Parameter wie Licht, Wasser- und Nährstoffversorgung, Exposition oder Boden spielen hier eine Rolle. Ähnliche äußere Faktoren werden zusammengefaßt und in der Landschaft abgegrenzt.

**Der Unterschied der Kategorien „Biotoptyp" und „Pflanzengesellschaft"**

Die Betrachtungsweisen „Biotoptyp" und „Pflanzengesellschaft" werden in Kartierungen oft nebeneinander verwendet und dargestellt. Definitionsgemäß unterscheiden sich beide Begriffe und sind klar von einander zu trennen. Anhand eines typischen Lebensraumes – **See** – werden die Unterschiede der beiden Kategorien nochmals deutlich vorgestellt:
Das Beispiel zeigt, daß eine Geländeaufnahme, gleichgültig ob Biotop- oder Vegetationskartierung, stets mit der Analyse der **Standortsfaktoren** beginnen muß. Erst danach kann mit der Differenzierung und der Ansprache der einzelnen Biotoptypen oder der Pflanzengesellschaften begonnen werden.

**Abb. 19: Kategorie Biotoptyp:** Der Biotoptyp See umfaßt alle Zonen von der freien Wasserfläche über den Verlandungsbereich, in dem ein Schilfröhricht ausgebildet ist, bis zum Feuchtgebüsch am Ufersaum. Die Eingrenzung folgt mehr den Parametern der Landschaftsausstattung als den natürlichen Standortsfaktoren.

**Abb. 20: Kategorie Pflanzengesellschaft:** Von einer Pflanzengesellschaft „See" kann nicht gesprochen werden. Der Lebensraum setzt sich aus mehreren Gesellschaften zusammen, die sich entlang der Gradienten der Standortsfaktoren (siehe 3.2) ansiedeln. Folgende Gesellschaften sind beinhaltet:
1– Mädesüß-Hochstaudenflur *Valeriano-Filipenduletum ulmariae*
2– Steifseggenried *Caricetum elatae*
3– Schwimmblattgesellschaften *Nymphaeion*
4– Laichkrautgesellschaft *Potamogetion*
5– Braunseggenmoor *Caricetum nigrae*
6– Purpurweidengebüsche *Salicetum purpureae*
7– Kohldistelwiese *Cirsio oleracei-Polygonetum bistortae*
8– Wirtschaftswiese *Arrhenathetum elatioris*
9– Fichtenhochwald *Piceetum subalpinum*

## 3.5 Die Vegetationsaufnahme im Gelände

Die einfachste und bekannteste Methode zur Beschreibung eines Pflanzenbestandes ist die von BRAUN-BLANQUET (1928), mit welcher die innerhalb einer ausgewählten Probefläche vorkommenden Arten aufgelistet, sowie ihre Individuenzahl und der Deckungsgrad mit Hilfe eines kombinierten Abundanz/Dominanzverfahrens eingeschätzt werden. Diese Methode setzte sich durch, obwohl ähnliche Arbeitsverfahren entwickelt wurden. Die Methode von BRAUN-BLANQUET hat sich langfristig als die am einfachsten durchführbare herausgestellt. Sie bietet außerdem eine sinnvolle Datenauswertung und ermöglicht die Einordnung der erhobenen Daten in ein Klassifikationssystem, wodurch auch die Abhängigkeit der Pflanzenbestände von den Standortsfaktoren verständlicher gemacht wird.

> **„Eine Vegetationsaufnahme ist eine Zusammenstellung aller an einem Wuchsort vorkommenden Pflanzen, die nach Schichten getrennt notiert werden. Sie wird durch Angaben über Fundort, Datum und Standortsfaktoren ergänzt“.**
> H. HOFMEISTER 1977

Das Erkennen von Pflanzengesellschaften im Gelände beginnt, wie bereits besprochen, mit der **Analyse der Standortsfaktoren.** Danach wird die floristische Artenzusammensetzung, also die einzelnen vorkommenden Arten aufgenommen. Werden dabei einige Grundsätze eingehalten, die von den Vegetationskundlern zur Standardisierung der Aufnahmen entwickelt wurden, lassen sich ähnliche Aufnahmen, die zu unterschiedlichen Zeiten und/oder an unterschiedlichen Orten entstanden sind, miteinander vergleichen.
Zuerst muß man sich einen Überblick über das zu untersuchende/zu kartierende Gebiet und über die regelmäßig vorkommenden Arten verschaffen, um Zufälligkeiten auszuschließen. Danach werden die Untersuchungsflächen ausgewählt.

### Die Aufnahmefläche

Da die Vegetationsaufnahme eine Form von Stichprobe darstellt, kommt der Auswahl der Aufnahmefläche eine große Bedeutung zu. Da die Vegetationsdecke eine heterogene Grundgesamtheit (GLAVAC 1997) darstellt, muß bei der Auswahl der Untersuchungsflächen auf die Einheitlichkeit der Standortsfaktoren geachtet werden. Dies gilt natürlich auch für die Auswahl der Probefläche. Lage, Qualität und Größe sind entscheidend, ob die Vegetationsaufnahme Erfolg haben wird. Folgende Grundsätze sind zu beachten:

#### Lage

- Die Aufnahmefläche muß einheitlich sein und darf keinen offensichtlich erkennbaren Vegetationswechsel beinhalten (Beispiel: Laubwald-Fettwiese, Schilfröhricht-Schwarzerlenbruch...)
- Die Standortsbedingungen müssen homogen sein, soweit dies durch Beobachtung ersichtlich ist. (Beispiel: Auf Beleuchtungsintensität und Feuchtigkeit achten)
- Die Probefläche darf nicht von Wegen, Bächen, Straßen unterbrochen sein.

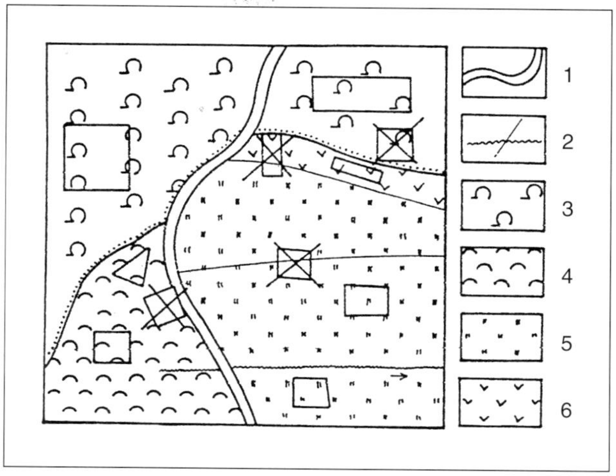


**Abb. 21:** Empfohlene Lage einer Probefläche nach BRAUN-BLANQUET; 1 Weg, 2 Graben, 3 Wald, 4 Brache, 5 Wiese, 6 Saum; nach PFADENHAUER (1993).

**Tab. 10:** Minimumareal für häufige Vegetationstypen Mitteleuropas; nach WESTHOFF & MAAREL (1973) und GLAVAC (1996).

| | |
|---|---|
| Flechtengesellschaften | 0,1 – 1 m² |
| Felsspaltengesellschaften | 0,5 – 5 m² |
| Moosgesellschaften | 1 – 4 m² |
| Moore | 1 – 5 m² |
| Trittpflanzengesellschaften | 2 – 4 m² |
| Salzwiesen im Watt | 2 – 10 m² |
| Weiden | 4 – 10 m² |
| Wasserpflanzengesellschaften | 5 – 10 m² |
| Dünenvegetation | 10 – 20 m² |
| Mähwiesen | 10 – 25 m² |
| Ruderalgesellschaften | 10 – 40 m² |
| Zwergstrauchheiden | 10 – 50 m² |
| Kalkmagerrasen | 10 – 50 m² |
| Alpine Rasen | 20 – 50 m² |
| Kahlschlaggesellschaften | 50 – 70 m² |
| Halbtrockenrasen | 50 – 70 m² |
| Ackerwildkrautgesellschaften | 25 – 90 m² |
| Gebüsche | 25 – 100 m² |
| Steppen | 50 – 500 m² |
| Laubmischwälder | 100 – 500 m² |
| Nadelwälder der Gebirge | 200 – 900 m² |
| Tropische Regenwälder | bis 15 000 m² |

- Exposition und Hangneigung sind zu beachten und sollten sich innerhalb der Fläche nicht soweit ändern, daß andere Standortsbedingungen vorherrschen. (Beispiel: In Mulden oder Hangunterseiten könnten wesentlich andere Bodenverhältnisse vorliegen).

#### Größe

Die Aufnahmefläche muß eine ausreichende Größe haben. „Ausreichend“ bedeutet, daß innerhalb der Fläche ein Großteil aller Arten vorkommen sollte. In der Vegetationskunde wird dazu der Begriff „**Minimumareal**“ verwendet, in dem die gesellschaftskennzeichnende Pflanzenartenzahl nur geringfügig zunimmt, wenn die Fläche weiter vergrößert wird.

**Unter Minimumareal wird die kleinstmögliche Fläche verstanden, auf der annähernd alle bestandsbildenden Pflanzenarten einer Pflanzengesellschaft vorkommen.**
**V. Glavac 1996**

Da die Bestimmung für Ungeübte sehr schwierig ist, wurden Standardgrößen entwickelt, die weitgehend überall anwendbar sind.
Für die Charakterisierung eines Pflanzenbestandes ist ferner wichtig, ob die einzelnen Arten häufig oder selten vertreten sind.

### Artmächtigkeit, Deckung

Für die spätere Auswertung und zur Dokumentation eines am Standort feststellbaren Datensatzes wird zu den einzelnen Arten die Häufigkeit ihres Vorkommens innerhalb der Aufnahmefläche notiert. Braun-Blanquet hat dazu eine Schätzgröße eingeführt, die als Deckungsgrad bezeichnet wird.

**Der Deckungsgrad weist jene Fläche aus, die von den Pflanzen bedeckt würde, wenn man alle oberirdischen Teile senkrecht auf den Boden projizieren würde.**
**H. Hofmeister 1977**

Der Deckungsgrad stellt als vereinfachter Wert eine Kombination der Artmächtigkeit, also der tatsächlichen Artenzahl innerhalb der Aufnahmefläche und der Individuenzahl pro Flächeneinheit dar und wird in Prozent angegeben. Er scheint in den Artenlisten hinter dem Artnamen auf.

**Tab. 11:** Schätzung des Deckungsgrades nach Braun-blanquet:

| | |
|---|---|
| r | 1 – 3 Exemplare („rarus“ – selten) |
| + | < 1 % Deckung (+ = Kreuz gesprochen) |
| 1 | 1 – 5 % Deckung oder wenig deckend, aber hohe Individuenzahl |
| 2 | 5 – 25 % Deckung oder wenig deckend, aber hohe Individuenzahl |
| 3 | 25 – 50 % Deckung |
| 4 | 50 – 75 % Deckung |
| 5 | 75 – 100 % Deckung |

Diese Schätzung bereitet dem Anfänger zunächst Schwierigkeiten, läßt sich aber mit Geduld und Übung in Griff bekommen. Später erleichtert die Erfahrung den Einschätzungsvorgang.
Der nächste aufzunehmende Faktor ist die Struktur bzw. die Schichtung des Bestandes.

**Abb. 22 und 23:** Ausschnitt aus einer Bodenvegetation im oberen Bild, im zweiten Bild graphische Darstellung des Deckungsgrades der Arten sowie der Vegetationslücken

### Schichtung

Die Pflanzenarten werden in der Vegetationsaufnahme/im Aufnahmeformular nach den Vegetationsschichten notiert. Die vertikale Strukturierung von Pflanzengesellschaften, die als Schichtung bezeichnet wird, wirkt sich auf die Standortsfaktoren, insbesondere auf den Licht- und Temperaturhaushalt aus. Im besten Falle (wie zum Beispiel in einem mesophilen Laubwald), können 5 Schichten unterschieden werden:

| | |
|---|---|
| **1. Baumschicht** | (B1) |
| **2. Baumschicht** | (B2) |
| **Strauchschicht** | (Str.) |
| **Krautschicht** | (Kr.) |
| **Moosschicht** | (M) |

Als 1. Baumschicht werden die hochwüchsigen Bäume bezeichnet, die den Kronenschluß eines Waldes bilden. Die 2. Baumschicht bezieht sich auf die Verjüngung, also auf die Baumarten, die mit geringerer Höhe und Alter im Bestand auf die erste Baumschicht folgen. Grünlandgesellschaften, Zwergstrauchheiden, Salzwiesen und ähnliche offene Bestände besitzen natürlich nur Kraut- und Moosschichten, die eventuell noch in eine obere und untere Kraut/Moosschicht gegliedert werden. Die qualitative Interpretation kann also immer nur in Relation zum aufgenommenen Bestand erfolgen und nicht absolut.

**Das Schichtungsdiagramm**

Das Verknüpfen von Schichtungsaufbau und Deckungsgrad kann in einem rechteckigen Diagramm dargestellt werden. Es charakterisiert vor allem mehrschichtige Gesellschaften wie Wälder- und Strauchgesellschaften. Die Diagramme in Abbildung 24 stellen einen Eichen-Buchenwald und einen Föhrenwald gegenüber. Dieses leicht anzufertigende Diagramm trifft im Vergleich zum Aufwand verhältnismäßig viel Aussagen über den aufgenommenen Bestand. Hat man noch dazu die Möglichkeit, die Höhen der Baum- und Strauchschichten zu bestimmen, kann man die Werte auf der y-Koordinate eintragen und man erhält einen aussagekräftigen, zweidimensionalen Bestandsquerschnitt.

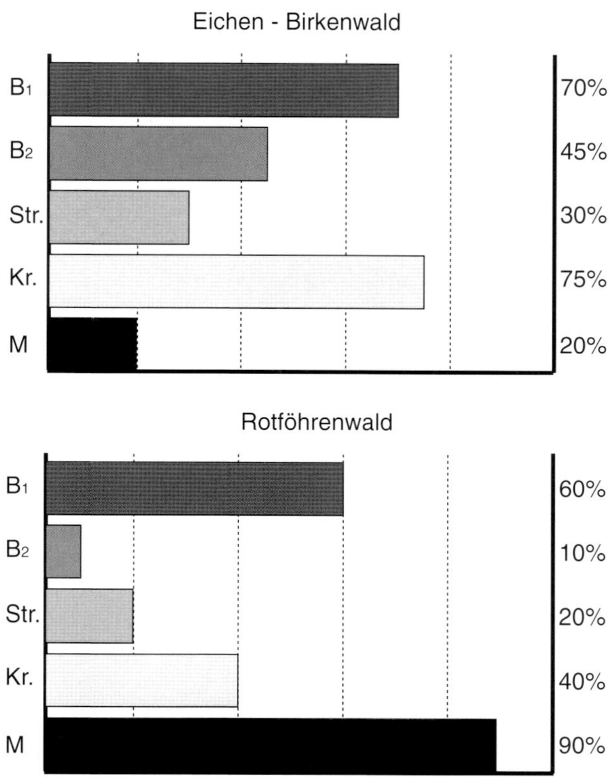


**Abb. 24:** Schichtungsdiagramm eines Eichen-Birkenwaldes und eines Rotföhrenwaldes; nach HOFMEISTER (1977) verändert.

**Allgemeine Standortsbeschreibung**

Die allgemeinen Standortsfaktoren können in einer kurzen Charakteristik zusammengefaßt werden. Diese Angaben beschränken sich meist auf

- die Meereshöhe des aufzunehmenden Standortes (in m ü. NN)
- die Hangneigung (in %)
- die Lage im Gelände (Standort)
  Beispiele:
    Abbruch, Aufschüttung, Steinhaufen, Wall
    Böschung
    Damm
    Delle
    Düne, Toteisloch, Höhle
    Ebene
    Flacher Hang, Steilhang
    Graben, Bach, Bachaue, Fluß, Flußaue, Teich, Weiher, See, Altwasser
    Hangmulde
    Hochfläche, Plateau
    Kuppe
    Moor, Hochmoor, Übergangsmoor, Niedermoor, Torfstich
    Ober-, Mittel-, Unterhang
    Plateau
    Quelle, Quellgebiet
    Rippe, Rücken
    Schlucht, Einschnitt
    Schwemmfächer
    Senke, Mulde
    Tal
    Talraum
    Talung
    Terrasse
    Trockental
    Weg
- die Himmelsrichtung, Exposition (N, NO, O, SO, S, SW, W, NW)
- wertbestimmende Merkmale
  Beispiele:
    Artenschutz
    Ausgeprägte Zonation
    Biotopverknüpfung
    Bodenschutz
    Erholungsfunktion
    Großflächiges Biotop
    Hohe Artenvielfalt
    Hohe Strukturvielfalt
    Imissionsschutz
    Inselbiotop
    Kulturhistorische Bedeutung
    Landschaftsbild
    Naturnaher Zustand
    Ökologischer Ausgleich
    Pufferfunktion
    Seltene Biozönose
    Seltener Pflanzenbestand
    Sichtschutz
    Uferschutz
    Wasserhaushalt
    Wertvolle Sukzession
    Wertvoller Biotopkomplex

Zusätzlich können Angaben über

- die Bewirtschaftungsart/Nutzungformen des Bestandes
  Beispiele:
    Abbau, Aufschüttung
    Beweidung
    Einzelholznutzung
    Fischerei, Teichwirtschaft, Wasserwirtschaft

Freizeitnutzungen, Sportnutzungen
Gewerbe, Industrie
Grünanlagen, Gärten
Keine Nutzung
Mahd
Plenterholznutzung
Siedlung, Einzelhäuser, Schuppen, Scheune
Stockhieb
Straße, Feldweg, Schotterweg
Streuwiese
Weinbau, Obstbau

- den Grad der Natürlichkeit bzw. der Beeinträchtigungen
  Beispiele:
  Aufforstung, Gehölzumbau, Rodung, Abholzung
  Beweidung
  Biozideinsatz
  Einebnung, Abgrabung, Auffüllung, Ablagerung
  Eutrophierung, Erosion
  Freizeit, Erholung, Sport
  Gewässerabsenkung
  Gewässerbau, Gewässerentnahme
  Jagd, Wildschäden
  Keine Beeinträchtigung
  Nutzungsauflasung, Nutzungsintensivierung
  Standortsfremde Gehölze
  Überbauung, Verinselung
  Verbuschung, Gehölzanflug
  Verdichtung, Tritt, Befahren, Streusalzschäden

gemacht werden.

Der Lebensraum kann ergänzend auch kurz in Worten beschrieben werden, wobei man innerhalb dieses Textes auf die Form der Abgrenzung der Untersuchungsfläche zum Umfeld und auf das phänologische Erscheinungsbild des Bestandes eingeht. Hier kann man grundsätzlich alles notieren, was einem auf den ersten Blick auffällt.

### Bodenkundliche Angaben

Zur Beschreibung eines Standortes ist es unerläßlich, je nach Möglichkeit, einige Angaben zum Boden zu machen. Für einfache Vegetationsaufnahmen genügen in der Regel empirische und phänologische Bestimmungen, die die Beschreibung der Bodenart, des Bodentyps samt Horizontabfolge, der Humusform sowie die Bestimmung des pH-Wertes und des Kalkgehaltes nach der Indikatormethode beinhalten. Angaben zur geologischen Formation des Ausgangsgesteines ergänzen die bodenkundliche Beschreibung des Standortes. (siehe dazu auch das Kapitel 2.6 Pflanzengesellschaft und Standortsfaktoren, Abschnitt Boden).

**Bodenart** (Sand, Schluff, Ton, Lehm, samt allen Übergangsformen wie lehmiger Ton, schluffiger Lehm, lehmiger Sand, sandiger Lehm): Die Bodenart kann im Gelände durch die Fingerprobe ermittelt werden. Als Kriterien dienen dabei Rauhigkeit, Schmierfähigkeit, Rollfähigkeit und Plastizität. Die feuchte Bodenprobe wird zwischen Daumen und Zeigefinger gerieben und geknetet und zwischen den Handflächen ausgerollt. Tabelle 12 zeigt die Bestimmbarkeit der Bodenart.

**Bodentyp samt Horizontfolge** (Braunerde, Rendsina, Pseudogley, Gley usw.): Womöglich liegt bei der Untersuchungsfläche ein Hanganbruch vor, der die Horizontabfolge einsehen läßt und die Bestimmung vereinfacht. Ansonsten müßte mit einem Spaten ein Aufschluß hergestellt werden. Beispiele für Bodentypen siehe Kapitel 2.6.

**Humusform:** Dies ist die natürliche Kombination der verschiedenen Humusstoffe. Beschreibung nach dem Aussehen und dem Vorliegen zersetzter und unzersetzter Substanz. Humusformen lassen sich je nach Horizontkombination zuweisen:

| | |
|---|---|
| $L\text{-}O_f\text{-}O_h\text{-}(A_h)$ | Rohhumus, bei Stauwassereinfluß auch anmoorig |
| $L\text{-}O_h\text{-}A_h$ | Tangelhumus (Moderhumus, milder Wurmhumus) |
| $L\text{-}O_f\text{-}O_h\text{-}A_h$ | Moder |
| $L\text{-}O_h\text{-}A_h$ | Mull |
| $L\text{-}T_h\text{-}A_h$ | Anmoor |
| $T_f\text{-}T_{hf}$ | Hochmoortorf, Niedermoortorf |

**pH-Wert:** Der pH-Wert kann im Gelände mit herkömmlichen Teststreifen oder Flüssigkeiten leicht gemessen werden. Zur Verwendung von Teststreifen wird der Boden mit destilliertem Wasser durchfeuchtet oder in einem Reagenzglas im Verhältnis von etwa 1:2,5 durchmischt und der

**Tab. 12:** Bestimmung der Bodenart durch Fingerprobe; nach HOFMEISTER (1977).

| | Rauhigkeit | Schmierfähigkeit | Rollfähigkeit | Plastizität |
|---|---|---|---|---|
| Sand S | rauh und körnig Einzelkörner fühlbar | nicht beschmutzend | zerrieselnd | nicht formbar |
| Schluff Z | mehlig | haftet in Fingerrillen | nicht ausrollbar | nicht oder kaum formbar |
| Lehm L | Einzelkörner sichtbar | beschmutzend | bleistiftdick ausrollbar | formbar |
| Ton T | Gleitfläche glatt-glänzend | stark beschmutzend | zu Würsten ausrollbar | gut formbar |

pH-Streifen an die Bodenprobe gedrückt. Anschließend kann der Wert durch Farbvergleich mit der standardisierten Skala auf der Packung abgelesen werden. pH-Werte unterliegen einer tages- und jahreszeitlichen Schwankung, die mit dieser einfachen Methode gemessenen Werte müssen mit Vorsicht verwendet werden.

**Kalkgehalt:** Der Kalkgehalt läßt sich mit einer verdünnten Salzsäurelösung ermitteln. Eine etwa 3 – 4 %ige Salzsäurelösung (HCl) wird auf eine Bodenprobe geträufelt. Die Heftigkeit des Aufbrausens ist ein ungefähres Maß für den Kalkgehalt dieses Bodens. Starkes, anhaltendes Aufbrausen läßt auf mehr als 5 % Kalkgehalt des Bodens schließen, kein Aufbrausen bedeutet auch keinen Kalkgehalt.

**Geologische Formation des Ausganggesteines:** Kalk, Urgestein, Dolomit, Gneis, Basalt, Buntsandstein, Löß, diluviale Verwitterungsdecke, Alluvialschotter usw.

### Der „Kopf" der Vegetationsaufnahme

Am Beginn des Aufnahmeblattes müssen zur eindeutigen und nachvollziehbaren Identifikation des Aufnahmeortes zusätzlich einige Angaben gemacht werden, die man als „Kopf" bezeichnet.

- Nummer der Vegetationsaufnahme
- Datum der Vegetationsaufnahme
- Name des Kartierers
- Großlebensraum
- Fundort, mit geographischen Bezeichnungen wie Angabe von größeren Orten oder Flurnamen wie Gipfel, Weiler, Flüsse, Seen usw.
- Lage in einer Karte (Koordinaten, Kartennummer, usw.)
- Größe der Probefläche (als Schätzwert)

### Die Artenliste

Die Auflistung der Arten mit Angabe des Deckungsgrades bildet nun den eigentlichen Inhalt des Aufnahmeblattes und setzt eine ausreichende Artenkenntnis voraus.

*Die im Anhang (S. 483 und 484) abgedruckten Formulare können als Kopiervorlagen für Vegetationsaufnahmen genutzt werden.*

## 3.6 Ökologische Zeigerwerte und Pflanzengesellschaften

Versuche, einzelne Pflanzenarten als Standortszeiger heranzuziehen, sind sehr alt. Knapp (1971) stellte fest, daß Pflanzengesellschaften mit einigen Einschränkungen dem Zusammenwirken verschiedener Umweltfaktoren folgen. Schon bei der einfachen Untersuchung der Pflanzendecke fällt auf, daß einzelne Pflanzenarten immer auf Standorten mit einer annähernd gleichen Faktorenkombination zu finden sind. Diese Arten besitzen offensichtlich Konkurrenzvorteile gegenüber mitbewerbenden Pflanzen und können zu ökologischen Gruppen zusammengefaßt werden. Diese stellen ein einfaches Mittel dar, jeden konkreten Pflanzenbestand anzusprechen und diesen sowohl soziologisch als auch ökologisch zu deuten.

Arten, die eine mehr oder weniger enge ökologische Valenz zu einem bestimmten Standortsgradienten haben, werden als Zeigerpflanzen bezeichnet.

> **„Zeigerwerte sind zahlenmäßige Angaben über das ökologische Verhalten einzelner Pflanzen. Sie stellen die ökologischen Kennkarten der Arten dar".**
>
> Hofmeister 1977

Maßgebend dafür ist die Lage des ökologischen Optimums. Indifferente Arten ohne Zeigerwert haben mehrere ökologische Optima (z. B. die Waldkiefer) oder eine sehr breite ökologische Valenz.

Ellenberg (1974) entwarf einen Katalog für 1750 Gefäßpflanzen, wobei er das ökologische Verhalten zu den wichtigsten Standortsfaktoren durch einen 7-teiligen Zahlencode untergliedert hat. Dieser gibt genau über die ökologische Bandbreite sowie über die Zugehörigkeit zur jeweiligen ökologischen Gruppe Auskunft, jedoch nicht über die Ansprüche der Pflanzen an den betreffenden Umweltfaktor. Der Code beschreibt die hauptsächlichen Standortsfaktoren wie Licht, Temperatur, Kontinentalität, Feuchtigkeit, Bodenreaktion und Stickstoff. Das ökologische Verhalten wird nach einer 9-teiligen Skala bewertet, wobei 1 das geringste und 9 das größte Ausmaß des betreffenden Faktors bedeutet. Der Wasserfaktor (Feuchtezahl) ist in 12 Stufen unterteilt, um auch die Wasserpflanzen entsprechend bewerten zu können. Die einzelnen Zeigerwerte beruhen auf Erfahrungstatsachen, besitzen aber keinen experimentellen Hintergrund. Zuordnungsprobleme können auch durch Auffassungs- bzw. Interpretationsunterschiede entstehen, die von einer linearen und gleichmäßigen Verteilung über die ganze Spanne der 9 bzw. 12 Bewertungsstufen abweichen. Deshalb kann aus den Standortsqualitäten nicht auf Faktorenquantitäten geschlossen werden.

Pflanzengesellschaften können aber als qualitativer **Indikator** zur Beurteilung eines Standortes und der dort herrschenden Standortsbedingungen herangezogen werden. Darüber hinaus lassen sich auch Veränderungen und Beeinträchtigungen, die auf den Standort eingewirkt haben oder einwirken, ablesen. Pflanzengemeinschaften können auch zur Beurteilung umweltrelevanter Vorgänge und naturschutzfachlicher Wertungen herangezogen werden.

### Zeigerwerte nach Ellenberg (1991):

KLIMATISCHE FAKTOREN

**Lichtzahl** (L): Bereich des Vorkommens im Gefälle der relativen Beleuchtungsstärke. Beschreibt das Vorkommen einer Pflanze in Beziehung zur relativen Beleuchtungsstärke (= r.B.); maßgebend ist die r.B., die am Wuchsort einer Pflanze zur Zeit der vollen Belaubung der sommergrünen Pflanzen bei diffuser Beleuchtung herrscht.

1 Tiefschattenpflanze, 1 % – 30 % r.B.
2 zwischen 1 und 3 stehend
3 Schattenpflanze, meist weniger als 5 % r.B.
4 zwischen 3 und 5 stehend
5 Halbschattenpflanze, meist bei weniger als 10 % r.B.
6 zwischen 5 und 7 stehend, selten bei weniger als 20 % r.B.
7 Halblichtpflanze, meist bei vollem Licht, aber auch bis 30 % r.B.
8 Lichtpflanze, nur ausnahmsweise bei weniger als 40 % r.B.
9 Vollichtpflanze, an voll bestrahlten Plätzen, nicht weniger als 50 % r.B.
() Eingeklammerte Ziffern beziehen sich auf Baumjungwuchs im Wald

**Wärme (T)**: Oft als Temperaturzahl bezeichnet; beruht weniger auf Temperaturmessungen, als auf arealgeographischen Auswertungen. Vorkommen der Pflanzen im Wärmegefälle von der nivalen Stufe bis in die wärmeren Tieflagen.

1 Kältezeiger, nur in der alpinen und nivalen Stufe der Hochgebirge
2 zwischen 1 und 3 stehend (viele alpine Arten)
3 Kühlezeiger, vorwiegend in subalpinen Lagen
4 zwischen 3 und 5 stehend (hochmontane und montane Arten)
5 Mäßigwärmezeiger, besonders in submontan-temperaten Bereichen
6 zwischen 5 und 7 stehend, d.h. planar bis kollin
7 Wärmezeiger, im nördlichen Mitteleuropa in warmen Tieflagen
8 zwischen 7 und 9 stehend, meist mit submediterranem Schwergewicht
9 extremer Wärmezeiger, mediterrane Gebiete

**Kontinentalitätszahl (K)**: Ozeanitäts-Kontinentalitätsgefälle; bezeichnet die Minima und Maxima der Temperatur (Temperaturschwankungen) in bezug auf die Entfernung des Meßortes vom Meer, von der Atlantikküste bis ins Innere Eurasiens.

1 euozeanisch, in Mitteleuropa nur mit wenigen Vorposten
2 ozeanisch, mit Schwergewicht im Westen Mitteleuropas
3 zwischen 2 und 4 stehend (in großen Teilen Mitteleuropas)
4 subozeanisch, Schwergewicht in Mitteleuropa, nach Osten greifend
5 intermediär, schwach subozeanisch bis schwach subkontinental
6 subkontinental, östliches Mittel- und Osteuropa
7 zwischen 6 und 8 stehend
8 kontinental, nur an Sonderstandorten im Ost- und Mitteleuropa
9 eukontinental, im westlichen Mitteleuropa fehlend

EDAPHISCHE FAKTOREN

**Feuchtezahl (F)**: Scheint am besten gesichert zu sein, es liegen eine Reihe von Untersuchungen und Experimente sowohl im Freiland wie auch im Labor vor. Vorkommen der Pflanzen im Gefälle der Bodenfeuchtigkeit vom flachgründig-trockenen Felshang bis zum Sumpfboden. Der Faktor unterliegt zwar großen Schwankungen, der eine Beurteilung erschwert, doch wird dies durch die umfangreichen Beobachtungen abgefangen.

1 Starktrockniszeiger, auf trockenen Böden
2 zwischen 1 und 3 stehend
3 Trockniszeiger, auf trockenen Böden häufiger als auf frischen
4 zwischen 3 und 5 stehend
5 Frischezeiger, besonders auf mittelfeuchten Böden
6 zwischen 5 und 7 stehend
7 Feuchtezeiger, auf gut durchfeuchteten, aber nicht nassen Böden
8 zwischen 7 und 9 stehend
9 Nässezeiger, besonders auf oft durchnäßten (luftarmen) Böden
10 Wechselwasserzeiger, Wasserpflanze, erträgt längere Zeit ohne Bedeckung
11 Wasserpflanze, die unter Wasser wurzelt, oder Schwimmpflanze
12 Unterwasserpflanze, ständig oder fast dauernd untergetaucht

**Bodenreaktionszahl (R)**: Die physiologische Amplitude der meisten höheren Pflanzenarten ist besonders gegenüber der Bodenreaktion sehr groß. Es liegen ausreichend viele Messungen vor, die eine gute Einstufung ermöglichen. Vorkommen der Pflanzen im Gefälle der Bodenreaktion und des Kalkgehaltes.

1 Starksäurezeiger, nie auf alkalischen Böden
2 zwischen 1 und 3 stehend
3 Säurezeiger, besonders auf sauren Böden
4 zwischen 3 und 5 stehend
5 Mäßigsäurezeiger, besonders auf stark sauren und neutralen Böden
6 zwischen 5 und 7 stehend
7 Schwachsäure- bis Schwachbasenzeiger, nie auf stark sauren Böden
8 zwischen 7 und 9 stehend, d. h. meist auf Kalk weisend
9 Basen- und Kalkzeiger, stets auf kalkreichen Böden

**Nährstoffversorgung (N)**: Dieser Wert war ursprünglich auf den Stickstoff bezogen, gilt aber allgemein als der Zeigerwert der Nährstoffversorgung. Vorkommen der Pflanzen im Gefälle der Mineralstoffversorgung während der Vegetationszeit.

1 Stickstoffärmste Standorte anzeigend
2 zwischen 1 und 3 stehend
3 auf stickstoffarmen Standorten häufiger
4 zwischen 3 und 5 stehend
5 mäßig nährstoffreiche Standorte, auf armen und reichen seltener
6 zwischen 5 und 7 stehend
7 an stickstoffreichen Standorten häufiger
8 ausgesprochener Stickstoffzeiger
9 an übermäßig stickstoffreichen Standorten konzentriert

**Salzzahl (S)**: Vorkommen einer Pflanzenart im Gefälle der Salz-, insbesondere Chloridkonzentration im Wurzelbereich. Gibt auch Hinweise auf die Schwermetallresistenz und beschreibt ansonsten das Verhalten der Pflanzen gegenüber dem Faktor Salz.

0 nicht salzertragend
1 salzertragend, meist auf salzarmen Böden (0-0,1 % $Cl^-$)
2 oligohalin (I), Böden mit 0,05-0,3 % $Cl^-$
3 β-mesohalin (II), auf Böden mit 0,3-0,5 % $Cl^-$
4 α/β-mesohalin (II/III), auf Böden mit 0,5-0,7 % $Cl^-$
5 α-mesohalin (III), auf Böden mit 0,7-0,9 % $Cl^-$
6 α-mesohalin (III/IV), auf Böden mit 0,9-1,2 % $Cl^-$
7 polyhalin (IV), auf Böden mit 1,2-1,6 % $Cl^-$
8 euhalin (IV/V und V), auf Böden mit 1,6-2,3 % $Cl^-$
9 euhalin und hyperhalin (V/VI), auf Böden mit 2,3 % $Cl^-$ und darüber

x = indifferentes Verhalten
? = ökologisches Verhalten ungeklärt

Der Code der Zeigerwerte gibt darüberhinaus noch mittels Großbuchstaben die **Lebensform**, die **Gefährdung** sowie das **soziologische Verhalten** an. Dies bezieht sich auf die Gesellschafts-Einheiten, für die die betreffende Art als Charakterart gelten darf (siehe Systematische Übersicht der Pflanzengesellschaften Mitteleuropas nach OBERDORFER (1990)).

LEBENSFORM UND BLATTAUSDAUER
**A** Hydrophyt, Wasserpflanze
**C** krautiger Chamaephyt, Knospen über der Erde
**G** Geophyt, Knospen unter der Erde
**H** Hemikryptophyt, Knopsen nahe der Erdoberfläche
**N** Nanokryptophyt, Strauch oder Kleinbaum zw. 0,5 – 5 m
**P** Phanerophyt, Baum > als 5 m
**T** Therophyt, kurzlebig
**Z** holziger Chamaephyt, Zwergstrauch
**li** Liane oder Spreizklimmer
**ep** Epiphyt, auf oberirdischen Organen von Pflanzen lebend
**hp** Halbparasit, auf lebenden Pflanzen schmarotzend
**vp** Vollparasit, wie hp, aber ohne Blattgrün

BLATTAUSDAUER
**I** immergrün
**W** überwinternd grün, Blätter werden aber im Frühjahr ersetzt
**S** sommergrün
**V** vorsommergrün, vom Vorfrühling bis zum Frühsommer grün

GEFÄHRDUNG (G):
Grad der Gefährdung in der „Roten Liste", nach KORNECK u. SUKOPP (1988)

0 ausgestorben oder verschollen
1 vom Aussterben bedroht
2 stark gefährdet
3 gefährdet
4 potentiell gefährdet

**Zeigerwerte nach LANDOLT (1997)**

ELIAS LANDOLT hat mit der Arbeit „Ökologische Zeigerwerte zur Schweizer Flora" 1977 die Lücke in der Zusammenstellung von ELLENBERG, die kaum alpine Arten enthielt, geschlossen. Diese wurden auch in diesem Buch als genauere Kennzeichnung des ökologischen Verhaltens der Einzelpflanzen aufgenommen. Sie erscheinen im originalen Zahlencode als Anhängsel an die Namensnennung in einer Auflistung der im Buch enthaltenen Arten im Anhang (S. 470). Die Zeigerwerte von LANDOLT weichen in folgenden Punkten von den ELLENBERG'schen ab:

- Statt einer neunteiligen Skala wird eine fünfstufige verwendet
- Es wird die Reihenfolge Feuchtezahl-Reaktionszahl-Nährstoffzahl-Lichtzahl-Temperaturzahl-Kontinentalitätszahl verwendet. Diese 6 Werte werden in zwei Dreiergruppen dargestellt: FRN-LTK.

Grundsätzlich ging LANDOLT bei der Bewertung der Pflanzen von den gleichen Grundsätzen wie ELLENBERG aus. Es handelt sich um empirische Mittelwerte mit unterschiedlichen Streubereichen. Deshalb wählte LANDOLT eine nicht allzu feine Skaleneinteilung.
**Feuchtezahl** (F): Sie kennzeichnet die mittlere Feuchtigkeit des Bodens während der Vegetationszeit

1 ausgesprochene Trockenheitszeiger
2 Zeiger mäßiger Trockenheit
3 Zeiger mittlerer Feuchtigkeitsverhältnisse
4 Feuchtigkeitszeiger
5 Nässezeiger

Zusätzliche Zeichen:

f im Bereich von fließendem Bodenwasser
w vorwiegend auf Böden mit wechselnder Feuchtigkeit
u in der Regel im Wasser untergetaucht
v mit untergetauchten und schwimmenden Organen
s mit Blattorganen, die auf dem Wasser schwimmen
i im Wasser stehend, aber mit den meisten Blättern herausragend

**Reaktionszahl** (**R**): Sie beschreibt den Gehalt an freien H-Ionen im Boden

1 ausgesprochene Säurezeiger (pH 3 – 4,5)
2 Säurezeiger (pH 3,5 – 5,5)

**Tab. 13:** Beispiele von Zeigerwert-Codes nach ELLENBERG (1991).

| Name | L | T | K | F | R | N | S | Leb. | B. | Soz. Verh. | G |
|---|---|---|---|---|---|---|---|---|---|---|---|
| *Pinus sylvestris* | (7) | x | 7 | x | x | x | 0 | P | I | x | – |
| *Vacinium vitis-idaea* | 5 | x | 5 | 4 | 2 | 1 | 0 | Z | I | 7. 3 1 | – |
| *Lilium martagon* | 4 | x | 5 | 5 | 7 | 5 | 0 | G | S | 8. 4 3 | 1 |

3 Pflanzen auf schwach sauren Böden (pH 4,5 – 7,5)
4 schwache Basenzeiger (pH 5,5 – 8)
5 ausgesprochene Basenzeiger (pH über 6,5)

**Nährstoffzahl** (N): Sie kennzeichnet den Nährstoffgehalt (insbesondere Stickstoff) des Bodens:

1 ausgesprochene Magerkeitszeiger
2 Magerkeitszeiger
3 weder auf sehr nährstoffarmen noch auf stark gedüngten Böden
4 Nährstoffzeiger
5 Überdüngungszeiger

**Lichtzahl** (L): Sie stellt die mittlere Beleuchtungsstärke, bei der die Pflanze gut gedeiht, dar:

1 ausgesprochener Schattenzeiger
2 Schattenzeiger
3 Halbschattenzeiger
4 Lichtzeiger
5 ausgesprochener Lichtzeiger

**Temperaturzahl** (T): Sie charakterisiert die mittlere Temperatur, bei der eine Pflanze gut gedeiht, sie spiegelt daher auch weitgehend die Höhenverbreitung der Pflanzen wider:

1 typische Hochgebirgs- und arktische Pflanzen oberhalb der Waldgrenze, in tieferen Lagen Kältezeiger
2 Gebirgs- oder boreale Pflanze (subalpine Stufe)
3 Hauptverbreitung in der montanen Stufe
4 Hauptverbreitung in der kollinen Stufe
5 nur an wärmsten Stellen (Südeuropa)

**Kontinentalitätszahl** (K): Sie kennzeichnet die Temperaturdifferenzen im Tages- und Jahreslauf sowie die Luftfeuchtigkeit

1 Gebiete mit ozeanischem Klima: milde Winter und hohe Luftfeuchtigkeit
2 Gebiete mit subozeanischem Klima: Spätfröste und große Temperaturextreme nicht vertragend
3 im Gebiet fast überall vorkommend
4 Hauptverbreitung in Gebieten mit relativ kontinentalem Klima
5 nur in Gebieten mit ausgesprochen kontinentalem Klima, vorwiegend an wind- und sonnenexponierten Stellen

**Salzzeichen:** Bei Pflanzen, die auch auf salzhaltigen Böden gedeihen können, steht zwischen den beiden Dreiergruppen statt einem Strich das Salzzeichen +.

ÖKOLOGISCHE GRUPPE (Gemäß der „Roten Liste" des BUWAL Schweiz)

W Waldpflanze
B Bergpflanze
P Pionierpflanze in niedrigen Lagen
G Gewässerpflanze
S Sumpfpflanze
T Trockenpflanze
U Unkrautpflanze
F Fettwiesenpflanze
K Kulturpflanze
N Neophyt

WUCHS- UND LEBENSFORM:

p sommergrüner Phanerophyt
i immergrüner Phanerophyt
n sommergrüner Nanophanerophyt
j immergrüner Nanophanerophyt
z holziger Chamaephyt
c krautiger Chamaephyt
e Epiphyt
h Hemikryptophyt
g Geophyt
t Therophyt
u Therophyt/Hemikryptophyt
a Hydrophyt
pa Parasit
hp Halbparasit
sa Saprophyt
iv insectivore Pflanze
wi windende Pflanze

**Beispiele zur Auslegung der ökologischen Zeigerwerte nach LANDOLT**

Die Ökologische Gruppe wird mit einem Großbuchstaben und einem Punkt vor dem Zahlencode, die Wuchs- oder Lebensform mit einem Strich und einem Kleinbuchstaben danach angegeben.

*Pinus sylvestris:* W.xx2-434-i
*Leontodon saxatilis:* U.3w23+452-h

## 3.7 „Rote Liste" für Pflanzengesellschaften

Das Aufstellen einer Rangordnung gefährdeter und vom Aussterben bedrohter Pflanzengesellschaften, ähnlich den „Roten Listen" von Einzelarten, wurde mehrfach von namhaften Vegetationskundlern versucht. DIERRSEN erstellte 1983 eine Rote Liste für Schleswig-Holstein, PREISING für Niedersachsen und BOHN für West-Berlin und die Bundesrepublik Deutschland. Ferner legten WALENTOWSKI et al. (1990), WESTHOFF et al. (1993), WESTHUS et al. (1993) sowie VERBÜCHELN et al. (1995) Rote Listen vor, die alle auf die fortschreitende Gefährdung von Habitaten sowie von Tieren und Pflanzen hinweisen. Die Methodik, die Aussagekraft und der Anwendungsbereich als Argumentationshilfe bei Naturschutzverfahren wird von den Autoren stets als problematisch bezeichnet und von pflanzensoziologischen Kenntnissen der Anwender abhängig gemacht. Die absoluten Zahlen lassen aber erkennen, wie stark die Pflanzenbestände heute schon bedroht sind. DIERRSEN stufte von den 330 in Schleswig-Holstein vorkommenden Pflanzengesellschaften 79 % als gefährdet ein. 50 % zeigen eine bereits reduzierte Artengarnitur.

Bohn (1986) unterscheidet 5 Gefährdungsklassen, die den Flächenrückgang, die floristische Verarmung sowie den Wandel innerhalb der Bestandesstruktur als Kriterien zur Einstufung verwenden. In Deutschland wird seit geraumer Zeit auch die **IUCN-Skalierung**(mit geringfügigen Abweichungen) nach dem Vorbild des „Red data book" der International Union for Conservation of Nature and Natural Resources angewandt, die gefährdete Arten und Gesellschaften in dieselben 5 Gefährdungskategorien differenziert.

0 **Ausgestorben oder verschollen**
Gesellschaften und Arten, deren Populationen nachweisbar ausgestorben sind oder solche, deren Vorkommen trotz Suche seit 10 Jahren nicht mehr nachgewiesen wurde.

1 **Vom Aussterben bedroht**
Gesellschaften, die durch anhaltend starken und sehr raschen Rückgang im gesamten Gebiet so stark zusammengeschmolzen sind, daß ihr Fortbestand akut gefährdet ist – kleinflächige, kaum überlebensfähige Einzelbestände sind verblieben.

2 **Stark gefährdet**
Gesellschaften mit ehemals häufigeren Vorkommen, die im Gebiet hinsichtlich Bestandesgröße und Bestandeszahl sehr stark zurückgegangen und regional verschwunden sind.

3 **Gefährdet**
Gesellschaften, die in großen Teilen des Gebietes deutlich und stetig zurückgehen und lokal verschwunden sind.

4 **Potentiell gefährdet**
Gesellschaften, die im Gebiet von jeher nur in wenigen, räumlich eng begrenzten Beständen vorkommen, derzeit aber nicht gefährdet erscheinen.

Unmittelbare, zu 100 % gefährdete soziologische Verbände werden von Moravec (1985) für die Tschechei dargestellt:

- *Caricion davallianae*
- *Caricion lasiocarpae*
- *Cnidion venosi*
- *Eriophorion gracilis*
- *Isoetion lacustris*
- *Koelerion glaucae*
- *Magnocaricion elatae*
- *Nanocyperion flavescentis*
- *Oxycocco-Ericion*
- *Rhynchosporion albae*
- *Scirpion maritimi*
- *Sphagnion medii*
- *Sphagno-Utricularion*

**FFH-Richtlinie**
Auf europäischer Ebene wird seit 21.5.1992 dem Verlust an Lebensräumen durch die **FFH-Richtlinie** (**Fauna-Flora-Habitat-Richtlinie**) entgegengewirkt. Man verspricht sich davon einen umfassenden Schutz gefährdeter Arten und natürlicher Lebensräume, der sich natürlich direkt auf die Artengarnituren bzw. Pflanzengesellschaften auswirken würde. Ziel der FFH-Richtlinie ist die Schaffung eines europaweiten Schutzgebietssystems mit einheitlichen Kriterien für bedrohte Arten, seltene Lebensgemeinschaften und seltene Lebensräume. Die Mitgliedstaaten der EU müssen unter dem Namen Natura 2000 ein Netz besonderer Schutzgebiete einrichten. Dabei werden die Biotoptypen in zwei Kategorien aufgeteilt:

– **Habitate höchster Priorität:** bedrohte, natürliche Lebensräume mit entsprechenden Biotoptypen, Arten und Lebensgemeinschaften.
– **Habitate geringerer Priorität:** natürliche und halbnatürliche Lebensräume, deren Existenz noch nicht so akut gefährdet und deren dauerhafter Erhalt gelegentlich nutzungsabhängig ist.

## 3.8 Pflanzengesellschaften als Instrumentarium bei Kartierungen

Zur Erhebung des „Ist-Zustandes" von Natur- und Kulturlandschaften werden vielfach flächendeckende Biotopkartierungen durchgeführt oder wurden bereits abgeschlossen. **Biotopkartierungen** stellen Inventarisierungen dar, die über Bestand, Verbreitung und Inhalt biologisch-ökologisch wertvoller und schutzwürdiger Landschaftsteile Auskunft geben und Grundlagen für Landschaftsschutzprogramme liefern. Insofern können Biotopkartierungen auch von bereits bestehenden Schutzgebieten vorgenommen werden, um alle Naturraumparameter nachhaltig zu dokumentieren.

Diese Biotopkartierungen werden umso aussagekräftiger, je genauer die Artendokumentation erfolgt. Dafür bieten sich in erster Linie die Pflanzengesellschaften als die am leichtesten und jederzeit zugänglichen Teile der Lebensgemeinschaften an, während beispielsweise der faunistische Teil wesentlich schwieriger und aufwendiger zu bearbeiten ist. Als Schlußfolgerung können die Pflanzengesellschaften anhand der Roten Listen bewertet und interpretiert werden. Eine pflanzensoziologische Charakterisierung kann auch im Rahmen der Landschaftsbewertung bei Natureingriffen innerhalb von Gutachten, landschaftspflegerischen Begleitplänen oder Umweltverträglichkeitsprüfungen eingesetzt werden. Die Kartierung von Pflanzengesellschaften liefert auch Grundlagen für die Beweissicherung zur Dokumentation von Landschaftsveränderungen und hält Art und Ausmaß von Umweltbelastungen fest. Darüberhinaus lassen sich Interpretationen über die Veränderungen von Standortsbedingungen und Lebensgemeinschaften treffen.

# 4 Die Bewertung von Pflanzengesellschaften

Wie bereits ausgeführt, erfolgt die taxonomische Bestimmung von Pflanzengesellschaften stets mit dem Ziel, Aussagen über die regionale Verbreitung von Vegetationstypen sowie über die Standortsfaktoren an dem zu untersuchenden Fundort zu treffen. Darüberhinaus ist es möglich, mit Hilfe von gesellschaftskennzeichnenden Parametern eine **ökologische Interpretation** über die biologische Qualität und Ausstattung des Standortes sowie die möglichen Umweltbeeinträchtigungen vorzunehmen. So läßt sich die Bestimmung von Pflanzengesellschaften in der praktischen Naturschutzarbeit einsetzen, um die Schutzwürdigkeit oder Seltenheit eines Bestandes zu interpretieren und nachvollziehbar zu belegen. Dazu wurden zahlreiche Bewertungsverfahren entwickelt, von denen im folgenden nun einige vorgestellt werden. Diese Methoden beruhen selten auf eindeutig quantifizier- und qualifizierbaren Kriterien, sondern verlangen objektive **Einschätzungen** des Bewerters, die er mit **Erfahrung** und **Wissen** durchzuführen hat. Diese Schätzungen stellen Mittel zur Vereinfachung und Normierung großer Informationsmengen dar, die nur mit langfristigen Forschungen dem Bewertungsverfahren zugänglich wären. Für weitere Methoden wird auf das Handbuch „Erfassen und bewerten im Naturschutz" (Usher-Erz 1994) verwiesen.

Bewertungskriterien im praktischen Arten- und Biotopschutz (nach Margules 1981, verändert und ergänzt):

- Ästhetischer Wert: Bedeutung einer Pflanzengesellschaft für Erholung, Bildung und Wissenschaft
- Ersetzbarkeit einer Pflanzengesellschaft
- Fläche (Größe einer Pflanzengesellschaft)
- Gefährdung einer Pflanzengesellschaft durch menschliche Nutzungen und Eingriffe
- Größe der Populationen, typische Ausprägungen
- Historische, archäologische Bedeutung einer Pflanzengesellschaft
- Natürlichkeit und Seltenheit von Pflanzengesellschaften oder Lebensräumen
- Ökologische Empfindlichkeit einer Pflanzengesellschaft hinsichtlich Nutzungen, Störungen, Veränderung der Standortsfaktoren
- Verfügbarkeit der Pflanzengesellschaft innerhalb eines regional begrenzten Raumes (z.B. Kartiergebiet)
- Vielfalt an Pflanzengesellschaften, Lebensräumen und Einzelarten innerhalb des regional begrenzten Raumes (z.B. Kartiergebiet)

Die dringlichste Frage bei der Bewertung von Pflanzengesellschaften oder Lebensräumen ist stets die nach der Schutzwürdigkeit bzw. naturschutzfachlichen Relevanz. Denn besonders schutzwürdige Lebensräume, die noch über ausreichend Naturnähe und eine intakte Naturausstattung verfügen, bilden das Gerüst einer intakten Kultur- und Naturlandschaft.

## 4.1 Bewertung der Schutzwürdigkeit nach Kriterien des Artenschutzes

(Dornier-System 1981, Kaule et al. 1979)

Dieses Bewertungssystem ordnet alle Lebensräume entlang eines Gradienten von absolut schutzwürdigen Lebensräumen bis hin zu Nutzflächen und teilt sie in 9 Klassen ein. Nur die 8. und 9. Klasse umfaßen Lebensraumtypen, die für den Artenschutz von Interesse sind. Auch die Pflanzengesellschaften können anhand der Bewertungstabelle den Bewertungsklassen zugeordnet und somit ihre Bedeutung für den Artenschutz verglichen werden.

9-6 Besonders schutzwürdige Biotope, nicht oder sehr extensiv genutzt

5-1 Nutzflächen

9 Ausgewiesene Schutzgebiete von internationaler und nationaler Bedeutung; seltene natürliche oder extensiv genutzte Vegetationsgemeinschaften, alte oligotrophe Ökosysteme
- Alpine Ökosysteme, Felsfluren,
- Flußauen und Auenwälder (Hartholz-, Weichholz-) mit erhaltener Flußdynamik
- Gebüsche, wärmeliebend
- Heiden, natürlich, naturnah
- Magerrasen, Halbtrockenrasen
- Mauern und Lößterrassen historischer Herkunft
- Moore: Streuwiesen, Hochmoore, Zwischen-, Nieder-, Davallseggenmoore
- Seen, oligotroph, mit Röhrichten und Verlandungszonen
- Streuobstwiesen, ungedüngt, mit sehr alten Bäumen
- Urwaldgebiete wie zonale Wälder, Wälder auf Sonderstandorten
- Wattgesellschaften
- Wiesen, ungedüngt und einschürig

8 Gebiete mit regionaler Bedeutung und besonderer biologischer Ausstattung, wie 9 jedoch leicht beeinträchtigt, evtl. in Artenvielfalt und Struktur, evtl. leichter künstlicher Nährstoffeintrag; extensive Kulturökosysteme, Brachen, genutzte Komplexe mit bedrohten Arten.
- Altholzbestände, Steilhangwälder, alte Nieder- und Mittelwälder
- Bruchwälder
- Extensivweiden, Mesobrometen

- Gebüschbrachen
- Gräben, mesotroph
- Hochstaudenfluren, Großseggenbestände
- Trockenböschungen
- Wiesen, mesotroph

7 Gebiete mit örtlicher oder regionaler Bedeutung, Landschaftsschutzgebiete, nicht- oder extensivgenutzte Flächen mit Rote-Liste-Arten, Restflächen der Typen 8 und 9
- Altholzbestände, Plenterwälder, spezielle Schlagfluren
- Bachsäume
- Bergwiesen, mager
- Extensivweiden
- Glatthaferwiese, trocken
- Hecken
- Industriebrachen ohne Nutzung
- Lichte Kiefernwälder
- Streuobstbestände beweidet
- Sukzessionsflächen mit Magerkeitszeigern
- Trockenstandorte mit leichtem Nährstoffeintrag
- Trollblumen-Feuchtwiese

6 Kleinere Ausgleichsflächen zwischen genutzten Landschaften und Schutzgebieten, von 7 durch Fehlen von „Rote-Liste"-Arten und Magerkeitszeigern unterschieden; kein spezieller Vorschlag zur Unterschutzstellung
- Artenarme Wälder
- Artenreiche Unkrautfluren
- Buchenreinbestände zwischen 20 und 60 Jahren
- Hecken, Feldgehölze
- Kiefernforste
- kleinere Sukzessionsflächen in Siedlungsgebieten
- Kohldistelwiesen
- Mischwälder mit hohem Fichtenanteil
- Wiesen, zweischürige, artenreich; Glatthaferwiesen, eutroph

5 Nutzflächen, in denen nur noch wenige standortsspezifische Arten vorkommen. Die Bewirtschaftungsintensität überlagert die natürlichen Standortseigenschaften
- Äcker und Wiesen ohne spezifische Flora und Fauna
- Fichtenforste
- Unkrautfluren, stark verarmt, z.B. in genutzten Weinbergen
- älder, verarmt, geschädigt durch Emissionen
- Wiesenstreifen, artenarm; 3- und mehrschürige Wiesen, Intensivweiden

4 Nutzflächen mit vorwiegend eutrophen Arten
- Äcker und Intensivweiden
- Ackerunkrautgesellschaften, widerstandsfähig
- Aufforstungen, Fichtenforste auf ungeeigneten Standorten
- Nadelholzaufforstungen in schutzwürdigen Laubwäldern

3 Nur mehr „Allerweltsarten" mit eutrophen Ansprüchen, starke Trennwirkungen zwischen naturnahen Lebensräumen
- Aufforstungen alter Kulturökosysteme
- Aufforstungen von Hutungen, Heiden und Magerrasen
- Forstplantagen in Auen
- Gräben, polytroph, begiftet
- Wohngebiete mit Einheitsgrün, Zwergkoniferen, Rasen

2 Fast vegetationsfreie Flächen, stark belastet, Gülle-, Dünger- und Herbizideinsatz.
- Ackerflächen, intensiv
- Forstplantagen, Koniferenforste
- Gräben verrohrt
- Monokulturen, großflächig
- Obstbauanlagen
- Pappelkulturen,
- Straßen, befestigt, mit schmalen Randstreifen

1 Vegetationsfreie Fläche, stark belastet, für andere Lebensräume ungünstig wirkend
- Innenstädte, Hauptverkehrsstraßen, Industriegebiete

Ziel einer ökologischen Bewertung von Pflanzengemeinschaften ist es, die Umweltqualität einer Landschaft oder eines Naturraumes unter dem Aspekt der Nutzung zu bestimmen und Aussagen über die Schutzwürdigkeit, die Pflege und die naturschutzfachlichen Konsequenzen zu treffen. Da ja heute fast jedes Ökosystem und die damit verbundenen Lebensgemeinschaften vom Menschen zu seinem Nutzen herangezogen werden, kommt der ökologischen Einschätzung in der praktischen Naturschutzarbeit eine große Bedeutung zu. Die Umweltqualität eines zu beurteilenden Standortes läßt sich mit Hilfe von Pflanzengesellschaften und den damit bestimmbaren Standortsfaktoren ermitteln, wobei diese empirischen Bestimmungen niemals exakte wissenschaftliche Untersuchungen ersetzen. In den meisten Fällen stehen jedoch weder Zeit, Geldmittel noch fundierte Fachkenntnisse zur Verfügung, um wissenschaftliche oder langwierige Verfahren anwenden zu können. Oft ist daher ein Annäherungsverfahren, das sofort und unmittelbar Ergebnisse liefert, in der Naturschutzarbeit sinnvoller und wirksamer. Ein solches Verfahren stellt die Bestimmung der ökologischen Wertigkeit nach Seibert (1982) dar.

## 4.2 Bestimmung der Ökologischen Wertigkeit

(Methode nach SEIBERT 1982, nach Erfahrungswerten erweitert)

Die Bestimmung der **Ökologischen Wertigkeit** (ÖW) nach SEIBERT besitzt für die meisten pflanzensoziologischen Verbände, Ordnungen oder Klassen Gültigkeit. Sie basiert auf physiologischen und systematischen Erhebungen sowie auf langjährigen Untersuchungen und Erfahrungen mit vegetationskundlichen Arbeiten. Sie wird durch die **Addition** der **Maturität**, des **Natürlichkeitsgrades** und der **Diversität** bestimmt und ist von SEIBERT als allgemeingültiger Wert standardisiert worden. Im Pflanzengesellschaften-Teil dieses Buches sind diese 3 Bewertungsparameter jeweils im Schnellbestimmungskasten angeführt.

$$ÖW = N + M + D$$

Zu beachten ist, daß die Werte nur unter Vorbehalt einzeln verwendet werden können, doch dazu nun im einzelnen:

**Natürlichkeit (N)**
Der Begriff Natürlichkeit beschreibt den Zustand des ökologischen Inventars einer Bewertungsfläche oder einer entsprechenden Einheit. Er wird häufig zur Beurteilung von Landschaften gebraucht, die vom Menschen bisher nicht genutzt, beeinflußt oder verändert wurden. Da diese Flächen heutzutage sehr rar geworden sind, bestand die Notwendigkeit, Abstufungen dieses Begriffes einzuführen, die die jeweilige Degradation der ökologischen Ausstattung, sowie des Pflanzen- und Tierbestandes beschreiben. Da eben die meisten Lebensgemeinschaften heute durch den Menschen beeinflußt sind, ist der Natürlichkeitsgrad mit dem **Beeinträchtigungsgrad** gleichzusetzen. Die Bestimmung der Natürlichkeit beinhaltet also bereits die Möglichkeit der Veränderung.

**Natürlichkeitsgrade nach HORNSTEIN 1951 und REMMERT 1976**

| | | |
|---|---|---|
| **natürlich** | – 5 | Vollständig vom Menschen nicht beeinflußt (Klimaxgesellschaften, Hochmoore, Felsspalten) |
| **naturnah** | – 4 | Vom Menschen weitgehend nicht beeinflußt (Dauergesellschaften, alte Wälder, Mittelwälder) |
| **bedingt naturnah** | – 3 | Nur teilweise vom Menschen nicht beeinflußt (Forste, Gebüsche, Hekken, Niederwälder) |
| **naturfern** | – 2 | Vom Menschen weitgehend verändert, kulturbetont (ausdauernde Ruderalfluren, Wiesen, Weiden) |
| **naturfremd** | – 1 | Vom Menschen vollständig verändert (Unkrautfluren, Äcker, Anuellenfluren, Gärten) |
| **künstlich** | – 0 | vegetationslose Plätze, Straßen, Gebäude |

**Maturität (M)**
Unter Maturität wird die Reife von Pflanzengesellschaften verstanden, die sie im Verlauf der natürlichen Sukzession erreicht haben (MARGALEF 1963). Demnach haben die Klimax- oder Schlußgesellschaften den höchsten Reifegrad. Offene Böden mit erst beginnender Vegetationsentwicklung sind mit der geringsten Maturitätsstufe zu belegen. Dies gilt sowohl für Rohböden, als auch für reife Böden mit Pioniervegetation, wie etwa Schlaggesellschaften. Mit zunehmender Bedeckung durch Pflanzen steigt der Reifegrad an, bis das Endstadium (Klimax) erreicht ist. Durch die Variabilität der Vorkommen kann die Beurteilung aber ebenfalls erschwert werden. Dies soll das Beispiel der Alpinen Rasengesellschaften zeigen. Sie stellen in Regionen oberhalb der Waldgrenze natürliche Klimax- oder Schlußgesellschaften dar. Kommen sie in der subalpinen oder montanen Stufe in Lawinenrinnen vor, stellen sie Dauergesellschaften dar, während sie auf beweideten Waldstandorten anstelle von Waldgesellschaften zu langlebigen Ersatzgesellschaften werden. Auch hier zeigt sich, daß ein Bewertungskriterium nicht für sich alleine herangezogen werden darf, sondern stets in der Kombination mit anderen anzuwenden ist.

**Maturität 5:** Klimaxgesellschaften
- Tannen-Buchenwälder (*Fagion*)
- Eichenwälder (*Carpinion*, *Quercion robori-petraeae*, *Quercion pubescenti-petraeae*
- Kiefernwälder (*Erico-Pinion* auf Kalkschutt, *Dicrano-Pinion* in Auen)
- Subalpine Fichten-Tannenwälder (*Vaccinio-Piceenion*)
- Subalpine Zwergstrauchheiden, Legföhrengebüsche (*Rhododendro-Vaccinienion*)
- Alpinrasen (*Caicetea curvulae*, *Elyno-Seslerietalia*)

**Maturität 4:** Dauergesellschaften, langlebige Ersatzgesellschaften
- Schwarzerlen-Bruchwälder (*Alnetea glutinosae*)
- Natürliche Hecken und Gebüsche (*Prunetalia*)
- Subalpine Hochstaudenfluren (*Betulo-Adenostyletea*)
- Hartholz-Auwälder (*Alno-Padion*)
- Edellaubwälder (*Tilio-Acerion*)
- Moorwälder (*Vaccinio-Piceion*)
- Natürliche Staudensäume (*Trifolio-Geranietea*)
- Niedermoore (*Caricetalia fuscae*, *Tofeldietalia*)
- Hochmoore (*Scheuchzerietalia*, *Oxycocco-Sphagnetea*)
- Röhrichte, Großseggenrieder (*Phragmitetea*)
- Schneetälchen (*Salicetea herbaceae*)
- Natürliche Halbtrockenrasen (*Festuco-Brometea*)

**Maturität 3:** Natürliche Folge- und Ersatzgesellschaften
- Anthropogene Hecken und Gebüsche (*Prunetalia*)
- Mehrjährige Wildkrautfluren (*Artemisietalia*, *Filipendulion*)
- Borstgrasrasen und Heiden (*Nardo-Callunetea*)
- Grünland-Gesellschaften (*Molinio-Arrhenatheretea*)

- Anthropogene Niedermoore = Streuwiesen (*Tofieldietalia*)
- Weiden-, Erlen-, Auwälder (*Salicetea purpureae, Ino-Padion*)

**Maturität 2:** natürliche Pionier-, kurzlebige Ersatzgesellschaften
- Schlagfluren (*Epilobietalia*)
- Steinschuttgesellschaften (*Thlapietea*)
- Stranddünengesellschaften (*Ammophiletea*)
- Kurzlebige Ruderalfluren (*Ornopodietalia*)
- Salzmarschen (*Spartinetea, Thero-Salicornietea*)

**Maturität 1:** Gesellschaften offener Böden, Initialstadien von Pioniergesellschaften
- Ackerunkrautfluren (*Chenopodietea*)
- Trittrasen (*Plantaginetea*)

**Diversität (D)**
Je natürlicher ein Ökosystem , eine Pflanzengesellschaft ist, desto höher ist ihr Bewertungsgrad. Dazu trägt auch die hohe **Artenzahl** bei. Usher (1980) wies darauf hin, daß der Natürlichkeitsgrad eng mit der **Diversität**, also mit der Vielfalt, in Verbindung steht. Vielfalt ist als **Artenvielfalt** und **Strukturvielfalt** zu sehen, zwei Kriterien, die an Pflanzengesellschaften sehr gut erkennbar sind. Die Struktur einer Pflanzengemeinschaft bezieht sich sowohl auf den **Schichtungsaufbau**, als auch auf die weiter gefaßte **Vegetationsstruktur** sowie auf das Vorhandensein **wertbestimmender Strukturmerkmale** (z.B. Totholz, Bodenstruktur, Lianen, Habitate für Tiere).
Je strukturreicher, je vielfältiger, je artenreicher ein Lebensraum ist, desto höher sind der Natürlichkeitsgrad und die Schutzwürdigkeit. Wie immer gibt es auch von dieser Regel Ausnahmen. Schilfröhrichte, Hochmoore oder Buchenwälder stellen zum Beispiel natürliche Monokulturen dar, die aber dennoch eine hohe Stabilität und Schutzwürdigkeit aufweisen. Gerade an sehr gestörten Plätzen entwickeln sich vielfältige und artenreiche Unkrautfluren, die aber keineswegs als stabil anzusehen sind. Somit ist eine pauschale Verwendung der Artenvielfalt als Bewertungskriterium nicht möglich und muß in Zusammenhang mit den übrigen Parametern wie Natürlichkeitsgrad und Maturität angewandt werden.
Die **Diversitätsstufe (D)** ergibt sich aus dem Mittelwert von Artenreichtum (A) und Schichtenstruktur = Deckungsgrad (S) und umfaßt folgende Skalen:

| **Artenreichtum** | | **Deckung** | |
|---|---|---|---|
| 5 | >40 Arten | 5 | 75 – 100 % |
| 4 | 31 – 40 Arten | 4 | 50 – 75 % |
| 3 | 21 – 30 Arten | 3 | 25 – 50 % |
| 2 | 11 – 21 Arten | 2 | 5 – 25 % |
| 1 | 1 – 10 Arten | 1 | < 5 % |

Bewertung der **Vegetationsschichtung:** Das Kriterium der Vielfalt wird auch durch die Schichtenstrukturen der Vegetation beschrieben. Diese unterschiedlichen Räume stellen beispielsweise für die Tierwelt Brut-, Deckungs- und Nutzungsmöglichkeiten dar. Je höher diese ökologischen Möglichkeiten sind, desto größer ist die Wertigkeit eines Bestandes. Die Vegetationsschichtung kann nach Tabelle 14 bewertet werden:

**Tab. 14:** Bewertung der Vegetationsschichtung

| Schicht | Deckung in % >50 % | (>25) –50 % | (>5) –25 % | (>1) –5 % | bis 1% |
|---|---|---|---|---|---|
| Baumschicht | 2,4 | 1,2 | 0,6 | 0,3 | 0,1 |
| Strauchschicht | 1,8 | 0,9 | 0,5 | 0,2 | 0,1 |
| Krautschicht | 1,6 | 0,8 | 0,4 | 0,2 | 0,1 |
| Moosschicht | 1,2 | 0,6 | 0,3 | 0,2 | 0,1 |

Sonderfall: aquatische Ökosysteme; hier werden die Vegetationsstrukturelemente bewertet
(nach Schlüpmann 1989):

| | |
|---|---|
| Algenwatten | 0,5 |
| Torf- und Wassermoose | 1,0 |
| Tauchblattpflanzen | 2,0 |
| Schwimmblattpflanzen | 0,5 |
| Wassersternbestände | 0,5 |
| Schwimmpflanzen | 0,5 |
| Wasserlinsenteppich | 0,5 |
| Kleinröhricht | 1,5 |
| Großröhricht | 1,0 |
| Großbinsen | 0,5 |

Zwei weitere Faktoren werden von Seibert zur Charakterisierung der Ökologischen Wertigkeit herangezogen:

**Seltenheit (S) und Gefährdungsgrad (G)**
Diese beiden Faktoren beschreiben einmal das Vorkommen seltener Arten innerhalb der Pflanzengesellschaft, zum anderen den Seltenheitsgrad der Gesellschaft selbst. Da einschlägige Aufstellungen fehlen, werden die „Roten Listen" herangezogen, um die gefährdeten Arten zu ermitteln. Vereinfacht läßt sich die in Tabelle 15 wiedergegebene 5-teilige Skala aufstellen (nach Sukopp-Trautmann-Korneck 1978, siehe auch Kapitel 3.7 „Rote Liste" für Pflanzengesellschaften).

Tab. 15: Skala der Gefährdung von Pflanzenarten nach Sukkop – Trautmann – Korneck (1978).

| Wertstufe | Anteil gefährdeter Arten | Gefährdungsgrad |
|---|---|---|
| 5 | mehr als 48 % | landesweit stark gefährdet |
| 4 | 37 – 48 % | landesweit gefährdet |
| 3 | 25 – 36 % | regional gefährdet, landesweiter Rückgang |
| 2 | 13 – 24 % | eher ungefährdet |
| 1 | 1 – 12 % | ungefährdet und ausbreitend |

**Präsenzwert (P)**
Der Präsenzwert eines Ökosystems, eines Biotops bzw. einer Pflanzengesellschaft ist umso höher, je weiter gleiche oder ähnliche Ökosysteme von ihm entfernt liegen. Umgekehrt ist er umso geringer und das Ökosystem, der Biotop bzw. die Pflanzengesellschaft umso entbehrlicher, je mehr gleiche Bestände dicht nebeneinander liegen. Die Bewertungsskala bezieht sich daher auf die Distanz zu einer nächstgelegenen gleichen oder ähnlichen Pflanzengesellschaft. Der Präsenzwert ist am geringsten, wenn gleiche oder ähnliche Pflanzengesellschaften im Umkreis von weniger als 500 m vorhanden sind. Mit Verdoppelung der Entfernung erhöht sich der Wert um einen Punkt, so daß folgende Wertskala angewandt wird:

| | |
|---|---|
| bis 500 m | Wertzahl **1** |
| 500 – 1000 m | Wertzahl **2** |
| 1000 – 2000 m | Wertzahl **3** |
| 2000 – 4000 m | Wertzahl **4** |
| mehr als 4000 m | Wertzahl **5** |

## 4.3 Bewertung der Ersetzbarkeit und der Entwicklungsdauer

(Nach Seibert 1982 und Schemel 1986; adaptiert und ergänzt)

Infolge der zahlreichen Nutzungen und Veränderungen von Pflanzengesellschaften und Lebensräumen kommt der Ersetzbarkeit bzw. dem Faktor der Wiederherstellbarkeit eine große Bedeutung zu. Dieser beschreibt die Entwicklungsdauer einer Pflanzengesellschaft, die bis zur vollständigen Wiederherstellung des ökologischen Inventars nach einem Einriff einer Beeinträchtigung benötigt wird. Da manche Lebensräume nach Eingriffen nicht wieder herstellbar sind, muß auch der Faktor der Ersetzbarkeit betrachtet werden. Dieses Bewertungsverfahren entwickelte Schemel (1986) anhand von Beurteilungen von Golfplatzprojekten in Anlehnung an Vorgaben von Seibert (1982):
Mit Hilfe der Ersetzbarkeit und dem Zeitraum, der für Wiederherstellbarkeit des Lebensraumes, sofern dies möglich ist, benötigt wird, kann bestimmt werden, ob eine Pflanzengesellschaft, ein Lebensraum nach der Vernichtung oder Beeinträchtigung mit nachhaltiger Wirkung ersetzt werden kann und welcher Aufwand notwendig ist, um Verluste auszugleichen. Diese Beurteilung beinhaltet qualitative und zeitliche Aspekte. Mit einbezogen werden auch die Verfügbarkeit, die Größe und die Vorbelastung gleicher Standorte und ökologischer Qualitäten innerhalb eines sinnvoll eingegrenzten Großraumes. Der Zeitraum, der benötigt wird, um Lebensräume mit all den Standortsparametern und allen Lebensgemeinschaften sekundär (künstlich oder durch Nutzungsauflassung) wiederherzustellen bzw. Ausgleichsflächen mit ähnlicher Qualität zu schaffen, wird im Begriff Entwicklungsdauer zuammengefaßt. Diese wird auch mit den Begriffen „Tabufläche“ und „Disponible Räume“ ausgedrückt:
**Tabuflächen** müssen von jeder Nutzung ausgenommen bleiben. Dieser unbedingte Bestandsschutz ist im hohen ökologischen Wert und in der Empfindlichkeit solcher Flä-

Tab. 16: Ersetzbarkeit und Wiederherstellbarkeit von Lebensräumen nach Seibert (1982) und Schemel (1986), adaptiert und ergänzt.

| Wertkategorie | Zeitraum zur Wiederherstellung (in Jahren) | Begriff | Biotoptypen |
|---|---|---|---|
| I | nicht herstellbar | Tabuflächen | Hochmoore, natürliche Seen und Weiher, Urwälder |
| II | >150 | Tabuflächen | Niedermoore, Großseggensümpfe, Kalksümpfe, Schoeneten, Erlenauwälder, natürliche Bachläufe, Solitärbäume, alte Baumreihen, Felshöhlenbiotop |
| III | 75 – 150 | Disponible Flächen mit hoher Wertigkeit | Waldrand, junge Einzelbäume, Feuchtwiesen, Schilfwiesen, Gebüschsäume, feuchte Gräben, Bachufer, Laubwald im montanen Bereich, Mädesüßfluren, mesotrophe Auwälder |
| IV | 20 – 75 | Disponible Flächen mit mittlerer Wertigkeit | Entwässerungsgräben, Fichtenwald, Föhrenwald, Extensive Wiese, Weiden, Grasweg, Feldrain, Trocken-, Magerrasen, Gebüsche, oligotrophe Verlandungsvegetation |
| V | 1 – 20 | geringwertig | Wirtschaftsgrünländer, Wiesen, Weiden, Äcker, Schlagfluren, Kleingewässer, ausdauernde Ruderalgesellschaften, lineare Hecke, eutrophe Verlandungsvegetation in Weihern |
| VI | < 1 | geringwertig | Anuellenfluren, pionierhafte Ruderalgesellschaften |
| | 0 | vegetationslose Flächen | |

Tab. 17: Wertstufen für Pflanzengesellschaften, Synopsis nach DORNIER (1981), SEIBERT (1982) und SCHEMEL (1986) ergänzt und erweitert.

| 1. Klasse Schutzwürdigkeit | 2. ÖW | 3. Wertstufe Ersetzbarkeit | Beschreibung der Schutzwürdigkeit |
|---|---|---|---|
| 9-6 | 25-15 | I-III | Besonders schutzwürdige Biotope, nicht oder sehr extensiv genutzt |
| 5-1 | 14-0 | III-VI | Nutzflächen |
| 9 | 25-24 | I | Ausgewiesene Schutzgebiete von internationaler und nationaler Bedeutung; seltene natürliche oder extensiv genutzte Vegetationsgemeinschaften. |
| 8 | 23-21 | I, II | Gebiete mit regionaler Bedeutung und besonderer biologischer Ausstattung, wie 9 jedoch leicht beeinträchtigt, ev. in Artenvielfalt und Struktur, evtl. leichter künstlicher Nährstoffeintrag; extensive Kulturökosysteme, Brachen. |
| 7 | 20-18 | II | Gebiete mit örtlicher oder regionaler Bedeutung, Landschaftsschutzgebiete, nicht oder extensiv genutzte Flächen mit „Rote-Liste"-Arten |
| 6 | 17-15 | II, III | Kleinere Ausgleichsflächen zwischen genutzten Landschaften und Schutzgebieten, von 7 durch Fehlen von "Rote-Liste"-Arten und Magerkeitszeigern unterschieden; kein spezieller Vorschlag zur Unterschutzstellung |
| 5 | 11-9 | IV | Nutzflächen, in denen nur noch wenige standorts spezifische Arten vorkommen. Die Bewirtschaftungsintensität überlagert die natürlichen Standortseigenschaften |
| 4 | 8-5 | IV, V | Nutzflächen mit vorwiegend eutrophen Arten |
| 3 | 4-2 | V | Nur mehr „Allerweltsarten" mit eutrophen Ansprüchen, starke Trennwirkungen zwischen naturnahen Lebensräumen |
| 2 | 1 | V, VI | Fast vegetationsfreie Flächen, stark belastet, Gülle-, Dünge-, und Herbizideinsatz |
| 1 | 0 | VI | Vegetationsfreie Fläche, stark belastet, für andere Lebensräume ungünstig wirkend |

chen begründet. Es handelt sich dabei um Landschaftsbereiche, die **nicht ersetzbar** sind. Ihr landschaftsprägender Charakter, das Vorkommen an seltenen Tieren und Pflanzenarten, ihre biogeographische und geomorphologische Bedeutung und ihre Seltenheit als Biotoptyp, Biozönose oder Pflanzengemeinschaft erklären die besondere Qualität dieser Lebensräume.
**Disponible Räume** sind Landschaftsbereiche, die kurz-, mittel-, langfristig ersetzbar sind durch gleichartige Lebensräume oder entsprechend der sekundären Sukzession; ersetzbar auch durch Pflanzungen, durch Sich-Selbst-Überlassen (Fernhalten von Störungen und Stoffeinträgen) bzw. durch extensive Pflegeeingriffe nach ökologischen Kriterien.
Tabelle 17 faßt die Wertstufen der drei bisher beschriebenen Verfahren zusammen: 1. Spalte – Bewertung der Schutzwürdigkeit nach Kriterien des Artenschutzes (DORNIER-System 1981, KAULE et al. 1979), 2. Spalte – Bestimmung der Ökologischen Wertigkeit (SEIBERT 1982), 3. Spalte – Einstufung Ersetzbarkeit und Wiederherstellbarkeit (SEIBERT 1982, SCHEMEL 1986).

## 4.4 Die Wertstufenskala „Gefährdung"

Die Bestimmung der Wertstufen der Gefährdung einer Pflanzengesellschaft oder eines Lebensraumes kann auch nach der Tabelle nach SCHULTE & WOLFF-STRAUB 1986 vorgenommen werden. Diese teilt namentlich genannte Biotoptypen in neun Wertkategorien ein und stellt den Grad der Gefährdung in Bezug auf das Vorhandensein des Biotops dar. Aus dieser Tabelle kann der Grad der Gefährdung nach der Bestimmung einer Pflanzengesellschaft unmittelbar abgelesen werden:

Wertstufe 0- Versiegelte Plätze

Wertstufe 1- Biotop ist ungefährdet, Flächenanteil zunehmend
- Fettwiesen, intensiv genutzte Äcker, Straßenraine, Gärten

Wertstufe 2- Biotop ist ungefährdet
- Schlagfluren, Parks, Bahndämme, Kiesplätze

Wertstufe 3- Biotop ist regional gefährdet oder zeigt Rückgangstendenzen

Wertstufe 4- Biotop ist landesweit gefährdet
- Acker-, Wiesen-, Feldraine in nährstoffarmer Ausprägung
- Ahorn-Eschenwälder felsiger Schatthänge und Schluchten
- Altarme und Altwasser
- Bachröhrichte
- Baumbestände, alt und höhlenreich, in der offenen Landschaft
- Binnendünen, bewaldet
- Bruchwälder, nährstoffreich
- Buchenwälder des Tieflandes, bodensauer
- Buchenwälder, mesophil, Altbestände
- Eichen-Hainbuchenwälder, insbesondere Altbestände

- Eichenmischwälder des Berg- und Hügellandes, bodensauer
- Eichenmischwälder feuchter Sandböden
- Erlenbruchwälder
- Feldgehölze (insbesondere Altbestände)
- Feuchtwälder außerhalb von Auen und -brüchen
- Gebüsche und Staudensäume, oligotroph und naturnah
- Gehölzbestände, alt, in Städten und Dörfern
- Groß- und Kleinröhrichte
- Großseggenrieder
- Hecken und Gebüsche aus heimischen Gehölzen im städtischen Bereich
- Hohlwege, einschließlich Sand-, Lehm- und Lößwände
- Kalkbuchenwälder frischer Standorte, Altbestände
- Kleingewässer (Tümpel, temporäre Gewässer)
- Kleingewässer in der Agrarlandschaft
- Lesesteinhaufen, Steinriegel
- Obstwiesen/ -weiden (alte Bestände)
- Ödländer der offenen Landschaft, insbesondere auf mageren Standorten
- Sand- und Wiesenwege, unbefestigt
- Schlick-, Sand-, Kies- und Felsbänke
- Schlucht- und Blockschuttwälder
- Schwimmblattzonen
- Stadt-, Industrie- und Gartenbrachen
- Steinbrüche, der Sukzession überlassen, Kies-, Sand-, Ton-, Mergelgruben
- Trockenmauern, unverfugte Mauern
- Uferstaudenfluren und -gehölze
- Unterwasserrasen
- Verlandungsbereiche von Seen, Teichen, Weihern und Altwassern
- Wall- und Baumhecken (insbesondere mit Staudensäumen)
- Weinberg- und Ackerbrachen

Wertstufe 5 - Biotop ist landesweit stark gefährdet

- Quellhänge
- Überflutungsauen mit intakten Flußstrecken
- Verlandungsbereiche stehender Gewässer
- Quelltöpfe (kalkreich)
- Quellbäche und -rinnsale (kalkreich und -arm)
- Quellsümpfe und -moore
- Quellfluren und Quelltuff-Fluren
- Salzquellen
- Fließgewässer sommerkalt-sommerwarm, unverbaut
- Wasserfälle
- Stillgewässer dystroph, z.B. Moorkolke, Schlenken
- Stillgewässer, oligotroph, kalkarm und -reich
- Heidegewässer
- Niedermoore
- Hoch- und Niedermoorkomplexe
- Hochmoore
- Hochmoorregenerationsstadien, einschl. regenerierender Torfstiche
- Übergangs- und Niedermoore
- Moorwälder
- Heiden, feucht
- Kleinseggenrieder (kalkreich bis -arm)
- Sümpfe (einschl. Schachtelhalm-, Waldsimsen- und Staudensümpfe)
- Pfeifengras-Naßwiesen
- Feucht- und Naßwiesen
- Borstgrasrasen
- Salzwiesen und -weiden des Binnenlandes
- Halbtrockenrasen, verzahnt mit trockenwarmen Gebüschen
- Heiden, trocken, großflächig, Zwergstrauch- und Wacholderheiden
- Sandmagerrasen
- Binnendünen
- Silikat- und Sandtrockenrasen (auf Fels-, Sand- und Kiesböden)
- Kalk-Halbtrockenrasen

## 4.5 Abschließende Bewertung (Synopsis)

Von Adam, Nohl & Valentin (1986) wurde ein zusammenfassendes Bewertungsschema erarbeitet, das zwar ursprünglich zur Abschätzung von Eingriffen aus landschaftsökologischer Sicht dient, aber auch zur Bewertung von Pflanzengesellschaften herangezogen werden kann. Jedes Bewertungskriterium wird nach den zuvor vorgestellten Verfahren ermittelt und anschließend prozentual nach der nebenstehenden Tabelle gewichtet. Die Kriterien A beziehen sich auf den aktuellen Zustand eines Biotopes oder einer Pflanzengesellschaft, mit den Kriterien B wird die Entwicklungstendenz charakterisiert. Zuerst werden alle Pflanzengesellschaften nach den zuvor genannten Bewertungsverfahren klassifiziert. Jedes Ergebnis wird mit der in der nachfolgenden Tabelle angeführten Prozentzahl multipliziert und anschließend aus allen Summen die Teilsummen **A** (66,66 %) und **B** (33,33 %) gebildet. Aus der Aggregation der beiden Kriterienkomplexe ergibt sich der Gesamtwert für die jeweilige Pflanzengesellschaft bzw. Untersuchungsfläche. Im Anhang (S. 466) befindet sich eine Tabelle, mit der der errechnete Gesamtwert interpretiert und die Schutzwürdigkeit der Gesellschaft abgelesen werden kann. Rechnerisch ergibt sich nun folgendes Gewichtungsverhältnis:

| | | |
|---|---|---|
| **A Heutiger Wert** | | **66,66 % = 2/3** |
| • Bewertung der Schutzwürdigkeit des Biotopkomplexes aus der Sicht des Artenschutzes | 16,70 % | |
| • Natürlichkeitsgrad (N) | 6,66 % | |
| • Maturität (M) | 9,99 % | |
| • Diversität: Vegetationsschichtung und Strukturvielfalt | 6,66 % | |
| • Artenreichtum der Pflanzen | 6,66 % | |
| • Seltenheit der Arten | 13,33 % | |
| • Repräsentanz im Naturraum | 3,33 % | |
| • Flächengröße | 3,33 % | |
| **B Ersetzbarkeit und Entwicklung** | | **33,33 % = 1/3** |
| • Gefährdungsgrad des Biotoptyps | 13,33 % | |
| • Präsenzwert | 6,66 % | |
| • Entwicklungsdauer des Biotopkomplexes | 13,33 % | |

# Die Pflanzengesellschaften

I Laubwälder, Nadelmischwälder, Gebüsche
II Schlaggesellschaften, ein- und mehrjährige Krautfluren
III Wiesen, Weiden, Trockenrasen, Heiden
IV Vom Süßwasser geprägte Lebensräume
V Lebensräume der Gebirge oberhalb der Waldgrenze
VI Watt-, Dünen- und Salzbodengesellschaften der Meeresküsten und im Binnenland

# Benutzerhinweise

Dieser Bestimmungsteil enthält die wichtigsten in Europa vorkommenden Pflanzengesellschaften, die in 23 Kleingruppen unterteilt sind. Die Anordnung der Pflanzengesellschaften innerhalb dieser Gruppen richtet sich weitgehend nach dem pflanzensoziologischen System, verwendet aber auch standörtliche Merkmale. Dieses Konzept macht es dem Anwender leichter, eine Pflanzengesellschaft im Gelände aufzufinden, einzuordnen und anzusprechen.
Die Beschreibung der Gesellschaft beginnt mit der Namensnennung,
z.B. **2.3.1. Schneeheide-Kiefernwald der Alpen**
*Erico-Pinetum sylvestris* Br.-Bl. 1939
Im Untertitel werden
der wissenschaftliche Name der Gesellschaft,
der Autor der Erstbeschreibung sowie
die Jahreszahl der Erstbeschreibung genannt.

Die Abkürzung Br.-Bl. wird zum Beispiel für den Pflanzensoziologen Josias Braun-Blanquet verwendet und stellt eine Vereinfachung dar, um nicht immer den gesamten Namen ausschreiben zu müssen. Die Nennung des Autoren samt Jahreszahl ist bei der Darstellung einer Pflanzengesellschaft obligatorisch. Der wissenschaftliche Name ist der derzeit gültigen Literatur entnommen und entspricht dem Code der pflanzensoziologischen Nomenklatur. Als wissenschaftliche Literatur dienten folgende Standardwerke:

- Grabherr, Georg – Mucina, Ladislav (1993): **Die Pflanzengesellschaften Österreichs.** 3 Bände, Gustav Fischer Verlag, Stuttgart/New York.
- Pott, Richard (1995): **Die Pflanzengesellschaften Deutschlands.** 2. Aufl., Eugen Ulmer Verlag, Stuttgart.
- Ellenberg, Heinz (1996): **Vegetation Mitteleuropas mit den Alpen.** 5. Aufl., Eugen Ulmer Verlag, Stuttgart.
- Runge, Fritz (1994): Die Pflanzengesellschaften Mitteleuropas - eine kleine Übersicht, 3. Aufl., Aschendorff Verlag, Münster.
- Oberdorfer, Erich (1990): Pflanzensoziologische Exkursionsflora, 2. Aufl., Eugen Ulmer Verlag, Stuttgart.

Nach der Überschrift erfolgt die Angabe der Zugehörigkeit der Gesellschaft zu Verband, Ordnung und Klasse innerhalb des pflanzensoziologischen Systems:

**Verband:** *Erico-Pinion* Br.-Bl. 1939, Schneeheide-Kiefernwälder
**Ordnung:** *Erico-Pinetalia* Horvat 1959, Schneeheide-Kiefernwälder, Latschengebüsche, Bergföhren-, Arven- und Lärchenwälder
**Klasse:** *Erico-Pinetea* Horvat 1959, Schneeheide-Kiefernwälder

Die Beschreibung der Pflanzengesellschaften erfolgt nach einem übersichtlichen Schema:
Kurzbeschreibungen beinhalten die Abschnitte **Kennzeichen, Vorkommen und Höhenverbreitung** sowie die **Artenliste**.
Doppelseitige Beschreibungen beinhalten die Abschnitte **Kennzeichen, Vorkommen und Höhenverbreitung, Ökologie, Gefährdung, Pflege, Naturschutz**, ab und zu die Rubrik **Verwandte oder ähnliche Gesellschaften** sowie die **Artenliste**.

Eine **Übersichtsabbildung**, die die Gesellschaft nach ihrem Aussehen charakterisiert, steht bei jeder Beschreibung auf der gegenüberliegenden Seite. Bei doppelseitigen Beschreibungen folgen weitere charakteristische Abbildungen incl. Varianten und hervorzuhebenden Einzelarten.

**Die verschiedenen Rubriken:**
Im Abschnitt **Kennzeichen** wird die Gesellschaft in einer Kurzcharakterisierung vorgestellt. Diese enthält Angaben zum Standort, zu Ansprüchen an Klima und Boden sowie die Angabe soziologischer Besonderheiten.
Der Abschnitt **Vorkommen und Höhenverbreitung** stellt die allgemeine Verbreitung, spezielle Fundorte, Höhenangaben und Sonderstandorte der Gesellschaft vor.
Der Abschnitt **Ökologie** gibt Auskunft über vegetationsökologische Aspekte, über ökologische Besonderheiten des Standortes oder erwähnenswerte ökologische Besonderheiten der Gesellschaft oder einzelner Pflanzenarten innerhalb der Gesellschaft.
Der Abschnitt **Gefährdung, Pflege, Naturschutz** nennt die Beeinträchtigungs- und Gefährdungsquellen, gibt praktische Hinweise zu konkreten Pflegemaßnahmen und versucht den naturschutzfachlichen Wert der Gesellschaft anzugeben.
Die **Artenliste** enthält die übliche Artengarnitur der Gesellschaft mit deutschem und wissenschaftlichem Namen.
In der Rubrik **Verwandte oder ähnliche Gesellschaften** werden Varianten oder eng verwandte Gesellschaften in einer Kurzcharakteristik vorgestellt.

## Schnellbestimmungskasten

Bei doppelseitigen Beschreibungen wird das Wichtigste der Gesellschaft in Form eines Schnellbestimmungskastens graphisch und übersichtlich vorgestellt:

**Ökologische Wertigkeit:**
Die Werte stellen Standardsierungen von Seibert (1986) dar und folgen dem Bewertungssystem zur Ermittlung der Ökologischen Wertigkeit, das im Allgemeinen Teil unter Kap. 4.2 vorgestellt ist.
M = Maturität
N = Natürlichkeitsgrad
D = Diversität
ÖW = Ökologische Wertigkeit

**Aspekt:**
Der Kalender zeigt den Zeitraum der Blüte oder eines anderen hervorzuhebenden Zeitraumes, bei dem die Gesellschaft ein besonders interessantes Aussehen hat (z.B. Herbstaspekt im Buchenwald).

**Höhenstufe:**
In der linken Skala ist der Bereich der Seehöhe markiert, in dem die Pflanzengesellschaft am häufigsten vorkommt. bzw. ihr physiologisches Optimum erreicht.

**Licht:**

○ Volle Besonnung

◔ Teilweise besonnt

◑ Halbschatten

● Schatten

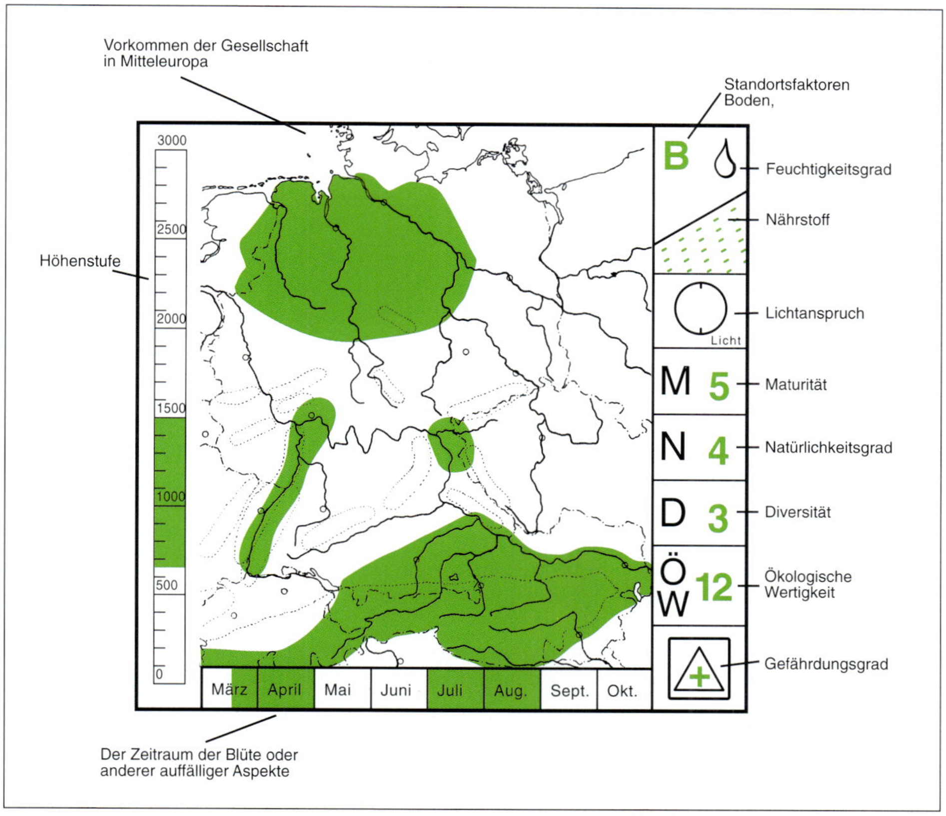


Abb. 25: Schematische Darstellung eines Schnellbestimmungskasten samt Angabe der Bedeutung der einzelnen Rubriken und Eintragungen.

Zeichenerklärung

| Wasser | Nährstoffe | Gefährdungsgrad | Boden |
|---|---|---|---|
| trocken | dystroph | nicht gefährdet | B = basische Bodenreaktion |
| frisch | schwach oligotroph | leicht gefährdet | N = neutral |
| feucht | oligotroph | gefährdet | S = sauer |
| naß | mesotroph | stark gefährdet | R = Rohboden/Schutt, Geröll |
| | eutroph | von der Ausrottung bedroht | M = Moorboden |
| | | | H = Salzboden/Küste |
| | | | ~ = Wasserfläche |

# I Laubwälder, Nadelmischwälder, Gebüsche

## 1 Sommergrüne Laubwälder, Schluchtwälder und Auenwälder

## 2 Nadelwälder und Nadelmischwälder

## 3 Hecken und anthropogene Gebüsche

### Der Wald in Mitteleuropa

Die Waldgesellschaften stellen die ursprünglichen Pflanzengemeinschaften Mitteleuropas unterhalb der Waldgrenze dar. Ganz einfach könnte man meinen, Wälder seien nichts anderes als eine Ansammlung von Bäumen, die sich zu einem mehr oder weniger geschlossenen Bestand verbinden und mindestens 8 Meter Höhe erreichen. Doch die vielfältigen Ausprägungen, der Reichtum an Tier- und Pflanzenarten sowie die vielfältigen ökologischen Aufgaben machen Wälder zu hochinteressanten Lebensräumen.
Mit Ausnahme der Flußläufe, Seen und Moore wäre ganz Mitteleuropa von Wäldern bedeckt, hätte nicht der Mensch seit der Steinzeit begonnen, diese zu roden, um Ackerland und Siedlungsraum zu gewinnen. Der Mensch hat aber auch in das Waldgefüge eingegriffen, hat Baumarten gefördert, die für ihn von Nutzen waren und andere zurückgedrängt, die weniger Ertrag brachten. Schon um 800 nach Christus fanden die ersten großflächigen Rodungen statt, die bis ins Mittelalter reichten. Die für den Anbau von Getreide und Grassorten benötigten Flächen mußten mühevoll aus den schwer zugänglichen Wäldern gewonnen werden. Brandrodung war die häufigste Methode, das Dickicht zu durchbrechen und zu lichten. Gleichzeitig betrieb man aber extensive Nutzungsformen, die Waldweiden, Hutungen, Almenden und ähnliche magere Übergangsformen entstehen ließen. Manche Baumarten konnten jedoch dem starken Viehverbiß nicht standhalten und wurden zurückgedrängt. Die Rotbuche zum Beispiel kommt heute in einem wesentlich geringeren Verbreitungsareal vor, als es von Natur aus möglich wäre.
Die Ausbildungsformen des Waldes sind vielfältig. Am besten beginnt man beim Urwald, der ein ursprünglicher, vom enschen niemals beeinflußter oder genutzter Lebensraum ist. In ihm herrschen die aufgrund seiner geographischen Lage vorherrschenden ökologischen Bedingungen, das Artengefüge entspricht dem natürlichen Verbreitungsareal aller beteiligten Pflanzen. Das Erreichen dieser Vorgabe ist heute für Mitteleuropa beinahe unmöglich geworden. Nur mehr kleinflächige Naturwaldreservate in den Alpen und in Schutzgebieten erfüllen den Anspruch des Urwaldes. Dem gegenüber steht der Forst, der das extreme Gegenteil bedeu-

Abb. 26 Ein Eschen-Ahorn-Schluchtwald mit Mondviole bei „Dicke Tannen“ im Harz.

tet. Der vom Menschen hauptsächlich zur Gewinnung von Holz als Monokultur angelegte Waldtyp besitzt kaum noch etwas Natürliches. Zwischen beiden Extrembeispielen hat sich eine Bandbreite von Waldgesellschaften entwickelt, die den Standortsbedingungen folgen und optimal angepaßt sind oder als Ersatzgesellschaften alle Übergänge von naturnah bis naturfern einnehmen.
Die Unterscheidung zwischen Nadel- und Laubgehölzen ergibt sich offensichtlich. Von einem Nadelwald spricht man, wenn Nadelhölzer vorherrschen. Trotzdem kommen in diesen Waldtypen auch Laubholzarten vor. Überwiegen diese fast ausschließlich, liegt eine sommergrüne Laubwaldgesellschaft vor. Daneben bestehen aber zahlreiche Mischformen, die eine Zuordnung nicht auf den ersten Blick erkennen lassen und als Mischwälder bezeichnet werden.
Der Wald steht neben Feuchtgebieten an der Spitze der bevorzugten Erholungslandschaften. Die Minderung des Lärmes, der Eindruck der Abgeschiedenheit in einer naturnahen Landschaft, der Kontakt zu den Wildtieren und Waldpflanzen sowie der Glaube, sich in reiner Luft aufzuhalten, lockt Erholungssuchende vor allem rund um Städte in die nahen Waldungen. Lehrpfade, Forstmeilen und ausgedehnte Waldwegenetze bieten heute zahlreiche Möglichkeiten zur geistigen und körperlichen Entspannung.

**Abb. 27: Schaubild Bergwald** in den Kalkalpen; die Wald- und Krummholzgesellschaften verteilen sich vor allem nach der Steilheit und der Gründigkeit der Böden. (Südwestexponiertes Starkenbachtal in den Lechtaler Alpen bei der Alfuzalpe, der Talboden befindet sich auf 1250 m):
1 – Subalpiner Fichtenwald (*Piceetum subalpinum*)
2 – Krummholz aus Legföhren am Unterende von Lawinenstrichen (azonal) (*Pinetum mugi*)
3 – Lavendelweidengebüsch (*Salicetum eleagni*)
4 – Felsfluren mit Legföhren und Felsfingerkraut (*Potentilletum caulescentis*)
5 – Großflächige Krummholzbestände (*Pinetum mugi*) auf Kalkfels
6 – Trockener inneralpiner Rotföhrenwald (*Erico-Pinetum sylvestris*)
7 – Bachbett und Lawinenstrich mit Schwemmlingsfluren
8 – Subalpine Kammgrasweide (*Crepido-Cynosuretum*)

## Höhenstufen der Waldvegetation

Das Vorkommen der Waldgesellschaften ändert sich mit der Meereshöhe und dem Kontinentalitätsgrad des Klimas. Ferner spielen Exposition und Neigung des Standortes eine Rolle. Ellenberg (1996) teilt die potentielle Waldvegetation nach den von Natur aus vorherrschenden Baumarten in vier Höhenstufen. Jede Vegetationsstufe zeigt unverwechselbare Kennzeichen, die vor allem am Artengefüge der Baumschicht beobachtet werden können.

**1. Tieflagen - planare, kolline Stufe:**
Relativ hohe Durchschnittstemperaturen, aber geringe Niederschläge begünstigen in der planaren Stufe **Rotbuchen-** und **Eichenwälder**, auf Sandböden und saurem Bruchwaldtorf **Kiefernwälder.** In der kollinen Stufe bestehen extrazonale Gesellschaften aus submediterran getönten artenreichen **Eichenmischwäldern** oder relativ stark kontinental geprägten Gesellschaften, auf Auenstandorten kommen **Eichen-Eschen-Silberweiden-Hartholzauenwälder** vor.

**2. Submontane Stufe:**
Diese leitet zur montanen Stufe über und beginnt im Norden Mitteleuropas schon bei 200 - 300 m, im Süden bei 500 - 600 m. Die Stufe wird weitgehend von der **Rotbuche** beherrscht, in Moorwäldern dominieren **Schwarzerlen.**

**3. Montane Stufe:**
Die montane Stufe beginnt dort, wo die Durchschnittstemperatur um 3 °C niedriger als in den Tieflagen ist, aber das nächtliche Abfließen von Kaltluft zu keiner übermäßigen Frostgefahr führt. Die Untergrenze liegt im Norden bei 500 m, im Süden bei 900 m. Auf zonalen Standorten herrscht fast überall die **Rotbuche** vor, jedoch mischen sich bereits stärker als in der submontanen Stufe **Nadelhölzer** ein. Auf azonalen Standorten wie den Auen werden die Eichen- und Silberweiden von den **Grauerlen** abgelöst, in den Mooren kommen anstelle von Schwarzerlen vermehrt Nadelbäume vor.

**4. Subalpine Stufe:**
Diese Stufe ist durch das zunehmend rauher werdende Klima gekennzeichnet, nach oben folgt die klimatische Baumgrenze. Buchen kommen nur noch auf den besten Böden vor (im Bereich von ozeanischem Klimaeinfluß), ansonsten dominieren **Nadelbäume** wie Fichte, Lärche, Zirbe, vereinzelt noch Tannen.

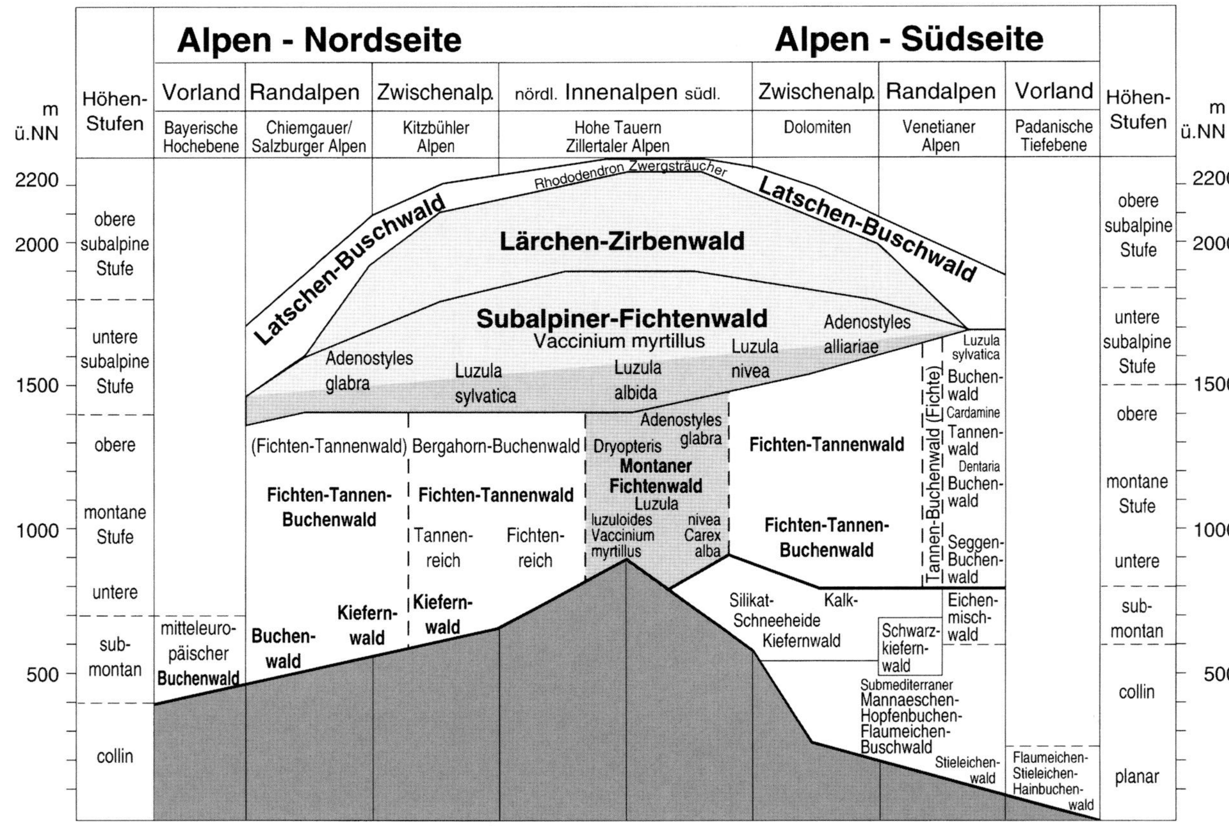


**Abb. 28** Schematischer Schnitt durch die Waldstufen der Ostalpen, insbesondere der Nadelwaldgesellschaften der montanen und subalpinen Stufe nach Ellenberg (1996) und Mayer (1984) verändert.

**Ökogramm** der in der submontanen Stufe vorkommenden, waldbildenden Baumarten. Voraussetzung ist ein gemäßigt-subozeanisches Klima auf ungleich feuchten und basenhaltigen Böden. Das Ökogramm zeigt deutlich die Gradienten der beiden Standortsfaktoren Bodenfeuchgtigkeit und Bodenreaktion. Die Größe der Schrift deutet den Grad der Beiteiligung der jeweiligen Baumart am Aufbau des mitteleuropäischen Waldes an. Eingeklammerte Baumarten kommen nur in manchen Gebieten und weiteren ortsbedingten Standortsbesonderheiten vor.

**Ökogramm** der Verbände der mitteleuropäischen Waldgesellschaften, verteilt nach Wasseranspruch und Bodenreaktion. Die Grafik zeigt den Feuchtigkeits- und Säureanspruch der wichtigsten Verbände der mitteleuropäischen Laubwaldgesellschaften.

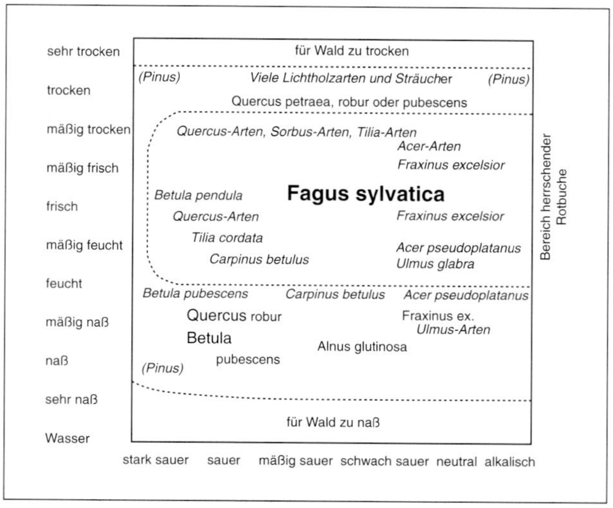


**Abb. 29:** Ökogramm der in der submonaten Stufe vorkommenden, waldbildenden Baumarten, nach ELLENBERG (1996).

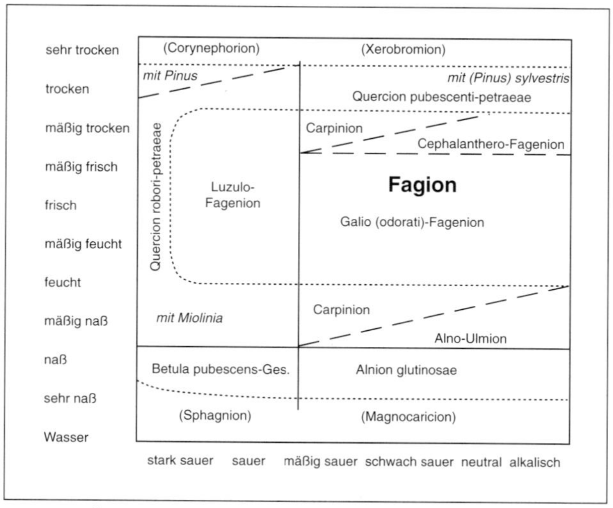


**Abb. 30:** Ökogramm der Verbände mitteleuropäischer Waldgesellschaften, nach ELLENBERG (1996).

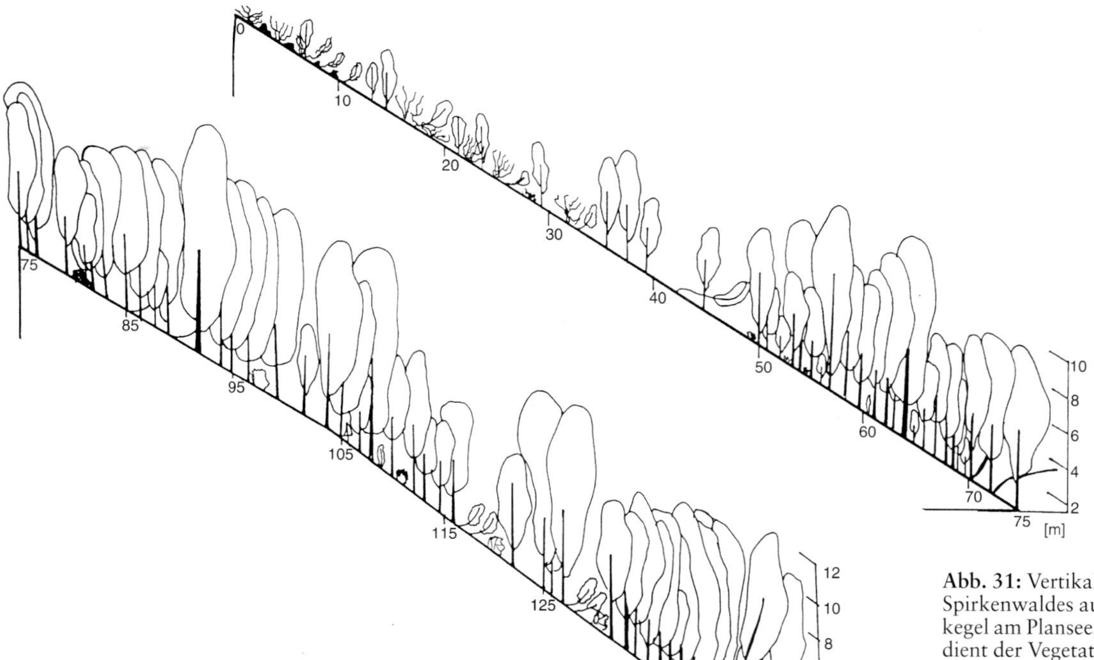


**Abb. 31:** Vertikalprofil eines Spirkenwaldes auf einem Schuttkegel am Plansee, Tirol: Der Gradient der Vegetationsverteilung beginnt mit dem Latschen-Initialstadium und endet mit einem reifen *Pinus uncinata*-Wald am unteren Rand, unmittelbar am Seeufer, aus MERTZ (1986).

### Hecken- und Laubgebüsche, Vorwaldgebüsche

Übergänge sind von Natur aus stets arten- und strukturreiche Lebensräume. Sie stellen Grenzlinien dar und enthalten deshalb Pflanzen- und Tierarten aus beiden angrenzenden Biotoptypen. Bei Waldsäumen verläuft der Übergang vom Waldesinneren über einen mehr oder weniger lichten bzw. dichten Laubgehölzsaum, der von der Struktur und Artenzusammensetzung zu den angrenzenden offenen Wiesen oder zu Feuchtflächen vermittelt. Hecken sind hingegen zu beiden Seiten offen und grenzen oft sehr scharf an Kulturflächen oder Wirtschaftswiesen an. Schlagpflanzengesellschaften bilden sich aus Arten, die nach Kahlschlag oder Windwurf auf Waldstandorten das plötzlich erhöhte Lichtangebot nützen und infolge des tiefgründigen Bodens eine üppige und hochwüchsige Krautschicht hervorbringen können. Die krautigen Säume nehmen im besonderen die nährstoffreichen Übergangszonen zu den Kontaktgesellschaften ein und fallen durch hochwüchsige krautreiche Pflanzenformationen auf.
Sommergrüne Gebüsche und Hecken kommen als Waldmantelgesellschaften und lineare Leitlinien in ganz Mitteleuropa vor und bevorzugen warme Standorte der kollinen bis montanen Stufe, die nicht durch Vermoorung oder regelmäßige Überschwemmungen beeinflußt werden. Im Unterwuchs kommen nährstoffliebende Hochstauden, Wiesenarten sowie echte Waldpflanzen vor. Gebüsche lassen sich nach ihrer räumlichen Anordnung unterscheiden. Flächige Gebüsche, lineare Hecken und nieder- bis mittelwüchsige Waldrandsäume sind die häufigsten Formationen. Die Artenkombination wird durch die angrenzende Kontaktgesellschaft mitbestimmt. Die besten Charakterarten sind die Gebüsche selbst, ferner Lichtholzarten und Gestrüppe wie Brombeer- und Rosenarten. Eine erstaunliche Artenzahl von annähernd 100 verschiedenen krautigen und verholzten Pflanzen können in den verschiedenen Schichten angetroffen werden. Im allgemeinen kommen die Gebüsche auf neutralen bis basischen Substraten vor, die trocken bis frisch sind. Schlehe, Berberitze, Liguster, Hartriegel oder Kreuzdorn bevorzugen sonnige und magere Standorte, während Hainbuche und Hasel auf tiefgründigeren, nährstoffreichen Böden zu finden sind. Grenzt ein Feuchtgebiet an, sind Weiden- und Erlen enthalten.
Die verschiedenen Säume und Hecken erfüllen mehrere ökologische Funktionen. Oft durchziehen sie als grüne Adern eine intensiv bewirtschaftete Kulturlandschaft und bieten Kleinlebewesen und Großsäuger wichtige Rückzugsgebiete, um Nahrung und Zuflucht zu finden. Tiere benützen den schützenden Saum als Deckung für Jagdgänge im offenen Umfeld, um anschließend in den sicheren Unterschlupf zurückzukehren. Gebüschsäume bieten Vögeln Ansitzwarten, von denen aus sie ihr „Revier“ beobachten können. Sie enthalten zahlreiche ökologische Nischen, begünstigen das ökologische Gleichgewicht der Landschaft, sind selbst ein wichtiger Lebensraum und besitzen einen hohen landschaftsästhetischen Wert.
Waldsäume und Hecken warten zu jeder Jahreszeit mit Besonderheiten auf. Schon im Frühjahr rüsten sie zu einem farben-

**Abb. 33 Schaubild Laubwaldgesellschaften** im Alpenvorland, Yspertal in Niederösterreich nahe dem Donautal, 300 m Seehöhe)
1 – Wirtschaftswiese im Frühlingsaspekt mit Löwenzahn (*Arrhenatheretum elatioris*)
2 – Reitgras-Fichtenwald (*Calamagrostio-Piceetum*), aufgeforstet
3 – Bachbegleitflur aus Salweide und Korbweide
4 – Eichen-Hainbuchenwald (*Stellario-Carpinetum betuli*)
5 – Lichter Bingelkraut-Buchenwald (*Mercuriali-Fagetum*)
6 – Wald-Hainsimsen-Buchenwald (*Luzulo-Fagetum*)

prächtigen Schauspiel, wenn die Blütezeit beginnt und die Sträucher in vielfältigen Farbschattierungen erstrahlen. Auch der Waldboden ist von den Frühjahrsblühern bunt gefärbt, die das erste wärmende Licht nach dem Winter ausnützen, bevor sich das schattenwerfende Blätterdach entwickelt. Der Sommer macht aus den Säumen eine natürliche Vorratskammer aus Früchten und Nüssen, die für zahlreiche Tiere äußerst wichtig ist. Wenn die Tage kürzer werden und der erste Frost die Verfärbung der Blätter einleitet, hüllt sich der Saum oder die Hecke in ein buntes Farbenkleid aus rot, gelb und braun.

**Abb. 32 Schaubild Hecke** am Beispiel eines Feldgehölzes in der Nähe des Golfplatzes Bonn-Bad Godesberg:
1 – Wärmeliebendes Saumgebüsch (*Berberidion*) mit Hopfen
2 – Krautiger Saum mit Indischem Springkraut
3 – Saum aus Arten der Wirtschaftswiesen zusammen mit Taubnessel, extensive Bewirtschaftung
4 – Wirtschaftswiese (*Arrhenatheretum elatioris*) mit intensiver Mahd
5 – Mesophiler Laubwald

## Verteilung der mitteleuropäischen Laubwaldgesellschaften

Der Verband der Buchenwälder (*Fagion sylvaticae*) gliedert sich in die eigentlichen Buchenwälder (*Galio odorati-Fagenion*), einen stärker säureertragenden Hainsimsen-Buchenwald (*Luzulo-Fagenion*) und in einen auf relativ kalkhaltigem und trockenem Boden vorkommenden Unterverband, den Orchideen-Buchenwald (*Cephalathero-Fagenion*). Noch trockenere Standorte besiedeln Gesellschaften des Verbandes der wärmeliebenden Eichen-Mischwälder (*Quercion pubescenti-petraeae*). Im stark sauren Bereich kommen artenarme, aber buchenreiche Birken-Eichenwälder (*Quercion robori-petraeae*) vor. Buchenfreie Gesellschaften besiedeln feuchte bis nasse Rohhumusböden. Basenreichere Feuchtböden, aber auch realtiv trockene Standorte bleiben den Eichen-Hainbuchenwäldern (*Carpinion*) überlassen. Zwei stärker nässeertragende Verbände, die Grauerlen-, Ulmen- und Eschenmischwälder (*Alno-Ulmion*), auch Hartholzauenwälder bezeichnet, sowie Hainbuchenwälder (*Carpinion*) leiten zu den Erlenbruchwäldern (*Alnion glutinosae*) über. Gemeinsam mit den Birkenbruchwäldern (*Betula pubescens*-Gesellschaft im *Piceo-Vaccinienion*), einem Unterverband der bodensauren Kiefernwälder (*Dicrano-Pinion*), besetzen diese die nassesten Waldstandorte, vornehmlich in der Nähe von Voralpen- und Flachlandflüssen.

**Auenwälder**
Auenwälder verdienen in Mitteleuropa eine besondere Betrachtung, da sie bereits weitgehend aus unseren Landschaften verschwunden sind. Vor allem die massiven Flußregulierungen haben es den Auenwäldern unmöglich gemacht, weiterhin ihre floristische und zoologische Vielfalt zu entwickeln. Der hauptsächliche ökologische Faktor für das Zustandekommen und Entwickeln von Auen ist der stark schwankende Wasserstand der Flüsse unter dem Rhythmus der Jahreszeiten. Zumindest zeitweise muß ein Kontakt zum Grundwasser hergestellt sein, aber auch Überflutungen stattfinden. Bei minimalem Wasserstand ist meist nur ein kleiner Teil des Flußbettes ausgefüllt, bei Spitzenhochwasser hingegen steht die Aue vorübergehend zur Gänze unter Wasser. Die Pflanzengesellschaften werden nur im Bereich dieser Überflutungsbereiche zu den Auen gezählt. Man unterscheidet Weichholz- und Hartholzauen. **Weichholzauen** sind durch einen auf Kiesbänken aufwachsenden schmalen Saum aus Sträuchern und Bäumen gekennzeichnet, die aus einem rasch wachsenden und leichten Holz bestehen, vorwiegend Weidenarten, Grauerlen und Pappeln. **Hartholzauen** bilden die höchste Stufe der Auenwälder und werden nur bei außergewöhnlichem Hochwasser überflutet. Sie zeigen einen waldähnlichen Bestand auf fruchtbaren Böden mit Ulmenarten, Stieleiche und Eschen. MOOR (1958) unterscheidet an Flüssen 5 Abschnitte mit Auenvegetation: 1. **Quellauf** mit hygrophilen Staudenfluren, 2. **Oberlauf** mit fehlenden Auen oder Initialweidengesellschaften auf Kiesbänken oder flachwurzelnden Weichholzauen auf höhergelegenen Uferabschnitten, 3. **Mittellauf** mit klassischer Unterscheidung von Weichholz- und Hartholzaue, 4. **Unterlauf** mit langsam fließenden Gewässern und Altarmen mit Hartholzauen, 5. **Mündungslauf** mit Delta und Röhrichten bzw. Weiden-Auenwäldern. Auenwälder üben eine ausgleichende Funktion auf der Wasserhaushalt der umgebenden Landschaft aus. Sie dienen als Überschwemmungsräume der großen Flüsse wie Rhein, Inn oder Donau und helfen mit, Hochwasserspitzen zu brechen.

**Abb. 34:** Hartholz-Auenwald in der Hainburger Au an der Donau.

**Abb. 35:** Birkenbruchwald mit Sumpfkalla an der Aller.

**Bruchwälder**
Bruchwälder sind von Auenwäldern streng zu unterscheiden und kommen nach ELLENBERG (1996) auf Böden vor, in denen das Grundwasser dauernd nahe an der Oberfläche steht. Eine Überschwemmung findet im allgemeinen nur im Frühjahr statt, wodurch eine länger andauernde Vernässung der Standorte herbeigeführt wird. Sand- oder Geschiebeüberlagerungen durch die Flutwellen kommen kaum vor, es findet also keine Auflandung durch organische Sedimente statt. Echte Bruchwälder stocken auf organischen Naßböden mit einer Bruchwaldtorf-Auflage von 10 – 20 cm, während die Auenwälder an mineralische Sedimente gebunden sind. Die Substrate der Bruchwälder sind meist sehr sauer. Erlenwälder benötigen einen gewissen Kalkgehalt. Liegt dieser nicht vor und findet auch aus der Umgebung keine Basenzufuhr statt, übernimmt die Moorbirke oder die genügsamere Kiefer diese Standorte. Durch die Bewirtschaftung der Schwarzerlenwälder in früherer Zeit sind Röhricht- und Wiesenpflanzen eingewandert, da in den lichten Erlenwäldern ein angenehmes Lichtklima entstand. Bruchwälder sind aber auch durch Nutzungsauflassung aus Streuwiesen-Flachmooren hervorgegangen.

**Abb. 36: Schaubild Nadelwaldgesellschaften**, submontane bis subalpine Stufe
1 – Wirtschaftswiese (*Arrhenatheretum elatioris*)
2 – Montaner Nadelmischwald (*Calamagrostio villosae-Piceetum*)
3 – Buchenwaldareal im hochmontanen Bereich (*Cephalanthero-Fagetum*)
4 – Übergang zum subalpinen Fichtenwald (*Piceetum subalpinum*) mit Lärche
5 – Krummholzgürtel (*Pinetum mugi*)
6 – Alpinrasen (*Caricetum firmae*)
7 – Felsbereich mit Kalkfelsspalten

**Mitteleuropäische Nadelwaldgesellschaften**
Mitteleuropa ist von Natur aus ein „Laubwaldland", in dem die Nadelhölzer nur an Sonderstandorten vorkamen. Das Zutun des Menschen über ein Jahrtausend hinweg hat die Verbreitungsgrenzen durch forstwirtschaftliche Vorgänge aufgeweicht und verschoben. Die natürlichen **mitteleuropäischen Nadelwaldgesellschaften** findet man vor allem in den inneralpinen Bereichen vor, während die nördlichen und südlichen Randalpen laubholzreich sind. Zwar können Fichte, Tanne, Lärche und Waldkiefer auch an allen Orten wachsen, die von Laubbäumen besetzt werden, doch sie sind gegenüber den Edellaubholzarten konkurrenzschwach. Es lassen sich **5 Standortsfaktoren** zusammenfassen, die Nadelwälder begünstigen: 1. Ein zunehmend **kontinentaler Klimacharakter** mit scharfen Winterfrösten, Spätfrostgefahr, heißen Sommern und wenig Übergängen zwischen den Jahreszeiten, 2. **kurze Vegetationsperioden**, 3. **basenarme Böden**, 4. zunehmende **Staunässe** in Verbindung mit Basenmangel, 5. zunehmende **Trockenheit** des Bodens. Schnee-, Baum- und Waldgrenze steigen innerhalb des Alpenbogens von den Rändern bis ins Zentrum an und liegen zwischen hochmontaner und subalpiner Stufe. Dies ist durch die Massenerhebung und durch das strahlungsreichere, kontinental getönte Klima zu erklären. Die Waldgrenze wird in den Inneralpen durch die Lärche und Zirbe gebildet, am Südabfall von der Lärche allein, an den Nordrändern von der Fichte.

# 1 Sommergrüne Laubwälder, Schluchtwälder und Auenwälder

## 1.1 Buchenwälder
*Fagion sylvaticae* LUQUET 1926

**Ordnung:** *Fagetalia sylvaticae* PAWLOVSKI 1928, Buchen- und Edellaubmischwälder
**Klasse:** *Querco-Fagetea* BR.-BL. et VLIEGER in VLIEGER 1937, Sommergrüne Laubwälder

**Kennzeichen**
Reine Buchenwälder kommen in Mitteleuropa in submontanen bis montanen Lagen als einstufige Schattholzwälder vor. Die Rotbuche bevorzugt nicht zu nasse, aber auch nicht zu trockene nährstoffreiche Standorte, die über ein nicht zu kaltes Mikroklima verfügen. Werden die Böden nässer und tritt Spätfrost auf, herrscht vermehrt die Tanne vor. Weitere enthaltene Baumarten sind Berg-Ahorn, Fichte, Gewöhnliche Esche und Berg-Ulme. Der formenreiche Verband läßt sich am besten nach dem Ausgangsgestein der Böden und charakteristischen Leitarten gliedern, die für die Assoziationen namensgebend sind.

**Vorkommen und Höhenverbreitung**
Mittel- bis Osteuropa bis zur montanen Stufe, am reichsten am südlichen und südöstlichen Alpenrand ausgeprägt, artenärmer am Nordsaum der Alpen; großflächig im Wiener Becken (Wiener Wald), vereinzelt in Berggebieten (z.B. Montafon); Nordwestschweiz, Jura, Tessin.

**Ökologie**
Die Artenzusammensetzung und die Ausbildung der Buchenwälder, die eine hohe Konkurrenzkraft besitzen, hängt vor allem von der Gesteinsunterlage und den großklimatischen Verhältnissen ab. Auch der Wasserhaushalt des Bodens und die Exposition des Standortes sind von großer Bedeutung. Deshalb können wir die Rotbuche fast in allen Höhestufen finden, wo die klimatischen Ansprüche erfüllt werden. Sonderstandorte sind beispielsweise die Kreidefelsen auf Rügen. Die einzelnen Waldtypen enthalten zahlreiche seltene Pflanzenarten wie Orchideen (z.B. Waldvöglein) oder Gelbstern. Buchenwälder sind Klimaregulator in nadelwaldbeherrschten Gebieten, Boden- und Erosionsschutz auf steilen Hängen und Schuttrinnen, wichtiger Lebensraum für laubwaldbewohnende Tiere; Buchenalthölzer werden von Waldkauz, Hohltaube, Schwarzspecht und Rauhfußkauz bevorzugt.

**Gefährdung, Pflege, Naturschutz**
Nutzungsumwandlung, Intensivierung und Aufforstung mit standortsfremden Hölzern zu Monokulturen, Flächenverlust durch Erschließungen und Siedlungstätigkeit sind die hauptsächlichen Gefährdungsquellen; Belassen von Alt- und Totholz, keine Beimengung von Nadelhölzern, Erhalten von reich strukturierten Waldsäumen. Naturnahe oder natürliche Buchenwälder sind wertvolle Waldgesellschaften, die als Naturwaldreservate (Urwälder) ausgewiesen werden sollten.

### Die Pflanzengesellschaften

1.1.1 Wald-Hainsimsen-Buchenwald
*Luzulo-Fagetum typicum* MEUSEL 1937

1.1.2 Kalk-Buchenwald
*Lathyro-Fagetum* H. MAYER 1974

1.1.3 Orchideen-Buchenwald
*Carici albae-Fagetum* MOOR 1952

1.1.4 Blaugras-Buchenwald
*Seslerio-Fagetum* MOOR 1952

1.1.5 Waldmeister-Buchenwald
*Asperulo-Fagetum* SOUGEZ et THILL 1959

1.1.6 Bingelkraut-Buchenwald
*Mercuriali-Fagetum* ZUKRIGL et KILIAN 1966

1.1.7 Bärlauch-Buchenwald
*Allio ursini-Fagetum* ZUKRIGL et KILIAN 1966

1.1.8 Buchen-Tannenwald
*Abieti-Fagetum* OBERD. 1938

1.1.9 Waldgersten-Buchenwald
*Hordelymo-Fagetum*

1.1.10 Schneerosen-Buchenwald
*Helleboro-Fagetum* ZUKRIGL 1973

1.1.11 Nordalpiner Fichten-Tannen-Buchenwald
*Aposerido-Fagetum* OBERD. 1957

1.1.12 Subalpiner Bergahorn-Buchenwald
*Aceri pseudoplatani-Fagetum* BARTSCH 1940

**Abb. 37:** Frühlingsaspekt im Buchenwald mit Busch-Windröschen bei Laufen/Salzach.

**Abb. 38:** Bodenvegetation mit Bärlauch (*Allium ursinum*).

**Abb. 39:** Bodenvegetation mit Frühjahrsgeophyten

**Abb. 40:** Herbstaspekt eines Buchenwaldes im Wienerwald.

## 1.1.1 Wald-Hainsimsen-Buchenwald
*Luzulo-Fagetum typicum* MEUSEL 1937

**Verband:** *Fagion sylvaticae* LUQUET 1926 em. LOHMEYER et R. TX. in R. TX. 1954, Buchenwälder
**Ordnung:** *Fagetalia sylvaticae* PAWL. in PAWL. et al. 1928, Buchen- und Edellaubmischwälder
**Klasse:** *Querco-Fagetea* BR.-BL. et VLIEGER in VLIEGER 1937, Sommergrüne Laubwälder

**Kennzeichen**
Der bodensaure Wald-Hainsimsen-Buchenwald stellt den weit verbreiteten und häufigsten Buchenwaldtyp dar, der auf sauren Böden von den montanen Lagen bis ins Bergland vorkommt. Der Untergrund besteht überwiegend aus Silikatgestein, Sandstein und Schiefer. Die artenarme Gesellschaft besteht meist aus einer hochwüchsigen Baumschicht und weist im Unterwuchs säureliebende Arten auf. Eine Strauchschicht ist meist nicht ausgebildet. Von diesem Waldtyp liegen mehrere lokale, durch Boden- und Standortsunterschiede hervorgerufene Unterteilungen vor, die sich jeweils in einer abweichenden Artengarnitur mit charakteristischen Einzelarten äußern. Heute kommen infolge forstlicher Nutzung kaum noch natürliche Standorte vor.

Die wichtigsten Assoziationen nach POTT und BURRICHTER et al. (1988) aus POTT (1996):

- **Lycopodium annotinum-Fagus sylvatica-Assoziation** BÜKER 1942; hochmontane Ausprägung mit *Polygonatum verticilliatum, Lycopodium annotinum* und *Blechnum spicant*; bis Südschweden und Südnorwegen.
- **Luzulo-Fagetum typicum, Deschampsia caespitosa-Variante**; verdichtete, staufeuchte Böden auf Hochflächen, feuchtigkeitsliebend, mit vorherrschender Rasenschmiele.
- **Luzulo-Fagetum typicum, Vaccinium-Variante**; durch Störung im Lichthaushalt infolge von Lichtschlägen entstehen waldbeerreiche Varianten.
- **Luzulo-Fagetum milietosum**; auf Lößlehmböden mit reicher Krautflur des Schattenblümchen

**Vorkommen und Höhenverbreitung**
Die wichtigste klimabedingte Waldform des mitteleuropäischen Tieflandes kommt von der Schweiz bis nach Südschweden, von den Ardennen bis zu den Karpaten vor.

**Artenliste**

| | |
|---|---|
| Deschampsia caespitosa | Rasenschmiele |
| Deschampsia flexuosa | Drahtschmiele |
| Fagus sylvatica | Rotbuche |
| Festuca altissima | Wald-Schwingel |
| Hieracium sylvaticum | Wald-Habichtskraut |
| Luzula albida | Hainsimse |
| Luzula luzuloides | Weiße Hainsimse |
| Maianthemum bifolium | Schattenblümchen |
| Milium effusum | Flattergras |
| Oxalis acetosella | Wald-Sauerklee |
| Polytrichum formosum | Waldhaarmützenmoos |
| Prenanthes purpurea | Hasenlattich |
| Pteridium aquilinum | Adlerfarn |
| Solidago virgaurea | Gewöhnliche Goldrute |
| Sorbus aucuparia | Eberesche |

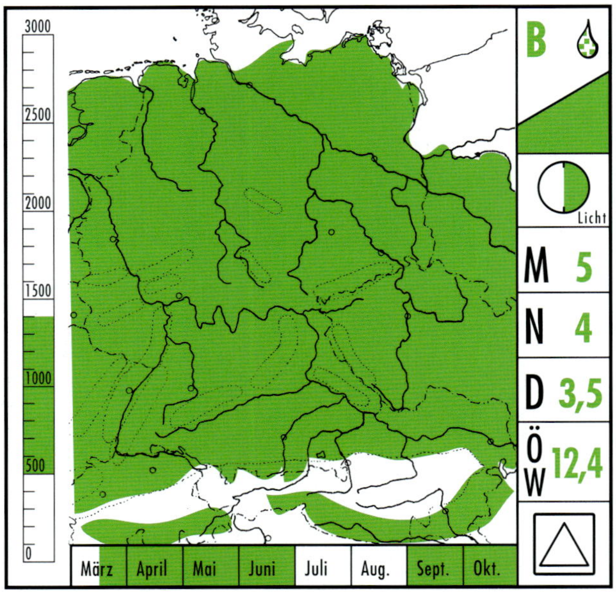

**Abb. 41:** Wald-Hainsimsen-Buchenwald am Südrand des Alpenbogens, am Monte Bré bei Lugano im Tessin.

**Abb. 42:** Hainsimsen-Buchenwald auf Kalkblockstandort bei Hofbieber in der Rhön.

## 1.1.2 Kalk-Buchenwald
*Lathyro-Fagetum* H. MAYER 1974

**Verband:** *Fagion sylvaticae* LUQUET 1926, Buchenwälder
**Ordnung:** *Fagetalia sylvaticae* PAWLOVSKI 1928, Buchen- und Edellaubmischwälder
**Klasse:** *Querco-Fagetea* BR.-BL. et VLIEGER in VLIEGER 1937, Sommergrüne Laubwälder

**Kennzeichen**
Der anspruchsvolle Kalk-Buchenwald wächst in Gebieten des Alpennordrandes über karbonatreichem Hangschutt oder Moränen. Die Böden sind nährstoffreiche, gut durchlüftete und mäßig frische Braunerden. In der Baumschicht herrscht die Rotbuche vor, beigemischt sind Trauben-Eiche, Berg-Ahorn, Gewöhnliche Esche und Tanne. Im Unterwuchs tritt regelmäßig die Stechpalme in einer artenreichen Strauchschicht auf, in der ferner Liguster, Heckenkirsche, Roter Hartriegel und Breitblättriges Pfaffenhütchen enthalten sind. Die Krautschicht ist reich an Frühjahrsblühern, außerdem zeichnen verstreut vorkommende wärmeliebende Arten diese Gesellschaft aus.

**Artenliste**

| | |
|---|---|
| Abies alba | Tanne |
| Acer pseudoplatanus | Berg-Ahorn |
| Anemone nemorosa | Busch-Windröschen |
| Asarum europaeum | Europäische Haselwurz |
| Carex sylvatica | Wald-Segge |
| Fagus sylvatica | Rotbuche |
| Fragaria vesca | Wald-Erdbeere |
| Fraxinus excelsior | Gewöhnliche Esche |
| Hepatica nobilis | Leberblümchen |
| Lamium galeobdolon | Goldnessel |
| Mercurialis perennis | Ausdauerndes Bingelkraut |
| Oxalis acetosella | Wald-Sauerklee |
| Phyteuma spicatum | Ährige Teufelskralle |
| Prenanthes purpurea | Hasenlattich |
| Salvia glutinosa | Klebriger Salbei |

## 1.1.3 Orchideen-Buchenwald
*Carici albae-Fagetum* MOOR 1952

**Verband:** *Fagion sylvaticae* LUQUET 1926, Buchenwälder
**Ordnung:** *Fagetalia sylvaticae* PAWLOVSKI 1928, Buchen- und Edellaubmischwälder
**Klasse:** *Querco-Fagetea* BR.-BL. et VLIEGER in VLIEGER 1937, Sommergrüne Laubwälder

**Kennzeichen**
Der artenreiche, wärmeliebende Waldtyp besiedelt flachgründige, trockene Kalkstein- und Dolomitstandorte vor allem auf südexponierten Hängen. Die typischen Böden sind flach- bis mittelgründig, mäßig frisch bis wechseltrocken und kalkreich, oft wächst die Gesellschaft auf stabilisiertem Schutt auf. Die Rotbuche ist nicht optimal entwickelt, zahlreiche Baumarten, darunter lichtliebende Hölzer sind beigemischt (Föhre, Trauben-Eiche, Ahorn-Arten, Mehlbeerbaum). Die meist artenreiche Krautschicht enthält viele wärmeliebende Arten, Seggen sind dominant. Dazu kommen seltene Orchideen und wärmeliebende Laubwaldarten, die zusammen mit der reichen Vogel- und Käferfauna einen naturschutzfachlich wertvollen Biotoptyp bilden.

**Artenliste**

| | |
|---|---|
| Calamagrostis varia | Buntes Reitgras |
| Carex alba | Weiße Segge |
| Carex flacca | Blaugrüne Segge |
| Carpinus betulus | Hainbuche |
| Cephalanthera damasonium | Weißes Waldvöglein |
| Cephalanthera rubra | Rotes Waldvöglein |
| Daphne mezereum | Seidelbast |
| Fagus sylvatica | Rotbuche |
| Galium odoratum | Waldmeister |
| Mercurialis perennis | Ausdauerndes Bingelkraut |
| Neottia nidus-avis | Vogelnestwurz |
| Sanicula europaea | Wald-Sanikel |
| Sorbus aria | Mehlbeerbaum |
| Viola reichenbachiana | Wald-Veilchen |

## 1.1.4 Blaugras-Buchenwald
*Seslerio-Fagetum* MOOR 1952

**Verband:** *Fagion sylvaticae* LUQUET 1926, Buchenwälder
**Ordnung:** *Fagetalia sylvaticae* PAWLOVSKI 1928, Buchen- und Edellaubmischwälder
**Klasse:** *Querco-Fagetea* BR.-BL. et VLIEGER in VLIEGER 1937, Sommergrüne Laubwälder

**Kennzeichen**
Dieser wärmeliebende Buchenwaldtyp stockt auf windexponierten, flach- bis mittelgründigen Hängen oder Graten aus Dolomit- oder Kalkgestein. Wenig entwickelte trockene Böden mit schlechter Wasserspeicherkapazität und Rohhumusauflage tragen lückige Bestände mit zum Teil nur buschförmig ausgebildeten Rotbuchen. Die Strauchschicht ist gut entwickelt, während die Krautschicht wegen der Trockenheit schlecht ausgebildet sein kann und licht- und trockenheitsliebende Arten der Schneeheide-Föhren-Wälder enthält.

**Artenliste**

| | |
|---|---|
| Buphthalmum salicifolium | Weidenblättriges Ochsenauge |
| Calamagrostis varia | Buntes Reitgras |
| Carex alba | Weiße Segge |
| Cephalanthera longifolia | Schwertblättriges Waldvöglein |
| Cyclamen purpurascens | Alpenveilchen |
| Fagus sylvatica | Rotbuche |
| Mercurialis perennis | Ausdauerndes Bingelkraut |
| Picea abies | Fichte |
| Pinus sylvestris | Wald-Kiefer |
| Polygala chamaebuxus | Zwergbuchs |
| Prenanthes purpurea | Hasenlattich |
| Solidago virgaurea | Gewöhnliche Goldrute |
| Viburnum lantana | Wolliger Schneeball |

**Abb. 42:** Kalk-Buchenwald im Tiroler Unterinntal, Aurach bei Kitzbühel.

**Vorkommen und Höhenverbreitung**
Der Verbreitungsschwerpunkt der Kalkbuchenwälder liegt in den nördlichen Kalkalpen bis in die montane Stufe.

**Abb. 43:** Rotes Waldvöglein im Orchideen-Buchenwald, Rumer Alm, Innsbrucker Nordkette.

**Vorkommen und Höhenverbreitung**
Im Hügelland in ganz Mitteleuropa, in der submontanen und montanen Stufe vor allem auf südexponierten Hängen.

**Abb. 44:** Blaugras-Buchenwald im Spessart bei Aschaffenburg.

**Vorkommen und Höhenverbreitung**
Von der submontanen bis zur montanen Stufe. In der Schweiz und in Nordwestdeutschland sind diese Wälder selten und oft nur kleinräumig ausgebildet.

## 1.1.5 Waldmeister-Buchenwald

*Galio odorati-Fagetum* SOUGEZ et THILL 1959

**Verband:** *Fagion sylvaticae* LUQUET 1926, Buchenwälder
**Ordnung:** *Fagetalia sylvaticae* PAWLOVSKI 1928, Buchen- und Edellaubmischwälder
**Klasse:** *Querco-Fagetea* BR.-BL. et VLIEGER in VLIEGER 1937, Sommergrüne Laubwälder

**Kennzeichen**
Anspruchsvolle Gesellschaft auf lehmigen und basischen Böden, auch über Löß und Ton, die gut durchfeuchtet und nicht zu nährstoffarm sind. Von der Ebene bis ins Bergland reichend. Typische Ausprägung der geschlossenen „Hallen-Buchenwälder" mit hochwüchsigen, reinen Buchenbeständen bis 30 m Wuchshöhe. Meist ist eine schwache Strauchschicht ausgebildet, die Krautschicht enthält säurezeigende oder säuretolerante Arten. Die Wälder auf den Nordhängen weisen einen Reichtum an Frühlingsgeophyten wie Bärlauch oder Gelbes Windröschen auf, die ausgedehnte Teppiche bilden können. In Bezug auf Exposition und Bodentyp werden Unterassoziationen unterschieden, die nach den Leitarten benannt sind (1.1.6 Bingelkraut-Buchenwald, *Mercuriali-Fagetum*, 1.1.7 Bärlauch-Buchenwald, *Allio ursini-Fagetum*, ferner Quirlzahnwurz-Buchenwald, *Dentario enneaphylli-Fagetum* oder Perlgras-Buchenwald, *Melico-Fagetum*).

**Artenliste**

| | |
|---|---|
| Allium ursinum | Bärlauch |
| Anemone nemorosa | Busch-Windröschen |
| Carex sylvatica | Wald-Segge |
| Circaea lutetiana | Gewöhnliches Hexenkraut |
| Corydalis cava | Hohler Lerchensporn |
| Dentaria enneaphyllos | Quirlblättrige Zahnwurz |
| Fagus sylvatica | Rotbuche |
| Fraxinus excelsior | Gewöhnliche Esche |
| Galium odoratum | Waldmeister |
| Lamium galeobdolon | Goldnessel |
| Melica uniflora | Einblütiges Perlgras |
| Mercurialis perennis | Ausdauerndes Bingelkraut |
| Milium effusum | Flattergras |
| Mycelis muralis | Mauerlattich |
| Poa nemoralis | Hain-Rispengras |
| Polygonatum multiflorum | Vielblütige Weißwurz |
| Viola reichenbachiana | Wald-Veilchen |

## 1.1.6 Bingelkraut-Buchenwald

*Mercuriali-Fagetum* ZUKRIGL et KILIAN 1966

**Verband:** *Fagion sylvaticae* LUQUET 1926, Buchenwälder
**Ordnung:** *Fagetalia sylvaticae* PAWLOVSKI 1928, Buchen- und Edellaubmischwälder
**Klasse:** *Querco-Fagetea* BR.-BL. et VLIEGER in VLIEGER 1937, Sommergrüne Laubwälder

**Kennzeichen**
Der Bingelkraut-Buchenwald stellt eigentlich keine eigene Gesellschaft dar, sondern eine saisonale Ausprägung des geophytenreichen Bärlauch-Buchenwald. Sobald die Frühjahrs-Geophyten abgeblüht haben und verschwunden sind, sind nach ELLENBERG kaum mehr floristische Unterschiede zu den kalkreichen Buchenwäldern erkennbar. Der Wald stockt auch auf verwitternden Kalken, Mergel oder Moränen. Darüber sind frische, nährstoffreiche Mullböden entwickelt.

**Artenliste**

| | |
|---|---|
| Athyrium filix-femina | Frauenhaarfarn |
| Carex alba | Weiß-Segge |
| Fagus sylvatica | Rotbuche |
| Galium odoratum | Waldmeister |
| Mercurialis perennis | Bingelkraut |
| Paris quadrifolia | Vierblättrige Einbeere |
| Salvia glutinosa | Klebriger Salbei |
| Viola reichenbachiana | Wald-Veilchen |

## 1.1.7 Bärlauch-Buchenwald

*Allio ursini-Fagetum* ZUKRIGL et KILIAN 1966

**Verband:** *Fagion sylvaticae* LUQUET 1926, Buchenwälder
**Ordnung:** *Fagetalia sylvaticae* PAWLOVSKI 1928, Buchen- und Edellaubmischwälder
**Klasse:** *Querco-Fagetea* BR.-BL. et VLIEGER in VLIEGER 1937, Sommergrüne Laubwälder

**Kennzeichen**
Der Bärlauch-Buchenwald stellt eine Subassoziation des Waldmeister-Buchenwaldes dar und kommt auf basischen Böden vorwiegend in Kalkgebieten vor. Der anspruchsvolle und artenreiche Waldtyp, der vorwiegend an nördlich exponierten Hängen vorkommt, fällt im späteren Frühjahr durch einen geschlossenen Teppich des Bärlauch auf. Weitere Geophyten sind der Hohle Lerchensporn oder das Gelbe Windröschen.

**Artenliste**

| | |
|---|---|
| Allium ursinum | Bärlauch |
| Anemone ranunculoides | Gelbes Windröschen |
| Corydalis cava | Hohler Lerchensporn |
| Fagus sylvatica | Rotbuche |
| Galium odoratum | Waldmeister |

**Abb. 45:** Waldmeister-Buchenwald bei Dörentrup, Hameln.

**Vorkommen und Höhenverbreitung**
Vom mittleren bis zum östlichen Mitteleuropa in der submontanen bis montanen Stufe bis ca. 1400 m.

**Abb. 46:** Bingelkraut-Buchenwald bei Møns-Klint in Dänemark.

**Vorkommen und Höhenverbreitung**
Vom mittleren bis zum östlichen Mitteleuropa in der submontanen bis montanen Stufe bis ca. 1400 m.

**Abb. 47:** Bärlauch-Buchenwald bei Oberndorf an der Salzach.

**Vorkommen und Höhenverbreitung**
Vom mittleren bis zum östlichen Mitteleuropa in der submontanen bis montanen Stufe bis ca. 1400 m.

## 1.1.8 Buchen-Tannenwald
*Abieti-Fagetum* OBERD. 1938

**Verband:** *Fagion sylvaticae* LUQUET 1926, Buchenwälder
**Ordnung:** *Fagetalia sylvaticae,* PAWLOVSKI 1928, Buchen- und Edellaubmischwälder
**Klasse:** *Querco-Fagetea* BR.-BL. et VLIEGER in VLIEGER 1937, Sommergrüne Laubwälder

**Kennzeichen**
Der feuchte Tannen-Buchenwald löst in höheren Lagen den Waldmeister-Buchenwald ab und kommt in tief eingeschnittenen Tälern der nördlichen Kalkalpen auf nordexponierten Hanglagen vor, sofern die Böden nährstoffreich, mittelgründig und mäßig frisch sind. Karbonatgesteine, Kalkschutt und Kalkblockhalden bilden das Ausgangsgestein, aus denen sich mittel- bis tiefgründige Rendsinen bilden. Rotbuchen und Tannen sind vorherrschend, vereinzelt kommen Fichten hinzu. Sehr ähnlich ist der Nordalpine **Fichten-Tannen-Buchenwald**, *Aposerido-Fagetum* OBERD. 1967, in montanen Lagen mit Stinkendem Hainsalat und Kalkschuttzeigern wie Alpendost, Weißer Pestwurz und Lanzen-Schildfarn.

**Vorkommen und Höhenverbreitung**
Nördliche Kalkalpen, bevorzugt auf nordexponierten Hängen bis zur oberen montanen Stufe; in Lagen mit längerer Schneebedeckung.

**Artenliste**

| | |
|---|---|
| Abies alba | Tanne |
| Athyrium filix-femina | Wald-Frauenfarn |
| Fagus sylvatica | Rotbuche |
| Festuca altissima | Wald-Schwingel |
| Helleborus niger | Schwarze Nieswurz (Schneerose) |
| Lamium galeobdolon | Goldnessel |
| Lonicera alpigena | Alpen-Heckenkirsche |
| Mercurialis perennis | Ausdauerndes Bingelkraut |
| Mycelis muralis | Mauerlattich |
| Picea abies | Fichte |
| Prenanthes purpurea | Hasenlattich |
| Solidago virgaurea | Gewöhnliche Goldrute |
| Viola reichenbachiana | Wald-Weilchen |

**Abb. 48:** Buchen-Tannenwald am „Alten Schlag“ Landschaftsschutzbegiet Falzthurn-Gerntal im Tiroler Karwendel.

## 1.1.9 Waldgersten-Buchenwald
*Hordelymo-Fagetum*

**Verband:** *Fagion sylvaticae* LUQUET 1926, Buchenwälder
**Ordnung:** *Fagetalia sylvaticae* PAWLOVSKI 1928, Buchen- und Edellaubmischwälder
**Klasse:** *Querco-Fagetea* BR.-BL. et VLIEGER in VLIEGER 1937, Sommergrüne Laubwälder

**Kennzeichen**
Der Typ des anspruchsvollen Waldgersten-Buchenwald überzieht Kalkunterlagen wie zum Beispiel das Hinterland der Kreidefelsen auf Rügen oder im südostlichen Dänemark auf der Halbinsel Møn, aber auch Flächen im Teutoburger Wald. Der Kalkuntergrund fördert das Vorkommen eines artenreichen krautigen Unterwuchses, der vor allem im Frühjahr seine Hauptblütezeit hat: Goldnessel, Waldmeister, Gelbes Windröschen, Busch-Windröschen, Leberblümchen und Bärlauch gehören zu den häufigsten Begleitern. Im Sommer kommen zahlreiche Orchideen wie Waldvöglein-Arten, Kleinblättrige Stendelwurz sowie Pflanzenarten hinzu, die normalerweise nur in subkontinentalen Bereichen Mitteleuropas heimisch sind: Pfirsichblättrige Glockenblume, Elsbeere und Schwalbenwurz. Die Böden entsprechen meist stauwassergeprägten Pseudogleyen. Bei abnehmender Nährstoffversorgung und bei mächtigen Lößauflagen geht der Wald in den flattergrasreichen Buchenwaldtyp (*Luzulo-Fagetum*) über.

**Vorkommen und Höhenverbreitung**
Nördliches Mitteleuropa, Teutoburger Wald, Ostseeküsten, Dänemark bis Südskandinavien (z. B. Nationalpark Dalby Söderskog bei Malmö).

**Artenliste**

| | |
|---|---|
| Anemone nemorosa | Busch-Windröschen |
| Anemone rapunculoides | Gelbes Windröschen |
| Cephalanthera damasonium | Weißes Waldvöglein |
| Cephalanthera rubra | Rotes Waldvöglein |
| Epipactis microphylla | Kleinblättrige Stendelwurz |
| Fagus sylvatica | Rotbuche |
| Galium odoratum | Waldmeister |
| Hepatica nobilis | Leberblümchen |
| Lamium galeobdolon | Goldnessel |
| Mercurialis perennis | Bingelkraut |
| Sorbus torminalis | Elsbeere |

**Abb. 49:** Waldgersten-Buchenwald an den Kreidefelsen von Møns-Klint in Dänemark.

## 1.1.10 Schneerosen-Buchenwald
*Helleboro-Fagetum* ZUKRIGL 1973

**Verband:** *Fagion sylvaticae* LUQUET 1926, Buchenwälder
**Ordnung:** *Fagetalia sylvaticae* PAWL. in PAWL. et al. 1928, Buchen- und Edellaubmischwälder
**Klasse:** *Querco-Fagetea* BR.-BL. et VLIEGER in VLIEGER 1937, Sommergrüne Laubwälder

**Kennzeichen**
Der Waldtyp an steilen Hängen auf wasserzügigen Böden über kalkhaltigem Untergrund ist vor allem durch das häufige Auftreten der Schneerose (*Helleborus niger*) zu erkennen. Nach POTT (1996) stellt dieser Buchenwald wahrscheinlich nur eine geographische Vikariante dar. Meist liegen mittel- bis tiefgründige Mullrendsinen vor, denen in der montanen Stufe eine saure Moderschicht aufgelagert ist. Diese bestimmt das Vorkommen der Schneerose. Die Baumschicht enthält in der montanen Stufe neben der Buche auch Fichten und Tannen, während sie in der submontanen Stufe beinahe ausschließlich vorherrscht. In der artenreichen Krautschicht herrschen Kalkbuchenwald- und Laubwaldarten vor. In der montanen Lage mischen sich Arten der submontanen Mischwälder hinzu. Anspruchsvollere Buchenwaldarten fehlen zumeist (ZUKRIGL 1973).

**Vorkommen und Höhenverbreitung**
In den nordöstlichen Kalkalpen in allen Expositionen, von der submontanen bis zur montanen Stufe.

**Artenliste**

| | |
|---|---|
| Abies alba | Tanne |
| Acer pseudoplatanus | Bergahorn |
| Daphne mezereum | Seidelbast |
| Dentaria enneaphyllos | Quirlblättrige Zahnwurz |
| Fagus sylvatica | Rotbuche |
| Helleborus niger | Schneerose |
| Hepatica nobilis | Leberblümchen |
| Lamium galeobdolon | Goldnessel |
| Lonicera alpigena | Alpen-Heckenkirsche |
| Melica nutans | Nickendes Perlgras |
| Oxalis acetosella | Wald-Sauerklee |
| Picea abies | Fichte |
| Prenanthes purpurea | Hasenlattich |
| Solidago virgaurea | Gewöhnliche Goldrute |

**Abb. 50:** Schneerosen(*Helleborus niger*)-dominierter Buchenwald im Kaisergebirge bei Kufstein.

## 1.1.11 Nordalpiner Fichten-Tannen-Buchenwald
*Aposerido-Fagetum* OBERD. 1957

**Verband:** *Fagion sylvaticae* LUQUET 1926, Buchenwälder
**Ordnung:** *Fagetalia sylvaticae* PAWLOVSKI 1928, Buchen- und Edellaubmischwälder
**Klasse:** *Querco-Fagetea* BR.-BL. et VLIEGER in VLIEGER 1937, Sommergrüne Laubwälder

**Kennzeichen**
Fichten-Tannen-Mischwälder mit vereinzelten Buchen kommen in den Nordalpen über karbonatreichen Gesteinen vor und enthalten im krautigen Unterwuchs Elemente der Buchenwälder wie den Stinkenden Hainsalat, der im Frühsommer ein Massenauftreten zeigt. Der Fichten-Tannen-Buchenmischwald zählt in den Nordalpen zu den wichtigsten forstlich genutzen Wäldern. Der hohe Fichtenanteil ist oft forstwirtschaftlich bedingt.

**Vorkommen und Höhenverbreitung**
Alpennordseite zwischen Berchtesgaden und Ostallgäu: Mieminger Gebirge, Lechtaler Alpen, Leutascher Plateau, Kaisergebirge, Gaisberg bei Salzburg.

**Artenliste**

| | |
|---|---|
| Abies alba | Tanne |
| Carex sylvatica | Wald-Segge |
| Dentaria enneaphyllos | Quirlblättrige Zahnwurz |
| Galium odoratum | Waldmeister |
| Homogyne alpina | Alpen-Lattich |
| Luzula sylvatica | Wald-Hainsimse |
| Melampyrum sylvaticum | Wald-Wachtelweizen |
| Mercurialis perennis | Bingelkraut |
| Oxalis acetosella | Wald-Sauerklee |
| Picea abies | Fichte |
| Prenanthes purpurea | Hasenlattich |
| Solidago virgaurea | Gewöhnliche Goldrute |

**Abb. 51:** Nordalpiner Fichten-Tannen-Buchenwald mit Bingelkraut und Stinkendem Hainsalat im Leutaschtal.

## 1.1.12 Subalpiner Bergahorn-Buchenwald
*Aceri pseudoplatani-Fagetum* Bartsch 1940

**Verband:** *Fagion sylvaticae* Luquet 1926, Buchenwälder
**Ordnung:** *Fagetalia sylvaticae* Pawl. in Pawl. et al. 1928, Buchen- und Edellaubmischwälder
**Klasse:** *Querco-Fagetea* Br.-Bl. et Vlieger in Vlieger 1937, Sommergrüne Laubwälder

**Kennzeichen**
In hochmontanen und subalpinen Lagen folgt auf den Buchen-Tannenwald der artenreiche Bergahorn-Buchenwald, der Höhenlagen zwischen 600–1700 m einnimmt und über Kalk und basischen Gesteinen vorkommt. Die Gesellschaft wächst auf steilen Hängen und Kuppen, in Lawinenbahnen und auf Schutthalden mit tiefgründigen, nährstoffreichen und frischen bis feuchten tonreichen Böden. Meist überwiegt die Rotbuche, zu der sich Berg-Ahorn, Berg-Ulme, Fichte und seltener die Tanne gesellen. Im krautreichen Unterwuchs sind üppige Hochstaudenfluren mit hochwüchsigen Farnen und einer Reihe von Feuchtigkeitszeigern typisch.

**Vorkommen und Höhenverbreitung**
In den nördliche Westalpen auf ozeanisch geprägten schneereichen Standorten; nördliche Kalkalpen als Dauergesellschaft in hochmontanen Lagen, Ostalpenrand, Vorarlberger Kalkhochalpen; Schwarzwald, Vogesen und Sudeten.

**Ökologie**
Der Standort muß wintermild und schneereich sein, der wichtigste Standortsfaktor ist hohe Luft- und Bodenfeuchtigkeit, starke Windeinwirkung kann wuchshemmend sein. Die Bäume weisen wegen der Schneelast im Winter oft einen gedrungenen Wuchs auf, der als Säbelform bezeichnet wird. Trotz ihres Vorherrschens befindet sich die Rotbuche nicht mehr in einem für sie optimalen Standort, was auch die niedrige Wuchshöhe von kaum mehr als 15–20 m anzeigt. Die Stämme der Rotbuchen sind nicht zuletzt wegen der hohen Luftfeuchtigkeit mit zahlreichen Epiphyten, vor allem Flechten, bewachsen, die als Schneehöhenzeiger fungieren und zu einer eigenen Gesellschaft zusammengefaßt wurden. Die Standortsansprüche dieses Waldes zeigen Ähnlichkeiten mit den Grün-Erlen-Gebüschen und den Schluchtwäldern.

**Gefährdung, Pflege, Naturschutz**
Rubner bezeichnet diesen Waldtyp als sehr wertvolle Laubwaldgesellschaft, die unbedingt erhalten werden sollte; keine Aufforstungen mit Nadelhölzern; Pflege auf die Förderung der Jungholzgruppen beschränken.

**Artenliste**

| | |
|---|---|
| Acer pseudoplatanus | Bergahorn |
| Aconitum napellus | Blauer Eisenhut |
| Adenostyles alliariae | Grauer Alpendost |
| Athyrium filix-femina | Wald-Frauenfarn |
| Chaerophyllum villarsii | Berg-Kälberkropf |
| Cicerbita alpina | Alpen-Milchlattich |
| Crepis paludosa | Sumpf-Pippau |
| Dentaria enneaphyllos | Quirlblättrige Zahnwurz |
| Dryopteris dilatata | Breitblättriger Dornfarn |
| Fagus sylvatica | Rotbuche |
| Knautia dipsacifolia | Wald-Knautie |
| Lamium galeobdolon | Goldnessel |
| Lonicera alpigena | Alpen-Heckenkirsche |
| Lonicera nigra | Schwarze Heckenkirsche |
| Lysimachia nummularia | Pfennigkraut |
| Oxalis acetosella | Wald-Sauerklee |
| Picea abies | Fichte |
| Polygonatum verticillatum | Quirlblättrige Weißwurz |
| Prenanthes purpurea | Hasenlattich |
| Ranunculus platanifolius | Platanenblättriger Hahnenfuß |
| Rubus idaeus | Himbeere |
| Sanicula europaea | Wald-Sanikel |
| Saxifraga rotundifolia | Rundblättriger Steinbrech |
| Senecio fuchsii | Fuchs' Kreuzkraut |
| Stellaria nemorum | Wald-Sternmiere |

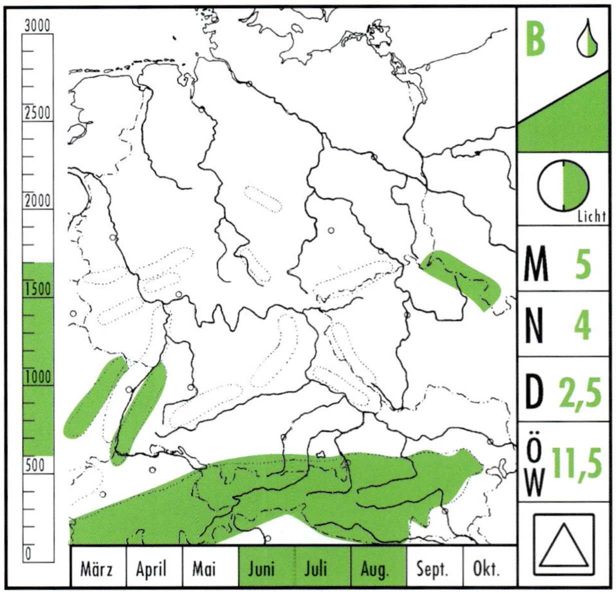

**Abb. 52:** Subalpiner Bergahorn-Buchenwald im Falzthurntal, Landschaftsschutzgebiet Falzthurn-Gerntal.

**Abb. 53:** Inneralpiner Ahornwald am Großen Ahornboden, Karwendel.

**Abb. 54:** Quirlblättrige Zahnwurz (*Dentaria enneaphyllos*).

**Abb. 55:** Krautreicher Ahornwald am Loiblpaß in Kärnten.

## 1.2 Bodensaure Eichenmischwälder
*Quercion roboris* MALCUIT 1929

### 1.2.1 Birken-Eichenmischwald
*Betulo-Quercetum robori* TX. 1930

**Verband:** *Quercion roboris* MALCUIT 1929, Bodensaure Eichenmischwälder
**Ordnung:** *Quercetalia roboris* R. TX. 1931, Bodensaure Eichen-Birkenwälder
**Klasse:** *Quercetea robori-petraeae* BR.-BL. et R. TX. 1943, Birken-Eichenwälder

**Kennzeichen**
Der artenarme und lichte Wald gedeiht vorwiegend auf Quarzböden oder Flußsedimenten in den Sandgebieten des Tieflandes. Stiel-Eichen dominieren neben Moor- und Hänge-Birken, die Böden sind stets nährstoffarm. Auch die Kiefer spielt in Folge von Aufforstung eine beherrschende Rolle, während die Rotbuche fehlt. Je nach Feuchtigkeitsgrad und Nährstoffangebot werden Unterteilungen getroffen, wobei die typische Ausprägung sich stets auf trockenen Böden findet. Feuchtere Stadien beinhalten das Pfeifengras und stocken über wasserzügigen Flußsedimenten. Zusammen mit der Erle werden anmoorige und etwas nährstoffreichere Standorte besiedelt.

**Vorkommen und Höhenverbreitung**
Von Niedersachsen bis in das ober- und mittelrheinische Berg- und Hügelland, ostwärts bis Mecklenburg; Ostösterreich bis Böhmen und Mähren; bis zur submontanen Stufe.

**Ökologie**
Die bodensauren Eichenmischwälder Ost- und Mitteleuropas kommen auf flachgründigen Rankern oder podsolierten Braunerden vor. Die obere Strauchschicht ist oft schlecht ausgebildet, den Zwergsträuchern kommt hingegen eine größere Bedeutung zu. Der Verband zeichnet sich durch Moos- und Flechtenreichtum und durch zahlreiche Säurezeiger aus. Er besitzt aber wenige Charakterarten, die typischen Säurezeiger kommen auch in anderen bodensauren Waldgesellschaften wie Nadel- oder Buchenwäldern vor.

**Gefährdung, Pflege, Naturschutz**
Der Wald ist meist stark menschlich beeinflußt und als Niederwald bewirtschaftet.

**Ähnliche Gesellschaften**
**Buchen-Eichen-Mischwald,** *Fago-Quercetum* TX. 1955, enthält in größerer Zahl die Rotbuche, ist artenreicher und kommt besonders auf Sand, Schiefer, Grauwacke und Sandstein vor. Kennzeichnende Arten: Stechpalme, Draht-Schmiele, Pfeifengras, Maiglöckchen, Schattenblümchen, Adlerfarn.

**Traubeneichenwald,** *Luzulo luzuloidis-Quercetum petraeae* OBERD. 1967; auf flachgründigen Verwitterungsböden, wenig Blütenpflanzen, reich an Kryptogamen. Kennzeichnende Arten: Hainsimse, Habichtskräuter, Schaf-Schwingel. Für die natürlichen Stiel- und Trauben-Eichenwälder werden je nach der beherrschenden Art im Unterwuchs zahlreiche Assoziationen beschrieben, z. B.:
- Wald-Reitgras-Kiefern-Traubeneichenwald, *Calamagrostio-Quercetum*
- Submontaner Kiefern-Eichenwald, *Calluno-Quercetum*
- Sternmieren-Stiel-Eichenwald, *Stellario-Quercetum*

**Artenliste**

| | |
|---|---|
| Betula pendula | Hänge-Birke |
| Betula pubescens | Moor-Birke |
| Carex pilulifera | Pillen-Segge |
| Deschampsia flexuosa | Draht-Schmiele |
| Dicranum scoparium | Besenmoos |
| Frangula alnus | Faulbaum |
| Luzula pilosa | Behaarte Hainsimse |
| Melampyrum pratense | Wiesen-Wachtelweizen |
| Pinus sylvestris | Wald-Kiefer |
| Polytrichum formosum | Waldhaarmützenmoos |
| Quercus robur | Stiel-Eiche |
| Sorbus aucuparia | Eberesche |
| Vaccinium myrtillus | Heidelbeere |

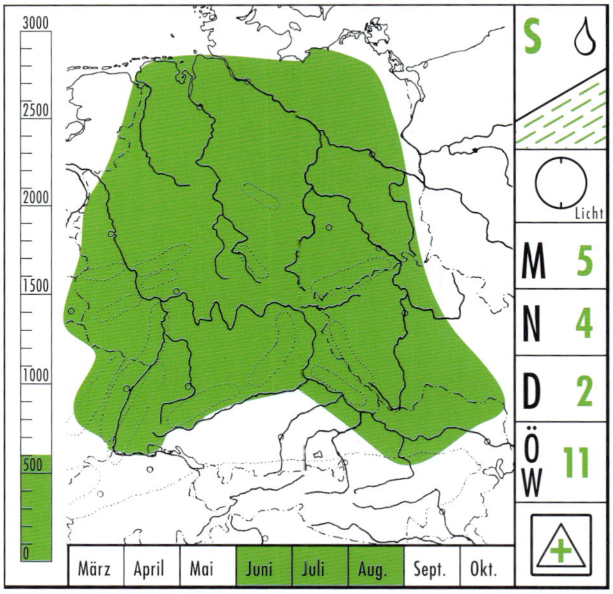

**Abb. 56:** Birken-Eichenmischwald im nördlichen Teutoburger Wald, Wiehengebirge.

**Abb. 57:** Birken-Eichen-Mischwald in der Norddeutschen Tiefebene, südliche Lüneburger Heide bei Fallingsbostel.

## 1.2.2 Buchen-Eichenmischwald
*Fago-Quercetum petraeae* R. Tx. 1955

**Verband:** *Quercion roboris* Malcuit 1929, Bodensaure Eichenmischwälder
**Ordnung:** *Quercetalia roboris* R. Tx. 1931, Bodensaure Eichen-Birkenwälder
**Klasse:** *Quercetea robori-petraeae* Br.-Bl. et R. Tx. 1943, Birken-Eichenwälder

**Kennzeichen**
Dieser Tieflagen-Wald stellt eine buchenreiche Ausbildung des Birken-Eichenmischwaldes dar. Der Reichtum an Buchen geht auf basenärmere Braunerden dieser Standorten zurück. Zum Teil haben sich diese Wälder durch Aufpflanzungen auf Heiden entwickelt. Als Kennzeichen dieser Sekundärwälder sind im Unterwuchs Besenheide und Wald-Wachtelweizen anzutreffen. Während Tüxen die Buchen-Eichenmischwälder vor allem für Norddeutschland beschrieben hat, bearbeitete H. Mayer (1974) diesen Waldtyp unter dem gleichen Assoziationsnamen für Zentraleuropa. In der Nordeifel wird eine Ausprägung mit häufigem Auftretren des Adlerfarnes erwähnt. Labile, degradationsanfällige Standorte verkümmern zu artenarmen Eichen-Birkenbeständen, wurden aber auch zu Kiefernforsten umgewandelt. Grabherr (1993) faßt diese Gesellschaft als Pseudonym für den Drahtschmielen-Eichenwald, *Deschampsio flexuosae-Quercetum sessiliflorae* Firbas et Sigmond 1928 auf, der vor allem auf flachgründigen, trockenen Standorten über Braunerden und Ranker auf Geländerippen vorkommt. In den Südalpen und im oststeirischen Hügelland mischt sich zu diesen Wäldern die Edelkastanie hinzu.

**Vorkommen und Höhenverbreitung**
Kolline bis submontane Stufe; Norddeutsche Tiefebene, Münsterland, Aller-Leine-Gebiet, in Zentraleuropa in Mittelgebirgslagen mäßig kontinentaler Bereiche, oststeirisches Hüggelland, Kärnten ; Dänemark (Sissingh 1970).

**Artenliste**

| | |
|---|---|
| Betula pendula | Hänge-Birke |
| Calluna vulgaris | Besenheide |
| Deschampsia flexuosa | Draht-Schmiele |
| Holcus mollis | Weiches Honiggras |
| Lonicera periclymenum | Wald-Geißblatt |
| Maianthemum bifolium | Schattenblümchen |
| Melampyrum sylvaticum | Wald-Wachtelweizen |
| Milium effusum | Flattergras |
| Pinus sylvestris | Wald-Kiefer |
| Quercus petraea | Trauben-Eiche |
| Quercus robur | Stiel-Eiche |

**Abb. 58:** Buchen-Traubeneichenwald am Techelsberg bei Sekull in Kärnten.

## 1.2.3 Kiefern-Eichenwald

*Calamagrostio arundinaceae-Quercetum petraeae* SCAMONI et PASSARGE 1959

**Verband:** *Quercion roboris* MALCUIT 1929, Bodensaure Eichenmischwälder
**Ordnung:** *Quercetalia roboris* R. TX., Bodensaure Eichen-Birkenwälder
**Klasse:** *Quercetea robori-petraeae* BR.-BL. et R. TX. 1943, Birken-Eichenwälder

### Kennzeichen

Die weit verbreitete Assoziation kommt auf sandigen, tiefgründigeren Böden in subkontinentalen Bereichen vor. In Österreich besiedelt dieser Wald extreme südexponierte Hänge in Klimagebieten mit pannonisch getönten Einflüssen (Ostösterreich). Die Böden gehören dem Ranker- oder Braunerde-Typ an und sind vom anstehenden Fels durchsetzt. Der Waldtyp nimmt eine Mittelstellung zwischen den natürlichen Kiefernwälder und reinen, bodensauren Eichenwäldern ein.

### Vorkommen und Höhenverbreitung

Bayerischer Wald, Mittelfranken, Oberpfalz, Brandenburg, Weichselgebiet; Ostösterreich (Wachau), Ungarisches Mittelgebirge.

### Artenliste

| | |
|---|---|
| Calamagrostis arundinacea | Wald-Reitgras |
| Melica nutans | Nickendes Perlgras |
| Pinus sylvestris | Wald-Kiefer |
| Pyrola secunda | Nickendes Wintergrün |
| Quercus petraea | Trauben-Eiche |
| Quercus robur | Stiel-Eiche |
| Vaccinium vitis-idaea | Preiselbeere |

**Abb. 59:** Buchen-Eichenmischwald an einem Prallhang in der Fulda-Schlinge bei Guxhaven.

## 1.3 Eichen-Hainbuchenwälder
*Carpinion betuli* ISSLER 1931

### 1.3.1 Eichen-Hainbuchenwald
*Stellario holosteae-Carpinetum betuli* OBERD. 1957

**Verband:** *Carpinion betuli* ISSLER 1931, Eichen-Hainbuchenwälder
**Ordnung:** *Fagetalia sylvaticae* PAWL. in PAWL. et al. 1928, Buchen- und Edellaubmischwälder
**Klasse:** *Querco-Fagetea* BR.-BL. et VLIEGER in VLIEGER 1937, Sommergrüne Laubwälder

**Kennzeichen**
Eichen-Hainbuchenwälder kommen von der planaren bis zur submontanen Stufe vor und bevorzugen nährstoffreiche, stau- oder grundwasserfeuchte Lehmböden, wo sie als subatlantische Gesellschaft den Buchenwald ersetzen. Die Rotbuche kann nämlich feuchte Standorte nicht oder nur schlecht besiedeln. Die Hainbuche bildet den wesentlichen Anteil der Baumarten, ferner sind Stieleichen vorhanden. Wichtig ist, daß der Mittelwert der Jahrestemperatur über 8°C liegt. Im Unterwuchs ist infolge der aufgefächerten Krone der Hainbuche ein Lichtfleckenmuster ausgebildet, das jedoch mehr eine artenreiche Strauchschicht aus Hasel und Weißdorn-Arten fördert. Die Krautschicht wird ähnlich stark beschattet wie in den Buchenwäldern. Entsprechend dem Artenreichtum sind 3 Untergesellschaften beschrieben (Geißblatt-, Wald-Ziest- und typischer Eichen-Hainbuchenwald).

**Vorkommen und Höhenverbreitung**
Nordwestliches Europa, im Flach- und Hügelland Norddeutschlands, zentrales Münsterland, Niederrheinebene, Schweizer Mittelland.

**Ökologie**
Die meisten der heutigen Eichen-Hainbuchenwälder sind aus früheren Nieder- und Mittelwäldern hervorgegangen, wobei es aus forstwirtschaftlichen Gründen zu einem Umbau der Baumarten kam. Artenumschichtungen erfolgten durch die Beweidung, die wegen des Viehverbisses besonders regenerationsfähige, bedornte oder giftige Arten förderte. Nach POTT übernimmt die Hainbuche heute die Rolle der Rotbuche in den wärmeliebenden Eichenwaldgesellschaften. Der Wald ist heute als Grundwasserspeicher bedeutend und gilt wie alle artenreichen Laubwaldtypen als Klimaregulator. An Eichen leben die meisten pflanzenfressenden Insekten.

**Gefährdung, Pflege, Naturschutz**
Der Waldtyp wird oft als Mittelwald bewirtschaftet. Bedroht durch Absenkung des Grundwasserspiegels und durch Aufforstung mit Nadelholz-Arten. Hat als Naturwaldinsel eine große Bedeutung; Alt- und Totholz belassen, Grundwasserspiegel sichern.

**Ähnliche Gesellschaft**
**Elsbeeren-Eichen-Hainbuchenwald,** *Galio sylvatici-Carpinetum betuli* OBERD. 1957. Hauptverbreitung vor allem am Balkan, Süd- und Ostösterreich, aber auch in Süd- und Südwestdeutschland, Lohwälder bei München; auf trockenen Standorten der wärmeren Hügelländer zwischen 200 bis 450 m mit wärmeliebenden Arten wie Schwertblättrigem Waldvöglein, Finger-Segge, Rotem Waldvöglein und Breitblättrigem Stendelwurz.

**Artenliste**

| | |
|---|---|
| Acer campestre | Feld-Ahorn |
| Anemone nemorosa | Busch-Windröschen |
| Carex sylvatica | Wald-Segge |
| Carpinus betulus | Hainbuche |
| Corylus avellana | Hasel |
| Crataegus monogyna | Eingriffeliger Weißdorn |
| Deschampsia caespitosa | Rasen-Schmiele |
| Fagus sylvatica | Rotbuche |
| Fraxinus excelsior | Gewöhnliche Esche |
| Lamium galeobdolon | Goldnessel |
| Milium effusum | Flattergras |
| Oxalis acetosella | Wald-Sauerklee |
| Polygonatum multiflorum | Vielblütige Weißwurz |
| Potentilla sterilis | Erdbeer-Fingerkraut |
| Quercus petraea | Trauben-Eiche |
| Quercus robur | Stiel-Eiche |
| Ranunculus ficaria | Scharbockskraut |
| Stachys sylvatica | Wald-Ziest |
| Stellaria holostea | Große Sternmiere |

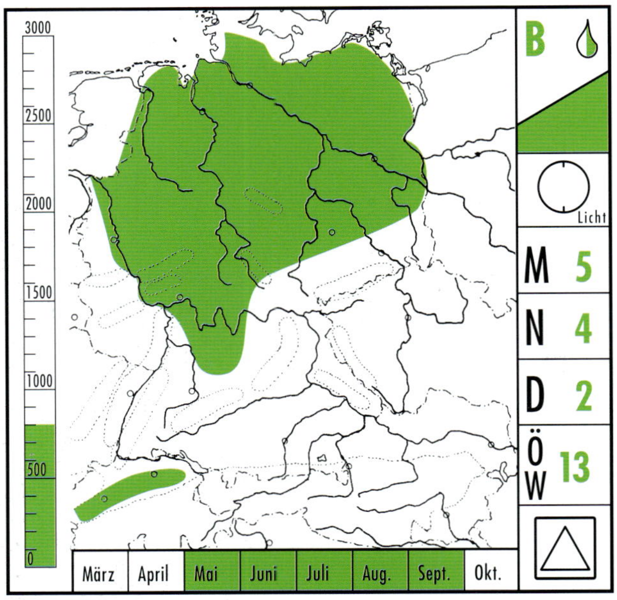

**Abb. 60:** Eichen-Hainbuchenwald im Taunus bei Winden.

**Abb. 61:** Eichen-Hainbuchenwald mit Großer Sternmiere (*Stellaria holostea*) im Yspertal (Ostrong) bei Isperdorf.

## 1.3.2 Elsbeeren-Eichen-Hainbuchenwald
*Galio sylvatici-Carpinetum betuli* OBERD. 1957

**Verband:** *Carpinion betuli* ISSLER 1931, Eichen-Hainbuchenwälder
**Ordnung:** *Fagetalia sylvaticae* PAWL. in PAWL. et al. 1928, Buchen- und Edellaubmischwälder
**Klasse:** *Querco-Fagetea* BR.-BL. et VLIEGER in VLIEGER 1937, Sommergrüne Laubwälder

**Kennzeichen**
Dieser natürliche Waldtyp der kollinen Stufe ist meist durch Nutzung aus dem Weiß-Seggen-Buchenwald hervorgegangen. Standortsfaktoren wie schwere Lehmböden, extremere Sommertrockenheit, Spätfröste oder unsteter Wasserhaushalt schließen die Buche aus und ermöglichen das Aufkommen eines Waldlabkraut-reichen Eichen-Hainbuchenwaldes. Im Unterwuchs dominieren thermophile, schwach südatlantische Arten. Von diesem Waldtyp sind zahlreiche geographische und standortsbedingte (edaphische) feuchte bis trockene sowie relativ nährstoffarme bis eutrophe Subassoziationen bekannt.

**Vorkommen und Höhenverbreitung**
Kolline Stufe; Sommerwarme Hügellandsregionen Süd- und Mitteldeutschlands; im voralpinen Hügelland ausklingend; das südlichste Vorkommen Deutschlands ist aus den Münchner Schotterebenen bekannt (z.B. NSG Echinger Lohe). Niederösterreichisches Alpenvorland, Wienerwald, Innviertel, oberösterreichisches Donautal, Vorarlberg.

**Artenliste**

| | |
|---|---|
| Anemone nemorosa | Busch-Windröschen |
| Betula pendula | Hänge-Birke |
| Campanula trachelium | Nesselblättrige Glockenblume |
| Carex digitata | Finger-Segge |
| Carpinus betulus | Hainbuche |
| Cephalanthera rubra | Rotes Waldvöglein |
| Galium sylvaticum | Wald-Labkraut |
| Hedera helix | Efeu |
| Luzula luzuloides | Weiße Hainsimse |
| Populus tremula | Zitterpappel |
| Quercus robur | Stiel-Eiche |
| Stellaria holostea | Große Sternmiere |

**Abb. 62:** Elsbeeren-Hainbuchenwald im NSG Echinger Lohe nördlich von München.

## 1.3.3 Eichen-Hainbuchenwald mit Stechpalme
*Carpinetum betuli* Oberd. 1957 mit Stechpalme

**Verband:** *Carpinion betuli* Issler 1931, Eichen-Hainbuchenwälder
**Ordnung:** *Fagetalia sylvaticae* Pawl. in Pawl. et al. 1928, Buchen- und Edellaubmischwälder
**Klasse:** *Querco-Fagetea* Br.-Bl. et Vlieger in Vlieger 1937, Sommergrüne Laubwälder

**Kennzeichen**
Infolge der früheren Nutzung der Eichen-Hainbuchenwälder als Hudewaldgebiet (Viehweide, Mastnutzung für die Schweinezucht) oder Schneitelwald (Laubheuspender) treten stachelbewehrte Straucharten im Unterwuchs auf, die sich gegen den Verbiß durch das Vieh behaupten konnten (Weideselektion). Neben uralten sog. „Mastbäumen" können in der Strauchschicht die Stechpalme, aber auch der Wacholder oder Weißdornarten vorkommen.

Die Stechpalme, die ein dichtes Gestrüpp ausbilden kann, deutet auf ein atlantisch getöntes Klima hin.

**Vorkommen und Höhenverbreitung**
Kolline Stufe; Niederrheinebene, Elmsland, Neuenburger Wald, Bentheimer Wald, Ostfriesland.

**Artenliste**

| | |
|---|---|
| Carpinus betulus | Hainbuche |
| Galium odoratum | Waldmeister |
| Ilex aquifolium | Stechpalme |
| Prunus spinosa | Schlehe |
| Quercus robur | Stiel-Eiche |
| Rhamnus catharticus | Echter Kreuzdorn |
| Stellaria holostea | Große Sternmiere |

**Abb. 63:** Eichen-Hainbuchenwald mit Stechpalme (*Ilex aquifolium*) bei Varel, Ostfriesland.

## 1.4 Hartholzauenwälder, Eschen-Erlenwälder
*Alno-Ulmion* Br.-Bl. et R. Tx. 1943

### 1.4.1 Grau-Erlenwald
*Alnetum incanae* Aichinger et Sigrist 1930

**Verband:** *Alno-Ulmion* Br.-Bl. et R. Tx. 1943, Hartholzauenwälder, Eschen-Erlenwälder
**Ordnung:** *Fagetalia sylvaticae* Pawl. in Pawl. et al. 1928, Buchen- und Edellaubmischwälder
**Klasse:** *Querco-Fagetea* Br.-Bl. et Vlieger in Vlieger 1937, Sommergrüne Laubwälder

**Kennzeichen**
Grau-Erlenwälder werden von Ellenberg als die einzige natürliche Laubwaldgesellschaft bezeichnet, die auf Standorten der Tallagen im inneralpinen Nadelholzgebiet vorkommen. Sie begleiten im mittleren Bergland zwischen 400–1500 m Höhe Gebirgsbäche und Flüsse und bevorzugen feuchte, kalkreiche bis -arme, jedoch stets basenreiche und gut durchlüftete Schwemmböden, die meist auch schotter- und kiesreich sind. Auf reinem Grobschotter kommt die Gesellschaft jedoch nicht vor. Die oft überaus artenreiche Gesellschaft wird unregelmäßig überschwemmt. Die Grau-Erle bildet einen einschichtigen Bestand von 10–15 m Höhe, mit einer krautreichen Bodenvegetation, die auch Elemente anderer Waldtypen beinhalten kann. Die Gesellschaft ist vielgestaltig und folgt den unterschiedlichen Standortsbedingungen.

**Vorkommen und Höhenverbreitung**
An Ober- und Mittelläufen von Bächen und Flüssen der Alpen und des Alpenvorlandes, West- und Südschweiz, Tessin, Vorarlberg, Tirol, Kärnten, Südsteiermark, Oberbayern; an größeren Flüssen im Alpenvorland (Donautal, Wiener Becken); Ost-Schwarzwald.

**Ökologie**
In den Böden können überraschend niedrige pH-Werte zwische 3,5 und 5,5 auftreten. Meist liegt eine standörtliche Gliederung entlang des Flußquerprofils von unreifen humusarmen über mittlere bis zu reifen humosen Standorten vor. Weiter lassen sich zahlreiche Höhenvarianten und geographische Rassen unterscheiden. Die kleinräumig und reich strukturierten Bestände ersetzen auf Schotterstandorten mit reichem Niederschlag den Weidenwald, in Kaltlufttälern der kristallinen Mittelgebirge die Schwarz-Erle. In den inneralpinen Gebieten stellen sie wertvolle Lebensräume für seltene, ans Wasser gebundene Tiere wie Wasserspitzmaus, Wasseramsel oder Fischotter dar.

**Gefährdung, Pflege, Naturschutz**
Grau-Erlenwälder erfüllen zahlreiche Schutzfunktionen, da sie hochwasserbremsend und schuttstauend wirken. Besonders in Ufernähe können sie substratfestigend eingesetzt werden. Die Gesellschaft ist in inneralpinen Becken- und Tallagen durch Flußregulierungen, Kraftwerksbauten und Überforstungen stark gefährdet. Ihre Standorte müssen durch den Erhalt der Flußdynamik gesichert werden, keine Aufforstung mit Nadelhölzern.

**Artenliste**

| | |
|---|---|
| Aegopodium podagraria | Giersch |
| Alnus incana | Grau-Erle |
| Angelica sylvestris | Wald-Engelwurz |
| Brachypodium sylvaticum | Wald-Zwenke |
| Chaerophyllum hirsutum | Behaarter Kälberkropf |
| Cirsium oleraceum | Kohldistel |
| Deschampsia caespitosa | Rasen-Schmiele |
| Filipendula ulmaria | Mädesüß |
| Geum urbanum | Echte Nelkenwurz |
| Impatiens parviflora | Kleinblütiges Springkraut |
| Knautia dipsacifolia | Wald-Knautie |
| Lamium maculatum | Gefleckte Taubnessel |
| Lonicera xylosteum | Rote Heckenkirsche |
| Prunus padus | Traubenkirsche |
| Rubus caesius | Kratzbeere |
| Salix alba | Silber-Weide |
| Salix nigricans | Schwarz-Weide |
| Stachys sylvatica | Wald-Ziest |
| Thalictrum aquilegiifolium | Akeleiblättrige Wiesenraute |
| Urtica dioica | Große Brennessel |

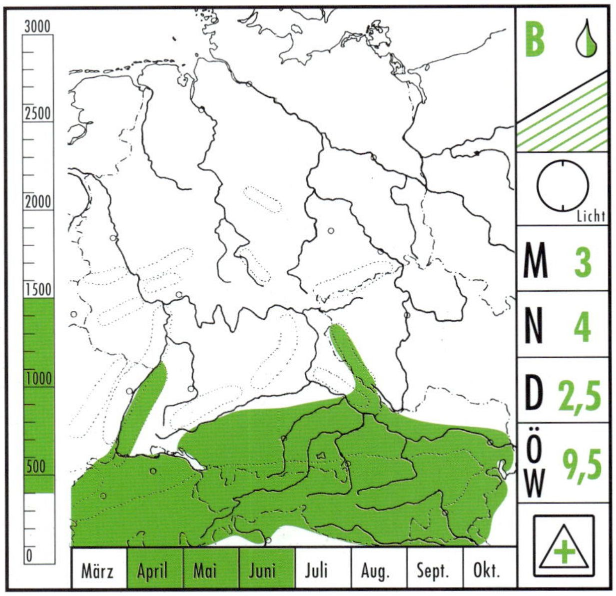

**Abb. 64:** Grau-Erlen-Auenwald auf einem Schwemmkegel an der Isel nördlich von Lienz in Osttirol.

**Abb. 65:** Wechselständiges Milzkraut (*Chrysosplenium alternifolium*).

**Abb. 66:** Frühjahrs-Aspekt mit Frühlings-Knotenblume (*Leucojum vernum*) bei St. Paul in Kärnten.

**Abb. 67:** Grau-Erle mit Straußenfarn in der St. Johanner Au an der Drau.

## 1.4.2 Eschen-Ulmen-Auenwald
*Fraxino excelsioris -Ulmetum* Tx. 1952

**Verband:** *Alno-Ulmion* Br.-Bl. et R. Tx. 1943, Hartholzauenwälder, Eschen-Erlenwälder
**Ordnung:** *Fagetalia sylvaticae* Pawl. in Pawl. et al. 1928, Buchen- und Edellaubmischwälder
**Klasse:** *Querco-Fagetea* Br.-Bl. et Vlieger in Vlieger 1937, Sommergrüne Laubwälder

**Kennzeichen**
Der Eschen-Ulmen-Auenwald bevorzugt Hartholzauestandorte über schweren, nährstoffreichen, tiefgründigen Lehm- oder seltener Sandböden, die periodisch bei extremerem Hochwasser überschwemmt werden. Am Aufbau der Baumschicht beteiligen sich neben dem Berg-Ahorn auch Stiel-Eiche, Gewöhnliche Esche, Feld-Ulme und Flatter-Ulme sowie Hainbuche und Winter-Linde auf nie überschwemmten Abschnitten. In stauwassernassen Mulden können Tümpel mit Arten der Großseggenbestände und Röhrichte ausgebildet sein. Der geophytenreiche Wald zeigt einen blütenreichen Frühlingsaspekt, in dem Blaustern, Scharbockskraut, Gelbstern, Hohler Lerchensporn und Bärlauch vorherrschen.

**Vorkommen und Höhenverbreitung**
In den Talauen der Unterläufe der großen Flüsse wie Donau, Rhein, Oder, Elbe und deren Nebenflüssen (z.B. Saale, Ems, Leine, Aller). Besonders schöne Auwälder sind in Ostösterreich im Nationalpark Donau-Thaya-Marchauen und am Rhein nördlich von Freiburg (Rhinau, Daubersand) zu finden; weitläufige Bestände im südlichen Mitteleuropa (Save, Drau, Mur).

**Ökologie**
Dieser Waldtyp ist vielgestaltig und besitzt einen artenreichen Unterwuchs aus zahlreichen Gräsern, Kräutern und Straucharten. Deshalb kommt ihm eine große faunistische Bedeutung zu. Zahlreiche Kleinlebensräume bedingen viele ökologische Nischen, vor allem seltene und bedrohte Vogelarten halten sich in diesen für sie wichtigen Rückzugsgebieten auf (Graureiher, Schwarzmilan, Mittelspecht).

**Gefährdung, Pflege, Naturschutz**
In Folge von Flußregulierungen, Laufkraftwerken und Abholzungen liegen reine Auewälder nur noch fragmentarisch vor, sie wurden zumeist in Grünland überführt. Daher müssen jegliche Restflächen dieses Waldtyps vor weiterem Flächenverlust bewahrt und Unterschutzstellungen vorgenommen werden. Renaturierung durch Wiederherstellung der Flußdynamik; Rückführung von Intensivforsten zu artenreichen, naturnahen Beständen.

**Artenliste**

| | |
|---|---|
| Acer pseudoplatanus | Berg-Ahorn |
| Aegopodium podagraria | Giersch |
| Alnus glutinosa | Schwarz-Erle |
| Anemone nemorosa | Busch-Windröschen |
| Circaea lutetiana | Gewöhnliches Hexenkraut |
| Clematis vitalba | Gewöhnliche Waldrebe |
| Euonymus europaea | Gewöhnliches Pfaffenhütchen |
| Festuca gigantea | Riesen-Schwingel |
| Fraxinus excelsior | Gewöhnliche Esche |
| Gagea lutea | Wald-Gelbstern |
| Humulus lupulus | Hopfen |
| Listera ovata | Großes Zweiblatt |
| Quercus robur | Stiel-Eiche |
| Ranunculus ficaria | Scharbockskraut |
| Salix pentandra | Lorbeer-Weide |
| Sambucus nigra | Schwarzer Holunder |
| Stachys sylvatica | Wald-Ziest |
| Tilia cordata | Winter-Linde |
| Ulmus laevis | Flatter-Ulme |
| Ulmus minor | Feld-Ulme |
| Urtica dioica | Große Brennessel |

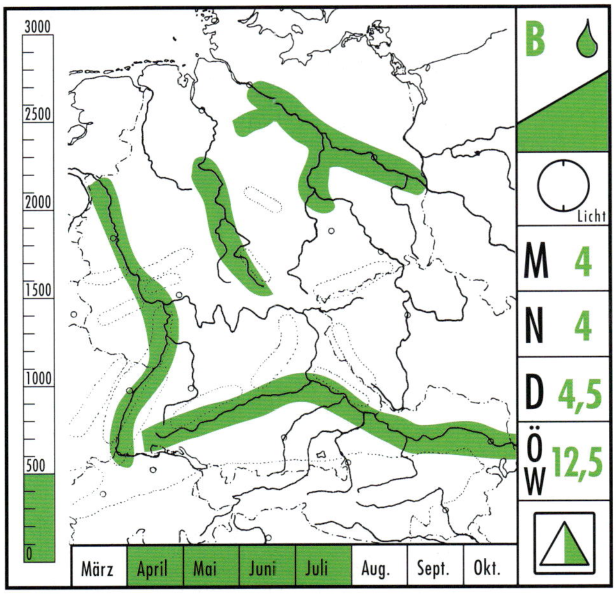

**Abb. 68:** Der Hartholzauenwald in den Rheinauen bei Daubersand gehört zu den strukturreichsten Lebensgemeinschaften Mitteleuropas und steht deshalb unter Naturschutz.

**Abb. 69:** Hartholzau mit verwachsenem Altgewässer in den Rheinauen bei Daubersand.

## 1.5 Erlenbruchwälder

*Alnion glutinosae* MALCUIT 1929

### 1.5.1 Schwarz-Erlenbruchwald

*Carici elongatae-Alnetum glutinosae* W. KOCH 1926

**Verband:** *Alnion glutinosae* MALCUIT 1929, Erlenbruchwälder
**Ordnung:** *Alnetalia glutinosae* R. TX. 1937 em. TH. MÜLLER & GÖRS 1958, Erlen- und Moorbirkenbruchwälder
**Klasse:** *Querco-Fagetea* BR.-BL. et VLIEGER in VLIEGER 1937, Sommergrüne Laubwälder

**Kennzeichen**
Im Verlandungsbereich von Stillgewässern, im Randbereich von Mooren und in versumpften Senken siedelt die Bruchwaldgesellschaft des Schwarz-Erlenwaldes auf extrem nassen und nährstoffreichen Flachmoortorfen der planaren bis kollinen Stufe. Die Schwarz-Erle dominiert in der Baumschicht, seltener sind Stiel-Eiche, Bruch-Weide und Gewöhnliche Esche eingestreut. In der schütteren Strauchschicht herrschen Wolliger Schneeball, Grau-Weide und Faulbaum vor. In der lockeren Krautschicht überwiegen Arten der Großseggenrieder, unter begünstigten Verhältnissen sind Nährstoffzeiger wie Wald-Engelwurz, Große Brennessel, Mädesüß und Kohldistel häufig. Für nährstoffarme Standorte ist eine Unterscheidung mit Torfmoosen und Moor-Birke auf hochmoorähnlichen Torfböden beschrieben.

**Vorkommen und Höhenverbreitung**
Mitteleuropäisches Tiefland bis 300 m, Urstromtäler Schleswig-Holsteins und Niedersachsens, Westdeutsche Mittelgebirge, Eifel, Hoher Venn; Südost-Steiermark, Süd-Burgenland, Kärnten, Alpenvorland, Marchauen, Waldviertel, slowakisches Marchfeld, Salzburg; Längsee bei Kufstein, Vorarlberg.

**Ökologie**
Die äußerst wertvollen Lebensräume beherbergen Tier- und Pflanzenarten, die an einen sehr hohen Grundwasserspiegel gebunden sind (Amphibien, Wasserkäfer), ferner dienen sie zur Sicherung des Grundwasserspiegels.

**Gefährdung, Pflege, Naturschutz**
Durch Landschaftsintensivierungen wie Entwässerungen, Rodungen und Überführung in Wirtschaftsgrünland sind die Erlenbruchwälder heute selten geworden. Zahlreiche Standorte sind durch Überdüngung, Grundwasserabsenkung und Beweidung beeinträchtigt. Mittelfristig sind Renaturierungsmaßnahmen möglich, die vor allem auf die Sicherung des Wasserhaushaltes abzielen müssen. Ein weiterer Flächenverlust der Gesellschaft muß verhindert werden.

**Verwandte Gesellschaften**
**Steifseggen-Schwarzerlenbruch,** *Carici elatae-Alnetum glutinosae* FRANZ 1990, im Unterwuchs dominiert die Steife Segge, die Gesellschaft kommt im Verlandungsbereich von Stillgewässern vor.

**Moorseggen-Erlenbruch,** *Carici laevigatae-Alnetum glutinosae* SCHWICKERATH 1937, auf etwas nährstoffärmeren Standorten, mit Kleinem Helmkraut, Moor-Segge, Sumpfdotterblume und Torfmoosen.

**Artenliste**

| | |
|---|---|
| Alnus glutinosa | Schwarz-Erle |
| Angelica sylvestris | Wald-Engelwurz |
| Athyrium filix-femina | Wald-Frauenfarn |
| Betula pubescens | Moor-Birke |
| Carex elata | Steife Segge |
| Carex elongata | Walzen-Segge |
| Dryopteris carthusiana | Gewöhnlicher Dornfarn |
| Filipendula ulmaria | Mädesüß |
| Galium palustre | Sumpf-Labkraut |
| Iris pseudacorus | Gelbe Schwertlilie |
| Lycopus europaeus | Ufer-Wolfstrapp |
| Lysimachia vulgaris | Gewöhnlicher Gilbweiderich |
| Peucedanum palustre | Sumpf-Haarstrang |
| Rubus caesius | Kratzbeere |
| Solanum dulcamara | Bittersüßer Nachtschatten |
| Urtica dioica | Brennessel |
| Viola palustris | Sumpf-Veilchen |

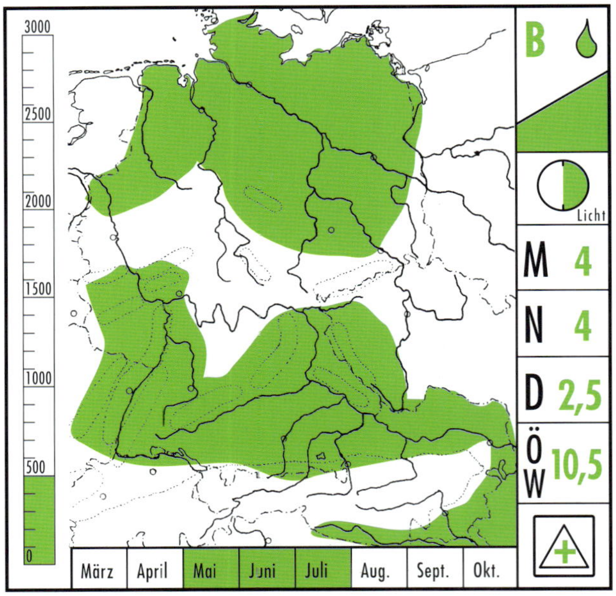

**Abb. 70:** Schwarz-Erlenbruchwald mit Steifer Segge (*Carex elata*) bei Neuhaus an der Gail südwestlich von Villach.

**Abb. 71:** Schwarzerlen-Bruchwald mit Birken und Torfmoosen im Solling.

## Aspekte von Bruchwäldern

**Abb. 72:** Birken-Schwarzerlen-Bruchwald im Allertal: In der artenreichen Krautschicht kommen Sumpf-Calla, Gilbweiderich, Schwertlilie, Pfeifengras, Buchenfarn, Sumpfhaarstrang sowie Faulbaum und Eberesche vor. Rotföhre und Fichte bilden stete Begleiter. Birkenbruchwälder bilden sich infolge von Basenmangel anstelle von Erlenbruchwäldern aus.

**Abb. 73:** Birken-Schwarzerlen-Bruchwald im Allertal, Aspekt mit Wurmfarn (*Dryopteris dilatata*). Bruchwälder werden durch einen sehr kleinräumigen Wechsel der edaphischen Bedingungen gekennzeichnet. Die erlenreichen haben stickstoffreiche Böden und einen höheren pH-Wert, als die birkenreichen.

**Abb. 74:** Eschen-Eichen-Schwarzerlen-Auenwald (*Fraxino excelsioris-Alnetum glutinosae* MATUSZIEWSKI 1952) an der Salzach im Bundesland Salzburg. Auf Schluff- und Tonböden, die im Frühjahr bis zu einem Meter überschwemmt werden, stockt ein hochwüchsiger Hartholz-Auenwald, der im Unterwuchs Arten der Großseggenrieder enthält.

**Abb. 75:** Kiefernbruchwald (Ledo-Pinetum) im NP Patvinsuo in Südfinnland: In dem birkenfreien Bruchwaldtyp herrscht gewöhnlich der Sumpf-Porst (Ledum palustre) vor. Diese kontinental getönte Gesellschaft stellt wahrscheinlich eine Schlußwaldgesellschaft auf Hochmooren dar; wird auch zu den Moorwäldern gestellt.

## 1.6 Hang- und Schluchtwälder
*Tilio-Acerion pseudoplatani* Klika 1955

### 1.6.1 Lindenmischwald
*Aceri-Tilietum* Faber 1936

**Verband:** *Tilio-Acerion pseudoplatani* Klika 1955, Hang- und Schluchtwälder
**Ordnung:** *Fagetalia sylvaticae* Pawl. in Pawl. et al. 1928, Buchen- und Edellaubmischwälder
**Klasse:** *Querco-Fagetea* Br.-Bl. et Vlieger in Vlieger 1937, Sommergrüne Laubwälder

**Kennzeichen**
Dieser wärmeliebende Waldtyp ist im südlichen und östlichen Mitteleuropa über meist instabilen Kalkschutthängen zu finden, die steil und im Sommer sehr trocken sind. Die Böden sind mäßig frische und basenreiche Rendsinen auf südlich bis östlich exponierten Hängen. Eine lockere Baumschicht aus Sommer-Linde, Spitz-Ahorn und Berg-Ahorn mit einer Deckung um 50 % wird von einer lückigen Krautschicht begleitet, in der typische Arten der mesophilen Laubwälder vorherrschen. Weiters können Berg-Ulme, Gewöhnliche Esche, und Rotbuche vorkommen. In wärmebegünstigten Lagen enthält die Strauchschicht wärmeliebende Arten wie Pimpernuß und Kornelkirsche.

**Vorkommen und Höhenverbreitung**
In Mitteldeutschland (über Muschelkalken), Fränkische Alb (harte Kalke), Harz, deutsche Mittelgebirge, Schwäbische Alb, Wutachschlucht, oberes Donautal, Schweizer Jura, nordöstlicher Randbereich des Wiener Beckens (Mergelschutt), Salzkammergut, Salzburger Untersberg; im Montavon kommt eine Enklave auf Felskuppen vor.

**Ökologie**
Pollenanalytiker haben diesen Waldtyp als Relikt des Eichen-Mischwaldes der zwischeneiszeitlichen Wärmeperiode bezeichnet. Der Wald erfüllt Schutzfunktionen auf instabilen Rutschhängen. An den Standorten Ostösterreichs sind zahlreiche bemerkenswerte thermophile Arten wie Kornelkirsche, Lorbeer-Seidelbast und Kornblumen-Veilchen enthalten, die die hohe naturschutzfachliche Bedeutung dieses nicht häufigen Waldtyps unterstreichen. Die Bestände wurden früher als Niederwald bewirtschaftet, erfahren heute aber wegen der Kleinräumigkeit der Ausbreitung kaum mehr eine Nutzung. Sie besitzen aufgrund der Hangdynamik ein reich strukturiertes Kleinrelief.

**Gefährdung, Pflege, Naturschutz**
Eine spezielle Pflege ist nicht notwendig, wo direkte Beeinträchtigungen oder Gefährdungen bekannt sind, empfiehlt sich die Ausweisung von Schutzgebieten oder Naturwaldzellen. In jedem Fall muß die natürliche Hangdynamik erhalten bleiben, insbesondere in bezug auf die Materialzufuhr des Oberbodens. Dies muß zum Beispiel bei Verbauungen oder Straßenbauvorhaben unbedingt beachtet werden.

**Artenliste**

| | |
|---|---|
| Acer campestre | Feld-Ahorn |
| Acer platanoides | Spitz-Ahorn |
| Acer pseudoplatanus | Berg-Ahorn |
| Convallaria majalis | Maiglöckchen |
| Corylus avellana | Hasel |
| Fragaria vesca | Wald-Erdbeere |
| Fraxinus excelsior | Gewöhnliche Esche |
| Lonicera xylosteum | Rote Heckenkirsche |
| Melica nutans | Nickendes Perlgras |
| Mercurialis perennis | Ausdauerndes Bingelkraut |
| Poa nemoralis | Hain-Rispengras |
| Prunus avium | Vogelkirsche |
| Staphylea pinnata | Pimpernuß |
| Tilia cordata | Winter-Linde |
| Tilia platyphyllos | Sommer-Linde |
| Vincetoxicum hirundinaria | Schwalbenwurz |

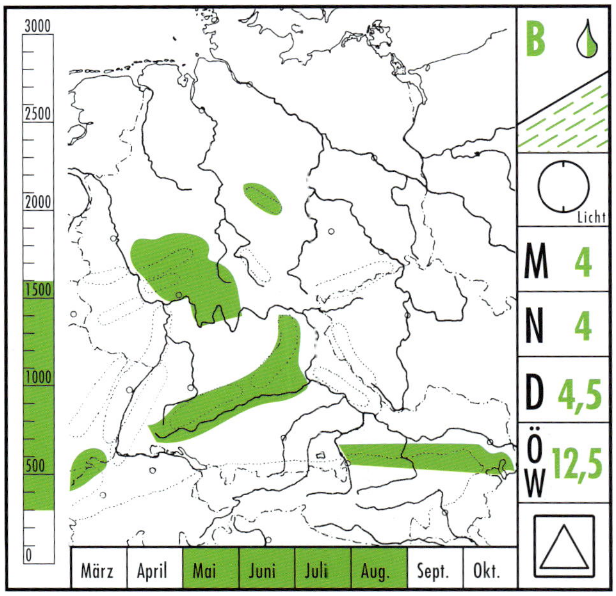

**Abb. 76:** Nördlichster Lindenmischwald der Welt im Naturschutzgebiet Flostranda am Strynvatnet in Norwegen.

**Abb. 77:** Inneralpiner Mischwald an einem Schluchtstandort; Seitenbach der Sillschlucht am Eingang zum Wipptal südlich von Innsbruck.

## 1.6.2 Eschen-Ahorn-Schluchtwald

*Aceri pseudoplatani-Fraxinetum excelsioris* W. KOCH 1926

**Verband:** *Tilio-Acerion pseudoplatani* KLIKA 1955, Hang- und Schluchtwälder
**Ordnung:** *Fagetalia sylvaticae* PAWL. in PAWL. et al. 1928, Buchen- und Edellaubmischwälder
**Klasse:** *Querco-Fagetea* BR.-BL. et VLIEGER in VLIEGER 1937, Sommergrüne Laubwälder

### Kennzeichen

Auf schattseitigen, steilen Nordhängen über Schuttblockfeldern, in kühlen Schluchten und im Sohlenbereich schattiger Kerbtäler gedeiht auf nährstoffreichen, luftfeuchten Standorten der Eschen-Ahorn-Schluchtwald, der durch das Vorhandensein von Edellaubhölzern gekennzeichnet ist. Auch in spätfrostgefährdeten Tallagen im südlichen Alpenvorland und in höheren Lagen der Mittelgebirge bevorzugt dieser Waldtyp stets schwach stabilisierte, feinerdearme, gut durchlüftete, frische bis feuchte Hangschuttböden und Rendsinen. Berg-Ahorn dominiert meist in der Baumschicht, in der Krautschicht herrschen vor allem Farne vor.

### Vorkommen und Höhenverbreitung

Schlucht- und Hangbereiche der Mittelgebirge und des nördlichen Alpenrandes bis zur Eifel, Harz und Sauerland; östliches Alpenvorland; Nordabfall der Karawanken, in kleinräumigen Ausbildungen vorkommend.

### Ökologie

Hang- und Schluchtwälder gelten neben den Auestandorten als die Waldtypen mit der höchsten Nitratversorgung. Der hohe Nährstoffhaushalt bewirkt die Schnellwüchsigkeit der Wälder, die oft umgestürzten Bäume, der hohe Totholzanteil sowie Hangrutschungen geben ihnen ein urwaldähnliches Aussehen. Für spezialisierte, feuchtliebende Pflanzen und Tiere stellt der Schluchtwald sowohl einen Extremstandort und als auch ein lebenswichtiges Rückzugsgebiet dar. Die hohe Luftfeuchte ermöglicht das Vorkommen einer reichen Amphibienfauna, in der Feuersalamander, Springfrosch und im Alpenraum auch Alpensalamander vorkommen.

### Gefährdung, Pflege, Naturschutz

Schluchtwälder werden durch Verfüllung und Aufstauung der Täler zerstört, ferner durch Wege- und Straßenbau zerschnitten bzw. ihre Standortsbedingungen verändert. Da dem Wald aber eine hohe naturschutzfachliche Wertigkeit (Rückzugsgebiet, Nahrungshabitat) zukommt, sind Unterschutzstellungen oder Ausweisungen als Naturwaldzellen angebracht. Die forstliche Nutzung darf nur eingeschränkt betrieben werden.

### Verwandte Gesellschaften

Die Schluchtwälder werden in zahlreiche regionale und verwandte Gesellschaften unterteilt, die zum Verband der Linden-Ahorn-Schluchtwälder, *Tilio-Acerion* KLIKA 1955, gehören. Diese Wälder beherrschten Mitteleuropa vor der Einwanderung der Rotbuche und besitzen deshalb vegetationsgeschichtlich gesehen eine große Bedeutung.

### Artenliste

| | |
|---|---|
| Acer pseudoplatanus | Berg-Ahorn |
| Aruncus dioicus | Wald-Geißbart |
| Athyrium filix-femina | Wald-Frauenfarn |
| Corylus avellana | Hasel |
| Dryopteris filix-mas | Männlicher Wurmfarn |
| Epilobium montanum | Berg-Weidenröschen |
| Fagus sylvatica | Rotbuche |
| Fraxinus excelsior | Gewöhnliche Esche |
| Geranium robertianum | Stinkender Storchschnabel |
| Impatiens noli-tangere | Großes Springkraut |
| Lamium galeobdolon | Goldnessel |
| Mercurialis perennis | Ausdauerndes Bingelkraut |
| Polystichum aculeatum | Gelappter Schildfarn |
| Senecio fuchsii | Fuchs' Kreuzkraut |
| Ulmus glabra | Berg-Ulme |
| Urtica dioica | Große Brennessel |

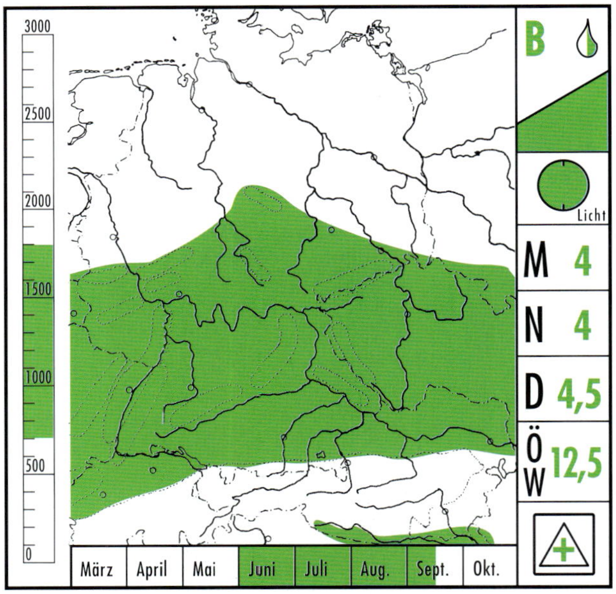

**Abb. 78:** Eschen-Ahorn-Schluchtwald in Oberbayern, bei Königsdorf südlich von Wolfratshausen.

**Abb. 79:** Schluchtwald mit Straußenfarn, Krapflhofteich bei St. Paul.

**Abb. 80:** Hohler Lerchensporn (*Corydalis cava*).

**Abb. 81:** NP Dalby bei Malmö in Südschweden, Frühjahrsaspekt.

## 1.6.3 Hirschzungen-Schluchtwald
*Scolopendrio-Fraxinetum* SCHWICKERATH 1938

**Verband:** *Tilio platyphylli-Acerion pseudoplatani* KLIKA 1955, Hang- und Schluchtwälder
**Ordnung:** *Fagetalia sylvaticae* PAWL. in PAWL. et al. 1928, Buchen- und Edellaubmischwälder
**Klasse:** *Querco-Fagetea* BR.-BL. et VLIEGER in VLIEGER 1937, Sommergrüne Laubwälder

**Kennzeichen**
Auf kalkreichen, oft felsigen Hangstandorten unterhalb von Felswänden, wo eine hohe Luftfeuchtigkeit vorherrscht, gedeiht der krautreiche Hirschzungenschluchtwald. Der Unterwuchs wird vor allem durch den Hirschzungenfarn (*Phyllitis scolopendrium*) geprägt, der in feinerdegefüllten Felsspalten wächst. Ferner kommen verschiedene Farn-Arten (Strichfarnarten) vor, typisch sind aber auch schatten- und feuchteliebende Kräuter wie Milzkraut oder die Mondviole. Wärmeliebende Sträucher wie Pimpernuß und Breitblättriges Pfaffenhütchen sind als Begleiter enthalten. Der Hirschzungen-Schluchtwald kann eine edaphisch und lokalklimatisch bedingte Edellaubholzgesellschaft in feuchten Bachschluchten sein. Ein Beleg für diese Gesellschaft liegt aus Kärnten vor, wo der Waldtyp unter anderem im östlichen und westlichen Sattnitzzug (Gurnitzer Klamm und Ebentaler Schlucht) anzutreffen ist. Ein Synonym dieses Waldtyps ist der von MOOR 1952 beschriebene Hirschzungen-Ahornwald, *Phyllitido-Aceretum*, den er als Schluchtwald-Variante auf kalkreichen Böden einstufte. CLOT unterscheidet eine subatlantische, eine mitteleuropäische und eine südeuropäische Subassoziation.

**Vorkommen und Höhenverbreitung**
Vom Alpenvorland bis ins Sauerland, Harz und Bornholm, am Alpensüdrand in submontanen Schluchten, etwa von 200 bis 900 m.

**Ökologie**
Hirschzungen-Schluchtwälder kommen meist auf skelettreichen Hangschutt-Standorten unterhalb von Kalkfelsen vor, die über eine erhöhte Luftfeuchtigkeit verfügen. Die Extreme der Luft- und Bodentemperatur sowie der Luftfeuchte sind geringer als in Buchenwäldern. Die Evaporation bleibt infolge der Windgeschwindigkeit auffallend niedrig, was das Vorkommen der Farne begünstigt. In keiner anderen Waldgesellschaft ist die natürliche Nitrat-Nachlieferung so hoch und so gleichmäßig wie in den Schuchtwäldern, der natürliche Stoffkreislauf ist äußerst rege (KOVÁCS 1968). Der günstige Basenzustand des Bodens trägt zur reichen Pflanzenproduktion bei, obwohl der Feinerdereichtum gering ist. Der Unterwuchs (Kraut- und Moosschicht) zeigt infolge des Mikroreliefs der Standorte oftmals eine kleinräumige Differenzierung, während die Krautschicht schwach entwickelt ist.

**Gefährdung, Pflege, Naturschutz**
Die Wälder sind durch eine mögliche Übernutzung und Überforstung gefährdet, sie benötigen als natürliche Waldgesellschaften keine Pflege. Schluchtwälder besitzen als artenreiche Waldtypen mit seltenen Arten wie dem Silberblatt (Mondviole) oder Hirschzungenfarn, aber auch Orchideen, einen hohen naturschutzfachlichen Wert, dazu tragen auch der urwaldähnliche Wuchs sowie die Ursprünglichkeit dieser Wälder bei (HUBER-SANNWALD 1989). Diese Waldgesellschaft ist auch zum Zwecke des Schutzes vor Bodenerosion zu erhalten.

**Artenliste**

| | |
|---|---|
| Acer pseudoplatanus | Bergahorn |
| Actea spicatum | Christophskraut |
| Chrysosplenium alternifolium | Wechselblättriges Milzkraut |
| Fagus sylvatica | Rotbuche |
| Fraxinus excelsior | Gewöhnliche Esche |
| Impatiens noli-tangere | Großes Springkraut |
| Lunaria rediviva | Mondviole |
| Mercurialis perennis | Bingelkraut |
| Mycelis muralis | Mauerlattich |
| Oxalis acetosella | Wald-Sauerklee |
| Phyllitis scolopendrium | Hirschzungenfarn |
| Polystichum aculeatum | Gelappter Schildfarn |

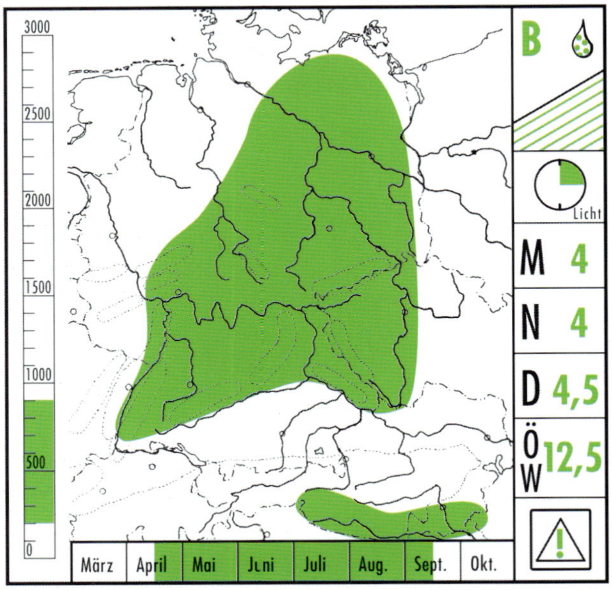

**Abb. 82:** Hirschzungen-Schluchtwald beim Ebentaler Wasserfall an der Sattnitz südlich von Klagenfurt, Detail der üppigen Bodenvegetation.

**Abb. 83:** Hirschzungenfarn (*Phyllitis scolopendrium*).

**Abb. 84:** Gesamtansicht des Schluchtwaldes.

## 1.6.4 Mondviolen-Schluchtwald
*Lunario-Aceretum* GRÜNBERG & SCHLÜTER 1957

**Verband:** *Tilio platyphylli-Acerion pseudoplatani* KLIKA 1955, Hang- und Schluchtwälder
**Ordnung:** *Fagetalia sylvaticae* PAWL. in PAWL. et al. 1928, Buchen- und Edellaubmischwälder
**Klasse:** *Querco-Fagetea* BR.-BL. et VLIEGER in VLIEGER 1937, Sommergrüne Laubwälder

**Kennzeichen**
Auf silikatischen Verwitterungsböden (Ranker-Braunerde) und beschatteten, aber sehr luftfeuchten Standorten ist in der submontanen Stufe der krautreiche Schluchtwaldtyp zu finden, in dem vorwiegend die violettblühende Mondviole auffällt. Diese kann die obere Krautschicht sogar gänzlich bis weitgehend beherrschen. Zusätzlich können zahlreiche Hochstauden und Farne enthalten sein. Im Gegensatz zum Hirschzungen-Schluchtwald ist in der Baumschicht meist die Ulme enthalten. Der Waldtyp, der auf steilen Bacheinhängen vorkommen kann, besitzt eine erosionshemmende Funktion und sollte daher forstlich nicht genutzt werden.

**Vorkommen und Höhenverbreitung**
Verbreitungsoptimum in der submontanen Stufe zwischen 550 und 800 m; im Sauerland, Harz, Weserbergland, Salzburger Land.

**Artenliste**

| | |
|---|---|
| Acer pseudoplatanus | Bergahorn |
| Fraxinus excelsior | Gewöhnliche Esche |
| Impatiens noli-tangere | Großes Springkraut |
| Lamium maculatum | Gefleckte Taubnessel |
| Lonicera xylosteum | Heckenkirsche |
| Lunaria rediviva | Mondviole |
| Mercurialis perennis | Bingelkraut |
| Oxalis acetosella | Wald-Sauerklee |
| Ulmus glabra | Ulme |
| Urtica dioica | Große Brennessel |

**Abb. 85:** Mondviolen-Schluchtwald im Harz, „Dicke Tannen – Hoher Geiß".

**Abb. 86:** Mondviole (*Lunaria rediviva*).

## 1.6.5 Wald-Geißbart-Schluchtwald
*Arunco-Aceretum* Moor 1952

**Verband:** *Tilio platyphylli-Acerion pseudoplatani* Klika 1955, Hang- und Schluchtwälder
**Ordnung:** *Fagetalia sylvaticae* Pawl. in Pawl. et al. 1928, Buchen- und Edellaubmischwälder
**Klasse:** *Querco-Fagetea* Br.-Bl. et Vlieger in Vlieger 1937, Sommergrüne Laubwälder

**Kennzeichen**
Der auffällige Wald-Geißbart-Schluchtwald, der im Sommer durch die weißen hochwüchsigen Wald-Geißbart-Stauden besticht, kommt in engen, schattigen Tälern und feuchten Schluchten auf Schuttflächen und treppigen Felsbändern vor. Häufig sind dies erosionsgefährdete Standorte mit erhöhter Bodenfeuchte und nährstoffreichem Substrat. Die Feuchtezeiger Weiße Pestwurz und Wald-Geißbart sind vorherrschend. Dieser verhindert nach Moravec et al. (1982) durch die dichte Durchwurzelung den Abtrag des Oberbodens. Ferner können als Begleiter Feuchthochstauden der schattigen Lagen wie Echter Baldrian und Gelber Eisenhut vorkommen. Der Waldtyp ist zumeist kleinflächig entwickelt.

**Vorkommen und Höhenverbreitung**
Kolline bis montane Stufe (300–800 m), im Molasse- und Flyschgebiet im südlichen Mitteleuropa, von der Schweiz bis Süddeutschland, Tschechien, Slowakei und im österreichischen Alpenvorland, schwäbisch-bayrisches Voralpengebiet.

**Artenliste**

| | |
|---|---|
| Acer pseudoplatanus | Bergahorn |
| Aruncus dioicus | Wald-Geißbart |
| Chrysosplenium alternifolium | Wechselblättriges Milzkraut |
| Circaea alpina | Alpen-Hexenkraut |
| Fagus sylvatica | Rotbuche |
| Fraxinus excelsior | Gewöhnliche Esche |
| Lonicera alpigena | Alpen-Heckenkirsche |
| Mycelis muralis | Mauerlattich |
| Petasites albus | Weiße Pestwurz |
| Prenanthes purpurea | Hasenlattich |
| Stachys sylvatica | Wald-Ziest |
| Ulmus glabra | Ulme |
| Valeriana officinalis | Echter Baldrian |

**Abb. 87:** Südexponierter (Schattseite) Waldgeißbart-Schluchtwald am Inn in der Nähe der Imster Schlucht im Oberinntal.

## 1.7 Flaumeichenwälder
*Quercion pubescentis* Br.-Bl. 1932 em. Rivas-Martinez 1972

### 1.7.1 Flaumeichen-Elsbeerenwald
*Quercetum pubescentis-petraeae* Heinis 1933

**Verband:** *Quercion pubescentis* Br.-Bl. 1932 em. Rivas-Martinez 1972, Flaumeichenwälder
**Ordnung:** *Quercetalia pubescentis* Br.-Bl. 1932, Klika 1933, Wärmebedürftige Eichenmischwälder
**Klasse:** *Querco-Fagetea* Br.-Bl. et Vlieger in Vlieger 1937, Sommergrüne Laubwälder

**Kennzeichen**
Der kontinental getönte, thermophile Eichen-Elsbeerenwald oder Flaumeichenhochwald gedeiht auf trockenen Felsstandorten über Kalksteinen, die meist süd-west-exponiert sind. Der lichte und artenreiche Laubwald stockt auf stickstoffreichen Braunerdeböden und weist eine geschlossene Baumschicht auf, die zwischen 8–12 m hoch werden kann, aber auch als Buschwald vorliegen kann. Die Strauchschicht ist gut entwickelt und artenreich, in der Krautschicht kommen anspruchsvollere Arten vor, während die submediterranen Trockenrasen- und Waldsteppenarten eher in den Buschwäldern vorkommen.

**Vorkommen und Höhenverbreitung**
Kaiserstuhl, Schwäbische Alb bis zur Fränkischen Alb, Altmühltal, Donautal, Alpenostrand bis Wien und Leithagebirge, Hainburger Berge, Waldviertel; Westschweiz Jura bis Genfer See; Nordungarisches Bükkgebirge.

**Ökologie**
Die wärmeliebenden Eichenmischwälder enthalten zahlreiche submediterrane Elemente und gehören in den wärmeren Gebieten West- und Mitteleuropas zu den Dauergesellschaften. In der wärmebegünstigten Nacheiszeit waren diese Wälder weiter verbreitet und gelten heute als Relikt dieser Zeit. Die Leitbaumart ist stets die Flaum-Eiche. Die Bestände sind meist lückig und schlechtwüchsig, die Baumschicht ist lichtdurchlässiger als in anderen Laubwaldtypen, was eine gut entwickelte Strauchschicht fördert. In der Krautschicht können auch Arten der Fels- und Trockenrasen sowie reichlich Geophyten enthalten sein.

**Gefährdung, Pflege, Naturschutz**
selten bewirtschaftet, kleinflächige und nicht häufige Gesellschaft.

**Ähnliche Gesellschaft**
**Subkontinentaler Eichen-Trockenwald,** *Potentillo albae-Quercetum petraeae* Libb. 1933, fränkischer Raum, nördliches Alpenvorland, Oberrheingebiet. Kennzeichnende Arten: Weißer Diptam, Weißes Fingerkraut, Wald-Labkraut, Wald-Ziest, Färber-scharte, Färber-Ginster.

**Kontinentaler Karst-Flaumeichen-Buschwald,** *Pruno mahaleb-Quercetum pubescentis* Jakucs et Fekete 1957, steht mit dem Flaumeichen-Elsbeerenwald im engen Kontakt, auf kalkhaltigen Kuppen mit Rendsina-Böden. Kennzeichnende Arten: wärmeliebende Sträucher, Gewöhnliche Esche, Stein-Weichsel, Salomonssiegel.

**Artenliste**

| | |
|---|---|
| Acer campestre | Feld-Ahorn |
| Alliaria petiolata | Knoblauchsrauke |
| Anemone nemorosa | Busch-Windröschen |
| Campanula persicifolia | Pfirsichblättrige Glockenblume |
| Cornus mas | Kornelkirsche |
| Crataegus monogyna | Eingriffeliger Weißdorn |
| Euphorbia cyparissias | Zypressen-Wolfsmilch |
| Hepatica nobilis | Leberblümchen |
| Lithospermum purpurocaeruleum | Purpurblauer Steinsame |
| Mercurialis perennis | Bingelkraut |
| Primula veris | Arznei-Schlüsselblume |
| Quercus pubescens | Flaum-Eiche |
| Sorbus torminalis | Elsbeerbaum |
| Veronica chamaedrys | Gamander-Ehrenpreis |
| Vincetoxicum hirundinaria | Schwalbenwurz |

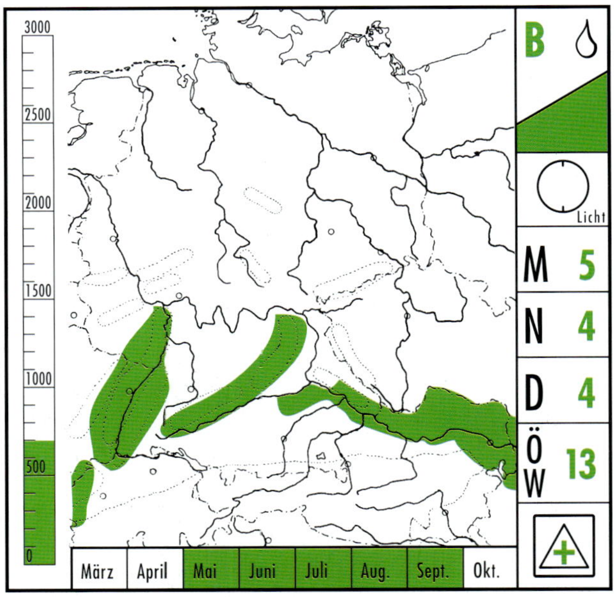

**Abb. 88:** Flaumeichen-Wald im Frühherbstaspekt im Kaiserstuhl bei Breisach, südliches Rheintal.

**Abb. 89:** Flaumeichen auf Felsstandorten, Donautal bei Dürnstein, Niederösterreich.

**Abb. 90** Flaumeiche (*Quercus pubescens*).

## 1.8 Illyrische Föhrenwälder

*Fraxino orni-Ostryion carpinifoliae* TOMAZIC 1940

### 1.8.1 Hopfenbuchen-Mannaeschenwald

*Ostryo carpinifoliae-Fraxinetum orni* AICHINGER 1933

**Verband:** *Fraxino orni-Ostryion carpinifoliae* TOMAZIC 1940, Illyrische Föhrenwälder
**Ordnung:** *Erico-Pinetalia* HORVAT 1959, Schneeheide-Kiefernwälder, Latschengebüsche, Bergföhren-, Arven- und Lärchenwälder
**Klasse:** *Erico-Pinetea* HORVAT 1959, Schneeheide-Kiefernwälder

**Kennzeichen**
Dieser südlich anmutende Laubwaldtyp, der stellenweise auch nur als Waldgebüsch vorkommt, besiedelt südexponierte Standorte am Südabfall der Alpen und kommt in Österreich nur fragmentarisch vor. Die Orte müssen stets lokalklimatisch begünstigt sein und befinden sich in Hanglagen. Skelettreiche, humusarme, mittelgründige Rendsinen-Böden über kalkhaltigem Gestein bilden die Grundlage für einen lockeren Buschwald, der meist eng mit Trocken- und Felsrasenformationen verzahnt ist. Deshalb kann die Krautschicht sehr artenreich sein. Zu den Laubbäumen gesellen sich Rot- und Scharzföhren, die auch aufgeforstet sein können. Im Vorfeld der Waldformation schließen Gebüschsäume aus Sanddorn, Weißdorn und Schlehe an. Die Wälder können sich zu Buchen-, seltener zu Flaumeichenwäldern weiter entwickeln, als Degradationsstadium zum Schneeheide-Föhrenwald (AICHINGER 1933). Die österreichischen Wälder enthalten viele Arten der Schneeheide-Kiefernwälder, während auf den Standorten in Südtirol (Etschtal) nach BRAUN-BLANQUET 1961 mehr Arten der Flaumeichenwälder vorkommen.

**Vorkommen und Höhenverbreitung**
Von der kollinen bis zur submontanen Stufe etwa auf 850 m; Drautal, Karawanken, Lavanttal, Loiblpaß, Trögener Klamm in Südostkärnten, Oberinntal; Vinschgau, oberes Etschtal; Tessin (Kalkberge südöstlich von Lugano), Comosee.

**Ökologie**
Hopfenbuchen-Mannaeschenwälder sind lockere, lichtdurchflutete Wälder. Deshalb herrscht im Bestandsinneren ein üppiger Unterwuchs. Die vorherrschenden Krautarten sind Erd-Segge, Walliser Schwingel sowie verschiedene thermophile Phanerogamen. Die Hopfenbuche ist mit der Hainbuche eng verwandt und ist eine südosteuropäische Art. Ihr Hauptverbreitungsgebiet reicht vom Kaukasus bis zum Alpensüdrand und in die Seealpen. Die Mannesche als submediterraner Baum und Begleiter des Flaumeichenwaldes erkennt man an den wohlriechenden Blüten. Als Manna wird der bräunliche Saft bezeichnet, der aus der angeritzten Rinde quillt. Der dritte Baum dieses Waldtyps, die Flaumeiche, fällt durch einen flaumigen Überzug an der Blattunterseite auf. Die Ursache für den Krüppelwuchs sind häufig nicht die extremen klimatischen Bedingungen und die Trockenheit, sondern der Tierverbiß. Früher wurden die jungen Triebe auch „geschneitelt“, also abgeschnitten, um Futter für das Vieh zu gewinnen. Kommen Robinien vor, wurden diese angepflanzt.

**Gefährdung, Pflege, Naturschutz**
Die Hopfenbuchen-Mannaeschenwälder wurden früher als Niederwald genutzt. Die eng begrenzten Vorkommen sind infolge der Steilheit der Hänge eher unzugänglich und meist wenig gefährdet. Aufgrund der zahlreichen seltenen und gefährdeten Tier- und Pflanzenarten sind die Wälder hochgradig schützenswert. In Kärnten ist das Vorkommen der Sandviper sowie der Smaragdeidechse an diese Wälder gebunden (WALLNÖFER 1993).

**Artenliste**

| | |
|---|---|
| Amelanchier ovalis | Felsenbirne |
| Anthericum ramosum | Astlose Graslilie |
| Buphthalmum salicifolium | Ochsenauge |
| Carex humilis | Erd-Segge |
| Euphorbia cyparissias | Zypressen-Wolfsmilch |
| Festuca valesiaca | Walliser-Schwingel |
| Fraxinus ornus | Mannaesche |
| Melica ciliata | Wimper-Perlgras |
| Ostrya carpinifolia | Hopfenbuche |
| Peucedanum oreoselinum | Berg-Haarstrang |
| Pinus sylvestris | Wald-Kiefer |
| Polygala chamaebuxus | Buchsblättrige Kreuzblume |
| Polygonatum odoratum | Wohlriechender Salomonssiegel |
| Sesleria albicans | Kalk-Blaugras |
| Teucrium chamaedrys | Edelgamander |
| Viburnum lantana | Wolliger Schneeball |
| Vincetoxicum hirundinaria | Schwalbenwurz |

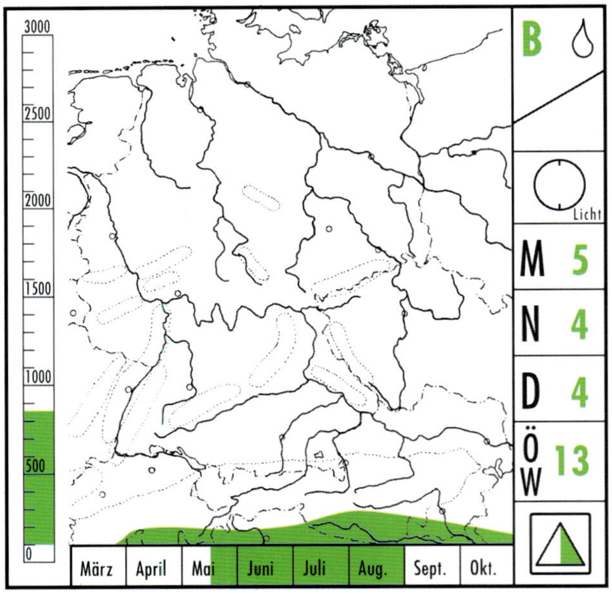

**Abb. 91:** Hopfenbuchen-Mannaeschenwald an der Vinschgauer Sonnseite bei Naturns, Wallburgweg (NSG).

**Abb. 92:** Hopfenbuchen-Mannaeschenwald mit Wimper-Perlgras (*Melica ciliata*) und Walliser-Schwingel (*Festuca valesiaca*).

## 1.9 Weichholz-Auenwälder
*Salicion albae* Tx. 1955

### 1.9.1 Bruchweiden-Auenwald
*Salicetum albae* Issler 1926

**Verband:** *Salicion albae* Tx. 1955, Weichholz-Auenwälder
**Ordnung:** *Salicetalia purpureae* Moor 1958, Weichholzauen und Purpurweidengesellschaften
**Klasse:** *Salicetea purpureae* Moor 1958, Weiden-Auengehölze

**Kennzeichen**
Die Weiden-Weichholzauwälder sind flußseitig der Hartholzaue vorgelagert und stocken am Ufer der Mittel- und Unterläufe unbegradigter Fließgewässer auf feinkörnigen Aue-Schwemmböden aus Sand, Schluff und Ton. Die Gebüsche bestehen ausschließlich aus Weidenarten, wobei der krautige Unterwuchs artenarm ist. Wegen der zeitweisen Überschwemmungen im Frühjahr herrscht eine gute Nährstoffversorgung vor, die Böden sind luftarm und weisen ausgeprägte Gleyhorizonte auf. Etwa um die Mittelwasserlinie ist bachseitig das **Korbweidengebüsch** (*Salicetum triandro-viminalis*) ausgebildet, das bei jedem Hochwasser überschwemmt wird. Darüber folgt der **Silberweidenwald** (*Salicetum albo-fragilis*), der den Abschluß der Weichholzauenzonierung darstellt und den unteren Sommerhochwasserbereich kennzeichnet.

**Vorkommen und Höhenverbreitung**
Entlang der großen Flüsse wie Donau, Rhein, Elbe, Oder, Weichsel und deren Nebenflüssen; ostösterreichisches Alpenvorland, Donauauen, Salzach, Drau, Inn, Zentralalpen, Kärnten, Steiermark; Belgien, Schweiz, Tschechien.

**Ökologie**
Die relativ starken Wasserstandsschwankungen durch die regelmäßigen Überflutungen, die durchschnittlich 175 Tage pro Jahr stattfinden, geben diesem Lebensraum eine große ökologische Bedeutung als Rückzugsgebiet für Insekten, Fische, Amphibien und Wasservögel. Der Silberweidenwald leistet einen wichtigen Beitrag zum Uferschutz und ist für die Weiterbildung der Schwemmböden unentbehrlich. Bei zunehmender Schuttaufstauung wird die Voraussetzung für die Weiterentwicklung zum Grauerlenwald geschaffen.

**Gefährdung, Pflege, Naturschutz**
Die Gesellschaften sind infolge von Flußregulierungen, Naßbaggerungen und Uferverbauungen stark gefährdet und weitgehend verloren gegangen. So wurde der Bruch-Weiden-Auenwald häufig mit Schwarz-Pappeln aufgeforstet und liegt meist nur noch fragmentarisch vor. Manche Korb-Weidengebüsche sind ebenfalls künstlich gepflanzt worden. Kiesabbau, Aufforstungen und Freizeitnutzungen sind weitere Beeinträchtigungsquellen. Renaturierungen können durch Schaffung von Pufferzonen und Erhalten der Flußdynamik erfolgen.

**Verwandte Gesellschaften**
Der Bruchweiden-Auenwald wird heute oft in zwei Gesellschaften geteilt: den **Silberweidenwald**, *Salicetum albae* Issler 1926 für das Tiefland und den **Bruchweidenwald**, *Salicetum fragilis* Passarge 1957 am fließenden Wasser im Bergland. In diesem Bestand können Reinbestände der Purpur-Weide vorhanden sein.

**Artenliste**

| | |
|---|---|
| Angelica sylvestris | Wald-Engelwurz |
| Galium aparine | Kletten-Labkraut |
| Impatiens glandulifera | Indisches Springkraut |
| Phalaris arundinacea | Rohr-Glanzgras |
| Populus nigra | Schwarz-Pappel |
| Rubus caesius | Kratzbeere |
| Salix alba | Silber-Weide |
| Salix fragilis | Bruch-Weide |
| Salix purpurea | Purpur-Weide |
| Salix triandra | Mandel-Weide |
| Salix viminalis | Korb-Weide |
| Urtica dioica | Große Brennessel |

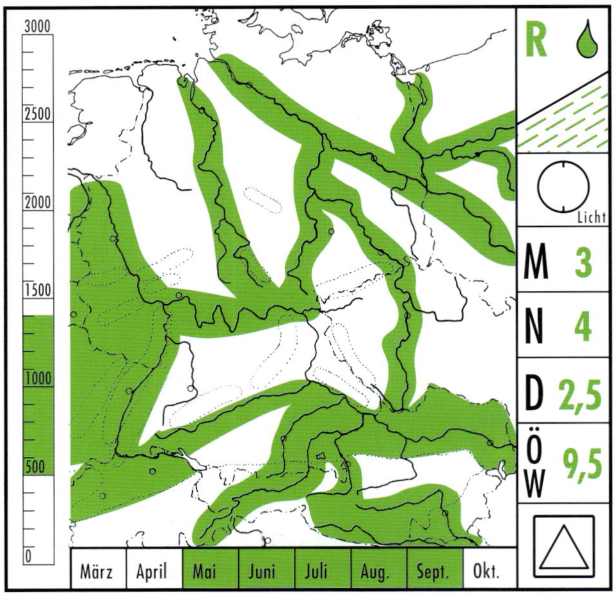

**Abb. 93:** Bruchweiden-Auenwald auf einem Schwemmkegel am Vilsalpsee im Tannheimer Tal, Tiroler Außerfern.

**Abb. 94:** Initialer Bruchweiden-Auenwald am Oberlauf der Isar im Hinterautal, Karwendel.

# 2 Nadelwälder und Nadelmischwälder

## 2.1 Mitteleuropäische montane Fichtenwälder
## *Vaccinio-Piceion*
## Br.-Bl. 1938 em. Kuoch 1954

**Ordnung:** *Vaccinio-Piceetalia* Br.-Bl. 1939, Eurosibirische Fichtenwälder
**Klasse:** *Vaccinio-Piceetea* Br.-Bl. in Br.-Bl. et al. 1939, Boreal-subalpine Nadelwälder, Birkenbruch- und Kiefernwälder

**Kennzeichen**
In diesem Verband sind die mitteleuropäischen Fichtenwälder zusammengefaßt, die als natürliche Nadelholzwälder der hochmontanen und subalpinen Stufe vorkommen. Diese stocken auf Silikat- und Kalkgestein ab der montanen Stufe oberhalb des Tannen-Buchenwaldes. In tieferen Lagen innerhalb der Alpen kann die Fichte in reinen Beständen vorkommen, ist jedoch heute sehr oft aus forstwirtschaftlichen Gründen angepflanzt. Natürliche Fichtenwälder können in höheren Lagen einen kraut- und artenreichen Unterwuchs aufweisen, eine Strauchschicht ist stets schlecht bis nicht ausgebildet. In der Baumschicht sind neben der Fichte auch Rotbuche und Tanne vorhanden.

### 2.1.1 Fichtenwald
### *Calamagrostio villosae-Piceetum* Hartmann 1966

**Verband:** *Vaccinio-Piceion* Br.-Bl. 1938 em. Kuoch 1954, Mitteleuropäische montane Fichtenwälder
**Ordnung:** *Vaccinio-Piceetalia* Br.-Bl. 1939, Eurosibirische Fichtenwälder
**Klasse:** *Vaccinio-Piceetea* Br.-Bl. in Br.-Bl. et al. 1939, Boreal-subalpine Nadelwälder, Birkenbruch- und Kiefernwälder

Nach den dominanten Begleitarten werden mehrere Fichtenwaldgesellschaften unterschieden, von denen der **Reitgras-Berg-Fichtenwald**, *Calamagrostio villosae-Piceetum* Hartmann 1966 als die typische Ausprägung der Fichtenwälder der Mittelgebirgslagen angesehen wird und großflächig in den Zentralalpen zwischen der montanen und subalpinen Stufe vertreten ist. Ein Synonym dafür ist das *Vaccinio myrtilli-Piceetum* Gensac 1967, der regional den Siebenstern (*Trientalis europaea*) enthält. Dieser gehört in Süd- und Mittelskandinavien innerhalb dieses Waldtyps zu den konstanten Begleitern.

**Vorkommen und Höhenverbreitung**
In Mittelgebirgslagen an der Alpennordseite bis an die Nordsee, Oberharz, Harz, Thüringer Wald, Fichtelgebirge, Erzgebirge, Bayerisch-Böhmischer Wald, Schwarzwald; in Österreich: Inneralpen, Mittelgebirgslagen und Alpennordrand; Schweiz: Zentralschweiz, Westschweiz, Inneralpen und Tessin; Süd- bis Mittelskandinavien (nördlichste Verbreitung im Rago-Nationalpark in Norwegen), Finnland; Tschechien, Slowakei.

**Ökologie**
Die raschwüchsigen Fichten sind dort bevorzugt, wo das kontinentale Klima im Alpeninneren Laubmischwälder mit der Rotbuche nicht mehr zuläßt. Außerhalb der Alpen werden diese Standorte von Buchen-Tannenwäldern eingenommen. Natürliche Fichtenwälder erfüllen Schutzfunktionen gegenüber Lawinen und Hangrutschungen, vor allem in den steilen Gebirgstälern der Inneralpen. Dort sind sie Lebensraum für Großsäuger wie Reh, Rothirsch, Dachs, aber auch für eine reiche Vogelwelt mit Auerhuhn und Fichtenkreuzschnabel. Die flachwurzelnden Fichten sind vor allem gegen Luftschadstoffe anfällig.

**Gefährdung, Pflege, Naturschutz**
Fichtenwälder sind oft forstlich intensiv genutzt und künstlich angepflanzt worden. Dabei ist eine Monokultur entstanden, die beinahe ohne Begleitpflanzen nur der Holzgewinnung dient und ökologisch wertlos ist. Manche Wälder werden seit Jahrhunderten beweidet, wodurch grasreiche Waldtypen entstanden sind. Intensivnutzungen und Monokulturen sollten unterbleiben, strukturierte, vielfältigere Wälder mit verschiedenen Altersstufen müssen erzielt werden. Ausweisen von Bannwäldern in Gebirgslagen ohne Waldweide; Zurückhaltung beim Forstwegebau.

**Artenliste**

| | |
|---|---|
| Athyrium filix-femina | Wald-Frauenfarn |
| Calamagrostis villosa | Wolliges Reitgras |
| Dryopteris carthusiana | Gewöhnlicher Dornfarn |
| Luzula sylvatica | Wald-Hainsimse |
| Maianthemum bifolium | Schattenblümchen |
| Melampyrum sylvaticum | Wald-Wachtelweizen |
| Melica nutans | Nickendes Perlgras |
| Oxalis acetosella | Wald-Sauerklee |
| Picea abies | Fichte |
| Pleurozium schreberi | Rotstengelmoos |
| Polytrichum formosum | Waldhaarmützenmoos |
| Solidago virgaurea | Gewöhnliche Goldrute |
| Sorbus aucuparia | Eberesche |
| Vaccinium myrtillus | Heidelbeere |

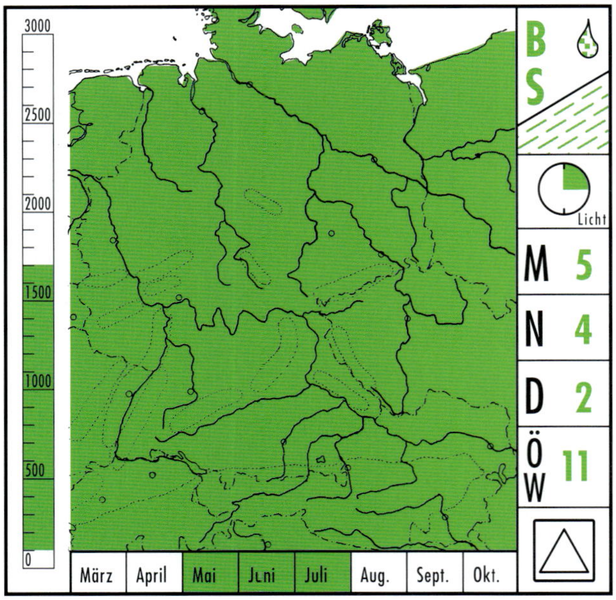

**Abb. 95:** Montaner Fichtenwald mit Frauenschuh an der inneralpinen Grenze zum Alpenvorland im NSG Vilsalpsee im Tannheimer Tal.

**Abb. 96:** Heidelbeer-Fichtenwald mit Rippenfarn bei Wildmoos/Seefeld.

**Abb. 97:** Säulen-Fichtenwald bei Feld im Iseltal/Osttirol.

## 2.1.2 Montaner Fichtenwald mit Wald-Sauerklee
*Oxalido-Piceetum* sensu Smettan 1981

**Verband:** *Vaccinio-Piceion* Br.-Bl. 1938 em. Kuoch 1954, Mitteleuropäische montane Fichtenwälder
**Ordnung:** *Vaccinio-Piceetalia* Br.-Bl. 1939, Eurosibirische Fichtenwälder
**Klasse:** *Vaccinio-Piceetea* Br.-Bl. in Br.-Bl. et al. 1939, Boreal-subalpine Nadelwälder, Birkenbruch- und Kiefernwälder

**Kennzeichen**
Dieser Fichtenwaldtyp wird von Wallnöfer (1993) zu den Montanen Hainsimsen-Fichten- und Fichten-Tannenwäldern gestellt und fällt im Frühjahr durch das Massenauftreten des Wald-Sauerklees auf. Der bodensaure, artenarme Waldtyp stockt auf durchschnittlich steilen Hängen über Silikatgestein mit ausgeglichenem bis angespannten Wasserhaushalt (Mayer 1974). Sträucher fehlen fast zur Gänze, die Krautschicht erreicht mittlere Deckungswerte, die Moosschicht kann intensiv ausgeprägt sein.

**Artenliste**

| | |
|---|---|
| Abies alba | Tanne |
| Luzula sylvatica | Wald-Hainsimse |
| Maianthemum bifolium | Schattenblümchen |
| Oxalis acetosella | Wald-Sauerklee |
| Picea abies | Fichte |
| Pleurozium schreberi | Rotstengelmoos |
| Polytrichum formosum | Waldhaarmützenmoos |
| Solidago virgaurea | Gewöhnliche Goldrute |
| Vaccinium myrtillus | Heidelbeere |

## 2.1.3 Montaner Fichtenwald mit Bingelkraut
*Calamagrostio villosae-Piceetum* Hartmann 1966

**Verband:** *Vaccinio-Piceion* Br.-Bl. 1938 em. Kuoch 1954, Mitteleuropäische montane Fichtenwälder
**Ordnung:** *Vaccinio-Piceetalia* Br.-Bl. 1939, Eurosibirische Fichtenwälder
**Klasse:** *Vaccinio-Piceetea* Br.-Bl. in Br.-Bl. et al. 1939, Boreal-subalpine Nadelwälder, Birkenbruch- und Kiefernwälder

**Kennzeichen**
Der montane Fichtenwald enthält in Lichtlücken als Element der Buchenwälder Herden des Bingelkrautes. Die Buchenwälder fehlen oft infolge der forstwirtschaftlichen Nutzung und wurden durch die schnellerwüchsige Fichte ersetzt (Zukrigl 1973).

**Artenliste**

| | |
|---|---|
| Calamagrostis villosa | Wolliges Reitgras |
| Hieracium murorum | Wald-Habichtskraut |
| Luzula sylvatica | Wald-Hainsimse |
| Mercurialis perennis | Bingelkraut |
| Oxalis acetosella | Wald-Sauerklee |
| Picea abies | Fichte |
| Solidago virgaurea | Gewöhnliche Goldrute |
| Sorbus aucuparia | Eberesche |
| Vaccinium myrtillus | Heidelbeere |

## 2.1.4 Montaner Fichtenwald mit Siebenstern
*Calamagrostio villosae-Piceetum* Hartmann 1966

**Verband:** *Vaccinio-Piceion* Br.-Bl. 1938 em. Kuoch 1954, Mitteleuropäische montane Fichtenwälder
**Ordnung:** *Vaccinio-Piceetalia* Br.-Bl. 1939, Eurosibirische Fichtenwälder
**Klasse:** *Vaccinio-Piceetea* Br.-Bl. in Br.-Bl. et al. 1939, Boreal-subalpine Nadelwälder, Birkenbruch- und Kiefernwälder

**Kennzeichen**
In den montanen Fichtenwäldern in Norddeutschland und Südskandinavien kommt der Siebenstern auf sandig-lehmigen nährstoff- und basenarmen Böden vor. Der Wald besitzt einen zwergstrauchreichen Unterwuchs, der vornehmlich von der Heidelbeere gebildet wird. Der Siebenstern zählt zu den montanen Florenelementen.

**Artenliste**

| | |
|---|---|
| Calamagrostis villosa | Wolliges Reitgras |
| Luzula sylvatica | Wald-Hainsimse |
| Melampyrum sylvaticum | Wald-Wachtelweizen |
| Oxalis acetosella | Wald-Sauerklee |
| Picea abies | Fichte |
| Pleurozium schreberi | Rotstengelmoos |
| Polytrichum formosum | Waldhaarmützenmoos |
| Solidago virgaurea | Gewöhnliche Goldrute |
| Trientalis europaea | Siebenstern |
| Vaccinium myrtillus | Heidelbeere |

**Abb. 98:** Fichtenwald mit Wald-Sauerklee im Igler Wald bei Innsbruck.

**Vorkommen und Höhenverbreitung**
In Mittelgebirgslagen an der Alpennordseite bis an die Nordsee.

**Abb. 99:** Bingelkraut-Fichtenwald bei Henndorf, Salzburg.

**Vorkommen und Höhenverbreitung**
In Mittelgebirgslagen der Ostalpen bis an die Nordsee.

**Abb. 100:** Siebenstern-Fichtenwald bei Lillehammer, Norwegen.

**Vorkommen und Höhenverbreitung**
Norddeutschland, Bayerischer Wald, Berchtesgadener Alpen, Harz, Südskandinavien.

## 2.1.5 Kalkblock-Fichtenwald
*Asplenio-Piceetum* Kuoch 1954

**Verband:** *Vaccinio-Piceion* Br.-Bl. 1938 em. Kuoch 1954, Mitteleuropäische montane Fichtenwälder
**Ordnung:** *Vaccinio-Piceetalia* Br.-Bl. 1939, Eurosibirische Fichtenwälder
**Klasse:** *Vaccinio-Piceetea* Br.-Bl. in Br.-Bl. et al. 1939, Boreal-subalpine Nadelwälder, Birkenbruch- und Kiefernwälder

**Kennzeichen**
Diese natürliche, urwaldähnliche, artenreiche und kleinräumig strukturierte Fichtenwaldgesellschaft stockt auf grobblockigem Kalkgestein überwiegend in Bergtälern, an Berghängen und in Kessellagen der montanen Stufe. Die Standorte sind schattig, schneereich und meist in Beckenlagen in Kaltluftseen angesiedelt. Zwischen riesigen Felsblöcken, die mit Heidelbeer- und Moospolstern bewachsen sind, ragen die schlanken, hochwüchsigen Fichten auf. Kalkliebende Arten und Rohhumussiedler kennzeichnen die Krautschicht, die durch das kalte Bodenklima im Wuchs beeinträchtigt ist und aus Bärlappen, Farnen, Kräutern und niedrigen Sträuchern besteht. Auch Kalkschuttarten sind vertreten.

**Vorkommen und Höhenverbreitung**
Schweizer Jura, nördlicher Alpenrand, Schwäbische Alb, in der montanen und unteren subalpinen Stufe von ca. 800 – 1600 m.

**Artenliste**

| | |
|---|---|
| Adenostyles alpina | Kahler Alpendost |
| Calamagrostis varia | Buntes Reitgras |
| Dicranum scoparium | Besenmoos |
| Dryopteris filix-mas | Männlicher Wurmfarn |
| Gymnocarpium robertianum | Ruprechtsfarn |
| Hylocomium splendens | Etagenmoos |
| Lycopodium annotinum | Sprossender Bärlapp |
| Oxalis acetosella | Wald-Sauerklee |
| Picea abies | Fichte |
| Plagiothecium undulatum | Schiefbüchsenmoos |
| Pleurozium schreberi | Rotstengelmoos |
| Solidago virgaurea | Gewöhnliche Goldrute |
| Tortella tortuosa | Gekräuseltes Spiralzahnmoos |
| Vaccinium myrtillus | Heidelbeere |
| Valeriana tripteris | Dreiblättriger Baldrian |

**Abb. 101:** Kalkblock-Fichtenwald nach einem Felssturz von 1797 im Bergaicht, NSG Vilsalpsee im Tannheimer Tal.

## 2.1.6 Peitschenmoos-Fichtenwald
*Bazzanio-Piceetum* Br.-Bl. & Sissingh 1939

**Verband:** *Vaccinio-Piceion* Br.-Bl. 1938 em. Kuoch 1954, Mitteleuropäische montane Fichtenwälder
**Ordnung:** *Vaccinio-Piceetalia* Br.-Bl. 1939, Eurosibirische Fichtenwälder
**Klasse:** *Vaccinio-Piceetea* Br.-Bl. in Br.-Bl. et al. 1939, Boreal-subalpine Nadelwälder, Birkenbruch- und Kiefernwälder

**Kennzeichen**
Dieser Fichtenwaldtyp besiedelt Mittelgebirgsbereiche mit einem kühl-ozeanischen Klima, hohem Niederschlag und hoher Luftfeuchtigkeit und ist selten unter 900 m anzutreffen. Er bildet keine Höhenstufe aus, sondern kommt an lokalen Standorten in schattigen Mulden- und Beckenlagen, an Moorrändern, Blockschutthalden und in Kaltluftsenken vor. Vom Reitgras-Fichtenwald unterscheidet er sich im Unterwuchs durch ein reiches Moosvorkommen, wie dem namensgebenden Peitschenmoos und verschiedenen Torfmoosen, sowie dichte Heidelbeer-Gebüsche. Die Baumschicht wird von der Fichte beherrscht, seltener sind Föhren und Birken vorhanden, hingegen kann die Eberesche häufig beigemischt sein. In Skandinavien tritt diese Gesellschaft wegen der steten Bodenfeuchte sehr häufig auf.

**Vorkommen und Höhenverbreitung**
Alpennordrand, Harz, Schwarzwald, Bayerischer Wald, keine bevorzugte Höhenstufe.

**Artenliste**

| | |
|---|---|
| Bazzania trilobata | Großes Peitschenmoos |
| Deschampsia flexuosa | Draht-Schmiele |
| Dicranium scoparium | Besenmoos |
| Oxalis acetosella | Wald-Sauerklee |
| Picea abies | Fichte |
| Plagiothecium undulatum | Schiefbüchsenmoos |
| Pleurozium schreberi | Rotstengelmoos |
| Polytrichum formosum | Waldhaarmützenmoos |
| Rhytidiadelphus triquetrus | Großes Kranzmoos |
| Sorbus aucuparia | Eberesche |
| Sphagnum sp. | Torfmoos |
| Trientalis europaea | Siebenstern |
| Vaccinium myrtillus | Heidelbeere |

**Abb. 102:** Artenreicher Peitschenmoos-Fichtenwald an den Hängen der Ahrnspitze im Leutaschtal.

## 2.1.7 Karbonat-Alpendost-Fichtenwald
*Adenostylo glabrae-Piceetum* H. MAYER 1969

**Verband:** *Vaccinio-Piceion* BR.-BL. 1938 em. KUOCH 1954, Mitteleuropäische montane Fichtenwälder
**Ordnung:** *Vaccinio-Piceetalia* BR.-BL. 1939, Eurosibirische Fichtenwälder
**Klasse:** *Vaccinio-Piceetea* BR.-BL. in BR.-BL. et al. 1939, Boreal-subalpine Nadelwälder, Birkenbruch- und Kiefernwälder

**Kennzeichen**
Der dem subalpinen Fichtenwald ähnliche Waldtyp stockt in den nördlichen Randalpen auf kalkreicher Unterlage und zeichnet sich durch eine äußerst artenreiche und hochwüchsige Krautschicht aus. Hier treffen Arten der Fichtenwälder mit kalkliebenden Laubwaldelementen, Kalkschuttzeigern und Rasenarten aufeinander, während der Anteil der Moose gering ist. Den Fichten sind regelmäßig Lärchen beigemischt, in tieferen Lagen können Berg-Ahorn und Rotbuchen hinzukommen. Die Böden sind meist flache bis mittelgründige, mäßig hangfrische Rendsinen mit geringer Rohhumusauflage.

**Artenliste**

| | |
|---|---|
| Adenostyles alpina | Kahler Alpendost |
| Daphne mezereum | Seidelbast |
| Geranium robertianum | Stinkender Storchschnabel |
| Hieracium murorum | Wald-Habichtskraut |
| Larix decidua | Lärche |
| Melampyrum sylvaticum | Wald-Wachtelweizen |
| Oxalis acetosella | Wald-Sauerklee |
| Picea abies | Fichte |
| Rhytidiadelphus triquetrus | Großes Kranzmoos |
| Solidago virgaurea | Gewöhnliche Goldrute |
| Sorbus aucuparia | Eberesche |
| Vaccinium myrtillus | Heidelbeere |
| Vaccinium vitis-idaea | Preiselbeere |
| Valeriana tripteris | Dreiblättriger Baldrian |
| Viola biflora | Zweiblütiges Veilchen |

## 2.1.8 Subalpiner Fichtenwald
*Homogyno alpinae-Piceetum* MAYER 1974
(= *Piceetum subalpinum*)

**Verband:** *Vaccinio-Piceion* BR.-BL. 1938 em. KUOCH 1954, Mitteleuropäische montane Fichtenwälder
**Ordnung:** *Vaccinio-Piceetalia* BR.-BL. 1939, Eurosibirische Fichtenwälder
**Klasse:** *Vaccinio-Piceetea* BR.-BL. in BR.-BL. et al. 1939, Boreal-subalpine Nadelwälder, Birkenbruch- und Kiefernwälder

**Kennzeichen**
Der subalpine Fichtenwald, auch als Heidelbeer-Fichtenwald bezeichnet, folgt in höheren Lagen der nördlichen Randalpen über Kalk- und Silikatgestein auf den montanen Fichtenwald und reicht bis knapp an die Baumgrenze. Dort kann er in den Lärchen-Zirbenwald übergehen oder zusammen mit der Lärche die Waldgrenze bilden. Der artenärmere Waldtyp, der jedoch die wenigen Arten in größerer Menge enthält, stockt meist auf mächtigen Rohhumuslagen und ist durch schlanke, hochwüchsige Fichten gekennzeichnet, die meist bis zum Boden beastet sind. In der Krautschicht herrschen dichte Polster der Heidelbeere vor, ferner Wald-Sauerklee, Moose und Farne.

**Artenliste**

| | |
|---|---|
| Calamagrostis villosa | Wolliges Reitgras |
| Deschampsia flexuosa | Draht-Schmiele |
| Hieracium murorum | Wald-Habichtskraut |
| Homogyne alpina | Grüner Alpenlattich |
| Hylocomium splendens | Etagenmoos |
| Listera cordata | Herz-Zweiblatt |
| Lycopodium annotinum | Sprossender Bärlapp |
| Melampyrum sylvaticum | Wald-Wachtelweizen |
| Picea abies | Fichte |
| Ptilium crista-castrensis | Federmoos |
| Pyrola secunda | Nickendes Wintergrün |
| Pyrola uniflora | Einblütiges Wintergrün |
| Rhytidiadelphus triquetrus | Großes Kranzmoos |
| Solidago virgaurea | Gewöhnliche Goldrute |
| Sorbus aucuparia | Eberesche |
| Vaccinium myrtillus | Heidelbeere |
| Vaccinium vitis-idaea | Preiselbeere |

## 2.1.9 Subalpiner Silikat-Fichtenwald
*Larici-Piceetum* ELLENBERG et KLÖTZLI 1972

**Verband:** *Vaccinio-Piceion* BR.-BL. 1938 em. KUOCH 1954, Mitteleuropäische montane Fichtenwälder
**Ordnung:** *Vaccinio-Piceetalia* BR.-BL. 1939, Eurosibirische Fichtenwälder
**Klasse:** *Vaccinio-Piceetea* BR.-BL. in BR.-BL. et al. 1939, Boreal-subalpine Nadelwälder, Birkenbruch- und Kiefernwälder

**Kennzeichen**
Im Silikatgebiet der Alpen sind großflächige subalpine Lärchen-Fichtenwälder ausgebildet, die außer den Sonnenhängen der inneralpinen Täler in jeder Exposition zu finden sind. Die Bestände, die bis an die Waldgrenze reichen, werden zur oberen Verbreitungsgrenze hin lückiger. Neben Fichte und Lärche kommt die Gewöhnliche Eberesche vor, in höheren Lagen auch die Zirbe. Im artenarmen krautigen Unterwuchs herrschen typische Fichtenwaldarten und andere Rohhumussiedler vor; die Heidelbeere ist dominant, während Laubwaldarten zur Gänze fehlen. Die Moosschicht kann überaus reich ausgebildet sein, sowohl in Bezug auf die Deckung als auch auf die Anzahl der vorkommenden Arten.

**Artenliste**

| | |
|---|---|
| Calamagrostis villosa | Wolliges Reitgras |
| Corallorhiza trifida | Korallenwurz |
| Deschampsia flexuosa | Draht-Schmiele |
| Dicranum scoparium | Besenmoos |
| Homogyne alpina | Grüner Alpenlattich |
| Larix decidua | Lärche |
| Listera cordata | Großes Zweiblatt |
| Luzula luzuloides | Weiße Hainsimse |
| Lycopodium annotinum | Sprossender Bärlapp |
| Oxalis acetosella | Wald-Sauerklee |
| Picea abies | Fichte |
| Sorbus aucuparia | Eberesche |
| Vaccinium myrtillus | Heidelbeere |
| Vaccinium vitis-idaea | Preiselbeere |

**Abb. 103:** Karbonat-Alpendost-Fichtenwald im Gerntal, Karwendel.

**Vorkommen und Höhenverbreitung**
Alpenraum, besonders Alpennordrand, inneralpine Täler mit kontinentalem Klima, bis 1900 m.

**Abb. 104:** Subalpiner Fichtenwald am Pleissen im Karwendeltal.

**Vorkommen und Höhenverbreitung**
Die Gesellschaft ist in den gesamten Ostalpen oberhalb von 1400 m verbreitet, kann aber in schattigen Kaltluftrinnen am Alpenostrand bis 1300 m herabsteigen. In den Südalpen bildet sie die Waldgrenze, in den slowenischen Alpen ist eine buchenreiche illyrische Rasse ausgebildet.

**Abb. 105:** Silikat-Fichtenwald bei Kaltenbach im Zillertal.

**Vorkommen und Höhenverbreitung**
Im gesamten Alpenraum im Bereich der Berggebiete mit silikatischem Ausgangsgestein, bis an die Waldgrenze bzw. an den Schlußwald reichend.

## 2.1.10 Anthropogener Lärchenwald

### *Laricetum molinietosum coeruleae* Br.-Bl. 1926
### *Laricetum brachipodietosum pinnati* Br.-Bl. 1926

**Verband:** *Vaccinio-Piceion* Br.-Bl. 1938 em. Kuoch 1954, Mitteleuropäische montane Fichtenwälder
**Ordnung:** *Vaccinio-Piceetalia* Br.-Bl. 1939, Eurosibirische Fichtenwälder
**Klasse:** *Vaccinio-Piceetea* Br.-Bl. in Br.-Bl. et al. 1939, Boreal-subalpine Nadelwälder, Birkenbruch- und Kiefernwälder

**Kennzeichen**
Anthropogene Lärchen-Wiesenwälder gehen auf Mahd, Weide und die Begünstigung der Lärche zurück (Wallnöfer 1993). Sie kommen auf frischen, gut mit Nährstoffen versorgten Böden vor, die einst Wiesen und Weiden waren. Die anthropogenen Lärchenwiesen entstanden nach Aushieb aller übrigen Baumarten, insbesondere der Fichten. Den Gesteinsuntergrund bilden Moränenschotter aus Hauptdolomit und Wettersteinkalk, die Bodentypen sind basenreiche, flachgründige Humuskarbonatböden verschiedener Entwicklungsstadien. Kalkarme, schwere Bodentypen treten nur kleinflächig auf. Je nach Kontakt zur umgebenden Vegetation (Wirtschaftswiesen, Föhrenwälder, Mischwälder, Feuchtstandorte) zeigen sie im Unterwuchs ein instabiles Vegetationsmuster, das soziologisch nur schwer zuzuordnen ist und von Putzer (1967) in verschiedene charakterisierende Gruppen unterteilt wurde.

**Vorkommen und Höhenverbreitung**
In den Inneralpen von der montanen bis subalpinen Stufe; Osttirol, Lechtal, Mieminger Plateau, Stubaital. Salzburger Kalkalpen, Salzkammergut

**Ökologie**
Die Lärche baut kein eigenes Klimaxstadium auf (Mayer 1962). Sogar im Lärchen-Zirbenschlußwald wird sie bei ungestörter Boden- und Vegetationsentwicklung aus dem Bestandsgefüge verdrängt (Auer 1947). Sie kann deshalb nicht als Klimaxbaumart bezeichnet werden. Im Übergangsbereich von der Dauer- zur Klimaxgesellschaft kann sie sich am besten entfalten. Dem soziologischen Faktor der Konkurrenz kommt also eine wesentliche Bedeutung für die Verbreitung der Lärche zu. Die Lärche dürfte nach der Würmeiszeit vom eisfreien Ostalpenrand in die inneralpinen Bereiche eingewandert sein, wo sie als klimatisch anspruchsvoller Baum begünstigte Areale besiedelte.

**Gefährdung, Pflege, Naturschutz**
Die Wälder werden zur Intensivierung der landwirtschaftlichen Flächen gerodet und zu Äckern oder Mähwiesen umgebaut. Zur Erhaltung der reinen Lärchenbestände müssen die aufkommenden Fichten entfernt und die Wiesen ein- bis zweimal pro Jahr gemäht werden (extensiv). Eine Düngung darf in keinem Fall stattfinden. Anthropogene Lärchenwaldungen sind heute Rückzugsgebiete zahlreicher Pflanzen. Der Unterwuchs ist sehr arten- und blumenreich und enthält seltene Pflanzen wie Frauenschuh, Feuerlilie oder Knabenkräuter.

**Artenliste**

| | |
|---|---|
| Larix decidua | Lärche |
| **Fichtenwaldarten:** | |
| Vaccinium myrtillus | Heidelbeere |
| Melampyrum sylvaticum | Wald-Wachtelweizen |
| Listera ovata | Großes Zweiblatt |
| Homogyne alpina | Alpenlattich |
| **Kiefernwaldarten:** | |
| Erica carnea | Schneeheide |
| Polygala chamaebuxus | Buchsblättrige Kreuzblume |
| Laserpitium latifolium | Großes Laserkraut |
| **Weidezeiger:** | |
| Calluna vulgaris | Heidekraut |
| Antennaria dioica | Katzenpfötchen |
| Hieracium pilosella | Kleines Habichtskraut |
| Arnica montana | Arnika |
| Trifolium montanum | Berg-Klee |
| **Anspruchsvollere Futterpflanzen:** | |
| Avenochloa pubescens | Flaumhafer |
| Festuca rubra | Rot-Schwingel |
| **Elemente der Blaugrasheide:** | |
| Sesleria varia | Kalk-Blaugras |
| Buphthalmum salicifolium | Ochsenauge |
| Aster bellidiastrum | Alpen-Maßliebchen |
| Hippocrepis comosa | Hufeisenklee |
| Phyteuma orbiculare | Kugelige Teufelskralle |
| Biscutella laevigata | Brillenschötchen |
| Carduus defloratus | Alpendistel |
| Gentiana clusii | Clusius' Enzian |
| **Rohbodenbesiedler:** | |
| Calamintha alpina | Alpen-Steinquendel |
| Euphrasia rostkoviana | Augentrost |
| Lotus corniculatus | Hornklee |
| **Arten der Hochstaudenfluren:** | |
| Astrantia major | Sterndolde |
| Molinia caerulea | Pfeifengras |
| Trollius europaeus | Trollblume |
| **Arten des Bergmischwaldes:** | |
| Gentiana asclepiadea | Schwalbenwurz-Enzian |
| Lilium bulbiferum | Feuerlilie |
| Lilium martagon | Türkenbund |
| **Arten trockener Böden:** | |
| Carlina acaulis | Silberdistel |
| Trifolium montanum | Bergklee |
| Asperula cynanchica | Hügel-Meister |
| Allium carinatum | Gekielter Lauch |
| **Arten gelichteter Wälder:** | |
| Brachypodium pinnatum | Fiederzwenke |
| Calamagrostis varia | Berg-Reitgras |

**Abb. 106:** Anthropogen entstandender und gepflegter Lärchenwald am Holzleithensattel, Mieminger Plateau, Tirol.

**Abb. 107:** Feuchthochstaudenreicher Lärchenwald bei Holzleithen.

**Abb. 108:** Herbstaspekt Lärchenwiesen, Mieminger Plateau.

## 2.1.11 Lärchen-Zirbenwald
*Larici-Pinetum cembrae* ELLENBERG 1963

**Verband:** *Vaccinio-Piceion* BR.-BL. 1938 em. KUOCH 1954, Mitteleuropäische montane Fichtenwälder
**Ordnung:** *Vaccinio-Piceetalia* BR.-BL. 1939, Eurosibirische Fichtenwälder
**Klasse:** *Vaccinio-Piceetea* BR.-BL. in BR.-BL. et al. 1939, Boreal-subalpine Nadelwälder, Birkenbruch- und Kiefernwälder

**Kennzeichen**
Der Lärchen-Zirbenwald bildet in den Hochlagen der östlichen Innen- und Zwischenalpen mit lockeren, parkartigen Beständen die Waldgrenze. Die Schlußwaldbaumart Zirbe kann tiefe Wintertemperaturen ertragen, während der Pionierbaum Lärche als hervorragender Schuttsiedler gilt und die Bodenbildung einleitet. Die Zusammensetzung der Baumschicht hängt vom Alter des Bestandes ab, in dem mit zunehmender Bodenbildung die Zirbe an Dominanz gewinnt. Der Unterwuchs weist Ähnlichkeiten zu den baumfreien Alpenrosengebüschen auf, die an der Wald- und Baumgrenze nach oben an den Lärchen-Zirbenwald anschließen. Säurezeiger und Zwergsträucher wie die Rostblättrige Alpenrose, Moorbeere oder Heidelbeere herrschen vor, Borstgras kann als Beweidungszeiger vorkommen.

**Vorkommen und Höhenverbreitung**
In der oberen subalpinen Stufe der Zentralalpen Österreichs (Inntal) sowie in der Zentral-Steiermark über allen Silikatgesteinen und auch auf Blockhalden und weiter in der Schweiz (hauptsächlich im oberen Rhonetal, Oberengadin). In den deutschen Randalpen nur fragmentarisch ausgebildet.

**Ökologie**
Die Wälder besitzen eine hohe Schutzwaldfunktion gegenüber Erosion und Hangrutschungen, sie sind Lebensraum zahlreicher Tierarten, die sich vor allem im Winter aus den baumfreien Berggebieten in den Lärchen-Zirbenwald zurückziehen. Es ist nach MAYER (1974) die am höchsten steigende Waldgesellschaft der Ostalpen.

**Gefährdung, Pflege, Naturschutz**
Die Wälder wurden oftmals forstlich stark beeinträchtigt und durch Forstwegebauten auch in entlegenen Bergtälern erschlossen. Die Zirben reagieren auf Luftschadstoffe besonders anfällig. Die Waldweide beeinträchtigt vor allem das Aufkommen der Lärche, wodurch reine Zirbenbestände entstehen bzw. entstanden sind. Diese können auch in früheren Jahrhunderten durch Pflanzung erzielt worden sein, wie etwa im Tiroler Oberinntal. Die Bewirtschaftung der Wälder sollte daher stets extensiv erfolgen.

**Ähnliche Gesellschaften**
**Karbonat-Lärchenwald,** *Laricetum deciduae* BOJKO 1931, im Randalpengebiet außerhalb des Zirbenareals auf hochmontanen und subalpinen Standorten, in klimatisch ungünstigen Lagen; im krautreichen Unterwuchs mit kleinräumigem Vegetationsmosaik überwiegen Trockenheits- und Lichtzeiger; **Karbonat-Lärchen-Zirbenwald,** *Pinetum cembrae* BOJKO 1931, subalpine Waldgesellschaft, die kleinflächig über kalkreichen Gesteinen der Randalpen zwischen 1700 und 2100 m auftritt (auf Felsplateaus oder in Steilwänden); Unterwuchs mit lichtliebenden Sträuchern wie Filzige Zwergmispel und Kalkschuttpionieren wie Bewimperter Alpenrose und Schneeheide.

**Artenliste**

| | |
|---|---|
| Calamagrostis villosa | Wolliges Reitgras |
| Cetraria islandica | Isländisches Moos |
| Cladonia rangiformis | Gesprenkelte Becherflechte |
| Deschampsia flexuosa | Draht-Schmiele |
| Dryopteris carthusiana | Gewöhnlicher Dornfarn |
| Homogyne alpina | Grüner Alpenlattich |
| Hylocomium splendens | Etagenmoos |
| Larix decidua | Lärche |
| Luzula sylvatica | Wald-Hainsimse |
| Melampyrum sylvaticum | Wald-Wachtelweizen |
| Oxalis acetosella | Wald-Sauerklee |
| Pinus cembra | Zirbel-Kiefer |
| Rhododendron ferrugineum | Rostblättrige Alpenrose |
| Vaccinium myrtillus | Heidelbeere |
| Vaccinium uliginosum | Moorbeere |
| Vaccinium vitis-idaea | Preiselbeere |

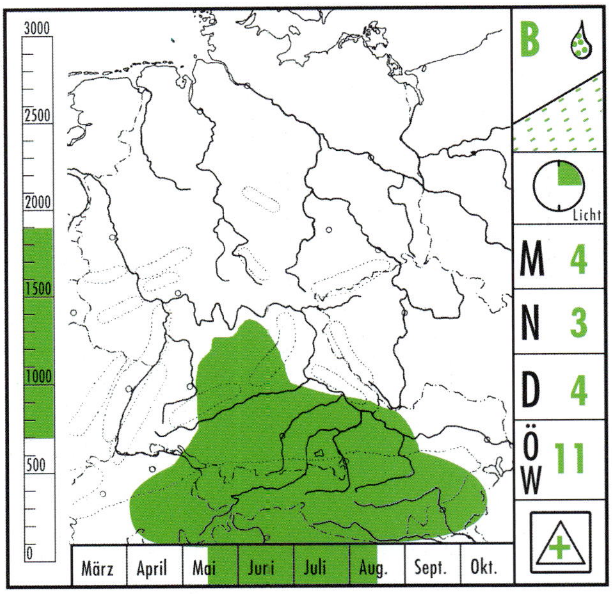

**Abb. 109:** Zirbenreinbestand in einem der schönsten Zirbenwälder Österreichs im Radurschltal, Oberinntal.

**Abb. 110:** Die Zirben wachsen auf losem Silikatschutt oder bilden an geschlossenen Sonnhängen die Waldgrenze.

## 2.2 Montane bodensaure Tannen-Fichtenwälder
*Abieto-Piceion* Soó 1964

### 2.2.1 Labkraut-Tannenmischwald
*Galio rotundifolii-Abietetum* Wraber 1959

**Verband:** *Abieto-Piceion* Soó 1964, Montane bodensaure Tannen-Fichtenwälder
**Ordnung:** *Vaccinio-Piceetalia* Br.-Bl. 1939, Eurosibirische Fichtenwälder
**Klasse:** *Vaccinio-Piceetea* Br.-Bl. in Br.-Bl. et al. 1939, Boreal-subalpine Nadelwälder, Birkenbruch- und Kiefernwälder

**Kennzeichen**
Dieser artenreiche Tannenwald kommt vor allem in den Zwischenalpen in der montanen und unteren subalpinen Stufe vor. Schwere, basen- und nährstoffreiche Böden mit guter Wasserversorgung fördern diese Spezialgesellschaft, die auf Standorten zu finden ist, die eigentlich für die Rotbuche typisch wären. Auf diese wirken sich jedoch die Boden- und Klimabedingungen ungünstig aus, sodaß der artenreiche Tannen-Fichtenmischwald zur Geltung kommen kann. Frischezeiger, Laubwaldarten, Hochstauden und Nadelwaldbegleiter bauen den krautigen Unterwuchs auf, hingegen spielen Zwergsträucher sowie Säure- und Trockenheitszeiger eine untergeordnete Rolle. Auch die Moosschicht ist schwach ausgebildet.
Es sind zahlreiche Tannen-Fichten-Mischwälder beschrieben, die sich meist regional unterscheiden und nach charakteristischen Leitarten benannt sind.

**Vorkommen und Höhenverbreitung**
Zwischenalpen, Alpenostrand, Bayerischer Wald, Frankenland; Schweiz: Tessin, Schweizer Jura; niederösterreichisches und steirisches Alpenvorland, Salzburg, Kärnten, Steiermark. Die Tanne steigt in Höhen bis etwa 1500 m–1600 m.

**Ökologie**
Natürliche Tannenmischwälder sind an manchen Orten seltene und kleinräumig ausgebildete Reliktstandorte, die seltenen Waldvögeln wie Schwarzspecht oder Weißrückenspecht als Lebensraum dienen. Der mächtige Boden kann überdurchschnittlich viel Wasser speichern. Die meisten mitteleuropäischen Naturwaldreservate bestehen aus natürlichen, urwaldähnlichen Tannen-Fichten-Mischwäldern.

**Gefährdung, Pflege, Naturschutz**
Diese Mischwälder werden forstlich genutzt, etwa als Plenterwald. Die Tanne kann durch zu hohen Wildbesatz im Bestand zurückgehen. Schwache Bestände sollten zeitweise eingezäunt werden, um die Waldverjüngung zu fördern; Ausweisung von Naturwaldzellen, Erhalten von Tot- und Altholzbeständen.

**Verwandte Gesellschaften**
**Preiselbeer-Tannenmischwald,** *Vaccinio-Abietetum* Oberd. 1957, bis 1200 m auf bodensauren, nassen Standorten in niederschlagsreichen und luftfeuchten Gebieten; Senken, Mulden und schwach geneigten Hanglagen mit Podsolböden; die Tanne ist dominant, während die Fichte mit steigender Meereshöhe zunimmt; die Krautschicht wird von der Heidelbeere bestimmt. **Hochstauden-Fichten-Tannenwald,** *Adenostylo alliariae-Abietum* Kuoch 1954, auf niederschlags- und nährstoffreichen Standorten meist über Kalk bis in die subalpine Stufe; kraut- und hochstaudenreicher Unterwuchs mit Grauem Alpendost, Gelbem Eisenhut, Weißem Germer und Berg-Kälberkropf; **Schachtelhalm-Fichten-Tannenwald,** *Equiseto sylvatici-Abietetum* Moor 1952, mit dem Wald-Schachtelhalm, im Schweizer Jura und am Alpennordrand.

**Artenliste**

| | |
|---|---|
| Abies alba | Tanne |
| Aruncus dioicus | Wald-Geißbart |
| Blechnum spicant | Rippenfarn |
| Dryopteris carthusiana | Gewöhnlicher Dornfarn |
| Festuca altissima | Wald-Schwingel |
| Galium rotundifolium | Rundblättriges Labkraut |
| Luzula luzuloides | Weiße Hainsimse |
| Luzula nivea | Schnee-Hainsimse |
| Luzula sylvatica | Wald-Hainsimse |
| Maianthemum bifolium | Schattenblümchen |
| Milium effusum | Flattergras |
| Oxalis acetosella | Wald-Sauerklee |
| Picea abies | Fichte |
| Rubus idaeus | Himbeere |
| Sanicula europaea | Wald-Sanikel |
| Veronica urticifolia | Nesselblättriger Ehrenpreis |

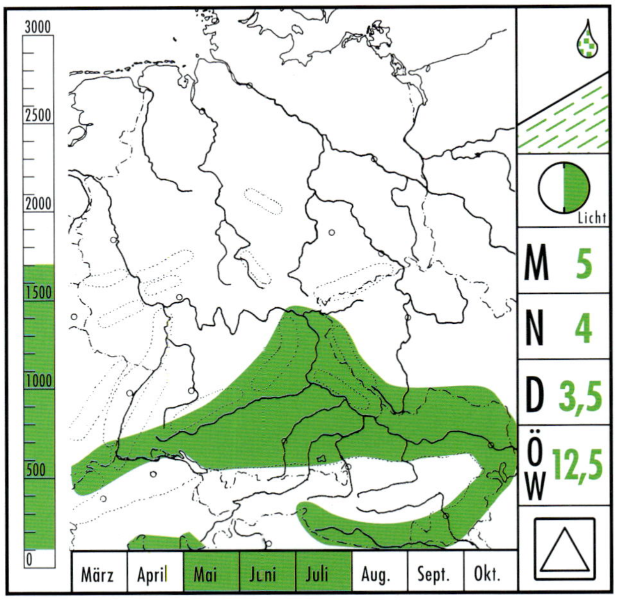

**Abb. 111:** Tannenmischwald in montanen Lagen mit Heidelbeere, am Weg nach Wildmoos am Seefelder Plateau, Tirol.

**Abb. 112:** Tanne (*Abies alba*) mit aufrechten Zapfen.

**Abb. 113:** Pestwurzreicher Tannenmischwald auf Schwemmböden.

## 2.3 Schneeheide-Kiefernwälder
*Erico-Pinion* Br.-Bl. 1939

### 2.3.1 Schneeheide-Kiefernwald der Alpen
*Erico-Pinetum sylvestris* Br.-Bl. 1939

**Verband:** *Erico-Pinion* Br.-Bl. 1939, Schneeheide-Kiefernwälder
**Ordnung:** *Erico-Pinetalia* Horvat 1959, Schneeheide-Kiefernwälder, Latschengebüsche, Bergföhren-, Arven- und Lärchenwälder
**Klasse:** *Erico-Pinetea* Horvat 1959, Schneeheide-Kiefernwälder

**Kennzeichen**
Kiefernwälder besiedeln als Dauergesellschaften trocken-heiße Standorte mit sehr geringem Nährstoffangebot, meist über sandigen oder steinigen und sehr flachen, sauren Rohböden mit trockener Rohhumusauflage. Der wichtigste Faktor für das Vorkommen des Föhrenwaldes ist das Fehlen der Konkurrenz durch andere Baumarten. So findet man den lichten Waldtyp in den inneralpinen Föhntälern zwischen 700 – 1500 m auf nackten, extrem steilen Kalk- und Dolomithängen, auf Schotterplateaus und auf nicht bewegten Schuttkegeln. In der Baumschicht herrscht die Wald-Kiefer vor, selten kommt die Fichte hinzu. Die Krautschicht besteht vorwiegend aus Zwergsträuchern und trockenliebenden Gräsern. Von den Kalk-Kiefernwäldern wurden mehrere standortsbedingte Assoziationen beschrieben, von denen der **Schneeheide-Kiefernwald**, *Erico-Pinetum sylvestris* Br.-Bl. 1939, eine der häufigsten und charakteristischsten Ausprägungen der montanen und subalpinen Lagen darstellt. Gleichzeitig werden in der Literatur aber mehrere standortsbedingte Assoziationen beschrieben.

**Ökologie**
Der Kronenschluß ist locker, wodurch ein hoher Lichtgenuß für den artenreichen Unterwuchs gegeben ist. Wegen der extremen, meist azonalen Standorte bildet dieser Waldtyp keine Klimaxgesellschaft, nur den Schlußwald. Die Wald-Kieferwälder sind meist Relikte ausgeprägter Waldflächen, die im frühen Postglazial fast den ganzen Alpenraum bedeckten. Als Rückzugsraum für konkurrenzschwache, wärme- und lichtliebende Pflanzen sind sie sehr artenreich und können Orchideen wie Rotes Waldvöglein, Rotbrauner Stendelwurz, Händelwurz, Waldhyazinthe, Fliegen-Ragwurz oder Netzblatt enthalten.

**Gefährdung, Pflege, Naturschutz**
Dieser Waldtyp wird forstwirtschaftlich kaum genutzt, fällt aber umso häufiger wegen des geringen Holzertrages Deponie-, Siedlungs- und Gewerbeflächen zum Opfer. Am besten gedeihen die Bestände ohne Zutun oder Pflege des Menschen. Aufforstungen standortsfremder Arten sind zu unterlassen, da sie die Artengarnitur der Begleitpflanzen nachhaltig beeinflussen. Die Bodenvegetation ist gegenüber mechanischen Störungen äußerst anfällig, vor allem gegenüber Tritt und Befahren mit schweren Fahrzeugen. Naturnahe Föhrenwälder sind grundsätzlich schutzwürdig und enthalten zahlreiche seltene Tier- und Pflanzenarten, insbesondere Orchideen.

**Vorkommen und Höhenverbreitung**
An Alpenflüssen wie Iller, Lech, Isar und Inn; auf Hangterrassen und schotterreichen Mittelgebirgsplateaus im Tiroler Inntal und in den nördlichen Kalkalpen, Kärnten; auf Lockersanden in der Oberrheinischen Tiefebene und im Oberpfälzischen Hügelland; Osteuropa, Seealpen, Pyrenäen, Ligurische Alpen, Skandinavien; zwischen 500 und 1500 m.

**Artenliste**

| | |
|---|---|
| Amelanchier ovalis | Felsenbirne |
| Brachypodium pinnatum | Fieder-Zwenke |
| Calamagrostis varia | Buntes Reitgras |
| Carex alba | Weiße Segge |
| Carex ornithopoda | Vogelfuß-Segge |
| Cotoneaster tomentosus | Filzige Zwergmispel |
| Dorycnium germanicum | Deutscher Backenklee |
| Epipactis atrorubens | Rotbraune Stendelwurz |
| Erica herbacea | Schneeheide |
| Hylocomium splendens | Etagenmoos |
| Juniperus communis | Gewöhnlicher Wacholder |
| Molinia caerulea | Pfeifengras |
| Peucedanum oreoselinum | Berg-Haarstrang |
| Pinus sylvestris | Wald-Kiefer |
| Pleurozium schreberi | Rotstengelmoos |
| Polygala chamaebuxus | Zwergbuchs |
| Potentilla erecta | Blutwurz |
| Vaccinium vitis-idaea | Preiselbeere |

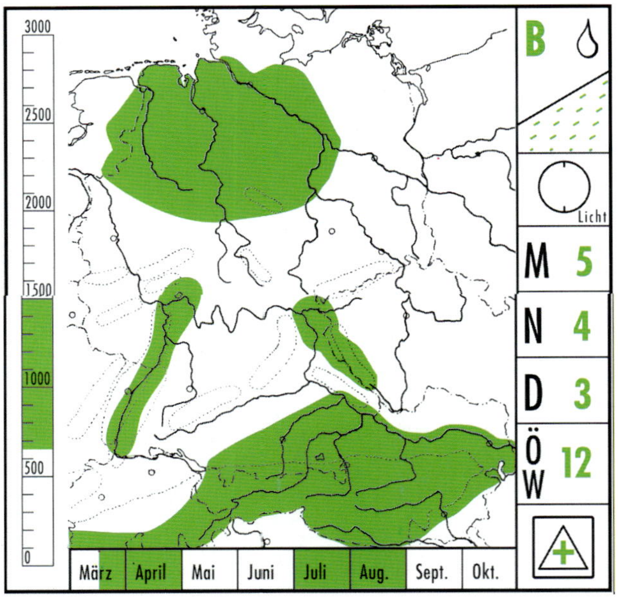

**Abb. 114:** Frühjahrsaspekt eines inneralpinen Schneeheide-Kiefernwaldes am Zirlerberg im Oberinntal.

**Abb. 115:** Fiederzwenken-reicher Föhrenwald an der Aller bei Winsen.

## 2.3.2 Wald-Kiefern-Trockenauwald
*Dorycnio-Pinetum sylvestris* OBERD. 1957

**Verband:** *Erico-Pinion* BR.-BL. 1939, Schneeheide-Kiefernwälder
**Ordnung:** *Erico-Pinetalia* HORVAT 1959, Schneeheide-Kiefernwälder, Latschengebüsche, Bergföhren-, Arven- und Lärchenwälder
**Klasse:** *Erico-Pinetea* HORVAT 1959, Schneeheide-Kiefernwälder

**Kennzeichen**
In den Nordalpentälern und im bayerischen Alpenvorland auf nicht mehr überschwemmten Schottern alpiner Flüsse ist der Trockenauwald mit dem weißblühenden Deutschen Backenklee ausgebildet. Extreme Trockenheit und Nährstoffarmut kennzeichnen diese Standorte auf wasserdurchlässigem Untergrund. Die Wald-Kiefer beherrscht die Baumschicht, in der Strauchschicht herrscht der Gewöhnliche Wacholder vor. Im Unterwuchs kommen ferner Elemente alpiner Rasen wie Horst-Segge, Polster-Segge und Silberwurz vor. Der Waldtyp ist als Dauergesellschaft anzusehen und hat sich aus der Tamariskenflur entwickelt. Er geht später in den Schneeheide-Kiefernwald über.

**Artenliste**

| | |
|---|---|
| Buphthalmum salicifolium | Ochsenauge |
| Carex firma | Polster-Segge |
| Carex sempervirens | Horst-Segge |
| Dorycnium germanicum | Deutscher Backenklee |
| Dryas octopetala | Silberwurz |
| Erica herbacea | Schneeheide |
| Hippophae rhamnoides | Sanddorn |
| Juniperus communis | Gewöhnlicher Wacholder |
| Pinus sylvestris | Wald-Kiefer |
| Pinus uncinata | Spirke |
| Prunella grandiflora | Große Brunelle |
| Salix eleagnos | Lavendel-Weide |
| Saxifraga caesia | Blaugrüner Steinbrech |
| Sesleria albicans | Kalk-Blaugras |
| Teucrium montanum | Berg-Gamander |
| Thymus polytrichus | Alpen-Thymian |

## 2.3.3 Pfeifengras-Rotföhrenwald
*Molinio litoralis-Pinetum* SCHMID 1947

**Verband:** *Erico-Pinion* BR.-BL. 1939, Schneeheide-Kiefernwälder
**Ordnung:** *Erico-Pinetalia* HORVAT 1959, Schneeheide-Kiefernwälder, Latschengebüsche, Bergföhren-, Arven- und Lärchenwälder
**Klasse:** *Erico-Pinetea* HORVAT 1959, Schneeheide-Kiefernwälder

**Kennzeichen**
Dieser Föhrenwald kommt als Pioniergesellschaft an steilen Hängen über kalkreichen und humusarmen Böden vor, die oft durch Rutschungen überrieselt werden. Neben der Wald-Kiefer kommen in der Baumschicht die Fichte und die Mehlbeere vor. Im üppigen Unterwuchs der lichten Wälder fallen die zahlreichen Gräser wie Buntes Reitgras, Fieder-Zwenke und Pfeifengras, ferner die Ästige Graslilie auf. Die Schneeheide tritt weitgehend zurück. Dieser Föhrenwald ist oft wegen anhaltender Erosion als Dauergesellschaft ausgebildet und dient als wichtiger Schutzwald gegenüber den Hangrutschungen.

**Artenliste**

| | |
|---|---|
| Anthericum ramosum | Ästige Graslilie |
| Brachypodium pinnatum | Fieder-Zwenke |
| Calamagrostis varia | Buntes Reitgras |
| Carex flacca | Blaugrüne Segge |
| Carex humilis | Erd-Segge |
| Lotus corniculatus | Hornklee |
| Molinia caerulea | Pfeifengras |
| Picea abies | Fichte |
| Pinus sylvestris | Wald-Kiefer |
| Polygala chamaebuxus | Zwerbuchs |
| Potentilla erecta | Blutwurz |
| Sesleria albicans | Kalk-Blaugras |
| Sorbus aria | Mehlbeere |

## 2.3.4 Wintergrün-Föhrenwald
*Pyrolo-Pinetum sylvestris* E. SCHMIDT 1936

**Verband:** *Erico-Pinion* BR.-BL. 1939, Schneeheide-Kiefernwälder
**Ordnung:** *Erico-Pinetalia* HORVAT 1959, Schneeheide-Kiefernwälder, Latschengebüsche, Bergföhren-, Arven- und Lärchenwälder
**Klasse:** *Erico-Pinetea* HORVAT 1959, Schneeheide-Kiefernwälder

**Kennzeichen**
In Mitteldeutschland, aber auch in Kärnten auf extrem trockenen, basenreichen Böden über Kalkgestein oder Sanden kommt in der subkontinental getönten Laubwaldregion der Wintergrün-Kiefernwald vor. Er enthält wärmeliebende Arten und stellt als Rest der postglazialen Kiefernwälder eine reliktartige Gesellschaft dar, die sich von den osteuropäischen Steppen-Kiefernwäldern ableiten läßt. Der artenarme Unterwuchs ist durch das häufige Vorkommen von Wintergrün-Arten gekennzeichnet. Der Wintergrün-Föhrenwald steht dem **Geisklee-Kiefernwald**, *Cytiso nigricantis-Pinetum sylvestris* BR.-BL. 1932, sehr nahe, der auf Kalksteinhängen der südlichen Fränkischen Alb wächst.

**Artenliste**

| | |
|---|---|
| Antennaria dioica | Katzenpfötchen |
| Anthericum ramosum | Ästige Graslilie |
| Berberis vulgaris | Berberitze |
| Carex alba | Weiße Segge |
| Chimaphila umbellata | Winterlieb |
| Epipactis atrorubens | Rotbraune Stendelwurz |
| Goodyera repens | Netzblatt |
| Hylocomium splendens | Etagenmoos |
| Juniperus communis | Gewöhnlicher Wacholder |
| Melampyrum pratense | Wiesen-Wachtelweizen |
| Pinus sylvestris | Wald-Kiefer |
| Pleurozium schreberi | Rotstengelmoos |
| Polygala chamaebuxus | Zwergbuchs |
| Pyrola chlorantha | Grünliches Wintergrün |
| Pyrola secunda | Nickendes Wintergrün |

**Abb. 116:** Kiefernwald mit Deutschem Backenklee (*Dorycnium germanicum*) im „Steinzug"am Mieminger Plateau.

**Vorkommen und Höhenverbreitung**
Typische Ausbildungen sind an der Isar, am Lech, im Tiroler Inntal, an Drau und Gail in Kärnten und im Hochschwabgebiet zu beobachten.

**Abb. 117:** Pfeifengras-Rotföhrenwald im äußeren Karwendeltal bei Scharnitz.

**Vorkommen und Höhenverbreitung**
Der Waldtyp ist im Schweizer Jura, in den Nordalpentälern, in Süddeutschland und in Kärnten für die submontane/montane Stufe beschrieben worden.

**Abb. 118:** Wintergrün-Föhrenwald an den unteren Hängen der Karwendelspitze bei Scharnitz

**Vorkommen und Höhenverbreitung**
Mitteldeutschland (Oberrheintal, Mainzer Trockengebiet, Oberpfälzisches Hügelland), Kärnten, kollin bis submontan.

## Aspekte der Kiefernwälder

**Abb. 119:** Schneeheide-Kiefernwald mit Alpenaster; auf trockenen Standorten in der montanen Stufe können Arten der Trockenrasen oder Arten der subalpinen Blaugrasrasen wie die Alpenaster einwandern (Südhang des Inntales bei Zirl).

**Abb. 120:** Sekundäre Föhrenwälder; auf sandigen Schwemmböden aufgeforstete Föhrenwälder, die im Unterwuchs von Heidelbeere, Preiselbeere und Wald-Reitgras begleitet werden (bei Nürnberg).

**Abb. 121:** Montaner Föhrenwald mit Schneesimse (*Luzula nivea*); diese bevorzugt artenarme Laub- und Nadelmischwaldgesellschaften auf Moder-Humusböden, die steinig und basenreich sind. Der Waldtyp ist in inneralpinen Tälern zu finden (Hinterautal im Tiroler Karwendel).

**Abb. 122:** Trockener Föhrenwald mit Ästiger Graslilie (*Anthericum ramosum*); die für Halbtrockenrasen charakteristische, zarte, weiß blühende Graslilie kommt als Verbands-Charakterart der Blut-Storchschnabelsäume in einer trockenen Ausbildung des Schneeheide-Kiefernwaldes vor und kennzeichnet eine Fazies über Geröllböden aus Kalk („Steinzug", Mieminger Plateau).

## 2.3.5 Blaugras-Schwarzföhrenwald
### *Seslerio-Pinetum nigrae* WAGNER 1941

**Verband:** *Erico-Pinion* BR.-BL. 1939, Schneeheide-Kiefernwälder
**Ordnung:** *Erico-Pinetalia* HORVAT 1959, Schneeheide-Kiefernwälder, Latschengebüsche, Bergföhren-, Arven- und Lärchenwälder
**Klasse:** *Erico-Pinetea* HORVAT 1959, Schneeheide-Kiefernwälder

**Kennzeichen**
Schwarzkiefernwälder nehmen am Südabfall des Alpenhauptkammes trockene, steile Felswände ein, die von anderen Baumarten nicht mehr besiedelt werden bzw. wo sich die Schwarzföhre gegenüber anderen Baumarten durchsetzen kann. Sie stocken zum Teil in den senkrechten Felswänden und wurzeln direkt in den Felsspalten. Die geringe Humusauflage – meist basische und gut durchlüftete Protorendsinen über Dolomit – bedingt eine Kraut- und Strauchschicht mit geringer Deckung, die aber dennoch sehr artenreich sein kann und von Arten der Trockenstandorte geprägt wird. Die ursprünglich seltene Waldgesellschaft wurde durch Aufforstungsmaßnahmen auch in den Tiefländern verbreitet, wo die Schwarzföhre heute oftmals laubbaumarme Monokulturen bildet.

**Vorkommen und Höhenverbreitung**
Kolline bis montane Stufe; Randberge der Südostalpen wie Rax, Schneeberg, Wiener Becken, Karawanken, Gailtaler Alpen, Oberes Kanaltal; Enklave am Bergisel bei Innsbruck.

**Ökologie**
Die seltene Waldgesellschaft besitzt eine Schutzwaldfunktion in montanen Lagen und enthält zahlreiche wärmeliebende Insektenarten sowie Mauereidechse und Schlingnatter. Die Schwarzföhre kann sich in Höhen zwischen 300 und 700 m nur an mageren Standorten mit erhöhter Luftfeuchte gegen die Laubbäume der wärmeliebenden Mischwälder durchsetzen (WENDELBERGER 1963). Dominiert sie in geschützten und schattigen Lagen, ist sie mit großer Wahrscheinlichkeit gepflanzt.

**Gefährdung, Pflege, Naturschutz**
Die Extremstandorte unterliegen keiner Nutzung und bedürfen keinerlei Pflegemaßnahmen, eine Intensivnutzung ist in jedem Fall auszuschließen. Schädigungen können durch Immissionen bzw. Borkenkäferbefall auftreten. Ursprüngliche Schwarzföhrenwälder sollten als Naturwaldreservate oder Schutzgebiete ausgewiesen werden.

**Verwandte Gesellschaft**
Felsenwolfsmilch-Schwarzföhrenwald, *Euphorbio saxatilis-Pinetum nigrae* WENDELBERGER et ZIMMERMANN 1972; diese Gesellschaft kommt in Niederösterreich in den montanen Lagen über Kalk großflächig vor. Es treffen Arten der Schneeheide-Kiefernwälder sowie thermophile und xerophile Waldsteppenarten zusammen.

**Artenliste**

| | |
|---|---|
| Amelanchier ovalis | Felsenbirne |
| Berberis vulgaris | Berberitze |
| Bromus erectus | Aufrechte Trespe |
| Carex humilis | Erd-Segge |
| Crataegus monogyna | Eingriffeliger Weißdorn |
| Daphne cneorum | Heideröschen |
| Dorycnium germanicum | Deutscher Backenklee |
| Euphorbia cyparissias | Zypressen-Wolfsmilch |
| Pimpinella saxifraga | Felsen-Bibernelle |
| Pinus nigra | Schwarzföhre |
| Polygala chamaebuxus | Zwergbuchs |
| Sesleria varia | Kalk-Blaugras |
| Sorbus aria | Mehlbeere |
| Teucrium chamaedrys | Edel-Gamander |

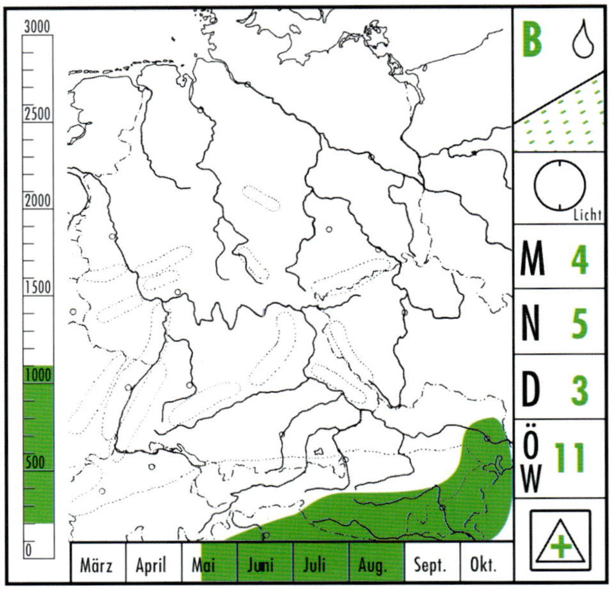

**Abb. 123:** Schwarzkiefernwald an Steilhängen unterhalb des Dobratsch bei Villach in Kärnten.

**Abb. 124:** Schwarzkiefernwald in schuttgefüllten Rinnen in der Gschütt, Rote Wand in Südkärnten (Bergsturzgebiet von 1348).

## Bedeutende Pflanzen der Laub- und Nadelwälder

**Abb. 125:** Frauenschuh, *Cypripedium calceolus*

**Abb. 126:** Krainer-Lilie, *Lilium carniolicum*

**Abb. 127:** Fliegenragwurz, *Ophrys insectifera*

**Abb. 128:** Weißes Waldvögelein, *Cephalanthera damasonium*

**Abb. 129:** Rotes Waldvögelein, *Cephalanthera rubra*

**Abb. 130:** Türkenbund, *Lilium martagon*

**Abb. 131:** Quirlblättrige Zahnwurz, *Dentaria enneaphyllos*

**Abb. 132:** Alpenveilchen, *Cyclamen purpurascens*

**Abb. 133:** Hundszahnlilie, *Erythronium dens-canis*

**Abb. 134:** Gefleckter Aronstab, *Arum maculatum*

**Abb. 135:** Goldnessel, *Lamium galeobdolon*

**Abb. 136:** Nestwurz, *Neottia nidus-avis*

**Abb. 137:** Siebenstern, *Trientalis europaea*

# 3 Hecken und anthropogene Gebüsche

## 3.1 Kalk- und wärmebedürftige Strauchgesellschaften
*Berberidion vulgaris* R. Tx. 1952

### 3.1.1 Liguster-Schlehen-Gebüsch
*Ligustro-Prunetum spinosae* Tx. 1952

**Verband:** *Berberidion vulgaris* R. Tx. 1952, Kalk- und wärmebedürftige Strauchgesellschaften
**Ordnung:** *Prunetalia spinosae* R. Tx. 1952
**Klasse:** *Rhamno-Prunetea* Rivas-Goday et Borja 1961, Kreuzdorn-Schlehen-Brombeer-Gebüsche

**Kennzeichen**
Trockene Standorte innerhalb der Waldstufe mit hoher Sonneneinstrahlung können von Liguster-Schlehen-Gebüschen bewachsen sein, die die häufigsten Gebüschformationen der kollinen und planaren Stufe an Waldrändern, auf Waldlichtungen, als Feldhecken und als Verbuschungsstadien auf Trockenrasen darstellen. In der dichten Strauchschicht herrschen weitgehend Eingriffeliger Weißdorn, Liguster, Schlehe und Roter Hartriegel mit hoher Stetigkeit vor, während die Krautschicht in Abhängigkeit von der Kontaktgesellschaft sehr heterogen sein kann und kaum konstant vorkommende Arten enthält. An Waldrändern können auch Hasel, Gewöhnliche Esche und Feld-Ahorn am Aufbau des Gebüsches beteiligt sein.

**Vorkommen und Höhenverbreitung**
Die Hauptvorkommen der Gesellschaft sind das südliche Mitteleuropa im Bereich der wärmeliebenden Kalkbuchen- und Flaumeichenwälder, im nördlichen Mitteleuropa kommt ein ähnlicher Gesellschaftstyp ohne Liguster und Wolligem Schneeball vor; ganz Österreich; Schweizer Mittelland.

**Ökologie**
Der hohe Lichtgenuß sowie mechanische Beanspruchungen tragen mehr zum Entstehen der Gebüschformationen bei als Boden- und Klimaeinflüsse. Daher sind in Mitteleuropa fast überall die gleichen Gehölze am Aufbau der Hecken und Waldmäntel beteiligt. Die Gebüsche, die am besten über Kalkstein und Kalkfelsen ausgebildet sind, ertragen Trockenheit besser als die brombeerreichen Gebüschsäume. Das Liguster-Schlehengebüsch entwickelt sich im allgemeinen zum Eichen-Elsbeerenwald.

**Gefährdung, Pflege, Naturschutz**
Diese Gebüsche besitzen als Trittstein- und Vernetzungsbiotope eine hohe Wertigkeit für den Biotopverbund einer Landschaft und enthalten eine hohe Zahl an Tierarten. Gefährdungen bestehen durch Flurbereinigung und forstliche Intensivierungen, zu ihrem Erhalt dürfen sie weder beschattet noch standortsfremd aufgeforstet werden.

**Ähnliche Gesellschaften**
Von der Gesellschaft wurden zahlreiche geographische Varianten beschrieben. Am häufigsten wird zwischen einer trockenen und nährstoffarmen Ausbildung unterschieden, die als die typische Gesellschaft gilt. Kommen zahlreiche nährstoffzeigende Arten zusammen mit dem Schwarzem Holunder vor, liegt die von Oberdorfer beschriebene stickstoffreiche Gruppierung vor, die besonders Feldhecken und -gebüsche aufbaut.

**Artenliste**

| | |
|---|---|
| Berberis vulgaris | Berberitze |
| Clematis vitalba | Gewöhnliche Waldrebe |
| Cornus sanguinea | Roter Hartriegel |
| Corylus avellana | Hasel |
| Crataegus monogyna | Eingriffeliger Weißdorn |
| Ligustrum vulgare | Liguster |
| Poa nemoralis | Hain-Rispengras |
| Prunus spinosa | Schlehe |
| Rosa canina | Hunds-Rose |
| Rosa rubiginosa | Wein-Rose |
| Rubus caesius | Kratzbeere |
| Viburnum lantana | Wolliger Schneeball |

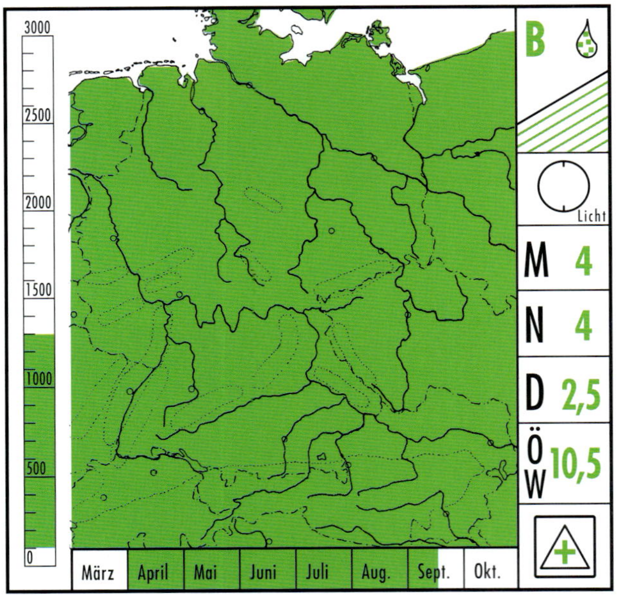

**Abb. 138:** Frühjahrsaspekt eines Schlehengebüsches entlang eines ehemaligen Hohlweges in Giengen an der Brenz.

**Abb. 139:** Eingriffeliger Weißdorn, (*Crataegus monogyna*).

**Abb. 140:** Schlehengebüsch im Donautal bei Dürnstein.

## 3.1.2 Rosen-Berberitzengebüsch
*Berberido-Rosetum* Br.-Bl. 1961

**Verband:** *Berberidion vulgaris* R. Tx. 1952, Kalk- und wärmebedürftige Strauchgesellschaften
**Ordnung:** *Prunetalia spinosae* R. Tx. 1952
**Klasse:** *Rhamno-Prunetea* Rivas-Goday et Borja 1961, Kreuzdorn-Schlehen-Brombeer-Gebüsche

**Kennzeichen**
Dieses Gebüsch ist in den inneralpinen Tälern an Wegrändern, entlang von Steinmauern, über Lesesteinhäufen und auf Acker-Terrassen zu finden, die trockene, mittelgründige Böden aufweisen. In Tälern wächst das Gebüsch, das bis zu 4 m hoch werden kann, meist auf der Sonnseite. Neben der Berberitze sind wärmeliebende Sträucher wie Eingriffeliger Weißdorn, Schlehe, Hunds-Rose und Echter Kreuzdorn enthalten. Hochwüchsige Kräuter, Lianen und mehrere Wildrosenarten kennzeichnen die meist wärme- und nährstoffliebenden begleitenden Arten, die regional unterschiedlich sein können.

**Vorkommen und Höhenverbreitung**
Oberengadin, Vintschgau, Oberinntal, Osttirol, submontane bis montane Stufe.

**Artenliste**

| | |
|---|---|
| Berberis vulgaris | Berberitze |
| Crataegus monogyna | Eingriffeliger Weißdorn |
| Galium mollugo | Wiesen-Labkraut |
| Geum urbanum | Echte Nelkenwurz |
| Poa nemoralis | Hain-Rispengras |
| Rhamnus cathartica | Echter Kreuzdorn |
| Rosa corymbifera | Busch-Rose |
| Rosa villosa | Apfel-Rose |
| Rosa vosagiaca | Blaugrüne Rose |
| Sambucus racemosa | Trauben-Holunder |
| Sisymbrium strictissimum | Steife Rauke |
| Veronica teucrium | Großer Ehrenpreis |

**Abb. 141:** Rosen-Berberitzengebüsch an einem eiszeitlich bedingten Trockenhügel (Tomahügel) im Ehrwalder Becken, Tiroler Außerfern.

## 3.1.3 Sanddorn-Berberitzengebüsch
*Hippophae-Berberidetum* MOOR 1958

**Verband:** *Berberidion vulgaris* R. TX. 1952, Kalk- und wärmebedürftige Strauchgesellschaften
**Ordnung:** *Prunetalia spinosae* R. TX. 1952
**Klasse:** *Rhamno-Prunetea* RIVAS-GODAY et BORJA 1961, Kreuzdorn-Schlehen-Brombeer-Gebüsche

**Kennzeichen**
Die Gebüsche kommen auf nicht mehr überschwemmten Kies- und Kalkschotterterrassen und auf trockengefallenen Standorten mit geringer Wasserkapazität vor. Wärmebedürftige und trockenheitsertragende Straucharten bilden zusammen mit Kräutern und Moosen einen mehr oder weniger geschlossenen Bewuchs, der auch einige Trockenrasenarten beinhalten kann. Mit fortschreitender Entwicklung entsteht ein trockener Schneeheide-Kiefernwald. Die früher sehr häufige Gesellschaft wurde heute durch Flußbegradigungen und Uferverbauungen sehr selten.

**Vorkommen**
An den Mittelläufen der Alpenflüsse und im Voralpengebiet; Oberrhein, obere Donau, größere Alpentäler.

**Artenliste**

| | |
|---|---|
| Berberis vulgaris | Berberitze |
| Brachypodium pinnatum | Fieder-Zwenke |
| Carex alba | Weiße Segge |
| Crataegus monogyna | Eingriffeliger Weißdorn |
| Hippophae rhamnoides | Sanddorn |
| Ligustrum vulgare | Liguster |
| Lonicera xylosteum | Rote Heckenkirsche |
| Melica nutans | Nickendes Perlgras |
| Mnium undulatum | Wellenblättriges Sternmoos |
| Salix eleagnos | Lavendel-Weide |

**Abb. 142:** Sanddorn-Berberitzengebüsch an einem Waldsaum am Golfplatzgelände Föhrenwald bei Wiener Neustadt.

## 3.1.4 Wacholdergebüsch
## *Roso-Juniperetum* R. Tx. 1964, *Dicrano-Juniperetum* Barkmann 1968

**Verband:** *Berberidion vulgaris* R. Tx. 1952, Kalk- und wärmebedürftige Strauchgesellschaften
**Ordnung:** *Prunetalia spinosae* R. Tx. 1952
**Klasse:** *Rhamno-Prunetea* Rivas-Goday et Borja 1961, Kreuzdorn-Schlehen-Brombeer-Gebüsche

**Kennzeichen**
Wacholderhaine und -gebüsche auf trockenen, südexponierten Grashängen fallen durch die vielfältige Gestaltungsform des Gewöhnlichen Wacholders auf, der von niederliegend bis säulenförmig aufragend alle Zwischenformen einnehmen kann. Meist sind Sandheiden, Flugsande oder Kalk-Lehmböden mit nährstoffarmen flachgründigen Braunerden bevorzugt, die alte, offene Hutweiden waren und durch die Schafbeweidung entstanden sind. Zwischen den lockeren Gebüschgruppen sind meist Halbtrockenrasen ausgebildet, in der Strauchschicht kommen noch Wildrosen-Arten, Schlehe und Eingriffeliger Weißdorn, selten Eichen vor. Die Artenkombination ist durch das Fressverhalten der Weidetiere nachhaltig mitbestimmt, die stachelige Pflanzen wie die Silberdistel und den Gewöhnlichen Wacholder selbst verschmähen.

**Vorkommen und Höhenverbreitung**
Kalksteingebiete und Hangterrassen im südlichen Deutschland, vor allem in der Schwäbischen Alb, Hänge auf Muschelkalk am Neckar, Kocher, Jagst, Tauber, Main, Saale, Brenz; Altmühltal; Schweizer Jura.

**Ökologie**
Das Rosen-Wacholder-Gebüsch, *Roso-Juniperetum*, wird dem Verband der Schlehengebüsche (*Berberidion vulgaris* R. Tx. 1952) zugerechnet, während das Besenmoos-Wacholdergebüsch, *Dicrano-Juniperetum*, zu den Sand-Kiefernwäldern (*Dicrano-Pinion* Matuskiewicz 1962) gestellt wird. Die ökologische Variationsbreite des Wacholders macht eine genaue Zuordnung bzw. Differenzierung der Gesellschaften oft schwierig, weswegen sie hier gemeinsam beschrieben werden. Die Gesellschaften unterscheiden sich durch ihren Anspruch an den Boden. Das anspruchsvollere Roso-Juniperetum kommt in der Region der Kalkbuchenwälder vor, das anspruchslosere Dicrano-Juniperetum mit Säurezeigern auf trockenen Böden des potentiellen Eichen-Birkenwaldes.

**Gefährdung, Pflege, Naturschutz**
Fällt die extensive Nutzung und Beweidung durch Nutzungsauflassung weg, beginnen die offenen, parkähnlichen Wacholderfluren stärker zu verbuschen, bis sie zuwachsen und sich zum entsprechenden Waldtyp der Region entwickeln. Da sie aber als Trockenstandorte wertvolle Tiergemeinschaften und seltene Pflanzen enthalten, ist der Erhalt aus naturschutzfachlicher Sicht äußerst wichtig; die extensive Beweidung durch Schafe muß beibehalten werden, ein Düngereintrag darf nicht erfolgen.

**Artenliste** *Dicrano-Juniperetum* Barkmann 1968

| | |
|---|---|
| Deschampsia flexuosa | Rasen-Schmiele |
| Dicranum scoparium | Besenmoos |
| Juniperus communis | Gewöhnlicher Wacholder |
| Pleurozium schreberi | Rotstengelmoos |
| Polypodium vulgare | Tüpfelfarn |
| Prunus spinosa | Schlehe |

**Artenliste** *Roso-Juniperetum* Tx. 1964

| | |
|---|---|
| Anthericum ramosum | Ästige Graslilie |
| Euonymus europaea | Gewöhnliches Pfaffenkäppchen |
| Juniperus communis | Gewöhnlicher Wacholder |
| Prunus spinosa | Schlehe |
| Rhamnus cathartica | Echter Kreuzdorn |
| Rosa canina | Hunds-Rose |
| Sedum acre | Scharfer Mauerpfeffer |
| Solanum dulcamara | Bittersüßer Nachtschatten |
| Thymus serpyllum | Sand-Thymian |

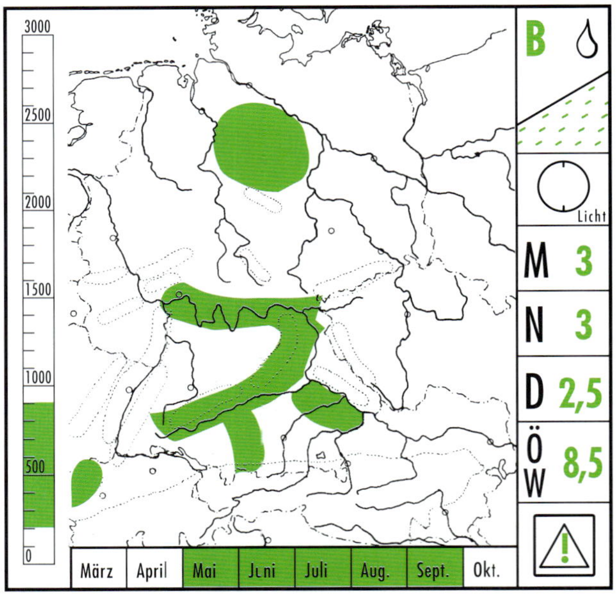

**Abb. 143:** Wacholdergebüsch an einem südexponierten Abhang des Altmühltales

**Abb. 144:** Trockenstandort mit lückigem Trockenrasen und Wacholder an südexponierten Hängen bei Eichstätt in der Fränkischen Alb.

## 3.2 Hainbuchen-Schlehen-Gebüsche
*Carpino-Prunion* WEBER 1974

### 3.2.1 Hainbuchen-Schlehen-Gebüsch
*Carpino-Prunetum* R. TX. 1952

**Verband:** *Carpino-Prunion* WEBER 1974, Hainbuchen-Schlehen-Gebüsche
**Ordnung:** *Prunetalia spinosae* R. TX. 1952
**Klasse:** *Rhamno-Prunetea* RIVAS-GODAY et BORJA 1961, Kreuzdorn-Schlehen-Brombeer-Gebüsche

**Kennzeichen**
Diese Gebüschformationen nehmen nährstoffreiche, mäßig trockene und basenarme Böden über Kalk und Lehm ein, die innerhalb der Laubwaldregion im Wuchsbereich der Eichen-Hainbuchenwälder und mesophilen Kalkbuchenwälder liegen. Als Pioniere des Waldes kommen sie an Waldrändern, entlang von Wegen und in Halbtrockenrasen vor. Die typischsten Arten sind die Sträucher selbst sowie Wildrosen-Arten. Im Unterwuchs finden sich entsprechend der Kontaktgesellschaft wärmeliebende Arten der Halbtrockenrasen und des Wirtschaftsgrünlandes, seltener erste Waldpflanzen. Neben den anspruchsvollen Hainbuchen und Haselgebüschen dominieren anspruchslosere Arten wie Roter Hartriegel und Gewöhnliches Pfaffenhütchen.

**Vorkommen und Höhenverbreitung**
Mittel- und Norddeutschland, Steirisches Hügelland, Innviertel, Donautal, kollin bis untere montane Stufe.

**Ökologie**
Hainbuchen-Schlehen-Gebüsche samt allen Varianten und unterschiedlichen Zusammensetzungen stellen landschaftsprägende und wertvolle Tierbiotope dar. Sie dienen in intensiv genutzten Landschaften als Rückzugsgebiet für Vögel, Kleinsäuger und Reptilien. Sie wurden auch häufig als Windschutzhekken angelegt. Das Vorkommen von Hecken kann als Hinweis auf die potentiellen natürlichen Waldgesellschaften gesehen werden.

**Gefährdung, Pflege, Naturschutz**
Durch Grundzusammenlegungen und Flurbereinigungen werden gerade viele Hecken gerodet oder durchschnitten. Eine Pflege ist nicht notwendig, jedoch der Erhalt der aus naturschutzfachlicher und landschaftsästhetischer Sicht wertvollen Lebensräume.

**Gesellschaften**
Die Nomenklatur für die Gesellschaft der Hainbuchen-Schlehen-Gebüsche ist in der Literatur sehr uneinheitlich. Die Formationen werden jeweils nach den dominierenden Straucharten angesprochen. So wird bei manchen Autoren der Rote Hartriegel als Leitpflanze zur Benennung herangezogen. Dementsprechend ist der Name *Cornetum sanguinei* KAISER 1930 gebräuchlich. Herrscht der Eingriffelige Weißdorn vor, wird von einem *Pruno spinosae-Crataegetum* HUECK 1931 gesprochen. Meist ist auch der Gemeine Schneeball enthalten, der ein charakteristisches Element wärmeliebender Gebüsche auf gleichbleibend feuchten Lehmböden ist.

**Artenliste**

| | |
|---|---|
| Carpinus betulus | Hainbuche |
| Cornus sanguinea | Roter Hartriegel |
| Corylus avellana | Hasel |
| Dactylis glomerata | Wiesen-Knäuelgras |
| Euonymus europaea | Gewöhnliches Pfaffenhütchen |
| Heracleum sphondylium | Wiesen-Bärenklau |
| Prunus spinosa | Schlehe |
| Rosa canina | Hunds-Rose |
| Rubus caesius | Kratzbeere |
| Stellaria holostea | Große Sternmiere |

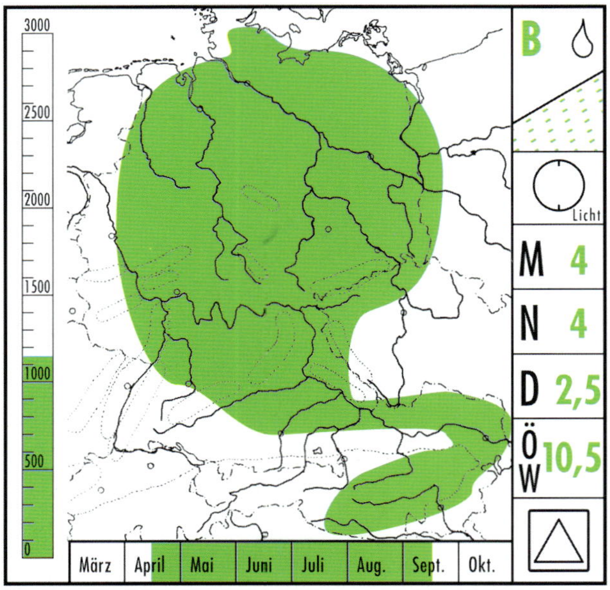

**Abb. 145:** Hainbuchen-Schlehengebüsch an Ackerrandstreifen bei Hofbieber in der Rhön.

**Abb. 146:** Gewöhnlicher Schneeball (*Viburnum opulus*).

**Abb. 147:** Fruchtende Schlehe (*Prunus spinosa*).

**Abb. 148:** Eingriffeliger Weißdorn mit Wildapfel und Liguster.

## 3.3 Brombeergebüsche
*Lonicero-Rubion sylvatici* Tx. & Neumann 1950

**Verband:** *Lonicero-Rubion sylvatici* Tx. & Neumann 1950, Brombeer-Geißblattgesellschaften
**Ordnung:** *Rubetalia plicati* Weber 1996, Brombeergebüsche auf sauren Böden
**Klasse:** *Rhamno-Prunetea* Rivas-Goday et Borja 1961, Kreuzdorn-Schlehen-Brombeer-Gebüsche

**Kennzeichen**
Brombeergebüsche kommen als Pioniergesellschaften an Waldrändern, auf Lichtungen und Kahlschlägen sowie entlang von Wegen und Zäunen in Nordwesteuropa in der Region der Eichenwälder vor. Die dornigen Rankstraucher wachsen vorwiegend auf mäßig sauren Standorten mit sandigen Böden und bevorzugen niederschlagsreiche und wintermilde Gebiete. Die verschiedenen Brombeer-Arten kennzeichnen die einzelnen sehr ähnlich gestalteten Gesellschaften, die von Krautarten der Kontaktgesellschaften begleitet werden. Auch Arten der Schlagfluren wie Wald-Weidenröschen und Rotes Straußgras kommen vor.

**Vorkommen und Höhenverbreitung**
Ganz Mitteleuropa, bis zur montanen Stufe; in Kahlschlägen und Lücken von Forsten.

**Ökologie**
Gebüsche im westlichen Mitteleuropa sind reich an Rubus-Arten, die jedoch nur auf ärmeren, sandigen mehr oder weniger sauren Böden verstärkt hervortreten. Sie sind eng mit den Heckengebüschen oder nachfolgenden Vorwaldgebüschen verzahnt.

**Gefährdung, Pflege, Naturschutz**
Die Bestände können im Zuge von Flurbereinigungsmaßnahmen verschwinden, Pflegemaßnahmen zum Erhalt der Bestände sind nicht notwendig. Der naturschutzfachliche Wert der Bestände ist gering.

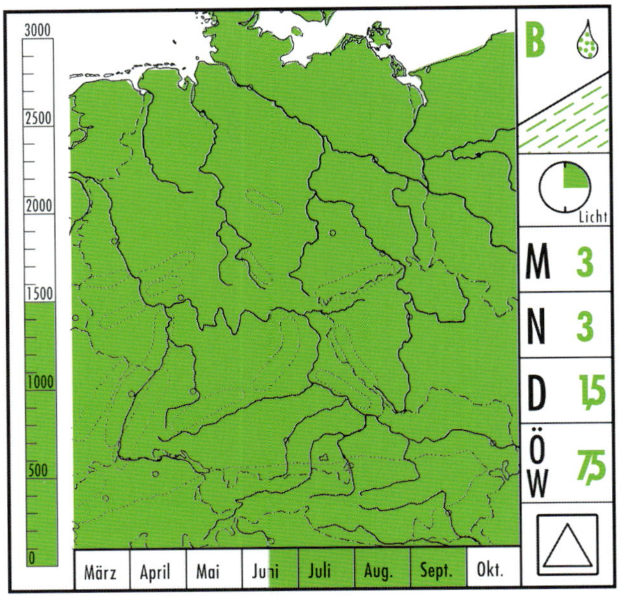


## 3.3.1 Waldbrombeer-Gebüsch
*Rubetum silvatici* Tx. & Neumann 1950

**Kennzeichen**
Die Waldbrombeere löst die Angenehme Brombeere auf etwas nährstoffreicheren Standorten ab.

**Artenliste**

| | |
|---|---|
| Deschampsia flexuosa | Draht-Schmiele |
| Epilobium angustifolium | Schmalblättriges Weidenröschen |
| Rhamnus frangula | Faulbaum |
| Rubus sylvaticus | Wald-Brombeere |
| Rumex acetosella | Kleiner Sauer-Ampfer |

## 3.3.2 Brombeer-Besenginster-Gebüsch
*Rubo plicati-Sarothamnetum* Weber 1987

**Verband:** *Lonicero-Rubion sylvatici* Tx. & Neumann 1950, Brombeer-Geißblattgesellschaften
**Ordnung:** *Rubetalia plicati* Weber 1996, Brombeergebüsche auf sauren Böden
**Klasse:** *Rhamno-Prunetea* Rivas-Goday et Borja 1961, Kreuzdorn-Schlehen-Brombeer-Gebüsche

**Kennzeichen**
Geschlossene Gebüsche des Besenginsters, die nach POTT (1996) meist durch Brandfeldbau entstanden sind und im späten Frühjahr durch den gelbblühenden Ginster weithin auffallen. Sie kommen vorwiegend im Silikat-Bergland und im Wuchsgebiet der Waldsimsen-Buchenwälder vor.

**Artenliste**

| | |
|---|---|
| Sarothamnus scoparius | Besenginster |
| Orobanche rapum-genistae | Ginster-Sommerwurz |

**Abb. 149:** Brombeergebüsch am Waldrand eines Fichtenwaldes auf der nördlichen Innsbrucker Mittelgebirgsterrasse bei Arzl.

**Abb. 150:** Brombeer-Besenginster-Gebüsch bei Würzburg.

**Abb. 151:** Detail eines Waldbrombeergebüsches.

# II Schlaggesellschaften, ein- und mehrjährige Krautfluren

## 4 Schlaggesellschaften und Vorwald-Gehölze

## 5 Krautige Säume an Wald- und Wiesenrändern

## 6 Ruderalgesellschaften

**Krautige Säume** sind häufig in den mitteleuropäischen Landschaften zu finden. Sie bilden den Übergang von den offenen Wiesenflächen zu den wärmeliebenden Gebüschen oder Wäldern, sie begleiten nährstoffreiche Gräben, Wiesen- und Wegränder oder Kulturflächen. **Ruderalfluren** sind ein- oder mehrjährige Pflanzenformationen, die in Siedlungsgebieten auf offenen Böden, auf Brachflächen oder an Orten entstehen, wo die Nutzung des Menschen aufgelassen wurde. Häufig gestörte Plätze oder Säume von anthropogenen Grasländern werden von **Ackerunkrautfluren** eingenommen.
Krautige Säume an Waldrändern sind durch hochwüchsige Stauden gekennzeichnet, die oftmals ein Massenauftreten zeigen. Sie nützen den Schutz der Gebüsche und Waldränder aus, um keine allzu intensive Sonneneinstrahlung zu erhalten. Andererseits könnten sie innerhalb des Waldes wegen zu starker Beschattung nicht vorkommen. Nach der Exposition lassen sich die Säume in zwei ökologische Gruppen aufteilen:

**1. Wärmebedürftige und trockenheitsertragende Krautsäume**
Dazu gehören die Gesellschaften der Klasse *Trifolio-Geranietea* mit der Ordnung *Trifolio-Origanetalia*, die bei mäßiger Nährstoffversorgung an den Sonnseiten vorkommen und an die Trockenrasen erinnern.

**2. Nitrat und luftfeuchtebedürftige Krautsäume**
gehören zur Klasse *Artemisietea vulgaris* und sind an den Schattseiten mit gemäßigtem, ausgeglichenem Mikroklima zu finden. Natürliche, wärmeliebende Krautfluren gehören zum Verband der **Blutstorchschnabelsäume**, *Geranion sanguinei*. Auf mehr oder weniger tiefgründigen Böden kommen an ausschließlich anthropogenen Waldrändern die Gesellschaften des mesophilen Verbandes der **Mittelkleesäume**, *Trifolion medii*, vor. Schattseiten-Säume, in denen großblättrige Stauden vorherrschen, gehören zur Klasse der **Gundelrebel-Säume**, *Glechometalia hederaceae*. Ruderalarten wie die Brennessel kommen ebenso vor, wie

Wiesenkerbel, Knäuelgras und Gewöhnliche Rispe. Diese Arten sind eigentlich in lichten Laubwäldern beheimatet. Auf frischen, luft- und bodenfeuchten Standorten sind die Gesellschaften des Verbandes der **Giersch-Halbschattensäume**, *Aegopodion*, zu finden. Darin sind auch die Pestwurzfluren enthalten. Die **Lauchkraut-Säume** (*Alliarion*) bevorzugen noch schattigere Standorte und zeigen Verwandtschaften zu den subalpinen Lägerfluren. Schließlich gehören noch die **nitrophytischen Uferstauden-** und **Saumgesellschaften** der großen Flüsse und Ströme (*Convolvuletalia sepium*) zu den Krautsäumen.
Wechselfeuchte Böden auf Kiesplätzen, über Bauschutt, an überdüngten Wegrainen oder ähnlichen trockenen, durch den Menschen geschaffenen Standorten werden von **thermophilen Ruderalfluren** eingenommen. Der Name stammt aus dem lateinischen, „rudus" bezeichnet Schutt, Ruinen oder Mörtelmassen. Krause (1958) schloß auch die Unkrautbestände der Äcker und Gärten diesem Überbegriff an. Ruderalfluren werden im wesentlichen in zwei Großgruppen geteilt: 1. die kurzlebigen Gesellschaften der Ordnung *Sisymbrietalia*, 2. die mehr oder weniger ausdauernden der Ordnung *Onopordetalia*. Beide kommen über grundwasserfernen Böden vor. Die Artenzusammensetzung dieser Fluren ist heterogen. Sie enthalten zahlreiche eingeschleppte Adventivarten oder Neophyten, die sich auf den durchwegs nährstoffreichen Standorten erfolgreich behaupten und ausbreiten können. Als **Heimische Ruderalpflanzen** bezeichnet man Arten, die schon vor der Seßhaftwerdung des Menschen in Mitteleuropa vorhanden waren. Dazu gehören die Brennessel, die Königskerze, die Ackerdistel, das Schöllkraut oder der Rainfarn. Pflanzen, die mit Hilfe des Menschen eingeführt wurden, nennt man **Archaeophytische Ruderalpflanzen**, so die Mäusehirse, die Aufrechte Trespe, der Natternkopf, Weißer und Gelber Steinklee oder die Gewöhnliche Eselsdistel. Pflanzen, die in neuerer Zeit eingeführt wurden, heißen **Neophyten.** Diese kommen vorwiegend in kurzlebigen Ruderalfluren vor. Die bekanntesten sind die Kanadische Goldrute oder das Große Springkraut.
Die klassischen „Unkräuter" der Äcker und Gärten müßten eigentlich Wildkräuter oder Beikräuter heißen. Dazu gehören auch die Saatunkräuter im engeren Sinne wie Kornrade oder Klatschmohn. Man unterscheidet Beikrautfluren der Winter- und Sommerfruchtäcker mit den Ordnungen der Getridebeikrautfluren (*Secalietalia*), der Hackbeikraut- und Ruderalfluren (*Polygono-Chenopodietalia*) sowie Spörgeläcker (*Sperguletalia arvensis*) und Klatschmohnäcker (*Papaveretalia rhoeadalis*).
**Schlaggesellschaften** entstehen in den naturnahen Wäldern und Forsten selten von Natur aus (Windwurf oder Waldbrände), sie sind meist durch waldwirtschaftliche Maßnahmen anthropogen erzeugt. Werden Bäume geschlagen, verändern sich die gesamten Standortsfaktoren mit einem Hieb. Der Waldboden erhält plötzlich den gesamten Niederschlag sowie eine intensive Sonneneinstrahlung. Bessere Durchlüftung und Erwärmung sind die Folge. Durch die erhöhte Zersetzung von organischem Material kommt es im Waldboden zu einer Nährstoffanreicherung. Die Vegetation kann sich förmlich explosionsartig entwickeln. Die Schlaggesellschaften werden in drei Verbänden zusammengefaßt: 1. die Weidenröschen-Gesellschaften (*Epilobion*), 2. die Tollkirschen-Gesellschaften (*Atropion*) und 3. die Waldlichtungsgebüsche (*Sambuco-Salicion*). Im ersten Jahr herrschen anspruchsvolle Arten vor, denen die erhöhte Strahlungsintensität nichts ausmacht (Adlerfarn, Erdbeere, Goldrute, Waldruhrkraut). Ab dem zweiten Jahr erschöpfen sich die Nährstoffe, es kommen immer mehr anspruchslose, meist zwei- oder mehrjährige Arten vor (Himbeere, Brombeere, Königskerzen, Blaßgelber Fingerhut, Zwergholunder, Fuchs' Kreuz). Disteln, Gräser und Seggen beherrschen im dritten Jahr das Bild, ehe sich immer mehr Sträucher und Bäume beimischen. Diese leiten schließlich die Wiederbewaldung ein.

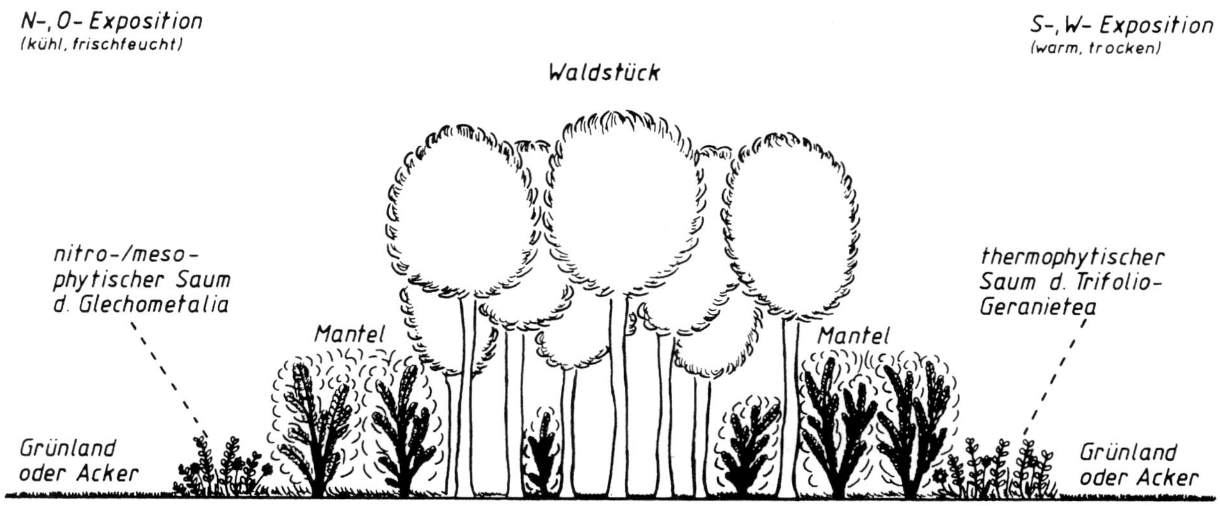


**Abb. 152 (S. 140): Schaubild Krautige Säume** an einem Feldgehölz. Die Verteilung zeigt eine deutliche Stufung der Vegetationsabfolge.
1 – Krautiger Saum aus Arten der Wirtschaftswiesen (*Arrhenatheretum*)
2 – Wärmeliebendes Feldgehölz mit Holundergebüsch (*Sambucetum nigrae*)
3 – Brennessel-Giersch-Flur (*Urtico-Aegopodietum podagrariae*)
4 – Weidelgras-Breitwegerich-Trittrasen (*Lolio-Plantaginetum majoris*)

**Abb. 153:** Die Grafik zeigt einen Schnitt durch den naturnahen Aufbau eines Waldstreifens. Die hochstämmigen Bäume werden an den Rändern von Feldgehölzen abgemantelt, in dessen Vorfeld wiederum ein krautiger Saum aus wärmeliebenden oder nährstoffliebenden Arten wächst; Quelle: ANL (1980).

# 4 Schlaggesellschaften und Vorwald-Gehölze

## 4.1 Weidenröschen-Schlagfluren
*Epilobion angustifolii* R. Tx. 1950

### 4.1.1 Weidenröschen-Schlagflur
*Senecioni sylvatici-Epilobietum angustifolii* R. Tx. 1937

**Verband:** *Epilobion angustifolii* R. Tx. 1950, Weidenröschen-Schlagflur
**Ordnung:** *Atropetalia belladonnae* Vlieger 1937, Kahlschlag- und Waldlichtungsgesellschaften
**Klasse:** *Epilobietea angustifolii* R. Tx. et Prsg. ex v. Rochow 1951, Schlaggesellschaften und Vorwald-Gehölze

**Kennzeichen**
Diese am weitesten verbreitete Schlag-Gesellschaft kommt auf Schlagflächen und an Gebüschrändern von der Ebene bis ins Bergland über kalk- und nährstoffarmen, trockenen bis mäßig feuchten Rohhumusböden vor und wird durch die hochwüchsigen und reich blühenden Hochstauden des Weidenröschens und des Wald-Kreuzkrautes gekennzeichnet. Im Unterwuchs sind ferner Arten des vorangegangenen Waldes enthalten. Im Laufe der weiteren Entwicklung kommen immer mehr Himbeer- und Brombeergebüsche auf. Schlagfluren in der montanen Stufen sind durch Fuchs' Kreuzkraut, Wald-Reitgras und Hasenlattich gekennzeichnet.

**Vorkommen**
In ganz Mitteleuropa, besonders im norddeutschen Eichen-Flaumeichengürtel, Ostösterreich, Alpenvorland.

**Ökologie**
Auf künstlichen Kahlschlägen können infolge des unmittelbaren Starklichtangebotes am Waldboden raschlebige licht- und stickstoffliebende Waldlichtungsbewohner großflächige Sondergesellschaften ausbilden, die auch als Lichtungsfluren bezeichnet werden. Diese kamen auch früher in den Naturwäldern vor, wenn durch Windwurf waldfreie Flächen entstanden sind. Im Boden können die Stickstoffreserven schneller verfügbar gemacht werden, auch die Wasserversorgung ist auf den anfangs schütter bewachsenen Flächen sehr gut. Es können sogar Feuchtezeiger vorkommen. Nach 2 – 3 Jahren sind die Vorräte aufgebraucht, Pioniergehölze wie Schwarzer Holunder, Birken oder Weiden übernehmen die Rolle der krautigen Pflanzen. Die Bodenabschattung fördert die standortsgerechten Baumarten, bis die Hauptbaumart wieder überhand nimmt und sich das Artengefüge des Waldes einzustellen beginnt.

**Gefährdung, Pflege, Naturschutz**
Die anthropogene Gesellschaft ist überall dort durch Kahlschlag zu erzielen, wo die Boden- und Klimafaktoren es zulassen. Die kurzlebige Gesellschaft, die als Pioniervegetation durch die natürliche Sukzession verschwindet, enthält keine seltenen oder schützenswerten Arten.

**Artenliste**

| | |
|---|---|
| Betula pendula | Hänge-Birke |
| Carex pilulifera | Pillen-Segge |
| Dicranum scoparium | Besenmoos |
| Epilobium angustifolium | Schmalblättriges Weidenröschen |
| Luzula luzuloides | Weiße Hainsimse |
| Polytrichum formosum | Waldhaarmützenmoos |
| Rubus fruticosus | Brombeere |
| Rubus idaeus | Himbeere |
| Rumex acetosella | Kleiner Sauer-Ampfer |
| Senecio sylvaticus | Wald-Kreuzkraut |
| Sorbus aucuparia | Eberesche |
| Urtica dioica | Große Brennessel |

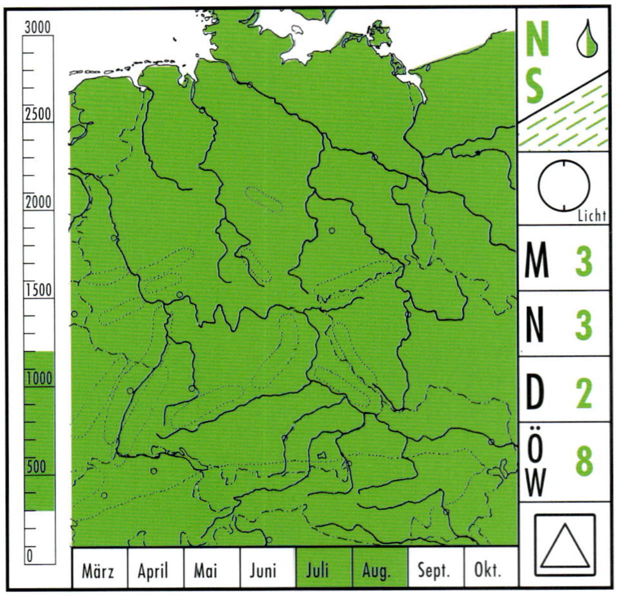

**Abb. 154:** Schlagflur des Schmalblättrigen Weidenröschens im Bødalen in Westnorwegen.

**Abb. 155:** Schmalblättriges Weidenröschen, *Epilobium angustifolium*.

**Abb. 156:** Schlagflur am Schlagkopf bei Scharnitz/Giessenbach.

## 4.1.2 Fingerhut-Gesellschaft
### *Digitali-Epilobietum angustifolii* Schwickerath 1944

**Verband:** *Epilobion angustifolii* R. Tx. 1950, Weidenröschen-Schlagflur
**Ordnung:** *Atropetalia belladonnae* Vlieger 1937, Kahlschlag- und Waldlichtungsgesellschaften
**Klasse:** *Epilobietalia angustifolii* R. Tx. et Prsg. ex v. Rochow 1951, Schlaggesellschaften und Vorwald-Gehölze

**Kennzeichen**
Diese Schlaggesellschaft ist im Bereich der Buchenwaldstufe sowie der Forstbestände in subatlantisch getönten Gebieten zu finden. Die krautige Initialgesellschaft kann sehr hochwüchsig sein, stets sticht der purpurrot gefärbte Fingerhut mit den rispenartigen Blütenständen hervor. Auf die Gesellschaft folgen Sträucher wie Schwarzer Holunder oder Trauben-Holunder, wodurch die Sukzession zum Wald eingeleitet wird.

**Vorkommen und Höhenverbreitung**
Kolline bis Montane Stufe von Mitteldeutschland bis Südnorwegen (klimatisch begünstigte Fjordtäler); Bergstufe der westeuropäischen Buchen- und Buchen-Tannen-Fichten-Mischwälder.

**Artenliste**

| | |
|---|---|
| Digitalis purpurea | Purpur-Fingerhut |
| Epilobium angustifolium | Schmalblättriges Weidenröschen |
| Rubus idaeus | Himbeere |
| Sambucus racemosa | Trauben-Holunder |

**Abb. 157:** Der Purpur-Fingerhut (*Digitalis purpurea*) ist eine Charakterart dieser Gesellschaft, die gerne an wärmeliebenden Waldrändern vorkommt, die auf süd- oder westexponierten Böschungen liegen.

## 4.2 Tollkirschen- und Hainkletten-Schlagfluren
*Atropion belladonnae* R. Tx. 1931 em. 1950

### 4.2.1 Waldschilf -Kahlschlagflur
*Calamagrostietum epigeji* Jurasz. 1928

**Verband:** *Atropion belladonnae* R. Tx. 1931 em. 1950, Tollkirschen- und Hainkletten-Schlagfluren
**Ordnung:** *Atropetalia belladonnae* Vlieger 1937, Mitteleuropäische Schlag- und Vorwald-Gesellschaften
**Klasse:** *Epilobietalia angustifolii* R. Tx. et Prsg. ex v. Rochow 1951, Schlaggesellschaften und Vorwald-Gehölze

**Kennzeichen**
Diese Gesellschaft kommt auf Kahlschlägen und Waldlücken weit verbreitet über nährstoffreichen, aber oft kalkarmen Silikatböden vor, ist jedoch auf nährstoffarmen Standorten am besten ausgebildet. Sie ersetzt meist Buchenwälder, aber auch Nadelwälder zwischen 200 - 1500 m Seehöhe und bleibt 2 - 10 Jahre lang bestehen. Das Land-Reitgras kann hohen Lichtgenuß zu einer raschen Ausbreitung ausnützen, es bildet auf den plötzlich baumfrei werdenden Standorten dichte Herden und wird deshalb auch als „Waldschilf" bezeichnet. Dazwischen können typische Schlagpflanzen wie Weidenröschen hinzukommen. Höpfner (1966) hat das ökologische Verhalten des Land-Reitgrases ausgiebig erforscht und einen ausreichenden Lichtgenuß als wesentlichen Faktor für das Aufkommen dieser Gesellschaft beschrieben. Die Konkurrenzkraft dieses Grases ist bei hohem Lichtangebot unabhängig von spezifischen Bodeneigenschaften. Von Sillinger (1933) und Oberdorfer (1957) wurde eine Fingerhut-Schlagflur beschrieben, die durch das Auftreten des Großblütigen Fingerhutes und des Wald-Reitgrases (*Calamagrostis arundinacea*) charakterisiert ist. Diese Gesellschaft – *Calamagrostio arundinaceae – Digitalietum grandiflorae* Oberd. 1957 – kommt nach Pott (1995) im östlichen Berg- und Hügelland Deutschlands auf sommerwarmen Hängen und kalkarmen Böden vor. Die Abgrenzung dieser Gesellschaft ist fraglich.

**Vorkommen und Höhenverbreitung**
In den europäischen Mittelgebirgen, in Osteuropa, in tieferen Lagen der Alpen und in ganz Österreich.

**Artenliste**

| | |
|---|---|
| Calamagrostis epigejos | Waldschilf (= Land-Reitgras) |
| Carex ovalis | Hasen-Segge |
| Deschampsia flexuosa | Draht-Schmiele |
| Digitalis grandiflora | Großblütiger Fingerhut |
| Epilobium angustifolium | Schmalblättriges Weidenröschen |
| Fragaria vesca | Wald-Erdbeere |
| Juncus effusus | Flatter-Binse |
| Luzula luzuloides | Weiße Hainsimse |
| Rubus fruticosus | Brombeere |
| Rubus idaeus | Himbeere |
| Salix caprea | Sal-Weide |

**Abb. 158:** Waldschilf-Kahlschlagflur im Bereich des Aschenlahner Grabens im LSG Falzthurn-Gerntal, Tiroler Karwendel.

## 4.2.2 Tollkirschen-Schlaggesellschaft
## *Epilobi-Atropetum belladonnae* R. Tx. 1931 em. 1950

**Verband:** *Atropion belladonnae* R. Tx. 1931 em. 1950, Tollkirschen- und Hainkletten-Schlagfluren
**Ordnung:** *Atropetalia belladonnae* Vlieger 1937, Kahlschlag- und Waldlichtungsgesellschaften
**Klasse:** *Epilobietea angustifolii* R. Tx. et Prsg. ex v. Rochow 1951, Schlaggesellschaften und Vorwald-Gehölze

### Kennzeichen
Werden Kalkbuchenwälder oder Fichten-Tannenwälder basenreicher Böden über Kalkgestein oder Löß abgeholzt, nimmt der Tollkirschen-Schlag als Ersatzgesellschaft die mäßig feuchten, nährstoff- und humusreichen Böden ein. Das hohe Lichtangebot ist ausschlaggebend für die kurzlebige, nur wenige Jahre ausdauernde Schlagflur, die hauptsächlich von buntblühenden Stauden wie Gewöhnlicher Dost, Klebriger Salbei und Hain-Kreuzkraut beherrscht wird. Die Tollkirsche selbst ist selten dominant und kommt nur in einzelnen Gebüschen am Rande oder auf leichten Anhöhen vor. Im Unterwuchs herrschen Buchenwaldarten wie das Lungenkraut sowie Feuchtezeiger vor. Die Gesellschaft ist häufig auch entlang beschatteter Forstwege zu finden.

### Vorkommen
In ganz Mitteleuropa in der Stufe der Kalkbuchen- und Fichten-Tannenmischwälder; meist auf südexponierten Lagen bis zur montanen Stufe.

### Ökologie
Schlaggesellschaften spiegeln meist die Standortbedingungen wider, die für die natürlich vorkommende Waldgesellschaft geherrscht haben und lassen Rückschlüsse auf die Waldzusammensetzung zu. Der Tollkirschenschlag gehört zu den kurzlebigen Lichtungsfluren. In den wärmeren Lagen tritt das Wald-Kreuzkraut häufig auf, während für höhere Lagen der Rote Fingerhut typisch ist. Braunerden werden vom Hainkletten-Kahlschlag bevorzugt, während das Tollkirschen-Gestrüpp auf Rendsinen vorkommt; Rohhumusböden hingegen sind von Weidenröschenfluren bewachsen. Meist folgen auf die Schlagfluren Waldlichtungsgebüsche, in denen Brombeere, Schwarzer Holunder, Trauben-Holunder und Sal-Weiden vorherrschen.

### Gefährdung, Pflege, Naturschutz
Für die Übergangsgesellschaft sind keine speziellen Pflegemaßnahmen notwendig, die Flächen sind aus naturschutzfachlicher Sicht wegen des Insektenreichtums von Bedeutung.

**Artenliste**

| | |
|---|---|
| Atropa belladonna | Tollkirsche |
| Bromus ramosus | Wald-Trespe |
| Calamagrostis epigejos | Land-Reitgras |
| Cirsium vulgare | Gewöhnliche Kratzdistel |
| Deschampsia caespitosa | Rasen-Schmiele |
| Epilobium angustifolium | Schmalblättriges Weidenröschen |
| Eupatorium cannabinum | Wasserdost |
| Euphorbia cyparissias | Zypressen-Wolfsmilch |
| Fragaria vesca | Wald-Erdbeere |
| Geranium robertianum | Stinkender Storchschnabel |
| Impatiens parviflora | Kleinblütiges Springkraut |
| Lysimachia nemorum | Hain-Gilbweiderich |
| Petasites albus | Weiße Pestwurz |
| Pulmonaria officinalis | Echtes Lungenkraut |
| Rubus fruticosus | Brombeere |
| Rubus idaeus | Himbeere |
| Salvia glutinosa | Klebriger Salbei |
| Sambucus racemosa | Trauben-Holunder |
| Senecio hercynicus | Hain-Kreuzkraut |
| Stachys sylvatica | Wald-Ziest |
| Urtica dioica | Große Brennessel |
| Verbascum thapsus | Kleinblütige Königskerze |

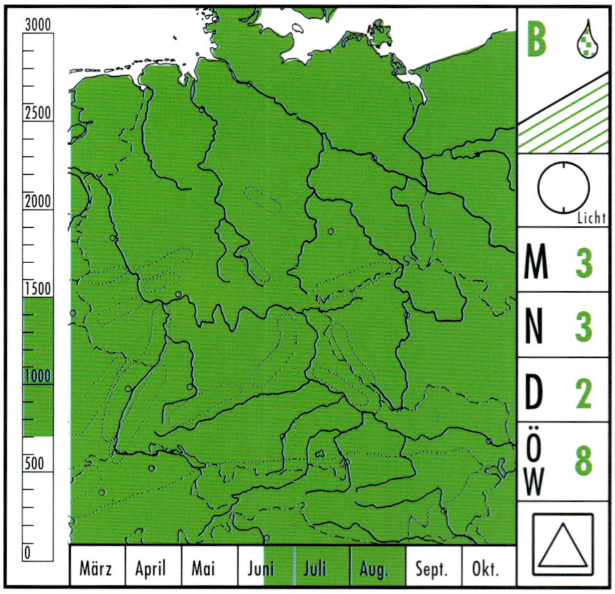

**Abb. 159:** Kahlschlagflur mit Wald-Reitgras und Tollkirsche auf einer Rodungsstelle am Pletzach im Falzthurntal, Ost-Karwendel.

**Abb. 160:** Tollkirschen-Schlag mit Wald-Kreuzkraut auf einer Rodungsfläche am Stangensteig oberhalb von Hötting bei Innsbruck.

## 4.2.3 Wasserdost-Schlagflur
*Eupatorium cannabini* R. Tx. 1937

**Verband:** *Atropion belladonnae* R. Tx. 1931 em. 1950, Tollkirschen- und Hainkletten-Schlagfluren
**Ordnung:** *Atropetalia belladonnae* Vlieger 1937, Mitteleuropäische Schlag- und Vorwald-Gesellschaften
**Klasse:** *Epilobietalia angustifolii* R. Tx. et Prsg. ex v. Rochow 1951, Schlaggesellschaften und Vorwald-Gehölze

**Kennzeichen**
Diese Krautflur unterscheidet sich in den ökologischen Ansprüchen von der Gesellschaft aus Wasserdost und Zaunwinde. Sie ist in Gräben und an Rändern von Schlagflächen zu finden, die über feuchte bis frische nährstoffreiche Waldbraunerden verfügen. Bezeichnend ist der Reichtum an blütenbesuchenden Faltern, die das reiche Vorherrschen des Wasserdostes ausnützen.

**Vorkommen und Höhenverbreitung**
Für Österreich kaum beschrieben, praktisch in ganz Mitteleuropa sehr häufig vertreten, in der montanen Stufe bis 1200 m im Areal der Nadelmischwälder, aber auch in weiterem Umfeld von Seen und Bächen.

**Artenliste**

| | |
|---|---|
| Angelica sylvestris | Wald-Engelwurz |
| Calystegia sepium | Zaunwinde |
| Cirsium oleraceum | Kohldistel |
| Deschampsia caespitosa | Draht-Schmiele |
| Eupatorium cannabinum | Wasserdost |
| Lysimachia vulgaris | Gilbweiderich |
| Rubus idaeus | Himbeere |
| Urtica dioica | Große Brennessel |

**Abb. 161:** Wasserdost-Schlagflur als Vorwaldgebüsch eines montanen Fichtenmischwaldes im Falzthurntal, östliches Karwendel.

## 4.2.4 Hainkletten-Schlagflur
*Arctietum nemorosi* R. Tx. 1950

**Verband:** *Atropion belladonnae* R. Tx. 1931 em. 1950, Tollkirschen- und Hainkletten-Schlagfluren
**Ordnung:** *Atropetalia belladonnae* Vlieger 1937, Mitteleuropäische Schlag- und Vorwald-Gesellschaften
**Klasse:** *Epilobietalia angustifolii* R. Tx. et Prsg. ex v. Rochow 1951, Schlaggesellschaften und Vorwald-Gehölze

**Kennzeichen**
Die Hainkletten-Schlagflur stellt eine Lichtungsgesellschaft dar, die im Wuchsgebiet der artenreichen Eichen-Hainbuchenwälder und Auenwälder vorkommt, aber auch im Wuchsgebiet montaner Grauerlenwälder anzutreffen ist. Bevorzugt werden frische, nährstoffreiche Braunerden und feuchte, schwere Lehmböden. Die Artengarnitur enthält Feuchte- und Stickstoffzeiger der nitrophilen Säume, Uferstaudenfluren und anthropogenen Gehölze.

**Vorkommen und Höhenverbreitung**
Von der Jura über das Bodenseegebiet bis ins Alpenvorland, Salzburger Kalkalpen bis südliches Burgenland; von der kollinen bis zur montanen Stufe.

**Artenliste**

| | |
|---|---|
| Ajuga reptans | Kriechender Günsel |
| Arctium nemorosum | Hainklette |
| Brachypodium sylvaticum | Wald-Zwenke |
| Bromus ramosus | Wald-Trespe |
| Cirsium arvense | Acker-Kratzdistel |
| Cirsium vulgare | Gewöhnliche Kratzdistel |
| Dactylis glomerata | Wiesen-Knäuelgras |
| Fragaria vesca | Wald-Erdbeere |
| Galeopsis tetrahit | Gewöhnlicher Hohlzahn |
| Hypericum perforatum | Echtes Johanniskraut |
| Lonicera xylosteum | Heckenkirsche |
| Rubus idaeus | Himbeere |
| Scrophularia nodosa | Knotige Braunwurz |
| Senecio fuchsii | Fuchs' Kreuzkraut |
| Urtica dioica | Große Brennessel |
| Vicia sepium | Zaun-Wicke |

**Abb. 162:** Hainkletten-Schlagflur an einem Feldgehölzstreifen am Fisser Sonnenplateau, Tiroler Oberland.

## 4.3 Staudengestrüpp-Gesellschaften und Vorwälder
*Sambuco-Salicion capreae* R. Tx. et Neumann in R. Tx. 1950

### 4.3.1 Kreuzkraut-Schlag
*Senecionetum fuchsii* Kaiser 1926

**Verband:** *Sambuco-Salicion capreae* R. Tx. et Neumann in R. Tx. 1950, Staudengestrüpp-Gesellschaften und Vorwälder
**Ordnung:** *Atropetalia belladonnae* Vlieger 1937, Mitteleuropäische Schlag- und Vorwald-Gesellschaften
**Klasse:** *Epilobietalia angustifolii* R. Tx. et Prsg. ex v. Rochow 1951, Schlaggesellschaften und Vorwald-Gehölze

**Kennzeichen**
Fuchs' Kreuzkraut löst mit ziemlich einheitlichen Beständen und hoher Dominanz die Weidenröschenflur und den Tollkirschen-Schlag auf älteren Schlagfluren ab. Nährstoffreiche, frische Böden in montanen Lagen sind die Voraussetzung für diese Gesellschaft, die bis 1 m Wuchshöhe erreicht. Die Arten charakterisieren die montane Buchenwaldstufe, in höheren Lagen können Elemente der subalpinen Hochstauden wie Weiße Pestwurz, Rundblättriger Steinbrech, Gewöhnlicher Dost und Eisenhutblättriger Hahnenfuß vorkommen. Stets herrscht Fuchs' Kreuzkraut vor, ferner sind Nährstoff- und Feuchtezeiger enthalten. Der Boden ist mit dichten Brombeersträuchern verwachsen und verleiht der Schlagflur den Charakter eines Dickichts.

**Vorkommen und Höhenverbreitung**
Die Schlagflur kann in ganz Mitteleuropa in der montanen Buchenwaldstufe angetroffen werden.

**Artenliste**

| | |
|---|---|
| Adenostyles alliariae | Grauer Alpendost |
| Brachypodium sylvaticum | Wald-Zwenke |
| Calamagrostis epigejos | Land-Reitgras |
| Carex sylvatica | Wald-Segge |
| Dryopteris filix-mas | Männlicher Wurmfarn |
| Fragaria vesca | Wald-Erdbeere |
| Rubus fruticosus | Brombeere |
| Salvia glutinosa | Klebriger Salbei |
| Scrophularia nodosa | Knotige Braunwurz |
| Senecio fuchsii | Fuchs' Kreuzkraut |
| Stachys sylvatica | Wald-Ziest |

**Abb. 163:** Kreuzkraut-Schlag in einem montanen Fichtenwald unterhalb der Feldernalm im Tiroler Gaistal.

## 4.3.2 Himbeer-Gestrüpp
*Rubetum idaei* GAMS 1927

**Verband:** *Sambuco-Salicion capreae* R. TX. et NEUMANN in R. TX. 1950, Staudengestrüpp-Gesellschaften und Vorwälder
**Ordnung:** *Atropetalia belladonnae* VLIEGER 1937, Mitteleuropäische Schlag- und Vorwald-Gesellschaften
**Klasse:** *Epilobietalia angustifolii* R. TX. et PRSG. ex v. ROCHOW 1951, Schlaggesellschaften und Vorwald-Gehölze

**Kennzeichen**
Das Himbeergsestrüpp kommt auf trockenen, etwas nährstoff- und basenärmeren älteren Waldlichtungen und an sonnigen Wegrändern im Bereich der montanen Fichtenwaldgesellschaften und Fichtenforste als Vorwaldgesellschaft vor. Es bildet im Übergang zum Traubenholundergebüsch die Vorstufe zur Waldentwicklung. Die Himbeere bildet dichte, undurchdringliche Gestrüppe aus, die fast den Charakter einer Ein-Arten-Gesellschaft haben. Das Himbeergestrüpp folgt in der Sukzession auf die Kreuzkraut-Schlag-Gesellschaft.

**Vorkommen und Höhenverbreitung**
Von der kollinen bis zur subalpinen Stufe in ganz Mitteleuropa im Bereich der Fichtenwaldstufe.

**Artenliste**

| | |
|---|---|
| Rubus idaeus | Himbeere |
| Sambucus racemosa | Trauben-Holunder |
| Senecio fuchsii | Fuchs' Kreuzkraut |

**Abb. 164:** Himbeer-Gestrüpp auf einer Schlagfläche in einem Fichtenwald bei Feld im Osttiroler Iseltal.

## 4.3.3 Trauben-Holunder-Gebüsch
*Sambucetum racemosae* OBERD. 1973

**Verband:** *Sambuco-Salicion capreae* R. TX. et NEUMANN in R. TX. 1950, Staudengestrüpp-Gesellschaften und Vorwälder
**Ordnung:** *Atropetalia belladonnae* VLIEGER 1937, Mitteleuropäische Schlag- und Vorwald-Gesellschaften
**Klasse:** *Epilobietalia angustifolii* R. TX. et PRSG. ex v. ROCHOW 1951, Schlaggesellschaften und Vorwald-Gehölze

**Kennzeichen**
Diese Gebüsche lösen in höheren Lagen den Schwarzen Holunder ab und sind auf Schlagflächen in mittleren und höheren Lagen zu finden. In den Berggebieten können sie auch als alte Gebüschformationen entlang von Feldrainen und Steinmauern wachsen. Die Gesellschaft ist befähigt, entblößte Waldböden über Blockhalden zu bewachsen. In der Krautschicht herrschen Schlagflur-Arten wie Gewöhnliche Goldrute, Weidenröschen und Hain-Kreuzkraut vor. In der Übergangsphase zum Trauben-Holunder-Gebüsch kann eine Mischgesellschaft vorliegen, das **Fuchs-Kreuzkraut-Trauben-Holundergebüsch**, *Senecioni fuchsii-Sambucetum racemosae* NOIRF. 1949.

**Artenliste**

| | |
|---|---|
| Epilobium angustifolium | Schmalblättriges Weidenröschen |
| Galeopsis speciosa | Bunter Hohlzahn |
| Rubus idaeus | Himbeere |
| Salix caprea | Sal-Weide |
| Sambucus racemosa | Trauben-Holunder |
| Senecio fuchsii | Fuchs' Kreuzkraut |
| Senecio nemorensis | Hain-Kreuzkraut |
| Urtica dioica | Große Brennessel |

## 4.3.4 Sal-Weiden-Vorwaldgebüsch
*Epilobio angustifolii-Salicetum capreae* OBERD. 1957

**Verband:** *Sambuco-Salicion capreae* R. TX. et NEUMANN in R. TX. 1950, Staudengestrüpp-Gesellschaften und Vorwälder
**Ordnung:** *Atropetalia belladonnae* VLIEGER 1937, Mitteleuropäische Schlag- und Vorwald-Gesellschaften
**Klasse:** *Epilobietalia angustifolii* R. TX. et PRSG. ex v. ROCHOW 1951, Schlaggesellschaften und Vorwald-Gehölze

**Kennzeichen**
Die häufigste Mitteleuropäische Vorwaldgesellschaft kommt über nährstoffarmen, skelettreichen Böden vor allem auf Kahlschlägen, auf Erdaufschüttungen, auf Brachflächen, an Wegböschungen, in aufgelassenen Kies- und Schottergruben und auf Trümmerschutt vor. Lichtliebende Sträucher, Relikte der vorhergegangenen Waldgesellschaft und Pionierarten kennzeichnen die krautigen Begleitpflanzen der Gebüsche, die vorwiegend aus Sal-Weiden, aber auch aus Baumarten wie Zitter-Pappel und Birken bestehen. Die Gesellschaft bildet auch den Vorwald von eschen- und ulmenreichen Auenwäldern über frischen Lehmböden.

**Artenliste**

| | |
|---|---|
| Betula pendula | Hänge-Birke |
| Epilobium angustifolium | Schmalblättriges Weidenröschen |
| Populus tremula | Zitter-Pappel |
| Rubus caesius | Kratzbeere |
| Rubus idaeus | Himbeere |
| Salix caprea | Sal-Weide |
| Urtica dioica | Große Brennessel |

## 4.3.5 Holundergebüsch
*Sambucetum nigrae* OBERD. 1973

**Verband:** *Sambuco-Salicion capreae* R. TX. et NEUMANN ap. R. TX. 1950, Waldlichtungsgesellschaften
**Ordnung:** *Atropetalia belladonnae* VLIEGER 1937, Kahlschlag- und Waldlichtungsgesellschaften
**Klasse:** *Epilobietea angustifolii* R. TX. et PRSG. ex v. ROCHOW 1951, Schlaggesellschaften und Vorwald-Gehölze

**Kennzeichen**
Holundergebüsche kommen auf nährstoffreichen Böden meist in Siedlungsnähe oder als Saum entlang von Wegen und Straßen vor. Sie stellen anthropogene Formationen dar und enthalten im Unterwuchs zahlreiche Nitrophyten. Sie weisen ein einheitliches Gepräge auf und bestehen kaum aus mehreren Straucharten. Sie sind auch für entwässerte Erlenbruchwald- und Auenwaldstandorte bzw. für Ränder von Fichtenforsten typisch.

**Artenliste**

| | |
|---|---|
| Aegopodium podagraria | Giersch |
| Galium aparine | Kletten-Labkraut |
| Lamium album | Weiße Taubnessel |
| Rubus caesius | Kratzbeere |
| Sambucus nigra | Schwarzer Holunder |

**Abb. 165:** Trauben-Holunder-Gebüsch an einer Trockensteinmauer bei Sölden im Ötztal.

**Vorkommen und Höhenverbreitung**
In ganz Mitteleuropa im Wuchsgebiet der Nadelwälder/Nadelmischwälder ab der montanen Stufe bis 1600 – 1700 m.

**Abb. 166:** Sal-Weiden-Vorwaldgebüsch an einem montanen Weichholzauenwald im Kalser Tal, Osttirol.

**Vorkommen und Höhenverbreitung**
Ostösterreich, Salzburg, Alpenvorland, Mittel-, Nord-, Ostdeutschland, submontan bis hochmontan.

**Abb. 167:** Holundergebüsch an den Hängen des Inntales bei Prutz im Tiroler Oberland.

**Vorkommen und Höhenverbreitung**
In ganz Mitteleuropa bis zur montanen Stufe.

# 5 Krautige Säume an Wald- und Wiesenrändern

## 5.1 Giersch-Saum-Gesellschaften
*Aegopodion podagrariae* R. Tx. 1967

### 5.1.1 Brennessel-Giersch-Gesellschaft
*Urtico-Aegopodietum podagrariae* Oberd. 1964 in Görs 1968

**Verband:** *Aegopodion podagrariae* R. Tx. 1967, Giersch-Saum-Gesellschaften
**Ordnung:** *Galio-Alliarietalia* Oberd. ex Görs et Th. Müller 1969 (*Lamio-Chenopodietalia boni-henrici* Kopecky 1969), Nitrophytische Stauden-, Saum- und Verlichtungsgesellschaften
**Klasse:** *Galio-Urticetea* Passarge ex Kopecky 1969, Nitrophile Säume und Uferstaudengesellschaften

**Kennzeichen**
Krautige Säume mit stickstoffliebenden Gierschfluren kommen auf gut wasserversorgten Böden entlang von Straßen-, Weg- und Waldrändern, Bächen und in Auwäldern vor. Auffällig sind die dichten Krautfluren, in denen auch Große Brennessel, Kletten-Labkraut und Gefleckte Taubnessel sehr häufig vorhanden sind. Der Giersch kann auch Reinbestände ausbilden, so in schattigen Gebüschsäumen städtischer Parkanlagen und entlang von Wegen. Es sind verschiedene Höhenformen ausgebildet; je höher die Gesellschaft steigt, umso mehr kommen Arten der alpinen Hochstauden und Lägerfluren wie Kälberkropf, Alpen-Ampfer und Eisenhut-Arten hinzu.

**Vorkommen und Höhenverbreitung**
Die Gesellschaft ist in ganz Mitteleuropa meist zwischen der kollinen und montanen Stufe zu finden, reicht aber bis in die hochmontane Stufe; oft anthropogen bedingt.

**Artenliste**

| | |
|---|---|
| Aegopodium podagraria | Giersch |
| Alchemilla monticola | Bergwiesen-Frauenmantel |
| Dactylis glomerata | Wiesen-Knäuelgras |
| Galium aparine | Kletten-Labkraut |
| Geranium sylvaticum | Wald-Storchschnabel |
| Heracleum sphondylium | Wiesen-Bärenklau |
| Knautia dipsacifolia | Wald-Knautie |
| Lamium maculatum | Gefleckte Taubnessel |
| Poa trivialis | Gewöhnliches Rispengras |
| Urtica dioica | Große Brennessel |
| Vicia sepium | Zaun-Wicke |

**Abb. 168:** Brennessel-Giersch-Saum an einem nitrophilen Hangstandort bei Ellmau, Wilder Kaiser.

## 5.1.2 Gold-Kälberkropf-Flur
*Chaerophylletum aurei* OBERD. 1957

**Verband:** *Aegopodion podagrariae* R. TX. 1967, Giersch-Saum-Gesellschaften
**Ordnung:** *Galio-Alliarietalia* OBERD. ex GÖRS et Th. Müller 1969 (*Lamio-Chenopodietalia boni-henrici* KOPEKKY 1969), Nitrophytische Stauden-, Saum- und Verlichtungsgesellschaften
**Klasse:** *Galio-Urticetea* PASSARGE ex KOPECKY 1969, Nitrophile Säume und Uferstaudengesellschaften

**Kennzeichen**
Die Saumgesellschaft kommt vor allem an Gebüschen und Feldwegrändern in subozeanisch getönten Gebieten vor. Die stickstoffliebende Flur bevorzugt gut krümelige Lehmböden, kann aber auch auf Schutt angetroffen werden. Zur Blütezeit im Juni fällt die Flur durch die leuchtenden Blütenköpfe des Gold-Kälberkropfes auf, der bis 1,5 m hoch werden kann. Im Herbst geben die goldbraunen Fruchtstände den Säumen ihr eigenes Gepräge.

**Vorkommen und Höhenverbreitung**
Die Gesellschaft kommt in ganz Mitteleuropa von der kollinen bis zur submontanen Stufe vor. Sie kann auch im Umfeld von Auwäldern als Saumgesellschaft auftreten.

**Artenliste**

| | |
|---|---|
| Aegopodium podagraria | Giersch |
| Arrhenatherum elatius | Glatthafer |
| Chaerophyllum aureum | Gold-Kälberkropf |
| Cruciata laevipes | Kreuz-Labkraut |
| Dactylis glomerata | Wiesen-Knäuelgras |
| Galium album | Weißes Labkraut |
| Heracleum sphondylium | Wiesen-Bärenklau |
| Lamium album | Weiße Taubnessel |
| Lamium maculatum | Gefleckte Taubnessel |
| Lathyrus pratensis | Wiesen-Platterbse |
| Poa trivialis | Gewöhnliches Rispengras |
| Urtica dioica | Große Brennessel |
| Vicia sepium | Zaun-Wicke |

**Abb. 169:** Gold-Kälberkropf-Flur als Ackerrandstreifen von Gemüsekulturen bei Hall im Tiroler Inntal.

## 5.1.3 Roßminzen-Staudenflur
*Aegopodio-Menthetum longifoliae* HILBIG 1972

**Verband:** *Aegopodion podagrariae* R. TX. 1967, Giersch-Saum-Gesellschaften
**Ordnung:** *Galio-Alliarietalia* OBERD. ex GÖRS et TH. MÜLLER 1969 (*Lamio-Chenopodietalia boni-henrici* KOPEKKY 1969), Nitrophytische Stauden-, Saum- und Verlichtungsgesellschaften
**Klasse:** *Galio-Urticetea* PASSARGE ex KOPECKY 1969, Nitrophile Säume und Uferstaudengesellschaften

**Kennzeichen**
Die hochwüchsigen, wiesenartigen Bestände der Roßminze kommen auf nährstoffreichen, überstauten Lehm- und Mergelböden der Mittelgebirgsflüsse vor. Dabei werden vor allem unbeschattete oder halbschattige Böschungen eingenommen. Die in großen Mengen auftretende Roßminze prägt den krautigen Bestand, daneben sind nitrophytische Arten der Uferstaudengesellschaften sowie Feuchtwiesenarten enthalten. Die Gesellschaft steht mit der Pestwurz-Giersch-Flur in Kontakt, ist aber weiter als diese von der Wasserlinie des Baches entfernt.

**Artenliste**

| | |
|---|---|
| Aegopodium podagraria | Giersch |
| Chaerophyllum hirsutum | Behaarter Kälberkropf |
| Cirsium oleraceum | Kohldistel |
| Dactylis glomerata | Wiesen-Knäuelgras |
| Filipendula ulmaria | Mädesüß |
| Juncus inflexus | Blaugrüne Binse |
| Mentha longifolia | Roßminze |

## 5.1.4 Pestwurz-Giersch-Flur
*Phalarido-Petasitetum officinalis* SCHWICKERATH 1933

**Verband:** *Aegopodion podagrariae* R. TX. 1967, Giersch-Saum-Gesellschaften
**Ordnung:** *Galio-Alliarietalia* OBERD. ex GÖRS et TH. MÜLLER 1969 (*Lamio-Chenopodietalia boni-henrici* KOPEKKY 1969), Nitrophytische Stauden-, Saum- und Verlichtungsgesellschaften
**Klasse:** *Galio-Urticetea* PASSARGE ex KOPECKY 1969, Nitrophile Säume und Uferstaudengesellschaften

**Kennzeichen**
Die Gewöhnliche Pestwurz bildet mit der Roßminze und dem Rohr-Glanzgras dichte Bestände auf kiesig-sandigen bis schottrigen Sedimentterrassen von Flüssen und Bächen, auch als Krautsaum von Grauerlenwäldern in etwas weiterem Abstand vom Mittelwasserspiegel. Im Alpenvorland können Arten der subalpinen Hochstaudenfluren wie Eisenhut oder Wiesenraute enthalten sein. In höheren Lagen tritt der Kälberkropf in größerer Zahl hinzu.

**Artenliste**

| | |
|---|---|
| Aconitum napellus | Eisenhut |
| Carduus personata | Berg-Distel |
| Chaerophyllum hirsutum | Behaarter Kälberkropf |
| Heracleum sphondylium | Wiesen-Bärenklau |
| Lamium maculatum | Gefleckte Taubnessel |
| Petasites hybridus | Gewöhnliche Pestwurz |
| Phalaris arundinacea | Rohr-Glanzgras |
| Poa trivialis | Gewöhnliches Rispengras |

## 5.1.5 Wiesen-Kerbel-Gesellschaft
*Anthriscus sylvestris*-Gesellschaft T. MÜLLER 1983

**Verband:** *Aegopodion podagrariae* R. TX. 1967, Giersch-Saum-Gesellschaften
**Ordnung:** *Galio-Alliarietalia* OBERD. ex GÖRS et TH. MÜLLER 1969 (*Lamio-Chenopodietalia boni-henrici* KOPEKKY 1969), Nitrophytische Stauden-, Saum- und Verlichtungsgesellschaften
**Klasse:** *Galio-Urticetea* PASSARGE ex KOPECKY 1969, Nitrophile Säume und Uferstaudengesellschaften

**Kennzeichen**
Entlang von Straßengräben, Wegrainen, Zaunsäumen oder auf Ruderalflächen breitet sich die nährstoffliebende Wiesenkerbel-Gesellschaft aus. In den dichten Beständen kommt meist der Bärenklau gehäuft vor, der zusammen mit dem Wiesenkerbel schnittverträglicher ist. Standorte an Straßenrändern enthalten zahlreiche Arten der Europäischen Wirtschaftswiesen, während die Fluren der Bach- und Flußtäler zu den nitrophytischen Stauden- und Saumfluren zu zählen sind.

**Artenliste**

| | |
|---|---|
| Anthriscus sylvestris | Wiesen-Kerbel |
| Dactylis glomerata | Wiesen-Knäuelgras |
| Galium aparine | Kletten-Labkraut |
| Heracleum sphondylium | Wiesen-Bärenklau |
| Urtica dioica | Große Brennessel |

**Abb. 170:** Roßminzen-Staudenflur an einer extensiven Wiesenböschung bei Ellmau.

**Vorkommen und Höhenverbreitung**
Submontane bis montane Lagen der Alpen bis Mitteldeutschland.

**Abb. 171:** Pestwurz-Gierschflur an einem Entwässerungsgraben bei Greetsiel in Ostfriesland.

**Vorkommen und Höhenverbreitung**
In ganz Mitteleuropa in der kollinen bis zur oberen montanen Stufe (ca. 1300 m), im Tiefland zerstreut, im Hügel- und Bergland häufiger.

**Abb. 172:** Wiesen-Kerbel-Gesellschaft an einem Gebüschsaum bei Aurach, Kitzbühel.

**Vorkommen und Höhenverbreitung**
Bis zur montanen Stufe in ganz Mitteleuropa, nach Mucina et al. (1993) eine der häufigsten Saumgesellschaften Österreichs.

## 5.2 Pestwurzfluren
*Petasition officinalis* SILLINGER 1933

**Verband:** *Petasition officinalis* SILLINGER 1933, Pestwurzfluren
**Ordnung:** *Convolvuletalia sepium* R. TX. 1950, Schleier-Gesellschaften
**Klasse:** *Galio-Urticetea* PASSARGE ex KOPECKY 1969, Nitrophile Säume und Uferstaudengesellschaften

**Kennzeichen**
Schotterflächen an Bächen, schattige und sickerwasserreiche Säume entlang von Wäldern werden von Pestwurzfluren eingenommen, die auf lehmig-sandigen bis schotter-sandigen Böden vorkommen. Die wesentliche Voraussetzung für die dichten Krautfluren ist eine gute Nährstoffversorgung und kurzfristige Überschwemmungen im Frühjahr. Der Grundwasserhorizont kann bis 2 m unter der Bodenoberfläche liegen. Nach Begleitarten und Höhenverbreitung sind zahlreiche Gesellschaften beschrieben, so die Staudenflur mit der Gewöhnlichen Pestwurz an montanen Standorten, die in Tieflagen von der Pestwurz-Giersch-Gesellschaft abgelöst wird. Diese ist artenärmer und enthält mesophile Wiesenarten.

**Ökologie**
Pestwurzfluren werden häufig durch im Frühjahr kurzfristig auftretende Hochwässer gestört, wodurch zwar der Stickstoffeintrag stattfindet, die Pflanzen aber mechanisch geschädigt werden können. Durch mächtige Rhizome und durch eine sehr rasche Entwicklung der Blätter ist die Pestwurz befähigt, diese Störungen zu bewältigen.

**Vorkommen und Höhenverbreitung**
In ganz Mitteleuropa in der kollinen bis zur montanen Stufe (ca. 1000 m), mit Entwicklungsoptimum in der submontanen Stufe, im Tiefland zerstreut, im Hügel- und Bergland häufig.

**Gefährdung, Pflege, Naturschutz**
Pestwurzfluren gehen durch Bach- und Flußverbauungen bzw. durch die Veränderung des Überflutungsregimes verloren. Der Erhalt der natürlichen Flußdynamik ist notwendig, ebenso dürfen die Lichtverhältnisse etwa durch Rodung oder Überforstung mit Nadelhölzern im unmittelbaren Umfeld nicht verändert werden.

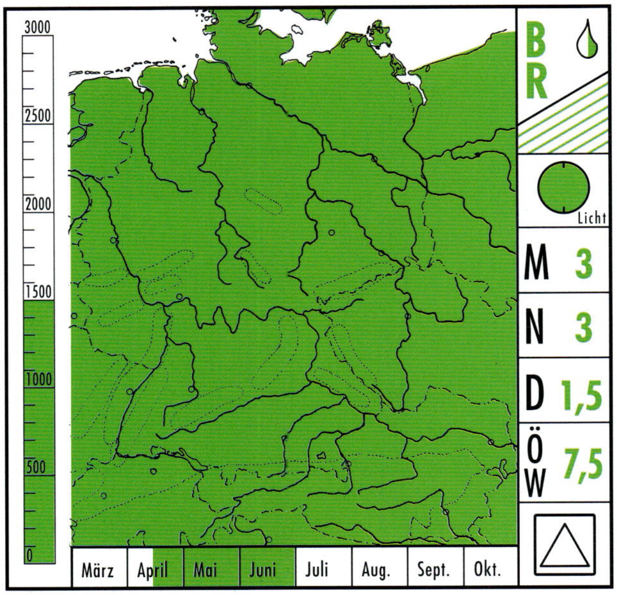

**Abb. 173:** Alpen-Pestwurz-Flur (*Petasites paradoxus*) an einem Schuttstandort in der Arzler Scharte oberhalb von Innsbruck

**Abb. 174:** Flur der Gewöhnlichen Pestwurz in einem Wiesental bei Hohe Tannen im Harz im Vorfeld eines Schwarzerlen-Auenwaldes.

## 5.2.1 Hochstaudenflur mit Weißer Pestwurz
*Arunco-Petasitetum albi* Br.-Bl. et Sutter 1977

**Verband:** *Petasition officinalis* Sillinger 1933, Pestwurzfluren
**Ordnung:** *Convolvuletalia sepium* R. Tx. 1950, Schleier-Gesellschaften
**Klasse:** *Galio-Urticetea* Passarge ex Kopecky 1969, Nitrophile Säume und Uferstaudengesellschaften

**Kennzeichen**
In der montanen Stufe im Bereich der Buchen-Tannenwälder kommt die Weiße Pestwurz zusammen mit Wald-Geißbart, Kälberkropf und Indischem Springkraut vor. Diese Hochstaudenflur tritt auch in lichten Stellen von Grauerlenwäldern in Erscheinung und bevorzugt tiefergründige Flußsedimente. Die Gesellschaft ist der Staudenflur der Gewöhnlichen Pestwurz ähnlich, erreicht jedoch eine geringere Wuchshöhe.

**Vorkommen und Höhenverbreitung**
In ganz Mitteleuropa in der kollinen bis zur oberen montanen Stufe (ca. 1300 m), im Hügel- und Bergland häufig.

**Artenliste**

| | |
|---|---|
| Aegopodium podagraria | Giersch |
| Alnus incana | Grauerle |
| Aruncus dioicus | Wald-Geißbart |
| Athyrium filix-femina | Wald-Frauenfarn |
| Chaerophyllum hirsutum | Behaarter Kälberkropf |
| Epilobium montanum | Berg-Weidenröschen |
| Fragaria vesca | Wald-Erdbeere |
| Geranium robertianum | Stinkender Storchschnabel |
| Petasites albus | Weiße Pestwurz |
| Veronica urticifolia | Nesselblättriger Ehrenpreis |

**Abb. 175:** Hochstaudenflur mit Weißer Pestwurz auf einem verwachsenen Schwemmkegel bei Feld im Osttiroler Iseltal.

## 5.2.2 Staudenflur der Gewöhnlichen Pestwurz
*Chaerophyllo-Petasitetum hybridi* Gams ap. Hegi 1929

**Kennzeichen**
Diese Gesellschaft kommt in der montanen Stufe besonders im Bereich von Schotterterrassen der Mittelgebirge vor, aber auch auf schottrigen Ufersedimenten kleinere Flüsse und Bäche. Als Begleiter kommen häufig der Giersch und das Milzkraut vor. Die Pestwurz (*Petasites hybridus = Petasites officinalis*) bildet im Sommer breite „regenschirmähnliche" Blätter auf langen Stielen aus, die dicht beieinander stehen.

**Vorkommen und Höhenverbreitung**
In ganz Mitteleuropa in der kollinen bis zur montanen Stufe (ca. 1000 m), mit Entwicklungsoptimum in der submontanen Stufe, im Tiefland zerstreut, im Hügel- und Bergland häufig.

**Artenliste**

| | |
|---|---|
| Aegopodium podagraria | Giersch |
| Chrysosplenium alternifolium | Wechselblättriges Milzkraut |
| Galium aparine | Kletten-Labkraut |
| Glechoma hederacea | Gundermann |
| Heracleum sphondylium | Wiesen-Bärenklau |
| Lamium maculatum | Gefleckte Taubnessel |
| Orobanche flava | Hellgelbe Sommerwurz |
| Petasites hybridus | Gewöhnliche Pestwurz |
| Poa trivialis | Gewöhnliches Rispengras |
| Stellaria nemorum | Wald-Sternmiere |
| Urtica dioica | Große Brennessel |

**Abb. 176:** Staudenflur der Gewöhnlichen Pestwurz im fruchtenden Zustand auf einem feuchtezügigen Hang bei Neuleutasch, Seefelder Plateau.

## 5.3 Giersch-Saumgesellschaften
*Galio-Alliarion* LOHMEYER et OBERD. in OBERD. et al. 1967

### 5.3.1 Stink-Storchschnabelflur
*Epilobio-Geranietum robertiani* LOHMEYER ex GÖRS et Th. MÜLLER 1969

**Verband:** *Galio-Alliarion* LOHMEYER et OBERD. in OBERD. et al. 1967, Giersch-Saumgesellschaften
**Ordnung:** *Glechometalia hederaceae* R. TX. 1975, Nitrophytische Staudenfluren, Nitrophytische Stauden-, Saum- und Verlichtungsgesellschaften
**Klasse:** *Galio-Urticetea* PASSARGE ex KOPECKY 1969, Nitrophile Säume und Uferstaudengesellschaften

**Kennzeichen**
Die Gesellschaft bildet niedrigwüchsige und geschlossene Krautsäume aus, in denen der Stinkende Storchschnabel und das Berg-Weidenröschen dominieren. Mäßig stickstoffreiche, frische bis feuchte Lehmböden über kalkarmen Ausgangsgesteinen sowie luftfeuchte Lagen kennzeichnen die Standortbedingungen dieser Gesellschaft, die von schattenertragenden Pflanzen im Waldesinneren und an Waldlichtungen ausgebildet wird.

**Vorkommen und Höhenverbreitung**
In ganz Mitteleuropa bis zur montanen Stufe, vor allem an Rändern von Eichen-Hainbuchenwäldern.

**Artenliste**

| | |
|---|---|
| Dactylis glomerata | Wiesen-Knäuelgras |
| Epilobium montanum | Berg-Weidenröschen |
| Festuca gigantea | Riesen-Schwingel |
| Galium aparine | Kletten-Labkraut |
| Galium odoratum | Waldmeister |
| Geranium robertianum | Stinkender Storchschnabel |
| Geum urbanum | Echte Nelkenwurz |
| Impatiens noli-tangere | Großes Springkraut |
| Lapsana communis | Rainkohl |
| Moehringia trinervia | Wald-Nabelmiere |
| Mycelis muralis | Mauerlattich |
| Poa trivialis | Gewöhnliches Rispengras |
| Stachys sylvatica | Wald-Ziest |
| Urtica dioica | Große Brennessel |

**Abb. 177:** Stink-Storchschnabelflur an einem Waldsaum bei Hundsdorf im Kärntner Lavanttal.

## 5.3.2 Zwerg-Holunder-Gesellschaft
*Sambucetum ebuli* FELFÖLDY 1942

**Verband:** *Galio-Alliarion* LOHMEYER et OBERD. in OBERD. et al. 1967, Giersch-Saumgesellschaften
**Ordnung:** *Glechometalia hederaceae* R. TX. 1975, Nitrophytische Staudenfluren, Nitrophytische Stauden-, Saum- und Verlichtungsgesellschaften
**Klasse:** *Galio-Urticetea* PASSARGE ex KOPECKY 1969, Nitrophile Säume und Uferstaudengesellschaften

**Kennzeichen**
Von dieser Gesellschaft sind Vorkommen auf mäßig feuchten und trockenen Standorten beschrieben. Die feuchtere Ausbildung bevorzugt Waldränder, Waldwegränder und Lichtungen in der montanen Lage und ist durch das Vorkommen des Wiesen-Bärenklaus gekennzeichnet. Die trockene Variante wächst auf Bahndämmen und an Straßenböschungen. Die Böden sind basenreich und bestehen aus kalkhaltigen Lehmen. Im Schatten des Zwerg-Holunders (= Attich) gedeihen nur wenige krautige, stickstoffliebende Arten, aus den Kontaktgesellschaften dringen Gräser und Arten der Wirtschaftswiesen ein.

**Vorkommen und Höhenverbreitung**
Südliches und westliches Mitteleuropa; Süddeutschland, Ostösterreich, Vorarlberg, Osttirol, Kärnten; bis 1500 m.

**Artenliste**

| | |
|---|---|
| Arrhenatherum elatius | Glatthafer |
| Artemisia vulgaris | Gewöhnlicher Beifuß |
| Bromus sterilis | Taube Trespe |
| Dactylis glomerata | Wiesen-Knäuelgras |
| Galium aparine | Kletten-Labkraut |
| Glechoma hederacea | Gundermann |
| Heracleum sphondylium | Wiesen-Bärenklau |
| Sambucus ebulus | Zwerg-Holunder |
| Urtica dioica | Große Brennessel |

**Abb. 178:** Zwerg-Holunder-Gesellschaft bei St. Paul im Kärntner Lavanttal.

**Abb. 179:** Fruchtender Zwerg-Holunder.

## 5.3.3 Taumel-Kälberkropf-Flur
*Alliario-Chaerophylletum temuli* LOHMEYER 1949

**Verband:** *Galio-Alliarion* LOHMEYER et OBERD. in OBERD. et al. 1967, Giersch-Saumgesellschaften
**Ordnung:** *Glechometalia hederaceae* R. TX. 1975, Nitrophytische Staudenfluren, Nitrophytische Stauden-, Saum- und Verlichtungsgesellschaften
**Klasse:** *Galio-Urticetea* PASSARGE ex KOPECKY 1969, Nitrophile Säume und Uferstaudengesellschaften

**Kennzeichen**
Die Flur des Taumel-Kälberkropf, in dem die Knoblauchsrauke in größeren Herden enthalten sein kann, bevorzugt halbschattige, frische, lockere, humusreiche, nährstoffreiche Lehmböden im unmittelbaren Saum von Gebüschen. Standörtliche Varianten werden durch das Vorkommen des Schöllkrautes bzw. des Wald-Ziest gebildet. Diese Gesellschaft stellt die häufigste des Verbandes der halbschattigen, thermophilen Säume dar.

**Artenliste**

| | |
|---|---|
| Alliaria petiolata | Knoblauchsrauke |
| Artemisia vulgaris | Gewöhnlicher Beifuß |
| Bryonia dioica | Rotbeerige Zaunrübe |
| Chaerophyllum termulum | Taumel-Kälberkropf |
| Elymus repens | Kriechende Quecke |
| Galium aparine | Kletten-Labkraut |
| Impatiens parviflora | Kleinblütiges Springkraut |
| Poa trivialis | Gewöhnliches Rispengras |
| Silene dioica | Rote Lichtnelke |
| Urtica dioica | Große Brennessel |

## 5.3.4 Kreuzlabkraut-Saum
*Urtico-Crutiatetum laevipedis* DIERSCHKE 1974

**Verband:** *Galio-Alliarion* LOHMEYER et OBERD. in OBERD. et al. 1967, Giersch-Saumgesellschaften
**Ordnung:** *Glechometalia hederaceae* R. TX. 1975, Nitrophytische Staudenfluren, Nitrophytische Stauden-, Saum- und Verlichtungsgesellschaften
**Klasse:** *Galio-Urticetea* PASSARGE ex KOPECKY 1969, Nitrophile Säume und Uferstaudengesellschaften

**Kennzeichen**
Der Kreuzlabkraut-Saum nimmt lichtere, flachgründige und etwas trockene Standorte an lichten Gebüschrändern ein. Die Brennessel und das in Herden wachsende Kreuzlabkraut bestimmen das Bild dieser krautigen Flur, die ferner eine größere Menge an mesophilen Saumarten enthält. Die Gesellschaft vermittelt zu den Gierschfluren.

**Artenliste**

| | |
|---|---|
| Alliaria petiolata | Knoblauchsrauke |
| Anthriscus sylvestris | Wiesen-Kerbel |
| Arrhenaterum elatius | Glatthafer |
| Cruciata laevipes | Kreuz-Labkraut |
| Dactylis glomerata | Wiesen-Knäuelgras |
| Galium aparine | Kletten-Labkraut |
| Geranium pratense | Wiesen-Storchschnabel |
| Lamium maculatum | Gefleckte Taubnessel |
| Mentha longifolia | Roßminze |
| Rumex obtusifolius | Stumpfblättriger Ampfer |
| Urtica dioica | Große Brennessel |

## 5.3.5 Schöllkraut-Saum
*Chelidonium majus*-Gesellschaft

**Verband:** *Galio-Alliarion* LOHMEYER et OBERD. in OBERD. et al. 1967, Giersch-Saumgesellschaften
**Ordnung:** *Glechometalia hederaceae* R. TX. 1975, Nitrophytische Staudenfluren, Nitrophytische Stauden-, Saum- und Verlichtungsgesellschaften
**Klasse:** *Galio-Urticetea* PASSARGE ex KOPECKY 1969, Nitrophile Säume und Uferstaudengesellschaften

**Kennzeichen**
An Ruderalorten, Kiesplätzen, Bahndämmen und Wegrändern kommt die Flur des Schöllkrautes vor, die vor allem durch die wuchernde Wuchsform des Schöllkrautes bestimmt wird. Die Gesellschaft wächst vorwiegend auf frischen bis feuchten, humosen und schattigen Standorten und ist grundsätzlich artenarm. Außerhalb der Hauptblütezeit Mitte Juni bis Ende Juli ist sie schwer zu erkennen. Auffällig ist jedoch, daß das Schöllkraut aus ganz schmalen Ritzen an Gemäuern treiben kann. In früherer Zeit galt es als begehrte Heilpflanze und wurde deshalb in Dörfern gepflegt.

**Artenliste**

| | |
|---|---|
| Artemisia vulgaris | Gewöhnlicher Beifuß |
| Chelidonium majus | Schöllkraut |
| Lolium perenne | Englisches Raygras |
| Potentilla anserina | Gänse-Fingerkraut |
| Reseda lutea | Gelbe Resede |
| Urtica dioica | Große Brennessel |

**Abb. 180:** Taumel-Kälberkropf-Flur an einem Feldrand beim Millstätter See, Kärnten.

**Vorkommen und Höhenverbreitung**
Planar bis submontan an Ortsrändern, Ruinen, Wegrainen. Hohlwege und Böschungen in ganz Mitteleuropa.

**Abb. 181:** Kreuzlabkraut-Saum an einem Wiesenweg bei Königsdorf, Oberbayern.

**Vorkommen und Höhenverbreitung**
Kolline bis submontane Stufe an Ortsrändern in ganz Mitteleuropa, an lichten Gebüschrändern, an Rainen, Böschungen und Wegrändern.

**Abb. 182:** Schöllkraut-Saum an einem Bauernhof bei Aschland, Mieminger Plateau.

**Vorkommen und Höhenverbreitung**
Kolline bis montane Stufe in ganz Mitteleuropa.

## 5.4 Frische Waldsäume und Schlagfluren
*Impatienti noli-tangere – Stachyion sylvaticae* GÖRS ex MUCINA 1993

### 5.4.1 Große Springkraut-Flur
*Impatientetum noli-tangere* R. TX. et BRUN-HOOL 1975

**Verband:** *Impatienti noli-tangere – Stachyion sylvaticae* GÖRS ex MUCINA 1993, Frische Waldsäume und Schlagfluren
**Ordnung:** *Lamio albi-Chenopodietalia boni-henrici* KOPECKY 1969, Nitrophile Staudenfluren und Saumgesellschaften
**Klasse:** *Galio-Urticetea* PASSARGE ex KOPECKY 1969, Nitrophile Säume und Uferstaudengesellschaften

**Kennzeichen**
Die Gesellschaft besteht aus stickstoff- und feuchtigkeitsliebenden Arten und kommt auf frischen bis feuchten Waldstandorten mit reifen, humosen Böden vor. Ebenso werden frische Kahlschläge, Waldlichtungen, aber auch Auwaldstandorte oder schattige Ufer von Waldbächen eingenommen. Auffallend ist vor allem das Große Springkraut mit den eigentümlichen Blüten und den bis zu 1 m hohen krautigen Pflanzen.

**Vorkommen und Höhenverbreitung**
Kolline bis montane Lagen in ganz Mitteleuropa an schattigen, bewaldeten Standorten

**Artenliste**

| | |
|---|---|
| Cirsium oleraceum | Kohldistel |
| Eupatorium cannabinum | Wasserdost |
| Festuca gigantea | Riesen-Schwingel |
| Impatiens noli-tangere | Großes Springkraut |
| Impatiens parviflora | Kleinblütiges Springkraut |
| Lamium maculatum | Gefleckte Taubnessel |
| Salvia glutinosa | Klebriger Salbei |
| Stachys sylvatica | Wald-Ziest |

**Abb. 183:** Große Springkraut-Flur an einem Bachstandort an der Zillertaler Höhenstraße bei Uderns.

## 5.4.2 Saum des Kleinen Springkrauts
*Impatiens parviflora*-Gesellschaft

**Verband:** *Impatienti noli-tangere – Stachyion sylvaticae* Görs ex Mucina 1993, Frische Waldsäume und Schlagfluren
**Ordnung:** *Lamio albi-Chenopodietalia boni-henrici* Kopecky 1969, Nitrophile Staudenfluren und Saumgesellschaften
**Klasse:** *Galio-Urticetea* Passarge ex Kopecky 1969, Nitrophile Säume und Uferstaudengesellschaften

### Kennzeichen
Im Tiefland bis zur submontanen Stufe bildet das Kleinblütige Springkraut krautige Säume aus, die fast zur Gänze von diesem selbst beherrscht werden. Das einjährge Kleinblütige Springkraut, das aus Kleinasien stammt, setzt sich an Rändern von Auwäldern, auf schattigen Waldböschungen, Straßen- und Wegrändern und auf Ödlandstandorten immer mehr durch. Nährstoffreiche, lehmige Böden, die zeitweise besonnt sind, zeichnen die Standorte aus. Es gehört als Kennart der Thermophilen Saumgesellschaften (*Galio-Alliarion* Oberd. 1957) der **Klettenlabkraut-Lichtungsflur,** *Galio aparine-Impatientetum noli-tangere* Tx. 1975 an, die in lichten Schlucht- und Auwäldern auf stickstoffreichen und feuchten Böden vorkommt.

### Vorkommen und Höhenverbreitung
Beide Gesellschaften sind in ganz Mitteleuropa in der kollinen bis submontanen Stufe verbreitet. Die Gesellschaft des Kleinblütigen Springkrautes wurde bislang taxonomisch nicht benannt.

### Artenliste

| | |
|---|---|
| Aegopodium podagraria | Giersch |
| Circaea lutetiana | Gewöhnliches Hexenkraut |
| Cirsium oleraceum | Kohldistel |
| Festuca gigantea | Riesen-Schwingel |
| Galium aparine | Kletten-Labkraut |
| Geranium robertianum | Stinkender Storchschnabel |
| Impatiens parviflora | Kleinblütiges Springkraut |
| Sambucus nigra | Schwarzer Holunder |
| Stellaria nemorum | Wald-Sternmiere |
| Urtica dioica | Große Brennessel |

**Abb. 184:** Saum des Kleinen Springkrautes an einem Waldrand bei Bad Tölz.

## 5.5 Flußkreuzkraut-Schleiergesellschaften
*Senecionion fluviatilis* R. Tx. 1950

### 5.5.1 Gesellschaft des Indischen Springkrautes
*Impatiens glandulifera*-Gesellschaft

**Verband:** *Senecionion fluviatilis* R. Tx. 1950, Flußkreuzkraut-Schleiergesellschaften
**Ordnung:** *Lamio albi-Chenopodietalia boni-henrici* Kopecky 1969, Nitrophile Staudenfluren und Saumgesellschaften
**Klasse:** *Galio-Urticetea* Passarge ex Kopecky 1969, Nitrophile Säume und Uferstaudengesellschaften

**Kennzeichen**
An Waldsäumen, in Augebieten und auf Ödland kommen hochwüchsige und auffällig blühende Fluren des Indischen Springkrautes meist in Verzahnung mit der Kanadischen Goldrute vor. Diese in Europa eingewanderten Arten nehmen nährstoffreiche, lichtbedürftige Standorte von der Tiefebene bis 1000 m Seehöhe ein. Die Bestände verdrängen ehemalige Gierschfluren und ähnliche Assoziationen der Nitrophilen Saumgesellschaften (*Galio-Urticetea* Passarge 1969).

**Artenliste**

| | |
|---|---|
| Aegopodium podagraria | Giersch |
| Cirsium arvense | Acker-Kratzdistel |
| Clematis vitalba | Gewöhnliche Waldrebe |
| Eupatorium cannabinum | Wasserdost |
| Galium album | Weißes Labkraut |
| Impatiens glandulifera | Indisches Springkraut |
| Rubus caesius | Kratzbeere |
| Solidago canadensis | Kanadische Goldrute |
| Solidago gigantea | Späte Goldrute |
| Urtica dioica | Große Brennessel |

### 5.5.2 Flur der Kanadischen Goldrute
*Solidago canadensis*-Gesellschaft

**Verband:** *Senecionion fluviatilis* R. Tx. 1950, Flußkreuzkraut-Schleiergesellschaften
**Ordnung:** *Lamio albi-Chenopodietalia boni-henrici* Kopecky 1969, Nitrophile Staudenfluren und Saumgesellschaften
**Klasse:** *Galio-Urticetea* Passarge ex Kopecky 1969, Nitrophile Säume und Uferstaudengesellschaften

**Kennzeichen**
Siehe Gesellschaft des Indischen Springkrautes. Die Kanadische Goldrute wächst im Vergleich zum Indischen Springkraut, mit dessen Beständen sie eng verzahnt ist, auch auf Böschungen von Bahndämmen und Feldrainen. Das Abbrennen des Grasfilzes fördert ihr Aufkommen, da sie sich durch vegetative Vermehrung rasch ausbreiten kann.

**Artenliste**

| | |
|---|---|
| Aegopodium podagraria | Giersch |
| Cirsium arvense | Acker-Kratzdistel |
| Eupatorium cannabinum | Wasserdost |
| Galium album | Weißes Labkraut |
| Impatiens glandulifera | Indisches Springkraut |
| Solidago canadensis | Kanadische Goldrute |
| Solidago gigantea | Späte Goldrute |
| Urtica dioica | Große Brennessel |

### 5.5.3 Wasserdost-Flur
*Convolvulo-Eupatorietum cannabini* Gors 1974

**Verband:** *Senecionion fluviatilis* R. Tx. 1950, Flußkreuzkraut-Schleiergesellschaften
**Ordnung:** *Lamio albi-Chenopodietalia boni-henrici* Kopecky 1969, Nitrophile Staudenfluren und Saumgesellschaften
**Klasse:** *Galio-Urticetea* Passarge ex Kopecky 1969, Nitrophile Säume und Uferstaudengesellschaften

**Kennzeichen**
Auf frischen und sickerfeuchten Uferböschungen sowie auf Waldlichtungsflächen treten dichte, auffällige Bestände des Wasserdost auf. Diese können auch in bachbegleitenden Gehölzfluren auftreten (Wittmann & Strobl 1990). Die Hochstaudengesellschaft dürfte ein Zeiger für feuchte und stickstoffreiche Standorte sein.

**Artenliste**

| | |
|---|---|
| Calystegia sepium | Zaunwinde |
| Cirsium oleraceum | Kohldistel |
| Eupatorium cannabinum | Wasserdost |
| Galium aparine | Kletten-Labkraut |
| Rubus caesius | Kratzbeere |
| Urtica dioica | Große Brennessel |

**Abb. 185:** Saum des Indischen Springkrautes an einem verbauten Wildbach in der Rossau südlich von Innsbruck.

**Vorkommen und Höhenverbreitung**
In ganz Mitteleuropa von der kollinen bis zur montanen Stufe an Wald- und Wegrändern, auf Waldlichtungen, an Straßenböschungen, an Grabenrändern und Grabeneinhang.

**Abb. 186:** Flur der Kanadischen Goldrute auf Lichtungsflächen in den Kranebitter Innauen westlich von Innsbruck.

**Vorkommen und Höhenverbreitung**
In ganz Mitteleuropa an Wald- und Wegrändern, auf Waldlichtungen, an Straßenböschungen, an Grabenrändern und Grabeneinhang; von der kollinen bis zur montanen Stufe.

**Abb. 187:** Wasserdost-Flur auf einem verlandeten Waldweiher bei Tantegert im Igler Wald bei Innsbruck.

**Vorkommen und Höhenverbreitung**
In der submontanen bis montanen Stufe des Alpenvorlandes und der Zentralalpen.

## 5.5.4 Brennessel-Flur
*Urtica dioica*-Gesellschaft

**Verband:** *Senecionion fluviatilis* R. Tx. 1950, Flußkreuzkraut-Schleiergesellschaften
**Ordnung:** *Lamio albi-Chenopodietalia boni-henrici* Kopecky 1969, Nitrophile Staudenfluren und Saumgesellschaften
**Klasse:** *Galio-Urticetea* Passarge ex Kopecky 1969, Nitrophile Säume und Uferstaudengesellschaften

**Kennzeichen**
Die stickstoffliebende Brennessel begleitet schattige, nährstoffreiche Waldsäume von Gebüschen oder Mischwäldern. Die artenarme, meist nur durch die Brennessel dominierte Gesellschaft ist die häufigste Pflanzengesellschaft überhaupt und bildet üppige, hochwüchsige, geschlossene Bestände. Daneben enthalten die Säume noch ruderale Ubiquisten.

**Artenliste**

| | |
|---|---|
| Convolvulus arvensis | Ackerwinde |
| Dactylis glomerata | Wiesen-Knäuelgras |
| Elymus repens | Kriechende Quecke |
| Lamium maculatum | Gefleckte Taubnessel |
| Poa pratensis | Wiesenrispe |
| Urtica dioica | Große Brennessel |

## 5.5.5 Saum des Riesenschachtelhalmes
*Equisetum telmateja*-Gesellschaft

**Verband:** *Senecionion fluviatilis* R. Tx. 1950, Flußkreuzkraut-Schleiergesellschaften
**Ordnung:** *Lamio albi-Chenopodietalia boni-henrici* Kopecky 1969, Nitrophile Staudenfluren und Saumgesellschaften
**Klasse:** *Galio-Urticetea* Passarge ex Kopecky 1969, Nitrophile Säume und Uferstaudengesellschaften

**Kennzeichen**
Der Riesenschachtelhalm bevorzugt meist beschattete sickernnasse Quellfluren an Waldrändern oder in montanen Eschen-Auenwäldern. (*Carici remotae-Fraxinetum* W. Koch 1926 ex Faber 1936, Bach-Eschen-Wald). Man findet die auffälligen, bizarr wirkenden Bestände der bis zu 1 m hohen Schachtelhalme ferner in feuchten Gräben und vernäßten Mulden. Die Gesellschaft kann eine Ersatzgesellschaft der montanen Auenwälder wie Grauerlen- oder Schwarzerlen-Auenwald darstellen (Mucina et al. 1993).

**Artenliste**

| | |
|---|---|
| Carex remota | Winkelsegge |
| Chaerophyllum hirsutum | Behaarter Kälberkropf |
| Cirsium oleraceum | Kohldistel |
| Equisetum telmateja | Riesenschachtelhalm |
| Urtica dioica | Große Brennessel |

# 5.6 Schleiergesellschaften
*Convolvulion* R. Tx. 1950

## 5.6.1 Zaunwinden-Brennessel-Saumgesellschaft
*Urtico-Convolvuletum* Görs et Th. Müller 1969

**Verband:** *Convolvulion* Tx. 1950, Schleiergesellschaften
**Ordnung:** *Convolvuletalia sepium* R. Tx. 1950, Schleiergesellschaften
**Klasse:** *Galio-Urticetea* Passarge ex Kopecky 1969, Nitrophile Säume und Uferstaudengesellschaften

**Kennzeichen**
An nährstoffreichen Bachgräben, Wegrändern, Ackerrandstreifen und ortsnahen Gehölzbeständen kommt eine krautige Flur vor, die oft durch die hochwüchsige Große Brennessel und die lianenartig schlingende Zaun-Winde auffällt. Die Zaun-Winde stellt im intensiv genutzten Agrarland eine wichtige Art für Tagfalter dar. Nährstoffreichtum, gute Wasserversorgung und neutrale bis basische Böden sind für die Gesellschaft typisch. In der Krautschicht sind ferner einjährige Arten sowie konkurrenzstarke Gräser enthalten. Der Zaunwinden-Brennessel-Saum gehört zu den häufigsten Ruderalgesellschaften.

**Artenliste**

| | |
|---|---|
| Aegopodium podagraria | Giersch |
| Alopecurus pratensis | Wiesen-Fuchsschwanz |
| Calystegia sepium | Zaunwinde |
| Dactylis glomerata | Wiesen-Knäuelgras |
| Galium aparine | Kletten-Labkraut |
| Lamium maculatum | Gefleckte Taubnessel |
| Symphytum officinale | Gewöhnlicher Beinwell |
| Urtica dioica | Große Brennessel |

**Abb. 188:** Brennessel-Flur an einem Wiesenweg im Marchfeld, Niederösterreich.

**Vorkommen und Höhenverbreitung**
In ganz Mitteleuropa bis zur hochmontanen Stufe.

**Abb. 189:** Saum des Riesenschachtelhalms an einem Waldbach bei Königsdorf.

**Vorkommen und Höhenverbreitung**
Von den Alpen bis Mitteldeutschland in Höhen zwischen 600 und 1350 m.

**Abb. 190:** Zaunwinden-Saumgesellschaft an einem Maschendrahtzaun in der Rossau bei Innsbruck.

**Vorkommen und Höhenverbreitung**
In der planaren bis montanen Stufe in ganz Mitteleuropa, ortsnahe Waldränder, Erdaufschüttungen, Gräben, Zäune, Straßenböschungen.

## 5.7 Blutstorchschnabelsäume
*Geranion sanguinei* R. Tx. in Th. Müller 1961

### 5.7.1 Inneralpiner Laserkrautsaum
*Trifolio-Laserpitetum latifolii* van Gils et Gilissen 1976

**Verband:** *Geranion sanguinei* R. Tx. in Th. Müller 1961, Blutstorchschnabelsäume
**Ordnung:** *Origanetalia vulgaris* Th. Müller 1961, Wirbeldostgesellschaften
**Klasse:** *Trifolio-Geranietea sanguinei* Th. Müller 1961, Meso- und thermophile Krautsäume

**Kennzeichen**
Der inneralpine Saum des Berg-Laserkrautes kommt als Brachenstadium eines Halbtrockenrasen auf südexponierten Hängen vor. Die Formation vermittelt zu den wärmeliebenden Waldsäumen und besiedelt lichte, geneigte Trockenhänge, die meist von einem Gebüschsaum aus Berberitze, Liguster und Hasel umgeben sind. Die Böden weisen einen hohen Karbonatgehalt und pH-Wert auf und sind tiefgründig. Die Standorte liegen bevorzugt in kontinental getönten Tälern auf südexponierten Hängen sowie an Wald- und Gebüschrändern. Für das Oberrheingebiet bis zur Fränkischen Alb und dem Weser-Leine-Bergland ist der farbenprächtige **Hirschwurzsaum**, *Geranio-Peucedanetum cervariae* Th. Müller 1961 beschrieben.

**Vorkommen und Höhenverbreitung**
Submontane Stufe der kontinentalen Zentralalpen und Mittelgebirge zwischen 800 und 1400 m; auch in Südfrankreich, dem Mittelwallis und in den Pyrenäen.

**Ökologie**
Sobald die Bewirtschaftung von Magerwiesen eingestellt wird, setzen unterschiedliche Verbrachungsstadien ein. Die ausgewachsenen Gräserhorste verfilzen sich zu dichten Teppichen, in denen langsam kleine Gehölze aufkommen können. Eine bemerkenswerte Verbrachungsvariante wird durch das Berg-Laserkraut gebildet, das dichte, fast lückenlose Fluren aufbaut. Dazwischen kommen Fels-Fiederzwenke oder Wiesen-Labkraut vor, die zweite hochwüchsige Staudenart, der Berg-Haarstrang, beginnt einzuwandern. Mahdresistente Spezialisten wie Pyramiden-Schillergras oder Aufrechte Trespe verschwinden.

**Gefährdung, Pflege, Naturschutz**
Das Verschinden dieser sensiblen und kleinflächigen Lebensräume durch Verwachsen ist heute fast häufiger als die Überformung durch Intensivieren der landwirtschaftlichen Nutzung. Als mahdbedingter Trockenstandort muß der Laserkrautsaum aber weiterhin bewirtschaftet werden, um die Verbuschung zu unterbinden. Die Mahd oder das Entfernen des bereits vorhandenen Baumbewuchses (entkusseln im Winter) muß sehr behutsam durchgeführt werden.

**Artenliste**

| | |
|---|---|
| Anthericum liliago | Traubige Graslilie |
| Avena pratensis | Trift-Hafer |
| Berberis vulgaris | Berberitze |
| Bromus erectus | Aufrechte Trespe |
| Campanula glomerata | Büschel-Glockenblume |
| Centaurea scabiosa | Skabiosen-Flockenblume |
| Galium mollugo | Wiesen-Labkraut |
| Galium verum | Echtes Labkraut |
| Laserpitium latifolium | Breitblättriges Laserkraut |
| Laserpitium siler | Berg-Laserkraut |
| Medicago falcata | Sichelklee |
| Peucedanum oreoselinum | Berg-Haarstrang |
| Polygonatum odoratum | Salomonssiegel |
| Koeleria pyramidata | Pyramiden-Schillergras |
| Salvia pratensis | Wiesen-Salbei |
| Sesili libanotis | Heilwurz |
| Stachys recta | Aufrechter Ziest |

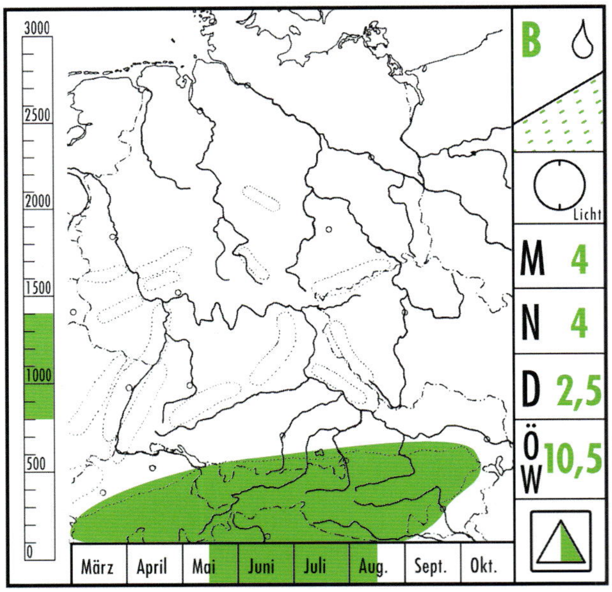

**Abb. 191:** Inneralpiner Laserkrautsaum an einem Trockenhang auf einem südostexponierten Hang bei Kössen.

**Abb. 192:** Trockensaum mit Laserkraut auf südexponierten Trockenhängen auf der Tiroler Sonnenterrasse bei Serfaus.

## 5.8 Klee-Saumgesellschaften
*Trifolion medii* TH. MÜLLER 1961

### 5.8.1 Klee-Odermennig-Saum
*Trifolio medii-Agrimonietum eupatoriae* TH. MÜLLER 1961

**Verband:** *Trifolion medii* TH. MÜLLER 1961, Klee-Saumgesellschaften
**Ordnung:** *Origanetalia* TH. MÜLLER 1961, Wirbeldostgesellschaften
**Klasse:** *Trifolio-Geranietea sanguinei* TH. MÜLLER 1961, Meso- und thermophile Krautsäume

**Kennzeichen**
Die ziemlich häufige, blumenreiche und bunte Krautgesellschaft ist am Rande von Eichen-Hainbuchenwäldern, Perlgras- und Orchideen-Buchenwäldern sowie von Schlehengebüschen über Kalk- und Lehmböden ausgebildet und besteht aus verschiedenen wärmeliebenden und trockenheitsertragenden Arten. Die Gesellschaft, die zu den Halbtrockenrasen vermittelt, markiert den Übergang von Extensivweiden zu einer Waldformation und wird insbesondere durch Düngeeintrag beeinträchtigt oder zerstört.

**Vorkommen und Höhenverbreitung**
Planare bis montane Stufe in der Eichen- und Buchenwaldregion, Alpenvorland, Nordalpenrand, Alpentäler, Ostösterreich.

**Artenliste**

| | |
|---|---|
| Achillea millefolium | Gewöhnliche Schafgarbe |
| Agrimonia eupatoria | Gewöhnlicher Odermennig |
| Astragalus glycyphyllos | Bärenschote |
| Brachypodium pinnatum | Fieder-Zwenke |
| Calamintha clinopodium | Wirbeldost |
| Dactylis glomerata | Wiesen-Knäuelgras |
| Euphorbia cyparissias | Zypressen-Wolfsmilch |
| Galium verum | Echtes Labkraut |
| Hypericum perforatum | Echtes Johanniskraut |
| Lathyrus pratensis | Wiesen-Platterbse |
| Origanum vulgare | Gewöhnlicher Dost |
| Trifolium medium | Mittlerer Klee |
| Vicia sepium | Zaun-Wicke |
| Viola hirta | Rauhhaariges Veilchen |

**Abb. 193:** Klee-Odermennig-Saum an einem Hangstandort im Höttinger Graben oberhalb von Innsbruck.

## Bemerkenswerte Pflanzen der Waldrandsäume

**Abb. 194:** Vielblütiger Salomonssiegel, *Polygonatum multiflorum*

**Abb. 195:** Quirlblütiger Salomonssiegel, *Polygonatum verticillatum*

**Abb. 196:** Alpen-Waldrebe, *Clematis alpina*

**Abb. 197:** Wald-Storchschnabel, *Geranium sylvaticum*

**Abb. 198:** Echter Baldrian, *Valeriana officinalis*

**Abb. 199:** Breitblättrige Glockenblume, *Campanula latifolia*

# 6 Ruderalgesellschaften

## 6.1 Zweizahn-Knöterich-Melden-Ufersäume
*Bidention tripartiti* NORDHAGEN 1940 em. R. TX. in POLI et J. TX. 1960

### 6.1.1 Ampferknöterich-Zweizahnflur
*Polygono lapathifolii-Bidentetum* KLIKA 1935

**Verband:** *Bidention tripartiti* NORDHAGEN 1940 em. R. TX. in POLI et J. TX. 1960, Zweizahn-Knöterich-Melden-Ufersäume
**Ordnung:** *Bidentalia tripartiti* BR.-BL. et R. TX. ex KLIKA et HADAC 1944, Zweizahn-Knöterich-Melden-Ufersäume
**Klasse:** *Bidentetea tripartiti* R. TX. et al. in R. TX. 1950, Zweizahn-Knöterich-Melden-Ufersäume

**Kennzeichen**
Die Gesellschaft kommt auf stickstoffreichen Böden an Bachrändern, Säumen von Äckern und Wirtschaftswiesen, an schlammigen Wassergräben und an Orten vor, wo abgestorbene Pflanzenreste verwesen. Meist sind dies ständig feuchte Pionierstandorte in mäßig kühlen bis kühlen Bereichen, die in heißen Sommern oder im Spätherbst auch temporär abtrocknen können. Die Gesellschaft besteht hauptsächlich aus überschwemmungstoleranten Sommeranuellen (GEISSELBRECHT-TAFERNER & MUCINA 1993).

**Vorkommen und Höhenverbreitung**
In der submontanen bis montanen Stufe in ganz Mitteleuropa.

**Artenliste**

| | |
|---|---|
| Bidens cernua | Nickender Zweizahn |
| Bidens tripartitus | Dreiteiliger Zweizahn |
| Polygonum lapathifolium | Ampfer-Knöterich |
| Polygonum minus | Kleiner Ampfer |
| Polygonum persicaria | Floh-Knöterich |

**Abb. 200:** Ampfer-Knöterichflur mit dem windenden Ampfer-Knöterich auf einem Maschendrahtzaun im Industriegelände östlich von Innsbruck.

## 6.2 Lämmersalat-Äcker
*Arnoseridion minimae* MALATO-BELIZ et al. 1960

### 6.2.1 Lämmersalat-Gesellschaft
*Scleranthо annui-Arnoseridetum minimae* R. TX. 1937

**Verband:** *Arnoseridion minimae* MALATO-BELIZ et al. 1960, Lämmersalat-Äcker
**Ordnung:** *Chenopodietalia albi* R. TX. 1950, Ackerwildkrautgesellschaften
**Klasse:** *Stellarietea cyani* R. TX., LOHMEYER et REISING in R. TX. 1950, Ackerwildkrautgesellschaften und ruderale Einjährigen-Gesellschaften

**Kennzeichen**
In Wintergetreide-Äckern in ausgesprochenen Tieflagen kommen bei extensiver Bewirtschaftung auf Podsol-Böden oder nährstoffarmen Felsbraunerden artenreiche Fluren der Lämmersalat-Gesellschaft vor, die durch zahlreiche Magerkeitszeiger gekennzeichnet ist. Heute ist die Gesellschaft durch Intensivierung der Äcker verschwunden oder floristisch verarmt. Klassische Wuchsorte sind die Roggen-Äcker im Wuchsgebiet der Stieleichen-Wälder.

**Vorkommen und Höhenverbreitung**
Tieflagen der subatlantisch geprägten Klimagebiete der nordwestdeutschen Tiefebene, ausstrahlend bis Thüringen, Bayern; nordwestliches Waldviertel.

**Artenliste**

| | |
|---|---|
| Arnoseris minima | Lämmersalat |
| Anthoxanthum aristatum | Grannen-Ruchgras |
| Aphanes inexpectata | Kleinfrüchtiger Acker-Frauenmantel |
| Galeopsis ladanum | Breitblättriger Hohlzahn |
| Teesdalia nudicaulis | Bauernsenf |

**Abb. 201:** Lämmersalat-Gesellschaft auf einem Acker bei Winsen an der Aller.

## 6.3 Windhalm-Verband
*Scleranthion annui* SISSINGH in WESTHOFF et al. 1946

### 6.3.1 Ackerfrauenmantel-Kamillen-Gesellschaft
*Alchemillo arvensis-Matricarietum* R. TX. 1937

**Verband:** *Scleranthion annui* SISSINGH in WESTHOFF et al. 1946, Windhalm-Verband
**Ordnung:** *Chenopodietalia albi* R. TX. 1950, Ackerwildkrautgesellschaften
**Klasse:** *Stellarietea cyani* R. TX., LOHMEYER et REISING in R. TX. 1950, Ackerwildkrautgesellschaften und ruderale Einjährigen-Gesellschaften

**Kennzeichen**
Die kurzlebigen, meist einjährigen Ruderalfluren und Ackerunkrautgesellschaften sind vielgestaltige, sehr veränderliche Gruppen. Sie enthalten zahlreiche Arten, die durch menschliches Zutun und jahrhundertelange Bewirtschaftung in unseren Breiten heimisch werden konnten. Darunter sind Steppenpflanzen aus Kleinasien, mediterrane Arten sowie Elemente aus den nährstoffreichen Spülsäumen der Flüsse und Meeresküsten zu finden. Mohn und Kornblume stammen zum Beispiel aus dem vorderasiatischen Raum, woher auch die meisten Kulturgräser stammen. Ruderalstandorte nehmen sowohl nährstoffarme Böden wie auf Schuttplätzen und Bahndämmen als auch nährstoffreiche Saumbereiche von Kulturen, Wegen oder Flußläufen ein. Eine der häufigsten Unkrautgesellschaften Mitteleuropas ist die Ackerfrauenmantel-Kamillen-Gesellschaft, die auf sandigen Lehmböden am Rande der Getreidefelder vorkommt.

**Vorkommen und Höhenverbreitung**
Gesamtes Mitteleuropa, von der planaren bis zur montanen, hochmontanen Stufe; in Österreich vor allem im westlichen Alpenvorland und an der Südostalpen-Abdachung.

**Ökologie**
Spezielle Anpassungen an die einseitig bewirtschafteten und regelmäßig umgebrochenen Äcker wie Wurzelknollen verhalfen den Pflanzen, sich in den Randbereichen oder auf Brachflächen zu halten. Dazu kommen weitere funktionelle Anpassungen wie die Produktion großer Samenmengen, eine leichte Samenverbreitung durch den Wind oder die Ausbildung unterirdischer Speicherorgane. Zunehmende Bodenfeuchte und Vergleyung führt zur Verschiebung der Artengarnitur, es treten Staunässezeiger auf und die Bestände entwickeln üppige Krautfluren.

**Gefährdung, Pflege, Naturschutz**
Trotz der anthropogenen Standorte gibt es Ackerrandsteifen mit zahlreichen seltenen Pflanzenarten, wie Adonisröschen, Kleine Wolfsmilch und Ackerröte, die durch Überdüngung, Herbizideinsatz, aber auch Bewirtschaftungsauflassung gefährdet sind. Vor allem die Artenvielfalt geht verloren, die Anreicherung der Böden mit Stickstoffdüngern bewirkt eine Uniformierung der Standortbedingungen. Eine Pflege ist nicht notwendig, die herkömmliche Bewirtschaftung ist beizubehalten.

**Artenliste**

| | |
|---|---|
| Alchemilla arvensis | Acker-Frauenmantel |
| Anagallis arvensis | Acker-Gauchheil |
| Capsella bursa-pastoris | Hirtentäschel |
| Cirsium arvense | Acker-Kratzdistel |
| Convolvulus arvensis | Acker-Winde |
| Galium aparine | Kletten-Labkraut |
| Lamium purpureum | Rote Taubnessel |
| Matricaria recutita | Echte Kamille |
| Myosotis arvensis | Acker-Vergißmeinnicht |
| Papaver rhoeas | Klatsch-Mohn |
| Polygonum convolvulus | Winden-Knöterich |
| Stellaria media | Vogelmiere |
| Veronica arvensis | Feld-Ehrenpreis |
| Veronica persica | Persischer Ehrenpreis |

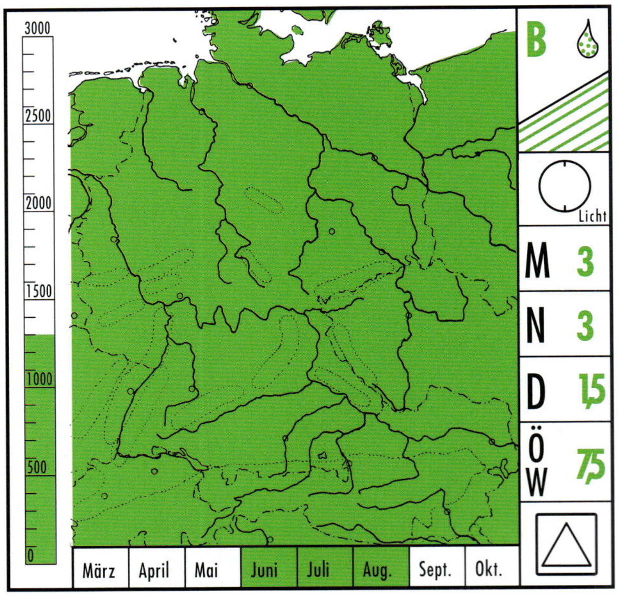

**Abb. 202:** Ackerfrauenmantel-Kamillen-Gesellschaft auf einem aufgelassenen Acker bei Ansbach.

**Abb. 203:** Detail der Acker-Hundskamille, die in dichten Bulten wächst; an einer Schuttdeponie im Lesachtal, Osttirol.

## 6.3.2 Sand-Mohn-Gesellschaft
### *Papaveretum argemones* KRUSEMAN et VLIEGER 1939

**Verband:** *Scleranthion annui* SISSINGH in WESTHOFF et al. 1946, Windhalm-Verband
**Ordnung:** *Chenopodietalia albi* R. TX. 1950, Ackerwildkrautgesellschaften
**Klasse:** *Stellarietea cyani* R. TX., LOHMEYER et REISING in R. TX. 1950, Ackerwildkrautgesellschaften und ruderale Einjährigen-Gesellschaften

**Kennzeichen**
Das Massenauftreten des Sand-Mohns kennzeichnet diese Gesellschaft über mageren, lehmigen Sandböden in sommerwarmen, niederschlagsarmen Gebieten. Die Böden sind nährstoff- und basenarm. Die Sand-Mohngesellschaft ersetzt die Acker-Frauenmantel-Kamillen-Unkrautgesellschaft in subkontinental getönten Regionen und ist wesentlich an das Wuchsgebiet der bodensauren Eichen-Kiefernwälder gebunden. Die Hauptverbreitung liegt in Ost-Deutschland und Nordpolen auf Äckern in landwirtschaftlich ungünstigen Lagen.

**Vorkommen und Höhenverbreitung**
Niedersachsen, Westfalen, Mecklenburg-Vorpommern, Brandenburg, Oberrheingebiet, Bayern; Niederösterreich, Tirol; in der kollinen bis submontanen Stufe.

**Artenliste**

| | |
|---|---|
| Anthemis arvensis | Acker-Hundskamille |
| Capsella bursa-pastoris | Hirtentäschel |
| Matricaria recutita | Echte Kamille |
| Myosotis arvensis | Acker-Vergißmeinnicht |
| Papaver argemone | Sand-Mohn |
| Papaver dubium | Saat-Mohn |
| Scleranthus annuus | Einjähriges Knäuelkraut |
| Stellaria media | Vogelmiere |
| Veronica triphyllos | Dreiblättriger Ehrenpreis |
| Vicia villosa | Zottel-Wicke |
| Viola tricolor | Wildes Stiefmütterchen |

**Abb. 205** Detail eines Saat-Mohn-Ackers.

**Abb. 204:** Sand-Mohn-Flur auf einem Lärmschutzdamm bei Katzelsdorf in Niederösterreich.

## 6.4 Gesellschaften der Sommerfruchtäcker
*Polygono-Chenopodion polyspermi* W. KOCH 1926 em. HÜPPE

### 6.4.1 Hohlzahn-Äcker
*Galeopsietum speciosae* KRUSEMAN et VLIEGER 1939

**Verband:** *Polygono-Chenopodion polyspermi* W. KOCH 1926 em. HÜPPE, Gesellschaften der Sommerfruchtäcker
**Ordnung:** *Sperguletalia arvensis* HÜPPE et HOFMEISTER 1990, Winter- und Sommerfruchtkulturen auf basenarmen Böden
**Klasse:** *Stellarietea mediae* R. TX., LOHMEYER et PREISING in R. TX. 1950, Ackerwildkrautgesellschaften und ruderale Einjährigen-Gesellschaften

**Kennzeichen**
Die Gesellschaft des Bunten Hohlzahnes kommt in Randstreifen von Getreideäckern und Feldrainen entlang von Wirtschaftswiesen vor und ist an ein seltenes Zusammenspiel von kalkreichen Böden und einem niederschlagsreichen, aber rauhen Klima gebunden. Solche Standortbedingungen herrschen nur in wenigen Tälern der Nordalpen und im norddeutschen Raum vor. Überall sonst kommt auf ähnlichen Standorten die **Vielsamengänsefuß-Sauerklee-Gesellschaft**, *Chenopodio-Oxalidetum fontanae* SISSINGH 1950 vor. 1600 mm Jahresniederschlag und Rendsinen sind für diese Standorte charakteristisch.

**Vorkommen und Höhenverbreitung**
In ganz Mitteleuropa von der kollinen bis zur montanen Stufe.

**Artenliste**

| | |
|---|---|
| Convolvulus arvensis | Acker-Winde |
| Galeopsis speciosa | Bunter Hohlzahn |
| Galeopsis tetrahit | Gewöhnlicher Hohlzahn |
| Galium aparine | Kletten-Labkraut |
| Lapsana communis | Rainkohl |
| Papaver rhoeas | Klatsch-Mohn |
| Sinapis arvensis | Acker-Senf |
| Stellaria media | Vogelmiere |
| Viola arvensis | Acker-Stiefmütterchen |

**Abb. 206:** Hohlzahn-Flur in einem Ackerrandstreifen an Feldern im Kärntner Lavanttal bei St. Paul.

## 6.5 Haftdolden-Gesellschaften
*Caucalidion lappulae* (R. Tx. 1950) von Rochow 1951

### 6.5.1 Haftdolden-Adonisröschen-Gesellschaft
*Caucalido-Adonietum* R. Tx. 1950

**Verband:** *Caucalidion lappulae* (R. Tx. 1950) von Rochow 1951, Haftdolden-Gesellschaften
**Ordnung:** *Centaureetalia cyani* R. Tx., Lohmeyer et Preising in R. Tx. 1950, Unkrautgesellschaften der Winter- und Sommerfruchtkulturen
**Klasse:** *Stellarietea mediae* R. Tx., Lohmeyer et Preising in R. Tx. 1950, Therophytenreiche synanthrope Gesellschaften

**Kennzeichen**
Diese Gesellschaft aus der Ordnung der Unkrautgesellschaften der Winter- und Sommerfruchtkulturen enthält wärmebedürftige Halmfruchtarten klimatisch begünstigter Gebiete, die Kalkverwitterungsböden oder basenreiche Lehme sowie Tone bevorzugen. In Mitteleuropa war diese Gesellschaft ursprünglich sehr artenreich und enthielt zahlreiche südeuropäische Elemente. Heute stellt die Haftdolden-Adonisröschen-Gesellschaft eine der am meisten gefährdeten Unkrautfluren dar.

**Artenliste**

| | |
|---|---|
| Adonis aestivalis | Sommer-Adonisröschen |
| Anagallis foemina | Blauer Gauchheil |
| Caucalis platycarpos | Möhren-Haftdolde |
| Consolida regalis | Acker-Rittersporn |
| Convolvulus arvensis | Acker-Winde |
| Euphorbia exigua | Kleine Wolfsmilch |
| Melandrium noctiflorum | Acker-Lichtnelke |
| Papaver rhoeas | Klatsch-Mohn |
| Sherardia arvensis | Ackerröte |
| Sinapis arvensis | Acker-Senf |

## 6.6 Einjährige Ruderalgesellschaften
*Sisymbrion* R. Tx., Lohm., Prsg. 1950

### 6.6.1 Kompaß-Lattich-Gesellschaft
*Conyzo-Lactucetum serriolae* Lohm. in Oberd. 1957

**Verband:** *Sisymbrion* R. Tx. Lohm., Prsg. 1950, Einjährige Ruderalgesellschaften
**Ordnung:** *Sisymbrietalia* R. Tx. 1961, Raukengesellschaften
**Klasse:** *Stellarietea mediae* R. Tx., Lohmeyer et Preising in R. Tx. 1950, Ackerwildkrautgesellschaften und ruderale Einjährigen-Gesellschaften

**Kennzeichen**
Diese Gesellschaft wird durch hochwüchsige Arten und durch das häufige Auftreten des Kanadischen Katzenschweifes und des Kompaß-Lattichs gekennzeichnet. Diese typische „Baustellengesellschaft“ besiedelt trockene und Lehm- und Kiesaufschüttungen, Ödland, Planierungen, Wegränder und Randstreifen intensiv genutzter Äcker, die unbeschattet sind und über eine mäßige Nährstoffversorgung verfügen. In der Krautschicht kommen zahlreiche einjährige Arten vor, die eine breite ökologische Amplitude aufweisen.

**Artenliste**

| | |
|---|---|
| Amaranthus retroflexus | Rauhhaariger Fuchsschwanz |
| Artemisia vulgaris | Gewöhnlicher Beifuß |
| Atriplex patula | Ruten-Melde |
| Bromus tectorum | Dach-Trespe |
| Chenopodium album | Weißer Gänsefuß |
| Conyza canadensis | Kanadischer Katzenschweif |
| Lactuca serriola | Kompaß-Lattich |
| Lepidium densiflorum | Dichtblütige Kresse |
| Sisymbrium officinale | Weg-Rauke |
| Sonchus oleraceus | Kohl-Gänsedistel |
| Trifolium campestre | Feld-Klee |

### 6.6.2 Mäusegerste-Rasen
*Hordeetum murini* Libbert 1933

**Verband:** *Sisymbrion* R. Tx., Lohm., Prsg. 1950, Einjährige Ruderalgesellschaften
**Ordnung:** *Sisymbrietalia* R. Tx. 1961, Raukengesellschaften
**Klasse:** *Stellarietea mediae* R. Tx., Lohmeyer et Preising in R. Tx. 1950, Ackerwildkrautgesellschaften und ruderale Einjährigen-Gesellschaften

**Kennzeichen**
Der Mäusegerste-Rasen kommt vor allem in Siedlungen, Höfen und im Umfeld von Scheunen vor und siedelt auf zum Teil sehr nährstoffreichen, trockenen, sandigen Plätzen, die als Pionierstandorte anzusprechen sind. Besonders im Spätfrühjahr treten die hervorstechenden Arten der Gesellschaft in größeren Mengen auf, im Sommer verschwindet die Mäusegerste. Die Gesellschaft wird oftmals durch Tierfäkalien eutrophiert.

**Artenliste**

| | |
|---|---|
| Bromus sterilis | Taube Trespe |
| Capsella bursa-pastoris | Hirtentäschel |
| Chenopodium album | Weißer Gänsefuß |
| Convolvulus arvensis | Ackerwinde |
| Hordeum murinum | Mäusegerste |
| Lolium perenne | Englisches Raygras |
| Sisymbrium officinale | Weg-Rauke |
| Sonchus oleraceus | Kohl-Gänsedistel |

**Abb. 207:** Adonisröschen (*Adonis aestivalis*) in extensivem Ackerrandstreifen in Feldbach/Steiermark.

**Vorkommen und Höhenverbreitung**
Auf flachgründigen, skelettreichen Kalkäckern in der montanen Stufe der Mittelgebirge (Bodenseegebiet, Schwäbische Alb, Fränkische Alb, Eifel, Hessisches Bergland, Oberösterreich).

**Abb. 208:** Kompaß-Lattich-Flur an einem Acker im Kärntner Lavanttal.

**Vorkommen und Höhenverbreitung**
In ganz Mittel- und Osteuropa in kontinental getönten Gebieten weit verbreitet; im Siedlungsbereich von Dörfern und Städten, auf Schuttflächen, in Kiesgruben, auf Ackerland, an Bahndämmen; in Pflasterritzen und auf Gewerbeflächen.

**Abb. 209:** Mäusegersten-Rasen auf einem Bauernhofgelände in Naturns, Südtirol.

**Vorkommen und Höhenverbreitung**
Von der planaren bis zur submontanen Stufe an Straßen- und Wegrändern, in Siedlungen und kiesigen Höfen, auf Bauernhöfen, an Bahndämmen in ganz Mitteleuropa.

## 6.7 Eselsdistel-Fluren
*Onopordion acanthii* Br.-Bl. 1926

### 6.7.1 Eselsdistel-Gesellschaft
*Onopordetum acanthii* Br.-Bl. in Br.-Bl. et al. 1936

**Verband:** *Onopordion acanthii* Br.-Bl. 1926, Eselsdistel-Fluren
**Ordnung:** *Onopordetalia acanthii* Br.-Bl., Mehrjährige Ruderalfluren
**Klasse:** *Artemisietea vulgaris* Lohmeyer et al. in R. Tx. 1950, Ruderale Beifuß- und Distelgesellschaften

**Kennzeichen**
Hochwüchsige stachelige Disteln wie die Gewöhnliche Eselsdistel und Wollköpfige Kratzdistel bilden ruderale Staudenfluren auf ausgesprochen wärmebedürftigen Standorten. Auf flachgründigen Kalkböden herrschen meist relativ artenarme Bestände mit den prächtigen Disteln vor, die bis zu 1,5 m hoch werden. Die Eselsdistelflur ist eine der am häufigsten vorkommenden Gesellschaften des Verbandes. Die begleitenden Ruderalarten treten gegenüber den Disteln in den Hintergrund. Die Wollköpfige Kratzdistel gilt als Degratationszeiger ungenutzter Halbtrockenrasen.

**Vorkommen**
Trockene, südexponierte Hänge, Straßenböschungen und Feldwegränder in ganz Mitteleuropa sind bevorzugte Wuchsorte.

**Artenliste**

| | |
|---|---|
| Anthriscus sylvestris | Wiesen-Kerbel |
| Carduus acanthoides | Weg-Distel |
| Chenopodium album | Weißer Gänsefuß |
| Cirsium arvense | Acker-Kratzdistel |
| Cirsium eriophorum | Wollköpfige Kratzdistel |
| Cirsium vulgare | Gewöhnliche Kratzdistel |
| Dactylis glomerata | Wiesen-Knäuelgras |
| Daucus carota | Wilde Möhre |
| Echium vulgare | Natterkopf |
| Onopordum acanthium | Gewöhnliche Eselsdistel |
| Pastinaca sativa | Pastinak |
| Polygonum aviculare | Vogel-Knöterich |
| Urtica dioica | Große Brennessel |

**Abb. 210:** Eselsdistel-Flur an einem krautigen Waldsaum bei Feld im Osttiroler Iselstal.

## 6.7.2 Wollköpfige Kratzdistel-Flur
*Cirsietum eriophori* OBERD. 1957

Verband: *Onopordion acanthii* BR.-BL. 1926, Eselsdistel-Fluren
Ordnung: *Onopordetalia acanthii* BR.-BL., Mehrjährige Ruderalfluren
Klasse: *Artemisietea vulgaris* LOHMEYER et al. in R. TX. 1950, Ruderale Beifuß- und Distelgesellschaften

**Kennzeichen**
Die ausdauernde Pflanzengesellschaft der Wollköpfigen Kratzdistel kommt auf sonnigen, mäßig trockenen bis mäßig feuchten, basischen Standorten der submontanen bis hochmontanen Lagen vor. Meist bevölkert die Gesellschaft Weidegebiete wie Hutungen oder montane Bergweiden, sie kann aber ebenso entlang von Zäunen, Mauern und Ruinen gefunden werden. Bevorzugte Wuchsgebiete sind stickstoffangereicherte Böden über Muschelkalk mit starker Besonnung. Die Gesellschaft verschwindet häufig durch Nutzungsintensivierungen oder Verfüllen von Schuttplätzen und aufgelassenen Steinbrüchen. Sie besitzt einen hohen faunistischen Wert für sommerliche Insekten und bietet dazu noch ein ästhetisches Erscheinungsbild.

**Vorkommen und Höhenverbreitung**
submontane bis montane Lagen innerhalb des Alpenbogens und des nördlichen Voralpengebietes.

**Artenliste**

| | |
|---|---|
| Achillea millefolium | Gewöhnliche Schafgarbe |
| Carduus nutans | Nickende Distel |
| Cirsium eriophorum | Wollköpfige Kratzdistel |
| Cirsium vulgare | Gemeine Kratzdistel |
| Dactylis glomerata | Wiesen-Knäuelgras |
| Daucus carota | Wilde Möhre |
| Galeopsis tetrahit | Gewöhnlicher Hohlzahn |
| Geum urbanum | Echte Nelkenwurz |
| Malva sylvestris | Wilde Malve |
| Melilotus officinalis | Echter Steinklee |
| Taraxacum offcinale | Wiesen-Löwenzahn |
| Urtica dioica | Große Brennessel |

**Abb. 211:** Flur der Wollköpfigen Kratzdistel am Rand von Schipisten auf der Tiroler Sonnenterrasse bei Fiss.

## 6.8 Möhren-Steinklee-Ruderalfluren
*Dauco-Melilotion* Görs 1966

### 6.8.1 Natterkopf-Steinklee-Gestrüpp
*Echio-Melilotetum* R. Tx. 1947

**Verband:** *Dauco-Melilotion* Görs 1966, Möhren-Steinklee-Ruderalfluren
**Ordnung:** *Onopordetalia acanthii* Br.-Bl., Mehrjährige Ruderalfluren
**Klasse:** *Artemisietea vulgaris* Lohmeyer et al. in R. Tx. 1950, Ruderale Beifuß- und Distelgesellschaften

**Kennzeichen**
Mittlere bis hochwüchsige, meist locker aufgebaute und farbenprächtige Ruderalgesellschaften kennzeichnen diese Ordnung, die formenreiche Staudenfluren aus zweijährigen und ausdauernden Arten umfaßt. Diese stellen an ihre Standorte höhere Ansprüche, benötigen volle Besonnung und durchlässige, sandiglehmige Böden, jedoch mit schlechter Stickstoffversorgung. Die meisten Arten sind wärmeliebend und zweijährig. Die Gesellschaften sind an die Tätigkeit des Menschen gebunden und kommen in Siedlungsgebieten, an Bahndämmen, auf Kiesplätzen, aufgelassenen Steinbrüchen, Industriegebieten und Brachflächen vor. Die typische Gesellschaft des Natterkopf-Steinklee-Gestrüpps kommt auf aufgelassenen Schuttböden wie alten Bahngeleisen und nicht befahrenen Plätzen vor. Diese Flur bildet die farbenprächtigste aller Ruderalgesellschaften, ihr Erscheinungsbild wird von meterhohen, auffällig blühenden Stauden geprägt. Bemerkenswert ist jedoch, daß die meisten Arten dieser Gesellschaft „nur" weiß oder gelb blühen. Sie kommt auf humusarmen Schotterflächen vor, die schwach nährstoffreich sind.

**Vorkommen und Höhenverbreitung**
In ganz Mitteleuropa bis zur submontanen Stufe an kaum beschatteten Orten auf kalkreichen, stickstoffarmen, trockenen Böden; in Österreich die verbreiteste Gesellschaft der Mehrjährigen Ruderalfluren.

**Ökologie**
Die Gesellschaft wurde weitgehend vom Menschen erzeugt und entwickelt sich wegen des trockenen Standortes nur sehr langsam zu Folgegesellschaften. Als natürliches Vorkommen werden oftmals umgelagerte Schotterböden in Auen angegeben.

**Gefährdung, Pflege, Naturschutz**
Als typische Pionierflur trockener Schotter mit großem Artenreichtum ist diese Gesellschaft schützenswert und stellt für Insekten einen wichtigen Lebensraum dar. Besondere Pflegemaßnahmen sind nicht erforderlich, solange die Standortbedingungen nicht verändert werden. Zum Ausgleich intensiv genutzter Argrarlandschaften sind solche Brachflächen von großer Bedeutung.

**Artenliste**

| | |
|---|---|
| Achillea millefolium | Gewöhnliche Schafgarbe |
| Anchusa officinalis | Gewöhnliche Ochsenzunge |
| Arrhenatherum elatius | Glatthafer |
| Dactylis glomerata | Wiesen-Knäuelgras |
| Daucus carota | Wilde Möhre |
| Echium vulgare | Natterkopf |
| Elymus repens | Kriechende Quecke |
| Galium album | Weißes Labkraut |
| Medicago lupulina | Hopfenklee |
| Melilotus albus | Weißer Steinklee |
| Melilotus officinalis | Echter Steinklee |
| Oenonthera biennis | Gewöhnliche Nachtkerze |
| Plantago lanceolata | Spitz-Wegerich |
| Reseda lutea | Wilde Resede |

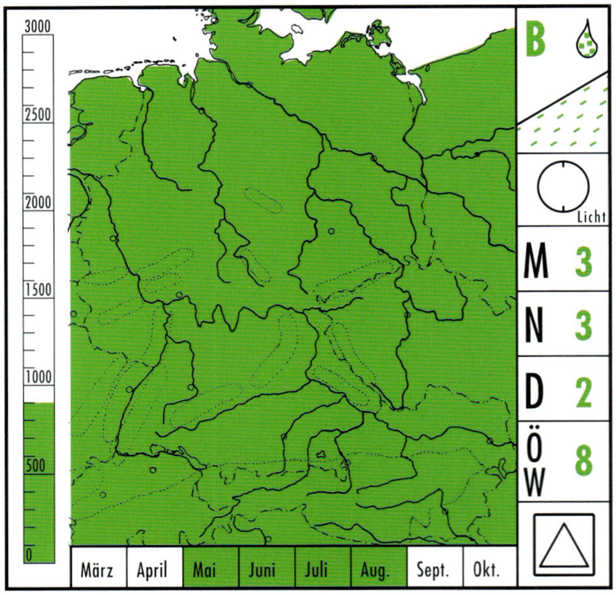

**Abb. 212:** Natternkopf-Steinklee-Gestrüpp auf skelettreichem Boden auf einer kleinen Schuttdeponie bei Mühlau/Innsbruck.

**Abb. 213:** Steinkleeflur mit Pastinak (*Pastinaca sativa*).

**Abb. 214:** Echter Steinklee (*Melilotus officinalis*).

## 6.8.2 Beifuß-Rainfarn-Flur
*Tanaceto-Artemisietum vulgaris* Sissingh 1950

**Verband:** *Dauco-Melilotion* Görs 1966, Möhren-Steinklee-Ruderalfluren
**Ordnung:** *Onopordetalia acanthii* Br.-Bl., Mehrjährige Ruderalfluren
**Klasse:** *Artemisietea vulgaris* Lohmeyer et al. in R. Tx. 1950, Ruderale Beifuß- und Distelgesellschaften

**Kennzeichen**
Eine lückige bis geschlossene, meist von mittelhohen Stauden beherrschte langlebige Ruderalflur auf mäßig frischen bis trockenen Böden, die im Hochsommer zur Blütezeit durch den gelben Rainfarn auffällt. Ferner dominieren der graugrüne Gewöhnliche Beifuß, die Große Brennessel als Nährstoffzeiger und verschiedene Gräser. Häufig werden Wegsäume oder Böschungen an beschatteten Gräben eingenommen, aber auch Schuttplätze mit sandig-lehmigen Böden. Die Flur entwickelt sich sehr langsam zu Land-Reitgras-Beständen weiter. Schutz- oder Pflegemaßnahmen sind nicht notwendig.

**Vorkommen und Höhenverbreitung**
In ganz Mitteleuropa, vor allem in den ozeanisch getönten Gebieten in der kollinen bis submontanen Stufe; im deutschen Tiefland sehr häufig, ferner in Tallagen oder breiten inneralpinen Hauptstromtälern.

**Artenliste**

| | |
|---|---|
| Arrhenatherum elatius | Glatthafer |
| Artemisia vulgaris | Gewöhnlicher Beifuß |
| Chrysanthemum vulgare | Rainfarn |
| Cirsium arvense | Acker-Kratzdistel |
| Dactylis glomerata | Wiesen-Knäuelgras |
| Elymus repens | Kriechende Quecke |
| Galium album | Weißes Labkraut |
| Hypericum perforatum | Echtes Johanniskraut |
| Pastinaca sativa | Pastinak |
| Solidago canadensis | Kanadische Goldrute |
| Solidago gigantea | Späte Goldrute |
| Urtica dioica | Große Brennessel |

**Abb. 215:** Beifuß-Rainfarn-Flur auf einer Böschung der Inntalautobahn bei Kematen.

## 6.8.3 Wildmöhren-Bitterkraut-Flur
## *Dauco-Picridetum hieracioides* Görs 1966

**Verband:** *Dauco-Melilotion* Görs 1966, Möhren-Steinklee-Ruderalfluren
**Ordnung:** *Onopordetalia acanthii* Br.-Bl., Mehrjährige Ruderalfluren
**Klasse:** *Artemisietea vulgaris* Lohmeyer et al. in R. Tx. 1950, Ruderale Beifuß- und Distelgesellschaften

**Kennzeichen**
Die lockerwüchsige, mittelhohe Ruderalflur kommt auf basenreichen, häufig mergeligen Böden vor und fällt im Sommer durch das sparrig wachsende Gewöhnliche Bitterkraut mit den gelben Blütenköpfen auf. Straßenböschungen, Bahndämme, Abraumhalden und Schuttplätze sind bevorzugte Wuchsorte der Gesellschaft, die sich auch zur spontanen Begrünung von Böschungen und Brachflächen eignet. Die Gesellschaft zeigt von Mai bis September verschiedene Blühphasen, hauptsächlich kommen zahlreiche Korbblütler und einjährige Kräuter vor.

**Vorkommen und Höhenverbreitung**
Die Gesellschaft ist in ganz Mitteleuropa bis zur montanen Stufe verbreitet und kann sogar schwach salzhaltige Böden bewachsen.

**Artenliste**

| | |
|---|---|
| Achillea millefolium | Gewöhnliche Schafgarbe |
| Arenaria serpyllifolia | Quendel-Sandkraut |
| Arrhenatherum elatius | Glatthafer |
| Artemisia vulgaris | Gewöhnlicher Beifuß |
| Calamagrostis epigejos | Land-Reitgras |
| Daucus carota | Wilde Möhre |
| Medicago lupulina | Hopfenklee |
| Picris hieracioides | Gewöhnliches Bitterkraut |
| Plantago lanceolata | Spitz-Wegerich |
| Poa compressa | Flaches Rispengras |
| Silene vulgaris | Taubenkropf |
| Solidago canadensis | Kanadische Goldrute |
| Tussilago farfara | Huflattich |

**Abb. 216:** Wildmöhren-Bitterkraut-Flur auf einem verwachsenen Bahndamm bei Bichl, Benediktbeuern.

### 6.8.4 Beifuß-Dominanz-Gesellschaft
*Artemisia vulgaris*-Gesellschaft

**Verband:** *Dauco-Melilotion* GÖRS 1966, Möhren-Steinklee-Ruderalfluren
**Ordnung:** *Onopordetalia acanthii* BR.-BL., Mehrjährige Ruderalfluren
**Klasse:** *Artemisietea vulgaris* LOHMEYER et al. in R. TX. 1950, Ruderale Beifuß- und Distelgesellschaften

**Kennzeichen**
Bestände des Beifuß überziehen nährstoffreiche, humose Böden in sonnigen Lagen und sind oft auch auf Erdhäufen zu finden, die mehrjährig nicht umgegraben werden. Die charakteristische hochwüchsige Krautflur ist typisch für mehrere Jahre brach liegendes Gelände, das mäßig trocken ist und basische bis neutrale Böden aufweist. Man findet die Gesellschaft auch an unbefestigten Wegrändern und Schuttabladeplätzen.

**Artenliste**

| | |
|---|---|
| Agropyron repens | Acker-Quecke |
| Artemisia vulgaris | Gewöhnlicher Beifuß |
| Cichorium intybus | Gewöhnliche Wegwarte |
| Cirsium arvense | Acker-Kratzdistel |
| Cirsium vulgare | Gemeine Kratzdistel |
| Daucus carota | Wilde Möhre |
| Lamium album | Weiße Taubnessel |
| Lolium perenne | Englisches Raygras |
| Tanacetum vulgare | Rainfarn |
| Urtica dioica | Große Brennessel |

## 6.9 Halbruderale Halbtrockenrasen
*Convolvulo-Agropyrion repentis* GÖRS 1966

### 6.9.1 Ackerwinden-Queckenrasen
*Convolvulo arvensis-Agropyretum repentis* FELFÖLDY 1943

**Verband:** *Convolvulo-Agropyrion repentis* GÖRS 1966, Halbruderale Halbtrockenrasen
**Ordnung:** *Agropyretalia repentis* OBERD., TH. MÜLLER et GÖRS in OBERD. et al. 1967, Halbruderale Halbtrockenrasen
**Klasse:** *Artemisietea vulgaris* LOHMEYER et al. in R. TX. 1950, Ruderale Beifuß- und Distelgesellschaften

**Kennzeichen**
Die Zentralgesellschaft des Verbandes kommt auf nährstoffreichen, kalkhaltigen Standorten vor, die an Kulturland angrenzen oder an Säumen entlang von Straßen, Wegen, Zäunen und Mauern wachsen. Der Bestand fällt im Sommer durch die weißen Blüten der Zaunwinde auf, die auf Mauern, anderen Pflanzen oder an Zäunen rankt. Soziologisch ist die häufigste Gesellschaft der Quecken-Pionierrasen schwer zu erfassen und gilt als Initialgesellschaft.

**Artenliste**

| | |
|---|---|
| Agropyron repens | Acker-Quecke |
| Cirsium arvense | Acker-Kratzdistel |
| Convolvulus arvensis | Acker-Winde |
| Dactylis glomerata | Wiesen-Knäuelgras |
| Equisetum arvense | Acker-Schachtelhalm |
| Poa compressa | Flaches Rispengras |
| Tanacetum vulgare | Rainfarn |

## 6.10 Kletten-Gesellschaften
*Arction lappae* R. TX. 1937 em. GUTTE 1972

### 6.10.1 Kletten-Beifuß-Gestrüpp
*Arctio-Artemisietum vulgaris* (R. TX. 1942) OBERDORFER ex SEYBOLD et MÜLLER 1972

**Verband:** *Arction lappae* R. TX. 1937 em. GUTTE 1972, Kletten-Gesellschaften
**Ordnung:** *Onopordetalia acanthii* BR.-BL., Mehrjährige Ruderalfluren
**Klasse:** *Artemisietea vulgaris* LOHMEYER et al. in R. TX. 1950, Ruderale Beifuß- und Distelgesellschaften

**Kennzeichen**
Auf mäßig frischen, halbschattigen, verdichteten, nährstoffreichen und regelmäßig gestörten Standorten kommt die Klettengesellschaft vor, die daneben deutlich nitrophytische Arten enthält. Typische Standorte sind Bahndämme, Holzlagerplätze, verwilderte Obstgärten, Deponien und Böschungen an Wegen, Straßen und Kanälen.

**Artenliste**

| | |
|---|---|
| Anthriscus sylvestris | Wiesen-Kerbel |
| Arctium lappa | Große Klette |
| Arctium minus | Kleine Klette |
| Artemisia vulgaris | Gewöhnlicher Beifuß |
| Lamium album | Weiße Taubnessel |
| Symphytum officinale | Gewöhnlicher Beinwell |

**Abb. 217:** Beifuß-dominierte Ruderalflur auf Bauland im Innsbrucker Industriegebiet.

**Vorkommen und Höhenverbreitung**
Von der planaren bis zur submontanen Stufe in ganz Mitteleuropa.

**Abb. 218:** Ackerwinden-Queckenrasen auf einem Komposthaufen in Ampass bei Innsbruck.

**Vorkommen und Höhenverbreitung**
Planare bis submontane Stufe an Rainen, Feldwegen, Äckern, Schutt- und Müllplätze, auch auf zuwachsenden Halbtrockenrasen in ganz Mitteleuropa.

**Abb. 219:** Kletten-Beifuß-Flur bei den Viaduktbögen in der Innsbrucker Pembaurstraße.

**Vorkommen und Höhenverbreitung**
Von der planaren bis submontanen Stufe in ganz Mitteleuropa.

### 6.10.2 Ruderalgesellschaft des Guten Heinrich

*Chenopodietum boni-henrici* TH. MÜLLER in SEYBOLD et MÜLLER 1972

**Verband:** *Arction lappae* R. TX. 1937 em. GUTTE 1972, Kletten-Gesellschaften,
**Ordnung:** *Onopordetalia acanthii* BR.-BL., Mehrjährige Ruderalfluren
**Klasse:** *Artemisietea vulgaris* LOHMEYER et al. in R. TX. 1950, Ruderale Beifuß- und Distelgesellschaften

**Kennzeichen**
Die durch nährstoffliebene Ruderalarten gekennzeichnete Gesellschaft des Guten Heinrich bevorzugt sonnige, frisch-feuchte, nährstoffreiche Standorte in der Umgebung von Bauernhöfen, Misthäufen und Almhütten. Standörtliche Varianten werden durch das Vorkommen der Wilden Malve gebildet. Zur Pflege und zum Erhalt der Gesellschaft ist es notwendig, Weideböden offen zu halten, eine Verdichtung durch Viehtritt mindert die Keimung. Zur Förderung der Aussamung muß die Mahd mit einem Bodenanriß kombiniert werden.

**Artenliste**

| | |
|---|---|
| Artemisia vulgaris | Gewöhnlicher Beifuß |
| Chenopodium bonus-henricus | Guter Heinrich |
| Cirsium vulgare | Gemeine Kratzdistel |
| Galeopsis pubescens | Weichhaariger Hohlzahn |
| Lamium album | Weiße Taubnessel |
| Plantago major | Großer Wegerich |
| Poa trivialis | Gewöhnliches Rispengras |
| Taraxacum officinale | Wiesen-Löwenzahn |
| Urtica dioica | Große Brennessel |

### 6.10.3 Taubnessel-Fluren

*Lamio albi-Conietum* OBERD. 1957 (*Urtico-Lamietum albi* FORSTNER et MUCINA 1991)

**Verband:** *Arction lappae* R. TX. 1937 em. GUTTE 1972, Kletten-Gesellschaften
**Ordnung:** *Onopordetalia acanthii* BR.-BL., Mehrjährige Ruderalfluren
**Klasse:** *Artemisietea vulgaris* LOHMEYER et al. in R. TX. 1950. Ruderale Beifuß- und Distelgesellschaften

**Kennzeichen**
Die Bestände mit Weißer und Gefleckter Taubnessel und anderen nährstoff- und wärmeliebenden Arten kommen an Grabenrändern, in Dörfern, auf Bauernhöfen und Müllplätzen vor und gehören zu den üppigsten Ruderalgesellschaften. Das Erscheinungsbild wird entweder vom bis zu 2 m hohen Gefleckten Schierling geprägt (*Lamio albi-Conietum*) oder von den dichten Herden der Taubnesseln. Die Standorte sind meist frisch und sehr nährstoffreich, was auch durch das häufige Vorkommen der Großen Brennessel gekennzeichnet ist. Als Feuchtezeiger sind Gewöhnliche Rispe, Gewöhnlicher Beinwell und Kriechender Hahnenfuß beigemischt.

**Artenliste**

| | |
|---|---|
| Achillea millefolium | Gewöhnliche Schafgarbe |
| Aegopodium podagraria | Giersch |
| Arctium tomentosum | Filzige Klette |
| Ballota nigra | Schwarznessel |
| Chelidonium majus | Schöllkraut |
| Dactylis glomerata | Wiesen-Knäuelgras |
| Galium album | Weißes Labkraut |
| Galium aparine | Kletten-Labkraut |
| Heracleum sphondylium | Wiesen-Bärenklau |
| Lamium album | Weiße Taubnessel |
| Lamium maculatum | Gefleckte Taubnessel |
| Ranunculus acris | Scharfer Hahnenfuß |
| Rumex obtusifolius | Stumpfblättriger Ampfer |

## 6.11 Ruderale Schuttgesellschaften

*Stipion calamagrostis* JENNY-LIPS ex QUANTIN 1932

### 6.11.1 Gesellschaft des Schmalblättrigen Hohlzahnes

*Galeopsietum angustifolii* BORNKAMM 1960

**Verband:** *Stipion calamagrostis* JENNY-LIPS ex QUANTIN 1932, Ruderale Schuttgesellschaften
**Ordnung:** *Stipetalia calamagrostis* OBERD. et SEIBERT in OBERD. 1977, Wärmebegünstigte Kalkstandorte der submontan-montanen Lagen
**Klasse:** *Thlaspietea rotundifolii* BR.-BL. 1948, Steinschutt- und Geröllgesellschaften

**Kennzeichen**
Die artenarme Pioniergesellschaft kommt auf heißen Kalkschuttstandorten, Bahnanlagen und Kiesplätzen auf steinigen Rohböden mit geringem Feinerdeanteil vor. Die Gesellschaft ist vor allem durch den Schmalblättrigen Hohlzahn geprägt, daneben kommen auch Arten der Steinklee-Fluren vor.

**Artenliste**

| | |
|---|---|
| Chaenorrhinus majus | Großes Leinkraut |
| Galeopsis angustifolia | Schmalblättriger Hohlzahn |
| Hypericum perforatum | Echtes Johanniskraut |
| Medicago lupulina | Hopfenklee |
| Poa compressa | Flaches Rispengras |

**Abb. 220:** Ruderalgesellschaft des Guten Heinrich an einem Maisacker, Ampass bei Innsbruck.

**Vorkommen und Höhenverbreitung**
Bis in hochmontane Lagen um 1800 m, Verbreitungsmaximum in der kollinen bis montanen Stufe in ganz Mitteleuropa.

**Abb. 221:** Taubnessel-Fluren an einem Bahndamm bei Ehrwald.

**Vorkommen und Höhenverbreitung**
In ganz Mitteleuropa verbreitet, auch an Bahndämmen und in Flußauen als Störgesellschaft; auf Komposthäufen, an Straßen- und überdüngten Wegrändern.

**Abb. 222:** Gesellschaft des Schmalblättrigen Hohlzahnes an einem Bahndamm bei Ehrwald.

**Vorkommen und Höhenverbreitung**
In Kalkgebieten von der planaren bis zur montanen Stufe in ganz Mitteleuropa, am häufigsten an Bahnanlagen.

## 6.12 Ruderale Mauerunkraut-Gesellschaften
*Centrantho-Parietarion* RIVAS-MARTINEZ 1975

### 6.12.1 Zimbelkraut-Gesellschaft
*Cymbalarietum muralis* GÖRS 1966 in OBERD. et al. 1967

**Verband:** *Centrantho-Parietarion* RIVAS-MARTINEZ 1975, Ruderale Mauerunkraut-Gesellschaften
**Ordnung:** *Parietarietalia judaicae* RIVAS-MARTINEZ 1960 ex BR.-BL. 1963 corr. OBERDORFER 1979, Wärmebedürftige nitrophytische Mauer-Unkrautgesellschaften
**Klasse:** *Asplenietea trichomanis* OBERD. 1977, Felsspalten- und Mauerfugen-Gesellschaften

**Kennzeichen**
Das Zimbelkraut überzieht beschattete Mauern, die feuchte und nährstoffreiche Mauerfugen aufweisen. Die anspruchslose und artenarme Gesellschaft fällt durch die dichten Teppiche des Zimbelkrautes auf. Diese submediterrane Felspflanze wurde in Mitteleuropa eingebürgert.

**Vorkommen und Höhenverbreitung**
Kolline bis montane Stufe auf alten Hausmauern, Ruinen, Stütz-, Friedhofsmauern, Schloßparkmauern.

**Artenliste**

| | |
|---|---|
| Campanula rotundifolia | Rundblättrige Glockenblume |
| Chelidonium majus | Schöllkraut |
| Cymbalaria muralis | Zimbelkraut |
| Geranium robertianum | Stinkender Storchschnabel |
| Poa nemoralis | Hain-Rispengras |
| Sedum album | Weißer Mauerpfeffer |

**Abb. 223:** Zimbelkraut-Gesellschaft an einer alten Steinmauer des Ambraser Schloßparks bei Innsbruck.

## 6.13 Felsspalten- und Mauerfugen-Gesellschaften
*Potentillion caulescentis* BR.-BL. in BR.-BL. et JENNY 1926

### 6.13.1 Mauerrauten-Gesellschaft
*Asplenietum trichomano-rutae-murariae* KUHN 1937

**Verband:** *Potentillion caulescentis* BR.-BL. in BR.-BL. et JENNY 1926, Kalk-Felsspalten- und Mauerfugen-Gesellschaften
**Ordnung:** *Potentilletalia caulescentis* BR.-BL. in BR.-BL. et JENNY 1926, Kalk-Felsspalten- und Mauerfugen-Gesellschaften
**Klasse:** *Asplenietea trichomanis* OBERD. 1977, Felsspalten- und Mauerfugen-Gesellschaften

**Kennzeichen**
Primär in Kalkfelsen, aber sekundär auf alten Gemäuern kommt eine relativ artenarme ruderale Mauerfugenflur vor, die mäßige Trockenheit benötigt und geringe Nährstoffansprüche hat. Bevorzugt werden Ritzen von alten Ziegel-, Sandstein- und Kalksteinmauern, Ruinen, Kirchen, Schloß- und Parkmauern. Natürlich kommt die Gesellschaft auf Kalk- und Schieferfelsen sowie auf Lesesteinhäufen vor. Die Farnfluren an alten Mauern gehören heute zu sehr rückläufigen Gesellschaften und sollten erhalten werden.

**Vorkommen und Höhenverbreitung**
Von der planaren bis zur submontanen Stufe in ganz Mitteleuropa, im Flachland vor allem an alten Mauern; natürlich: Devonkalkgebiete im Harz, Schwäbische und Fränkische Alb, im Sauerländer Massenkalk.

**Artenliste**

| | |
|---|---|
| Asplenium ruta-muraria | Mauer-Streifenfarn |
| Asplenium trichomanes | Braunstieliger Streifenfarn |
| Chelidonium majus | Schöllkraut |
| Cystopteris fragilis | Zerbrechlicher Blasenfarn |
| Geranium robertianum | Stinkender Storchschnabel |
| Mycelis muralis | Mauerlattich |
| Polypodium vulgare | Gemeiner Tüpfelfarn |

**Abb. 224:** Mauerrauten-Gesellschaft mit Mauer-Streifenfarn auf einer Trockensteinmauer in Locarno, Tessin.

# III Wiesen, Weiden, Trockenrasen, Heiden

## 7 Europäische Wirtschaftswiesen

## 8 Trockenrasengesellschaften

## 9 Anthropogene Heiden

Kaum ein Lebensraum ist so sehr an die Siedlungstätigkeit und die Entwicklung des Menschen gebunden wie die **Wiesen**. Sie kommen von Natur aus nur oberhalb der Waldgrenze vor, wo sie klimatische und durch den Boden bestimmte besondere Standorte einnehmen, die für andere Pflanzen, insbesondere Bäume nicht besiedelbar wären. Daß Wiesen und offenes Kulturland heute in den Tal- und Mittelgebirgslagen so häufig anzutreffen sind, geht auf den Menschen zurück.

Die anthropogenen **Wiesen, Weiden, Triften und Kulturländer** wachsen auf potentiellen Waldgebieten. Sie sind seit Jahrtausenden durch die Siedlungstätigkeit des Menschen entstanden und zu neu besiedelbaren Lebensräumen geworden. Durch das Auflichten der Wälder standen plötzlich ganz andere Standorte zur Verfügung als bisher. Licht, mehr Raumangebot durch das Fehlen der Bäume und eine erhöhtes Nährstoffangebot ermöglichten es Arten einzuwandern, die eigentlich in steppenartigen Landschaften Süd- und Osteuropas beheimatet sind. Es entstanden neue Lebensgemeinschaften, die über Jahrhunderte im Gleichgewicht zwischen extensiven Bewirtschaftungsmethoden und Vegetationsrhythmen standen. Daraus entwickelten sich die artenreichen und bunten Pflanzengesellschaften der Wiesen und Weiden.

Die Wiese ist also gleichsam ein Zivilisationsprodukt. Gräser beherrschen die Formationen, daneben finden sich bunte Blumenarten ein, die besonders lichtliebend sind. Sie bilden zusammen eine Pflanzendecke, die mehrschichtig sein kann und über verschiedene Stockwerke verfügt. Diese werden von spezialisierten Tiergruppen bewohnt. Unmittelbar am Boden leben Käfer, Milben und Spinnen, während die Mücken, Fliegen, Zikaden und kleinen Hautflügler in den oberen Schichten anzutreffen sind. Eine wichtige Nahrungsquelle stellen die Blüten dar, die von Insekten wie Bienen, Hummeln und Wespen, manchmal auch von Vögeln besucht werden. Der maßgebliche ökologische Faktor einer Wiese ist die wiederkehrende Mahd. Sie ent-

**Abb. 225: Frühjahrsaspekt einer montanen Wirtschaftswiese auf 1100 m Seehöhe.** Diese Wiese wäre bei extensiver Bewirtschaftung eine Weißklee-Weidelgras-Weide. Durch Düngung mit Gülle und Stallmist werden Arten des *Arrhenatheretum* gefördert. Massenauftreten des Frühlingskrokus (*Crocus albiflorus*), der etwa 3–4 Wochen nach der Schneeschmelze die noch wechselfeuchte Wiese überzieht.

scheidet über den Rhythmus, die Abfolge von Wachstum, Blüte, Fruchten und Samenreife. Die 2- bis 4malige heftige Störung zwingt die Pflanzen, sich anzupassen oder Anpassungsformen auszubilden. Gräser besitzen zum Beispiel tiefliegende Vegetationsknospen, andere Pflanzen bilden Blattrosetten aus, die eng an der Bodenoberfläche anliegen. Auch Faktoren des Kleinklimas wie Licht, Temperatur und Nährstoffversorgung werden durch die Mahd beeinflußt.
Die Pflanzengesellschaften der Wiesen sind also von der menschlichen Nutzung bestimmt. Die Intensität der Bewirtschaftung, die künstliche Ertragssteigerung durch Nährstoffzufuhr (Düngung) und Maßnahmen der Bodenverbesserung entscheiden über die Naturnähe, die Artenvielfalt und die ökologische Qualität. Innerhalb der Wirtschaftsgrünländer sind alle intensiv genutzten Wiesengesellschaften zusammengefaßt. Mager- und Trockenrasen hingegen stellen trockene, ungedüngte und von Natur aus magere Standorte dar, die heute zu den seltensten Pflanzengesellschaften gehören. Sonderstandorte wie Heiden, die durch Beweidung in klimatisch begünstigten und atlantisch getönten Gebieten entstehen konnten, sind unter den anthropozoogenen Heiden der Tallagen zusammengefaßt. Das Beiwort zeigt, daß die Tierbeweidung einen maßgeblichen Faktor in diesen offenen Landschaften darstellt.

Reihung der Grünpflanzen nach abnehmender **Schnittempfindlichkeit** (nach KNAPP 1937):

1. Sumpfrispe (*Poa palustris*)
2. Rohrglanzgras (*Phalaris arundinacea*)
3. Glatthafer (*Arrhenatherum elatius*)
4. Wehrlose Trespe (*Bromus inermis*)
5. Goldhafer (*Trisetum flavescens*)
6. Wiesenfuchsschwanz (*Alopecurus pratensis*)
7. Wiesen-Knäuelgras (*Dactylis glomerata*)
8. Wiesenschwingel (*Festuca pratensis*)
9. Gewöhnliches Rispengras (*Poa trivialis*)
10. Straußgras (*Agrostis sp.*)
11. Rotschwingel (*Festuca rubra*)
12. Wiesen-Rispengras (*Poa pratensis*)
13. Englisches Raygras (*Lolium perenne*)
14. Weiß-Klee (*Trifolium repens*)
15. Gewöhnliche Brunelle (*Prunella vulgaris*)
16. Einjähriges Rispengras (*Poa annua*)

**Abb. 226:** Eine blumenreiche, mäßig gedüngte submontane Glatthaferwiese im südlichen Mittelgebirge in der Nähe von Innsbruck

**Verband der Tal-Fettwiesen**
Der Verband der Tal-Fettwiesen enthält die typischen gedüngten Wirtschaftswiesen Mitteleuropas, die große Flächen innerhalb der Tallagen von der planaren bis zur montanen Stufe einnehmen. Sie kommen auf warmen, feuchten bis mäßig trockenen, leicht sauren bis neutralen Braunerden vor und werden je nach Nährstoffversorgung, Exposition und Höhenlage 2- bis 6mal pro Jahr gemäht. Das Mähgut wird entnommen, dafür werden Mineraldünger, Stallmist und Jauche eingesetzt, um die Versorgung der meist nährstoffliebenden Pflanzen zu gewährleisten. Der Anteil der Gräser in der Krautschicht liegt bei 50–70%, der Rest sind Wiesenkräuter. Nach den Standortfaktoren läßt sich eine mager-trockene, eine frische und eine feuchte Wirtschaftswiese unterscheiden. Eine ausgewogene Düngung fördert alle Fettwiesenarten im Wachstum gleichermaßen. Welche Arten letztlich dominant werden, hängt noch von zahlreichen weiteren Faktoren ab. Der Glatthafer benötigt zum Beispiel gut durchlüftete Böden und hat eine hohe Austrocknungstoleranz. Der Wiesenschwingel wird bei mäßiger Nährstoffversorgung dominant. Fuchsschwanzwiesen sind bei gleichmäßiger Wasserversorgung und starker Düngung die produktivsten Grünlandbestände.

**Abb. 227: Schaubild Montane Wirtschaftswiesen** auf dem Seefelder Plateau bei Neuleutasch (1200 m Seehöhe):
1 – Berg- Glatthafer-Wirtschaftswiese (*Alchemillo-Arrhenatheretum elatioris*)
2 – Kleinflächige Rotschwingel-Straußgras-Weide (*Festuco commutatae-Cynosuretum*)
3 – Nordalpine Goldhaferwiese (*Astrantio-Trisetetum*) mit Gehölzanflug auf extensiven Wiesenhängen
4 – Goldhaferwiese (*Trisetetum flavescentis*)
5 – Montaner Fichtenhochwald (*Piceetum montanum – subalpinum*)

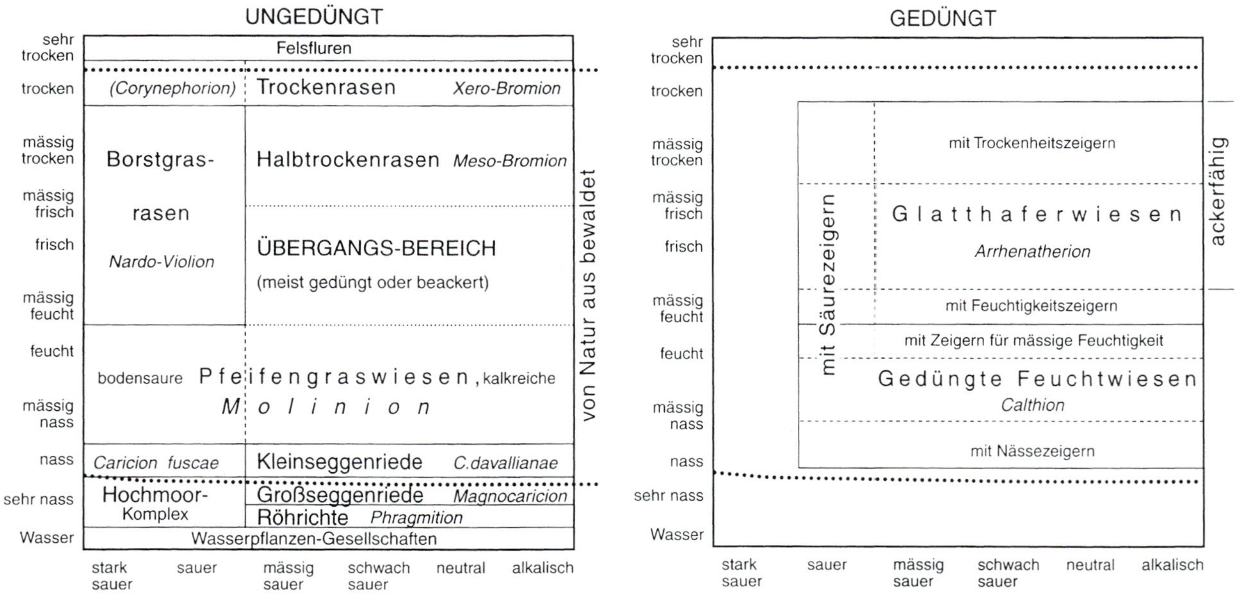


**Abb. 228:** Ökogramme ungedüngter und gedüngter Wiesengesellschaften in der unteren submontanen Stufe im Vergleich: Durch Düngung oder nährstoffbringende Überflutung werden andere Wiesenverbände gefördert als bei ungedüngten Wiesengesellschaften. Düngewiesen fehlen an den trockensten Standorten, weil sich hier die Nährstoffzufuhr zu wenig auswirkt. Auf sauren Böden bedeutet die Düngung gleichzeitig eine Basenzufuhr, aus Ellenberg (1996).

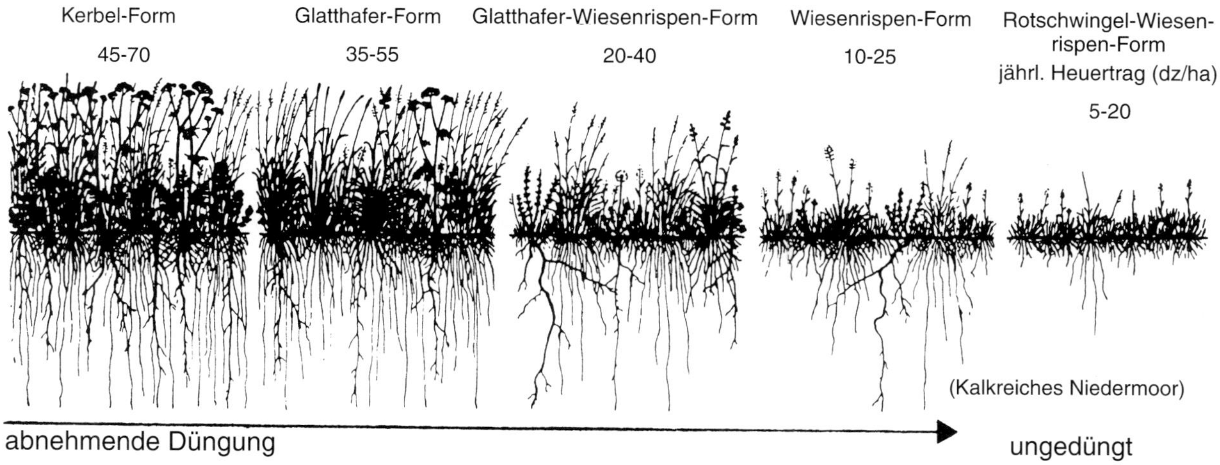


**Abb. 229:** Düngungs- und pflegebedingte Ausbildungsformen einer Glatthaferwiese. Gezeigt wird die Ausprägung der Wiese vor dem ersten Schnitt. Die Ziffern deuten die Heuerträge an. Je schlechter die ertragsreichen Gräser gedüngt werden, desto geringer ist der Ertrag. Die Untergräser, von denen durch die Mahd weniger entfernt wird, nehmen zu, aus Ellenberg (1996).

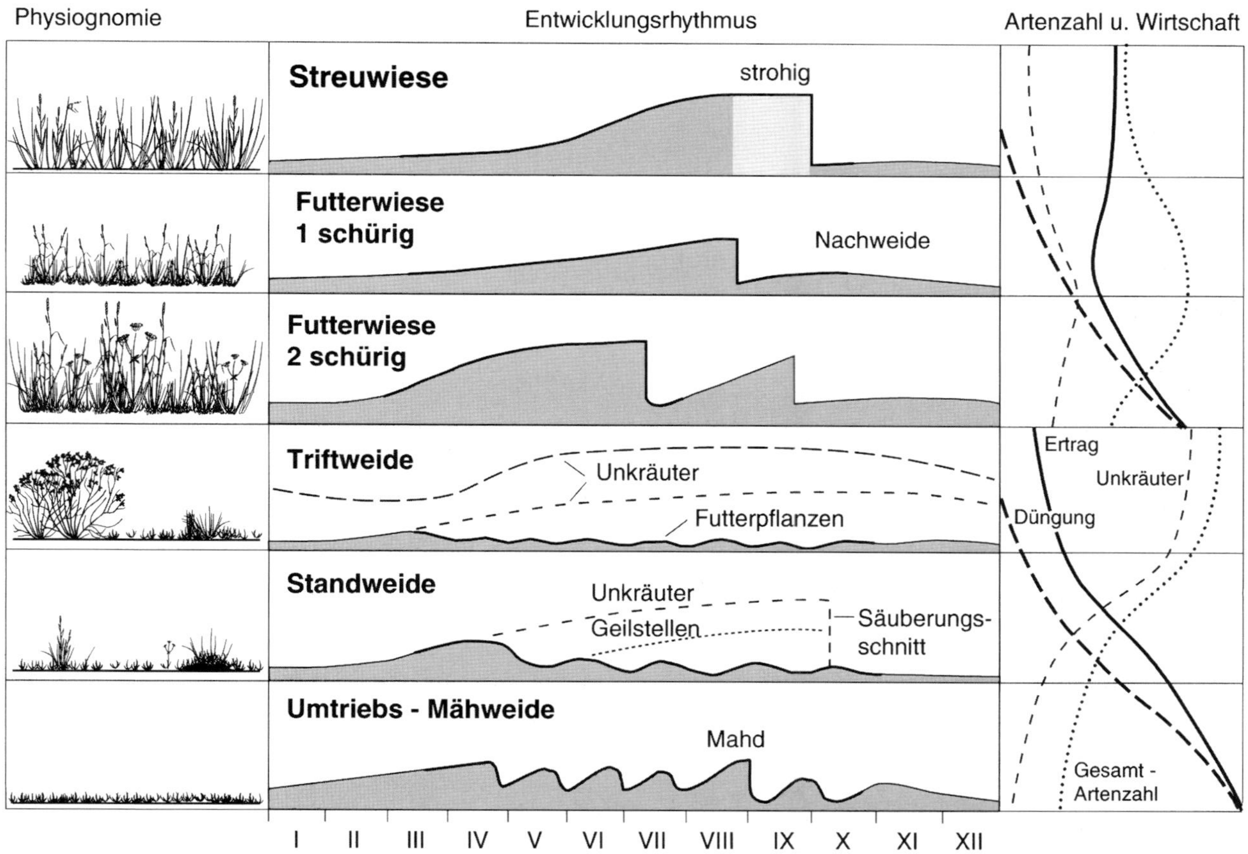


**Abb. 230:** Die Mahd ist für viele Gras- und Pflanzenarten der Wiesen der entscheidende ökologische Faktor. Deshalb wirken sich vor allem die Bewirtschaftungsformen auf die Pflanzenbestände aus. Die Abbildung zeigt die unterschiedlichen Wiesentypen in Bezug auf den Mahdrhythmus. **Streuwiesen** werden spät im Herbst gemäht, wodurch nur Kohlenhydrate, aber keine Nährstoffe entzogen werden. **Ein- bis mehrschürigeFutterwiesen** müssen zunehmend gedüngt werden, um einen hohen Ertrag zu erzielen. Während die historischen **Trift- oder Allmendweiden** ebenfalls eine hohe Zahl an Gräsern und Kräutern zeigen, stehen die **Umtriebs-Mähweiden** in Bezug auf Ertrag an erster Stelle. **Standweiden** werden vor allem vom Vieh gedüngt. Geilstellen sind kotbedeckte Stellen, an denen sich vor allem Unkräuter ansiedeln, aus Ellenberg (1996).

**Halbtrocken- und Trockenrasen**

**Trockenstandorte** sind äußerst vielfältige Lebensräume Mitteleuropas und tragen einen wesentlichen Teil zur Biodiversität bei. Man unterscheidet **Trocken- und Halbtrockenrasen**, die vor allem in bezug auf Wasserhaushalt, Bewirtschaftungsformen und Artengarnitur Unterschiede zeigen. Die Gesellschaften beider Verbände gehören zu den artenreichsten Lebensräumen Mitteleuropas und bieten mehreren hundert Pflanzen und Tieren einen Lebensraum. Daneben sind zahlreiche Flechten und Moose enthalten. Insbesondere Insekten finden hier aufgrund des Blütenreichtums beinahe paradiesische Zustände vor. Trockenstandorte besitzen aber auch einen hohen kulturellen Wert und sind Treffpunkte unterschiedlicher pflanzengeographischer Elemente. Neben submediterranen und alpinen Arten kommen auf engstem Raum sogar osteuropäische und südsibirische Steppenarten vor. Sie können sich innerhalb der mitteleuropäischen Wuchsgebiete nur auf isolierten, trockenwarmen Standorten behaupten, die irgendwie klimatisch begünstigt sind. Pflanzen der osteuropäischen Waldzone sind ein wesentlicher Bestandteil der Pflanzenwelt der Trockenstandorte. Dazu kommen noch Arten der wärmeliebenden Waldsäume und Waldauflichtungen. Der größte Teil der Trockenrasenpflanzen hat ihren Hauptverbreitungsraum in den Mittelmeerländern und in der submediterranen Eichenwaldzone in den Bergländern Südeuropas. Flaumeiche, Berg-Gamander, Purpur-Steinsame, Kornelkirsche oder Kronwicke sind Beispiele submediterraner Arten. Weitere hochinteressante Lebensräume sind die Steppenheiden und Steppenwälder, die von Gradmann als Relikt einer waldsteppenähnlichen Vegetation des Spätglazial angesehen werden. Im Verlauf der postglazialen Vegetationsgeschichte wurden diese Sonderstandorte auf trockenwarme Landschaften eingeschränkt und schließlich auf extreme Kalkfelsen verdrängt. Die echte Steppenheide ist weder Wald noch Wiese noch Trockenrasen. Sie besteht stets aus einem Gemisch an krautigen Arten, Stauden, Gräsern, Flechten, Moosen und spärlich eingestreuten Sträuchern und stellt ein engmaschiges Mosaik aus Buschwald, Staudensaum und Felsrasen dar. Es handelt sich um edaphisch-kleinklimatisch bedingte Waldgrenzstandorte innerhalb des mitteleuropäischen Waldlandes.

**Definition Trockenrasen** (*Xerobromion*)
Gesellschaften ertragen ungewöhnlich starke Trockenheit, die Vegetationsdecke ist lückig und weist offene Bodenstellen auf; Kalkmagerrasen sind in subatlantischen Klimabereichen verbreitet, Trespenrasen sind kontinental getönt; Feuchtezahl zwischen 1 und 2.

**Definition Halbtrockenrasen** (*Mesobromion*)
Mesophiler Verband, der von den Gesellschaften der Trockenstandorte am wenigsten wärmeliebend ist, Vegetationsdecke meist geschlossen, Rasen werden als Magerweiden bewirtschaftet; Feuchtezahl zwischen 3 und 4.

**Abb. 231:** Halbtrockenrasen auf einer südexponierten Böschung auf der Tiroler Sonnenterrasse bei Serfaus.

**Abb. 232: Schaubild Trockenstandort** auf einem südexponierten Hang in der Schütt, Dobratsch, Kärnten, auf 450 m Seehöhe:
1 – Extensive Wirtschaftswiese
2 – Trespen-Halbtrockenrasen (*Mesobrometum erecti*)
3 – Kalkmagerweide (*Gentiano-Koelerietum pyramidatae*)
4 – Wärmeliebender Traubeneichenwald mit Hopfenbuche (*Quercion pubescentis-petraeae*)
5 – Wärmeliebende Gebüsche mit Haselsträuchern (*Ligustro-Prunetum spinosae*)
6 – Fichtenhochwald mit Schwarzföhre

**Abb. 233:** Querschnitt durch einen Halbtrockenrasen mit *Brachypodium pinnatum* auf tiefgründigem Lehm; der Boden hat eine Gründigkeit von 70 cm und verfügt über eine relativ große wasserspeichernde Kapazität, aus Ellenberg (1996) und Mahn (1957).

**Anthropogene Heiden**

Anthropogene, also durch den Menschen bedingte, Heiden findet man hauptsächlich im Flachland vor. Holzschlag, Brand und Verbiß bilden die hauptsächlichen Bedingungen für das Zustandekommen von Heiden. Dazu bedarf es noch eines ozeanisch geprägten Klimatyps und nährstoffarmer Böden. Die häufigste Pflanze der Heiden ist das Heidekraut (*Calluna vulgaris*), das sehr saure, zur Rohhumusbildung neigende und durch Streunutzung verarmte Böden benötigt (Ellenberg 1996). Nach Matzner (1980) herrscht in Calluna-Heiden ein sehr eingeschränkter Stickstoffvorrat vor, ferner zeichnen sie sich durch Artenarmut und beinahe monokulturähnlichen Bewuchs aus. In der typischen Sandheide (*Genisto-Callunetum typicum*) kommen neben dem Heidekraut nur noch wenige Blütenpflanzen vor. Daneben findet man Flechten, die truppweise eingesprengt sein können. Die Moose spielen auf den Heiden kaum eine Rolle. Die einst großräumig in Norddeutschland verbreiteten Heiden kann man heute nur noch in Reservaten bewundern. Eines dieser Schutzgebiete ist der „Naturschutzpark Lüneburger Heide“ bei Wilsede, ferner sind Heiden noch im Niederländischen Nationalpark „Veluwezoom“ nordöstlich von Arnheim (Westhoff 1958). und in den dänischen „Randböler Heiden“ anzutreffen. Ein wichtiges „Muß“ zum Erhalt ist die richtige Pflege, die meist durch Schafherden (sog. Heidschnucken) vorgenommen werden muß.

# 7 Europäische Wirtschaftswiesen

## 7.1 Glatthaferwiesen
*Arrhenatherion* KOCH 1926

### 7.1.1 Glatthafer-Wiese
*Arrhenatheretum elatioris* BR.-BL. 1915

**Verband:** *Arrhenatherion* W. KOCH 1926, Glatthaferwiesen
**Ordnung:** *Arrhenatheretalia* R. TX. 1931, Gedüngte Frischwiesen und Weiden
**Klasse:** *Molinio-Arrhenatheretea* R. TX. 1937 em. R. TX. 1970, Gesellschaften des Wirtschaftsgrünlandes

**Kennzeichen**
Die häufigste und am weitesten verbreitete Gesellschaft umfaßt Fettwiesen der submontanen Stufe in atlantisch geprägten Teilen Mitteleuropas über frischen Braunerden. Sie werden 2- bis 3mal pro Jahr gemäht und meist mit Stallmist gedüngt. Die Glatthaferwiese ist eine mehrschichtige Gesellschaft, in der der Glatthafer und das Wiesen-Knäuelgras als Obergräser neben einigen Untergräsern vorherrschen. In Bodennähe wachsen Kleearten und Rosettenkräuter. Die Wiesen bilden über das Jahr hinweg verschiedene Blühstadien aus, so im Frühjahr mit Scharfem Hahnenfuß und Wiesen-Kerbel und im Spätsommer mit Pastinak und Wiesen-Bärenklau.

**Vorkommen und Höhenverbreitung**
Bis in die montane Stufe (800 – 900 m); in ganz Mitteleuropa bis zur montanen Stufe, deckt sich weitgehend mit dem Areal der Rotbuche; besonders in Süddeutschland reich strukturiert, in Norddeutschland wegen der geringen Bodenerwärmung verarmt.

**Ökologie**
Nach ELLENBERG (1977) haben Fettwiesenarten eine Vorliebe für mittelmäßig wasserversorgte Standorte. Reichliches Nährstoffangebot bei zeitweiligem Lichtmangel in unmittelbarer Bodennähe sowie die regelmäßig wiederkehrende Mahd sind die bestimmenden ökologischen Faktoren für die Wirtschaftswiesen. Der oftmalige Schnitt und die zusätzliche Düngung mit Stickstoff und Phosphor fördern Pflanzenarten mit raschem Längenwachstum, vor allem Obergräser, die weiche, eiweißreiche und saftig-frische Blätter besitzen. Die nieder- und langsamwüchsigen Magerwiesenarten hingegen verschwinden. Die übermäßige Stickstoffdüngung verdrängt jedoch auch die Grasarten und stärkt die Doldengewächse, wodurch die eigentlich artenreichen Wiesengesellschaften heute durch zunehmende Intensivierung immer artenärmer werden.

**Gefährdung, Pflege, Naturschutz**
Trotz der intensiven Bewirtschaftung sind Fettwiesen Lebensräume zahlreicher Tiere und Pflanzen, sofern die Intensivierung nicht zu weit fortgeschritten ist. Extensivierung bei Beibehalten des 2- bis 3maligen Mährhythmus schafft artenreiche Wirtschaftswiesen und fördert die buntblühenden Wiesenkräuter.

**Artenliste**

| | |
|---|---|
| Alopecurus pratensis | Wiesen-Fuchsschwanz |
| Anthoxantum odoratum | Gewöhnliches Ruchgras |
| Arrhenatherum elatius | Glatthafer |
| Bellis perennis | Gänseblümchen |
| Campanula patula | Wiesen-Glockenblume |
| Chrysanthemum leucanthemum | Margarite |
| Dactylis glomerata | Wiesen-Knäuelgras |
| Festuca pratensis | Wiesen-Schwingel |
| Geranium pratense | Wiesen-Storchschnabel |
| Heracleum sphondylium | Wiesen-Bärenklau |
| Holcus lanatus | Wolliges Honiggras |
| Leontodon hispidus | Rauher Löwenzahn |
| Pastinaca sativa | Pastinak |
| Plantago lanceolata | Spitz-Wegerich |
| Poa pratensis | Wiesen-Rispengras |
| Ranunculus acris | Scharfer Hahnenfuß |
| Rumex acetosa | Sauer-Ampfer |
| Taraxacum officinale | Wiesen-Löwenzahn |
| Trifolium pratense | Wiesen-Klee |
| Trifolium repens | Weiß-Klee |

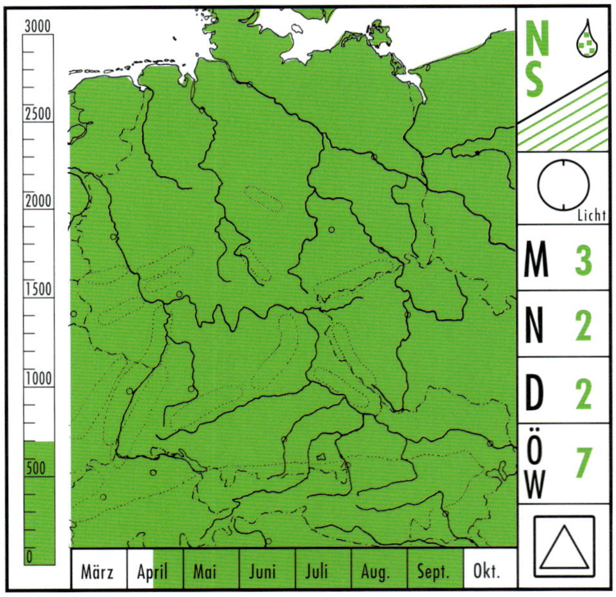

**Abb. 234:** Intensiv bewirtschaftete Glatthafer-Wiese im Kitzbühler Becken.

**Abb. 235:** Bei Holzleithen am Mieminger Plateau.

**Abb. 236:** Sommeraspekt einer blumenreichen Glatthafer-Wiese.

**Abb. 237:** Wiesenbrache bei Benediktbeuern mit Vogel-Wicke.

## 7.1.2 Fuchsschwanz-Wiese
*Alopecuretum pratensis* REGEL 1925

**Verband:** *Arrhenatherion* W. KOCH 1926, Glatthaferwiesen
**Ordnung:** *Arrhenatheretalia* R. TX. 1931, Gedüngte Frischwiesen und Weiden
**Klasse:** *Molinio-Arrhenatheretea* R. TX. 1937 em. R. TX. 1970, Gesellschaften des Wirtschaftsgrünlandes

**Kennzeichen**
Fast in ganz Europa kommen auf sommertrockenen Schwemmböden Wirtschaftswiesen in der Nähe von Bächen und Flüssen vor, in denen der Wiesen-Fuchsschwanz und Wolliges Honiggras vorherrschen. Diese können den zeitweisen Überflutungen widerstehen, die für den Nährstoffreichtum der Gesellschaft verantwortlich sind. Die ertragreiche aber meist artenarme Wiese wächst auf lehmig-tonigen, wechselfeuchten und vergleyten Talböden. Die Wiesen können auch Arten der Feuchtwiesengesellschaften wie Kuckucks-Lichtnelke und Kohldistel enthalten.

**Vorkommen und Höhenverbreitung**
Die Gesellschaft ist zwischen 200 und 700 m Seehöhe in den mitteleuropäischen Stromtälern anzutreffen.

**Artenliste**

| | |
|---|---|
| Achillea millefolium | Gewöhnliche Schafgarbe |
| Alopecurus pratensis | Wiesen-Fuchsschwanz |
| Cardamine pratensis | Wiesen-Schaumkraut |
| Carum carvi | Wiesen-Kümmel |
| Cerastium holosteoides | Gewöhnliches Hornkraut |
| Festuca pratensis | Wiesen-Schwingel |
| Lysimachia nummularia | Pfennigkraut |
| Poa pratensis | Wiesen-Rispengras |
| Poa trivialis | Gewöhnliches Rispengras |
| Ranunculus repens | Kriechender Hahnenfuß |
| Rumex acetosa | Sauer-Ampfer |
| Taraxacum officinale | Wiesen-Löwenzahn |
| Veronica chamaedrys | Gamander-Ehrenpreis |

**Abb. 238:** Fuchsschwanz-Wiese im Sommeraspekt bei Ellwangen in der Nähe des Limes.

## 7.1.3 Fettwiese mit Knollenhahnenfuß

*Ranunculo bulbosi-Arrhenateretum* Ellmauer 1993

**Verband:** *Arrhenatherion* W. Koch 1926, Glatthaferwiesen
**Ordnung:** *Arrhenatheretalia* R. Tx. 1931, Gedüngte Frischwiesen und Weiden
**Klasse:** *Molinio-Arrhenatheretea* R. Tx. 1937 em. R. Tx. 1970, Gesellschaften des Wirtschaftsgrünlandes

**Kennzeichen**
Die Gesellschaft kommt auf trockenen, relativ mageren Wiesen mit basischen Substraten vor, sie werden maximal 2 mal jährlich gemäht und kaum gedüngt. Der etwas wärmeliebende Knollige Hahnenfuß ist ein Lehmzeiger und bevorzugt mäßig saure, humose lockere Lehmböden von der Ebene bis zu den Gebirgslagen. Er gilt als Weideunkraut wie auch als nützliche Fliegen- und Bienenblume.

**Vorkommen und Höhenverbreitung**
Von der kollinen bis zur submontanen Stufe.

**Artenliste**

| | |
|---|---|
| Achillea millefolium | Gewöhnliche Schafgarbe |
| Arrhenatherum elatius | Glatthafer |
| Briza media | Zittergras |
| Dianthus carthusianorum | Karthäusernelke |
| Leontodon hispidus | Rauher Löwenzahn |
| Linum catharticum | Purgier-Lein |
| Pimpinella major | Große Pimpernelle |
| Ranunculus bulbosus | Knolliger Hahnenfuß |
| Rumex acetosa | Sauer-Ampfer |
| Salvia pratensis | Wiesen-Salbei |
| Trifolium montanum | Berg-Klee |
| Trifolium pratense | Wiesen-Klee |
| Veronica chamaedrys | Gamander-Ehrenpreis |

**Abb. 239:** Fettwiese mit Knollenhahnenfuß auf einem Wiesenhügel im Tannheimer Tal.

## 7.1.4 Berg-Glatthaferwiese
*Alchemillo-Arrhenatheretum elatioris* SOUGNEZ & LIMB. 1963

**Verband:** *Arrhenatherion* W. KOCH 1926, Glatthaferwiesen
**Ordnung:** *Arrhenatheretalia* R. TX. 1931, Gedüngte Frischwiesen und Weiden
**Klasse:** *Molinio-Arrhenatheretea* R. TX. 1937 em. R. TX. 1970, Gesellschaften des Wirtschaftsgrünlandes

**Kennzeichen**
Die Formation gilt als Übergangsgesellschaft zu den Goldhaferwiesen oder stellt auch nur eine höhenbedingte Ausbildung der Glatthaferwiesen am Übergang zu den Goldhaferwiesen dar. Es vermischen sich Arten beider Wiesentypen, wobei das Vorkommen extensiver Kräuter erkennbar ist. Wärmeliebende Arten treten zurück.

**Vorkommen und Höhenverbreitung**
In der submontanen bis montanen Stufe, am Übergang zu Tal- und Mittelgebirgsterrassen

**Artenliste**

| | |
|---|---|
| Alopecurus pratensis | Wiesen-Fuchsschwanz |
| Anthoxanthum odoratum | Gewöhnliches Ruchgras |
| Alchemilla xanthochlora | Gewöhnlicher Frauenmantel |
| Prunella vulgaris | Kleine Brunelle |
| Phyteuma orbiculare | Kugel-Rapunzel |
| Trollius europaeus | Trollblume |
| Arrhenatherum elatius | Glatthafer |
| Trisetum flavescens | Goldhafer |
| Salvia pratensis | Wiesen-Salbei |
| Alchemilla monticola | Frauenmantel |

**Abb. 240:** Zweischnittige Berg-Glatthaferwiese im Leutaschtal auf 1100 m Seehöhe.

## 7.1.5 Tiefland-Trespenwiese mit Wiesen-Salbei
*Salvio-Arrhenatheretum* HUNDT 1958

**Verband:** *Arrhenatherion* W. KOCH 1926, Glatthaferwiesen
**Ordnung:** *Arrhenatheretalia* R. TX. 1931, Gedüngte Frischwiesen und Weiden
**Klasse:** *Molinio-Arrhenatheretea* R. TX. 1937 em. R. TX. 1970, Gesellschaften des Wirtschaftsgrünlandes

**Kennzeichen**
Die von HUNDT 1958 beschriebene Gesellschaft stellt einen floristisch reichen Typ der Tiefland-Glatthaferwiesen dar, der überwiegend auf kalkhaltigen Böden vorkommt. Er enthält zahlreiche magerkeitsliebende Arten, die Bestände sind einigermaßen trocken, aber dennoch gut mit Nährstoffen versorgt. Mit zunehmender Höhe wird diese Wiese von der Goldhaferwiese abgelöst. ELLMAUER & MUCINA 1993 bezeichnen diesen Typ auch als Subassoziation der Knollen-Hahnenfuß-Ausbildung der Glatthaferwiesen.

**Vorkommen und Höhenverbreitung**
Von der planaren bis zur montanen Stufe, vorwiegend in der planaren und kollinen Stufe, in ganz Mitteleuropa.

**Artenliste**

| | |
|---|---|
| Anthyllis vulneraria | Wundklee |
| Arrhenatherum elatius | Glatthafer |
| Avenula pubescens | Flaumiger Wiesenhafer |
| Bromus erectus | Aufrechte Trespe |
| Campanula glomerata | Knäuel-Glockenblume |
| Chrysanthemum leucanthemum | Margarite |
| Dianthus carthusianorum | Karthäusernelke |
| Medicago lupulina | Hopfenklee |
| Orchis ustulata | Brand-Knabenkraut |
| Salvia pratensis | Wiesen-Salbei |

**Abb. 241:** Tiefland-Trespenwiese mit Wiesensalbei an einem südexponierten Wiesenhang bei Dinkelsbühl.

## Aspekte der Glatthaferwiesen

Abb. 242: **Glatthaferwiese, Frühlingsaspekt** mit einem Massenauftreten des Löwenzahns (*Taraxacum officinale*) im südnorwegischen Loental; Der Löwenzahn kommt vor allem in Fettwiesen vor, aber auch als Pionierart auf Lehm- und Tonböden.

Abb. 243: **Glatthaferwiese, Frühsommeraspekt** mit einem Massenauftreten des Zottigen Klappertopfes (*Rhinanthus alectorophulus*); der Lehmzeiger ist eine Charakterart der Ordnung der Europäischen Wirtschaftswiesen und gilt als Wiesenschädling.

**Abb. 244: Glatthafer-Wiese mit Wiesen-Storchschnabel** (*Geranium pratense*): Hochsommeraspekt im Juli knapp vor der 3. Mahd. Der Wiesenstorchschnabel ist ein Nährstoffzeiger und eine Charakterart der Glatthaferwiesen (vor allem im *Arrhenatheretum alopecuretosum*).

**Abb. 245: Glatthaferwiese, Aspekt mit Bärenklau** (*Heracleum sphondylium*) **und Wiesenkerbel** (*Anthriscus sylvestris*) nach überhöhter Stickstoff-Düngung; beide Arten sind mehrschnittunempfindlich und zeigen eine Verarmung der Wiesengesellschaft.

## 7.2 Goldhafer-Wiesen
*Trisetion* BR.-BL. 1948

### 7.2.1 Goldhaferwiese
*Trisetetum flavescentis* RÜBEL 1911

**Verband:** *Trisetion* BR.-BL. 1948, Goldhaferwiesen
**Ordnung:** *Arrhenatheretalia* R. TX. 1931, Gedüngte Frischwiesen und Weiden
**Klasse:** *Molinio-Arrhenatheretea* R. TX. 1937 em. R. TX. 1970, Gesellschaften des Wirtschaftsgrünlandes

**Kennzeichen**
Die Goldhaferwiesen folgen in der montanen Stufe auf die Glatthaferwiesen der Tallagen. Die kürzere Vegetationszeit, saurere Böden, höhere Niederschläge und die Höhenlage bewirken die artenreichen Bergwiesen, die zumeist extensiv bewirtschaftet werden. Deshalb finden sich innerhalb der Artengarnitur auch Extensivzeiger aus den Borstgraswiesen der subalpinen Lagen. Die Goldhaferwiesen werden maximal 2- bis 3mal jährlich gemäht und seltener gedüngt. Im Frühjahr herrscht der Wiesen-Kerbel und die Margarite vor, das Jahr über können neben den Gräsern und Kräutern auch zahlreiche hohe Stauden vorkommen, bis im Sommer nach der Mahd Große Pimpernelle und Wiesen-Klee dominieren. Die häufigste Gesellschaft, die Goldhaferwiese, ist meist zweischürig oder wird Anfang Juli gemäht und anschließend nachbeweidet. Hochstauden und Doldengewächse weisen auf eine gute Nährstoffversorgung hin. Als Synonym ist auch die Bezeichnung *Geranio-Trisetetum flavescentis* KNAPP ex OBERD. 1957 gebräuchlich. Diese Wiese kommt auf lehmig sandigen bis sandigen, meist sauren Braunerden vor.

**Vorkommen und Höhenverbreitung**
Hochlagen der Mittelgebirge und des Voralpenraumes bis Norddeutschland; Hügelländer wie Hochsauerland, Harz, Böhmische Masse; Alpentäler und Alpennordrand.

**Ökologie**
Ist die Nährstoffversorgung der Goldhaferwiesen ausreichend, übernehmen Gräser wie Gewöhnlicher Goldhafer, Wiesen-Fuchsschwanz und Wiesen-Knäuelgras die Vorherrschaft gegenüber dem Glatthafer, der mit zunehmender Höhe klimabedingt nicht mehr aufkommen kann. Ferner enthalten die Wiesen deutlich mehr Magerkeitszeiger als in den Tallagen, entweder wegen der geringeren Bewirtschaftungsintensität oder weil die Fettwiesenarten konkurrenzbedingt schwächer werden. Bei nachlassender Nährstoffversorgung setzt sich vermehrt der Rote Schwingel durch. Ein typisches Anzeichen für das Nachlassen der Bewirtschaftungsintensität ist das vermehrte Auftreten der Großen Sterndolde und des Wald-Storchschnabels.

**Artenliste**

| | |
|---|---|
| Alchemilla xanthochlora | Gewöhnlicher Frauenmantel |
| Anthoxanthum odoratum | Gewöhnliches Ruchgras |
| Anthriscus sylvestris | Wiesen-Kerbel |
| Astrantia major | Große Sterndolde |
| Carum carvi | Wiesen-Kümmel |
| Chrysanthemum leucanthemum | Margarite |
| Crepis mollis | Weichhaariger Pippau |
| Geranium sylvaticum | Wald-Storchschnabel |
| Holcus lanatus | Wolliges Honiggras |
| Hypericum maculatum | Geflecktes Johanniskraut |
| Lychnis flos-cuculi | Kuckucks-Lichtnelke |
| Meum athamanticum | Bärwurz |
| Pimpinella major | Große Pimpernelle |
| Trifolium repens | Weiß-Klee |
| Trisetum flavescens | Goldhafer |
| Trollius europaeus | Trollblume |

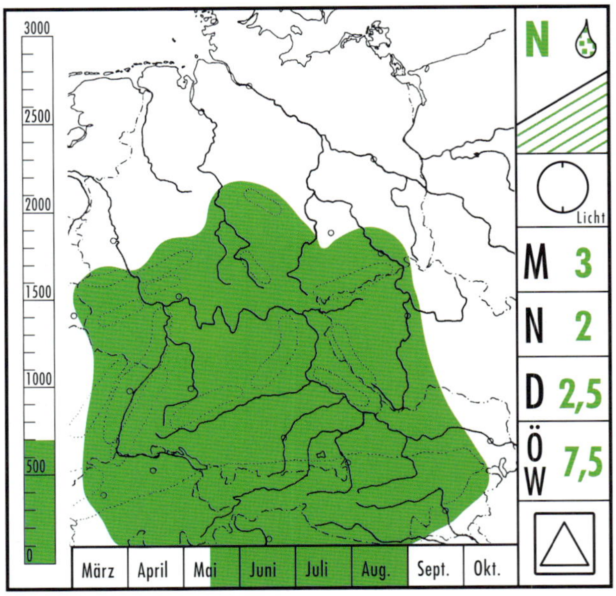

**Abb. 246:** Goldhaferwiese auf einem südexponierten, zweischnittigen Wiesenhang bei Grän am Haldensee im Tannheimer Tal.

**Abb. 247:** Detail einer Goldhaferwiese im Sommeraspekt auf einem Wiesenrücken bei Längenfeld im Ötztal.

## 7.2.2 Bärwurz-Wiese
*Meo-Trisetetum flavescentis* R. Tx. 1937

**Verband:** *Trisetion* Br.-Bl. 1948, Goldhaferwiesen
**Ordnung:** *Arrhenatheretalia* R. Tx. 1931, Gedüngte Frischwiesen und Weiden
**Klasse:** *Molinio-Arrhenatheretea* R. Tx. 1937 em. R. Tx. 1970, Gesellschaften des Wirtschaftsgrünlandes

**Kennzeichen**
Die Bärwurz-Wiesen kommen auf sauren, nährstoffarmen Standorten mit sandig-lehmigen Böden und wechselndem Wasserhaushalt vor. Sie bilden eine einschürige Magerwiese aus, die durch das reiche Auftreten der Bärwurz gekennzeichnet ist. Diese tritt besonders nach einer Nutzungsauflassung oder Nutzungsreduzierung besonders gehäuft auf, nach dem Brachfallen kann sich die Bärwurz-Wiese zu einer Knöterich-Wiese entwickeln. Langfristig gesehen ist das Aushagern und eine Entwicklung zum Borstgras- oder Magerrasen aber die häufigste Entwicklungsform. Wird die Wiese bewirtschaftet, erfolgt meist ein Schnitt pro Jahr mit geringen bis schwachen Düngebeigaben. Eine erhöhte Nährstoffbeigabe (Stickstoff) würde zum Rückgang der Bärwurz führen. Die Wiese ist der Mittelgebirgs-Goldhaferwiese mit Wald-Storchschnabel sehr ähnlich, die frische, lehmig-sandige und mäßig saure Böden einnimmt.

**Vorkommen und Höhenverbreitung**
Zentralalpentäler, Alpennordrand, deutsche Mittelgebirge wie Thüringer Wald, Erzgebirge, Rhön, Schwäbische Alb, Taunus; westliche Ausbildung mit Schwarzer Flockenblume: z. B. Hohes Venn, Eifel, Schwarzwald; meist in montanen Lagen

**Artenliste**

| | |
|---|---|
| Achillea millefolium | Gewöhnliche Schafgarbe |
| Centaurea nigra | Schwarze Flockenblume |
| Centaurea pseudophrygia | Perücken-Flockenblume |
| Festuca rubra | Roter Schwingel |
| Galium harcynicum | Sand-Labkraut |
| Geranium sylvaticum | Wald-Storchschnabel |
| Holcus lanatus | Wolliges Honiggras |
| Lychnis flos-cuculi | Kuckucks-Lichtnelke |
| Meum athamanticum | Bärwurz |
| Trisetum flavescens | Goldhafer |

**Abb. 248:** Bärwurz-Wiese bei Hohe Tannen im Harz mit einem Massenauftreten der Bärwurz (spätes Frühjahr).

## 7.2.3 Nordalpine Goldhaferwiese
*Astrantio-Trisetetum* KNAPP et KNAPP 1952

**Verband:** *Trisetion* BR.-BL. 1948, Goldhaferwiesen
**Ordnung:** *Arrhenatheretalia* R. TX. 1931, Gedüngte Frischwiesen und Weiden
**Klasse:** *Molinio-Arrhenatheretea* R. TX. 1937 em. R. TX. 1970, Gesellschaften des Wirtschaftsgrünlandes

**Kennzeichen**
In den nördlichen Kalkalpen kommen auf frischen, nährstoffreichen, mäßig sauren bis fast neutralen Böden sehr artenreiche und bunte Goldhaferwiesen vor, die reich an Großer Sterndolde sind. Sie werden kaum gedüngt und maximal zweimal jährlich gemäht. Ab 1000 m treten vermehrt Höhenzeiger wie Wald-Storchschnabel, Weißer Germer und Gold-Kälberkropf auf, dieser zeigt erhöhten Nährstoffeintrag an, während die ebenfalls vorkommenden Arten der Borstgrasrasen ein nährstoffarmes Stadium erkennen lassen. Die Trollblume deutet auf eine mittlere Nährstoffversorgung hin.

**Vorkommen und Höhenverbreitung**
Nordtiroler und Bayerische Kalkalpen, Oberallgäu, Vorarlberg bis 1400 m Seehöhe.

**Artenliste**

| | |
|---|---|
| Agrostis capillaris | Rotes Straußgras |
| Alchemilla vulgaris | Gewöhnlicher Frauenmantel |
| Anthoxanthum odoratum | Gewöhnliches Ruchgras |
| Campanula scheuchzeri | Scheuchzers Glockenblume |
| Centaurea pseudophrygia | Perücken-Flockenblume |
| Cynosurus cristatus | Wiesen-Kammgras |
| Dactylis glomerata | Wiesen-Knäuelgras |
| Geranium sylvaticum | Wald-Storchschnabel |
| Hypochoeris radicata | Gewöhnliches Ferkelkraut |
| Phyteuma spicatum | Ährige Teufelskralle |
| Plantago alpina | Alpen-Wegerich |
| Rumex alpestris | Berg-Sauer-Ampfer |
| Trisetum flavescens | Goldhafer |
| Veronica chamaedrys | Gamander-Ehrenpreis |

**Abb. 249:** Nordalpine Goldhaferwiese mit Großer Sterndolde (*Astrantia major*) in einem Naturschutzgebiet bei Seefeld.

## 7.3 Alpen-Fettweiden
*Poion alpinae* Oberd. 1950

### 7.3.1 Weidelgras-Weide
*Lolio-Cynosuretum* Br.-Bl. et Deleeuw 1936

**Verband:** *Poion alpinae* Oberd. 1950, Alpen-Fettweiden
**Ordnung:** *Arrhenatheretalia* R. Tx. 1931, Gedüngte Frischwiesen und Weiden
**Klasse:** *Molinio-Arrhenatheretea* R. Tx. 1937 em. R. Tx. 1970, Gesellschaften des Wirtschaftsgrünlandes

**Kennzeichen**
Der Verband enthält die häufigsten Formen der Wirtschaftsweiden und künstlichen Rasenansaaten Mitteleuropas und kommt darüber hinaus weltweit vor. Bevorzugt werden Standorte mit milden Wintern und feuchten Sommern über nährstoffreichen, frischen Braunerden. Weil die Wiesen meist intensiv bewirtschaftet werden, sind sie relativ artenarm. Gräser überwiegen gegenüber Kräutern. An überdüngten Stellen können Ruderal- und Ackerunkräuter vorkommen, auf Stellen mit überdurchschnittlichem Viehtritt sogar Pflanzen der Trittgesellschaften wie Einjähriges Rispengras, Großer Wegerich und Kriechendes Fingerkraut. In den inneralpinen Tälern tritt das Wiesen-Kammgras wegen der zunehmenden Kontinentalität zurück und das Wiesen-Rispengras wird dominant.

**Vorkommen und Höhenverbreitung**
In Österreich vor allem im Alpenvorland, Innviertel, in humiden Flußtälern, Kärnten; nordwestdeutsches Küstengebiet, norddeutsche Tiefebene; Kühlmontane Stufe der Mittelgebirge und Voralpen.

**Ökologie**
Weidelgrasweiden sind die leistungsfähigsten Grünlandbestände, bei höchsten Volldüngergaben lassen sich 13 Tonnen Trokkenmasse pro Hektar erzielen. Sie bauen auch die höchste Menge an zugeführten Nährstoffen in Biomasse um. Daher werden Weidelgrasweiden mit einer großen Anzahl von Weidevieh bestoßen, was zu einer überdurchschnittlichen Verdichtung des Oberbodens führt. Diese fördert jedoch wiederum Fettwiesen-Arten und scheidet unerwünschte Kräuter aus. In weniger genutzten Weiden können bodenbrütende Vögel wie der Kiebitz vorkommen.
Die Weißklee-Weidelgrasweide erkennt man im Gelände vor allem durch den weißen Blühaspekt des kriechenden Weiß-Klees, dessen Horste sich auf der Wiese deutlich absetzen. Es wird zwischen einer **mageren Fettweide** auf mäßig trockenen Böden mit Feldsimse, Kleinem Habichtskraut und Gemeinem Hornklee und einer **feuchten** Ausbildung unterschieden, in der Kuckucks-Lichtnelke, Sumpfdistel und Moor-Labkraut vorkommen.

**Artenliste**

| | |
|---|---|
| Achillea millefolium | Gewöhnliche Schafgarbe |
| Alchemilla vulgaris | Gewöhnlicher Frauenmantel |
| Anthoxanthum odoratum | Gewöhnliches Ruchgras |
| Bellis perennis | Gänseblümchen |
| Cynosurus cristatus | Wiesen-Kammgras |
| Elymus repens | Kriechende Quecke |
| Holcus lanatus | Wolliges Honiggras |
| Lolium perenne | Englisches Raygras |
| Lotus corniculatus | Hornklee |
| Phleum pratense | Wiesen-Lieschgras |
| Plantago lanceolata | Spitz-Wegerich |
| Plantago major | Großer Wegerich |
| Poa pratensis | Wiesen-Rispengras |
| Ranunculus repens | Kriechender Hahnenfuß |
| Taraxacum officinale | Wiesen-Löwenzahn |
| Trifolium pratense | Wiesen-Klee |
| Trifolium repens | Weiß-Klee |

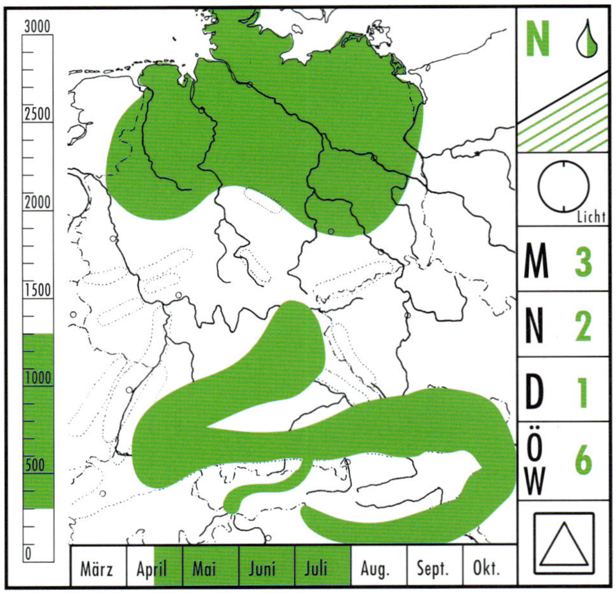

**Abb. 250:** Weidelgrasweide auf einem Wiesenrücken im Marienbergtal im Vorfeld der Marienbergalm; wird im Sommer beweidet.

**Abb. 251:** Detail einer Weidelgrasweide auf der Kastenalm, Karwendel.

**Abb. 252:** Weidelgrasweide mit Händelwurz auf der Radurschlalm.

## 7.3.2 Alpine Milchkraut-Fettweide
*Crepido aureae-Festucetum rubrae* LÜDI 1948

**Verband:** *Poion alpinae* OBERD. 1950, Alpen-Fettwiesen
**Ordnung:** *Arrhenatheretalia* R. TX. 1931, Gedüngte Frischwiesen und Weiden
**Klasse:** *Molinio-Arrhenatheretea* R. TX. 1937 em. R. TX. 1970, Gesellschaften des Wirtschaftsgrünlandes

### Kennzeichen
Der Verband enthält Kammgrasweiden der oberen montanen und subalpinen Lagen auf frischen, meist lehmig-tonigen Böden. In diesen Regionen herrschen hohe Niederschläge und lange Schneebedeckung vor, die Gesellschaften sind reichlich mit Wasser versorgt. Zwischen 1100 und 2200 m treten sie gerne in der Umgebung von Almhütten auf, wo nährstoffreiche, frische Böden vorliegen, die heute meist einmal jährlich gedüngt werden. Die zentrale Gesellschaft des Verbandes ist die Alpine Milchkraut-Fettweide, die vor allem für Almen charakteristisch ist und durch gelb gefärbte Rasen des Rauhen Löwenzahnes, des Milchkrautes oder des Gold-Pippaus auffällt. Die Wiesen dienen meist als Viehweiden und werden selten gemäht. Krautige Pflanzen überwiegen, die vom Vieh bis an die Blattrosette abgefressen werden. Dadurch nehmen die typischen Arten der Wirtschaftswiesen ab, an deren Stelle treten Pflanzen aus den alpinen Wiesengesellschaften hinzu. Alpen-Fettwiesen sind innerhalb der natürlichen Waldzone durch Rodung entstanden und stellen Ersatzgesellschaften für subalpine Fichtenwälder oder Legföhren-Gebüsche dar.

### Vorkommen und Höhenverbreitung
Großflächig in den Gebirgslagen der Zentralalpen und der Alpennordseite.

### Ökologie
Trotz der starken Beweidung im Sommer kann die Wiese im Herbst nach erfolgtem Almabtrieb etwa Mitte September noch regenerieren und zu gelblich-braunen Matten aufwachsen. Die Wiesen sind sehr artenreich, wenn die Standorte mager sind und sehr extensiv genutzt werden. Grauer Fleckenbär und Alpen-Scheckenfalter halten sich darin auf, für alpine Säugetiere dienen sie als Futterwiesen. Milchkrautweiden können durch andauernde Düngung aus Borstgrasrasen entstehen.

### Gefährdung, Pflege, Naturschutz
Die größte Gefährdung besteht durch die Nutzungsauflassung der Almen. Fällt die Beweidung oder eine Mahd aus, beginnen die Flächen zu verbuschen und entwickeln sich zu ursprünglichen Wald-Formationen. Die sehr artenreichen Wiesen enthalten seltene und geschützte Alpenpflanzen wie Krokusse und Enzian-Arten. Zu ihrem Erhalt ist die bisherige regelmäßige extensive Nutzung aufrecht zu erhalten.

**Artenliste**

| | |
|---|---|
| Agrostis capillaris | Rotes Straußgras |
| Alchemilla vulgaris | Gewöhnlicher Frauenmantel |
| Anthoxanthum odoratum | Gewöhnliches Ruchgras |
| Crepis aurea | Gold-Pippau |
| Deschampsia caespitosa | Rasen-Schmiele |
| Festuca rubra | Roter Schwingel |
| Leontodon hispidus | Rauher Löwenzahn |
| Ligusticum mutellina | Alpen-Mutterwurz |
| Phleum alpinum | Falsches Alpen-Lieschgras |
| Poa alpina | Alpen-Rispengras |
| Potentilla aurea | Gold-Fingerkraut |
| Prunella vulgaris | Kleine Brunelle |
| Ranunculus montanus | Berg-Hahnenfuß |
| Soldanella alpina | Alpen-Troddelblume |
| Trifolium badium | Alpen-Braun-Klee |
| Trifolium pratense | Wiesen-Klee |
| Trifolium repens | Weiß-Klee |
| Trifolium thalii | Thals Klee |

Die Gesellschaft des **Alpinen Violettschwingelrasens**, *Trifolio thalii-Festucetum violaceae*, BR.-BL. 1926, die zum Verband *Poion alpinae* gehört, wird im Kapitel 18.5.1 beschrieben.

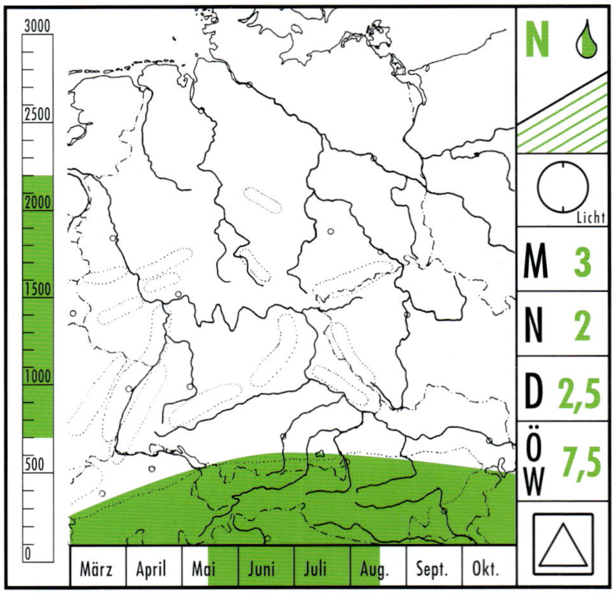

**Abb. 253:** Alpine Milchkraut-Fettweide an den Südhängen der Steinkarspitze im NSG Vilsalpsee auf ca. 2000 m.

**Abb. 254:** Detail einer alpinen Milchkraut-Fettweide im Talkessel des Traualpsees im NSG Vilsalpsee im Tannheimer Tal.

## 7.4 Weißklee-Weiden
*Cynosurion cristati* R. Tx. 1947

### 7.4.1 Rot-Schwingel-Straußgras-Weide
*Festuco commutatae-Cynosuretum* R. Tx. ex Büker 1942

**Verband:** *Cynosurion cristati* R. Tx. 1947, Weißklee-Weiden
**Ordnung:** *Arrhenatheretalia* R. Tx. 1931, Gedüngte Frischwiesen und Weiden
**Klasse:** *Molinio-Arrhenatheretea* R. Tx. 1937 em. R. Tx. 1970, Gesellschaften des Wirtschaftsgrünlandes

**Kennzeichen**
In kühleren und regenreichen Lagen im Bergland kommt auf mageren und flachgründigen Böden die Rot-Schwingel-Straußgrasweide vor, die wegen der Höhenlage und der Steilheit des Hanges oft nur beweidet und nicht gemäht wird. Gegenüber der klassischen Weidelgraswiese ist eine deutliche Mengenverschiebung einzelner Arten festzustellen. Das Weidelgras tritt deutlich zurück, dafür ist das reiche Vorkommen des Gemeinen Frauenmantels auffällig. An giftigen Unkräutern können der Weiße Germer und der Schwalbenwurz-Enzian enthalten sein. Die Weideerträge sind geringer als bei der Weißklee-Weidelgrasweide. Diese Grünlandgesellschaft stellt die typische Wiese des Maiensäß dar, einem alten Bewirtschaftungstyp des allemannischen Raumes (z.B. im Tessin). Dabei werden die Flächen, die oft abseits der Höfe liegen, nur wenige Wochen im Jahr beweidet.

**Vorkommen und Höhenverbreitung**
In der montanen Stufe zwischen 800 und 1300 m, Süd- und Zentralalpen, Alpenvorland, Südalpenrand (Tessin).

**Artenliste**

| | |
|---|---|
| Alchemilla vulgaris | Gewöhnlicher Frauenmantel |
| Bellis perennis | Gänseblümchen |
| Campanula rotundifolia | Rundblättrige Glockenblume |
| Chrysanthemum leucanthemum | Margarite |
| Cynosurus cristatus | Wiesen-Kammgras |
| Festuca rubra | Rot-Schwingel |
| Gentiana asclepiadea | Schwalbenwurz-Enzian |
| Leontodon hispidus | Rauher Löwenzahn |
| Lotus corniculatus | Hornklee |
| Luzula campestris | Feldsimse |
| Plantago lanceolata | Spitz-Wegerich |
| Trifolium repens | Weiß-Klee |
| Veratrum album | Weißer Germer |

**Abb. 255:** Rot-Schwingel-Straußgras-Weide auf einem Trockenhang im Kellental bei Neuleutasch, auf 1200 m Seehöhe.

## 7.4.2 Subalpine Kammgrasweide
*Crepido-Cynosuretum* Knapp ex Dietk 1972

**Verband:** *Cynosurion cristati* R. Tx. 1947, Weißklee-Weiden
**Ordnung:** *Arrhenatheretalia* R. Tx. 1931, Gedüngte Frischwiesen und Weiden
**Klasse:** *Molinio-Arrhenatheretea* R. Tx. 1937 em. R. Tx. 1970, Gesellschaften des Wirtschaftsgrünlandes

**Kennzeichen**
Die vom Goldpippau geprägte subalpine Kammgrasweide benötigt tiefgründige, frische und nährstoffreiche Böden, die auch gedüngt werden. Im Bergland tritt sie deshalb häufig in der Nähe von Almhütten auf. Die krautigen Pflanzen dominieren, daneben können auch Hochstaudenarten wie Alpen-Ampfer vorkommen.

**Vorkommen und Höhenverbreitung**
In den Kalkgebieten in Seehöhen zwischen 1100 und 1800 m.

**Artenliste**

| | |
|---|---|
| Achillea millefolium | Gewöhnliche Schafgarbe |
| Crepis aurea | Gold-Pippau |
| Cynosurus cristatus | Wiesen-Kammgras |
| Leontodon hispidus | Rauher Löwenzahn |
| Plantago lanceolata | Spitz-Wegerich |
| Poa alpina | Alpen-Rispengras |
| Trifolium repens | Weiß-Klee |

**Abb. 256:** Subalpine Kammgrasweide im Leutascher Tal im Sommeraspekt.

## 7.5 Wegerich-Trittrasen
*Lolio-Plantaginion* R. TX. 1947

### 7.5.1 Weidelgras-Breitwegerich-Trittrasen
*Lolio-Plantaginetum majoris* (LINKOLA 1921) BEGER 1930

**Verband:** *Lolio-Plantaginion* R. TX. 1947, Wegerich-Trittrasen
**Ordnung:** *Plantaginetalia majoris* TX. 1950, Mesophile Trittpflanzengesellschaften
**Klasse:** *Molinio-Arrhenatheretea* R. TX. 1937 em. R. TX. 1970, Gesellschaften des Wirtschaftsgrünlandes

**Kennzeichen**
Mittelstreifen von Wald- und Wiesenwegen, Straßenbankette oder Säume von Sportplätzen werden von Trittrasen eingenommen, in denen Rosetten wie der Große Wegerich und trittresistente Gräser vorherrschen. Die artenarme, weit verbreitete Gesellschaft kommt auf Sand- und Lehmböden vor und bleibt bei regelmäßiger Trittbelastung als Dauer-Initialgesellschaft bestehen. Bleibt die Belastung aus, entwickelt sich eine staudenreiche Ruderalgesellschaft.

**Vorkommen und Höhenverbreitung**
In ganz Mitteleuropa in Wirtschaftsgrünländern, in Siedlungsgebieten, auf Wegen und Plätzen; eine der häufigsten Gesellschaften, von der kollinen bis zur montanen Stufe.

**Artenliste**

| | |
|---|---|
| Agrostis stolonifera | Weißes Straußgras |
| Capsella bursa-pastoris | Hirtentäschel |
| Lolium perenne | Englisches Raygras |
| Matricaria discoidea | Strahllose Kamille |
| Plantago lanceolata | Spitz-Wegerich |
| Plantago major | Großer Wegerich |
| Poa annua | Einjähriges Rispengras |
| Poa pratensis | Wiesen-Rispengras |
| Polygonum aviculare | Vogel-Knöterich |
| Prunella vulgaris | Kleine Brunelle |
| Taraxacum officinale | Wiesen-Löwenzahn |
| Trifolium repens | Weiß-Klee |

**Abb. 257:** Weidelgras-Breitwegerich-Trittrasen auf Schotterflächen in einem Hinterhof in Innsbruck.

## 7.5.2 Wegwarten-Wegrand-Gestrüpp
*Cichorietum intybi* Siss. 1969

**Verband:** *Lolio-Plantaginion* R. Tx. 1947, Wegerich-Trittrasen
**Ordnung:** *Plantaginetalia majoris* Tx. 1950, Mesophile Trittpflanzengesellschaften
**Klasse:** *Molinio-Arrhenatheretea* R. Tx. 1937 em. R. Tx. 1970, Gesellschaften des Wirtschaftsgrünlandes

**Kennzeichen**
Diese Gesellschaft, die im Hochsommer mit dem gelben Pastinak und den blauen Blütensternen der Gewöhnlichen Wegwarte sehr bunt blüht, kommt auf Böschungen an Straßen und Wegrändern vor, die früher befahren waren und heute kaum mehr betreten werden. Auch mit Steinen befestigte Böschungen werden bewachsen, die im Kontakt mit Trittrasengesellschaften stehen. Die Böden bestehen meist aus Lehm, Sand und Schotter, die Bestände werden unregelmäßig gemäht. Die Gesellschaft leitet zu den Steinklee-Fluren und zu den Glatthaferwiesen über. Im Winter stehen die Standorte unter dem Einfluß der Salzstreuung.

**Vorkommen**
In ganz Mitteleuropa an Weg- und Straßenrändern, bis in die montane Stufe reichend.

**Artenliste**

| | |
|---|---|
| Achillea millefolium | Gewöhnliche Schafgarbe |
| Artemisia vulgaris | Gewöhnlicher Beifuß |
| Cichorium intybus | Gewöhnliche Wegwarte |
| Dactylis glomerata | Wiesen-Knäuelgras |
| Daucus carota | Wilde Möhre |
| Lolium perenne | Englisches Raygras |
| Pastinaca sativa | Pastinak |
| Plantago lanceolata | Spitz-Wegerich |
| Plantago major | Großer Wegerich |
| Taraxacum officinale | Wiesen-Löwenzahn |

**Abb. 258:** Wegwarten-Wegrand-Gestrüpp an einem Straßenrand bei Kranebitten, westlich von Innsbruck.

# 8 Trockenrasengesellschaften

## 8.1 Halbtrockenrasen
*Bromion erecti* Br.-Bl. et Moor 1936

### 8.1.1 Trespen-Halbtrockenrasen
*Mesobrometum erecti* Koch 1926

**Verband:** *Bromion erecti* Br.-Bl. et Moor 1936, Trespen-Halbtrockenrasen
**Ordnung:** *Brometalia erecti* Br.-Bl. 1936, Submediterrane Trocken- und Halbtrockenrasen
**Klasse:** *Festuco-Brometea* Br.-Bl. et R. Tx. in Br.-Bl. 1949, Schwingel-Steppen und Trespen-Rasen

**Kennzeichen**
Die blumenreichen und bunten Halbtrockenrasen nehmen Hänge mit tiefgründigen, kalkreichen Lehm- und Mergelböden ein und kommen auf trockenen, heißen und mageren Extremstandorten vor. Dies können auch Schotterflächen an Flüssen, trockener Kies und Kalkverwitterungsböden sein. Alle Standorte sind grundwasser- und überschwemmungsfrei, das Regenwasser versickert durch einen skelettreichen Untergrund sehr rasch. Die sommerlichen Temperaturen betragen infolge fehlender Beschattung nicht selten über 50 °C. Die vielgestaltigen Rasen können lückig sein, verfügen aber über ein hohes Artenspektrum, das lokal verschieden sein kann. Zur Erhaltung dieser Rasen ist eine extensive Pflege unbedingt erforderlich, entweder ein ein- bis zweimaliger Schnitt oder eine Schafbeweidung.

**Vorkommen und Höhenverbreitung**
In der kollinen bis montanen Stufe in ganz Mitteleuropa, besonders westliches Österreich, Alpennordrand, deutsche Mittelgebirge (Schwäbische und Fränkische Alb) und Südabbrüche der Flußtäler (z. B. Altmühltal); Schweizer Jura.

**Ökologie**
Ökologisch gesehen nehmen sie eine Zwischenstellung zwischen den Trockenrasen und den Wirtschaftswiesen ein, was durch die hohe Anzahl an Gräsern unter Beweis gestellt wird. Diese bewirken auch, daß die Wiesen selbst im intensivsten Blühaspekt im Sommer meist zart und fahl scheinen. Einige stete Arten der Rasen haben verholzte Teile wie der Edel-Gamander, Ginsterarten und Heidekraut. Die extreme Trockenheit und der Nährstoffmangel sind für das Zustandekommen der Gesellschaft ausschlaggebend. Halbtrockenrasen sind hauptsächlich aus Wäldern hervorgegangen und konnten durch Beweidung offen gehalten werden. Hört diese auf, beginnen sie zu verbuschen und sich über ein Gebüschstadium wieder zum Wald zurück zu entwickeln.

**Gefährdung, Pflege, Naturschutz**
Die Flächen sind stärker gefährdet als Feuchtgebiete und sehr selten geworden. Durch Düngung und Intensivierung der Bewirtschaftung gehen die mageren Standortbedingungen verloren, die typischen Magerrasen-Arten verschwinden und die Bestände werden zu Fettwiesen. Die extensive Bewirtschaftung ist beizubehalten, ein Aussetzen der Beweidung führt ebenfalls zum Verschwinden der Gesellschaft; Mahd meist Ende Juli, in höheren Lagen nach der Orchideenblüte; in feuchten Jahren Mitte August, in trockenen Ende Juni. Sie stellen aus naturschutzfachlicher Sicht wegen der zahlreichen Spezialisten, dem überaus großen Artenreichtum und der zahlreichen Hautflügler, Käfer und Schmetterlinge hochwertigste Flächen dar.

**Artenliste**

| | |
|---|---|
| Anthyllis vulneraria | Gewöhnlicher Wundklee |
| Brachypodium pinnatum | Fieder-Zwenke |
| Briza media | Zittergras |
| Bromus erectus | Aufrechte Trespe |
| Carlina acaulis | Stengellose Silberdistel |
| Cirsium acaule | Stengellose Kratzdistel |
| Euphorbia cyparissias | Zypressen-Wolfsmilch |
| Gentiana ciliata | Gefranster Enzian |
| Lotus corniculatus | Hornklee |
| Onobrychis viciifolia | Futter-Esparsette |
| Ophrys insectifera | Fliegen-Ragwurz |
| Orchis militaris | Helm-Knabenkraut |
| Orchis morio | Kleines Knabenkraut |
| Orchis ustulata | Brand-Knabenkraut |
| Phyteuma orbiculare | Kugel-Rapunzel |
| Plantago media | Mittlerer Wegerich |
| Scabiosa columbaria | Tauben-Skabiose |
| Thymus pulegioides | Arznei-Thymian |

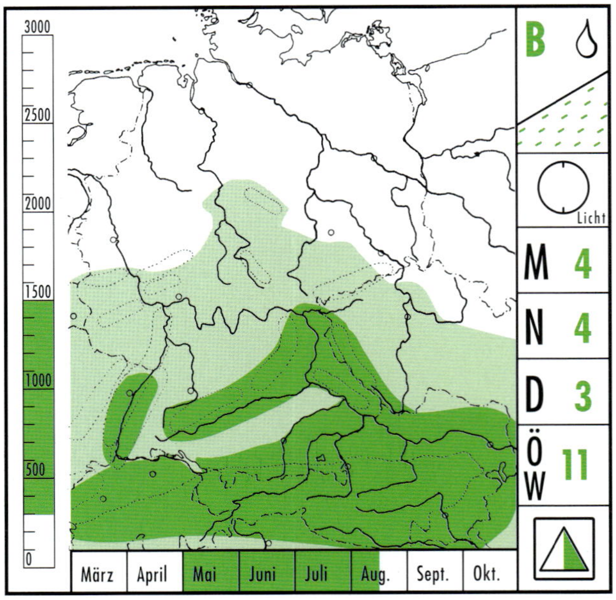

**Abb. 259:** Halbtrockenrasen mit Schlehen an einer südexponierten Böschung in der Weinitzen, Schütt, Kärnten.

**Abb. 260:** Brand-Knabenkraut (*Orchis ustulata*).

**Abb. 261:** Halbtrockenrasen mit Bergaster in der Weinitzen, Kärnten.

## 8.1.2 Kalkmagerweiden
*Gentiano-Koelerietum pyramidatae* Tx. 1955

**Verband:** *Bromion erecti* Br.-Bl. et Moor 1936, Trespen-Halbtrockenrasen
**Ordnung:** *Brometalia erecti* Br.-Bl. 1936, Submediterrane Trocken- und Halbtrockenrasen
**Klasse:** *Festuco-Brometea* Br.-Bl. et R. Tx. in Br.-Bl. 1949, Schwingel-Steppen und Trespen-Rasen

**Kennzeichen**
Die kurzrasige, bunte und blumenreiche Gesellschaft, die mehrere Orchideen und Enziane enthält, bedeckt trockene Kalkböden der Karstgebirge und Muschelkalk-Landschaften. Die Rasen, die extensiv durch Schafherden beweidet werden, beinhalten auch lückige Wacholdergebüsche. Sie bilden das Jahr über einen farbenreichen Wechsel der Blühstadien aus und sind durch eine große Zahl ökologisch und floristisch bedeutsamer Arten aufgebaut. Die Gesellschaft ist auch als *Carlino acaulis-Brometum* Oberd. 1957 bekannt.

**Vorkommen und Höhenverbreitung**
Süddeutschland, Karstgebirge der Schwäbischen und Fränkischen Alb, Rhön; in Norddeutschland artenärmer.

**Ökologie**
Kalkmagerweiden unterscheiden sich von Kalkmagerwiesen durch eine intensivere Bewirtschaftung. Die Intensität der Mahd und der Beweidung ist der hauptsächliche Faktor für die Artenkombinationen. Das Besondere an den Kalkmagerweiden ist das Zusammenspiel extremer Standortsfaktoren und einer maßvollen Bewirtschaftung, das diese wertvollen Biotope über eine mehrere hundert Jahre dauernde Entwicklung entstehen ließ. Heute sind diese Biotope einzigartige Lebensräume für eine Vielzahl an licht- und wärmeliebenden Insekten. Für Vögel bieten die Weiden ein wichtiges Nahrungs- und Brutbiotop.

**Gefährdung, Pflege, Naturschutz**
Die Halbtrockenrasen sind hauptsächlich durch Erschließungstätigkeit und Intensivierung gefährdet. Die beste Pflegeform ist die Schafbeweidung. Als Schutzmaßnahme ist es unbedingt notwendig, die extensive Bewirtschaftungsform aufrecht zu erhalten. Eine mechanische Bewirtschaftung kann den Rückgang der Kalkmagerweiden nicht aufhalten, nur aufschieben.

**Artenliste**

| | |
|---|---|
| Brachypodium pinnatum | Fieder-Zwenke |
| Bromus erectus | Aufrechte Trespe |
| Carlina vulgaris | Silberdistel |
| Gentiana ciliata | Gefranster Enzian |
| Gentianella germanica | Deutscher Enzian |
| Hieracium pilosella | Kleines Habichtskraut |
| Koeleria pyramidata | Kammschmiele |
| Ononis spinosa | Dorniger Hauhechel |
| Ophrys insectifera | Fliegen-Ragwurz |
| Sanguisorba minor | Kleiner Wiesenknopf |
| Thymus pulegioides | Arznei-Thymian |

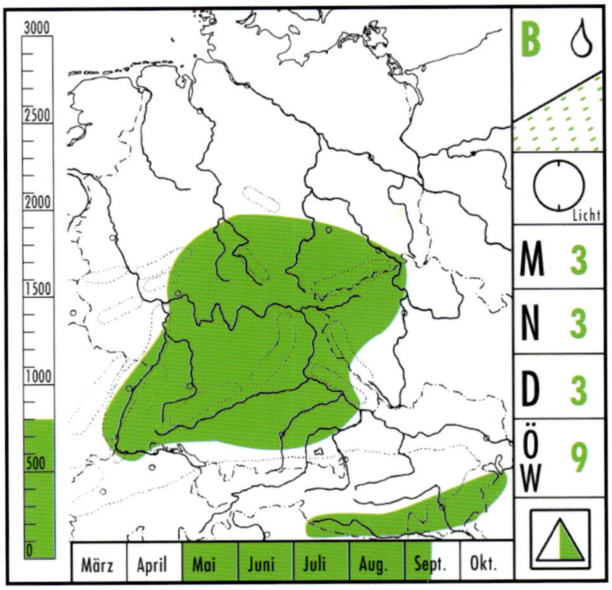

**Abb. 262:** Kalkmagerweide an einer Wiesenböschung bei Ebenwald im Lavanttal, Kärnten.

**Abb. 263:** Kalkmagerweide an einer extensiven Böschung bei Hundsdorf im Lavanttal, Kärnten.

## 8.1.3 Magerer Kalk-Halbtrockenrasen
*Onobrychido viciifoliae-Brometum* TH. MÜLLER 1966

**Verband:** *Bromion erecti* BR.-BL. et MOOR 1936, Trespen-Halbtrockenrasen
**Ordnung:** *Brometalia erecti* BR.-BL. 1936, Submediterrane Trocken- und Halbtrockenrasen
**Klasse:** *Festuco-Brometea* BR.-BL. et R. TX. in BR.-BL. 1949, Schwingel-Steppen und Trespen-Rasen

**Kennzeichen**
Die Tieflagen-Trespenwiesen sind durch das Auftreten zahlreicher Wärmezeiger und subkontinental geprägter Pflanzen gekennzeichnet. Der Rasen enthält zahlreiche Wärmezeiger bzw. Arten mit ausgeprägt subkontinentaler Verbreitung. Im Frühling fallen die Küchenschelle und Sand-Veilchen auf, im Frühsommer der Geiß-Klee. Diese werden im Sommer vom Dreizähnigen Knabenkraut, dem Steppen-Lieschgras und der Felsennelke abgelöst. Charakteristisch für den Spätsommer sind Gelbe Skabiose, Bartgras und Steppenfenchel. Die Standorte sind trocken, wärmeliebend mit kalkreichen und flachgründigen Böden. Werden diese Rasen auch nur mäßig gedüngt, wandern Arten der Glatthaferwiesen ein und die seltene und gefährdete Gesellschaft geht verloren. Gehört zu den gefährdetsten Pflanzengesellschaften mit zahlreichen Heidebewohnern, die zum Teil nur mehr in der pannonischen Tiefebene zu finden sind.

**Vorkommen und Höhenverbreitung**
Tieflagen der Mittelgebirge auf leicht geneigten Hängen und südexponierten Böschungen.

**Artenliste**

| | |
|---|---|
| Astragalus onobrychis | Esparsetten-Tragant |
| Biscutella laevigata | Brillenschote |
| Bothriochloa ischaemum | Bartgras |
| Centaurea rhenana | Rispen-Flockenblume |
| Fumana procumbens | Zwerg-Sonnenröschen |
| Inula hirta | Rauher Alant |
| Iris pumila | Zwerg-Schwertlilie |
| Ophrys apifera | Bienen-Ragwurz |
| Orchis tridentata | Dreizähniges Knabenkraut |
| Scabiosa ochroleuca | Gelbe Skabiose |
| Scorzonera austriaca | Österreichische Schwarzwurzel |
| Sesili annuum | Steppenfenchel |
| Verbascum phoeniceum | Violette Königskerze |

**Abb. 264:** Magerer Kalk-Halbtrockenrasen mit Nickendem Leimkraut auf der Serfauser Sonnenterrasse im Tiroler Oberland.

## 8.2 Blaugras-Halbtrockenrasen
*Seslerio-Mesobromion* OBERD. 1957

### 8.2.1 Präalpiner Blaugras-Halbtrockenrasen
*Carlino acaulis-Caricetum sempervirentis* LUTZ & PAUL 1947

**Verband:** *Seslerio-Mesobromion* OBERD. 1957, Blaugras-Halbtrockenrasen
**Ordnung:** *Brometalia erecti* BR.-BL. 1936, Submediterrane Trocken- und Halbtrockenrasen
**Klasse:** *Festuco-Brometea* BR.-BL. et R. TX. in BR.-BL. 1949, Schwingel-Steppen und Trespen-Rasen

**Kennzeichen**
Diese Formation folgt in montanen Lagen auf den Trespen-Halbtrockenrasen und enthält eine ausgewogene Kombination von Arten der Halbtrockenrasen und alpiner Kalkrasen wie Silberwurz, Polster-Segge, Scheuchzers Glockenblume und Zwergbuchs. Sie ist reich an bunt blühenden Pflanzen, die sich vom Frühjahr bis zum Herbst abwechseln. Die Rasen kommen über braunschwarzen, krümeligen Rendsinen vor, die steinig und lehmig sein können. Sie bilden eine der artenreichsten Gesellschaften aus und stellen Ersatzgesellschaften ehemaliger Wälder dar.

**Vorkommen und Höhenverbreitung**
In den nordalpinen Tälern und Talausgängen meist zwischen 700 und 1000 m; Alpennordrand, Oberbayern, Jura-Mittelgebirge.

**Artenliste**

| | |
|---|---|
| Anthyllis vulneraria | Wundklee |
| Calluna vulgaris | Heidekraut |
| Campanula scheuchzeri | Scheuchzers Glockenblume |
| Carex sempervirens | Horst-Segge |
| Helianthemum nummularium | Gewöhnliches Sonnenröschen |
| Hippocrepis comosa | Hufeisenklee |
| Linum catharticum | Purgier-Lein |
| Lotus corniculatus | Hornklee |
| Orchis ustulata | Brand-Knabenkraut |
| Potentilla erecta | Blutwurz |
| Sesleria albicans | Kalk-Blaugras |
| Trifolium montanum | Berg-Klee |

**Abb. 265:** Präalpiner Blaugras-Halbtrockenrasen im Vorfeld eines wärmeliebenden Feldgehölzes im Solling.

## Aspekte der Halbtrockenrasen

**Abb. 266:** Halbtrockenrasen in den Fronwiesen im Kärntner Rosental, mit Schwarzvioletter Akelei (*Aquilegia atrata*).

**Abb. 267:** Kalkmagerweide bei Ebenwald im Kärntner Lavanttal mit Echtem Labkraut (*Galium verum*).

## Aspekte der Trockenrasen

**Abb. 268:** Trockenrasen mit Prachtnelke (*Dianthus superbus*) am Seefelder Hochplateau bei Neuleutasch.

**Abb. 269:** Trockenrasen mit Vielblütiger Weißwurz (*Polygonatum multiflorum*) an einer Trockenböschung bei Kössen.

## 8.3 Submediterrane Trockenrasen
*Xerobromion* MORAVEC in HOLUB et al. 1967

### 8.3.1 Trespen-Trockenrasen
*Xerobrometum erecti* BR.-BL. 1915 em. 1931

**Verband:** *Xerobromion* MORAVEC in HOLUB et al. 1967, Submediterrane Trockenrasen
**Ordnung:** *Brometalia erecti* BR.-BL. 1936, Submediterrane Trocken- und Halbtrockenrasen
**Klasse:** *Festuco-Brometea* BR.-BL. et R. TX. in BR.-BL. 1949, Schwingel-Steppen und Trespen-Rasen

**Kennzeichen**
Lückige und schüttere Vegetation auf flachgründigen, stark geneigten, nach Süden exponierten Hanglagen über Kalkfels charakterisieren die Trockenrasen, die noch karger sind als die Halbtrockenrasen. Die noch stärkere Sonneneinstrahlung führt zu noch extremeren Standortbedingungen als bei den Halbtrockenrasen, die nur von wärmeliebenden Arten ertragen werden können. Die Böden weisen ein A-C-Profil auf und sind Ranker, Pararendsinen oder Tschernoseme. Neben den horstartig wachsenden Gräsern herrschen submediterrane Zwergsträucher, mehrjährige Kräuter, kleine Therophyten sowie zahlreiche Moose und Flechten vor. Die Rasen sind natürlich entstanden oder durch Schlag, Brand oder Beweidung aus Wäldern hervorgegangen. Setzt die Bewirtschaftung aus, bleiben die Flächen über Jahrzehnte gehölzfrei, sofern sie nicht direkt an Gebüsche angrenzen.

**Vorkommen und Höhenverbreitung**
In ganz Mitteleuropa; Besonders im Kaiserstuhl, im pannonischen Raum, Alpen-Ostrand, Mittel- und Südburgenland, Vintschgau, Tiroler Oberland.

**Ökologie**
In den Rasen herrscht eine sehr geringe Vegetationsdynamik. Ist der Trockenrasen aus einem Wald hervorgegangen, müssen die Bestände jedes 3. – 4. Jahr durch Mahd gepflegt werden, um nicht zu verbuschen. Bleibt die Mahd aus, können die Bestände innerhalb von 20 – 40 Jahren zuwachsen. Ist die Wiese von Natur aus gehölzfrei gewesen, wird sie als Steppenheide bezeichnet und bleibt sehr lange offen. Die extremen Standortsfaktoren, die von HEILIG (1931) untersucht wurden, sind: Minimale Wasservorräte und minimale Speicherkapazität des Bodens, wenige Zentimeter Feinerde, extremes Mikroklima mit bis zu 68 °C (schon im März bis zu 40 °C), tiefe Nachttemperaturen, Winterkälte, Hangneigungen um 40–45°, die höchsten Verdunstungswerte mit 2,67 ccm/h.

**Gefährdung, Pflege, Naturschutz**
Trockenrasen verschwinden durch Intensivierung und Umbau der Flächen zu Intensivgrünland. Steile Hänge, wo eine Intensivierung keinen Sinn ergibt, stehen mancherorts heute unter Schutz. Pflegemaßnahmen sind nur sehr spärlich notwendig, bei der Mahd – optimal Ende Juli und September – ist das Mähgut abzuführen. Trockenrasen gehören zu den artenreichsten Beständen Mitteleuropas und können neben der reichen Flora eine Unmenge an Insekten und Schmetterlingen enthalten. Bei Untersuchungen im Tiroler Oberland konnten in Trockenrasen über 1200 Insekten und Schmetterlinge nachgewiesen werden (Hautflügler, Rüsselkäfer, Bienen, Hummeln, Schwebfliegen, Honigschweber, Schmetterlinmgshaft). Auf nur 25 m² kommen bis zu 70 Gefäßpflanzen vor, darunter Orchideen und seltene Arten wie Spinnweb-Hauswurz oder Pflanzen pannonischer Herkunft. Trockenrasen besitzen auch einen landschaftsästhetisch und kulturhistorisch äußerst hohen Wert.

**Artenliste**

| | |
|---|---|
| Asperula cynanchica | Hügel-Meister |
| Bromus erectus | Aufrechte Trespe |
| Dianthus carthusianorum | Karthäusernelke |
| Euphorbia cyparissias | Zypressen-Wolfsmilch |
| Linum tenuifolium | Zartblättriger Lein |
| Onobrychis viciifolia | Futter-Esparsette |
| Phleum phleoides | Steppen-Lieschgras |
| Potentilla tabernaemontani | Frühlings-Fingerkraut |
| Pulsatilla vulgaris | Gewöhnliche Küchenschelle |
| Salvia pratensis | Wiesen-Salbei |
| Teucrium chamaedrys | Edel-Gamander |
| Teucrium montanum | Berg-Gamander |

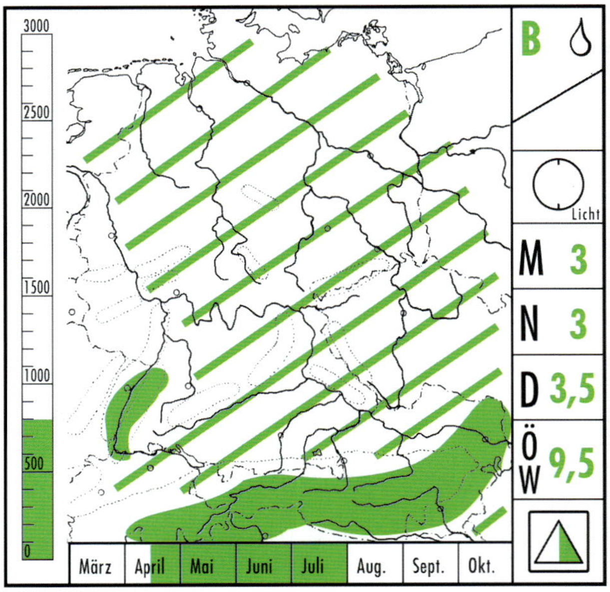

**Abb. 270:** Trespen-Trockenrasen an einer Wiesenböschung im Kärntner Granitztal westlich von St. Paul.

**Abb. 271:** Lückiger Trockenrasen über Kalkfels mit Wacholder, Giengen an der Brenz.

## 8.3.2 Erd-Seggen-Trockenrasen
*Pulsatillo-Caricetum humilis* Gauckler 1938 em. Oberd. et Korneck 1976

**Verband:** *Xerobromion* Moravec in Holub et al. 1967, Submediterrane Trockenrasen
**Ordnung:** *Brometalia erecti* Br.-Bl. 1936, Submediterrane Trocken- und Halbtrockenrasen
**Klasse:** *Festuco-Brometea* Br.-Bl. et R. Tx. in Br.-Bl. 1949, Schwingel-Steppen und Trespen-Rasen

**Kennzeichen**
Die Trockenrasen-Gesellschaft ist in inneralpinen Tälern um 900 m Höhe zu finden und kommt auf steinig-felsigen Hängen vor. In den Rasen können auch alpine Arten vorhanden sein. Als Besonderheit kommt die Küchenschelle vor. In der Nähe von Innsbruck liegt eine sehr seltene, endemische Sippe mit der Innsbrucker Küchenschelle (*Pulsatilla oenipontana*) vor, die vom Aussterben bedroht ist. Wie alle Trockenstandorte ist auch der Erd-Seggen-Trockenrasen sehr artenreich und ist vor allem durch Gräser wie Erd-Segge, Zierliche Kammschmiele und Aufrechte Trespe gekennzeichnet.

**Vorkommen und Höhenverbreitung**
Im oberen Inntal von Landeck bis Innsbruck, Mieminger Kette (Saßberg), Zirl.

**Artenliste**

| | |
|---|---|
| Anthericum ramosum | Astlose Graslilie |
| Aster amellus | Kalk-Aster |
| Bromus erectus | Aufrechte Trespe |
| Buphthalmum salicifolium | Ochsenauge |
| Carex humilis | Erd-Segge |
| Dorycnium germanicum | Deutscher Backenklee |
| Globularia cordifolia | Herzblättrige Glockenblume |
| Koeleria macrantha | Zierliche Kammschmiele |
| Petrorhagia saxifraga | Gewöhnliche Felsennelke |
| Potentilla pusilla | Flaum-Fingerkraut |
| Pulsatilla vulgaris | Gewöhnliche Küchenschelle |
| Sanguisorba minor | Kleiner Wiesenknopf |
| Teucrium chamaedrys | Edel-Gamander |
| Teucrium montanum | Berg-Gamander |
| Vincetoxicum hirundinaria | Schwalbenwurz |

**Abb. 272:** Innsbrucker Küchenschelle (*Pulsatilla vulgaris* var. *oenipontana*).

**Abb. 273:** Erd-Seggen-Trockenrasen mit Wohlriechender Weißwurz (*Polygonatum odoratum*) an den Thaurer Hängen bei Innsbruck.

## 8.3.3 Elsässer Volltrockenrasen

*Artemisio albae-Koelerietum vallesianae* OBERD. em. WITSCHEL 1993

**Verband:** *Xerobromion* MORAVEC in HOLUB et al. 1967, Submediterrane Trockenrasen
**Ordnung:** *Brometalia erecti* BR.-BL. 1936, Submediterrane Trocken- und Halbtrockenrasen
**Klasse:** *Festuco-Brometea* BR.-BL. et R. TX. in BR.-BL. 1949, Schwingel-Steppen und Trespen-Rasen

**Kennzeichen**
Die Volltrockenrasen im Kaiserstuhl gehören zu den am besten entwickelten Beständen Mitteleuropas. Sie kommen an felsig-flachgründigen Steilhängen in sonnseitigen Südwest-Lagen vor. Gräser herrschen vor, daneben kommen Kräuter wie beispielsweise im Herbst die Gold-Aster zu großer Dominanz. Das Aufkommen der bestandsbildenen Gold-Aster wird durch Brand gefördert, durch Mahd aber unterbunden. Daneben sind Zwergsträucher, Flechten und Moose reichlich vorhanden. Der Rasen bleibt wegen der unebenen Oberfläche des Karbonatgesteins stets lückig. In den Klüften, wo sich etwas mehr Löß gebildet hat, können Tiefwurzler wie Feld-Beifuß eindringen. An Sträuchern können nur kümmernde Schlehengebüsche aufkommen.

**Vorkommen und Höhenverbreitung**
An südexponierten Hängen im Kaiserstuhl und im südlichen Rheintal.

**Artenliste**

| | |
|---|---|
| Anthericum liliago | Ährige Graslilie |
| Aster linosyris | Gold-Aster |
| Carex humilis | Erd-Segge |
| Euphorbia seguierana | Steppen-Wolfsmilch |
| Fumana procumbens | Zwerg-Sonnenröschen |
| Helianthemum nummularium | Gewöhnliches Sonnenröschen |
| Linum tenuifolium | Zartblättriger Lein |
| Prunus spinosa | Schlehe |
| Scilla autumnalis | Herbst-Sternhyazinthe |
| Sesili hippomaranthum | Pferde-Sesel |
| Sipa pulcherrima | Gelbscheidiges Federgras |
| Stipa capillata | Haar-Pfriemengras |
| Stipa joannis | Grauscheidiges Federgras |
| Stipa pennata | Federgras |
| Thymus froelichianus | Krainer Thymian |

**Abb. 274:** Elsässer Volltrockenrasen im Naturschutzgebiet Rheinhalde am Südhang des Burkheimer Scheibenbucks im Kaiserstuhl.

## 8.4 Trockenrasen der inneralpinen Täler der Ostalpen
*Stipo-Poion xerophilae* Br.-Bl. et R. Tx. 1949

### 8.4.1 Inneralpiner Trockenrasen
*Achnathero-Stipetum capillatae* Br.-Bl. ex Kielhauser 1954

**Verband:** *Stipo-Poion xerophilae* Br.-Bl. et R. Tx., Trockenrasen der inneralpinen Täler der Ostalpen
**Ordnung:** *Brometalia erecti* Br.-Bl. 1936, Halbtrockenrasen
**Klasse:** *Festuco-Brometea* Br.-Bl. et R. Tx. in Br.-Bl. 1949, Schwingel-Steppen und Trespen-Rasen

**Kennzeichen**
Die inneralpinen Trockenrasen kommen im natürlichen Verbreitungsgebiet der kontinentalen Föhrenwälder vor, die auf Trockeninseln in den Zentralalpen vorkommen. Die Niederschläge betragen weniger als 500 mm pro Jahr. Der lückige Rasen mit den bezeichnenden Gräsern *Melica ciliata, Achnatherum calamagrostis* und *Stipa capillata* ist auf südexponierten, sehr steilen und felsigen Stellen auf kalkhaltiger Unterlage zuhause. Meist sind die Hänge baum- und strauchfrei und weisen immer wieder offene Felsstellen auf.

**Vorkommen und Höhenverbreitung**
Zwischen 700 – 1250 m in den inneralpinen Tälern wie Vinschgau, Oberinntal, Unterengadin. Der Vinschgau stellt die extremste ostalpine Trockeninsel dar.

**Ökologie**
Extreme Temperaturen von bis zu 50 °C treten an windstillen Sommertagen auf den Hängen auf, ferner herrschen zwischen Tag und Nacht große Temperaturschwankungen. Im Winter sind Temperaturen um –15 °C keine Seltenheit. Da die meisten Pflanzen ihre Überdauerungsorgane an der Erdoberfläche haben, können nur extrem hitze- als auch kältebeständige Arten auf diesen Standorten bestehen. Der zweite ökologische Faktor ist das Wasser. Wenige Niederschläge und geringe Speicherkapazitäten des Bodens bewirken einen extrem angespannten Wasserhaushalt. Die Wurzeln der Pflanzen befinden sich knapp an der Oberfläche, um die wenigen Sickerwässer sofort aufzunehmen. Die Oberflächenverdunstung verringern die Pflanzen mit speziellen Anpassungen wie Reduktion der Blattoberfläche durch nadel- oder dornenförmige Blätter oder Sukkulenz. Die Gräser reduzieren ihre Blattoberflächen auf ein Minimum, andererseits besitzen sie ein weit verzweigtes Wurzelwerk, um die Bodenfeuchtigkeit optimal ausnutzen zu können. Eine weitere Anpassung an die Trockenheit sind Behaarungen von Pflanzenteilen, wie zum Beipiel bei der Spinnweb-Hauswurz.

**Gefährdung, Pflege, Naturschutz**
Die Trockenrasen sind heute großteils unter Schutz gestellt, sie vertragen praktisch keinerlei Störungen. Die sensible Kombination der Standortsfaktoren muß erhalten bleiben. Eine Mahd muß nicht oder nur alle 3 – 4 Jahre erfolgen und dürfte nur händisch durchgeführt werden. Diese Rasen stellen äußerst wertvolle Biotope dar und beinhalten neben einer Fülle an Gefäßpflanzen auch eine reiche Insekten-, Käfer- und Schmetterlingsfauna.

**Artenliste**

| | |
|---|---|
| Allium montanum | Berglauch |
| Anthericum liliago | Graslilie |
| Asparagus officinalis | Spargel |
| Bothriochloa ischaemum | Gemeines Bartgras |
| Carex caryophyllea | Frühlingssegge |
| Carex supina | Steppenrasensegge |
| Festuca valesiaca | Walliser Schwingel |
| Fumana procumbens | Heideröschen |
| Koeleria macrantha | Gemeine Kammschmiele |
| Melica ciliata | Gewimpertes Perlgras |
| Petrorhagia saxifraga | Gewöhnliche Felsennelke |
| Peucedanum oreoselinum | Berg-Haarstrang |
| Pulsatilla montana | Bergküchenschelle |
| Saponaria ocymoides | Rotes Seifenkraut |
| Sedum reflexum | Gelber Mauerpfeffer |
| Stipa capillata | Haar-Pfriemengras |
| Teucrium montanum | Berg-Gamander |
| Veronica spicata | Ähriger Ehrenpreis |
| Vincetoxicum hirundinaria | Schwalbenwurz |

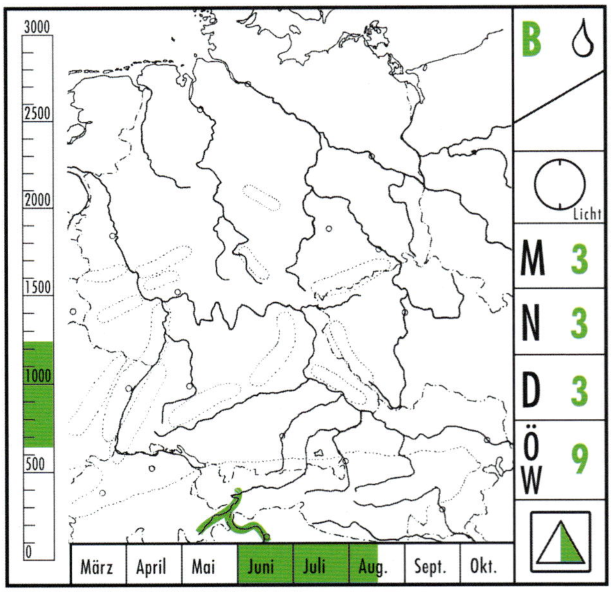

**Abb. 275:** Inneralpiner Trockenrasen mit Berglauch (*Allium montanum*) auf den Fließer Trockenhängen im Tiroler Oberland.

**Abb. 276:** Vinschgauer Trockenrasen mit Felsennelke.

**Abb. 277:** Gewimpertes Perlgras (*Melica ciliata*).

## 8.5 Alpine Fetthennen- und Hauswurzgesellschaften
*Sedo-Scleranthion biennis* Br.-Bl. 1955

### 8.5.1 Felsflur mit Spinnweb-Hauswurz
*Sclerantho-Sempervivetum arachnoidei* Br.-Bl. 1955

**Verband:** *Sedo-Scleranthion biennis* Br.-Bl. 1955, Alpine Fetthennen- und Hauswurzgesellschaften
**Ordnung:** *Sedo-Scleranthetalia* Br.-Bl. 1955, Felsgrus- und Felsbandgesellschaften
**Klasse:** *Koelerio-Corynephoretea* Klika in Klika et Novák 1941, Sandrasen, Felsgrusfluren und Felsband-Gesellschaften

**Kennzeichen**
Auf den warmen südexponierten Hängen der inneralpinen Trockenhänge wie im Vinschgau kommen auf offenen Felsbändern und Rundhöckern Fluren der Spinnweb-Hauswurz vor, die in engem Kontakt zur Gesellschaft des Walliser Schwingels *Carici supinae-Festucetum valesiacae* Br.-Bl. 1936 stehen. Die Bestände fallen besonders durch die Rosettenpolster der Spinnweb-Hauswurz auf, ferner durch verschiedene Fetthennen-Arten und Kryptogamen.

**Vorkommen und Höhenverbreitung**
Von der submontanen (900 m) bis zur subalpinen Stufe (2200 m) im Vinschgau, Montafon, Mölltal, Virgental, Lungau; Graubünden; Westalpen (Aosta, Wallis).

**Artenliste**

| | |
|---|---|
| Potentilla pusilla | Flaum-Fingerkraut |
| Scleranthus polycarpus | Triften-Knäuelkraut |
| Sedum album | Weißer Mauerpfeffer |
| Sedum dasyphyllum | Dickblättrige Fetthenne |
| Sedum sexangulare | Milder Mauerpfeffer |
| Sempervivum arachnoideum | Spinnweb-Hauswurz |
| Sempervivum montanum | Berghauswurz |
| Silene rupestris | Felsen-Nelke |
| Thymus polytrichus | Alpen-Thymian |

**Abb. 278:** Felsflur mit der Spinnweb-Hauswurz an der Wallburg, Naturnser Sonnseite im Südtiroler Vinschgau.

## 8.6 Steinkrautfluren
*Alysso sedion* OBERD. et TH. MÜLLER in TH. MÜLLER 1962

### 8.6.1 Felsgrus-Mauerpfeffer-Trockenrasen
*Alysso alyssoidis-Sedetum albi* OBERD. et TH. MÜLLER in TH. MÜLLER 1961

**Verband:** *Alysso sedion* OBERD. et TH. MÜLLER in TH. MÜLLER 1962, Steinkrautfluren
**Ordnung:** *Brometalia erecti* BR.-BL. 1936, Submediterrane Trocken- und Halbtrockenrasen
**Klasse:** *Festuco-Brometea* BR.-BL. et R. TX. in BR.-BL. 1949, Schwingel-Steppen und Trespen-Rasen

**Kennzeichen**
Auf Felsgrus, Felsbändern und Felsköpfen kommt diese licht- und wärmeliebende Pflanzengemeinschaft vor. Die Artengarnitur dieser Extremstandorte über Kalk ist durch das Vorkommen dickblättriger Fetthennen-Arten, geophytischer Laucharten, wärmeliebender Gräser und wechselfeuchter Moose gekennzeichnet, die Böden sind durchlässig und flachgründig. Die Gesellschaft kann auch sehr kleinflächig offene Bodenstellen mit Kalkgrus innerhalb von Wacholderheiden oder Halbtrockenrasen einnehmen. Die dickblättrigen, wachsüberzogenen Blätter helfen den Pflanzen, die Trockenheit der Standorte zu bewältigen.

**Vorkommen und Höhenverbreitung**
In gebirgigen und hügeligen Landschaften der Alpen, Schweizer Jura, Schwäbische und Fränkische Alb, Elbsandsteingebirge, Schwarzwald, Maintal, Altmühltal; Österreichisches Alpenvorland, Wald- und Weinviertel.

**Artenliste**

| | |
|---|---|
| Allium rotundum | Runder Lauch |
| Alyssum alyssoides | Kelch-Steinkraut |
| Arenaria serpyllifolia | Quendel-Sandkraut |
| Bromus tectorum | Dach-Trespe |
| Calamintha acinos | Steinquendel |
| Erophila verna | Frühlings-Hungerblümchen |
| Festuca ovina | Echter Schaf-Schwingel |
| Sedum acre | Scharfer Mauerpfeffer |
| Sedum album | Weiße Fetthenne |
| Thymus praecox | Frühblühender Thymian |

**Abb. 279:** Felsgrus-Mauerpfeffer-Trockenrasen auf einem Trockenhang im Altmühltal bei Eichstätt.

**Abb. 280:** Scharfer Mauerpfeffer und Sandthymian.

## 8.7 Kontinentale Pfriemengras-Gesellschaften
*Festucion valesiacae* KLIKA 1931 em. KLIKA 1955

### 8.7.1 Pfriemengrassteppe
*Stipetum capillatae* (HUECK 1931) KRAUSCH 1961

**Verband:** *Festucion valesiacae* KLIKA 1931 em. KLIKA 1955, Kontinentale Pfriemengras-Gesellschaften
**Ordnung:** *Brometalia erecti* BR.-BL. 1936, Submediterrane Trocken- und Halbtrockenrasen
**Klasse:** *Festuco-Brometea* BR.-BL. et R. TX. in BR.-BL. 1949, Schwingel-Steppen und Trespen-Rasen

**Kennzeichen**
Trockene, stark sonnenbeschienene, lehmhaltige Böden der kontinentalen Gebiete Mitteleuropas können lückige bis geschlossene Rasen des Haar-Pfriemengrases tragen, die durch die bis zu einem Meter hohen Fluren der silbrig schillernden Pfriemen- und Federgräser beherrscht werden. Die Bedeckung des Bodens variiert zwischen 25 und 90%, die Böden bestehen meist aus sandigem Lehm, Lößlehm, Geschiebemergel oder Tschernosem. Die artenreiche Gesellschaft entwickelt im Juli ihre Hauptblüte.

**Vorkommen und Höhenverbreitung**
Östliches Voralpengebiet Österreichs, vor allem Burgenland, Marchfeld, Parndorfer Platte, Leithagebiet; von Süddeutschland (Mainzer Trockeninsel) bis Mitteldeutschland (Halle); eine Variante (Silber-Rauh- und Pfriemengras-Trockenrasen, *Achnathero-Stipetum capillatae*) inneralpin im Tiroler Oberinntal auf sehr steilen Hängen zwischen 700 – 1200 m.

**Ökologie**
Die Steppenrasen kommen in Gebieten mit weniger als 500 mm Niederschlag vor. In Österreich sieht WENDELBERGER in dieser Gesellschaft den Rest wärmezeitlicher Ursteppen. Die Federgrasarten (Haar-Pfriemengras, Großes Federgras, Echtes Federgras) sind auf sandigen Böden dominant, während auf skelettreichen Böden der Furchenschwingel vorherrscht. In Nordtirol nimmt der Rasen einen inselförmigen Standort im Oberinntal auf kalkhaltiger Unterlage ein, der äußerst steil südexponiert ins Inntal abfällt. Die Gesellschaftstypen können im Flachland aus beweideten Trockenwäldern hervorgegangen sein und kommen z. B. im Marchfeld im Unterwuchs lichter Laubwälder vor.

**Gefährdung, Pflege, Naturschutz**
Durch Intensivierung stark gefährdet, ist für Schmetterlinge und Hautflügler von großer Bedeutung; Verhinderung jeglichen Düngeeintrages, Bestände am besten belassen.

**Verwandte Gesellschaft**
**Knoblauch-Pfriemengras-Gesellschaft,** *Allio-Stipetum capillatae* inselartig zwischen Mainfranken und Nahetal; weitere geographische Rassen vorhanden, zum Beispiel mit dem Blauschwingel.

**Artenliste**

| | |
|---|---|
| Aster linosyris | Gold-Aster |
| Dianthus carthusianorum | Karthäusernelke |
| Euphorbia cyparissias | Zypressen-Wolfsmilch |
| Festuca heteropachys | Derber Schwingel |
| Festuca rupicola | Furchen-Schwingel |
| Helianthemum nummularium | Gewöhnliches Sonnenröschen |
| Hieracium pilosella | Kleines Habichtskraut |
| Koeleria macrantha | Zierliche Kammschmiele |
| Onosma arenarium | Sand-Lotwurz |
| Phleum phleoides | Steppen-Lieschgras |
| Potentilla arenaria | Sand-Fingerkraut |
| Scabiosa canescens | Wohlriechende Skabiose |
| Stipa capillata | Haar-Pfriemengras |
| Stipa joannis | Grauscheidiges Federgras |
| Stipa pulcherrima | Großes Federgras |
| Viola rupestris | Sand-Veilchen |

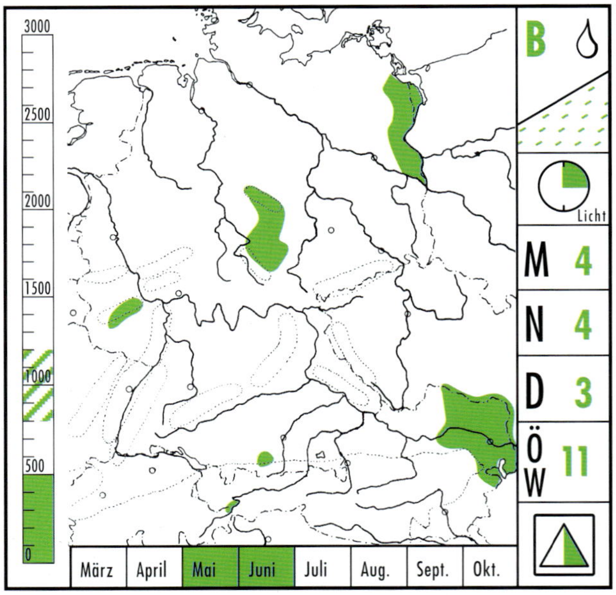

**Abb. 281:** Pfriemengrassteppe im Vorfeld von Schwarzföhrenwäldern im Marchfeld bei Schönfeld.

**Abb. 282:** Kleine Wachsblume (*Cerinthe minor*).

**Abb. 283:** Detail des Pfriemengrases (*Stipa capillata*).

# 9 Anthropogene Heiden

## 9.1 Besenginsterheiden
*Genistion pilosae* BÖCHER 1943

### 9.1.1 Sandginsterheide
*Genisto pilosae-Callunetum* OBERD. 1938

**Verband:** *Genistion pilosae* BÖCHER 1943, Besenginsterheiden
**Ordnung:** *Calluno- Ulicetalia* TX. 1937, Atlantische Zwergstrauchheiden
**Klasse:** *Calluno-Ulicetea* BR.-BL. et R. TX. 1943, Borstgrasrasen, Zwergstrauchheiden und Ginsterheiden

**Kennzeichen**
In humiden, kühlen Klimagebieten waren früher großflächige Sandginsterheiden vorhanden, die heute fast nur noch in Naturschutzgebieten wie der Lüneburger Heide anzutreffen sind. Lückige, mit Heidekraut und Wacholdergebüschen verwachsene Zwergstrauchbestände kennzeichnen hügelige Landschaftsteile oder kleinflächige Standorte, die als Ersatz anstelle von degradierten Eichenwäldern entstanden sind. Auch austrocknende Hochmoore sind von Heiden bewachsen. Voraussetzung für die Heiden sind sandige, trockene, steinige und stark saure Böden, meist Ranker und eine extensive Beweidung, die das selbständige Verbuschen verhindert. In den Randzonen können Übergänge zu Borstgrasheiden oder feuchten Moorheiden beobachtet werden. Die artenarme Gesellschaft wird im wesentlichen vom Heidekraut geprägt, das im August die Heidelandschaften in einheitliches Rot taucht.

**Vorkommen und Höhenverbreitung**
Norddeutschland, küstennahes Tiefland, kleinflächig in den Mittelgebirgen, südliches Mecklenburg, Harz; frühere Sandflächen des Alt-Diluviums auch in Mittel-Dänemark und Belgien; bekanntestes Vorkommen in der Lüneburger Heide; in Österreich nur sehr kleinflächig.

**Ökologie**
Die Heiden sind uralte Landschaftsformen die durch die Urbarmachung von Weideland schon in der Eisenzeit (8. Jhd. v. Ch.) entstanden sind. Das Heideland wurde durch den sogenannten Plaggenhieb genutzt, eine Bewirtschaftungsform, die dem Streugewinn diente und die Flächen vor der Verbuschung bewahrte. Bestände, in denen das Heidekraut dominant ist, vergrasen bei Nutzungsauflassung zunehmend und bilden sich über ein Birkenwaldstadium zum Eichenwald zurück. Diese einzigartige Kulturlandschaft stellt eine hervorragende Weide für Bienen dar, die ihrerseits zur Verbreitung des Heidekrauts beitragen.

**Gefährdung, Pflege, Naturschutz**
Die Heiden wurden großflächig in Ackerland übergeführt und sind nur noch in Reservaten anzutreffen (Naturpark Lüneburger Heide bei Wilsede). Der Plaggenhieb bleibt aus, wodurch sich die Besenheide nicht ausreichend verjüngt. Die Schafbeweidung kann dem nicht entgegenwirken und verhindert nur das Verbuschen. Langfristig müßte die Nutzung zur Streugewinnung mit regelmäßiger Streuentnahme wieder eingeführt werden. Ersatzweise käme das kleinflächige und planmäßige Abbrennen in Frage.

**Ähnliche Gesellschaft**
**Feuchte Sandginster-Heide,** *Genisto-Callunetum molinietosum* TX. 1937; im ozeanischen Tiefland auf feuchtem, nährstoffarmen Sand und entwässertem Hochmoortorf, entscheidend ist das Vorkommen der Moor-Glockenheide und des Pfeifengrases.

**Artenliste**

| | |
|---|---|
| Calluna vulgaris | Heidekraut |
| Carex pilulifera | Pillen-Segge |
| Cetraria islandica | Isländisches Moos |
| Deschampsia flexuosa | Draht-Schmiele |
| Genista anglica | Englischer Ginster |
| Genista pilosa | Behaarter Ginster |
| Hieracium pilosella | Kleines Habichtskraut |
| Hypnum jutlandicum | Heide-Schlafmoos |
| Molinia caerulea | Pfeifengras |
| Nardus stricta | Borstgras |
| Pleurozium schreberi | Rotstengelmoos |
| Vaccinium myrtillus | Heidelbeere |

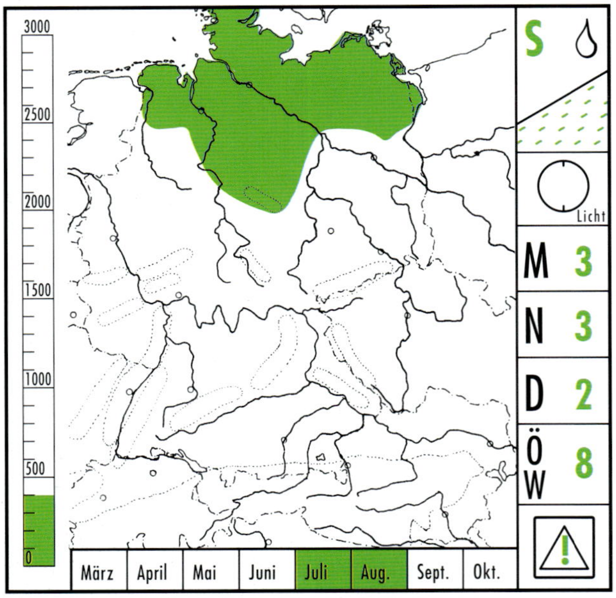

**Abb. 284:** Heidekraut-dominierte Heide in der Lüneburger Heide bei Schneverdingen.

**Abb. 285:** Detail einer Heide im Spätsommeraspekt mit dem blühenden Heidekraut, Lüneburger Heide

## 9.2 Montane Heiden
*Vaccinion myrtilli* BÖCHER 1943

### 9.2.1 Heidelbeer-Heide
*Vaccinio-Callunetum* BÜKER 1942

**Verband:** *Vaccinion myrtilli* BÖCHER 1943, Montane Heiden
**Ordnung:** *Calluno-Ulicetalia* TX. 1937, Atlantische Zwergstrauchheiden
**Klasse:** *Calluno-Ulicetea* BR.-BL. et R. TX. 1943, Borstgrasrasen, Zwergstrauchheiden und Ginsterheiden

**Kennzeichen**
Diese artenarme Zwergstrauchheide hat ihre Hauptverbreitung in Mitteleuropa in den montanen Lagen der subkontinentalen Gebirge und gilt als typische boreale Gesellschaft Nordeuropas. In Skandinavien nimmt sie großflächig den Unterwuchs des borealen Nadelwaldes ein. Es dominieren hauptsächlich Heidelbeere und Heidekraut, dazu kommen wenige Moose und Gräser. Die Ersatzgesellschaft des Heidelbeer-Fichtenwaldes, die Ähnlichkeiten mit der alpinen Zwergstrauchheide an der Waldgrenze aufweist, benötigt flachgründige, versauerte Braunerden oder sauren Trockentorf über Schiefer, Grauwacken und Buntsandsteinen. Aus Kärnten wird die Gesellschaft als Ersatz für Föhren- und Rotbuchenwälder angegeben.

**Vorkommen und Höhenverbreitung**
Kleinflächig in ganz Mitteleuropa in allen Mittelgebirgslagen um 1000 Meter Seehöhe.

**Artenliste**

| | |
|---|---|
| Calluna vulgaris | Heidekraut |
| Cladonia sp. | Rentierflechte |
| Deschampsia flexuosa | Draht-Schmiele |
| Galium harcynicum | Sand-Labkraut |
| Lycopodium clavatum | Keulen-Bärlapp |
| Pleurozium schreberi | Rotstengelmoos |
| Potentilla erecta | Blutwurz |
| Vaccinium myrtillus | Heidelbeere |
| Vaccinium vitis-idaea | Preiselbeere |

**Abb. 286:** Heidelbeer-Heide auf einem zwergstrauchbewachsenen Hangrücken am Faltegartenkögele, Stubaier Alpen.

## 9.2.2 Geißklee-Heide
### *Cytiso supini-Antennarietum* PREISING 1953

**Verband:** *Vaccinion myrtilli* BÖCHER 1943, Montane Heiden
**Ordnung:** *Calluno- Ulicetalia* TX. 1937, Atlantische Zwergstrauchheiden
**Klasse:** *Calluno-Ulicetea* BR.-BL. et R. TX. 1943, Borstgrasrasen, Zwergstrauchheiden und Ginsterheiden

**Kennzeichen**
Heideflächen können durch das Vorkommen des Schwarzwerdenden Geißklees im Frühsommer auffällig gelb gefärbt sein. Diese Gesellschaft kommt auf sandigen, trockenen, nährstoffarmen Grusböden in warmen, sonnigen, südexponierten Lagen vor. Als natürliche Standorte sind südexponierte Felsköpfe anzusehen, als Folgegesellschaft ersetzt die Geißkleeheide degradierte Eichen-Kiefernwälder. Zwergsträucher herrschen vor und bilden zusammen mit dem Schwarzwerdenden Geißklee und anderen Ginster-Arten artenreiche und dichte Bestände. Eine Bewirtschaftung der Flächen ist notwendig und erfolgt heute in Form von Mahd, Brand und Beweidung.

**Vorkommen und Höhenverbreitung**
Östliches Bayern, donaunahes Niederbayern, Ostösterreichisches Alpenvorland; Südabdachung der Alpen: Kärnten; in der kollinen bis montanen Stufe.

**Artenliste**

| | |
|---|---|
| Antennaria dioica | Gewöhnliches Katzenpfötchen |
| Calluna vulgaris | Heidekraut |
| Cytisus nigricans | Schwarzwerdender Geißklee |
| Cytisus supinus | Kopf-Geißklee |
| Danthonia decumbens | Dreizahn |
| Festuca ovina | Echter Schaf-Schwingel |
| Genista germanica | Deutscher Ginster |
| Pleurozium schreberi | Rotstengelmoos |
| Polygala chamaebuxus | Zwergbuchs |
| Potentilla erecta | Blutwurz |
| Vaccinium myrtillus | Heidelbeere |
| Vaccinium vitis-idaea | Preiselbeere |

**Abb. 287:** Südalpen-Trockengebüsch oberhalb von Locarno.

**Abb. 288:** Schwarzwerdender Geisklee (*Cytisus nigricans*).

## 9.3 Borstgrasrasen auf trockenen Standorten
*Violion caninae* SCHWICKERATH 1944

### 9.3.1 Montaner Kreuzblumen-Borstgrasrasen
*Polygalo-Nardetum* OBERD. 1957

**Verband:** *Violion caninae* SCHWICKERATH 1944, Borstgrasrasen auf trockenen Standorten
**Ordnung:** *Nardetalia strictae* OBERD. ex PREISING 1949, Borstgrasrasen
**Klasse:** *Calluno-Ulicetea* BR.-BL. et R. TX. 1943, Borstgrasrasen, Zwergstrauchheiden und Ginsterheiden

**Kennzeichen**
Borstgrasrasen wachsen auf Weideflächen über Silikatgestein auf bodensauren Standorten, die von der montanen bis zur subalpinen Stufe verbreitet sind. Montane Ausprägungen findet man bis etwa 1000 m Seehöhe auf sauren, lehmigen Ranker-, Braunerde- und Torfböden. Entscheidend ist das Vorherrschen eines feucht-kühlen subozeanischen Klimas. Gegenüber den Heideflächen stellt die Gesellschaft höhere Ansprüche an den Nährstoffhaushalt. Daher treten Zwergsträucher stark zurück, die Bestände werden von Gräsern dominiert. Dazwischen können zahlreiche bunt blühende Kräuter enthalten sein, die von Trockenrasenarten über Zwergsträucher bis zu feuchtliebenden Arten wie Gewöhnlicher Teufelsabbiß und Färber-Scharte reichen können. Die Flächen müssen regelmäßig gemäht oder beweidet werden, sonst verbuschen sie; eine Überwucherung kann auch durch Adlerfarn erfolgen.

**Vorkommen und Höhenverbreitung**
Mittelgebirge Mitteleuropas, von der kollinen bis zur montanen (subalpinen) Stufe, Rhön, Rheinisches Schiefergebirge, Oberpfälzer und Bayerischer Wald, Schwarzwald, Eifel; in Kümmerformen auch im norddeutschen Tiefland (Lüneburger Heide, Hiddensee); österreichisches Voralpengebiet, Randalpen, Böhmische Masse, Kärnten, Nordvorarlberger Molasseberge.

**Ökologie**
Die Gesellschaften des Verbandes der bodensauren atlantischen Borstgrasrasen werden durch das Vorkommen der Kreuzblumen-Arten, aber auch durch wärmeliebende Arten wie der Kleinen Pimpernelle charakterisiert; hingegen fehlen alpine Elemente weitgehend, die für die subalpinen Borstgrasrasen, *Nadetum alpigenum* BR.-BL. 1949 typisch sind. Die Böden müssen von Natur aus basen- und nährstoffarm sein. Als kalkmeidende Pflanze bildet das Borstgras Rohhumusauflagen.

**Gefährdung, Pflege, Naturschutz**
Die Rasen sind zwar nicht so artenreich wie die Kalkmagerrasen, beinhalten aber auch seltene Arten wie Orchideen, Arnika, Küchenschellen und Enziane. Sie besitzen als alte Kulturlandschaftsform und als Lebensraum des Birkhuhnes eine hohe Schutzwürdigkeit. Vor allem durch Aufforstung, Intensivierung, Düngung oder Nutzungsauflassung sind sie gefährdet. Die extensive Nutzung durch Beweidung ist beizubehalten, durch die Mahd geht der schnittempfindliche Bürstling verloren.

**Gesellschaftsunterteilung**
Es wurden zahlreiche Unterteilungen getroffen, die einzelnen Leitpflanzen folgen, sich aber großteils überschneiden. In der Rhön tritt eine Bärwurz-reiche Höhenform des Borstgrasrasens auf. **Orchideen-Borstgrasmatte**, *Gymnadenio-Nardetum* MORAVEC 1965, auf Quarzschutt und Quarzphyllit mit Händelwurz und Schwarzer Teufelskralle.

**Artenliste**

| | |
|---|---|
| Agrostis capillaris | Rotes Straußgras |
| Anthoxanthum odoratum | Gewöhnliches Ruchgras |
| Arnica montana | Arnika |
| Briza media | Zittergras |
| Calluna vulgaris | Heidekraut |
| Danthonia decumbens | Dreizahn |
| Deschampsia flexuosa | Rasen-Schmiele |
| Festuca ovina | Echter Schaf-Schwingel |
| Festuca rubra | Roter Schwingel |
| Hypericum maculatum | Geflecktes Johanniskraut |
| Nardus stricta | Borstgras |
| Plantago lanceolata | Spitz-Wegerich |
| Polygala vulgaris | Gewöhnliche Kreuzblume |
| Potentilla erecta | Blutwurz |
| Thymus pulegioides | Arznei-Thymian |
| Viola canina | Hunds-Veilchen |

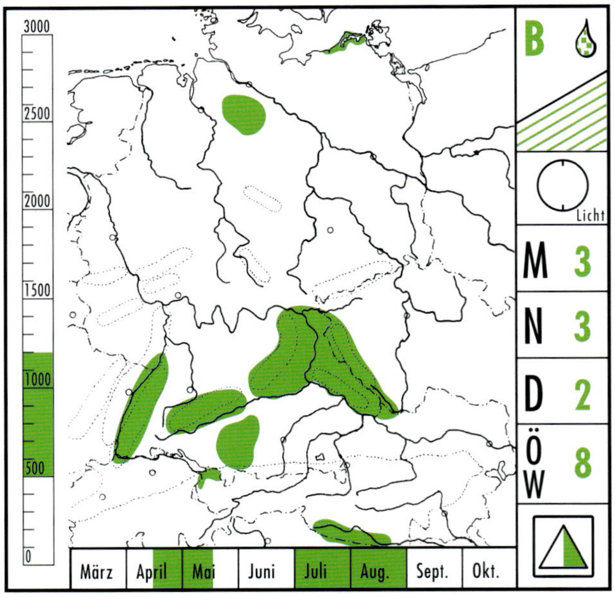

**Abb. 289:** Montaner Kreuzblumen-Borstgrasrasen auf der Wasserkuppe in der Rhön, Sommeraspekt.

**Abb. 290:** Kreuzblumen-Borstgrasrasen mit Glänzendem Labkraut (*Galium lucidum*), Pferdekopf, Rhön.

# IV Vom Süßwasser geprägte Lebensräume

## 10 Feuchtwiesen, Naßwiesen, Mädesüßfluren

## 11 Süßwasser-Schwimmpflanzengesellschaften

## 12 Röhricht-Gesellschaften und Großseggenriede

## 13 Kleinseggenmoore, Hochmoore, Bruchwälder

## 14 Quellfluren

## 15 Schotterfluren an Bächen und Flüssen

**Feuchtgebiete**
Feuchtgebiete stellen neben den Trockenrasen die am meisten gefährdeten Lebensräume Mitteleuropas dar. Durch Intensivierungen, Trockenlegungen, Flurbereinigungen, Entwässerungen und Umwidmungen traten so starke Flächenverluste ein, daß von manchen Feuchtgebietstypen nur mehr klägliche Restbestände übrig geblieben sind. Doch die Vielfalt und die Ursprünglichkeit dieser ökologisch wertvollen Lebensräume sind beträchtlich.
Feuchtgebiete werden von Natur aus vom Süßwasser geprägt und beeinflußt und sind im wesentlichen Übergangszonen zwischen Land und Wasser mit all den damit verbundenen Erscheinungsformen an Lebenwesen und Standortfaktoren. Das Wasser beziehungsweise das erhöhte Angebot an Staunässe oder Feuchtigkeit das gesamte Jahr über, aber auch die rhythmischen Überschwemmungen, stellen die wesentlichen ökologischen Faktoren dar. Mit Ausnahme der Auwälder gehören sie zu den von Natur aus waldfreien Lebensräumen der Tallagen und nahmen in der Urlandschaft Mitteleuropas etwa 1% der Landfläche ein. Das Wasserregime, die Fließeigenschaft und die Nährstoffversorgung schaffen Unterscheidungsmerkmale. Dabei gibt es auch Flächen, die an stets feuchtebeherrschten Standorten durch die menschliche Nutzung entstanden sind und in diesem Punkt den Wirtschaftswiesen gleichen. Diese als Streuwie-

Abb. 292: **Schaubild Hochmontanes Quellmoor** im Leutaschtal bei der Schanz (1050 m Seehöhe):
1 – Offene Wasserfläche im Strömungsbereich der Quellzuflüsse
2 – Kalk-Quelltuff-Quelle mit Starknervmoos (*Cratoneuretum commutati*)
3 – Schnabel-Seggenried (*Caricetum rostratae*)
4 – Davallseggen-Quellmoor (*Caricetum davallianae*)
5 – Trollblumenwiese mit Braunseggen-Sumpf (*Caricion fuscae*)

sen bezeichneten Flachmoore sind Flächen, die früher zur Gewinnung von Streu im Herbst gemäht wurden.
Natürliche Feuchtflächen und deren Lebensgemeinschaften erfüllen zahlreiche essentielle ökologische Funktionen und sind für die Stabilität des ökologischen Gleichgewichtes einer Landschaft von größter Bedeutung. Die ökologischen Aufgaben für den Naturhaushalt sind vielfältig: Sie wirken ausgleichend auf den Wasserhaushalt, fördern die Grundwasserneubildung und speichern es. Sie stellen einen natürlichen Hochwasserschutz dar und tragen bedeutend zur Erhaltung der Bodenfruchtbarkeit bei. Neben diesen auf den Menschen bezogenen Vorteile sind Feuchtgebiete vielfältigste Lebensräume, die über ein hoch spezialisiertes Tier- und Pflanzenvorkommen verfügen. Dieses sichert nicht nur die biologische Vielfalt und die ökologische Qualität einer Landschaft, sondern auch das Wohlbefinden und die Lebensqualität der Menschen. Wie im Falle der Moore stellen Feuchtgebiete auch ein kulturgeschichtliches Dokument dar. Die Pollen und Pflanzenteile, die in Hochmooren jahrtausendelang vor der Zersetzung bewahrt geblieben sind, geben uns heute Aufschluß über die Entwicklung der Kulturlandschaft und der darin lebenden Menschen.
Die Pflanzengesellschaften der Feuchtgebiete werden nach dem Feuchtigkeitsgrad, der Lage innerhalb eines Gewässers bzw. nach der Nähe zu einem Gewässer unterschieden. **Feuchtwiesen** stehen infolge der Nutzung den Wiesengesellschaften am nächsten und sind durch ständige Staunässe, moorige oder anmoorige Böden und eine extensive menschliche Nutzung geprägt. **Stillwassergesellschaften** umfassen alle Pflanzenformationen, die an Seen, Teichen oder Tümpeln innerhalb der offenen Wasserfläche zu finden sind. Darauf folgen entsprechend der Sukzessionsreihe, die Hydroserie genannt wird, die **Verlandungsgesellschaften und Röhrichte**. Sie nehmen meist die Uferbereiche oder ufernahen Standorte ein. Sobald Vermoorungen im Boden vorliegen, spricht man von **Flach-** oder **Niedermooren** und **Hochmooren**. Sie unterscheiden sich durch die Mächtigkeit des Moorkörpers und die damit verbundene Nährstoff- und Wasserversorgung. Schließlich folgen Gesellschaften, die kleinflächig in der Natur vorkommen und Initialböden in Gebirgen oder Gebirgsauen einnehmen, nämlich die **Quellfluren** und **Kiesbettgesellschaften** an alpinen oder hochmontanen Gebirgsflächen und Flüssen.

Abb. 291: **Schaubild Feuchtgebiete:** Moorstandorte an einem Wiesenbach bei Hohenbirken/Bad Heilbrunn in Oberbayern (590 m Seehöhe):
1 – Europäische Wirtschaftswiese (*Arrhenatheretum elatioris*)
2 – Wiesenbrache mit Feuchthochstauden
3 – Schlanke Seggen-Ried (*Caricetum gracilis*)
4 – Kohldistelwiese (*Angelico-Cirsietum oleracei*)
5 – Pfeifengraswiese (*Molinietum caeruleae*)
6 – Bachgraben mit Rohr-Glanzgras-Saum (*Phalaridetum arundinacae*)
7 – Feuchtgebüsch aus Faulbaum und Weidenarten
8 – Birkenbruch (*Betulion pubescentis*)
9 – Schilfröhricht (*Scirpo-Phragmitetum*)
10 – Mesophiler Laubwald

**Röhrichte**

Röhrichte folgen an den Ufern natürlicher Gewässer auf die Schwimmblattgesellschaften. Sie sind durch dichte Bestände hochwüchsiger Röhrichtarten wie Schilf, Rohrkolben oder Seebinse gekennzeichnet, die der Närhstoffversorgung des Gewässers und der vorgelagerten Schwimmblattgesellschaft folgen. In mäßig nährstoffreichem Wasser wird der Röhricht aus Seebinse, Schmalblättrigem Rohrkolben und Schilf gebildet, in nährstoffreichen Gewässern folgen auf die Schwimmblattgesellschaften landeinwärts Igelkolben, Kalmus, Breitblättriger Rohrkolben und zuletzt Schilf.

**Abb. 293:** Querschnitt durch einen Röhricht an einem Moorweiher, Schnittlänge 1,5 m; der Querschnitt zeigt das *Thyphetum latifoliae*, Gesellschaft des Breitblättrigen Rohrkolben. Der Weiher unterliegt verstärkt Verlandungstendenzen infolge von anthropogenen Störungen. 1 Sumpf-Blutauge (*Comarum palustre*), 5 Breitblättriger Rohrkolben (*Typha latifolia*), 7 Schnabel-Segge (*Carex rostrata*), 8 Graugrüne Seebinse (*Schoenoplectus tabernaemontani*); aus Jauch & Benzing (1986).

**Abb. 294:** Querschnitt durch einen feuchten Graben mit Röhrichtvegetation (Gesellschaft des Breitblättrigen Rohrkolbens, *Typhetum latifoliae*); an den Grabenwänden kommen Arten der Pfeifengraswiesen vor. 1 Heidekraut (*Calluna vulgaris*), 2 Pfeifengras (*Molinia caerulea*), 3 Gewöhnlicher Dornfarn (*Dryopteris carthusiana*), 4 Wald-Engelwurz (*Angelica sylvestris*), 5 Sumpf-Labkraut (*Galium palustre*), 6 Blaugrüne Seebinse (*Schoenoplectus tabernaemontani*), 7 Wasser-Ampfer (*Rumex aquaticus*), 8 Wolfstrapp (*Lycopus europaeus*), 9 Breitblättriger Rohrkolben (*Typha latifolia*), 10 Gewöhnliche Sumpfbinse (*Eleocharis palustris*), 11 Zypergras-Segge (*Carex pseudocyperus*), 12 Sumpf-Sternmiere (*Stellaria palustris*), 13 Sumpfblutauge (*Comarum palustre*), 14 Sumpf-Haarstrang (*Peucedanum palustre*), 15 Ohr-Weide (*Salix aurita*); aus Jauch & Benzing (1986).

Abb. 296: **Schaubild See**, Schwimmblattgesellschaften auf einem Moorweiher in der Schwemm, Tiroler Unterland (650 m Seehöhe):
1 – Unterwasserrasen mit Armleuchteralgen (*Charion fragilis*)
2 – Laichkrautgesellschaften (*Potamogetonion pectinati*)
3 – Steife Seggen-Bulte (*Caricetum elatae*)
4 – Feuchtgebüsche aus Purpurweiden
5 – Mehrschürige Wirtschaftswiese (*Arrhenatheretum elatioris*)

**Stillwassergesellschaften**

In fast allen mitteleuropäischen Gewässertypen können Laichkraut- und Seerosen-Schwimmblattgesellschaften ausgebildet sein, die meist durch das Massenauftreten weniger Arten gekennzeichnet sind und in denen festwurzelnde, „echte" Wasserpflanzen vorherrschen. Diesen steht im Vergleich zu den Landpflanzen weniger Licht, Sauerstoff und anorganischer Kohlenstoff zur Verfügung. Entsprechend dem ökologischen Verhalten lassen sich 6 Gruppen unterscheiden. Die **Laichkrautgesellschaften** (*Potamogetonion pectinati*) nehmen als Gemeinschaften ortsfester, submerser Pflanzen die äußerste Zone im freien Wasser ein. Richtung Ufer folgen die **Seerosengesellschaften** (*Nymphaeion albae*), an die die nur zeitweilig verwurzelten **Wasserschweber-Gesellschaften** anschließen (*Hydrocharition morsus-ranae*). Landeinwärts folgt die Röhrichtzone. Sind Gewässer leicht salzhaltig, können Gesellschaften aus dem Verband des *Zannichellion pedicellatae* vorkommen. An kurzzeitig trockenfallenden Gewässern sind die Gesellschaften des **Gewöhnlichen Wasserhahnenfußes** angepaßt (*Ranunculion aquatilis*), während Fließgewässer von **Gesellschaften des Flutenden Hahnenfußes** (*Ranunculion fluitantis*) eingenommen werden. Der Verbreitung der Arten durch Wasservögel kommt eine große Bedeutung zu.

Abb. 295: **Schaubild Verlandungszone** an einem verlandenden Altarm des Inn bei Prutz im Oberinntal (850 m Seehöhe)
1 – Flur des Schlammschachtelhalmes (*Equisetetum fluviatilis*)
2 – Offene Wasserfläche im Strömungsbereich
3 – Rohr-Glanzgras-Flußröhricht (*Phalaridetum arundinacei*)
4 – Schnabel-Seggen-Röhricht (*Caricetum rostratae*)
5 – Grauerlen-Weichholzaue (*Alnetum incanae*)
6 – Montaner Fichtenhochwald (*Piceetum*)

| **Gewässertyp** | Sichttiefe (m) | pH | Bodentypen | Wasservegetation | Verbreitung in Mitteleuropa |
|---|---|---|---|---|---|
| **1 oligotroph kalkarm** | 20– 80 | <4,5 | Propedon (Rohboden) | *Littorelletea*-Gesellschaften | Silikatgebirge, Quarzsandgebiete |
| **2 mesotroph** | 5– 40 | 5–7 | Dygyttja, Gyttja | Kleinblättrige *Potametea*-Ges. | Sandgebiete und einstige Moorgebiete |
| **3 eutroph** | 10– 20 | 7–8 | Gyttja (Ufer), Sapropel | *Potamion*- und *Nymphaeion*-Ges. | fast allgemein verbreitet |
| **4 hypertroph** | 3– 12 | >8 | Sapropel (Faulschlamm) | Einartbestände, (z.B. *Ceratophyllum)* | durch Nährstoffzufuhr häufiger |
| **5 oligotroph kalkreich** | 50–120 | >7,5 | Kalkgyttja, Kreide-Propedon | *Charetea-Ges.* | Kalkgebirge und deren Vorland |
| **6 dystroph** | 1– 5 | <5 | Dy (Torfschlamm) | *Sphagno-Utricularietea*-Ges. | Hochmoor- und Sauerhumusgebiete |

Tab. 18: Typen von stehenden Binnengewässern (nach Naumann, Whittaker, Ellenberg und Pott, aus Ellenberg 1996), gekürzt.

**Niedermoore**

Kleinseggenmoore, die auch als Flach- oder Niedermoore bezeichnet werden, sind durch staunasse anmoorige mineralische Böden gekennzeichnet, die aber stets durch das Grundwasser feucht gehalten werden. Niedermoore stellen Zwischenstufen in den Verlandungsreihen dar und entwickeln sich meist zu Erlenbrüchen oder Weiden-Faulbaumgebüschen. Hoch- und Niedermoore sind nicht deutlich voneinander getrennt und zeigen fließende Übergänge, die als **Zwischenmoore** bezeichnet werden.

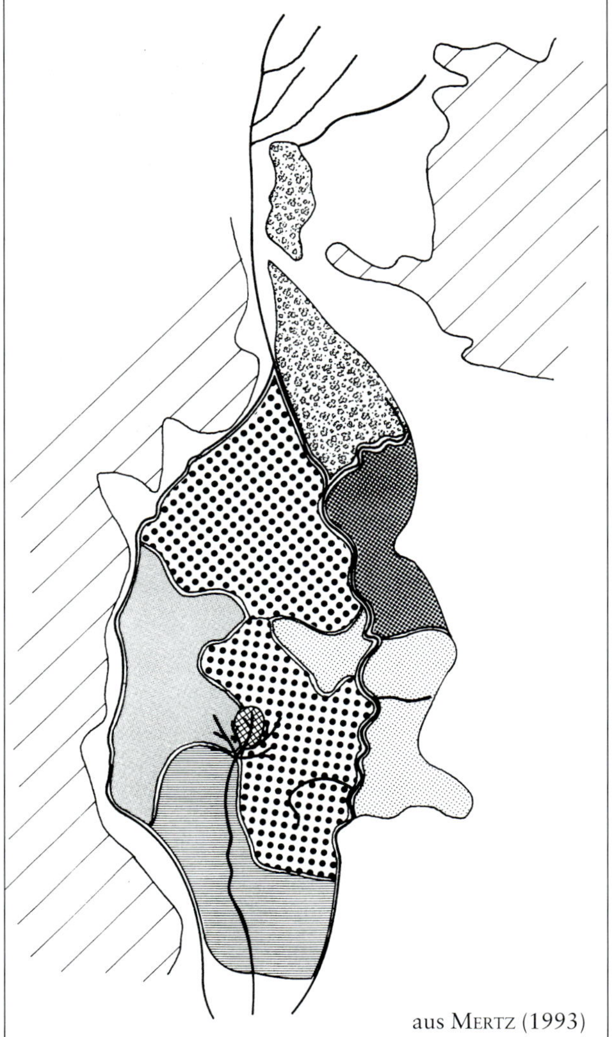

aus Mertz (1993)

- Umgebung, Zwergstrauchheiden mit Zirben
- Quellmoore
- Flachmoor mit Schmalblättrigem Wollgras
- Heidekraut-Borstgrasrasen *Calluno-Nardetum*
- Zwischenmoorbereiche
- Verlandungsbereich mit Blasensegge
- Hochmoor-Zentralbereich
- Zwischenmoor mit Dominanz der Rasenbinse

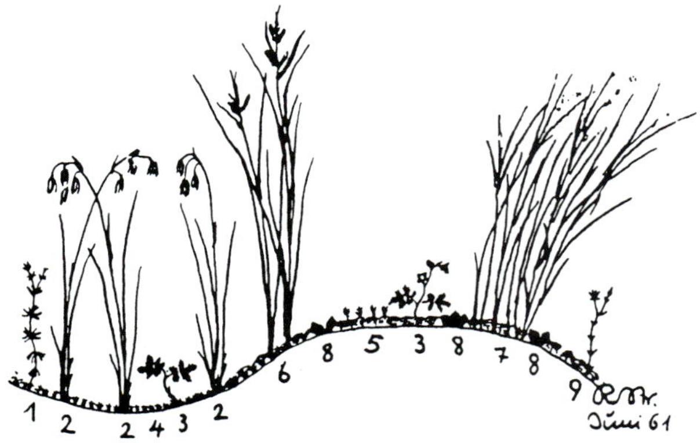


**Abb. 297:** Querschnitt durch einen Bult-Schlenken-Komplex, Schnittlänge 1 m; der Querschnitt zeigt die Gesellschaft des Schmalblättrigen Wollgrases, die Vegetation des Bultes ist einer eigenen Gesellschaft zuzuordnen, weil dort andere Standortfaktoren herrschen. 1 Moor-Labkraut (*Galium uliginosum*), 2 Schmalblättriges Wollgras (*Eriophorum angustifolium*), 3 Sumpfblutauge (*Comarum palustre*), 4 Torfmoose (*Sphagnum sp.*), 5 *Sphagnum palustre*, 6 Blasen-Segge (*Carex vesicaria*), 7 Hunds-Straußgras (*Agrostis canina*), 8 Sumpf-Veilchen (*Viola palustris*), 9 Sumpf-Sternmiere (*Stellaria palustris*), aus Jauch & Benzing (1986).

**Abb. 298:** Ochsenmoor im Tiroler Radurschltal.

**Abb. 299:** Grafische Darstellung der Gesellschaftsverteilung in einem subalpinen Moorkomplex im Radurschltal im Tiroler Oberinntal; Ochsenmoor auf 2050–2100 m. Das Moor ist beinahe baumfrei, nur vereinzelte Zirbenkrüppel sind auf höher gelegenen trockenen Bulten zu finden. Innerhalb des Moores kommt es zu einer Abfolge verschiedener Sukzessionsstadien vom Flachmoor über Zwischenmoor zum Hochmoor. Entlang der Bäche sind Quellmoorbereiche mit Sternblütigem Steinbrech ausgebildet. In den Flachmoorteilen herrschen Schmalblättriges Wollgras, Feldsimse, Igelsegge, Sumpfveilchen, Gelbsegge, Braunsegge und Blaugrüne Segge vor. Die Übergangsmoorbereiche werden durch das häufige Auftreten der Rasenbinse gekennzeichnet, bemerkenswert ist das Vorkommen der Armblütigen Segge. Zum Teil sind gut ausgebildete Schlenken und Bulte vorhanden, das Moor wölbt sich deutlich über die restliche Fläche, wassergefüllte Schlenken sind mit Alpenwollgras bewachsen. Die Torfmoosbulte sind mit Scheidigem Wollgras, Schwarzer Krähenbeere, Zwergwacholder, Rostroter Alpenrose und Flechten verheidet. Nach Südwesten wird das Moor trockener, es ist ein Borstgras-Heidekrautrasen ausgebildet.

**Abb. 300: Schaubild Moorkomplex im montanen Bereich,** am Seefelder Plateau beim Seefelder Wildsee (1100 m Seehöhe):
1 – Rasenbinsen-Hochmoor mit Legföhren (*Eriophoro-Trichophoretum*)
2 – Pfeifengras-Wiesen (*Molinietum caeruleae*)
3 – Feuchthochstauden mit Gilbweiderich und Mädesüß (*Valeriano-Filipenduletum*)
4 – Schilfröhricht (*Scirpo-Phragmitetum*)
5 – Geschlossener Legföhrenbestand (*Pinetum mugi*)
6 – Feuchtgebüschsaum mit Birken
7 – Golfplatz mit naturfernen Golfrasen
8 – Sekundärbiotop, künstlich angelegter Weiher mit eingesäter Knöterichflur
9 – Weißklee-Weidelgras-Wiese (*Lolio-Cynosuretum*) mit Frühlingskrokus
10 – Seefelder Wildsee mit Laichkraut-Unterwasserrasen (*Potamogetonion*)
11 – Denaturierter Bereich (Entwässerungsgraben) mit Scheidigem Wollgras
12 – Fichtenhochwald (*Vaccinio-Piceetum*)
13 – Verlandender Überschwemmungsbereich mit Schnabel-Seggen-Ried (*Caricetum rostratae*)
14 – Lavendelweiden-Gebüsch (*Salicetum eleagni*)

**Abb. 301: Schaubild Subalpines Moor** am Ochsenmoor im Radurschltal (2050 m Seehöhe):
1 – Hochmoorbulte (*Sphagnetum magellanici*)
2 – Wasserführender Graben
3 – Blasenseggenflur (*Caricetum vesicariae*)
4 – Heidekraut-Borstgrasrasen (*Calluno-Nardetum*)
5 – Zwischenmoor mit Dominanz an Rasenbinse (*Eriophoro-Trichophoretum caespitosi*)
6 – Zirben-Schlußwald (*Larici-Cembretum*)
7 – Alpinrasen (*Curvuletum*)

# 10 Feuchtwiesen, Naßwiesen, Mädesüßfluren

## 10.1 Pfeifengraswiesen
*Molinion* KOCH 1926

### 10.1.1 Pfeifengraswiese
*Molinietum caeruleae* KUHN 1937

**Verband:** *Molinion* KOCH 1926, Pfeifengraswiesen
**Ordnung:** *Molinietalia caeruleae* W. KOCH 1926, Europäische Feuchtwiesen
**Klasse:** *Molinio-Arrhenatheretea* R. TX. 1937 em. R. TX. 1970, Gesellschaften des Wirtschaftsgrünlandes

**Kennzeichen**
Pfeifengraswiesen kennzeichnen wechselfeuchte bis nasse, aber stets ungedüngte Standorte über sauren Torf- oder Lehmböden in der Nähe von Flüssen, Bächen oder Feuchtgebieten. Sie können als Verlandungsstadien natürlich entstanden sein oder Ersatz- bzw. Degradationsgesellschaften für vormals unbewirtschaftete Flachmoor-, Röhricht- oder Auwaldgesellschaften darstellen. Die dichten und artenreichen Wiesen enthalten vorwiegend spätreifende Stauden, weswegen die Mahd erst im Herbst erfolgen sollte. Sie sind meist auf basenreichen Kalkton- und Gleyböden zu finden. Die Wiesen werden kaum mehr genutzt, jedoch häufig aus naturschutzfachlichen Gründen gepflegt (Erhaltung eines extensiven Biotoptyps). Die genaue Aufgliederung des Verbandes ist vielfältig und noch unklar. Als zentrale Gesellschaft des Verbandes gilt die basiphile Pfeifengraswiese, die meist auf Niedermoorböden vorkommt, die das ganze Jahr über gleichmäßig durchnäßt sind. Die Wiesen zeigen vom Frühjahr bis zum Herbst verschiedene bunte Blüh- und Reifephasen.

**Vorkommen und Höhenverbreitung**
Bayerisches Alpenvorland, Süddeutschland, Oberrheingebiet; Alpenvorland, südl. Österreich, vereinzelt kleinflächig in den Alpentälern, von der kollinen bis zur montanen Stufe.

**Ökologie**
Im Frühjahr herrscht auf den Wiesen ein Wasserüberschuß, wodurch die Pflanzen an Luftmangel im Wurzelraum leiden. Der Wasserabschluß vermindert auch ein aktives Bodenleben, wodurch die Bereitstellung der Nährstoffe nur langsam erfolgen kann. Deshalb entfalten sich vor allem Arten, die durch die Stengel Luft in die Wurzeln leiten können. Pfeifengraswiesen kommen nur an waldfähigen Standorten vor, weshalb die alljährliche Pflegemahd zum Erhalt notwendig ist.

**Gefährdung, Pflege, Naturschutz**
Die überaus artenreichen Wiesen können aus 200 Gräsern und Kräutern bestehen, darunter zahlreiche Pflanzen, die selten oder gefährdet sind (Enziane, Orchideen, Kleinseggen). In den letzten 30 Jahren gingen sehr viele Flächen durch Meliorierung und Flurbereinigungsmaßnahmen verloren. Die Flächen besitzen auch als Lebensraum für Vögel wie Braunkehlchen einen überaus hohen naturschutzfachlichen Wert. Sie müssen einmal jährlich gemäht und dürfen keinesfalls gedüngt werden, das Mähgut ist abzuführen. Bleibt die Mahd aus, beginnen die Pfeifengraswiesen zu verbuschen (Faulbaum, Moor-Birke).

**Artenliste**

| | |
|---|---|
| Carex panicea | Hirsen-Segge |
| Climacium dendroides | Bäumchenmoos |
| Euphrasia rostkoviana | Augentrost |
| Galium boreale | Nordisches Labkraut |
| Gentiana pneumonanthe | Lungen-Enzian |
| Inula salicina | Weiden-Alant |
| Molinia caerulea | Pfeifengras |
| Potentilla erecta | Blutwurz |
| Ranunculus acris | Scharfer Hahnenfuß |
| Sanguisorba officinalis | Großer Wiesenknopf |
| Selinum carvifolia | Kümmel-Silge |
| Serratula tinctoria | Färber-Scharte |
| Stachys officinalis | Heil-Ziest |
| Succisa pratensis | Gewöhnlicher Teufelsabbiß |

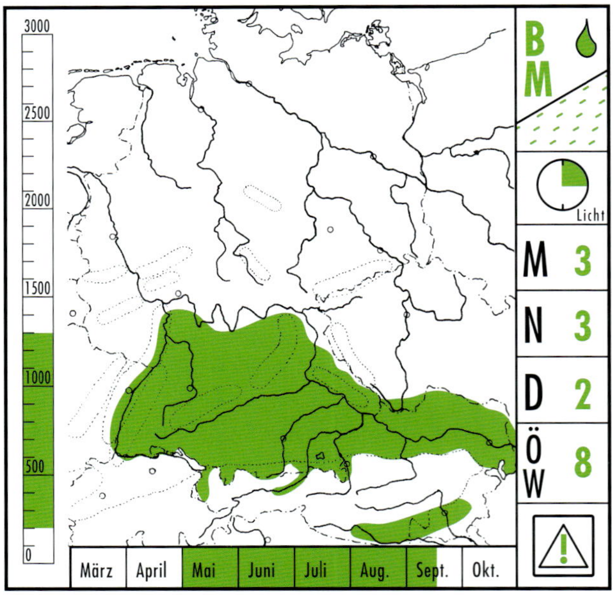

**Abb. 302:** Pfeifengraswiese im Sommeraspekt in den Angerfilzen westlich von Benediktbeuern.

**Abb. 303:** Pfeifengraswiese im Umfeld von Hochmooren im Auerfilz nördlich von Bad Heilbrunn.

## 10.1.2 Präalpine Pfeifengraswiese
*Gentiano asclepiadeae-Molinietum* OBERD. et al. 1967

**Verband:** *Molinion* KOCH 1926, Pfeifengraswiesen
**Ordnung:** *Molinietalia caeruleae* W. KOCH 1926, Europäische Feuchtwiesen
**Klasse:** *Molinio-Arrhenatheretea* R. TX. 1937 em. R. TX. 1970, Gesellschaften des Wirtschaftsgrünlandes

**Kennzeichen**
Im niederschlagsreichen Alpenvorland kommen Pfeifengraswiesen vor, die im Spätsommer reichlich Schwalbenwurz-Enzian enthalten. Sie wachsen auf wechselfeuchten bis feuchten kalkhaltigen Tonböden mit oberflächlichen Versauerungserscheinungen, vorwiegend auf regelmäßig überschwemmten Standorten und Hanglagen. Die Abgrenzung der Gesellschaft ist schwierig, da sich Pflanzen der Flach- und Hochmoorgesellschaften mit den typischen Pfeifengraswiesenarten vermischen. Von GÖRS wird die Ausbildung mit dem Duftlauch zu dieser Assoziation gestellt.

**Vorkommen und Höhenverbreitung**
Bayerisches Alpenvorland im Bereich der großflächigen Voralpenmoore, Salzburg, östliches Alpenvorland, von der montanen bis in die hochmontane Stufe reichend.

**Artenliste**

| | |
|---|---|
| Allium suaveolens | Duftlauch |
| Anthoxanthum odoratum | Gewöhnliches Ruchgras |
| Briza media | Zittergras |
| Centaurea jacea | Wiesen-Flockenblume |
| Gentiana asclepiadea | Schwalbenwurz-Enzian |
| Leontodon hispidus | Rauher Löwenzahn |
| Molinia caerulea | Pfeifengras |
| Potentilla erecta | Blutwurz |
| Succisa pratensis | Gewöhnlicher Teufelsabbiß |
| Veratrum album | Weißer Germer |

**Abb. 304:** Präalpine Pfeifengraswiese mit Teufelsabbiß (*Succisa pratensis*) beim Roßfilz westlich von Königsdorf.

## 10.1.3 Binsen-Pfeifengraswiese
### *Junco-Molinietum* Prsg. ap. R. Tx. & Prsg. 1953

**Verband:** *Molinion* Koch 1926, Pfeifengraswiesen
**Ordnung:** *Molinietalia caeruleae* W. Koch 1926, Europäische Feuchtwiesen
**Klasse:** *Molinio-Arrhenatheretea* R. Tx. 1937 em. R. Tx. 1970, Gesellschaften des Wirtschaftsgrünlandes

**Kennzeichen**
Auf sauren Böden ist eine eher artenarme Gesellschaft mit Binsen und Gewöhnlichem Teufelsabbiß ausgebildet, der im Herbst mit den violetten Blüten aus den gelbbraunen Pfeifengraswiesen leuchtet. Die Böden über silikatischem Untergrund bestehen aus Lehm oder sind vergleyt. Neben den Feuchtwiesenarten mischen sich Säure- und Magerkeitszeiger aus den Flachmooren und Zwergstrauchheiden darunter wie die Vielblütige Hainsimse und die Blutwurz. Die Flächen werden nur schwach gedüngt, als Degradationszeiger ist die Flatter-Binse enthalten.

**Vorkommen und Höhenverbreitung**
Die Gesellschaft kommt vom Tiefland bis in die Bergtäler sowie im Alpenvorland vor.

**Artenliste**

| | |
|---|---|
| Cirsium palustre | Sumpf-Kratzdistel |
| Gentiana pneumonanthe | Lungen-Enzian |
| Juncus acutiflorus | Spitzblütige Binse |
| Juncus conglomeratus | Knäuel-Binse |
| Juncus effusus | Flatter-Binse |
| Lotus uliginosus | Sumpf-Hornklee |
| Molinia caerulea | Pfeifengras |
| Potentilla erecta | Blutwurz |
| Succisa pratensis | Gewöhnlicher Teufelsabbiß |

**Abb. 305:** Binsen-Pfeifengraswiese im Verlandungsbereich des Riedener Weihers bei Bichl, Benediktbeuern.

## 10.1.4 Pfeifengraswiese mit Sibirischer Schwertlilie
*Iridetum sibiricae* PHILIPPI 1960

**Verband:** *Molinion* KOCH 1926, Pfeifengraswiesen
**Ordnung:** *Molinietalia caeruleae* W. KOCH 1926, Europäische Feuchtwiesen
**Klasse:** *Molinio-Arrhenatheretea* R. TX. 1937 em. R. TX. 1970, Gesellschaften des Wirtschaftsgrünlandes

**Kennzeichen**
In Pfeifengras-Wiesen kann die Sibirische Schwertlilie an nassen Stellen in Massenbeständen auftreten. Diese Bereiche stehen im Kontaktbereich zu den Großseggenrieden. Die Schwertlilie ist gegen regelmäßige Mahd empfindlich. Die soziologische Stellung dieser Formation als eigene Gesellschaft ist umstritten, da die Sibirische Schwertlilie eine große ökologische Amplitude aufweist. Ansonsten dominieren die typischen Arten der Pfeifengraswiesen.

**Artenliste**

| | |
|---|---|
| Galium boreale | Nordisches Labkraut |
| Gentiana pneumonanthe | Lungen-Enzian |
| Iris sibirica | Sibirische Schwertlilie |
| Molinia caerulea | Pfeifengras |
| Sanguisorba officinalis | Großer Wiesenknopf |
| Serratula tinctoria | Färber-Scharte |
| Succisa pratensis | Gewöhnlicher Teufelsabbiß |

## 10.1.5 Pfeifengraswiese mit Echtem Labkraut
*Molinietum caeruleae* KUHN 1937

**Verband:** *Molinion* KOCH 1926, Pfeifengraswiesen
**Ordnung:** *Molinietalia caeruleae* W. KOCH 1926, Europäische Feuchtwiesen
**Klasse:** *Molinio-Arrhenatheretea* R. TX. 1937 em. R. TX. 1970, Gesellschaften des Wirtschaftsgrünlandes

**Kennzeichen**
WINTERHOFF (1993) nahm eine soziologische Differenzierung der Pfeifengraswiesen bei Untersuchungen am Eriskircher Ried am Bodensee vor und beschrieb eine Subassoziation mit Echtem Labkraut, die trockene Stellen innerhalb der Pfeifengraswiese einnimmt. Diese Stellen ragen aus dem Überschwemmungsbereich heraus und erreichen die höchsten Artenzahlen innerhalb der Wiesen. Zusätzlich sind Elemente der Halb-Trockenrasen sowie Orchideen enthalten.

**Artenliste**

| | |
|---|---|
| Galium verum | Echtes Labkraut |
| Gymnademia conopsea | Mücken-Handwurz |
| Inula salicina | Weiden-Alant |
| Molinia caerulea | Pfeifengras |
| Orchis militaris | Helm-Knabenkraut |
| Orchis morio | Kleines Knabenkraut |
| Potentilla erecta | Blutwurz |
| Serratula tinctoria | Färber-Scharte |

## 10.1.6 Pfeifengraswiese mit Heil-Ziest
*Molinietum caeruleae* KUHN 1937

**Verband:** *Molinion* KOCH 1926, Pfeifengraswiesen
**Ordnung:** *Molinietalia caeruleae* W. KOCH 1926, Europäische Feuchtwiesen
**Klasse:** *Molinio-Arrhenatheretea* R. TX. 1937 em. R. TX. 1970, Gesellschaften des Wirtschaftsgrünlandes

**Kennzeichen**
Die typische Art der wechselfeuchten Pfeifengraswiesen kann im Juli ein Massenauftreten zeigen. Der Heil-Ziest ist ein Magerkeits- und Wechselfeuchtigkeitszeiger auf humosen, basenreichen, oft kalkarmen neutral bis mäßig sauren Böden. Die Pflanze stammt aus den Waldsäumen und kommt auch in Laubmischwäldern auf grundfeuchten Böden vor, ferner in Hochstaudenfluren mit Gildweiderich, Mädesüß und Blutweiderich. In den Heil-Ziest-reichen Beständen dominieren die typischen Arten der Pfeifengraswiesen.

**Artenliste**

| | |
|---|---|
| Galium verum | Echtes Labkraut |
| Inula salicina | Weiden-Alant |
| Molinia caerulea | Pfeifengras |
| Potentilla erecta | Blutwurz |
| Sanguisorba officinalis | Großer Wiesenknopf |
| Serratula tinctoria | Färber-Scharte |
| Stachys officinalis | Heil-Ziest |
| Succisa pratensis | Gewöhnlicher Teufelsabbiß |

**Abb. 306:** Pfeifengraswiese mit Schwertlilie am Hochmoorrand des Bernwiesner Filzes südlich von Königsdorf.

**Vorkommen und Höhenverbreitung**
Von der kollinen bis zur montanen Stufe in den Alpentälern, Alpenvorland, Süddeutschland, Südösterreich.

**Abb. 307:** Pfeifengraswiese mit Echtem Labkraut an der Loisach bei Quarzbichl.

**Vorkommen und Höhenverbreitung**
Von der kollinen bis zur montanen Stufe in den Alpentälern, Alpenvorland, Süddeutschland, Südösterreich.

**Abb. 308:** Pfeifengraswiese mit Heilziest in den Angerfilzen westlich von Bichl.

**Vorkommen und Höhenverbreitung**
Von der kollinen bis zur montanen Stufe in den Alpentälern, Alpenvorland, Süddeutschland, Südösterreich.

## 10.1.7 Duftlauch-Pfeifengras-Wiese
*Allio suaveolentis-Molinietum* Görs in Oberd. ex. Oberd. 1983

**Verband:** *Molinion* Koch 1926, Pfeifengraswiesen
**Ordnung:** *Molinietalia caeruleae* W. Koch 1926, Europäische Feuchtwiesen
**Klasse:** *Molinio-Arrhenatheretea* R. Tx. 1937 em. R. Tx. 1970, Gesellschaften des Wirtschaftsgrünlandes

**Kennzeichen**
Diese Ausbildung einer Pfeifengraswiese fällt durch den hochwüchsigen Duftlauch auf, der kugelige Blütenköpfe ausbildet. Die Gesellschaft kommt auf mineralischen Böden vor, die regelmäßig überschwemmt werden, sie ist zum Beispiel in Überschwemmungsgebieten größerer Voralpenflüsse (Loisach) zu finden. Nach Oberdorfer kommt als Element der Brenndolden-Überschwemmungswiesen (*Cnidion dubii*) der Kanten-Lauch (*Allium angulosum*) vor.

**Vorkommen und Höhenverbreitung**
Von der kollinen bis zur montanen Stufe in den Alpentälern, Alpenvorland, Süddeutschland, Südösterreich.

**Artenliste**

| | |
|---|---|
| Allium angulosum | Kanten-Lauch |
| Allium suaveolens | Duftlauch |
| Carex panicea | Hirsen-Segge |
| Gentiana asclepiadea | Schwalbenwurz-Enzian |
| Gentiana pneumonanthe | Lungen-Enzian |
| Molinia caerulea | Pfeifengras |
| Potentilla erecta | Blutwurz |
| Sanguisorba officinalis | Großer Wiesenknopf |
| Serratula tinctoria | Färber-Scharte |
| Succisa pratensis | Gewöhnlicher Teufelsabbiß |

**Abb. 309:** Duftlauch-Pfeifengraswiese mit Duftlauch (*Allium suaveolens*) im Höfner Filz westlich von Königsdorf.

## 10.1.8 Silgen-Auenwiese
*Sanguisorbo-Silaetum pratensis* KNAPP 1954

**Verband:** *Molinion* KOCH 1926, Pfeifengraswiesen
**Ordnung:** *Molinietalia caeruleae* W. KOCH 1926, Europäische Feuchtwiesen
**Klasse:** *Molinio-Arrhenatheretea* R. TX. 1937 em. R. TX. 1970, Gesellschaften des Wirtschaftsgrünlandes

**Kennzeichen**
Die Silgen-Auenwiese ist eine ein- bis zweischürige Naßwiese, die im Uferbereich (Überschwemmungsbereich) von Flüssen auf nassen bis wechselfeuchten, basen- und nährstoffreichen Böden vorkommt. Bevorzugte Standorte befinden sich in Tiefland-Auen, wo die Böden kurzfristig und unregelmäßig überschwemmt werden. Das Pfeifengras ist kaum oder gar nicht vorhanden, es dominieren niederwüchsige Kräuter. Silgenwiesen wurden bewirtschaftet, stellen aber schlechte Futterwiesen dar. Soziologisch bildet die Silgenwiese ein Verbindungsglied zwischen den Europäischen Wirtschaftswiesen (*Arrhenatherion*) und den Brenndolden-Überschwemmungswiesen (*Cnidion dubii*). Die Gesellschaft läßt sich leicht mit den Knöterich-Wiesen verwechseln.

**Vorkommen und Höhenverbreitung**
In der kollinen und planaren Stufe des Alpenvorlandes, Pannonicum, Oberrhein-Gebiet.

**Artenliste**

| | |
|---|---|
| Alopecurus pratensis | Wiesen-Fuchsschwanz |
| Deschampsia caespitosa | Rasen-Schmiele |
| Galium boreale | Nordisches Labkraut |
| Lathyrus pratensis | Wiesen-Platterbse |
| Lychnis flos-cuculi | Kuckucks-Lichtnelke |
| Poa pratensis | Wiesen-Rispengras |
| Poa trivialis | Gewöhnliches Rispengras |
| Sanguisorba officinalis | Großer Wiesenknopf |
| Selinum carvifolia | Kümmel-Silge |
| Serratula tinctoria | Färber-Scharte |
| Silaum silaus | Silge |

**Abb. 310:** Silgen-Auenwiese mit Großem Wiesenknopf (*Sanguisorba officinalis*) in den Hoffilzen bei Benediktbeuern.

## 10.2 Nährstoffreiche Feucht- und Naßwiesen
*Calthion* R. Tx. 1937

### 10.2.1 Nährstoffreiche Kohldistelwiese
*Angelico-Cirsietum oleracei* R. Tx. 1937

**Verband:** *Calthion* Tx. 1936, Nährstoffreiche Feucht- und Naßwiesen
**Ordnung:** *Molinietalia caeruleae* W. Koch 1926, Europäische Feuchtwiesen
**Klasse:** *Molinio-Arrhenatheretea* R. Tx. 1937 em. R. Tx. 1970, Gesellschaften des Wirtschaftsgrünlandes

**Kennzeichen**
Diese Gesellschaft stellt die zentrale Assoziation der gedüngten Feucht- und Naßwiesen dar. Sie nimmt bewirtschaftete, nährstoffreiche Feuchtwiesen der Tal- und Berglagen ein und ist Ersatzgesellschaft für feuchte Auwälder und Erlenbruchwälder. Man findet sie auch als Übergangszonen zwischen Auwäldern und Wirtschaftsgrünland, auf durchsickerten Hängen und in Quellmulden. Drainagierung führt meist zu einem geringeren Grundwasserstand, dennoch sind die Wiesen zumindest im Frühjahr einmal überschwemmt und besitzen grund- oder tagwasserbeeinflußte Stauböden aus Lehm oder Gley. Die Wiesen sind reich an Stauden wie Kohldistel und Wald-Engelwurz, dazu kommen zahlreiche Kräuter, die die Wiese sehr üppig erscheinen lassen.

**Vorkommen und Höhenverbreitung**
Kolline bis submontane Lagen in ganz Mitteleuropa; in Norddeutschland ohne Großem Wiesenknopf und Herbstzeitlose; in höheren Lagen Übergang zu den Trollblumen-Bachdistelwiesen.

**Ökologie**
Bewirtschaftete und gedüngte Naßwiesen werden meist ein bis zweimal pro Jahr gemäht. Die unerwünschte Staunässe begünstigt das Vorkommen von Binsen und Seggen, die die ungünstigen Luftverhältnisse im Boden selbst ausgleichen können. Kohldistelwiesen sind zwar ertragreich, verfügen aber dennoch über nur wenig Nährstoffe. Der Grundwasserspiegel liegt zwischen 30 bis 120 cm unterhalb der Oberfläche, im Hochsommer können die Wiesen trocken fallen und werden dann beweidet. Zu starke Düngung führt zu einem Verschieben des Artenspektrums in Richtung der Wirtschaftsfettwiesen-Arten, die auch durch dauerhafte Abtrocknung gefördert werden.

**Gefährdung, Pflege, Naturschutz**
Wie alle Feuchtflächen gehen auch die Naßwiesen durch Grundzusammenlegung und Entwässerungsmaßnahmen immer mehr verloren. Die extensive Nutzung mit zweimaliger Mahd und dem Erhalt des Grundwasserspiegels muß beibehalten werden. Die Schafbeweidung hat sich als Pflegemaßnahme begünstigend gezeigt. Bei geringem Düngeeintrag weisen die Kohldistelwiesen eine große faunistische Artenvielfalt auf. Bis zu 1900 Tierarten wurden bei Untersuchungen festgestellt, vor allem Heuschreckenarten, Tagfalter und vom Aussterben bedrohte bodenbrütende Vögel wie Großer Brachvogel, Kiebitz oder Bekassine. Während der Vegetationsperiode findet dem Blührhythmus entsprechend ein auffälliger und ansprechender Farbwechsel von Violett über Gelb bis weiß und braun-rosarot statt.

**Artenliste**

| | |
|---|---|
| Angelica sylvestris | Wald-Engelwurz |
| Caltha palustris | Sumpfdotterblume |
| Cirsium oleraceum | Kohldistel |
| Dactylis glomerata | Wiesen-Knäuelgras |
| Deschampsia caespitosa | Rasen-Schmiele |
| Equisetum palustre | Sumpf-Schachtelhalm |
| Filipendula ulmaria | Mädesüß |
| Holcus lanatus | Wolliges Honiggras |
| Lotus uliginosus | Sumpf-Hornklee |
| Lychnis flos-cuculi | Kuckucks-Lichtnelke |
| Myosotis palustris | Sumpf-Vergißmeinnicht |
| Plantago lanceolata | Spitz-Wegerich |
| Poa trivialis | Gewöhnliches Rispengras |
| Polygonum bistorta | Wiesen-Knöterich |
| Rumex acetosa | Sauer-Ampfer |
| Scirpus sylvaticus | Wald-Simse |

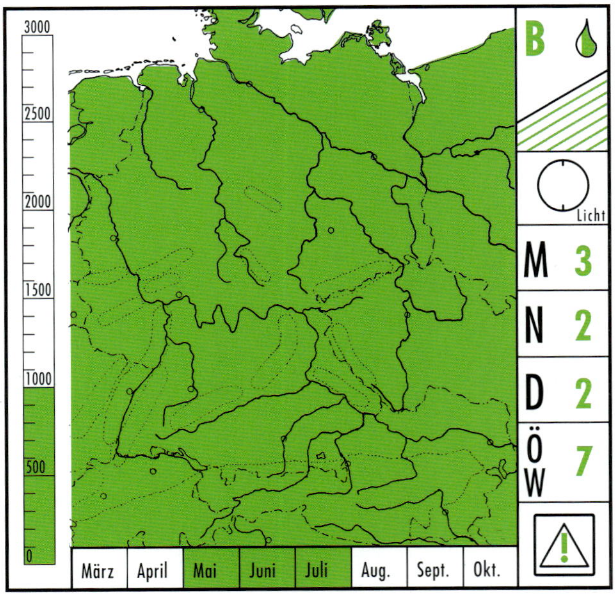

**Abb. 311:** Kohldistelwiese an einem unverbauten Fließgewässer in den Bernwiesen südlich von Königsdorf.

**Abb. 312:** Entwässerungsgraben mit Kohldistelflur, Bocksberg.

**Abb. 313:** Kohldistel (*Cirsium oleraceum*).

## 10.2.2 Kälberkropfwiese
*Chaerophyllo hirsuti-Ranunculetum aconitifolii* OBERD. 1952

**Verband:** *Calthion* TX. 1936, Nährstoffreiche Feucht- und Naßwiesen
**Ordnung:** *Molinietalia caeruleae* W. KOCH 1926, Europäische Feuchtwiesen
**Klasse:** *Molinio-Arrhenatheretea* R. TX. 1937 em. R. TX. 1970, Gesellschaften des Wirtschaftsgrünlandes

**Kennzeichen**
Auf staunassen Böden und in der Nähe von Quellen tritt eine krautreiche Flur auf, die durch die Stauden des Eisenhutblättrigen Hahnenfußes gekennzeichnet ist. Die optimale Ausbildung kommt auf tonigen, vergleyten und sauren Schwemmböden im Umfeld kleinerer Bäche vor. Die Nährstoffarmut entsteht durch die dauernde Auswaschung der durchsickerten, rieselnassen Böden. Die eher artenarme Gesellschaft, die neben dem Hahnenfuß von Gräsern aufgebaut wird, hebt sich deutlich von Wirtschaftswiesentypen ab.

**Vorkommen und Höhenverbreitung**
Diese Wiese ist im mittleren Bergland von der montanen bis zur subalpinen Stufe zu finden, gerne in beweideten Alm-Gebieten; Mittelgebirge Süd-, Mitteldeutschlands wie Schwarzwald, Westerwald, Thüringer Wald, Nordalpenrand, Zentralalpen; seltene Gesellschaft.

**Artenliste**

| | |
|---|---|
| Angelica sylvestris | Wald-Engelwurz |
| Caltha palustris | Sumpfdotterblume |
| Cerastium fontanum | Quell-Hornkraut |
| Chaerophyllum hirsutum | Behaarter Kälberkropf |
| Dactylis glomerata | Wiesen-Knäuelgras |
| Festuca pratensis | Wiesen-Schwingel |
| Geranium sylvaticum | Wald-Storchschnabel |
| Holcus lanatus | Wolliges Honiggras |
| Poa trivialis | Gewöhnliches Rispengras |
| Ranunculus aconitifolius | Eisenhutblättriger Hahnenfuß |
| Ranunculus acris | Scharfer Hahnenfuß |

**Abb. 314:** Kälberkropfwiese mit Eisenhutblättrigem Hahnenfuß im Verlandungsbereich des Vilsalpsees im Tannheimer Tal.

## 10.2.3 Wald-Simsen-Wiese
*Scirpetum sylvatici* MALOCH 1935

**Verband:** *Calthion* TX. 1936, Nährstoffreiche Feucht- und Naßwiesen
**Ordnung:** *Molinietalia caeruleae* W. KOCH 1926, Europäische Feuchtwiesen
**Klasse:** *Molinio-Arrhenatheretea* R. TX. 1937 em. R. TX. 1970, Gesellschaften des Wirtschaftsgrünlandes

**Kennzeichen**
Die Wald-Simse kann entlang von Bächen und in feuchten, staunassen Mulden und auf sauren anmoorigen Böden anstelle von lichten, gerodeten Erlenwäldern dichte Bestände ausbilden, die manchmal überflutet werden. Wegen der hohen Wasserspeicherkapazität sind die Standorte das ganze Jahr über gleichmäßig feucht und wegen der Grundwasserdurchströmung nährstoffreich. Das Massenauftreten der Wald-Simse mit gleichzeitiger Artenarmut kennzeichnet diesen Gesellschaftstyp, in dem begleitend typische Arten der Sumpfdotterblumenwiesen enthalten sein können. Der landwirtschaftliche Wert ist trotz hoher Produktivität sehr gering.

**Vorkommen und Höhenverbreitung**
In ganz Mitteleuropa von der kollinen bis zur montanen Stufe mit relativ gleichbleibender Artengarnitur verbreitet.

**Artenliste**

| | |
|---|---|
| Caltha palustris | Sumpfdotterblume |
| Cardamine pratensis | Wiesen-Schaumkraut |
| Equisetum palustre | Sumpf-Schachtelhalm |
| Filipendula ulmaria | Mädesüß |
| Juncus effusus | Flatter-Binse |
| Juncus filiformis | Faden-Binse |
| Myosotis palustris | Sumpf-Vergißmeinnicht |
| Polygonum amphibium | Wasser-Knöterich |
| Polygonum bistorta | Wiesen-Knöterich |
| Ranunculus acris | Scharfer Hahnenfuß |
| Scirpus sylvaticus | Wald-Simse |

**Abb. 315:** Wald-Simsen-Wiese auf eiszeitlichen Moorflächen im Ehrwalder Becken, die verlandet sind.

## 10.2.4 Sumpfdotterblumenwiesen
## *Calthion*-Ausbildung Tx. 1926

**Verband:** *Calthion* Tx. 1936, Nährstoffreiche Feucht- und Naßwiesen
**Ordnung:** *Molinietalia caeruleae* W. Koch 1926, Europäische Feuchtwiesen
**Klasse:** *Molinio-Arrhenatheretea* R. Tx. 1937 em. R. Tx. 1970, Gesellschaften des Wirtschaftsgrünlandes

**Kennzeichen**
Sumpfdotterblumen kennzeichnen den Frühjahrsaspekt von Feuchtwiesen, Ufern von Wiesenbächen, feuchten Waldsäumen oder auch bewirtschafteten Flachmooren. Zu dieser Zeit können sie beinahe monodominante Bestände ausbilden, dennoch charakterisiert die Sumpfdotterblume keine eigene Gesellschaft. Ellmauer & Mucina (1993) teilen den Verband der Feucht- und Naßwiesen *Calthion* Tx. 1936 in zwei Unterverbände, von denen das *Calthenion* (R. Tx. 1937) Bal.-Tul. 1978 die Sumpfdotterblumen-Wiesen umfasst. *Caltha palustris* gilt als hochstete und sehr gute Verbandscharakterart, vor allem von der planaren bis zur montanen Stufe. Mit zunehmender Höhe wird sie vom Wiesen-Knöterich ersetzt, der sich ab der montanen Stufe optimal entwickelt. Die Sumpfdotterblumen-Wiesen sind meist gedüngte, zweischürige nasse oder wechselnasse Wirtschaftsgrünländer auf humusreichen bis anmoorigen Gley- und Pseudogleyböden. Wichtig ist eine regelmäßige Durchfeuchtung, weswegen die Arten der mitteleuropäischen Wirtschaftswiesen eher zurücktreten. Die Gesellschaften des Unterverbandes lassen sich zu einer Gruppe mit sauren Standorten zusammenfassen, in denen die Sumpfdistel zusammen mit Arten der Niedermoore und Hochmoorschlenken vorherrscht und zu einer zweiten Gruppe mit basischen Standorten, in denen die Kohldistel zusammen mit Arten der mitteleuropäischen Wirtschaftswiesen dominiert.

**Vorkommen und Höhenverbreitung**
Von der planaren bis zur subalpinen Stufe in ganz Mitteleuropa, bis Südskandinavien.

**Ökologie**
Die Feuchtwiesen sind deutlich infolge der Mahd unter dem Einfluß des Menschen entstanden. Die Sumpfdotterblume bevorzugt in der Naturlandschaft quellige Ufer, Hangmulden sowie alte Flutrinnen, die über einen sickernassen, mäßig-sauren Sumpfhumus-Boden verfügen. Manche Standorte können aus Erlenwäldern hervorgegangen sein. In jedem Fall muß auf den Wuchsorten genügend Licht vorhanden sein. Sauerstoffreiches und basenreiches Sickerwasser liefert das natürliche Nährstoffangebot. Sumpfdotterblumenwiesen stellen häufig Ersatzgesellschaften verschiedener Bruch- und Auewälder dar

**Gefährdung, Pflege Naturschutz**
Feuchtwiesen sind vor allem durch landwirtschaftliche Intensivierung und Überdüngung gefährdet. Jede Form von Intensivierung führt zur Artenverarmung. Die beste Pflege ist eine fortdauernde extensive Bewirtschaftung mit maximal zweimaliger Mahd pro Jahr (Mitte Juni, ab September). Gelegentlich können Düngebeigaben in Form von Stallmist erfolgen. Feuchtwiesen stellen wertvolle Lebensräume für eine Vielzahl von Insekten, Schmetterlingen, Käfern und Vögeln dar. Die wichtigsten Vogelarten sind Kiebitz, Großer Brachvogel, Braunkehlchen, Wachtelkönig, Bekassine und Sumpfohreule.

**Artenliste**

| | |
|---|---|
| Angelica sylvestris | Wald-Engelwurz |
| Bromus racemosus | Traubige Trespe |
| Caltha palustris | Sumpfdotterblume |
| Cirsium oleraceum | Kohldistel |
| Cirsium palustre | Sumpf-Distel |
| Cirsium rivulare | Bach-Kratzdistel |
| Crepis paludosa | Sumpf-Pippau |
| Dianthus superbus | Pracht-Nelke |
| Geum rivale | Bach-Nelkenwurz |
| Juncus acutiflorus | Spitzblütige Binse |
| Lychnis flos-cuculi | Kuckucks-Lichtnelke |
| Myosotis palustris | Sumpf-Vergißmeinnicht |
| Ranunculus aconitifolius | Eisenhutblättriger Hahnenfuß |
| Ranunculus flammula | Brennender Hahnenfuß |

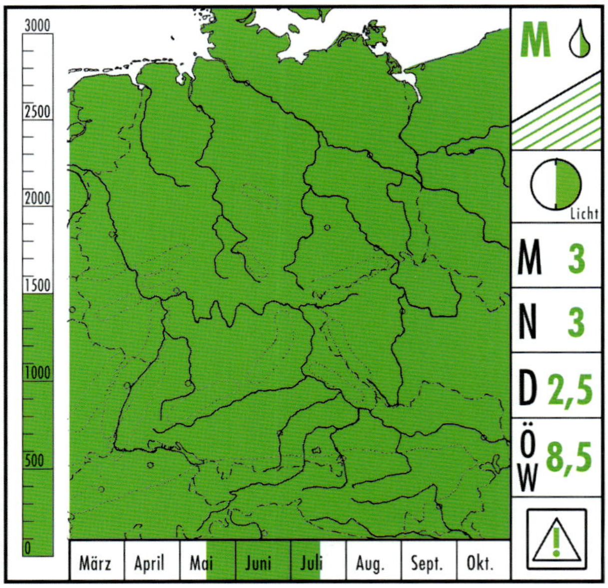

**Abb. 316:** Sumpfdotterblumenwiese auf einer im Frühjahr überfluteten Feuchtwiese auf der Halbinsel Møn in Dänemark.

**Abb. 317:** Sumpfdotterblume (*Caltha palustris*).

**Abb. 318:** Bei Tannheim im Tannheimer Tal, Tiroler Außerfern.

## 10.2.5 Wiesenknopf-Knöterich-Wiese
*Sanguisorbo-Polygonetum bistortae* BAL.-TUL. 1983

**Verband:** *Calthion* TX. 1936, Nährstoffreiche Feucht- und Naßwiesen
**Ordnung:** *Molinietalia caeruleae* W. KOCH 1926, Europäische Feuchtwiesen
**Klasse:** *Molinio-Arrhenatheretea* R. TX. 1937 em. R. TX. 1970, Gesellschaften des Wirtschaftsgrünlandes

**Kennzeichen**
In flacheren Mulden und in Tallagen entlang größerer Flußtäler, aber auch im Bergland kommt auf basen- und nährstoffreichen Böden eine staudenreiche Naßwiese vor, die durch das Massenauftreten des Wiesen-Knöterichs gekennzeichnet ist. Meist liegen abtrocknende Moorböden vor, da die Standorte häufig durch Entwässerung aus Flachmooren hervorgegangen sind. Sie werden regelmäßig gemäht, jedoch nicht gedüngt und gelten als Übergangsgesellschaft zu den Europäischen Wirtschaftswiesen. Die Abgrenzung zu anderen Gesellschaften ist nicht eindeutig.

**Vorkommen und Höhenverbreitung**
In der montane Stufe in ganz Mitteleuropa, bis zum Alpenvorland reichend.

**Ökologie**
Die Knöterich-Wiesen stehen den Sumpfdotterblumen-Wiesen sehr nahe und besitzen deshalb eine ähnliche Habitatneigung, vor allem für Amphibien und Schmetterlinge. Sie sind Bruthabitate für Braunkehlchen und Wiesenpieper und können ein Nahrungshabitat für den Weißstorch sein. Regelmäßigere Mahd kann zum Ausfall der Kohldistel und der Bachnelkenwurz führen

**Gefährdung, Pflege, Naturschutz**
Entwässerungen, Umbau zu Intensivgrünland oder Umwidmungen, etwa zu Sportflächen, gefährden wie alle Feuchtwiesen auch die Knöterich-Wiesen. Die meisten Flächen werden durch großtechnische Entwässerungen in Wirtschaftsgrünland überführt. Knöterich-Wiesen benötigen die regelmäßige Mahd im Rahmen einer extensiven Bewirtschaftung. Bei Nutzungsauflassung entwickeln sie sich auf trockeneren Standorten zu artenarmen Pflanzenbeständen oder zu Hochstaudenfluren, wenn sie auf stark durchfeuchteten Böden vorkommen. Die beste Pflege ist eine zweimalige Mahd bei gleichzeitiger Mähgutabfuhr.

**Artenliste**

| | |
|---|---|
| Angelica sylvestris | Wald-Engelwurz |
| Arrhenatherum elatius | Glatthafer |
| Cardamine amara | Bitteres Schaumkraut |
| Carex brizoides | Zittergras-Segge |
| Juncus filiformis | Faden-Binse |
| Lychnis flos-cuculi | Kuckucks-Lichtnelke |
| Polygonum bistorta | Wiesen-Knöterich |
| Ranunculus aconitifolius | Eisenhutblättriger Hahnenfuß |
| Ranunculus acris | Scharfer Hahnenfuß |
| Sanguisorba officinalis | Großer Wiesenknopf |
| Scirpus sylvaticus | Wald-Simse |
| Silaum silaus | Silge |
| Trollius europaeus | Trollblume |

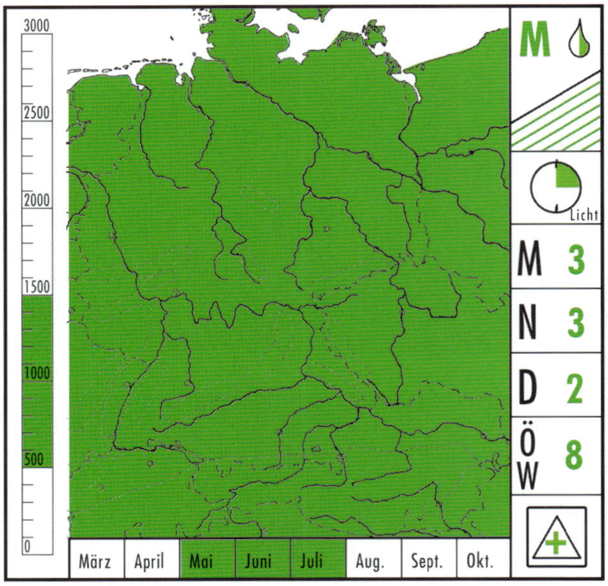

**Abb. 319:** Feuchtwiese mit Massenauftreten des Wiesen-Knöterichs (*Polygonum bistorta*) bei Ellwangen.

**Abb. 320:** Wiesenknopf-Knöterich-Wiese im Tannheimer Tal westlich von Grän.

## 10.2.6 Binsen-Weide
*Epilobio-Juncetum effusi* OBERD. 1937

**Verband:** *Calthion* TX. 1936, Nährstoffreiche Feucht- und Naßwiesen
**Ordnung:** *Molinietalia caeruleae* W. KOCH 1926, Europäische Feuchtwiesen
**Klasse:** *Molinio-Arrhenatheretea* R. TX. 1937 em. R. TX. 1970, Gesellschaften des Wirtschaftsgrünlandes

**Kennzeichen**
Die sehr häufige, aber wenig beliebte Gesellschaft gilt als Ersatzgesellschaft von Erlenbruch- oder Birkenbruchwäldern, die durch Rodung, Düngung und intensivere Bewirtschaftung entstanden ist. Der wenig ertragreiche, aber hochwüchsige Bestand ist oft durch Weidevieh zerstampft. Diese Weide, die sowohl Pionier- als auch Störzeiger enthält, ist auf anmoorigen, quellnassen, tonigen, stark beweideten und gestörten Böden zu finden, die stets vernäßt und nährstoffreich sind.

**Artenliste**

| | |
|---|---|
| Cardamine pratensis | Wiesen-Schaumkraut |
| Epilobium palustre | Sumpf-Weidenröschen |
| Galium palustre | Sumpf-Labkraut |
| Juncus articulatus | Glanzfrüchtige Binse |
| Juncus effusus | Flatter-Binse |
| Lotus uliginosus | Sumpf-Hornklee |
| Mentha aquatica | Wasser-Minze |
| Ranunculus flammula | Brennender Hahnenfuß |
| Rumex acetosa | Sauer-Ampfer |

## 10.2.7 Kohldistelwiese mit Kuckucks-Lichtnelke
*Angelico-Cirsietum oleracei* R. TX. 1937

**Verband:** *Calthion* TX. 1936, Nährstoffreiche Feucht- und Naßwiesen
**Ordnung:** *Molinietalia caeruleae* W. KOCH 1926, Europäische Feuchtwiesen
**Klasse:** *Molinio-Arrhenatheretea* TX. 1937 em. R. TX. 1970, Gesellschaften des Wirtschaftsgrünlandes

**Kennzeichen**
Feuchtwiesen erstrahlen im Frühsommeraspekt im Rot der Kuckucks-Lichtnelke. Die Hochstaudenarten der Sumpfdotterblumenwiesen wie Kohldistel, Wald-Engelwurz oder Wasserminze treten zurück und werden durch *Arrhenatherion*-Arten wie Wolliges Honiggras und Wiesen-Schwingel ersetzt. Die Kuckucks-Lichtnelke benötigt mäßig saure, humose Lehm- und Tonböden und ist ein Feuchtezeiger.

**Artenliste**

| | |
|---|---|
| Dactylis glomerata | Wiesen-Knäuelgras |
| Deschampsia caespitosa | Rasen-Schmiele |
| Festuca pratensis | Wiesen-Schwingel |
| Holcus lanatus | Wolliges Honiggras |
| Lychnis flos-cuculi | Kuckucks-Lichtnelke |
| Poa trivialis | Gewöhnliches Rispengras |
| Rumex acetosa | Sauer-Ampfer |

## 10.2.8 Schnitt-Lauch-Sumpf
*Allietum schoenoprasi* SMETTAN ex ELLMAUER in ELLMAUER et MUCINA 1993

**Verband:** *Calthion* TX. 1936, Nährstoffreiche Feucht- und Naßwiesen
**Ordnung:** *Molinietalia caeruleae* W. KOCH 1926, Europäische Feuchtwiesen
**Klasse:** *Molinio-Arrhenatheretea* R. TX. 1937 em. R. TX. 1970, Gesellschaften des Wirtschaftsgrünlandes

**Kennzeichen**
Im Bergland kann auf vernäßten, quellnassen Hängen und auf berieselten Felsterrassen der Schnitt-Lauch-Sumpf ausgebildet sein, der im Juli durch die Blütenköpfe des Schnitt-Lauches weithin auffällt. Dieser bildet über anmoorigen Böden dichte Bestände, die 75% der Krautschicht einnehmen. Charakteristisch sind die zahlreichen begleitenden Nässezeiger wie Sumpf-Schachtelhalm, Bach-Nelkenwurz, ferner Sauergräser wie Braune und Steife Segge. In der Moosschicht sind Starknervmoose der alpinen Quellfluren häufig. Obwohl diese Gesellschaft nach SCHROETER (1926) ganz allgemein verbreitet sei, ist sie kaum beschrieben worden.

**Artenliste**

| | |
|---|---|
| Allium schoenoprasum | Schnitt-Lauch |
| Caltha palustris | Sumpfdotterblume |
| Carex elata | Steife Segge |
| Carex fusca | Braune Segge |
| Deschampsia caespitosa | Rasen-Schmiele |
| Equisetum palustre | Sumpf-Schachtelhalm |
| Geum rivale | Bach-Nelkenwurz |
| Parnassia palustris | Herzblatt |
| Ranunculus aconitifolius | Eisenhutblättriger Hahnenfuß |

**Abb. 321:** Binsen-Weide mit Flatterbinse, Auerfilze, Königsdorf.

**Vorkommen und Höhenverbreitung**
In ganz Mitteleuropa verbreitet, ferner im Alpenvorland; bis zur montanen Stufe.

**Abb. 322:** Kohldistelwiese mit Kuckucks-Lichtnelke bei Letten.

**Vorkommen und Höhenverbreitung**
Kolline bis submontane Lagen in ganz Mitteleuropa.

**Abb. 323:** Schnitt-Lauch-Sumpf auf einem subalpinen Flachmoor oberhalb des Traualpsee, NSG Vilsalpsee.

**Vorkommen und Höhenverbreitung**
Nördliche Kalkalpen, Schweizer Alpen in der hochmontanen-subalpinen Stufe; nach SEYBOLD 1975 kommt der Schnittlauch-Sumpf innerhalb von Bach-Kratzdistelwiesen in der Schwäbischen Alb vor.

## 10.2.9 Trollblumenwiesen

**Verband:** *Calthion* Tx. 1936, Nährstoffreiche Feucht- und Naßwiesen
**Ordnung:** *Molinietalia caeruleae* W. Koch 1926, Europäische Feuchtwiesen
**Klasse:** *Molinio-Arrhenatheretea* R. Tx. 1937 em. R. Tx. 1970, Gesellschaften des Wirtschaftsgrünlandes

**Kennzeichen**
Trollblumenwiesen stellen keine eigene Gesellschaft dar, beinhalten aber typische Arten der Feucht- und Naßwiesen. Die Trollblume besitzt ein breites ökologisches Spektrum und ist neben den Feuchtwiesen auch in Mädesüß-Hochstaudenfluren, in Pfeifengraswiesen, in anthropogenen Lärchenwaldungen, in subalpinen Hochstaudenfluren, in alpinen Urwiesen (Rostseggenrasen, *Caricetum ferruginei*) sowie in nordischen Birkengebüschen zu finden. Nach Oberdorfer ist die Trollblume eine Charakterart der nassen Wiesen und Hochstaudenfluren *Molinietalia* Koch 1926, bevorzugt nährstoff- und basenreiche, neutral bis mäßig saure, humose, teilweise sandige Lehm- und Tonböden. Die Trollblumenwiesen lösen in montanen Lagen die Kohldistelwiesen ab, die aus nassen Staudenfluren oder wechselfeuchten Streuwiesen hervorgegangen sind. Sie kommen auch in als Gebirgsfrischwiesen bezeichneten Berg-Goldhaferwiesen vor, die dem Arrhenatherion-Verband angehören.

**Vorkommen und Höhenverbreitung**
Von der montanen bis zur subalpinen Stufe, vor allem im Bergland und im Alpenvorland.

**Ökologie**
Trollblumenwiesen dürften in montanen Lagen Reste einstmals weit verbreiteter Flachmoore sein, die ihren Nährstoffreichtum aus den Überschwemmungen der Flüsse bezogen. Heute findet man sie auch gerne auf Feuchtwiesen, die Düngegaben bekommen, wo aber die Drainagemethoden nicht greifen. Im Bergland weisen die Standorte der Trollblume eine längere Schneebedekkung, eine kürzere Vegetationszeit und höhere Niederschlagssummen auf.

**Gefährdung, Pflege, Naturschutz**
Als anthropogene Lebensräume, die durch extensive Mahd offen gehalten werden, muß diese Pflegeform fortgesetzt werden. Ein ein- maximal zweimaliger Schnitt pro Jahr ohne Düngezugaben ist die bevorzugteste Pflegemethode. Der Schnitt darf erst nach dem Abblühen der Trollblumen erfolgen. Wie alle Feuchtgesellschaften sind auch die Trollblumenwiesen von Grundzusammenlegungen und breitflächigen Trockenlegungen betroffen. Vor allem Gülledüngungen bedeuten regional das Verschwinden dieses Feuchtwiesentyps. Die Wiesen besitzen eine hohe Bedeutung als Rückszugsgebiete von Pflanzenarten, die in den intensiver bewirtschafteten Flächen nicht mehr aufkommen können.Außerdem stellen sie einen wichtigen Lebensraum für wiesenbrütende Vögel, für Wiesen-Insekten wie Sumpfschrecke oder Tagfalter wie Sumpfwiesen-Perlmuttfalter dar. Die dichten Bestände mit den dottergelben Blütenköpfen besitzen einen hohen landschaftsästhetischen Wert.

**Artenliste**

| | |
|---|---|
| Anthriscus sylvestris | Wiesen-Kerbel |
| Caltha palustris | Sumpfdotterblume |
| Cardamine pratensis | Wiesen-Schaumkraut |
| Cirsium oleraceum | Kohldistel |
| Cirsium rivulare | Bach-Kratzdistel |
| Crepis paludosa | Sumpf-Pippau |
| Geum rivale | Bach-Nelkenwurz |
| Lotus uliginosus | Sumpf-Hornklee |
| Lychnis flos-cuculi | Kuckucks-Lichtnelke |
| Myosotis palustris | Sumpf-Vergißmeinnicht |
| Polygonum bistorta | Wiesen-Knöterich |
| Trollius europaeus | Trollblume |

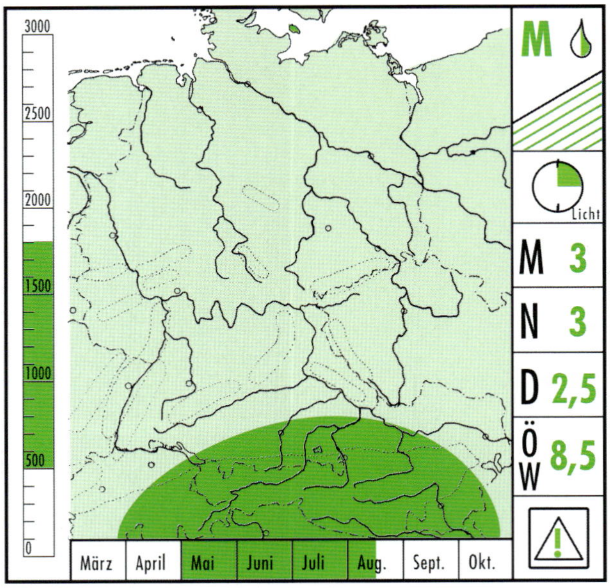

**Abb. 324:** Subalpine Trollblumenwiese bei Niederthai im Tiroler Ötztal.

**Abb. 325:** Trollblume (*Trollius europaeus*).

**Abb. 326:** Trollblumenwiese mit Kälberkropf, Lärchenwiesen.

## 10.3 Mädesüß-Hochstaudenfluren
*Filipendulion* SEGAL 1966

### 10.3.1 Mädesüßfluren
*Valeriano officinalis-Filipenduletum ulmariae* SISS. 1946

**Verband:** *Filipendulion* SEGAL 1966, Mädesüß-Hochstaudenfluren
**Ordnung:** *Molinietalia caeruleae* W. KOCH 1926, Europäische Feuchtwiesen
**Klasse:** *Molinio-Arrhenatheretea* R. TX. 1937 em. R. TX. 1970, Gesellschaften des Wirtschaftsgrünlandes

**Kennzeichen**
Auf grundwassernahen und nährstoffreichen Standorten, insbesondere an den Ufersäumen von Bächen und Flüssen kommen die durch Hochstauden gekennzeichneten Mädesüß-Fluren vor. Die Bestände stehen oft auf Schwemmböden oder Schlamm, der aus den Gräben ausgehoben wurde, können aber auch auf Flachmoor- und Lehmböden vorkommen. Die gute Nährstoffversorgung erfolgt durch die zeitweisen Überflutungen oder durch Düngung. Je nach Höhenlage und Standortbedingungen herrschen meist Monokulturen weniger Hochstauden wie Gewöhnlicher Gilbweiderich, Blut-Weiderich und Mädesüß vor, die für die Abgrenzungen der einzelnen Assoziationen herangezogen werden.

**Vorkommen und Höhenverbreitung**
In ganz Mitteleuropa, von der planaren bis zur subalpinen Stufe.

**Ökologie**
Ursprünglich waren Mädesüßfluren als Übergangszonen zwischen Auenwäldern und Wiesen angesiedelt, weshalb Ähnlichkeiten mit den Röhrichten bestehen. Heute werden oft auch Feuchtwiesenbrachen eingenommen. Gute Stickstoffversorgung läßt üppige Hochstaudenfluren entstehen, die im Juli vom weiß blühenden Mädesüß geprägt sind. Besonders günstig für die Fluren ist der Schlammaushub von Bächen oder Wiesengräben.

**Gefährdung, Pflege, Naturschutz**
Bei regelmäßiger Mahd kann sich die Gesellschaft zu einer Sumpfdotterblumenwiese entwickeln, jedoch werden die Flächen heute kaum landwirtschaftlich genutzt. Früher dienten sie dem Streugewinn. Als Übergangsflächen zu intensiv genutzten Agrarlandschaften besitzen sie als Pufferzone eine naturschutzfachliche Bedeutung, auch als Nahrungsbiotop für Insekten und Schmetterlinge. Die Bestände sollten in einem mehrjährigen Rhythmus gemäht werden, um das Aufkommen von Gehölzen zu verhindern.

**Ähnliche Gesellschaften**
Assoziationen mit:
- **Gilbweiderich**, *Lysimachio vulgaris-Filipenduletum* BAL.-TUL. 1978, häufigste Gesellschaft der Mädesüßfluren auf sauren, tonigen, vergleyten Böden in grundwasserbeeinflußten Bachauen.
- **Eisenhutblättrigem Hahnenfuß**, *Ranunculo aconitifolii-Filipenduletum* BAL.-TUL. et HÜBL 1979, artenarme Staudenflur auf feuchtem Lehm.
- **Weidenröschen**, *Epilobio hirsuti-Filipenduletum* SOUGNEZ 1957, artenarme Saumgesellschaft an Bächen.
- **Sumpf-Storchschnabel**, *Filipendulo-Geranietum palustris* KOCH 1926, auf basenreichen Standorten bis zur montanen Stufe; als Bachuferflur bezeichnet.

**Artenliste**

| | |
|---|---|
| Chaerophyllum hirsutum | Behaarter Kälberkropf |
| Filipendula ulmaria | Mädesüß |
| Lotus uliginosus | Sumpf-Hornklee |
| Lysimachia vulgaris | Gewöhnlicher Gilbweiderich |
| Lythrum salicaria | Blut-Weiderich |
| Phalaris arundinacea | Rohr-Glanzgras |
| Polygonum bistorta | Wiesen-Knöterich |
| Rubus caesius | Kratzbeere |
| Rumex acetosa | Sauer-Ampfer |
| Stellaria graminea | Gras-Sternmiere |
| Urtica dioica | Große Brennessel |
| Valeriana officinalis | Echter Baldrian |

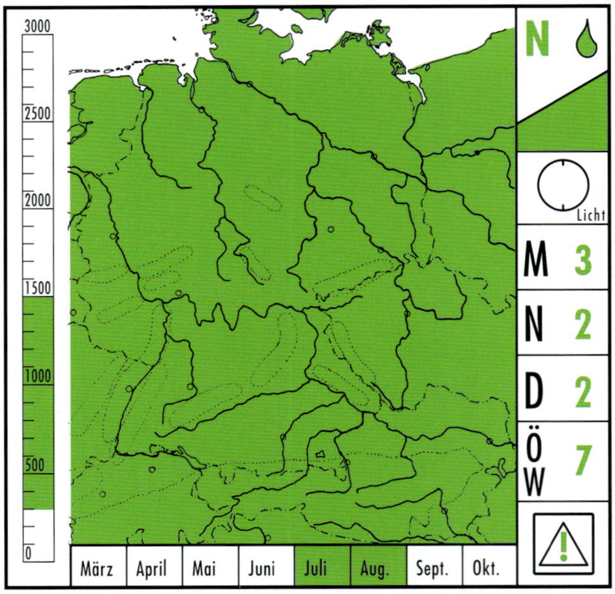

**Abb. 327:** Mädesüß-Hochstaudenflur auf einer Naßwiese im Ehrwalder Becken, Tiroler Zugspitzregion.

**Abb. 328:** Mädesüßsaum an einem Wiesenbach, Unterkärnten.

**Abb. 329:** Mädesüß und Echter Baldrian (*Valeriana officinalis*).

## 10.3.2 Mädesüß-Hochstauden mit der Gelben Wiesenraute
*Thalictro flavae-Filipenduletum* R. Tx. et Hülbusch 1968

**Verband:** *Filipendulion* Segal 1966, Mädesüß-Hochstaudenfluren
**Ordnung:** *Molinietalia caeruleae* W. Koch 1926, Europäische Feuchtwiesen
**Klasse:** *Molinio-Arrhenatheretea* R. Tx. 1937 em. R. Tx. 1970, Gesellschaften des Wirtschaftsgrünlandes

**Kennzeichen**
In den Mädesüß-Hochstauden-Beständen kann die Gelbe Wiesenraute zur Dominanz gelangen. Diese Gesellschaft wird auch als Subassoziation oder Höhenvikariante der weitgefaßten Mädesüßfluren angesehen. Die Wiesenraute bevorzugt Moorwiesen, Säume von Auengebüschen und Gräben auf nährstoff- und basenreichen humosen Lehm-, Ton- und Moorböden.

**Artenliste**

| | |
|---|---|
| Filipendula ulmaria | Mädesüß |
| Lotus uliginosus | Sumpf-Hornklee |
| Lysimachia vulgaris | Gewöhnlicher Gilbweiderich |
| Lythrum salicaria | Blut-Weiderich |
| Phalaris arundinacea | Rohr-Glanzgras |
| Polygonum bistorta | Wiesen-Knöterich |
| Rumex acetosa | Sauer-Ampfer |
| Thalictrum flavum | Gelbe Wiesenraute |
| Urtica dioica | Große Brennessel |
| Valeriana officinalis | Echter Baldrian |

## 10.3.3 Hochstauden mit Blut- und Gilbweiderich
*Lysimachia vulgaris-Lythrum salicaria*-Gesellschaft

**Verband:** *Filipendulion* Segal 1966, Mädesüß-Hochstaudenfluren
**Ordnung:** *Molinietalia caeruleae* W. Koch 1926, Europäische Feuchtwiesen
**Klasse:** *Molinio-Arrhenatheretea* R. Tx. 1937 em. R. Tx. 1970, Gesellschaften des Wirtschaftsgrünlandes

**Kennzeichen**
In Feuchthochstauden können neben dem Mädesüß auch der Blut- und Gilbweiderich eine hohe Dominanz erreichen. Die Bestände werden dann unregelmäßig gemäht und kommen über nassen bis wechselfeuchten, nährstoff- und basenreichen Niedermoorböden in Kontakt zu Schwarzerlen-Quellwäldern oder Flachmoor-Streuwiesen vor. Neben den Arten der Mädesüß-Hochstaudenfluren können auch Röhrichtarten wie Rohr-Glanzgras, Schilf sowie Wasserdost enthalten sein.

**Artenliste**

| | |
|---|---|
| Calystegia sepium | Zaunwinde |
| Eupatorium cannabium | Wasserdost |
| Filipendula ulmaria | Mädesüß |
| Lysimachia vulgaris | Gewöhnlicher Gilbweiderich |
| Lythrum salicaria | Blut-Weiderich |
| Phalaris arundinacea | Rohr-Glanzgras |
| Serratula tinctoria | Färber-Scharte |
| Stachys officinalis | Heil-Ziest |

## 10.3.4 Bach-Kratzdistel-Wiese
*Cirsietum rivularis* Nowinski 1927

**Verband:** *Filipendulion* Segal 1966, Mädesüß-Hochstaudenfluren
**Ordnung:** *Molinietalia caeruleae* W. Koch 1926, Europäische Feuchtwiesen
**Klasse:** *Molinio-Arrhenatheretea* R. Tx. 1937 em. R. Tx. 1970, Gesellschaften des Wirtschaftsgrünlandes

**Kennzeichen**
Im späten Mai fällt auf bachnahen Feuchtwiesen der Talböden die reiche violette Blüte der Bach-Kratzdistel auf, die ähnliche Standorte wie die Kohldistel einnimmt. Die Böden besitzen eine tonig-lehmige Oberschicht oder sind manchmal anmoorig, jedoch andauernd übernäßt mit erhöhter Bodenwärme. Deshalb bevölkert die Gesellschaft häufig staunasse Mulden, in denen das Grundwasser bis knapp an die Oberfläche oder maximal 45 cm darunter sinkt. Diese Ersatzgesellschaft nasser Auenmischwälder wird ein- bis zweimal jährlich gemäht und im Herbst oft beweidet.

**Artenliste**

| | |
|---|---|
| Angelica sylvestris | Wald-Engelwurz |
| Anthoxanthum odoratum | Gewöhnliches Ruchgras |
| Cardamine pratensis | Wiesen-Schaumkraut |
| Cerastium holosteoides | Gewöhnliches Hornkraut |
| Cirsium rivulare | Bach-Kratzdistel |
| Festuca rubra | Roter Schwingel |
| Filipendula ulmaria | Mädesüß |
| Juncus effusus | Flatter-Binse |
| Lathyrus pratensis | Wiesen-Platterbse |
| Lychnis flos-cuculi | Kuckucks-Lichtnelke |
| Lysimachia nummularia | Pfennigkraut |
| Myosotis palustris | Sumpf-Vergißmeinnicht |
| Trollius europaeus | Trollblume |
| Valeriana dioica | Sumpf-Baldrian |

**Abb. 330:** Mädesüß-Hochstauden mit Gelber Wiesenraute in den Auerfilzen bei Schönrain.

**Vorkommen und Höhenverbreitung**
In ganz Mitteleuropa von der planaren Stufe bis in mittlere Gebirgslagen.

**Abb. 331:** Blut- und Gilbweiderich-Hochstaudenflur am Auerbach bei Schönrain.

**Vorkommen und Höhenverbreitung**
Grabenböschungen, Grabenränder vom Alpenvorland bis Norddeutschland bis zur montanen Stufe.

**Abb. 332:** Bach-Kratzdistel-Wiese bei Oberammergau.

**Vorkommen und Höhenverbreitung**
Von der kollinen bis zur montanen Stufe in ganz Mitteleuropa, vor allem Südosten und Norden. Das Hauptareal liegt in der karpatischen Region.

# 11 Süßwasser-Schwimmpflanzengesellschaften

## 11.1 Gesellschaften der Kleinen Wasserlinse
*Lemnion minioris* DE BOLÓS et MASCLANS 1955

**Ordnung:** *Lemnetalia minoris* (R. TX. 1955) DE BOLÓS et MASCLANS 1955, Wasserlinsengesellschaften
**Klasse:** *Lemnetea minoris* (R. TX. 1955) DE BOLÓS et MASCLANS 1955, Wasserlinsendecken

### Kennzeichen
Nährstoffreiche Gewässer sowohl in natürlichen Lagen (Weiher, Wiesentümpel, Gräben, Stillwasserbereiche an Flüssen, in Auen) wie auch in Dörfern und Städten (Zierteiche, Parkteiche, Löschteiche usw.) fallen durch einen grünen Belag auf der Wasseroberfläche auf, der sich bei näherem Hinsehen aus tausenden kleinen, linsenförmigen Blättern der Wasserlinsen zusammensetzt. Diese Gesellschaften bilden uniforme Bestände aus, in denen kaum weitere Arten vorkommen. Die meisten Wasserlinsenbestände werden von der Kleinen Wasserlinse gebildet, die die Ordnung der Wasserlinsengesellschaften weithin repräsentiert. An den Rasen können ferner die Teichlinse, die Buckellinse und die Dreifurchige Wasserlinse beteiligt sein.

### Vorkommen und Höhenverbreitung
In ganz Mitteleuropa in allen Gewässertypen mit ruhigen Wasserbereichen; bis etwa 600 m in windgeschützten, besonnten Lagen und Gewässertiefen von 0 bis maximal 2 m; oftmals auch in Röhrichten zu finden; in Österreich sind zu 90 % uniforme Rasen der Kleinen Wasserlinse anzutreffen.

### Ökologie
Die Wasserlinsenrasen sind sowohl gegenüber mechanischen als auch chemischen Einflüssen empfindlich. Wind- und Wellenbewegung stört die aufschwimmenden Pflanzen und verdriftet sie. Veränderungen der spezifischen hydrochemischen Situation wie etwa des Nährstoffhaushaltes bringen sie zum verschwinden. Die Zunahme der Meereshöhe führt zur Auslichtung der Gesellschaften, bis ab 600 m Seehöhe nur mehr die Kleine Wasserlinse übrig bleibt. Die morphologische Ausbildung der Wasserlinsen ist noch nicht gänzlich geklärt. Sie besitzen luftgefüllte Gewebe und stark reduzierte Vegetationskörper, die in unseren Breiten selten blühen und sich daher durch Sprossung vermehren. Eine Wasserlinse lebt nur etwa 5 – 6 Wochen. Die Aufnahme der Mineralien und Nährstoffe erfolgt fast zur Gänze durch die Unterseite der „Blätter“, die Wurzeln haben nur stabilisierende Funktionen. Die Verbreitung erfolgt hauptsächlich durch Wasservögel.

### Gefährdung, Pflege, Naturschutz
Entsprechend dem Verschwinden der Gewässer, werden auch Stillwasserbereiche mit Wasserlinsen immer seltener; die Gewässerverschmutzung bewirkt ebenfalls die Abnahme der Gesellschaft.

### Gesellschaften
**11.1.1 Teichlinsen-Rasen,** *Lemno-Spirodeletum polyrhizae* KOCH 1954, mit der Kleinen Wasserlinse und der Teichlinse.
**11.1.2 Buckellinsen-Rasen,** *Lemnetum gibbae* MIYAWAKI et J. TX. 1960, in sehr nährstoffreichen Gewässern, wo auch Jauche zufließt.
**11.1.3 Gesellschaft der Untergetauchten Wasserlinse,** *Lemnetum trisulcae* KNAPP et STOFFERS 1962, diese bildet unter Wasser schwebende Rasen, die an der Kleinen Wasserlinse anhaften.
**11.1.4 Sternlebermoos-Gesellschaft,** *Riccietum fluitantis* SLAVN. 1956, lockere, gern übersehene Gesellschaft mit dem submersen Sternlebermoos und der kleinen Wasserlinse, in Waldtümpeln und in beschatteten, mäßig nährstoffhaltigen Gewässern.

### Artenliste

| | |
|---|---|
| Ceratophyllum demersum | Rauhes Hornblatt |
| Lemna minor | Kleine Wasserlinse |
| Lemna trisulca | Dreifurchige Wasserlinse |
| Riccia fluitans | Submerses Sternlebermoos |
| Ricciocarpos natans | Schwimm-Sternlebermoos |
| Spirodela polyrhiza | Teichlinse |

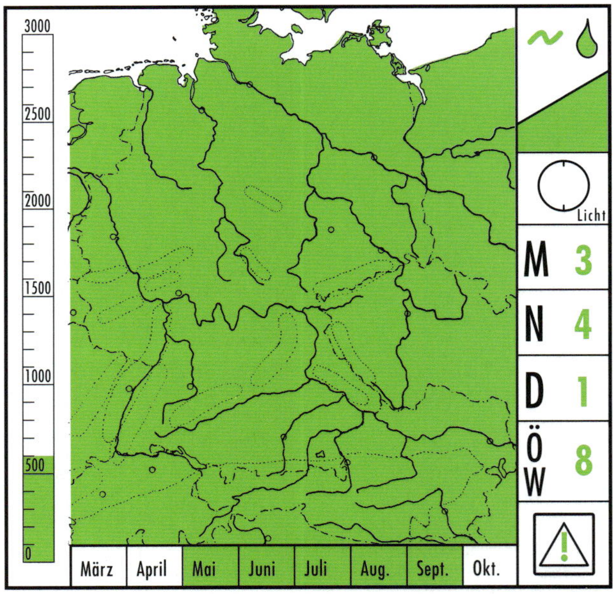

**Abb. 333:** Wiesenweiher mit Teichlinsen-Rasen beim Holzweiher bei Nantesbuch.

**Abb. 334:** Die Kleine Wasserlinse (*Lemna minor*).

**Abb. 335:** Detail eines Wasserlinsen-Rasens.

## 11.2 Ausdauernde Armleuchteralgen-Gesellschaften
*Charion fragilis* Krausch 1964

### 11.2.1 Initialgesellschaft der Rauhen Armleuchteralge
*Charetum asperae* Corillon 1957

**Verband:** *Charion fragilis* Krausch 1964, Ausdauernde Armleuchteralgen-Gesellschaften
**Ordnung:** *Charetalia hispidae* Sauer 1957 ex Krausch 1964, Hartwasser-Armleuchter-Gesellschaften
**Klasse:** *Charetea fragilis* Fukarek ex Krausch 1964, Armleuchteralgengesellschaften

**Kennzeichen**
Die Armleuchteralgengesellschaften dieses Verbandes besiedeln stets unter Wasser liegende, schlammige Böden in Ufernähe und bilden dichte, verzweigte Rasen. Sie sind in nährstoffarmen, kalk- und elektrolytreichen Gewässern zu finden, die niemals trocken fallen. Wasserschwankungen, mechanische Störungen und die Veränderung des Nährstoffangebotes führen zum Verschwinden der Unterwasserrasen. *Chara fragilis* zeigt die weiteste ökologische Amplitude und gedeiht auch noch in verschmutztem Wasser, ist daher heute auch weit verbreitet.

**Vorkommen und Höhenverbreitung**
In Seen um 1000 m erreichen die Rasen ihre Verbreitungsgrenze, sind ansonsten in den klaren Bergseen der Kalkalpen und in Norddeutschland zu finden.

**Artenliste**

| | |
|---|---|
| Chara aspera | Rauhe Armleuchteralge |
| Chara contraria | – |
| Chara fragilis | Zerbrechliche Armleuchteralge |
| Chara hispida | Steifhaarige Armleuchteralge |
| Chara strigosa | Borstige Armleuchteralge |
| Chara tomentosa | Filzige Armleuchteralge |
| Nitella opaca | – |

**Abb. 336:** Armleuchteralgen-Tümpel an einer Kalktuffquelle im Hinterautal, Karwendel.

## 11.3 Brackwassergesellschaften
## *Zannichellion pedicellatae* Schaminée et al. 1990 em. Pott 1992

### 11.3.1 Gesellschaft des Gemeinen Hornblatts
### *Ceratophyllum demersi* Hild 1956

**Verband:** *Zannichellion pedicellatae* Schaminée et al. 1990 em Pott 1992, Brackwassergesellschaften
**Ordnung:** *Potamogetonetalia pectinati* W. Koch 1926 ex Oberdorfer 1957, Wasserlinsengesellschaften
**Klasse:** *Potamogetonetea pectinati* R. Tx. et Prsg. 1942 ex Oberdorfer 1957, Laichkraut- und Schwimmpflanzengesellschaften

**Kennzeichen**
Die nicht gänzlich gesicherte Gesellschaft des Rauhen Hornblatts kommt in sehr langsam strömenden und nährstoffreichen Gewässern wie Tümpel, Fluß-Altarmen und sonstigen Kleingewässern vor. Mächtige Faulschlammablagerungen fördern das Vorkommen des Rauhen Hornblatts, das sich vegetativ durch Zerbrechen der Sprosse vermehrt und dadurch Gewässer rasch besiedelt. Das Gewässer kann verschmutzt sein, die maximale Wassertiefe beträgt etwa 1 m.

**Vorkommen und Höhenverbreitung**
Der Verbreitungsschwerpunkt liegt im Tiefland, seltener im Hügelland, auch in überdüngten Gewässern, in denen die Laichkraut- und Seerosengesellschaften nicht mehr überleben können.

**Artenliste**

| | |
|---|---|
| Callitriche palustris | Sumpf-Wasserstern |
| Ceratophyllum demersum | Rauhes Hornblatt |
| Lemna minor | Kleine Wasserlinse |
| Lemna trisulca | Dreifurchige Wasserlinse |
| Spirodela polyrhiza | Teichlinse |
| Vaucheria dichotoma | Grünalge |

**Abb. 337:** Gesellschaft des Gemeinen Hornblattes in einem Wiesenbach bei Völkermarkt.

## 11.4 Unterwasser-Laichkraut-Gesellschaften
*Potamogetonion pectinati* W. Koch 1926

**Ordnung:** *Potamogetonetalia pectinati* W. Koch 1926 ex Oberdorfer 1957, Wasserlinsengesellschaften
**Klasse:** *Potamogetonetea pectinati* R. Tx. et Prsg. 1942 ex Oberdorfer 1957, Laichkraut- und Schwimmpflanzengesellschaften

**Kennzeichen**
Laichkraut-Arten sind meist untergetauchte, am Bodengrund wurzelnde Pflanzen, die keine Schwimmblätter ausbilden und als submerse Pflanzen bezeichnet werden. Sie kommen anstelle der Seerosengesellschaften in Bereichen mit 4 – 7 m Wassertiefe vor und können bei bewegtem Wasser auch schon an seichten Stellen ausgebildet sein. Die artenarmen Gesellschaften, die sich durch verschiedene ökologische Ansprüche unterscheiden, werden meist von einer Laichkraut-Art beherrscht. Diese zeigen eine relativ konstante Bindung an den Gewässertyp und können daher als Indikatorpflanzen zur Beurteilung der Qualität natürlicher Gewässer verwendet werden.

**Vorkommen und Höhenverbreitung**
In ganz Mitteleuropa bis zur montanen Stufe, nur wenige Arten steigen ins Bergland.

**Gefährdung, Pflege, Naturschutz**
Anthropogene Störungen wie Wasserverschmutzung oder mechanische Beeinträchtigungen gefährden die Gesellschaften oder bewirken, daß diese über Pionierstadien nicht hinaus kommen. Schutz und Pflege hängen mit dem Zustand des Gewässers zusammen, wobei meist bei naturnahen Gewässern auf pflegende Maßnahmen verzichtet werden kann.

**Gesellschaften und ökologische Ansprüche**

### 11.4.1 Alpenlaichkrautgesellschaft
*Potamogetonetum alpinus* Koch 1928:

kaltes, klares, unverschmutztes, langsam fließendes Wasser; mit Alpen-Laichkraut, Faden-Laichkraut, Armleuchteralgen.

### 11.4.2 Gesellschaft des Glänzenden Laichkrautes
*Potamogetonetum lucentis* Hueck 1931:

mäßig nährstoffreiches bis nährstoffreiches tiefes und stehendes Gewässer; Durchwachsenes und Glänzendes Laichkraut, Wasserpest, Ähriges Tausendblatt.

### 11.4.3 Gesellschaft des Kammlaichkrautes
*Potamogeton pectinatus*-Gesellschaft.

### 11.4.4 Gesellschaft des Durchwachsenen Laichkrautes
*Potamogeton perfoliatus*-Gesellschaft:

in basen- und nährstoffreichen stehenden Gewässer über humosen Schlammböden; Kamm-Laichkraut, Durchwachsenes Laichkraut, Einfacher Igelkolben, Kleine Wasserlinse.

### 11.4.5 Graslaichkrautgesellschaft
*Potamogetonetum graminei* Passarge 1964:

in langsam strömendem mesotrophem Wasser und in größeren Seen: Gras-Laichkraut, Kleines Laichkraut, Kamm-Laichkraut, Schwimmendes Laichkraut.

**Artenliste**

| | |
|---|---|
| Chara hispida | Steifhaarige Armleuchteralge |
| Elodea canadensis | Kanadische Wasserpest |
| Lemna minor | Kleine Wasserlinse |
| Myriophyllum spictaum | Ähriges Tausendblatt |
| Potamogeton gramineus | Gras-Laichkraut |
| Potamogeton lucens | Glänzendes Laichkraut |
| Potamogeton natans | Schwimmendes Laichkraut |
| Potamogeton pectinatus | Kamm-Laichkraut |
| Potamogeton perfoliatus | Durchwachsenes Laichkraut |
| Potamogeton panormitanus | Zwerg-Laichkraut |
| Sparganium emersum | Einfacher Igelkolben |

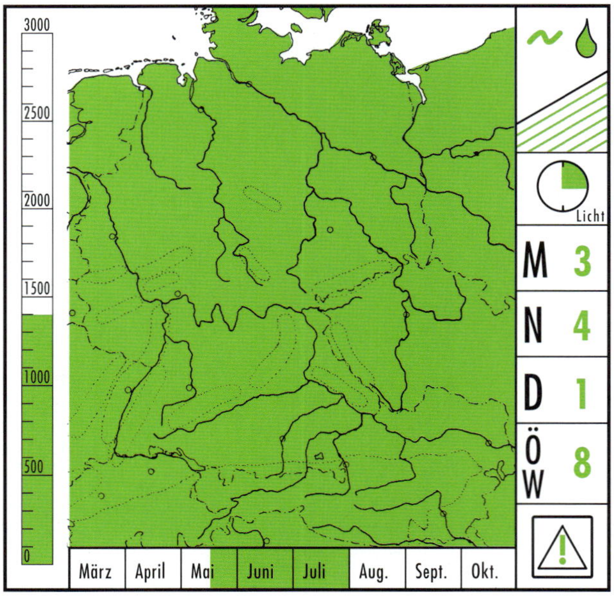

**Abb. 338:** Laichkrautgesellschaft mit dem Schwimmenden Laichkraut (*P. natans*) im Krapflhof-Weiher südlich von St. Paul.

**Abb. 339:** Gras-Laichkraut-Gesellschaft (mit *P. graminei*)

**Abb. 340:** Kamm-Laichkraut-Gesellschaft (mit *P. pectinatus*).

## 11.4.6 Gesellschaft der Kanadischen Wasserpest
*Elodeetum canadensis* PIGNATTI 1953

**Verband:** *Potamogetonion pectinati* W. KOCH 1926, Unterwasser-Laichkraut-Gesellschaften
**Ordnung:** *Potamogetonetalia pectinati* W. KOCH 1926 ex OBERDORFER 1957, Wasserlinsengesellschaften
**Klasse:** *Potamogetonetea pectinati* R. TX. et PRSG. 1942 ex OBERDORFER 1957, Laichkraut- und Schwimmpflanzengesellschaften

**Kennzeichen**
Die Kanadische Wasserpest wurde nach 1850 in Europa eingeschleppt und hat sich seither in unzähligen Teichen und flachen Tümpeln ausbreiten können. Zusammen mit dem Sumpf-Wasserstern bildet sie in stehenden oder langsam fließenden nährstoffreichen Gewässern und schwach strömenden Gräben über Schlamm oder Faulschlamm eine eigene Gesellschaft aus. Oft kommt sie als Pionier in geräumten Gräben und neu geschaffenen Stillgewässern vor. Die Kanadische Wasserpest bleibt wintergrün und kann sogar unter dem Eis assimilieren.

**Vorkommen und Höhenverbreitung**
In ganz Europa bis in die montane Stufe.

**Artenliste**

| | |
|---|---|
| Callitriche palustris | Sumpf-Wasserstern |
| Elodea canadensis | Kanadische Wasserpest |
| Potamogeton crispus | Krauses Laichkraut |

**Abb. 341:** Unterwasserrasen mit der Kanadischen Wasserpest und Laichkraut-Arten im Lendkanal in Klagenfurt.

## 11.5 Artenreiche Schwimmblatt-Gesellschaften
*Nymphaeion albae* OBERDORFER 1957

### 11.5.1 Tannenwedel-Gesellschaft
*Hippuridetum vulgaris* PASSARGE 1955

**Verband:** *Nymphaeion albae* OBERDORFER 1957, Artenreiche Schwimmblatt-Gesellschaften,
**Ordnung:** *Potamogetonetalia pectinati* W. KOCH 1926 ex OBERDORFER 1957, Wasserlinsengesellschaften
**Klasse:** *Potamogetonetea pectinati* R. TX. et PRSG. 1942 ex OBERDORFER 1957, Laichkraut- und Schwimmpflanzengesellschaften

**Kennzeichen**
In nährstoffarmen bis mäßig nährstoffreichen, kalkarmen, stehenden oder langsam fließenden Gewässern bildet der Tannenwedel Unterwasserrasen. Die Gesellschaft bildet Flut- und Schwimmformen aus und kann auch temporär trocken fallen. Der Tannenwedel, der dichte Bestände ausbildet, dominiert weitgehend. Die Unterwassertriebe bleiben oft wintergrün. Die von RÜBEL 1912 und PASSARGE 1955 beschriebene Gesellschaft wird auch den Artenarmen Groß-Röhrichten *Phragmition* W. KOCH 1926 zugerechnet.

**Vorkommen und Höhenverbreitung**
Planare bis kolline Stufe Mitteleuropas, besonders im Niederrheingebiet, in den Donauzuflüssen des Alpenvorlandes (Iller, Lech, Isar, Salzach, Inn), am Alpennordrand (NSG Schwemm, NSG Vilsalpsee), in Nordwest- und Ostdeutschland.

**Artenliste**

| | |
|---|---|
| Hippurus vulgaris | Tannenwedel |
| Equisetum fluviatile | Teich-Schachtelhalm |
| Eleocharis palustris | Gewöhnliche Sumpfbinse |
| Glyceria fluitans | Flutender Schwaden |
| Phragmites communis | Schilf |

**Abb. 342:** Trockengefallener Tannenwedel-Rasen am Rande der Schwemm, Österreichs größtem geschlossenem Moorgebiet.

**Abb. 343:** Tannenwedel (*Hippurus vulgaris*) unter Wasser.

## 11.5.2 Seerosen-Gesellschaft
### *Myriophyllo-Nupharetum luteae* W. Koch 1926

**Verband:** *Nymphaeion albae* Oberdorfer 1957, Artenreiche Schwimmblatt-Gesellschaften
**Ordnung:** *Potamogetonetalia pectinati* W. Koch 1926 ex Oberdorfer 1957, Wasserlinsengesellschaften
**Klasse:** *Potamogetonetea pectinati* R. Tx. et Prsg. 1942 ex Oberdorfer 1957, Laichkraut- und Schwimmpflanzengesellschaften

**Kennzeichen**
Die bekannteste und attraktivste Schwimmblattgesellschaft wird von der Weißen Seerose gebildet und ist in Stillwasserbuchten, größeren Seen, Altarmen, Tümpeln und Teichen zu finden. Das Wasser ist meist nährstoffreich, die Wassertiefe kann zwischen 50 und 300 cm schwanken. Stärkere Besonnung, windgeschützte Lagen und wenig mechanische Störungen sind für die Gesellschaft von Vorteil. Die Seerosen wurzeln stets am schlammreichen Bodengrund fest und fördern die Verlandung des Gewässers. Sie lösen die Laichkrautgesellschaften in Richtung Ufer ab.

**Vorkommen und Höhenverbreitung**
Gesamtes Mitteleuropa in der planaren bis montanen Stufe, fehlt in weiten Teilen des Berglandes. Gelbe Teichrose und Weiße Seerose kommen in manchen Teilen Mitteleuropas nicht zusammen vor, so in Vorarlberg, Sachsen und Brandenburg.

**Ökologie**
Der Grad der Eutrophierung des Gewässers entscheidet darüber, welche Arten zu den dominanten Seerosen und Teichrosen begleitend vorkommen. Bei mäßigem Nährstoffreichtum ist der Wasserknöterich vorhanden, bei nährstoffärmerem Wasser ist das Quirlblütige Tausendblatt häufig. Das Rauhe Hornblatt zeigt extreme Nährstoffanreicherung an.

**Gefährdung, Pflege, Naturschutz**
Schwimmblattbereiche sind als Brutplatz für Fische sowie als Nahrungsbiotop für Wasser- und Watvögel von größter Bedeutung. Durch Gewässerverschmutzung, Grundwasserabsenkung, Kiesabbau und auch erheblich durch Erholungsbetrieb gefährdet; durch randliche Pufferzonen kann der Nährstoffhaushalt reguliert werden; Bestände sind unbedingt zu erhalten.

**Ähnliche Gesellschaften**
**Moor-Seerosen-Gesellschaft,** *Nymphaeetum albo-minoris* Vollm. 1947; in tiefem nährstoffarmem Wasser, im Alpenvorland in sehr kalkreichen, klaren Seen, meist im Schutz von Röhrichten vom Tiefland bis in die Alpentäler; mit Weißer Seerose (kleine Form) und Schwimmendem Laichkraut;
**Gesellschaft der Kleinen Teichrose,** *Nupharetum pumilae* Oberd. ex Th. Müller et Görs 1960; subarktische, artenarme Reliktgesellschaft in sauren Moorgewässern Süddeutschlands und Westösterreichs, Kärnten.

**Artenliste**

| | |
|---|---|
| Ceratophyllum demersum | Rauhes Hornblatt |
| Equisetum fluviatile | Teich-Schachtelhalm |
| Myriophyllum verticillatum | Quirlblütiges Tausendblatt |
| Nuphar lutea | Gelbe Teichrose |
| Nymphaea alba | Weiße Seerose |
| Polygonum amphibium | Wasser-Knöterich |
| Potamogeton natans | Schwimmendes Laichkraut |

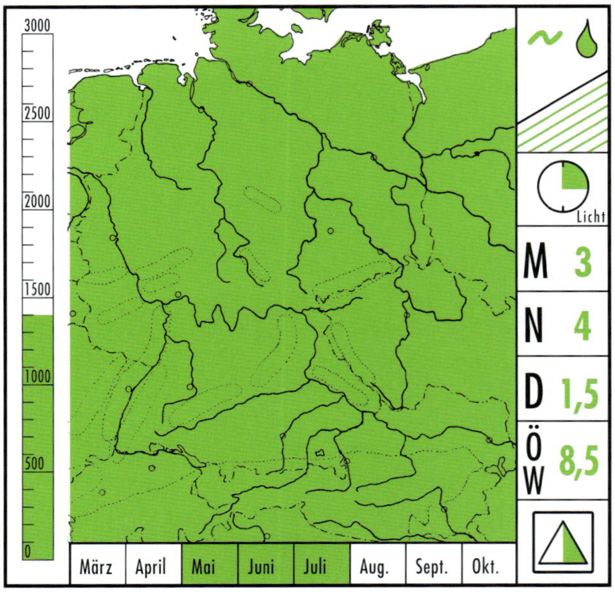

**Abb. 344:** Seerosenweiher, der im Zuwachsen begriffen ist, im Seitseminen-NP in Südfinnland.

**Abb. 345:** Gelbe Teichrose (*Nuphar lutea*).

**Abb. 346:** Weiße Seerose (*Nymphaea alba*)

**Abb. 347:** Seerosen in einem Altarm an der Loisach, Bad Heilbrunn.

## 11.5.3 Wasser-Knöterich-Gesellschaft
*Polygonum amphibium*-Gesellschaft

**Verband:** *Nymphaeion albae* OBERDORFER 1957, Artenreiche Schwimmblatt-Gesellschaften
**Ordnung:** *Potamogetonetalia pectinati* W. KOCH 1926 ex OBERDORFER 1957, Wasserlinsengesellschaften
**Klasse:** *Potamogetonetea pectinati* R. TX. et PRSG. 1942 ex OBERDORFER 1957, Laichkraut- und Schwimmpflanzengesellschaften

**Kennzeichen**
In eutrophierten, seichten Gewässern, in der Nähe von Viehtränken, in Fischteichen und Löschteichen kommen Herden des Wasser-Knöterich vor. Die an der Wasseroberfläche aufschwimmenden Blätter des Knöterich bilden bei ungestörtem Ausbreiten eine geschlossene Decke und fallen durch die roten Blütenstände auf. Der Wasserknöterich erträgt große Wasserschwankungen und kann als Indikator für Phosphorüberschuß angesehen werden.

**Artenliste**

| | |
|---|---|
| Polygonum amphibium | Wasser-Knöterich |
| Potamogeton natans | Schwimmendes Laichkraut |

## 11.6 Vegetationseinheiten von kalkreich-eutrophen Fließgewässern
*Ranunculion fluitantis* NEUHÄUSL 1959

### 11.6.1 Fluthahnenfuß-Gesellschaft
*Ranunculetum fluitantis* ALLORGE 1922

**Verband:** *Ranunculion fluitantis* NEUHÄUSL 1959, Vegetationseinheiten von kalkreich-eutrophen Fließgewässern
**Ordnung:** *Potamogetonetalia pectinati* W. KOCH 1926 ex OBERDORFER 1957, Wasserlinsengesellschaften
**Klasse:** *Potamogetonetea pectinati* R. TX. et PRSG. 1942 ex OBERDORFER 1957, Laichkraut- und Schwimmpflanzengesellschaften

**Kennzeichen**
Der Flutende Hahnenfuß ist an mehr oder weniger schnell fließende Gewässer wie Wiesenbäche, kleinere Flüsse oder Seitenarme von größeren Flüssen angepaßt. Die Gewässer können kalkarm oder kalkreich sein, verfügen jedoch über ein gutes Nährstoffangebot. Klares, im Sommer warmes Wasser mit einer durchschnittlichen Tiefe von 45 cm ist die Voraussetzung für das Aufkommen dieser Gesellschaft, die neben dem dominanten Hahnenfuß von wenigen Moosen und Wasserpflanzen aufgebaut wird. Der Flutende Hahnenfuß selbst bildet dicht ineinander verschlungene und auf dem Wasser aufschwimmende Blütenpolster. Die Gesellschaft reagiert empfindlich auf Abwassereinleitungen.

**Artenliste**

| | |
|---|---|
| Fontinalis antipyretica | Brunnenmoos |
| Potamogeton nodosus | Flutendes Laichkraut |
| Ranunculus fluitans | Flutender Hahnenfuß |

### 11.6.2 Gesellschaft des Nußfrüchtigen Wassersterns
*Callitrichetum obtusangulae* SEIBERT 1962

**Verband:** *Ranunculion fluitantis* NEUHÄUSL 1959, Vegetationseinheiten von kalkreich-eutrophen Fließgewässern
**Ordnung:** *Potamogetonetalia pectinati* W. KOCH 1926 ex OBERDORFER 1957, Wasserlinsengesellschaften
**Klasse:** *Potamogetonetea pectinati* R. TX. et PRSG. 1942 ex OBERDORFER 1957, Laichkraut- und Schwimmpflanzengesellschaften

**Kennzeichen**
Der Nußfrüchtige Wasserstern kommt in nährstoffreichen langsam strömenden Fließgewässern und durchströmten Tümpeln vor. Die Gesellschaft ist extrem artenarm und zeigt hohe Gewässerbelastungen an. In den Donauauen bei Stockerei kommen innerhalb der Gesellschaft auch Ähriges und Quirlblättriges Tausenblatt sowie Laichkraut-Arten vor (SCHRATT 1993).

**Artenliste**

| | |
|---|---|
| Berula erecta | Aufrechter Merk |
| Callitriche obtusangula | Nußfrüchtiger Wasserstern |
| Ranunculus fluitans | Flutender Hahnenfuß |

**Abb. 348:** Wasser-Knöterich-Rasen im Wildmooser Moor bei Seefeld.

**Vorkommen und Höhenverbreitung**
In ganz Mitteleuropa zerstreut von der planaren bis zur hochmontanen Stufe.

**Abb. 349:** Fluthahnenfuß-Gesellschaft an der Glan im Ebental, Kärnten.

**Vorkommen und Höhenverbreitung**
Gesamtes Mitteleuropa auf Auenkies, Lehm und Schotter, bis zur unteren montanen Stufe.

**Abb. 350:** Teich mit Nußfrüchtigem Wasserstern in einem Tümpel auf der Pletzachalm, NSG Falzthurn-Gerntal, Karwendel.

**Vorkommen und Höhenverbreitung**
Von der kollinen bis zur hochmontanen Stufe in Süddeutschland, nördlichem Mittelgebirgsraum, Alpennordrand; Donauauen.

## 11.7 Zwergwasserschlauch-Gesellschaften
*Scorpico-Utricularion minoris* PIETSCH 1965

### 11.7.1 Wasserschlauch-Schlenken-Gesellschaft
*Utricularietum minori-intermediae* PIETSCH 1965

**Verband:** *Scorpido-Utricularion minoris* PIETSCH 1965, Zwergwasserschlauch-Gesellschaften
**Ordnung:** *Utricularietalia intermedio-minoris* PIETSCH 1965, Wasserschlauch-Moortümpel-Gesellschaften
**Klasse:** *Utricularietea intermedio-medioris* DEN HERTOG et SEGAL 1964 em. PIETSCH 1965, Zwergwasserschlauch-Gesellschaften

**Kennzeichen**
Die Gesellschaft bevölkert nährstoffarme stark kalkhaltige Schlenken und Kolke von Moorgewässern, die nur durch Regenwasser gespeist werden. Zur Blütezeit im Sommer ziert ein gelber Blütensaum des Wasserschlauches die Wasseroberfläche dieser Moortümpel. Die artenarme Gesellschaft enthält zwischen 3 – 7 Begleitarten, hauptsächlich Moose. In der leicht im Moos wurzelnden Krautschicht können Pfeifengras und Sumpf-Dreizack enthalten sein. Der Wasserschlauch ist eine eigenartige Pflanze, die unter Wasser schwebt und mit Fangblasen Wasserflöhe einfängt, um daraus den notwendigen Stickstoff zu gewinnen. Nur zur Blütezeit tauchen die wurzellosen Pflanzen auf. Auch Flachwasserbereiche von Altarmen und Moorgewässern können vom Wasserschlauch besiedelt werden, solange das Wasser nährstoffarm ist.

**Vorkommen und Höhenverbreitung**
In den Moorgebieten Mitteleuropas, vor allem in Norddeutschland, (Emsland, Weser-Elbe-Raum); in Österreich vereinzelt, nördliche Kalkalpen.

**Artenliste**

| | |
|---|---|
| Chara sp. | Armleuchteralgen |
| Menyanthes trifoliata | Fieberklee |
| Scorpidium scorpioides | Skorpionsmoos |
| Sphagnum sp. | Torfmoos |
| Triglochin palustre | Sumpf-Dreizack |
| Utricularia intermedia | Mittlerer Wasserschlauch |
| Utricularia minor | Kleiner Wasserschlauch |

**Abb. 351:** Wasserschlauch-Schlenke in einem Hochmoor am Cap Breton in Nova Scotia, Ostkanada.

## 11.8 Strandlings-Gesellschaften auf Quarzsanduntergrund
*Littorellion uniflorae* W. KOCH 1926

### 11.8.1 Wasserlobelien-Gesellschaft
*Isoeto-Lobelietum* R. TX. 1937

**Verband:** *Littorellion uniflorae* W. KOCH 1926, Strandlings-Gesellschaften auf Quarzsanduntergrund
**Ordnung:** *Littorelletalia uniflorae* W. KOCH 1926, Strandlings-Gesellschaften
**Klasse:** *Littorelletea uniflorae* BR.-BL. et R. TX. 1943 ex WESTHOFF, DIJK et PASCHIER 1946, Strandlings-Gesellschaften

**Kennzeichen**
An flachen Ufern mäßig nährstoffreicher und schwach saurer Seen kommen niedrigwüchsige, subaquatisch oder amphibisch lebende Gesellschaften des Litorals vor. Dazu gehört die Gesellschaft der atlantisch-borealen Wasserlobelie, die in glasklarem Wasser auf hellem, meist sterilem Sanduntergrund wächst. Diese Gesellschaft ist durch Gewässerverunreinigung akut vom Aussterben bedroht (POTT 1996).

**Vorkommen und Höhenverbreitung**
In der planaren und kollinen Stufe in Norddeutschland bis Mittelskandinavien (Geestseen bei Bremerhaven, NSG Heiliges Meer); disjunktes Vorkommen im Schwarzwald.

**Artenliste**

| | |
|---|---|
| Isoetes lacustre | See-Brachsenkraut |
| Littorella uniflora | Einblütiger Strandling |
| Lobelia dortmanna | Wasserlobelie |

**Abb. 352:** Wasserlobelie (*Lobelia dortmanna*) in einem Waldteich im Värmland in Südwestschweden.

# 12 Röhricht-Gesellschaften und Großseggenriede

## 12.1 Süßwasser-Röhrichte
*Phragmition australis* W. Koch 1926

### 12.1.1 Schilf-Röhricht
*Scirpo-Phragmitetum* W. Koch 1926

**Verband:** *Phragmition australis* W. Koch 1926, Süßwasser-Röhrichte
**Ordnung:** *Phragmitetalia* W. Koch 1926, Röhrichte und Großseggensümpfe
**Klasse:** *Phragmitetea australis* R. Tx. et Prsg. 1942 (= *Phragmiti-Magnocaricetea* Klika ap. Klika et Novák 1941), Schilfröhrichte, Brackwasser- und Süßwasserröhrichte, Großseggenriede

**Kennzeichen**
Röhrichtgesellschaften gehören von Natur aus zu den artenärmsten und werden häufig durch eine dominante Art beherrscht. Ufer von nährstoffreichen, langsam fließenden Gewässern und verlandenden Seen, Stillwasserbereichen, Altwässern, Gräben oder Flußmündungen werden von in Schlamm oder Torfmoosböden wurzelnden Schilfbeständen eingenommen. Steter Grundwasseranschluß oder stehendes Wasser mit einer Maximaltiefe von 120 cm sind für das Aufkommen notwendig. Das Schilf ist nicht selten als erste Gesellschaft an der Verlandung stehender Gewässer beteiligt und entwickelt sich landeinwärts zu Weiden-Faulbaum-Gebüschen. Schilf dient in Flachmooren als Grundwasserzeiger. Für die Gesellschaft des Schilf-Röhricht ist auch das Synonym *Phragmitetum vulgaris* Soó 1927 gebräuchlich.

**Vorkommen und Höhenverbreitung**
In ganz Europa bis in die montane Stufe; in Sümpfen, vernäßten Senken, staunassen Gräben, in Flachmooren, in Hochmooren mit Grundwasseranschluß, in Feuchtwäldern, an extensiven Wiesenrändern; im höheren Bergland nur mehr vereinzelt bis fehlend.

**Ökologie**
Das Schilf bildet eine fast monodominante Gesellschaft, das heißt, es kommt in massiven Einzelbeständen von Natur aus vor. In den kälteren Gegenden Mitteleuropas vermehrt es sich ausschließlich vegetativ, kann aber außer in kalkarmen Gebieten Wuchshöhen um 4 m erreichen. Die Gesellschaft bevorzugt mineralische, schlammbedeckte Böden sowie Torfböden. Schilf ist durch ein Luftgewebe ideal an diese amphibischen Standorte angepaßt. Da das üppige organische Material der Schilf-Rohre nicht gänzlich abgebaut werden kann, trägt die Gesellschaft wesentlich zur Verlandung und der Bildung humoser Naßböden bei. In Hoch- oder Zwischenmoorflächen zeigt das Vorhandensein von Schilf einen noch bestehenden Grundwasseranschluß an und läßt auf eine geringere Mächtigkeit des Moorkörpers schließen, als es in den ombrotrophen Mooren der Fall ist.

**Gefährdung, Pflege, Naturschutz**
Durch Trockenlegung, Verfüllung von Seen, Uferverbauungen und Röhrichtnutzung stark gefährdet; Ausbildung von Pufferzonen gegenüber intensiv genutzten und gedüngten Randzonen; Röhrichte sind wichtige Habitate für Röhrichtbrüter (Rohrsänger, Rohrdommel, Rohrammer etc.).

**Artenliste**

| | |
|---|---|
| Carex elata | Steife Segge |
| Equisetum fluviatile | Teich-Schachtelhalm |
| Galium palustre | Sumpf-Labkraut |
| Iris pseudacorus | Gelbe Schwertlilie |
| Phragmites australis | Schilf |
| Ranunculus lingua | Zungen-Hahnenfuß |
| Schoenoplectus lacustris | Seebinse |
| Sparganium erectum | Aufrechter Igelkolben |
| Typha angustifolia | Schmalblättriger Rohrkolben |
| Typha latifolia | Breitblättriger Rohrkolben |

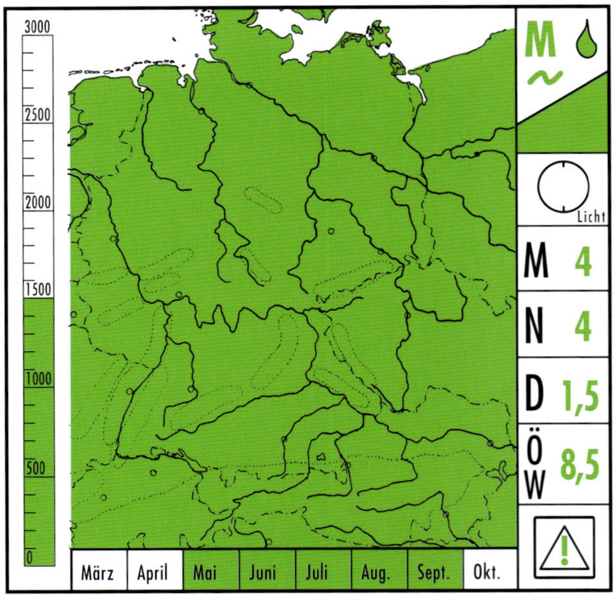

**Abb. 353:** Schilf-Röhricht auf Flachmoor mit Grundwasseranschluß in den Bernwiesen bei Pföderl.

**Abb. 354:** Deutsche Schwertlilie (*Iris germanica*), Moosalm, Barwies.

**Abb. 355:** Schilfröhricht am Riedener Weiher bei Bichl.

## 12.1.2 Rohrkolben-Röhricht
*Thyphetum latifoliae* Soó 1927

**Verband:** *Phragmition australis* W. Koch 1926, Süßwasser-Röhrichte
**Ordnung:** *Phragmitetalia* W. Koch 1926, Röhrichte und Großseggensümpfe
**Klasse:** *Phragmitetea australis* R. Tx. et Prsg. 1942 (= *Phragmiti-Magnocaricetea* Klika ap. Klika et Novák 1941), Schilfröhrichte, Brackwasser- und Süßwasserröhrichte, Großseggenriede

**Kennzeichen**
Der Breitblättrige Rohrkolben gilt in flachen Gewässern (0,2 – 0,5 m) als Pionier und breitet sich vor allem in leicht gestörten Schilf-Beständen aus. In der Kulturlandschaft findet man die Bestände sowohl in gestörten Gräben, Torfstichen oder mesotrophen Tümpeln und Teichen, aber auch an sekundären Standorten wie Badeteichen, Teichen von Kiesgruben oder Weihern in Parkanlagen. Der Rohrkolben breitet sich durch vegetative Vermehrung sehr rasch aus. Soó (1927) beschreibt eine eigene Gesellschaft mit dem Breitblättrigen Rohrkolben, während andere Autoren darin lediglich eine Variante des Schilf-Röhrichts sehen.

**Artenliste**

| | |
|---|---|
| Carex elata | Steife Segge |
| Equisetum fluviatile | Teich-Schachtelhalm |
| Galium palustre | Sumpf-Labkraut |
| Iris pseudacorus | Gelbe Schwertlilie |
| Phragmites australis | Schilf |
| Schoenoplectus lacustris | Seebinse |
| Typha angustifolia | Schmalblättriger Rohrkolben |
| Typha latifolia | Breitblättriger Rohrkolben |

## 12.1.3 Röhricht mit Gelber Schwertlilie
*Iris pseudacorus*-Gesellschaft

**Ordnung:** *Phragmitetalia* W. Koch 1926, Röhrichte und Großseggensümpfe
**Klasse:** *Phragmitetea australis* R. Tx. et Prsg. 1942 (= *Phragmiti-Magnocaricetea* Klika ap. Klika et Novák 1941), Schilfröhrichte, Brackwasser- und Süßwasserröhrichte, Großseggenriede

**Kennzeichen**
Die Gelbe Schwertlilie kommt in schattigen Abschnitten oder in lückigen Schwarzerlen-Auenwäldern oder Weiden-Faulbaum-Gebüschen zu einer auffälligen Dominanz. Sie bildet auch in wasserzügigen Gräben, die künstlich entstanden sind, kleinflächige Bestände. Nach Güttner (1990) weist die Gelbe Schwertlilie auf anthropogene Störungen des Gewässers oder des Röhricht hin.

**Artenliste**

| | |
|---|---|
| Alnus glutinosa | Schwarz-Erle |
| Frangula alnus | Faulbaum |
| Iris pseudacorus | Gelbe Schwertlilie |
| Lysimachia vulgaris | Gilbweiderich |
| Lythrum salicaria | Blut-Weiderich |
| Phragmites australis | Schilf |
| Schoenoplectus lacustris | Seebinse |
| Scirpus sylvaticus | Wald-Simse |

## 12.1.4 Sumpfbinsen-Röhricht
*Eleocharidetum palustris* Schennikow 1919

**Verband:** *Phragmition australis* W. Koch 1926, Süßwasser-Röhrichte
**Ordnung:** *Phragmitetalia* W. Koch 1926, Röhrichte und Großseggensümpfe
**Klasse:** *Phragmitetea australis* R. Tx. et Prsg. 1942 (= *Phragmiti-Magnocaricetea* Klika ap. Klika et Novák 1941), Schilfröhrichte, Brackwasser- und Süßwasserröhrichte, Großseggenriede

**Kennzeichen**
Die Initialgesellschaft der Schilf-Röhrichte *Phragmition* kommt vor allem in grundwassernahen oder lange überfluteten Senken über kalkhaltigem, nährstoffreichen Schlickboden zur Dominanz. Der Wasserstand kann bis zu 50 cm betragen. Sumpfbinsen-Röhrichte, die gegenüber Beschattung empfindlich sind, kommen auch sekundär in Baggerseen oder Badeteichen vor. Sie sind floristisch uneinheitlich und enthalten zahlreiche Röhricht-Arten

**Artenliste**

| | |
|---|---|
| Alisma plantago-aquatica | Gemeiner Froschlöffel |
| Eleocharis palustris | Sumpfbinse |
| Rorippa amphibia | Gewöhnliche Sumpfkresse |

**Abb. 356:** Rohrkolben-Röhricht in einem Altarm an der Loisach.

**Vorkommen und Höhenverbreitung**
In ganz Mitteleuropa bis in die montane Stufe; im höheren Bergland nur mehr vereinzelt bis fehlend.

**Abb. 357:** Röhricht mit Gelber Schwertlilie am Hornberg bei Höfen.

**Vorkommen und Höhenverbreitung**
In ganz Mitteleuropa bis in die montane Stufe; im höheren Bergland nur mehr vereinzelt bis fehlend.

**Abb. 358:** Sumpfbinsen-Röhricht mit Gemeinem Froschlöffel in einem Teich auf der Gnadenwalder Mittelgebirgsterrasse östlich von Innsbruck.

**Vorkommen und Höhenverbreitung**
In ganz Mitteleuropa von der planaren bis zur montanen Stufe.

## 12.1.5 Wasserschwaden-Röhricht
*Glycerietum maximae* HUECK 1931

**Verband:** *Phragmition australis* W. KOCH 1926, Süßwasser-Röhrichte
**Ordnung:** *Phragmitetalia* W. KOCH 1926, Röhrichte und Großseggensümpfe
**Klasse:** *Phragmitetea australis* R. TX. et PRSG. 1942 (= *Phragmiti-Magnocaricetea* KLIKA ap. KLIKA et NOVÁK 1941), Schilfröhrichte, Brackwasser- und Süßwasserröhrichte, Großseggenriede

**Kennzeichen**
Der Wasserschwaden-Röhricht löst den Schilfröhricht auf sehr nährstoffreichen Standorten mit starken Wasserschwankungen ab und erträgt sommerliche Hochwasserstände. Die breiten saftiggrünen Ufersäume dieses Röhrichts, in dem der Wasserschwaden oft als einzige Art dominiert, begleiten Flüsse, Altwässer, Gräben und Seen mit ruhig fließendem Wasser. Der Wasserschwaden gilt als konkurrenzstarke Pflanze, die im Frühjahr rasch keimt und durch Beschattung spätere Arten verdrängt. Der Röhricht breitet sich heute immer mehr aus und verträgt sowohl Mahd als auch Beweidung sehr gut.

**Vorkommen und Höhenverbreitung**
In ganz Mitteleuropa im Tiefland bis zur submontanen Stufe, in Österreich selten.

**Artenliste**

| | |
|---|---|
| Alisma plantago-aquatica | Gewöhnlicher Froschlöffel |
| Carex acuta | Schlanke Segge |
| Glyceria maxima | Wasserschwaden |
| Iris pseudacorus | Gelbe Schwertlilie |
| Mentha aquatica | Wasser-Minze |

**Abb. 359:** Wasserschwaden-Röhricht bei Wörnern südlich des Buchberges, Bad Heilbrunn.

## 12.1.6 Schlamm-Schachtelhalm-Gesellschaft
*Equisetetum fluviatilis* STEFFEN 1931

**Verband:** *Phragmition australis* W. KOCH 1926, Süßwasser-Röhrichte
**Ordnung:** *Phragmitetalia* W. KOCH 1926, Röhrichte und Großseggensümpfe
**Klasse:** *Phragmitetea australis* R. TX. et PRSG. 1942 (= *Phragmiti-Magnocaricetea* KLIKA ap. KLIKA et NOVÁK 1941), Schilfröhrichte, Brackwasser- und Süßwasserröhrichte, Großseggenriede

**Kennzeichen**
Die Schlamm-Schachtelhalm-Gesellschaft kommt in mesotrophen bis eutrophen Gewässern als Initialgesellschaft des Schilf-Röhrichtes (DIERSCHKE 1975) vor und kann die erste Gesellschaft im Verlandungsprozeß sein. Die Standorte können leicht beschattet sein, befinden sich aber stets über Schlammböden. Der Schlamm-Schachtelhalm bildet weitgehend Einart-Bestände.

**Vorkommen und Höhenverbreitung**
Von der planaren bis zur alpinen Stufe (bis 2400 m) in ganz Mitteleuropa.

**Artenliste**

| | |
|---|---|
| Carex rostrata | Schnabel-Segge |
| Equisetum fluviatile | Sumpf-Schachtelhalm |
| Zannichella palustris | Sumpf-Teichfaden |

**Abb. 360:** Schlamm-Schachtelhalm-Saum in der Verlandungszone des Vilsalpsees, Tannheimer Tal.

## 12.2 Niedrigwüchsige Röhrichte
*Glycerio-Sparganion* Br.-Bl. et Sissingh 1942

### 12.2.1 Flutschwaden-Röhricht
*Sparganio-Glycerietum fluitantis* Br.-Bl. 1925

**Verband:** *Glycerio-Sparganion* Br.-Bl. et Sissingh 1942, Niedrigwüchsige Röhrichte
**Ordnung:** *Nasturtio-Glycerietalia* Pignatti 1953, Mittelhohe Bach- und Flußröhricht-Gesellschaften
**Klasse:** *Phragmitetea australis* R. Tx. et Prsg. 1942 (= *Phragmiti-Magnocaricetea* Klika ap. Klika et Novák 1941), Schilfröhrichte, Brackwasser- und Süßwasserröhrichte, Großseggenriede

**Kennzeichen**
Der Flutschwaden-Röhricht aus dem Verband der niedrigwüchsigen Röhrichte (auch Bachröhrichte), bildet im Bereich der Mittelwasserzone kleinerer Bäche auf sandig-kiesigem Kalkschotter amphibische Rasen aus, die insbesondere durch den Flutenden Schwaden selbst und durch den Vernachlässigten Igelkolben beherrscht werden. Der niedrigwüchsige Flutschwaden-Röhricht bevorzugt nährstoffreiches karbonathaltiges Wasser und kann in Wassertiefen zwischen 20 – 30 cm vorkommen, durch Absinken des Wasserspiegels aber auch auf trocken gefallenen Stellen an Land. Die Gesellschaft verringert die Fließgeschwindigkeit und trägt somit zur Verlandung bei.

**Vorkommen und Höhenverbreitung**
In ganz Mitteleuropa vom Flachland bis in die montane Stufe.

**Artenliste**

| | |
|---|---|
| Epilobium parviflorum | Bach-Weidenröschen |
| Glyceria fluitans | Flutender Schwaden |
| Mentha aquatica | Wasser-Minze |
| Myosotis palustris | Sumpf-Vergißmeinnicht |
| Ranunculus repens | Kriechender Hahnenfuß |
| Sparganium erectum | Aufrechter Igelkolben |
| Veronica beccabunga | Bachbunge |

**Abb. 361:** Flutschwaden-Rasen im Möserer Bach bei Seefeld.

## 12.2.2 Brunnenkressenflur
*Nasturtietum officinalis* SEIBERT 1962

**Verband:** *Glycerio-Sparganion* BR.-BL. et SISSINGH 1942, Niedrigwüchsige Röhrichte
**Ordnung:** *Nasturtio-Glycerietalia* PIGNATTI 1953, Mittelhohe Bach- und Flußröhricht-Gesellschaften
**Klasse:** *Phragmitetea australis* R. TX. et PRSG. 1942 (= *Phragmiti-Magnocaricetea* KLIKA ap. KLIKA et NOVÁK 1941), Schilfröhrichte, Brackwasser- und Süßwasserröhrichte, Großseggenriede

### Kennzeichen
Diese niederwüchsige bachbegleitende Röhrichtflur wird von der Echten Brunnenkresse gekennzeichnet, die zur Blütezeit im Frühsommer durch die weiß blühenden Polster am Rande der Gewässer auffällt. Die Gesellschaft bevorzugt quell- und staunasse Uferbereiche an schnell fließendem, sauberen, klarem und kalkhaltigem Wasser und kann bis etwa 20 cm unter die Mittelwasserlinie vorkommen. Besonders nährstoffarme Quellbereiche, Gräben, Wiesen- und Gebirgsbäche werden besiedelt. Die Echte Brunnenkresse ist wintergrün.

### Vorkommen und Höhenverbreitung
Die Echte Brunnenkresse ist zwar in ganz Mitteleuropa vom Tiefland bis in die subalpine Stufe häufig anzutreffen, sie verschwindet jedoch heute durch Verbauungen, Entwässerungen und Eutrophierung immer mehr.

### Artenliste

| | |
|---|---|
| Cardamine amara | Bitteres Schaumkraut |
| Mentha aquatica | Wasser-Minze |
| Nasturtium officinale | Echte Brunnenkresse |
| Sium erectum | Aufrechter Merk |
| Veronica anagallis-aquatica | Gauchheil-Ehrenpreis |
| Veronica beccabunga | Bachbunge |
| Veronica catenata | Bleicher Gauchheil-Ehrenpreis |

**Abb. 362:** Brunnenkresseflur in einem kleinen Seitenbach an der Glan bei Ebental, Kärnten.

## 12.3 Großseggenriede
*Magnocaricion elatae* Koch 1926

**Ordnung:** *Phragmitetalia* W. Koch 1926, Röhrichte und Großseggensümpfe
**Klasse:** *Phragmitetea australis* R. Tx. et Prsg. 1942 (= *Phragmiti-Magnocaricetea* Klika ap. Klika et Novák 1941), Schilfröhrichte, Brackwasser- und Süßwasserröhrichte, Großseggenriede

**Kennzeichen**
Der Verband umfaßt Großseggen-Flachmoore und hochwüchsige, an Süßwasser gebundene Verlandungsgesellschaften, die andauernden hohen Wasserstand benötigen, aber insgesamt auf trockeneren Standorten vorkommen als die Röhrichtgesellschaften. Mäßig nährstoffhaltiges bis nährstoffreiches Wasser wird bevorzugt. Die Gesellschaften unterscheiden sich hauptsächlich durch das am Standort herrschende Wasserregime, wobei die Höhe und die Dauer des Hochwassers, der Wasserstand während der Trockenperiode, der Sauerstoffgehalt und die chemischen Bodenreaktionen entscheidend sind. Meist herrscht eine Seggen-Art bestandsbildend vor, obwohl die Anzahl der Begleitarten größer ist als bei den Röhrichtgesellschaften. Die Trennung der einzelnen Assoziationen gestaltet sich durch Überlappungen oft schwierig.

**Vorkommen und Höhenverbreitung**
In ganz Mitteleuropa bis in die hochmontane Stufe; typische Standorte sind Entwässerungsgräben, Stillwasserbuchten von Seen und Teichen, verlandete Altgewässer von Flüssen, selten von Quellwasser beeinflußte Gebiete. In im Winter überschwemmten Senken und Gräben der Auen stellen sie Ersatzgesellschaften der Grauerlenwälder dar.

**Ökologie**
Das Vorkommen der einzelnen Gesellschaften hängt auch von den Wasserschwankungen ab. Die größten Unterschiede erträgt der Steifseggen-Sumpf. Alle Großseggenrieder tragen zur Verlandung der Uferbereiche bei, da die abgestorbenen Sauergräser auf den Bodengrund sinken und diesen stetig aufhöhen. Dazwischen lagern sich Tonteilchen an und festigen die organische Substanz. Manche Gesellschaften bilden einzelne säulenförmige Horste aus, um sich ein eigenes Mikroklima zuschaffen. So kann zum Beispiel der Steifseggen-Sumpf durch einen wassergesättigten Wurzelraum Trockenperioden überdauern. Die Gesellschaften zeigen eine relativ hohe Produktivität, manche wurden früher zur Streugewinnung genutzt.

**Gefährdung, Pflege, Naturschutz**
Bei fortschreitender Entwässerung werden die Großseggenbestände zunehmend von Arten der Wirtschaftswiesen durchsetzt, bis sie als Feuchtstandort verschwunden sind. Fast alle Gesellschaften sind durch die großflächigen Entwässerungen und Gewässeregulierungen gefährdet und gelten meist als geschützte Lebensgemeinschaften. Zunehmender Nährstoffeintrag kann durch Ausbilden von Pufferzonen herabgesetzt bzw. verhindert werden.

**Die Pflanzengesellschaften**

**12.3.1** Steife Seggen-Ried
*Caricetum elatae* Koch 1926

**12.3.2** Rispen-Seggen-Sumpf
*Caricetum paniculatae* Wangerin ex von Rochow 1951

**12.3.3** Schnabel-Seggen-Ried
*Caricetum rostratae* Rübel 1912

**12.3.4** Schlanke Seggen-Ried
*Caricetum gracilis* Almquist 1929

**12.3.5** Ufer-Seggen-Ried
*Caricetum ripariae* Soó 1928

**12.3.6** Fieberklee-Gesellschaft
*Carici rostratae-Menyanthetum* Soó 1955

**12.3.7** Sumpfkalla-Schwingrasen
*Calletum palustris* Vanden Berghen 1952

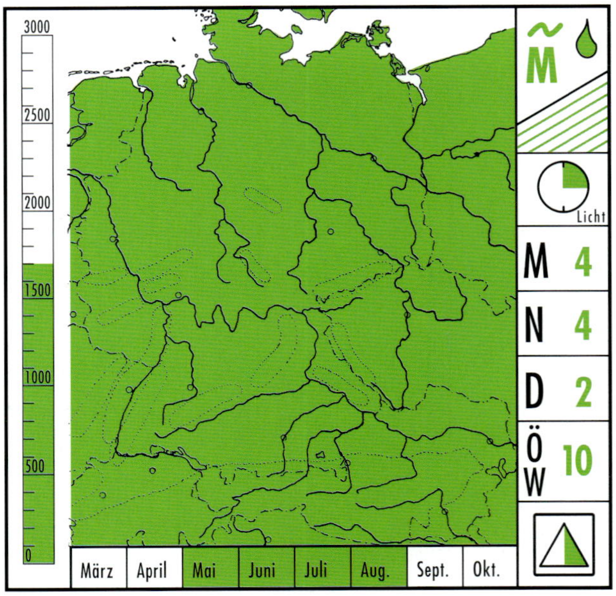

**Abb. 363:** Schnabel-Seggen-Ried mit Zungenhahnenfuß (*Ranunculus lingua*) im Hörfeld-Moor, Kärnten.

**Abb. 364:** Schnabelsegge (*Carex rostrata*).

**Abb. 365:** Schlanke-Segge (*Carex gracilis*).

## 12.3.1 Steife Seggen-Ried
*Caricetum elatae* KOCH 1926

**Verband:** *Magnocaricion elatae* KOCH 1926, Großseggenriede
**Ordnung:** *Phragmitetalia* W. KOCH 1926, Röhrichte und Großseggensümpfe
**Klasse:** *Phragmitetea australis* R. TX. et PRSG. 1942 (= *Phragmiti-Magnocaricetea* KLIKA ap. KLIKA et NOVÁK 1941), Schilfröhrichte, Brackwasser- und Süßwasserröhrichte, Großseggenriede

**Kennzeichen**
Die Steife Segge, die charakteristische säulenförmige Horste ausbildet, beherrscht diese Verlandungsgesellschaft, die meist auf Torfschichten über humusreichen Sandböden vorkommt. Sie kann die Erstverlandung übernehmen oder landeinwärts auf Röhrichtgesellschaften folgen. Wasserschwankungen werden von der Steifen Segge am besten von allen Gesellschaften ertragen, der Wurzelfilz an den Rasenkegeln zeigt deutlich die Schwankungsbreite des Wasserspiegels an. Die einzelnen Steife Seggen-Bulte stehen zuerst weit von einander entfernt und rükken im Laufe der Entwicklung der Gesellschaft immer näher zusammen. BRAUN-BLANQUET hält die wärmeliebende Gesellschaft für ein eiszeitliches Relikt.

**Artenliste**

| | |
|---|---|
| Carex elata | Steife Segge |
| Galium palustre | Sumpf-Labkraut |
| Lysimachia vulgaris | Gewöhnlicher Gilbweiderich |
| Lythrum salicaria | Blut-Weiderich |
| Mentha aquatica | Wasser-Minze |
| Phragmites australis | Schilf |

## 12.3.2 Rispen-Seggen-Sumpf
*Caricetum paniculatae* WANGERIN ex VON ROCHOW 1951

**Verband:** *Magnocaricion elatae* KOCH 1926, Großseggenriede
**Ordnung:** *Phragmitetalia* W. KOCH 1926, Röhrichte und Großseggensümpfe
**Klasse:** *Phragmitetea australis* R. TX. et PRSG. 1942 (= *Phragmiti-Magnocaricetea* KLIKA ap. KLIKA et NOVÁK 1941), Schilfröhrichte, Brackwasser- und Süßwasserröhrichte, Großseggenriede

**Kennzeichen**
Die Rispen-Segge bildet in stehendem oder sehr langsam fließendem Wasser über Schlamm oder Flachmoortorf dichte, bultartige Bestände aus. Die Gesellschaft benötigt nährstoffreiches Wasser von Seen, Teichen und Gräben und besiedelt bevorzugt quellige Orte und wasserzügige Senken, an denen sowohl die Nährstoffversorgung als auch die Sauerstoffzufuhr gesichert sind, andererseits minimale Temperaturschwankungen auftreten. Gegenüber der Steifsegge bevorzugt die Rispen-Segge schattigere Standorte, die stets wasserzügig sein müssen. Der Rispen-Seggen-Sumpf gilt als Ersatzgesellschaft für Erlenbruchwälder. Der Rispen-Segge sehr ähnlich ist die Wunder-Segge (*Carex appropinquata*), die im Tiefland in mesotrophen Zwischenmooren zu finden ist.

**Artenliste**

| | |
|---|---|
| Caltha palustris | Sumpfdotterblume |
| Carex acutiformis | Sumpf-Segge |
| Carex paniculata | Rispen-Segge |
| Equisetum palustre | Sumpf-Schachtelhalm |
| Galium palustre | Sumpf-Labkraut |
| Lysimachia vulgaris | Gewöhnlicher Gilbweiderich |
| Phragmites australis | Schilf |

## 12.3.3 Schnabel-Seggen-Ried
*Caricetum rostratae* RÜBEL 1912

**Verband:** *Magnocaricion elatae* KOCH 1926, Großseggenriede
**Ordnung:** *Phragmitetalia* W. KOCH 1926, Röhrichte und Großseggensümpfe
**Klasse:** *Phragmitetea australis* R. TX. et PRSG. 1942 (= *Phragmiti-Magnocaricetea* KLIKA ap. KLIKA et NOVÁK 1941), Schilfröhrichte, Brackwasser- und Süßwasserröhrichte, Großseggenriede

**Kennzeichen**
Das Schnabel-Seggen-Ried bildet vor allem in Flachmooren, Moorschlenken, im Verlandungsbereich von Stillwässern und an flachen Ufern pionierhafte Verlandungsgesellschaften aus. Es bevorzugt nicht zu nährstoffreiches Wasser, ist aber gegenüber Eutrophierung tolerant und daher heute weit verbreitet. Die Standorte der artenarmen Gesellschaft sind anmoorige und mäßig saure Böden, die fast das ganze Jahr unter Wasser stehen und nur im Sommer trockenfallen können. Nach Entwässerungen kann die Blasen-Segge noch längere Zeit bestehen bleiben. Das Schabel-Seggenried stellt die nährstoffärmste Gesellschaften aller Großseggenrieder dar.

**Artenliste**

| | |
|---|---|
| Carex echinata | Stern-Segge |
| Carex fusca | Braune Segge |
| Carex rostrata | Schnabel-Segge |
| Comarum palustre | Blutauge |
| Equisetum fluviatile | Teich-Schachtelhalm |
| Menyanthes trifoliata | Fieberklee |
| Molinia caerulea | Pfeifengras |
| Potentilla erecta | Blutwurz |

**Abb. 366:** Steife Seggen-Ried an einem kalkoligotrophen Teichufer, Kleiner Karpfsee.

**Vorkommen und Höhenverbreitung**
An Seen, Teichen, in Stillwasserbereichen, zerstreut im norddeutschen Tiefland, seltener im Hügelland und in Süddeutschland, in Österreich im Alpenvorland, Donauauen, Steiermark, Kärnten; Schweiz ab 800 m Seehöhe.

**Abb. 367:** Rispen-Seggen-Sumpf in den Moorwiesen des Ehrwalder Beckens.

**Vorkommen und Höhenverbreitung**
In ganz Mitteleuropa von der kollinen bis zur montanen Stufe, dort am häufigsten vorkommend.

**Abb. 368:** Schnabel-Seggen-Ried an der Leutascher Ache in Unterleutasch.

**Vorkommen und Höhenverbreitung**
In ganz Mitteleuropa verbreitet, von der kollinen bis in die obere montane Stufe, am häuigsten in der montanen Stufe.

## 12.3.4 Schlanke Seggen-Ried
*Caricetum gracilis* ALMQUIST 1929

**Verband:** *Magnocaricion elatae* KOCH 1926, Großseggenriede
**Ordnung:** *Phragmitetalia* W. KOCH 1926, Röhrichte und Großseggensümpfe
**Klasse:** *Phragmitetea australis* R. TX. et PRSG. 1942 (= *Phragmiti-Magnocaricetea* KLIKA ap. KLIKA et NOVÁK 1941), Schilfröhrichte, Brackwasser- und Süßwasserröhrichte, Großseggenriede

**Kennzeichen**
Das Schlanke Seggen-Ried bevorzugt Senken, Uferbereiche und flache Buchten von nährstoffreichen Seen, Teichen und Tümpeln, aber auch Feuchtstandorte innerhalb von Auwäldern, wo es dichte, flächige und rasenartige Bestände entwickelt. Die Schlanke Segge bildet jedoch keine Bulte aus und kann bis 150 cm hoch werden. Sie ist auf sauerstoffarmen Torf- und Moorböden anderen Seggenriedern überlegen und kann auch nach Entwässerung solcher Standorte noch lange überdauern. Gegenüber Wasserschwankungen, Trockenphasen und längeren Überflutungen reagiert die Gesellschaft jedoch empfindlich und wird durch die Blasen-Segge ersetzt. Die Gesellschaft bezeichnet die Mittelwasserlinie.

**Artenliste**

| | |
|---|---|
| Caltha palustris | Sumpfdotterblume |
| Carex acuta | Schlanke Segge |
| Equisetum fluviatile | Teich-Schachtelhalm |
| Galium palustre | Sumpf-Labkraut |
| Lythrum salicaria | Blut-Weiderich |
| Ranunculus flammula | Brennender Hahnenfuß |

## 12.3.5 Ufer-Seggen-Ried
*Caricetum ripariae* SOÓ 1928

**Verband:** *Magnocaricion elatae* KOCH 1926, Großseggenriede
**Ordnung:** *Phragmitetalia* W. KOCH 1926, Röhrichte und Großseggensümpfe
**Klasse:** *Phragmitetea australis* R. TX. et PRSG. 1942 (= *Phragmiti-Magnocaricetea* KLIKA ap. KLIKA et NOVÁK 1941), Schilfröhrichte, Brackwasser- und Süßwasserröhrichte, Großseggenriede

**Kennzeichen**
Die Ufer-Segge bildet artenarme Verlandungsgesellschaften im Uferbereich von Bächen, Flüssen und Altwässern, aber auch in feuchten Wiesenmulden und Gräben aus. Sie besiedelt Standorte auf feuchten, nährstoff- und kalkreichen schlammigen Böden unterhalb der Mittelwasserlinie bis etwa 40 cm Wassertiefe. Im Frühjahr benötigt die Ufer-Segge hohe Überflutungswasserstände, um in der Keimung nicht behindert zu werden. Findet keine Überschwemmung statt, bleibt sie steril und niederwüchsig. Bei optimaler Entwicklung erreicht sie Wuchshöhen von bis zu 2 m und läßt als dominante Art kaum Begleitarten zu. Der Deckungsgrad liegt zwischen 60 und 100 %.

**Artenliste**

| | |
|---|---|
| Carex acutiformis | Sumpf-Segge |
| Carex riparia | Ufer-Segge |
| Galium palustre | Sumpf-Labkraut |
| Iris pseudacorus | Gelbe Schwertlilie |
| Lythrum salicaria | Blut-Weiderich |

## 12.3.6 Fieberklee-Gesellschaft
*Carici rostratae-Menyanthetum* SOÓ 1955

**Verband:** *Magnocaricion elatae* KOCH 1926, Großseggenriede
**Ordnung:** *Phragmitetalia* W. KOCH 1926, Röhrichte und Großseggensümpfe
**Klasse:** *Phragmitetea australis* R. TX. et PRSG. 1942 (= *Phragmiti-Magnocaricetea* KLIKA ap. KLIKA et NOVÁK 1941), Schilfröhrichte, Brackwasser- und Süßwasserröhrichte, Großseggenriede

**Kennzeichen**
Auf mäßig nährstoffreichen Torfschlammböden, in Verlandungsbereichen von Seen und flachen Buchten bildet der Fieberklee pionierartige Bestände, die aus dem offenen Wasser ragen und im Juni durch die intensiv-weißen Blütenköpfe auffallen. Der Fieberklee ist aber auch auf torfmoosreichen Standorten zu finden, die feucht und wasserzügig sind, aber nicht von Wasser überschwemmt werden. Außer verschiedenen Moosen ist für die artenarme Gesellschaft kaum eine konstante Artengarnitur beschrieben worden.

**Artenliste**

| | |
|---|---|
| Carex echinata | Stern-Segge |
| Carex fusca | Braune Segge |
| Eriophorum angustifolium | Schmalblättriges Wollgras |
| Juncus filiformis | Faden-Binse |
| Menyanthes trifoliata | Fieberklee |
| Sphagnum angustifolium | Schmalblättriges Torfmoos |
| Viola palustris | Sumpf-Veilchen |

**Abb. 369:** Schlanke-Seggenried in den Loisachauen bei Bichl.

**Vorkommen und Höhenverbreitung**
Im Tiefland, Alpenvorland und Alpentälern von der planaren bis zur submontanen Stufe; z. B. Donauauen, Marchauen, Rheinauen; im Bergland selten.

**Abb. 370/371:** Ufer-Segge (*Carex riparia*)
Ufer-Seggen-Saum an einem Entwässerungsgraben bei Nantesbuch.

**Vorkommen und Höhenverbreitung**
Kolline bis planare Stufe Mitteleuropas in wärmeren Lagen bis 800 m Seehöhe; sekundäre Ersatzgesellschaft von Talauen.

**Abb. 372:** Fieberkleegesellschaft am Möserer See, Seefelder Plateau.

**Vorkommen und Höhenverbreitung**
Die Gesellschaft ist vor allem aus Nordeuropa großflächig bekannt, besiedelt in Mitteleuropa Moorgebiete von der planaren bis zur montanen Stufe; Alpentäler, Alpenvorland, norddeutsches Tiefland.

## 12.3.7 Sumpfkalla-Schwingrasen
*Calletum palustris* VANDEN BERGHEN 1952

**Verband:** *Magnocaricion elatae* KOCH 1926, Großseggenriede

**Ordnung:** *Phragmitetalia* W. KOCH 1926, Röhrichte und Großseggensümpfe

**Klasse:** *Phragmitetea australis* R. TX. et PRSG. 1942 (= *Phragmiti-Magnocaricetea* KLIKA ap. KLIKA et NOVÁK 1941), Schilfröhrichte, Brackwasser- und Süßwasserröhrichte, Großseggenriede

**Kennzeichen**
Umgeben von anderen Großröhrichtgesellschaften bildet die Sumpfkalla auf mesotrophen Torfböden Massenbestände, die bis in die angrenzenden Erlenbruchwälder reichen können. Dort umgeben sie wassergefüllte Schlenken und Tümpel, die über einen hohen Grundwasserstand verfügen und nur im Hochsommer trocken fallen. Die Sumpfkalla wächst auch im Ufersaum von Stillgewässern als Vorstufe zu nachfolgenden Schlankseggenbeständen und bildet hier einen Schwingrasen aus. Diese artenarme Gesellschaft ist durch Grundwasserabsenkungen sowie durch die Zunahme von Nährstoffen in Grundwasser und angrenzenden Stillgewässern gefährdet. Die Gesellschaft wird nicht von allen Autoren als eigenständige Einheit angesehen.

**Vorkommen und Höhenverbreitung**
Von Mitteldeutschland bis zur norddeutschen Tiefebene, in Flußtälern und Beckenlagen, auch von Südskandinavien bis Südfinnland; in der kollinen bis submontanen Stufe.

**Artenliste**

| | |
|---|---|
| Calla palustris | Herzförmige Sumpfkalla |
| Carex elata | Steife Segge |

**Abb. 373:** Sumpfkalla-Schwingrasen in einer verlandenden Bucht eines Sees im Liesjärvi NP in Südfinnland.

## 12.4 Fließwasserröhrichte
*Phalaridion arundinacae* KOPECKY 1961

### 12.4.1 Rohr-Glanzgras-Flußröhricht
*Phalaritetum arundinacei* LIBBERT 1931

**Verband:** *Phalaridion arundinacae* KOPECKY 1961, Fließwasserröhrichte
**Ordnung:** *Nasturtio-Glycerietalia* PIGNATTI 1953, Mittelhohe Bach- und Flußröhricht-Gesellschaften
**Klasse:** *Phragmitetea australis* R. TX. et PRSG. 1942 (= *Phragmiti-Magnocaricetea* KLIKA ap. KLIKA et NOVÁK 1941), Schilfröhrichte, Brackwasser- und Süßwasserröhrichte, Großseggenriede

**Kennzeichen**
Auf angeschwemmten Böden innerhalb von Fluß- oder Bachgräben, an Uferwällen und in flußnahen Talauen, wo kaum Beeinflussungen durch landwirtschaftliche Tätigkeiten stattfinden, bildet das Rohr-Glanzgras dichte Röhrichtbestände und wird gerne mit dem Schilf verwechselt. Es ist stets an fließendes Wasser mit schwankendem Wasserspiegel gebunden und stockt auf sandig-tonigen und schottrigen Böden. Die Gesellschaft sammelt bei Überschwemmungen Ton- und Schluffmaterial zwischen den Pflanzen an und trägt somit zur Auflandung bei. Das Rohr-Glanzgras schließt meist an Grünlandgesellschaften an und wird durch den Neophyt Indisches Springkraut heute verdrängt.

**Vorkommen und Höhenverbreitung**
Am Mittel- und Unterlauf der Flüsse vom Hügelland bis in die Tiefebene.

**Artenliste**

| | |
|---|---|
| Mentha aquatica | Wasser-Minze |
| Phalaris arundinacea | Rohr-Glanzgras |
| Poa palustris | Sumpf-Rispengras |
| Polygonum amphibium | Wasser-Knöterich |
| Ranunculus repens | Kriechender Hahnenfuß |
| Rorippa sylvestris | Wilde Kresse |
| Urtica dioica | Große Brennessel |

**Abb. 374:** Rohr-Glanzgras-Röhricht an einem Wiesenbach bei Nantesbuch.

# 13 Kleinseggenmoore, Hochmoore, Bruchwälder

## 13.1 Hochmoorbult-Gesellschaften
*Sphagnion magellanici* Kästner et Flössner 1933

### 13.1.1 Torfmoos-Gesellschaft
*Sphagnetum magellanici* Sukopp 1959 ex Neuhäusl 1969

**Verband:** *Sphagnion magellanici* Kästner et Flössner 1933, Hochmoorbult-Gesellschaften
**Ordnung:** *Sphagnetalia magellanici* Kästner et Flössner 1933 (Moore 1968), Hochmoor-Torfmoosgesellschaften
**Klasse:** *Oxycocco-Sphagnetea* Br.-Bl. et R. Tx. 1943, Feuchtheide- und Hochmoorbult-Gesellschaften

**Kennzeichen**
Hochmoore stellen aufgrund ihrer Standortbedingungen einen ganz besonderen Lebensraum dar. Der Beiname „Hoch" bezieht sich nicht auf die Höhenlage, sondern auf die bis zu zehn Meter dicken Torfpolster, die im wesentlichen den Körper des Moores bilden. Dieser ist völlig vom Untergrund isoliert, wodurch das Hochmoor in Bezug auf Wasser- und Nährstoffversorgug ausschließlich auf das Regenwasser angewiesen ist. Extreme Nährstoffarmut ist die Folge, an die jedoch spezialisierte Tiere und Pflanzen angepaßt sind. Vor allem die Torfmoose besitzen die Fähigkeit, extrem viel Wasser zu speichern. Sie wachsen nach oben und sterben nach unten ab, wodurch ein schwammartiger, wassergefüllter Wurzelraum entsteht. Die Moore beginnen sich bedingt durch ein stärkeres Wachstum im Zentrum zu heben und uhrglasförmige Wölbungen auszubilden. Die artenarmen Hochmoore lassen sich in wenige Gesellschaften unterteilen, von denen die Hochmoorbulten-Gesellschaft die häufigste ist. Sie kommt im Moorzentrum und auf den schwammartigen Bulten vor.

**Vorkommen und Höhenverbreitung**
Bayerisches Alpenvorland, norddeutsches Tiefland, Emsland, Harz, Rhön, Kärnten, östliches Voralpengebiet; vom Tiefland bis zur subalpinen Stufe

**Ökologie**
Der Außenrand der Moore, das Lagg, enthält einigermaßen mineralstoffreiches Wasser, das in Richtung Zentrum immer mehr abnimmt. Der pH-Wert sinkt in den sauren Bereich ab und die im Wasser gelösten Huminsäuren färben das Moorwasser braun. Die Pflanzen weisen infolge des Nährstoffmangels ein extrem langsames Wachstum auf, bleiben jedoch als Spezialisten von anspruchsvolleren Arten verschont. Eine besondere Anpassung an den Nährstoffmangel haben die „fleischfressenden" Pflanzen wie Fettkraut, Sonnentau oder Wasserschlauch erfunden, die für Hochmoorbulte typisch sind. Sie beziehen aus dem tierischen Eiweiß den notwendigen Stickstoff. Hochmoore gliedern sich in trockene Erhebungen (Bulten) und vernäßte Senken (Schlenken). Eine größere offene Wasseransammlung im Moorzentrum wird als Kolk bezeichnet. Im Frühjahr sind die Hochmoore kälter und im Herbst wärmer, als die Umgebung. Der Moorkörper stellt ein Beispiel für ein natürliches Ungleichgewicht dar, da die abgestorbenen Pflanzenreste wegen des Sauerstoffmangels nicht gänzlich zersetzt werden können und sich ständig anreichern.

**Gefährdung, Pflege, Naturschutz**
Ein guter Teil der Tiere und Pflanzen der Hochmoore, die der arktischen Tundra gleichen, sind Eiszeitrelikte. Wird ein Hochmoor zerstört, ist es wegen des komplizierten Aufbaus, der speziellen Nährstoffversorgung und der tausende Jahre dauernden Entwicklung unwiederbringlich verloren. Sie sind daher heute äußerst schützenswert zumal zahlreiche und großflächige Moorstandorte durch Torfnutzung, Entwässerung und Intensivierung verloren gegangen sind. Es gibt Versuche, abgetorfte Hochmoore durch Herstellen des Wasserhaushaltes zu regenerieren.

**Artenliste**

| | |
|---|---|
| Andromeda polifolia | Rosmarinheide |
| Calluna vulgaris | Heidekraut |
| Drosera rotundifolia | Rundblättriger Sonnentau |
| Eriophorum vaginatum | Scheidiges Wollgras |
| Oxycoccus oxycoccus | Gewöhnliche Moosbeere |
| Potentilla erecta | Blutwurz |
| Sphagnum compactum | Dichtästiges Torfmoos |
| Sphagnum fallax | Gekrümmtes Torfmoos |
| Sphagnum magellanicum | Torfmoos |

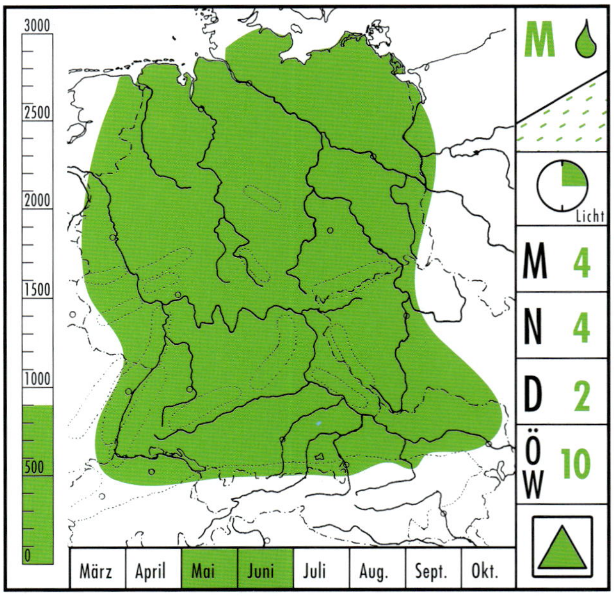

**Abb. 375:** Verheidetes Hochmoor mit Scheidigem Wollgras (*Eriophorum vaginatum*) im Bølmyra am Snåsavatnet in Mittelnorwegen.

**Abb. 376:** Wechsel aus Schlenken und Bulten, Patvinsuo NP, Ostfinnland.

**Abb. 377:** Torfmoosrasen (*Sphagnum sp.*).

## 13.1.2 Rasenbinsen-Hochmoor
*Eriophoro-Trichophoretum caespitosi* Rübel 1933

**Verband:** *Sphagnion magellanici* Kästner et Flössner 1933, Hochmoorbult-Gesellschaften
**Ordnung:** *Sphagnetalia magellanici* Kästner et Flössner 1933 (Moore 1968), Hochmoor-Torfmoosgesellschaften
**Klasse:** *Oxycocco-Sphagnetea* Br.-Bl. et R. Tx. 1943, Feuchtheide- und Hochmoorbult-Gesellschaften

**Kennzeichen**
Die Rasenbinse bildet zusammen mit dem Schmalblättrigen Wollgras auf Hochmoorstandorten dichte Bestände aus, die einmal im Frühsommer durch die weißen Köpfe des Wollgrases, im Spätsommer und Herbst durch die braungelbe Rasenbinse auffallen. Die Gesellschaft kommt auf nährstoffarmen, sauren und baumfreien Standorten vor und folgt wahrscheinlich auf die Hochmoor-Bultgesellschaften tieferer Lagen. Innerhalb des Rasenbinsen-Hochmoores können arktische Reliktarten wie Zwerg-Birke und Zwittrige Krähenbeere (ssp. *hermaphroditum*) vorkommen, die die Hauptverbreitung der Gesellschaft in Nordeuropa andeuten.

**Vorkommen und Höhenverbreitung**
Harz, Thüringen, Bayerischer Wald, Hochschwarzwald, Bayerische Voralpen; westliche Kalk- und Zentralalpen Österreichs und der Schweiz; in der hochmontanen Stufe der Mittelgebirge und Alpen.

**Artenliste**

| | |
|---|---|
| Andromeda polifolia | Rosmarinheide |
| Calluna vulgaris | Heidekraut |
| Carex pauciflora | Wenigblütige Segge |
| Drosera rotundifolia | Rundblättriger Sonnentau |
| Empetrum nigrum | Schwarze Krähenbeere |
| Eriophorum angustifolium | Schmalblättriges Weidenröschen |
| Potentilla erecta | Blutwurz |
| Sphagnum fuscum | Braunes Torfmoos |
| Trichophorum caespitosum | Rasenbinse |
| Oxycoccus oxycoccus | Moosbeere |
| Vaccinium uliginosum | Moorbeere |

**Abb. 378:** Rasenbinsenmoor im Naturschutzgebiet Seefelder Wildsee am Seefelder Plateau, Tirol.

## 13.2 Schnabelried-Schlenken
*Rhynchosporion albae* W. KOCH 1926

### 13.2.1 Torfmoos-Wollgras-Bultengesellschaft
*Eriophoro vaginati-Sphagnetum recurvi* HUECK 1925

**Verband:** *Rhynchosporion albae* W. KOCH 1926, Schnabelried-Schlenken
**Ordnung:** *Caricetalia davallianae* BR.-BL. 1949, Kleinseggengesellschaften basenreicher Standorte
**Klasse:** *Scheuchzerio-Caricetea nigrae* (NORDHAGEN 1936) R. TX. 1937, Niedermoorgesellschaften und Hochmoorschlenken-Gesellschaften

**Kennzeichen**
Hochmoore können durch Bulte, die mit dem Scheidigen Wollgras bewachsen sind, gegliedert sein. In den Zwischenräumen herrschen Torfmoose vor, vor allem das Gekrümmtästige Torfmoos, das selbst jedoch keine Bulte ausbildet. Der Standort ist entsprechend seiner Lage auf den Hochmooren sehr nährstoffarm, die Gesellschaft sehr artenarm. Typisch ist der bereits aufkommende Gehölzwuchs aus Faulbaum, Moor-Birke und Moor-Berg-Kiefer. Als stete Begleiter der Gesellschaft kommen weitere Torfmoose vor und das Pfeifengras, das auf ein abtrocknendes Hochmoor schließen läßt. Bei konstantem Wasserstand dürfte die Gesellschaft ein Dauerstadium darstellen und entwickelt sich nach Grundwasserabsenkung zum Birkenbruch.

**Vorkommen und Höhenverbreitung**
In den Hochmoorgebieten Süd- und Norddeutschlands, Österreichs bis in die hochmontane Stufe; Hauptverbreitung in Nordeuropa.

**Artenliste**

| | |
|---|---|
| Andromeda polifolia | Rosmarinheide |
| Betula pubescens | Moor-Birke |
| Eriophorum vaginatum | Scheidiges Wollgras |
| Molinia caerulea | Pfeifengras |
| Polytrichum formosum | Waldhaarmützenmoos |
| Sphagnum recurvum | Gekrümmtästiges Torfmoos |

**Abb. 379:** Torfmoos-Wollgras-Bultengesellschaft auf einem ehemals abgetorften Hochmoor im Seitseminen NP in Südfinnland.

## 13.2.2 Schnabelbinsengesellschaft
*Rynchosporetum albae* Koch 1926

**Verband:** *Rhynchosporion albae* W. Koch 1926, Schnabelried-Schlenken
**Ordnung:** *Caricetalia davallianae* Br.-Bl. 1949, Kleinseggengesellschaften basenreicher Standorte
**Klasse:** *Scheuchzerio-Caricetea nigrae* (Nordhagen 1936) R. Tx. 1937, Niedermoorgesellschaften und Hochmoorschlenken-Gesellschaften

### Kennzeichen
Schnabelbinsengesellschaften kommen meistens in Kontakt mit Hochmooren oder Hochmoor-Bultgesellschaften auf nährstoffarmen Torfböden vor und sind durch ausgeprägte gelbgrüne Rasen mit den weißen Köpfen der Schnabelbinse gekennzeichnet. Die Bestände sind meist schütter und sehr kleinflächig ausgebildet. Die Schnabelbinse benötigt gegenüber der Hochmoor-Schlenkenvegetation einen verhältnismäßig festen Boden. Daher müssen die Schlenken flacher sein und nach der Schneeschmelze im Frühjahr austrocknen. Auch abgetorfte Hochmoore, sogenannte sekundäre Moorstandorte, feucht-humose Sandböden und anmoorige Heideböden sind typische Wuchsorte der Schnabelbinse. Der Anteil der Torfmoose ist erheblich verringert, da diese dauernde Staunässe benötigen.

### Vorkommen und Höhenverbreitung
In ozeanisch beeinflußten Regionen Mitteleuropas außerhalb der Gebirgsstufe, Alpenvorlandsmoore wie die Schwemm in Tirol; Bayrisches Alpenvorland, Westösterreich, Oberösterreich und Kärnten.

### Ökologie
Insgesamt gesehen ist die Gesellschaft der Weißen Schnabelbinse artenreicher als die Vegetation der echten Hochmoorschlenken. Das Verhältnis von Stickstoff und Kohlenstoff bestimmt die Unterteilung verschiedener Untergesellschaften, die durch Moor-Glockenheide, Spieß-Torfmoos oder Braune Schnabelbinse gekennzeichnet sind. Diese hat aufgrund der engeren ökologischen Amplitude ein wesentlich kleineres Verbreitungsareal und ist auf feuchtere Wuchsorte beschränkt. Eine pionierhafte Subassoziation mit dem Sumpf-Bärlapp wurde für humose Mineralböden beschrieben.

### Gefährdung, Pflege, Naturschutz
Jegliche Veränderung des Grundwasser- oder Nährstoffhaushaltes führt zum Verschwinden der Gesellschaft, die wie die meisten Moortypen heute durch landwirtschaftliche Intensivierungen und Gewässerverschmutzung selten geworden sind. Eine Pflege ist bei Erhaltung der spezifischen Standortbedingungen nicht notwendig.

### Artenliste

| | |
|---|---|
| Drosera intermedia | Mittlerer Sonnentau |
| Drosera rotundifolia | Rundblättriger Sonnentau |
| Erica tetralix | Moor-Glockenheide |
| Eriophorum angustifolium | Schmalblättriges Wollgras |
| Lycopodiella inundata | Sumpf-Bärlapp |
| Molinia caerulea | Pfeifengras |
| Oxycoccus oxycoccus | Gewöhnliche Moosbeere |
| Potentilla erecta | Blutwurz |
| Rhynchospora alba | Weiße Schnabelbinse |
| Rhynchospora fusca | Braune Schnabelbinse |
| Scheuchzeria palustris | Blasenbinse |
| Sphagnum cuspidatum | Schmalblättriges Torfmoos |

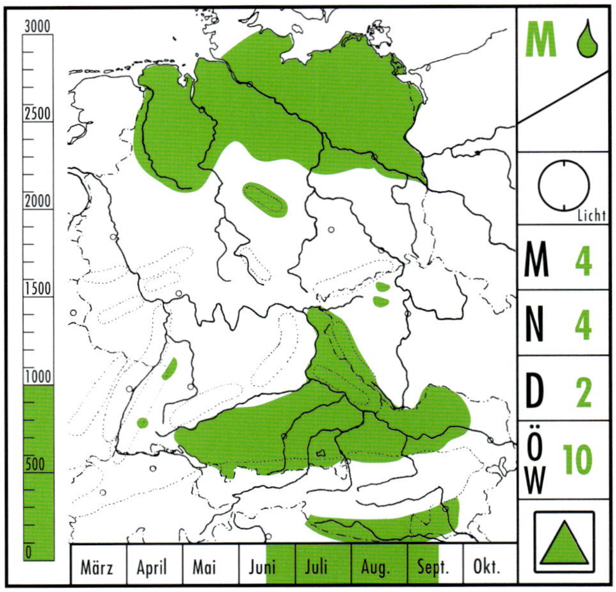

**Abb. 380:** Schnabelbinsengesellschaft im Hochmoorkomplex der Bernwiesen bei Kreut.

**Abb. 381:** Fadenwurzel-Segge (*Carex chordorhiza*).

**Abb. 382:** Blasenbinse (*Scheuchzeria palustris*).

**Abb. 383:** Weiße Schnabelbinse (*Rhynchospora alba*).

**Abb. 384:** Igelsegge (*Carex echinata*).

### 13.2.3 Schlamm-Seggen-Schlenkengesellschaft
*Caricetum limosae* LIBB. 1932

**Verband:** *Rhynchosporion albae* W. KOCH 1926, Schnabelried-Schlenken
**Ordnung:** *Caricetalia davallianae* BR.-BL. 1949, Kleinseggengesellschaften basenreicher Standorte
**Klasse:** *Scheuchzerio-Caricetea nigrae* (NORDHAGEN 1936) R. TX. 1937, Niedermoorgesellschaften und Hochmoorschlenken-Gesellschaften

**Kennzeichen**
Die Schlamm-Segge mit den hängenden Fruchtständen bildet echte Schlenkengesellschaften in nicht austrocknenden Hochmoor-Schlenken auf sauren und nährstoffarmen Böden aus. Sie bevölkert auch nährstoffarme Schwingrasen und sogar saure Quelltümpel. Die stete Wassersättigung der Böden stellt den entscheidenden ökologischen Faktor dar. Meist wird die Schlamm-Segge von dominanten Moosen und Torfmoosen begleitet, dazu kommt noch die seltene Blasenbinse. Die Gesellschaft wird als subarktische Reliktgesellschaft angesehen und hat ihre Hauptverbreitung in Nordeuropa.

**Artenliste**

| | |
|---|---|
| Andromeda polifolia | Rosmarinheide |
| Carex limosa | Schlamm-Segge |
| Carex rostrata | Schnabel-Segge |
| Drosera rotundifolia | Rundblättriger Sonnentau |
| Eriophorum angustfolium | Schmalblättriges Wollgras |
| Oxycoccus oxycoccus | Moosbeere |
| Rhynchospora alba | Weiße Schnabelbinse |
| Scheuchzeria palustris | Blasenbinse |
| Sphagnum cuspidatum | Schmalblättriges Torfmoos |

## 13.3 Glockenheide-Feuchtgesellschaften
*Ericion tetralicis* SCHWICKERATH 1933

### 13.3.1 Glockenheide-Gesellschaft
*Ericetum tetralicis* SCHWICKERATH 1933

**Verband:** *Ericion tetralicis* SCHWICKERATH 1933, Glockenheide-Feuchtgesellschaften
**Ordnung:** *Sphagno-Ericetalia* BR.-BL. 1948, Nordwesteuropäische Heidemoore
**Klasse:** *Oxycocco-Sphagnetea* BR.-BL. et R. TX. 1943, Feuchtheide- und Hochmoorbult-Gesellschaften

**Kennzeichen**
Manche abtrocknenden verheideten Hochmoore können mit der Moor-Glockenheide bewachsen sein, die auf den Torfmoosbulten zusammen mit dem Heidekraut vorkommt. Es können aber auch nasse Randzonen eines Hochmoores mit Wasserstandsschwankungen besiedelt werden. Die Böden sind noch grund- oder stauwassergeprägt, sauer und nährstoffarm und bestehen aus flachgründigem Hochmoortorf. Die Gesellschaft kennzeichnet die trockenen Abschnitte der Hochmoore und stellt ein Übergangsstadium zwischen der Hochmoor-Bultgesellschaft und den Birkenbruchwäldern dar, zu denen sie sich weiterentwickelt. Neben wenigen säuretoleranten und nässeliebenden Begleitarten können auch typische Flechten der atlantischen Sandheiden enthalten sein. Das Pfeifengras deutet ebenfalls auf die Austrocknung hin.

**Artenliste**

| | |
|---|---|
| Betula pubescens | Moor-Birke |
| Drosera rotundifolia | Rundblättriger Sonnentau |
| Erica tetralix | Moor-Glockenheide |
| Gentiana pneumonanthe | Lungen-Enzian |
| Hypnum ericetorum | Zypressenförmiges Schlafmoos |
| Molinia caerulea | Pfeifengras |
| Sphagnum papillosum | Papillöses Torfmoos |

## 13.4 Mesotrophe Niedermoore
*Caricion lasiocarpae* VANDEN BERGHEN in LEBRUN et al. 1949

### 13.4.1 Faden-Seggen-Übergangsmoor
*Caricetum lasiocarpae* W. KOCH 1926

**Verband:** *Caricion lasiocarpae* VANDEN BERGHEN in LEBRUN et al. 1949, Mesotrophe Niedermoore
**Ordnung:** *Scheuchzerietalia palustris* NORDHAGEN 1936, Übergangsmoor- und Schlenkengesellschaften
**Klasse:** *Scheuchzerio-Caricetea nigrae* (NORDHAGEN 1936) R. TX. 1937, Niedermoorgesellschaften und Hochmoorschlenken-Gesellschaften

**Kennzeichen**
Die seltenen Übergangs- oder Zwischenmoore sind extrem bis mäßig nährstoffarme baumfreie Moore, die morphologisch noch zu den Niedermooren gehören, oft aber in enger Nachbarschaft zu den Hochmooren zu finden sind. Meint man das Sukzessionsstadium der Moorentwicklung, spricht man vom Übergangsmoor, während das Zwischenmoor die vegetationsökologische Mittelstellung betont. Zwischenmoore sind häufig in den Rändern der Hochmoore auf noch grundwasserbeeinflußten Standorten, auf stark humosem Sand oder auf Zwischenmoortorf etwa in der Höhe des Mittelwasserspiegels zu finden. Es können auch Schwingrasen ausbildet werden, die auf einem unterirdischen Wasserpolster schwimmen.

**Artenliste**

| | |
|---|---|
| Carex lasiocarpa | Faden-Segge |
| Carex rostrata | Schnabel-Segge |
| Equisetum fluviatile | Teich-Schachtelhalm |
| Eriophorum angustifolium | Schmalblättriges Wollgras |
| Menyanthes trifoliata | Fieberklee |
| Molinia caerulea | Pfeifengras |
| Peucedanum palustre | Sumpf-Haarstrang |
| Potentilla erecta | Blutwurz |

**Abb. 385:** (li): Typische Moorschlenke als Lebensraum der Schlamm-Segge, (re): Schlamm-Segge (*Carex limosa*) an einem Waldweiher im Tiveden NP, Mittelschweden.

**Vorkommen und Höhenverbreitung**
Nördliches Alpenvorland, Bayern, Schwarzwald, in Norddeutschland sehr selten; ganz Österreich mit Schwerpunkt Westösterreich in subozeanisch getönten Gebieten.

**Abb. 386:** Glockenheide-Gesellschaft auf einem Hochmoor in den Bocksberger Filzen, Oberbayern.

**Vorkommen und Höhenverbreitung**
Nord- und mitteldeutsches Tiefland und Bergland; hat sich zum Teil nach Pflanzungen ausgebreitet; z. B. Bayerisches Alpenvorland. In Österreich keine Standorte.

**Abb. 387:** Faden-Seggen-Übergangsmoor in den Loisachauen westlich von Benediktbeuern.

**Vorkommen und Höhenverbreitung**
In ganz Mitteleuropa von der planaren bis zur montanen Stufe, im Verbreitungsraum der Moore, insbesondere am Alpennordrand, norddeutsche Tiefebene

## Aspekte von Flach- und Hochmooren

**Abb. 388: Hochmoor mit Rosmarinheide:** *Andromeda polifolia* gehört zu den typischen Pflanzenarten auf Hochmoorbulten mit Torfmoosen. Die Charakterart der Hochmoor-Torfmoosgesellschaften, *Sphagnetalia magellanici* Kästner et Flössner 1933 (Moore 1968), ist ein Eiszeit-Relikt und kommt bevorzugt auf nährstoff- und basenarmen, sauren Torfböden vor.

**Abb. 389:** Strangmoore: In frostreichen Klimaten trifft man auf Hochmooren lang gestreckte, parallele Reihen kleinerer Kolke an, die mit der geschlossenen Moorfläche abwechseln. Diese Ausbildungen werden als Stränge bezeichnet (finn. Kermi) und kommen vor allem in Skandinavien vor. Die Abbildung zeigt ein Strangmoor im finnischen Nationalpark Patvinsuo. Die Rinnen zwischen den Strängen werden als Flarken bezeichnet und tragen eine ähnliche Vegetation wie die Schlenken der mitteleuropäischen Hochmoore.

**Abb. 390:** Dystropher Hochmoor-Weiher im Verlandungsprozeß, am Übergang zur offenen Wasserfläche sind Rasen der Schlamm-Segge zu finden; Tiveden NP in Mittelschweden.

**Abb. 391:** Rasen des Schmalblättrigen Wollgrases auf einem Zwischenmoor im Bayerischen Alpenvorland, der im Frühsommer durch die dichten Bestände der weißen Wollschöpfe des Wollgrases auffällt. Nährstoffarme Moorböden, die im Frühjahr überschwemmt werden und im Sommer staunaß sind, werden von der Gesellschaft bevorzugt (Angerfilze bei Benediktbeuern).

**Abb. 392: Moor-Renaturierung:** In abgetorften Hochmooren wird mit künstlicher Vernässung ein Renaturierungsprozeß eingeleitet. Entwässerungsgräben werden mit Holzsperren geschlossen und so das Wasser im Moor gehalten. Die Folge ist eine Belebung des Moorkörpers und ein sekundäres Wachstum der Torfmoose (Moorlehrpfad des Ewigen Meeres in Ostfriesland).

**Abb. 393:** Moosbeere auf verheidetem Hochmoor. Die Kleinfrüchtige Moosbeere (*Oxycoccus microcarpus*) kommt auf sauren Torfböden vor und hat ihren Verbreitungsschwerpunkt vor allem in Nordeuropa. Sie ist selten unmittelbar auf Hochmoorbulten zu finden.

## 13.5 Kleinseggenmoore kalkarmer Standorte
*Caricion fuscae* Koch 1926

Die Niedermoore kalkarmer Standorte zeigen den Kalkmangel durch ihre Artengarnitur an. Sie beherbergen auch weniger Arten als die Kalkflachmoore. Wegen der herrschenden Nährstoffarmut vermitteln sie zu den Zwischenmooren.

### 13.5.1 Alpiner Braune Seggen-Sumpf
*Caricetum fuscae subalpinum* Br.-Bl. 1915

**Verband:** *Caricion fuscae Koch 1926, Kleinseggenmoore kalkarmer Standorte*
**Ordnung:** *Caricetalia davallianae* Br.-Bl. 1949, Kleinseggengesellschaften basenreicher Standorte
**Klasse:** *Scheuchzerio-Caricetea nigrae* (Nordhagen 1936) R. Tx. 1937, Niedermoorgesellschaften und Hochmoorschlenken-Gesellschaften

**Kennzeichen**
Der Braune Seggen-Sumpf bildet die zentrale und weit verbreitete Gesellschaft des Verbandes und kommt stets über kalkarmen Gesteinen auf stark saurem, wenig zersetztem und mäßig nährstoffreichem Torf vor. Der Boden ist das ganze Jahr über staunaß, jedoch nicht überschwemmt, obwohl die Braune Segge auch auf Quellmooren und subalpinen Karen zu finden ist. Die Segge selbst ist mit kaum mehr als 30 cm Wuchshöhe unscheinbar und bringt im Frühsommer grünschwarze Fruchtstände hervor. Die Gesellschaft ist vielgestaltig und kann neben den typischen Begleitarten wie Sumpf-Veilchen, verschiedene Seggen wie *Carex panicea* sowie Binsen (*Juncus filiformis*, *J. alpino-articulatus*) enthalten. Auch die Höhenamplitude der zwischen 1300 und 2400 m vorkommenden Gesellschaft bewirkt Ausprägungsunterschiede. So ist in der subalpinen Stufe die Rasenbinse häufig anzutreffen. Bei weniger sauren Böden gesellen sich Arten der Kalk-Flachmoore hinzu. In hochmontanen Lagen dringen vom Rand her Arten der Krummseggen- und Borstgrasrasen ein, die sich jedoch nur dann im gesamten Moor ausbreiten können, wenn der Wasserhaushalt gestört ist oder verändert wurde. In den Nordalpen kommen Alpen-Milchlattich und der Kronenlattich als typische Arten hinzu.

**Vorkommen und Höhenverbreitung**
Im gesamten Alpenraum; Variante in den Vogesen, Schwarzwald. Die Gesellschaft kommt auch auf beweideten Standorten vor.

**Ökologie**
Der Braunseggensumpf enthält als ständig und stark durchnäßter Standort zahlreiche konkurrenzschwache Arten, die zudem häufig noch selten sind. Ferner kommen Eiszeitrelikte wie zum Beispiel der Alpenhelm vor. Die Sümpfe stellen für Rallen- und Schnepfenarten wichtige Brutgebiete dar.

**Gefährdung, Pflege, Naturschutz**
Die Standorte der Braunseggensümpfe sind vor allem durch Eutrophierung und Entwässerung gefährdet. In bewirtschafteten Tallagen sind viele Flächen bereits verschwunden. Ein weiteres Problem sind die Schadstoffeinträge, die durch die Niederschläge ins Moor gelangen und zu einer Versauerung führen. Grundsätzlich bedürfen Braunseggensümpfe keinerlei Pflegemaßnahmen, sofern der Wasserhaushalt gesichert ist. Da sie aus naturschutzfachlicher Sicht äußerst wertvolle Lebensräume darstellen, müssen sie streng geschützt werden.

**Verwandte Gesellschaft**
**Herzblatt-Braunseggen-Sumpf,** *Parnassio-Caricetum nigrae* Oberd. em. Görs 1977. Diese etwas nährstoffreichere Variante des Braune-Seggen-Sumpfes kommt auf basenreichen und etwas nährstoffreicheren, aber stets kalkfreien Böden vor und wird durch das häufige Auftreten des Herzblattes gekennzeichnet. Es gibt eine montane und subalpine Höhenvariante, auch der Nässegrad und die Nährstoffversorgung bewirken unterschiedliche Zusammensetzungen. Die Gesellschaft ist weitgefaßt und von Oberdorfer (1977) für subalpine Gipfelbereiche des Schwarzwaldes ebenso beschrieben worden, wie eine Ausbildung mit der Floh-Segge, die an Quellaustritten gedeiht.

**Artenliste**

| | |
|---|---|
| Carex curta | Grau-Segge |
| Carex echinata | Stern-Segge |
| Carex fusca | Braune Segge |
| Deschampsia caespitosa | Rasen-Schmiele |
| Eriophorum angustifolium | Schmalblättriges Wollgras |
| Juncus alpinoarticulatus | Gebirgs-Binse |
| Nardus stricta | Borstgras |
| Potentilla erecta | Blutwurz |
| Saxifraga stellaris | Stern-Steinbrech |
| Trichophorum caespitosum | Rasenbinse |
| Viola palustris | Sumpf-Veilchen |

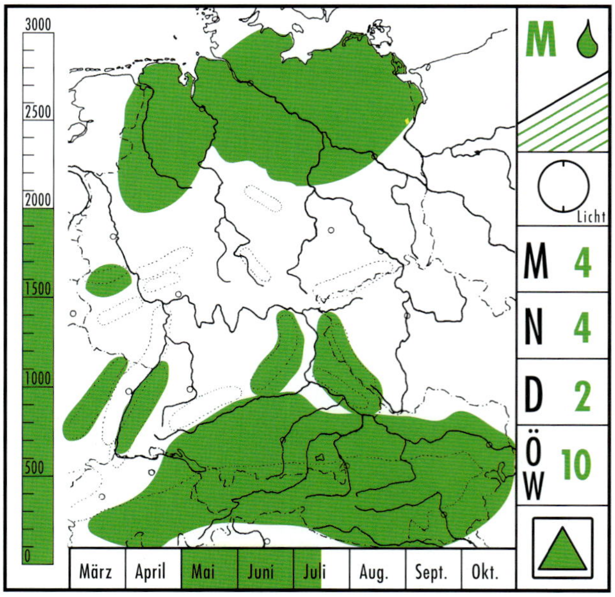

**Abb. 394:** Alpiner Braune Seggen-Sumpf auf einem Flachmoor mit Mehlprimel (*Primula farinosa*) am Möserer Köpfl.

**Abb. 395:** Hangquell-Flachmoor auf Kalkboden mit Massenauftreten des Schmalblättrigen Wollgrases im Möserer Tal am Seefelder Plateau.

## 13.5.2 Alpiner Kopfwollgras-Sumpf
*Eriophoretum scheuchzeri* (Rübel 1911) Fries 1913

**Verband:** *Caricion fuscae* Koch 1926, Kleinseggenmoore kalkarmer Standorte
**Ordnung:** *Caricetalia davallianae* Br.-Bl. 1949, Kleinseggengesellschaften basenreicher Standorte
**Klasse:** *Scheuchzerio-Caricetea nigrae* (Nordhagen 1936) R. Tx. 1937, Niedermoorgesellschaften und Hochmoorschlenken-Gesellschaften

**Kennzeichen**
Auf hochalpinen Sümpfen, die durch Verlandung aus Seen und Tümpeln entstanden sind, fallen im Sommer die leuchtend weißen, kugeligen Fruchtstände des Scheuchzers Wollgras auf. Dieses bildet dichte Bestände aus und läßt die Gesellschaft schon von weitem leicht erkennen. Sie bevorzugt saure nährstoffarme Böden mit wenig Torfgehalt und ist oft am Rand von kleinen Tümpeln als „Wollgrassaum" zu finden, wo der Wasserspiegel gerade bis zur Bodenoberfläche reicht. Die Gesellschaft ist sehr artenarm und oft nur durch das Wollgras selbst gebildet.

**Vorkommen und Höhenverbreitung**
Im Alpenraum vorwiegend in den Zentralalpen oberhalb der Waldgrenze zwischen 1400 und 2700 m Seehöhe verbreitet; Salzburg, Hohe Tauern, Kärnten, Steiermark, Tirol, Vorarlberg. Die Gesellschaft hat ihre Hauptverbreitung in Skandinavien, wo jedoch mehr Begleitarten wie zum Beispiel die Zwergbirke und Rosmarinheide vorkommen.

**Artenliste**

| | |
|---|---|
| Carex fusca | Braune Segge |
| Deschampsia caespitosa | Rasen-Schmiele |
| Drepanocladus exannulatus | Ringloses Sichelmoos |
| Eriophorum scheuchzeri | Scheuchzers Wollgras |
| Saxifraga stellaris | Stern-Steinbrech |

**Abb. 396:** Alpiner Kopfwollgras-Sumpf mit Scheuchzers Wollgras im Leirdalen, Jotunheimen NP.

## 13.5.3 Sumpfläusekraut-Fadenbinsen-Sumpf

*Pedicularío palustris-Juncetum filiformis* PRSG. 1952

**Verband:** *Caricion fuscae* KOCH 1926, Kleinseggenmoore kalkarmer Standorte
**Ordnung:** *Caricetalia davallianae* BR.-BL. 1949, Kleinseggengesellschaften basenreicher Standorte
**Klasse:** *Scheuchzerio-Caricetea nigrae* (NORDHAGEN 1936) R. TX. 1937, Niedermoorgesellschaften und Hochmoorschlenken-Gesellschaften

**Kennzeichen**
Das Sumpf-Läusekraut kommt vor allem in Verlandungszonen von Fließgewässern und in stark vernäßten Senken innerhalb von nährstoffarmen Flachmooren vor. Neben der Fadenbinse sind Kleinseggen wie Hirsen-Segge, Braune Segge oder Grausegge enthalten. Der Sumpf bevorzugt stets durchnäßte, weiche Niedermoorböden und ist auch in Verlandungszonen von Heideweihern zu finden. Die Gesellschaft steht in engem Kontakt mit den Braune Seggen-Sümpfen und kann eine Ersatzgesellschaft für Erlenbruchwälder sein.

**Vorkommen und Höhenverbreitung**
In der submontanen bis subalpinen Stufe des Berglandes, Alpenvorlandes und der Mittelgebirge.

**Artenliste**

| | |
|---|---|
| Carex canescens | Grausegge |
| Carex panicea | Hirsen-Segge |
| Climacium dendroides | Bäumchenmoos |
| Juncus filiformis | Faden-Binse |
| Lotus uliginosus | Sumpf-Hornklee |
| Pedicularis palustris | Sumpf-Läusekraut |

**Abb. 397:** Sumpfläusekraut-Fadenbinsen-Sumpf auf einem Flachmoor auf der Tiroler Sonnenterrasse bei Fiss.

## 13.6 Kleinseggenmoore kalkreicher Standorte
*Caricion davallianae* Klika 1934

**Ordnung:** *Caricetalia davallianae* Br.-Bl. 1949, Kleinseggengesellschaften basenreicher Standorte
**Klasse:** *Scheuchzerio-Caricetea nigrae* (Nordhagen 1936) R. Tx. 1937, Niedermoorgesellschaften und Hochmoorschlenken-Gesellschaften

**Kennzeichen**
Kleinseggenmoore, die auch als Flach- oder Niedermoore bezeichnet werden, sind durch staunasse anmoorige mineralische Böden gekennzeichnet, die aber stets durch das Grundwasser feucht gehalten werden. Deshalb ist die Nährstoffversorgung dieser Moore mit Ausnahme des Stickstoffes besser als in den Hochmooren. Dennoch gelten auch Flachmoore als Extremstandorte. Als begrenzender Faktor gilt das ständig durch den Oberboden rieselnde Wasser, das ein Kleinklima mit hoher Luftfeuchtigkeit und geringen jahreszeitlichen Temperaturschwankungen bewirkt. Spezialisierte, konkurrenzschwache Pflanzen haben sich an diese Standortbedingungen angepaßt und können gegenüber stickstoffbedürftigen Arten bestehen. Kleinseggenmoore werden nach dem Kalkgehalt in 2 Verbände unterteilt.

**Vorkommen und Höhenverbreitung**
Alpen und Alpenvorland, norddeutsches Tiefland, Harz, Schwarzwald, Eifel, Rhön, südliches Mitteleuropa.

**Ökologie**
Niedermoorgesellschaften stellen baumfreie Vegetationseinheiten dar, deren Oberflächen horizontal ohne Aufwölbung ausgebildet sind. Da sie stets vom Grundwasser gespeist werden, ist eine Entwicklung auch in trockeneren Gebieten möglich. Niedermoore unterscheiden sich von Zwischen- und Hochmooren vor allem im Nährstoffhaushalt. Sie verfügen über ein Vielfaches mehr an Kalium und Stickstoff als Hochmoore.

**Gefährdung, Pflege, Naturschutz**
Zahlreiche Niedermoore wurden als Streuwiesen genützt und müssen einmal jährlich gemäht werden, um nicht zu verbuschen. Dabei ist das Mähgut abzuführen. Wie alle Moorstandorte sind auch die Flachmoore durch Meliorierung, Entwässerung, Nährstoffeintrag oder Verfüllung stark gefährdet. Alle Niedermoortypen sind absolut schutzwürdig. Kalkseggenmoore gelten als sehr wertvolle Moortypen, die meist nur kleinflächig ausgebildet sind und zahlreiche Reliktarten beinhalten. Sumpfquellen der alpinen Stufe, aber auch Sumpfstandorte tieferer Lagen, die durch Mahd erhalten werden, sind typische Standorte. In den Kleinseggenriedern der Tallagen fehlen die subalpinen und alpinen Arten, hingegen treten Arten der Feuchtwiesen wie Pfeifengras und Gewöhnlicher Teufelsabbiß hinzu.

**Die Pflanzengesellschaften**

**13.6.1** Schwarzes Kopfriet-Sumpf
*Schoenetum nigricantis* W. Koch 1926

**13.6.2** Davall-Seggen-Quellmoor
*Caricetum davallianae* Dutoit 1924

**13.6.3** Subalpines Kopfbinsenmoor
*Schoenetum ferruginei* Du Rietz 1925

**13.6.4** Eis-Seggen-Rieselflur
*Caricetum frigidae* Rübel 1912

**13.6.5** Kalk-Binsen-Wiese
*Juncetum subnodulosi* W. Koch 1926

**Abb. 398:** Kalkreiches Kleinseggenmoor mit Germer (*Veratrum album*) auf staunassen Kalkböden bei Neuleutasch.

## 13.6.1 Schwarzes Kopfriet-Sumpf
## *Schoenetum nigricantis* W. KOCH 1926

**Verband:** *Caricion davallianae* KLIKA 1934, Kleinseggenmoore kalkreicher Standorte
**Ordnung:** *Caricetalia davallianae* BR.-BL. 1949, Kleinseggengesellschaften basenreicher Standorte
**Klasse:** *Scheuchzerio-Caricetea nigrae* (NORDHAGEN 1936) R. TX. 1937, Niedermoorgesellschaften und Hochmoorschlenken-Gesellschaften

**Kennzeichen**
Das Schwarze Kopfriet kommt vor allem auf basenreichen Niedermooren im Tiefland in quelligen Verlandungszonen von Seen und sumpfigen Mulden vor. Es meidet höhere und nördlichere Lagen und ist an temperat-ozeanisches Klima gebunden. Die monotonen und fahlgrünen Moore werden durch die dichtstehenden Horste des Kopfriets gebildet. Die Böden stehen im Winter und Frühjahr unter Wasser und können im Sommer trockenfallen. Gegenüber dem Sumpf mit dem Rostbraunen Kopfriet ist es wesentlich artenärmer, auch wenn Flachmoorarten wie Mehlprimel und Alpen-Fettkraut vorhanden sind.

**Vorkommen und Höhenverbreitung**
Alpenvorland Süddeutschlands; in Österreich auf das Alpenvorland des Bregenzer Waldes und des Salkammergutes beschränkt. Auch kalkreiche feuchte Dünentäler an der Nordsee können vom Schwarzen Kopfriet-Sumpf bewachsen sein. Nur im submediterranen Raum höher steigend.

**Artenliste**

| | |
|---|---|
| Cratoneuron commutatum | Starknervmoos |
| Eleocharis quinqueflora | Armblütige Sumpfbinse |
| Epipactis palustris | Sumpf-Stendelwurz |
| Eriophorum latifolium | Breitblättriges Wollgras |
| Parnassia palustris | Herzblatt |
| Pinguicula alpina | Alpen-Fettkraut |
| Potentilla erecta | Blutwurz |
| Schoenus nigricans | Schwarzes Kopfriet |

**Abb. 399:** Sumpf mit Schwarzem Kopfriet (*Schoenus nigricans*) in den Bernwiesen bei Kreut, Oberbayern.

## 13.6.2 Davall-Seggen-Quellmoor
*Caricetum davallianae* DUTOIT 1924

**Verband:** *Caricion davallianae* KLIKA 1934, Kleinseggenmoore kalkreicher Standorte
**Ordnung:** *Caricetalia davallianae* BR.-BL. 1949, Kleinseggengesellschaften basenreicher Standorte
**Klasse:** *Scheuchzerio-Caricetea nigrae* (NORDHAGEN 1936) R. TX. 1937, Niedermoorgesellschaften und Hochmoorschlenken-Gesellschaften

**Kennzeichen**
Die Kalkflachmoore sind meist mäßig nährstoffreiche Standorte, die als Quellmoore, Rieselfluren oder Verlandungssümpfe vorkommen und von der planaren bis zur subalpinen Stufe verbreitet sind. Das Davall-Seggen-Quellmoor bildet eine Vielgestaltige Gesellschaft aus, die vor allem im Frühjahr zur Blütezeit der Davall-Segge am leichtesten anzusprechen ist. Sobald die Fruchtstände abgefallen sind, wirkt die Davall-Segge mit kaum mehr als 15 – 20 cm Wuchshöhe als unscheinbare, fadenförmige Pflanze und läßt die Begleitarten der Gesellschaft mit ihren zarten Blüten zur Geltung kommen. Auffällige Arten sind die rosablühende Mehlprimel, die Gewöhnliche Simsenlilie mit dem gelben walzenförmigen Blütenstand und das weiße Herzblatt.

**Vorkommen und Höhenverbreitung**
Deutsches Alpenvorland und Mittelgebirge bis Schwäbische und Fränkische Alb; Hauptentfaltung in den mittel- und westeuropäischen Gebirgen; verarmt mit zunehmender Entfernung vom Alpenhauptkamm. GÖRS (1963) beschreibt geographische Varianten aus den Pyrenäen, Karpaten und Pannonien. Sekundäres Vorkommen im Naturpark Feldberg-Lychner in Brandenburg.

**Ökologie**
Davall-Seggen-Niedermoore sind stets baumfrei, weil die Böden wegen der Nähe zu Quellen für Bäume zu naß sind, um Fuß zu fassen. Sie enthalten wesentlich mehr Begleitarten als die Gesellschaften der kalkarmen Flachmoore. Ursprünglich bilden sie nur kleinflächige Vorkommen, durch Mahd und Streuwiesenbewirtschaftung sind auch großflächige sekundäre Rieder entstanden. Dadurch konnten Arten der Streu- und Wirtschaftswiesen in die Moore einwandern, wodurch sich die größere Artenanzahl erklärt. Zahlreiche Varianten wurden entsprechend den unterschiedlichen Höhenlagen beschrieben, die nach kennzeichnenden Blütenpflanzen benannt sind:
- subalpine-alpine Form mit Moosfarn, Alpenhelm und Rasenbinse
- hochmontane Form mit montanen und subalpinen Arten
- montane Form mit Gewöhnlichem Teufelsabbiß, Schilf, Sumpf-Stendelwurz und Sumpf-Kratzdistel
- Tieflandausbildung mit Rostrotem Kopfriet

Die Armblütige Sumpfbinse, die von LÜDI (1921) zu einer eigenen Gesellschaft gefaßt wird, kommt ebenfalls in Quellsümpfen vor und dürfte eine Vorstufe zur Davall-Seggengesellschaft darstellen.

**Gefährdung, Pflege, Naturschutz**
Die Niedermoore sind allerorts sehr gefährdete Standorte, die durch Eutrophierung und Entwässerung verloren gehen. Werden Moore als Streuwiese bewirtschaftet, muß die Mahd einmal pro Jahr im Herbst samt Mähgutabfuhr beibehalten werden. Jeglicher Nährstoffeintrag ist zu verhindern.

**Artenliste**

| | |
|---|---|
| Briza media | Zittergras |
| Carex davalliana | Davall-Segge |
| Carex flava | Gelbe Segge |
| Carex fusca | Braune Segge |
| Carex panicea | Hirsen-Segge |
| Equisetum palustre | Sumpf-Schachtelhalm |
| Eriophorum latifolium | Breitblättriges Wollgras |
| Gentiana asclepiadea | Schwalbenwurz-Enzian |
| Juncus alpinoarticulatus | Gebirgs-Binse |
| Leontodon hispidus | Rauher Löwenzahn |
| Molinia caerulea | Pfeifengras |
| Parnassia palustris | Herzblatt |
| Pinguicula vulgaris | Gewöhnliches Fettkraut |
| Primula farinosa | Mehlprimel |
| Succisa pratensis | Gewöhnlicher Teufelsabbiß |
| Tofieldia calyculata | Gewöhnliche Simsenlilie |
| Valeriana dioica | Sumpf-Baldrian |

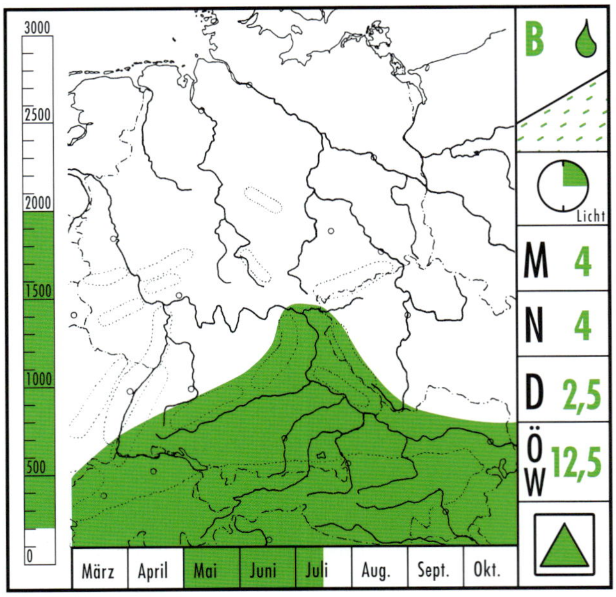

**Abb. 400:** Davall-Seggen-Quellmoor auf feuchtzügigen Hängen unterhalb von Schönrain, Oberbayern.

**Abb. 401:** Davall-Segge (*Carex davalliana*).

**Abb. 402:** Davall-Seggensumpf mit Mehlprimel, Wildmoosalm/ Seefeld.

**Abb. 403:** Kalkreiches Davall-Seggen-Quellmoor im Leutaschtal.

## 13.6.3 Subalpines Kopfbinsenmoor
*Schoenetum ferruginei* DU RIETZ 1925

**Verband:** *Caricion davallianae* KLIKA 1934, Kleinseggenmoore kalkreicher Standorte
**Ordnung:** *Caricetalia davallianae* BR.-BL. 1949, Kleinseggengesellschaften basenreicher Standorte
**Klasse:** *Scheuchzerio-Caricetea nigrae* (NORDHAGEN 1936) R. TX. 1937, Niedermoorgesellschaften und Hochmoorschlenken-Gesellschaften

**Kennzeichen**
Die Rostrote Kopfbinse (oder Kopfriet) kennzeichnet den subalpinen Kopfbinsensumpf, der vorwiegend basenreiche Hangmoore, Quellsümpfe und Verlandungsbereiche von Seen einnimmt. Die Moore sind artenreich und zeigen entlang der Höhenstufen eine auffallend konstante Artenzusammensetzung. Drei Unterteilungen wurden getroffen: das *Primulo-Schoenetum* mit der Mehlprimel, das *Tofieldo-Schoenetum* mit der Gewöhnlichen Simsenlilie und das *Trichophoro-Schoenetum* mit der Rasenbinse. Der größte Teil der Standorte ist anthropogen durch Streuwiesenbewirtschaftung entstanden. In primären Flachmooren kommen das Alpen-Maßliebchen und der Schwalbenwurz-Enzian vor (OBERDORFER 1977).

**Vorkommen und Höhenevrbreitung**
Alpen, Alpenvorland, Alpentäler; in tieferen und mittleren Lagen des Alpenvorlandes, in höheren Lagen des Berglandes sowie in kontinental beeinflußten alpinen Talbecken.

**Ökologie**
Die seltene Rostrote Kopfbinse bevorzugt Quell- und Flachmoore in höheren Lagen auf stau- und sickernassen Böden. Diese Lebensräume beinhalten hoch spezialisierte Lebensgemeinschaften, die auch durch zahlreiche seltene Arten charakterisiert sind. Kleinste Veränderungen des Wasserhaushaltes können zum Verschwinden der Kopfbinsenrasen beitragen. In diesen Mooren kommen zahlreiche alpigene und nordisch-arktische Arten vor.

**Gefährdung, Pflege, Naturschutz**
Wie bei jedem Feuchtgebiet stellen Entwässerung und Eutrophierung die größten Gefahren dar. Die meisten Moore dieser Art, die sich in tieferen Lagen befinden, werden extensiv bewirtschaftet und gemäht. Nutzungsintensivierungen führen zum unweigerlichen Verlust der Kopfbinsenrasen. Bei einer Nutzungsauflassung entwickelt sich die Gesellschaft zu einem Weidengebüsch. Die Flächen sollten einmal im Jahr im Herbst gemäht werden, das Mähgut ist abzuführen. Die sehr seltene Assoziation ist aus naturschutzfachlicher Sicht streng zu schützen.

**Artenliste**

| | |
|---|---|
| Aster bellidiastrum | Alpen-Maßliebchen |
| Drosera anglica | Langblättriger Sonnentau |
| Eriophorum latifolium | Breitblättriges Wollgras |
| Gentiana asclepiadea | Schwalbenwurz-Enzian |
| Molinia caerulea | Pfeifengras |
| Parnassia palustris | Sumpfherzblatt |
| Pinguicula alpina | Alpen-Fettkraut |
| Pinguicula vulgaris | Gewöhnliches Fettkraut |
| Potentilla erecta | Blutwurz |
| Primula farinosa | Mehlprimel |
| Schoenus ferrugineus | Rostrote Kopfbinse |
| Selaginella selaginoides | Dorniger Moosfarn |
| Succisa pratensis | Gewöhnlicher Teufelsabbiß |
| Tofieldia calyculata | Gewöhnliche Simsenlilie |

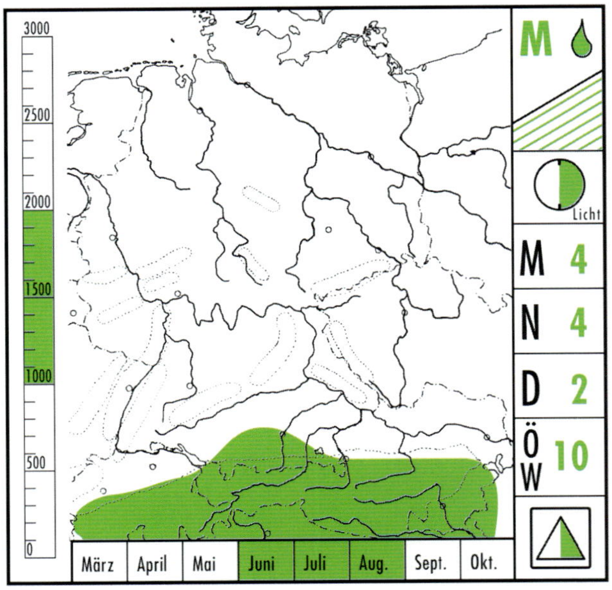

**Abb. 404:** Kopfbinsenmoor im Hochsommer in den Auerfilzen bei Höfen, Bad Heilbrunn.

**Abb. 405:** Herbstaspekt des Kopfbinsenmoores mit der Rostroten Kopfbinse (*Schoenus ferrugineus*), Charakterart des *Caricion davallianae*.

## 13.6.4 Eis-Seggen-Rieselflur
*Caricetum frigidae* RÜBEL 1912

**Verband:** *Caricion davallianae* KLIKA 1934, Kleinseggenmoore kalkreicher Standorte
**Ordnung:** *Caricetalia davallianae* BR.-BL. 1949, Kleinseggengesellschaften basenreicher Standorte
**Klasse:** *Scheuchzerio-Caricetea nigrae* (NORDHAGEN 1936) R. TX. 1937, Niedermoorgesellschaften und Hochmoorschlenken-Gesellschaften

**Kennzeichen**
Die kleinflächig vorkommende Gesellschaft nimmt kalkhaltige Quellmoorbereiche in subalpinen und alpinen Lagen mit langer Schneebedeckung und entlang von Gebirgsbächen ein, die stets durch kühles Quellwasser überrieselt werden und Mineralböden aufweisen. Die Gesellschaft fällt durch die prächtige Eis-Segge auf, die zur Blütezeit im Juli die schwarzen, hängenden Fruchtstände ausbildet. Innerhalb der Gesellschaft finden sich nach OBERDORFER ungewöhnlich viele hochalpine Reliktpflanzen, die im Sommer bunt blühend die gestuften Hangquellmoore und Karmulden erfüllen. Schon nach der Schneeschmelze treten die violetten Soldanellen auf, die im Sommer von Alpen-Fettkraut, Alpenhelm und Alpen-Mutterwurz abgelöst werden.

**Vorkommen und Höhenverbreitung**
Nördliche Kalkalpen, Allgäuer und Lechtaler Alpen, westliche Zentralalpen, Hohe Tauern; im Schwarzwald über Gneis; Vogesen.

**Artenliste**

| | |
|---|---|
| Aster bellidiastrum | Alpen-Maßliebchen |
| Bartsia alpina | Alpenhelm |
| Calycocorsus stipitatus | Kronenlattich |
| Carex echinata | Stern-Segge |
| Carex flava | Gelbe Segge |
| Carex frigida | Eis-Segge |
| Juncus alpinoarticulatus | Gebirgs-Binse |
| Ligusticum mutellina | Alpen-Mutterwurz |
| Parnassia palustris | Herzblatt |
| Pinguicula vulgaris | Gewöhnliches Fettkraut |
| Potentilla erecta | Blutwurz |
| Saxifraga aizoides | Bach-Steinbrech |
| Selaginella selaginoides | Dorniger Moosfarn |
| Soldanella alpina | Alpen-Troddelblume |

**Abb. 406:** Eis-Seggen-Rieselflur auf einem subalpinen Flachmoor am Lachenjoch im NSG Vilsalpsee.

## 13.6.5 Kalk-Binsen-Wiese
*Juncetum subnodulosi* W. KOCH 1926

**Verband:** *Caricion davallianae* KLIKA 1934, Kleinseggenmoore kalkreicher Standorte
**Ordnung:** *Caricetalia davallianae* BR.-BL. 1949, Kleinseggengesellschaften basenreicher Standorte
**Klasse:** *Scheuchzerio-Caricetea nigrae* (NORDHAGEN 1936) R. TX. 1937, Niedermoorgesellschaften und Hochmoorschlenken-Gesellschaften

**Kennzeichen**
Die sehr seltene Kalk-Binsenwiese mit der Stumpfblütigen Binse kommt vor allem im Bergland auf nassen Kalktuffböden vor, die von Hangquellen gespeist werden und in denen der Wasserspiegel etwa an der Erdoberfläche liegt. Die Stumpfblütige Binse bildet geschlossene Rasen aus, die erst im Frühsommer an den blaßgelben starr gespreizten Blütenständen zu erkennen sind. Die meist kleinflächige Pioniergesellschaft kommt auch an quelligen Stellen in Auen des Tieflandes vor. Die Gesellschaft zeigt enge Beziehungen zu den Pfeifengraswiesen.

**Vorkommen und Höhenverbreitung**
Im Bergland von der montanen bis zur subalpinen Stufe, selten im Tiefland; Kalkreiche Quellmoore der norddeutschen Jungmoränenlandschaft, nordwestdeutsches Hügelland.

**Artenliste**

| | |
|---|---|
| Bartsia alpina | Alpenhelm |
| Carex flava | Gelbe Segge |
| Carex nigra | Wiesen-Segge |
| Carex panicea | Hirsen-Segge |
| Dactylorhiza majalis | Geflecktes Knabenkraut |
| Juncus acutiflorus | Spitzblütige Binse |
| Juncus alpino articulatus | Alpen-Binse |
| Juncus subnodulosus | Stumpfblütige Binse |
| Parnassia palustris | Herzblatt |
| Trichophorum caespitosum | Rasenbinse |
| Valeriana dioica | Kleiner Baldrian |

**Abb. 407:** Kalk-Binsen-Wiese mit Spitzblütiger Binse (*Juncus acutiflorus*) auf der Möseralm bei Fiss, Serfauser Sonnenterrasse.

## 13.7 Kiefernbruch- und Hochmoorwälder
*Ledo-Pinion* Tx. 1955

### 13.7.1 Bergkiefern-Moorwald
*Vaccinio uliginosi-Pinetum rotundatae* Oberd. 1934

**Verband:** *Ledo-Pinion* Tx. 1955, Kiefernbruch- und Hochmoorwälder
**Ordnung:** *Vaccinio-Piceetalia* Br.-Bl. 1939, Kiefern-Fichten-Wälder
**Klasse:** *Vaccinio-Piceetea* Br.-Bl. in Br.-Bl. et al. 1939, Boreal-subalpine Nadelwälder, Birkenbruch- und Kiefernwälder

**Kennzeichen**
Trockene Bultstandorte in Hochmooren, seltener auch Niedermoore, können mit Moor-Berg-Kiefern zu lückigen Moorwäldern verwachsen sein. Die Moor-Berg-Kiefer erreicht Höhen um 8 m und kommt zusammen mit der Legföhre vor, die nur Buschformen ausbildet. Im Unterwuchs sind säuretolerante Zwergsträucher und Pfeifengras häufig. Die Moor-Berg-Kiefer ist leicht mit der Spirke zu verwechseln, die ebenfalls Moorstandorte besiedeln kann, jedoch auf staunassen Böden nur in Westösterreich und der Schweiz vorkommt. Die Moor-Berg-Kiefer bildet im Gegensatz zur Spirke keine Haken an den Zapfenschuppen aus.

**Vorkommen und Höhenverbreitung**
Montane bis untere subalpine Stufe in ganz Mitteleuropa, bayerisches Alpenvorland, norddeutsche Tiefebene, Nordeuropa; in vermoorten Mulden, in der Übergangszone zu Hochmooren oder am Rande abflußloser, nährstoffarmer Gewässer, großflächig in abgetrockneten und teilweise entwässerten Hochmooren. In Österreich vereinzelt in Ostösterreich, Tirol und Kärnten.

**Gesellschaftsabgrenzung**
Eine der häufigsten Assoziationen der Hochmoorwälder, in denen überwiegend Nadelgehölze enthalten sind, ist der **Latschen-Bergföhren-Moorwald,** *Vaccinio uliginosi-Pinetum mugo* Oberd. 1934, im bayerischen Alpenvorland in verheideten Moorflächen, zusammen mit größeren Beständen der Moor-Bergkiefer (*Pinus rotundata*) sowie der Legföhre. 2 weitere Assoziationen stehen dem Latschen-Bergföhren-Moorwald sehr nahe und unterscheiden sich durch die hauptsächlich vorkommende Baumart: **Rauschbeeren-Kiefern-Moorwald,** *Vaccinio uliginosi-Pinetum sylvestris* Kleist 1929. Dieser Moorwald kommt auf entwässertem Hochmoortorf und in Mulden vor, die einen extrem tiefen pH-Wert aufweisen. Schwer davon zu unterscheiden ist der **Torfmoos-Fichtenbruch,** *Sphagno girgbensonii-Piceetum* Kuoch 1954, der am unteren Hochmoorrand stockt und durch die Moorentwässerung gefördert wird. Alle Gesellschaften enthalten nahezu dieselben Unterwuchsarten, vor allem mehrere Torfmoose (*Sphagnum quinquefarium, Sph. girgensohnii, Sph. capillifolium, Sph. recurvum*). Neben Fichte und Wald-Kiefer kommen Faulbaum und Moor-Birke vor. Der Verbreitungsschwerpunkt dieser Gesellschaften liegt in Nordeuropa, wo der Sumpfporst (*Ledum palustre*) als charakteristische Bodenstrauchart hinzu kommt.

**Ökologie**
Moor- und Bruchwälder kommen mit einem geringeren Basenangebot als Erlen aus und setzen sich an basenarmen Standorten gegenüber Erlenbruchwäldern durch. Die Nadelgehölze sind eher im kontinentalen Osten, die Birken in atlantisch getönten westlichen Gebieten anzutreffen. Nur säure- und nässeliebende Sträucher können aufkommen, während der Bodenbewuchs üppig ist und das erhöhte Lichtangebot ausnützt. Typisch sind Zwergsträucher und boreale Pflanzenarten, die auf die Hauptverbreitung im Norden Europas zurückzuführen sind.

**Gefährdung, Pflege, Naturschutz**
Wie die Moor- und Feuchtstandorte sind auch die Moorwälder durch Entwässerung, Flurbereinigung und großflächige Moorzerstörung beeinträchtigt. Vor allem die Veränderung des Wasserregimes bewirkt den Zerfall der Gesellschaften. Viele Moorwälder wurden durch Fichtenpflanzungen zu Monokulturen aufgeforstet.

**Artenliste**

| | |
|---|---|
| Andromeda polifolia | Rosmarinheide |
| Betula pubescens | Moor-Birke |
| Calluna vulgaris | Heidekraut |
| Carex ovalis | Hasen-Segge |
| Eriophorum vaginatum | Scheidiges Wollgras |
| Frangula alnus | Faulbaum |
| Molinia caerulea | Pfeifengras |
| Oxycoccus oxycoccus | Moosbeere |
| Pinus mugo | Echte Legföhre |
| Pinus rotundata | Moor-Berg-Kiefer |
| Pinus sylvestris | Wald-Kiefer |
| Pinus uncinata | Spirke |
| Pleurozium schreberi | Rotstengelmoos |
| Polytrichum commune | Haarmützenmoos |
| Potentilla erecta | Blutwurz |
| Sphagnum sp. | Torfmoos |
| Vaccinium myrtillus | Heidelbeere |
| Vaccinium uliginosum | Moorbeere |
| Vaccinium vitis-idaea | Preiselbeere |

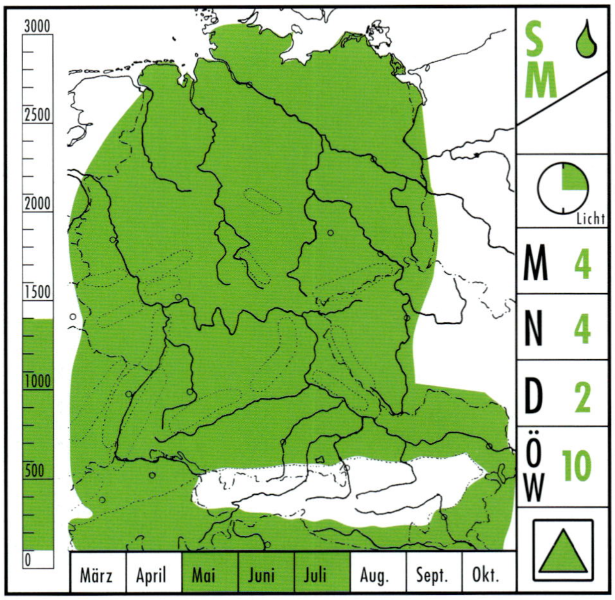

**Abb. 408:** Bergkiefern-Moorwald in den Auer Filzen bei Schönrain, Oberbayern.

**Abb. 409:** Moorkiefer (*Pinus rotundata*).

**Abb. 410:** Kieferbewachsenes Hochmoor im Roßfilz bei Quarzbichl.

## 13.8 Birkenbruchwälder
*Betulion pubescentis* LOHMEYER et. R. TX. 1957

### 13.8.1 Birkenbruchwald
*Vaccinio uliginosi-Betuletum pubescentis* LIBBERT 1932

**Verband:** *Betulion pubescentis* LOHMEYER et. R. TX. 1957, Birkenbruchwälder
**Ordnung:** *Vaccinio-Piceetalia* BR.-BL. 1939, Kiefern-Fichten-Wälder
**Klasse:** *Vaccinio-Piceetea* BR.-BL. in BR.-BL. et al. 1939, Boreal-subalpine Nadelwälder, Birkenbruch- und Kiefernwälder

**Kennzeichen**
Die nährstoffarmen Birkenbruchwälder stocken auf nassen und sehr sauren Böden, entweder an Hochmoorrändern, in Übergangsmooren oder auf verheideten Hochmoorflächen, stets auf grundwasserbeeinflußten, nährstoffarmen Böden. Häufig handelt es sich um entwässerte Flächen und ehemalige Torfstiche mit trockenfallenden Torfböden, die eine Mächtigkeit um 1 m erreichen. Die einförmigen und wenig gegliederten Bestände sind durch das Vorherrschen der Moor- und Hänge-Birke charakterisiert, die von weiteren Baumarten wie Fichte und Wald-Kiefer begleitet werden können. Im Unterwuchs kommen sowohl Hochmoorarten und Feuchtezeiger als auch säurezeigende Fichtenwaldarten vor. Ferner herrschen Torfmoose, Pfeifengras und bodensaure Zwergsträucher wie Moorbeere und Heidelbeere vor. Aufgrund unterschiedlicher Standortsfaktoren kann der Birkenbruchwald sehr variabel ausgebildet sein, er ist jedoch meist als Dauergesellschaft anzusehen. Die Wälder wurden in den letzten Jahrhunderten in Mitteleuropa häufig forstlich intensiviert, entwässert oder durch Moorzerstörung verdrängt. Sie kommen in Nordeuropa heute noch sehr häufig und großflächig vor.

**Vorkommen und Höhenverbreitung**
Atlantische und subatlantische Teile Europas, Norddeutsche Tiefebene, Nordalpenrand, Alpenvorland; Kärnten; von der kollinen bis zur montanen Stufe.

**Artenliste**

| | |
|---|---|
| Betula pendula | Hänge-Birke |
| Betula pubescens | Moor-Birke |
| Calluna vulgaris | Heidekraut |
| Frangula alnus | Faulbaum |
| Molinia caerulea | Pfeifengras |
| Polytrichum commune | Haarmützenmoos |
| Sphagnum recurvum | Gekrümmtästiges Torfmoos |
| Vaccinium myrtillus | Heidelbeere |
| Vaccinium uliginosum | Moorbeere |

**Abb. 411:** Birkenbruch mit Schwarz-Erlen, Schwertlilie, Gilbweiderich und Buchenfarn (*Thelypteris phegopteris*) an der Aller.

## 13.8.2 Karpatenbirkenwald

*Betuletum carpaticae* LOHMEYER u. Bohn 1972

**Verband:** *Betulion pubescentis* LOHMEYER et. R. TX. 1957, Birkenbruchwälder
**Ordnung:** *Vaccinio-Piceetalia* BR.-BL. 1939, Kiefern-Fichten-Wälder
**Klasse:** *Vaccinio-Piceetea* BR.-BL. in BR.-BL. et al. 1939, Boreal-subalpine Nadelwälder, Birkenbruch- und Kiefernwälder

**Kennzeichen**
Auf Moorrändern und in trockenfallenden Randbereichen, aber auch in Quell- und Zwischenmooren kommt auf feuchten bis nassen Torfen der lockere Bruchwald mit der Karpaten-Birke vor. Diese unterscheidet sich von der Moor-Birke durch kleinere, rautenförmige Blätter. Der Unterwuchs ist dem des Birkenbruchwaldes sehr ähnlich, enthält jedoch zahlreiche Moose und Flechten. Auf den Nordseeinseln ist im Endstadium der verlandeten Dünentäler der **Krähenbeeren-Karpatenbirkenwald**, *Empetro-Betulo carpaticae* WESTHOFF & VAN OSTEN 1991, ausgebildet.

**Vorkommen und Höhenverbreitung**
Solling, Oberharz, Obersauerland (Ebbegebirge), Rhön, Spessart; zwischen 400 – 900 m. Die Karpatenbirke kann azonal auch in schattigen, feuchten Kalkblockhalden um 1400 – 1500 m anstelle der Grünerle vorkommen, die diesen Standort nur in höheren Lagen besiedelt.

**Artenliste**

| | |
|---|---|
| Betula pubescens ssp. carpatica | Karpaten-Birke |
| Calamagrostis varia | Buntes Reitgras |
| Deschampsia flexuosa | Draht-Schmiele |
| Dryopteris carthusiana | Gewöhnlicher Dornfarn |
| Luzula sylvatica | Wald-Hainsimse |
| Molinia caerulea | Pfeifengras |
| Polytrichum commune | Haarmützenmoos |
| Sorbus aucuparia | Eberesche |
| Sphagnum recurvum | Gekrümmtästiges Torfmoos |
| Trientalis europaea | Siebenstern |
| Vaccinium myrtillus | Heidelbeere |

**Abb. 412:** Karpatenbirkenwald am Mecklenbruch-Hochmoor bei Silberborn im Solling.

## Pflanzen der Moore

**Abb. 413:** Akeleiblättrige Wiesenraute, *Thalictrum aquilegiifolium*.

**Abb. 414:** Wasser-Schwertlilie, *Iris pseudacorus*.

**Abb. 415:** Sumpf-Stendelwurz, *Epipactis palustris*.

**Abb. 416:** Fleischrotes Knabenkraut, *Dactylorhiza incarnata*.

**Abb. 417:** Gewöhnlicher Wasserschlauch, *Utricularia vulgaris*.

**Abb. 418:** Blut-Weiderich, *Lythrum salicaria*.

**Abb. 419:** Sumpf-Läusekraut, *Pedicularis palustris.*

**Abb. 420:** Bach-Nelkenwurz, *Geum rivale.*

**Abb. 421:** Teufelsabbiß, *Succisa pratensis.*

**Abb. 422:** Duftlauch, *Allium suaveolens.*

**Abb. 423:** Deutsche Schwertlilie, *Iris germanica.*

**Abb. 424:** Sumpf-Gladiole, *Gladiolus palustris.*

# 14 Quellfluren

## 14.1 Weichwasserquell-Gesellschaften der alpinen Stufe
*Philonotidion seriatae* HINTERLANG 1992

### 14.1.1 Stern-Steinbrech-Quellflur
*Philonoto-Saxifragetum stellaris* NORDHAGEN 1943

**Verband:** *Philonotidion seriatae* HINTERLANG 1992, Weichwasserquell-Gesellschaften der alpinen Stufe
**Ordnung:** *Montio-Cardaminetalia* PAWLOWSKI 1928, Sommerkühle Quellstandorte
**Klasse:** *Montio-Cardaminetea* BR.-BL. et R. TX. 1943 ex KLIKA 1948, Quell-Gesellschaften

**Kennzeichen**
Die sommerkühlen Quellstandorte und die daran anschließenden Standorte an den Bachoberläufen werden in zwei Verbände zusammengefaßt, die nach dem Kalkgehalt des Wassers unterschieden werden. Die Fluren kalkarmer Quellen (*Cardamino-Montion* BR.-BL. 1925) auf Silikatböden und die Kalk-Quelltuff-Gesellschaften (*Cratoneurion commutati* W. KOCH 1928) auf kalkhaltigem Untergrund. Diese Quellstandorte weisen eigentümliche Standortsfaktoren auf: Gleichbleibende Temperaturen während des gesamten Jahres infolge des ungefähr 5°C kalten Quellwassers, sickerfeuchte bis nasse Böden, hohe Luftfeuchtigkeit, gute Sauerstoffversorgung, geringe Nährstoffversorgung und rasch fließendes oder ständig rieselndes Wasser. Die häufigste Quellflur ist die Stern-Steinbrech-Quellflur die an unbeschatteten Quellen und entlang von Quellbächen in der montanen und subalpinen Stufe zwischen 1000 und 2500 m Seehöhe vorkommt. Die Silikatböden sind ständig von Quellwasser überrieselt. Moose bilden auffällige wasserdurchtränkte Teppiche aus, während die Blütenpflanzen eine untergeordnete Rolle spielen.

**Vorkommen und Höhenverbreitung**
In den Alpen und Karpaten häufig, auf Hangaustritten, Quellspalten, frischen durchsickerten Quellböschungen, aber auch an frischen, durchströmten Entwässerungsgräben.

**Ökologie**
Quellen sind Lebensräume hochspezialisierter Lebensgemeinschaften, die sich an die höchst sensiblen und eigentümlichen Standortbedingungen anpassen müssen. Werden Quellen zerstört, können die Arten auf keine anderen Lebensräume ausweichen, um von dort neuerdings Quellfluren zu besiedeln. Wegen des kühlen bis kalten Mikroklimas sind an Quellen auch eiszeitliche Reliktarten zu finden.

**Gefährdung, Pflege, Naturschutz**
Durch Quellfassungen, touristische Erschließungen und Trinkwasserversorgung sind Quellen im Bergland mäßig, in Tallagen aber äußerst gefährdet. Vor allem der Nährstoffeintrag und die damit verbundene Verschiebung des sensiblen Chemismus des Quellwassers führen zur Beeinträchtigung und Zerstörung der Quellflur. Quellfluren müssen konsequent geschützt werden.

**Ähnliche Gesellschaft:**
**Montane Quellmoos-Quellkraut-Gesellschaft,** *Montio-Philonotidetum fontanae* BÜKER 1942: Kommt in Quellnischen und an Quellrändern von Bergbächen in einer Seehöhe von stets über 300 Metern im sauberen Wasser an unbeschatteten Standorten vor; diese Gesellschaft enthält das Quellmoos und das Quellkraut.

**Artenliste**

| | |
|---|---|
| Bryum schleicheri | Schleichers Birnenmoos |
| Dicranella palustris | Quell-Kleingabelzahnmoos |
| Epilobium alsinifolium | Mierenblättriges Weidenröschen |
| Epilobium nutans | Nickendes Weidenröschen |
| Montia fontana | Quellkraut |
| Philonotis fontana | Quellmoos |
| Philonotis seriata | Quellmoos |
| Saxifraga stellaris | Stern-Steinbrech |
| Stellaria uliginosa | Quell-Sternmiere |

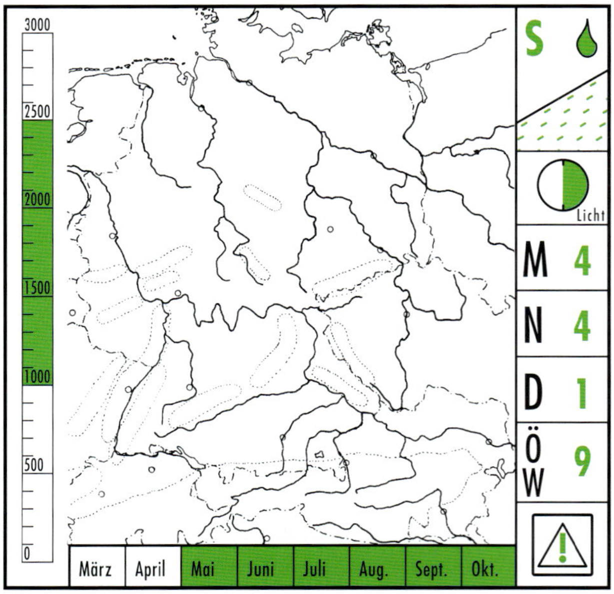

**Abb. 425:** Stern-Steinbrech-Quellflur mit Stern-Steinbrech beim Hochwildehaus im Ötztal.

**Abb. 426:** Subalpine Quellflur mit Quellmoos (*Philonotis sp.*) im Ruhegebiet Eppzirl im Bereich der Oberbrunnalm.

## 14.2 Subatlantisch-montane Quellgesellschaften
*Cardamino-Montion* Br.-Bl. 1926

### 14.2.1 Gesellschaft des Bitteren Schaumkrautes
*Cardaminetum amarae* Br.-Bl. 1926

**Verband:** *Cardamino-Montion* Br.-Bl. 1925, Subatlantisch-montane Quellgesellschaften
**Ordnung:** *Montio-Cardaminetalia* Pawlowski 1928, Sommerkühle Quellstandorte
**Klasse:** *Montio-Cardaminetea* Br.-Bl. et R. Tx. 1943 ex Klika 1948, Quell-Gesellschaften

**Kennzeichen**
In unmittelbarer Nähe zu Quellen und an deren Quellbächen kommt die Gesellschaft des Bitteren Schaumkrautes vor, das leicht mit der Brunnenkresse zu verwechseln ist. Die Standorte sind meist beschattet, befinden sich in Nordlagen und kommen über staunassen, mineralreichen, mesotrophen Böden vor, die sich aus saurem Gestein gebildet haben. Die Gesellschaft ist weit verbreitet und bildet mehrere Höhenvarianten aus.

**Vorkommen und Höhenverbreitung**
In montanen bis alpinen Lagen bis 2200 m in ganz Mitteleuropa; kalkquellreiche Waldstandorte im nordostdeutschen Tiefland, sonst im Tiefland eher selten.

**Artenliste**

| | |
|---|---|
| Brachythecium rivulare | Bach-Kurzbüchsenmoos |
| Cardamine amara | Bitteres Schaumkraut |
| Chrysosplenium alternifolium | Wechselblättriges Milzkraut |
| Mnium punctatum | Punktiertes Sternmoos |
| Stellaria nemorum | Wald-Sternmiere |

**Abb. 427:** Schaumkrautflur auf einem überrieselten Hang bei Obergurgl im hinteren Ötztal, Tirol.

## 14.2.2 Subalpine Quellmoos-Gesellschaft
## *Bryo schleicheri-Montietum rivularis*

**Verband:** *Cardamino-Montion* Br.-Bl. 1925, Subatlantisch-montane Quellgesellschaften
**Ordnung:** *Montio-Cardaminetalia* Pawlowski 1928, Sommerkühle Quellstandorte
**Klasse:** *Montio-Cardaminetea* Br.-Bl. et R. Tx. 1943 ex Klika 1948, Quell-Gesellschaften

**Kennzeichen**
Die unter dem Synonym *Montio-Bryetum schleicheri* Br.-Bl. 1925 bekannte Gesellschaft siedelt an rasch durchströmten Quellen und Quellbächen. Die Gesellschaft wird hauptsächlich von Moosen beherrscht, Blütenpflanzen kommen höchstens mit einem Anteil von 20 % vor. Die Weichwasser-Quellteppiche sind als leuchtende Rasen in der Landschaft ziemlich auffällig und leicht ersichtlich. Die Gesellschaft ist in der subalpinen und alpinen Stufe weit verbreitet und kommt auch in Kalk-, Gneis- und Glimmerschiefergebieten vor. Geissler (1976) beschreibt eine Variante mit *Bryum weigelii*, die bei der Schönwieshütte im Ötztal vorkommt. Daneben ist im nahen Geisbergtal eine Variante mit der Kratzigen Distel, die *Bryum schleicheri-Cirsium spinosissimum*-Variante bekannt.

**Vorkommen und Höhenverbreitung**
In der subalpinen und alpinen Stufe der subatlantisch getönten Silikat-Gebirge; auch in Mittelgebirgslagen wie dem Südschwarzwald oder dem Hochsauerland.

**Artenliste**

| | |
|---|---|
| Bryum schleicheri | – |
| Cicranella palustris | – |
| Cratoneuron commutatum | Starknervmoos |
| Epilobium nutans | Nickendes Weidenröschen |
| Philonotis seriata | – |
| Sagina saginoides | Alpen-Mastkraut |
| Saxifraga stellaris | Stern-Steinbrech |
| Scapania undulata | – |
| Sedum villosum | Sumpf-Fetthenne |

**Abb. 428:** Subalpine Quellmoos-Gesellschaft in der alpinen Stufe bei der Karlsruher Hütte im Gurgler Tal.

## 14.3 Kalk-Quelltuff-Gesellschaften
*Cratoneurion commutati* W. Koch 1928

### 14.3.1 Starknervmoos-Quellgesellschaft
*Cratoneuretum commutati* Aichinger 1933

**Verband:** *Cratoneurion commutati* W. Koch 1928, Kalk-Quelltuff-Gesellschaften
**Ordnung:** *Montio-Cardaminetalia* Pawlowski 1928, Sommerkühle Quellstandorte
**Klasse:** *Montio-Cardaminetea* Br.-Bl. et R. Tx. 1943 ex Klika 1948, Quell-Gesellschaften

**Kennzeichen**
Diese häufige Quellflur stellt die zentrale Einheit des Verbandes dar. Sie wird auch mit dem Synonym Quellflur des Abgeänderten Starknervmooses, *Cratoneuretum commutati* Aichinger 1933 bezeichnet. Vielfach wird die Charakterart, das Starknervmoos in die Varietäten *commutatum* und *falcatum* getrennt, wobei man standörtliche Unterschiede beider Sippen dargestellt hat (*C. commutatum* 1200 – 1500 m, *C. falcatum* über 1500 m). Deshalb ist auch die manchmal beschriebende Benennung *Cratoneuretum falcati* Gams 1927 hier zu erwähnen. Die Gesellschaft kommt an klaren, ionenreichen Quellen und überrieselten Felskanten über Kalk vor und fällt vor allem durch die grünen und goldbraunen Moosteppiche der Kalk-Quellmoose auf. Die wenigen begleitenden Blütenpflanzen wachsen innerhalb oder zwischen den Moospolstern. Die Quellen sind besonnt und sauerstoffreich, die Temperatur des Quellwassers schwankt zwischen 5 und 8°C. Typisch ist die Ausbildung von Quellkalken wie Tuffen oder Travertin. Da, wie erwähnt, die beiden Quellmoose schwer zu unterscheiden sind, wird häufig die eindeutige Artengarnitur der Gesellschaft zur Bestimmung herangezogen.

**Vorkommen und Höhenverbreitung**
Vorwiegend in subalpinen und alpinen Lagen der Kalkgebirge.

**Ökologie**
Kalkquellen der höheren Lagen zeigen keine Tuffbildungen und können so von den Quellen der Tieflagen getrennt werden. Der pH-Wert des Wassers liegt im neutralen Bereich, wichtigster Parameter der Kalkquellen ist die Kalkunterlage (Zechmeister 1993), die den Chemismus des Quellwassers bestimmt. Der Boden besteht aus Feinschutt oder wenigen Zentimetern Feinerde.

**Gefährdung, Pflege, Naturschutz**
Quellbiotope sind aufgrund ihrer spezialisierten Standortbedingungen, der Kleinflächigkeit und ihrer Isoliertheit sehr störungsempfindlich. Zahlreiche Arten innerhalb der Quellbiotope sind selten und durch das Überbauen von Quellen in ihrer Existenz bedroht. Der Austausch der Arten wird durch die isolierte Lage von Quellbiotopen erschwert. Eine Pflege ist praktisch nicht notwendig, es müssen Chemismus und Wasserhaushalt aufrecht erhalten bleiben. Quellen sind äußerst artenreiche Lebensräume, europaweit konnten bis zu 1500 Lebenwesen nachgewiesen werden.

**Artenliste**

| | |
|---|---|
| Agrostis stolonifera | Weißes Straußgras |
| Arabis soyeri | Glänzende Gänsekresse |
| Carex frigida | Eis-Segge |
| Cratoneuron commutatum | Starknervmoos |
| Cratoneuron falcatum | Farnähnliches Starknervmoos |
| Epilobum alsinifolium | Mierenblättriges Weidenröschen |
| Heliosperma quadridentatum | Strahlensame |
| Philonotis calcarea | Kalk-Quellmoos |
| Saxifraga aizoides | Fetthennen-Steinbrech |
| Saxifraga stellaris | Stern-Steinbrech |
| Silene pusilla | Strahlensame |

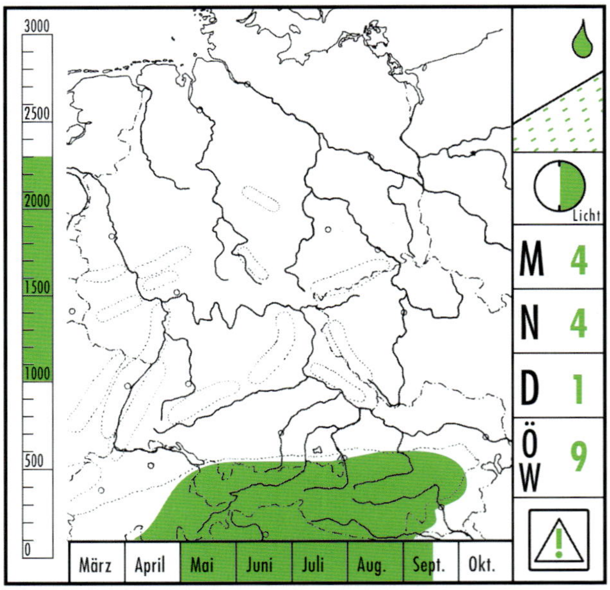

**Abb. 429:** Starknervmoos-Quellgesellschaft an einem Seitenbach der Isar im Hinterautal, Karwendel.

**Abb. 430:** Hangquelle unterhalb des Pletzach im Falzthurntal.

**Abb. 431:** Detail eines überfluteten Moospolsters.

## 14.4 Waldsumpfgesellschaften
*Caricion remotae* KÄSTNER 1941

### 14.4.1 Milzkraut-Quellflur
*Chrysosplenietum alternifolii* OBERD. et PHILIPPI 1977 in OBERD. 1977

**Verband:** *Caricion remotae* KÄSTNER 1941, Waldsumpfgesellschaften
**Ordnung:** *Cardamino-Chrysosplenietalia* HINTERLANG 1992, Waldquellgesellschaften
**Klasse:** *Montio-Cardaminetea* BR.-BL. et R. TX. 1943 ex KLIKA 1948, Quell-Gesellschaften

**Kennzeichen**
Quellen und Quellbäche im höheren Bergland können von der Quellflur des Bitteren Schaumkrautes begleitet werden, die leicht beschattete, nordexponierte, basenhaltige und stark durchsickerte Standorte einnimmt. Die typische Weichwassergesellschaft unmittelbarer Quellbereiche kann auch in Nadelwäldern kleinflächige und stark beschattete Quellaustritte, sogenannte „Naßgallen" besiedeln. Die Quellflur ist weit verbreitet und fällt durch die Blühaspekte des Bitteren Schaumkrautes (weiß) und des Wechselblättrigen Milzkrautes (gelb) auf. Ferner können in näherer Umgebung auch Feuchthochstauden, Nährstoffzeiger und Arten der angrenzenden Waldgesellschaften beinhaltet sein. Die Gesellschaft wird auch als *Cardamino-Chrysosplenietum alternifolii* MAAS 1959 bezeichnet.

**Vorkommen und Höhenverbreitung**
Im Bergland bis 2200 m, im Tiefland selten.

**Artenliste**

| | |
|---|---|
| Brachythecium rivulare | Bach-Kurzbüchsenmoos |
| Caltha palustris | Sumpfdotterblume |
| Cardamine amara | Bitteres Schaumkraut |
| Chrysosplenium alternifolium | Wechselblättriges Milzkraut |
| Cochlearia officinalis | Echtes Löffelkraut |
| Conocephalum conicum | Kegelkopfmoos |
| Deschampsia caespitosa | Rasen-Schmiele |
| Mnium punctatum | Punktiertes Sternmoos |
| Stellaria nemorum | Wald-Sternmiere |

**Abb. 432:** Milzkraut-Quellflur an einem Waldmoor bei Tantegert im Iglerwald bei Innsbruck.

## 14.4.2 Wald-Gilbweiderich-Winkelseggen-Gesellschaft

*Caricetum remotae* (Kästner 1941) Schwickerath 1944

**Verband:** *Caricion remotae* Kästner 1941, Waldsumpfgesellschaften
**Ordnung:** *Cardamino-Chrysosplenietalia* Hinterlang 1992, Waldquellgesellschaften
**Klasse:** *Montio-Cardaminetea* Br.-Bl. et R. Tx. 1943 ex Klika 1948, Quell-Gesellschaften

**Kennzeichen**
Die krautigen Fluren der Winkelsegge, die dichte Bestände ausbilden kann, kommt gewöhnlich im schattigen Saum mesophiler Wälder wie Erlenbrüche, Hartholzauwälder, seltener Weichholzauen, und entlang von langsam sickernden Waldquellen vor. Zu den Standorten zählen aber auch feuchte Bachschluchten im Nadelwaldgürtel, staunasse Böden entlang von Gräben oder Wegen sowie Waldlichtungen. Die Winkelsegge wird gerne von Torfmoosen begleitet, aber auch von Beständen des Großen Springkrautes. Dieses kennzeichnet die Nähe der Gesellschaft zu den Hahnenfuß-Springkraut-Gesellschaften. Die Böden sind durch eine frische bis feucht-nasse humose Oberschicht charakterisiert, die über eine gute Nährstoffversorgung (Stickstoff) verfügen. Die Winkelsegge kann als Nitratzeiger angesehen werden.

**Vorkommen und Höhenverbreitung**
Vom Hügelland (planaren) bis zur montanen Stufe, von Norddeutschland über ganz Mitteleuropa bis an den Alpensüdrand.

**Artenliste**

| | |
|---|---|
| Cardamine amara | Bitteres Schaumkraut |
| Cardamine flexuosa | Wald-Schaumkraut |
| Carex remota | Winkelsegge |
| Chrysosplenium alternifolium | Wechselblättriges Milzkraut |
| Circaea lutetiana | Gewöhnliches Hexenkraut |
| Geranium robertianum | Stinkender Storchschnabel |
| Impatiens noli-tangere | Großes Springkraut |
| Lysimachia nemorum | Hain-Gilbweiderich |
| Salvia glutinosa | Klebriger Salbei |

**Abb. 433:** Wald-Gilbweiderich-Winkelseggen-Gesellschaft am Rand eines Schwarzerlen-Auenwaldes bei Schönrain.

# 15 Schotterfluren an Bächen und Flüssen

## 15.1 Flußkiesgesellschaften an Gebirgsflüssen
*Epilobion fleischeri* G. Br.-Bl. 1931

### 15.1.1 Schotterweidenröschen-Gesellschaft
*Epilobietum fleischeri* Lipmaa 1933

**Verband:** *Epilobion fleischeri* G. Br.-Bl. 1931, Flußkiesgesellschaften an Gebirgsflüssen
**Ordnung:** *Epilobietalia fleischeri* Moor 1958, Alpine Schwemmlingsfluren
**Klasse:** *Thlaspietea rotundifolii* Br.-Bl. 1948, Steinschutt- und Geröllgesellschaften

**Kennzeichen**
Ähnlich den Flußauen an den Mittel- und Unterläufen der Gewässer werden auch Gebirgsflüsse von Pflanzengesellschaften begleitet. Diese kommen zumeist auf häufig umgelagerten Kiesböden, Sandbänken und Geschiebeansammlungen vor, die stets noch unter dem Einfluß der Gewässerdynamik stehen. Wechselnde Wasserführung mit Hochwasser im Frühjahr und bei Starkregen, zeitweise Trockenheit im Sommer und Vereisung im Winter sind kennzeichnende Standortsmerkmale. Innerhalb der Kiesbänke kommt es durch die unterschiedlichen Korngrößen des Geschiebes und die sortierende Kraft des Wassers zu einer Zonierung, die von Feinsand bis zu Grobgeschiebe reicht und entsprechend unterschiedliche Pflanzengesellschaften aufweist. Durch ein Abwechseln von Auflandungs- und Abtragungsprozessen ist die ständige Schaffung neuer Lebensräume für diese Standorte typisch. Die dem Verband namensgebende Gesellschaft ist die Schotter-Weidenröschen-Gesellschaft (= Fleischers Weidenröschen), die im Vorfeld von Gletschern, auf alpin-subalpinen Schwemm- und Kiesfluren, an den Oberläufen der Alpenflüsse sowie auf Schotterbänken innerhalb des Flußbettes vorkommt. Die lückige Vegetation wird im Sommer vom Rot des Weidenröschens beherrscht, daneben können Keimlinge von Weidenarten und der Deutschen Tamariske sowie echte Alpenkräuter vorkommen.

**Vorkommen und Höhenverbreitung**
In den Gebirgstälern der Zentralalpen und der nördlichen Kalkalpen Österreichs in der montanen bis subalpinen Stufe; aus Deutschland sind bisher keine Fundbelege vorhanden.

**Ökologie**
Die Gesellschaft wird durch die Überschwemmungen in der Entwicklung gestört, deshalb kann eine relativ hohe Anzahl zufälliger Arten auf den Standorten vorhanden sein. Bestimmender ökologischer Faktor dieser Lebensgemeinschaften ist die Veränderlichkeit und Unsicherheit des Standortes, Pflanzen und Tiere müssen sich an oft mehrmals täglich wechselnde Bedingungen anpassen. Spezialisierte Insekten und Spinnen, aber auch manche Vogelarten wie Flußregenpfeifer und Flußuferläufer sind auf offene Schotter- und Kiesflächen und unverbaute Flußabschnitte angewiesen.

**Gefährdung, Naturschutz, Pflege**
Durch Flußverbauungen und Kraftwerksbauten in den Alpentälern gehen unbeeinträchtigte Flußabschnitte immer weiter verloren, die lebensnotwendige Flußdynamik wird unterbunden. Der letzte unverbaute Alpenfluß ist der Lech im Tiroler Außerfern, der noch wertvolle Kies- und Auflächen besitzt. Daher muß vor allem das Gewässerregime erhalten bleiben und jeglicher weiterer Ausbau von alpinen Fließgewässern unterbleiben.

**Artenliste**

| | |
|---|---|
| Anthyllus vulneraria ssp. alpestris | Alpen-Wundklee |
| Cerastium pedunculatum | Langstieliges Hornkraut |
| Epilobium fleischeri | Schotter-Weidenröschen |
| Erigeron acer ssp. angulosus | Rauhes Berufkraut |
| Linaria alpina | Alpen-Leinkraut |
| Poa alpina | Alpen-Rispengras |
| Racomitrium canescens | Graues Zackenmützenmoos |
| Rumex scutatus | Schild-Ampfer |

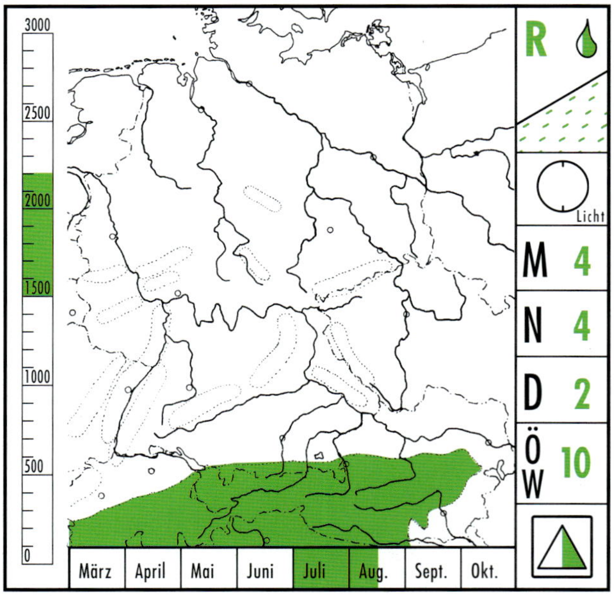

**Abb. 434:** Schotterweidenröschen-Gesellschaft im Venter Tal.

**Abb. 435:** Fetthennen-Steinbrech (*Saxifraga aizoides*) im Ködnitztal.

**Abb. 436:** Arktische Weidenröschenflur, Aujuittuq NP, Baffin Island.

### 15.1.2 Alpen-Knorpelsalat-Kiesbettflur
*Myricario-Chondrilletum* Br.-Bl. in Volk 1939

**Verband:** *Epilobion fleischeri* G. Br.-Bl. 1931, Flußkiesgesellschaften an Gebirgsflüssen
**Ordnung:** *Epilobietalia fleischeri* Moor 1958, Alpine Schwemmlingsfluren
**Klasse:** *Thlaspietea rotundifolii* Br.-Bl. 1948, Steinschutt- und Geröllgesellschaften

**Kennzeichen**
Die offene Pioniergesellschaft siedelt auf Schotter- und Kiesflächen der Alpenflüsse auf periodisch überschwemmten und nährstoffarmen Böden der submontanen und montanen Stufe. Die Charakterart, der Alpen-Knorpelsalat aus der Familie der Korbblütler, bildet eine sehr lückige Vegetation aus, die Schutthaldenarten und Alpenschwemmlinge beinhalten kann. Silberwurz, Deutsche Tamariske und Weiden tragen zur Bodenfestigung bei und leiten die Weiterentwicklung zur Tamariskenflur ein. Das Artengefüge der Gesellschaft zeigt sehr schnell Veränderungen im Flußsystem an, sie gehört wegen der zunehmenden Flußbegradigungen zu eine der gefährdesten in Mitteleuropa.

**Vorkommen und Höhenverbreitung**
Nordalpenflüsse wie Lech und Isar, Kaisergebirge, Osttiroler Defereggental, Schladminger Tauern, Alfenzaue in Vorarlberg, Drautal in Osttirol.

**Artenliste**

| | |
|---|---|
| Anthyllis vulneraria | Gewöhnlicher Wundklee |
| Campanula cochleariifolia | Zwerg-Glockenblume |
| Chondrilla chondrilloides | Alpen-Knorpelsalat |
| Dryas octopetala | Silberwurz |
| Gypsophila repens | Kriechendes Gipskraut |
| Myricaria germanica | Deutsche Tamariske |
| Salix eleagnos | Lavendel-Weide |
| Salix purpurea | Purpur-Weide |
| Sedum acre | Scharfer Mauerpfeffer |

**Abb. 437:** Alpen-Knorpelsalat-Kiesbettflur in den Lechauen bei Forchach, Tiroler Lechtal.

## 15.1.3 Ufer-Reitgrasflur
## *Calamagrostietum pseudophragmitae* Kopecky 1968

**Verband:** *Epilobion fleischeri* G. Br.-Bl. 1931, Flußkiesgesellschaften an Gebirgsflüssen
**Ordnung:** *Epilobietalia fleischeri* Moor 1958, Alpine Schwemmlingsfluren
**Klasse:** *Thlaspietea rotundifolii* Br.-Bl. 1948, Steinschutt- und Geröllgesellschaften

**Kennzeichen**
Die heute schon selten gewordene Pioniergesellschaft kommt im Ober- und Mittellauf von unverbauten Gebirgsbächen und Alpenflüssen im Bereich knapp unterhalb des durchschnittlichen Jahreswasserspiegels vor und bevölkert mit lückigen bis geschlossenen Pionierbeständen die wenig entwickelten und lockeren Schwemmböden aus Kalkschottern, Feinsand und Schluff. Diese Sandbänke werden an ruhigeren Flußabschnitten aufgelandet und nur bei extremeren Hochwassern überflutet. Sekundär kann die Gesellschaft in Ton- und Sandgruben gefunden werden. Das Ufer-Reitgras kann sich nach jedem Hochwasser rasch ausbreiten, weil es Ausläufer bildet. Diese können mit dem Hochwasser verlagert werden und keimen, sobald sie auf Schotterbänken zur Ruhe kommen. Die typische Flußröhrichtgesellschaft wird durch das graugrüne Ufer-Reitgras beherrscht, daneben sind die typischen Begleiter wie Purpur-Weiden und Rohr-Glanzgras enthalten. In der Gesellschaft kommen oft auch Arten der Schotter-Weidenröschen-Gesellschaft oder Alpenpflanzen vor, die aus höheren Regionen angeschwemmt werden. Die Gesellschaft ist heute durch Flußverbauungen extrem gefährdet.

**Vorkommen und Höhenverbreitung**
In der montanen Stufe am Oberlauf von Alpenflüssen der nördlichen Kalkalpen wie Lech, Inn, Isar, Salzach, Saalach, Drau und Vorarlberger Illauen; Karpaten, Hohe Tatra; sekundär in Kiesgruben im Oberrheingebiet.

**Artenliste**

| | |
|---|---|
| Agrostis gigantea | Weißes Straußgras |
| Calamagrostis pseudophragmites | Ufer-Reitgras |
| Phalaris arundinacea | Rohr-Glanzgras |
| Salix eleagnos | Lavendel-Weide |
| Salix purpurea | Purpur-Weide |

**Abb. 438:** Ufer-Reitgrasflur an der Lesach bei Kals am Rand des NP Hohe Tauern in Osttirol.

## 15.2 Grauweiden- und Weiden-Tamariskengebüsch
*Salicion eleagni* AICHINGER 1933

### 15.2.1 Tamariskenflur
*Salici-Myricarietum* MOOR 1958

**Verband:** *Salicion eleagni* AICHINGER 1933, Grauweiden- und Weiden-Tamariskengebüsch
**Ordnung:** *Salicetalia purpureae* MOOR 1958, Weiden-Weichholzauen und Purpurweidengesellschaften
**Klasse:** *Salicetea purpureae* MOOR 1958, Uferweidengebüsche und Weidenwälder

**Kennzeichen**
Die Tamariskenflur folgt landeinwärts auf die Knorpelsalatflur und besiedelt ebenso wie diese offene Schotter- und Kiesbänke mit basenreichen und nährstoffarmen Böden. Sie vermittelt zwischen der Krautflur und höheren Weidengebüschen. Die Pioniergesellschaft kommt an unverbauten Abschnitten der Gebirgsflüsse vor und kann noch Alpenschwemmlinge aufweisen. Die Vegetationsentwicklung ist infolge der weitgehend zur Ruhe gekommenen Standorte, die zwischen 0,5 bis 1,5 m über der Mittelwasserlinie liegen, fortgeschrittener, so daß hochwüchsigere Tamarisken und Weidenarten aufkommen können. Sie werden nur mehr bei extremen Hochwassern (Frühjahr) überschwemmt.

**Vorkommen und Höhenverbreitung**
An den Flüssen der nördlichen Kalkalpen wie Lech, Ill, Isar, Loisach, Saalach, Salzach und Kalserbach an unverbauten Flußabschnitten von 500 – 2000 m Seehöhe; mit Rosmarin-Weidenröschen in wärmeren Gebieten Österreichs wie Donau und Südalpen.

**Ökologie**
Die Tamariske verankert sich wie auch die Purpur-Weide und die Lavendel-Weide mit kräftigen Pfahlwurzeln im Kies und erträgt Überströmungen und Überschüttungen. Nach MOOR beginnt die Tamariske nur auf Schluff zu siedeln. Die Standorte werden später mit Kies überschüttet.

**Gefährdung, Pflege, Naturschutz**
Tamariskengebüsche stellen zusammen mit unverbauten Flußläufen stark gefährdete Lebensräume dar, die immer seltener werden. Dafür sind die Verbauungen, Umleitungen und Begradigungen von Flüssen verantwortlich, die die Flußdynamik und den Transport von Geschiebe unterbinden. Natürliche Tamariskenstandorte benötigen keinerlei Pflege, das natürliche Wasserregime des Flusses ist aufrecht zu erhalten.

**Artenliste**

| | |
|---|---|
| Calamagrostis pseudophragmites | Ufer-Reitgras |
| Gypsophila repens | Kriechendes Gipskraut |
| Linaria alpina | Alpen-Leinkraut |
| Myricaria germanica | Deutsche Tamariske |
| Pinus sylvestris | Wald-Kiefer (Keimlinge) |
| Salix eleagnos | Lavendel-Weide |
| Salix purpurea | Purpur-Weide |
| Tolpis staticifolium | Grasnelken-Habichtskraut |

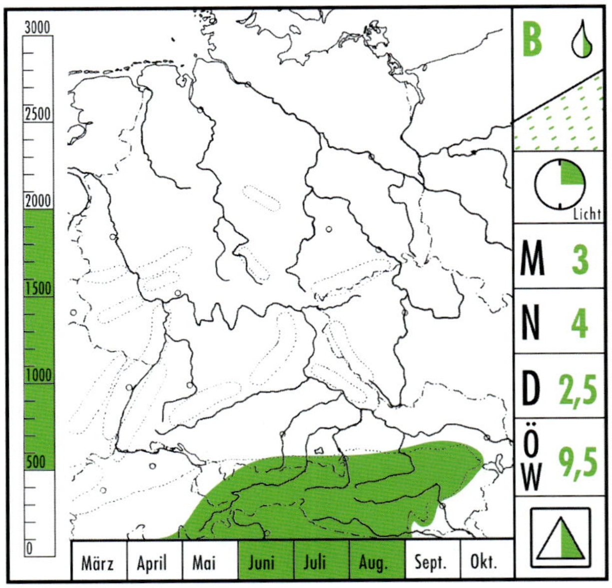

**Abb. 439:** Tamariskenflur an der Lesach bei Kals am Rand des NP Hohe Tauern in Osttirol.

**Abb. 440:** Blüte der Deutschen Tamariske (*Myricaria germanica*).

**Abb. 441:** Ein Tamariskenstrauch im Spätsommer.

## 15.2.2 Lavendel-Weidengebüsch
*Salicetum eleagno-pupureae* Sillinger 1933

**Verband:** *Salicion eleagni* Aichinger 1933, Grauweiden- und Weiden-Tamariskengebüsch
**Ordnung:** *Salicetalia purpureae* Moor 1958, Weiden-Weichholzauen und Purpurweidengesellschaften
**Klasse:** *Salicetea purpureae* Moor 1958, Uferweidengebüsche und Weidenwälder

**Kennzeichen**
Das Lavendel-Weidengebüsch folgt an Gebirgsflüssen landeinwärts auf die Schwemmlingsfluren und besiedelt höher gelegene Auenstandorte auf ständig frischen und feuchten Schotter- und Kiesböden, die bereits Humus- und Feinerdeanteile aufweisen. Sie liegen stets oberhalb bis maximal 2, 5 m über der Mittelwasserlinie und werden unregelmäßig überflutet, so daß dichte Gebüsche entstehen können. Die Krautschicht ist selten dicht ausgebildet und wird von Rohbodensiedlern, aber auch Nährstoffzeigern wie Giersch und Große Brennessel aufgebaut. Die Weidengebüsche zeigen bei Beschädigung durch Überflutung oder Geschiebe eine erstaunliche Regenerationsfähigkeit. Lavendel-Weidengebüsche entwickeln sich weiter zum Grau-Erlenwald.

**Vorkommen und Höhenverbreitung**
Vor allem Nordalpen, nördliches Alpenvorland, jedoch seltener; Karpaten, Hohe Tatra; zwischen 400 – 1400 m Seehöhe.

**Artenliste**

| | |
|---|---|
| Alnus incana | Grau-Erle |
| Chaerophyllum hirsutum | Behaarter Kälberkropf |
| Deschampsia caespitosa | Rasen-Schmiele |
| Eupatorium cannabinum | Alpen-Dost |
| Galium mollugo | Wiesen-Labkraut |
| Petasites hybridus | Gewöhnliche Pestwurz |
| Rubus caesius | Kratzbeere |
| Salix daphnoides | Reif-Weide |
| Salix eleagnos | Lavendel-Weide |
| Salix purpurea | Purpur-Weide |

**Abb. 442:** Lavendel-Weide (*Salix eleagnos*).

**Abb. 443:** Lavendel-Weidengebüsch auf Alluvialschotter am Lech im Tiroler Lechtal bei Forchach.

## 15.3 Fließwasserröhrichte
*Phalaridion arundinaceae* Kopecky 1961

### 15.3.1 Sumpfkressen-Rohrglanzgras-Röhricht
*Rorippo-Phalaridetum arundinaceae* Kopecky 1961

**Verband:** *Phalaridion arundinaceae* Kopecky 1961, Fließwasserröhrichte
**Ordnung:** *Nasturtio-Glycerietalia* Pignatti 1953, Mittelhohe Bach- und Flußröhricht-Gesellschaften
**Klasse:** *Phragmitetea australis* R. Tx. et Prsg. 1942 (= *Phragmiti-Magnocaricetea* Klika ap. Klika et Novák 1941), Schilfröhrichte, Brackwasser- und Süßwasserröhrichte, Großseggenriede

**Kennzeichen**
An Gebirgsflüssen in mittleren Abschnitten kommt auf kiesigen Ufern im Vorfeld von Weidengebüschen der Sumpfkressen-Rohrglanzgras-Röhricht vor, der nach Kopecky 1967 wahrscheinlich nur eine Höhenvariante des Rohrglanzgras-Röhrichts darstellt. Die Gesellschaft steht auch im Kontakt zu den Pestwurzfluren. Der meist lockere Bewuchs kann bei Hochwasser überflutet werden. Die Pflanzen breiten sich vor allem mit Kriechtrieben aus.

**Vorkommen und Höhenverbreitung**
In der montanen Stufe des Berglandes, aber auch im Harz und dem Solling, an Niederrhein, Elbe und Oder, ab 350 m Seehöhe.

**Artenliste**

| | |
|---|---|
| Agropyron repens | Gemeine Quecke |
| Agrostis stolonifera | Weißes Straußgras |
| Barbarea vulgaris | Barbenkraut |
| Phalaris arundinacea | Rohr-Glanzgras |
| Plantago major | Großer Wegerich |
| Poa annua | Einjähriges Rispengras |
| Ranunculus repens | Kriechender Hahnenfuß |
| Rorippa sylvestris | Wilde Sumpfkresse |
| Rumex crispus | Krauser Ampfer |
| Rumex obtusifolius | Stumpfblättriger Ampfer |

**Abb. 444:** Sumpfkressen-Rohrglanzgras-Röhricht an der Drau bei Mittewald im Osttiroler Drautal.

# V Lebensräume der Gebirge oberhalb der Waldgrenze

## 16 Krummholz- und Zwergstrauchgesellschaften

## 17 Alpine Hochstaudenfluren

## 18 Alpine Rasengesellschaften

## 19 Schutthaldengesellschaften

## 20 Felsspaltengesellschaften

## 21 Schneebodengesellschaften

**Die Alpen**

Vor 40 Millionen Jahren begann die Entstehung des riesigen Gebirgsbogens der Alpen, der vom Hohen Atlas über die europäischen Gebirgsstöcke und den Himalaya bis zu den Gebirgen Neuseelands reicht. Die Entstehung geht auf die Plattenverschiebung der Urkontinente zurück, die Hebungen und Faltungen verursachten und parallel dazu Sedimente des Meeresbodens hochgehoben und verfrachtet haben. In mehreren Schüben bildeten sich zunächst Mittelgebirge, erst in jüngerer geologischer Zeit hoben sich die Gesteinsmassen zu schroffen und hohen Gebirgen. Die Gebirgsbildung, das Ergebnis aufbauender und abtragender Prozesse, ist heute noch längst nicht abgeschlossen.

Europa setzt sich insgesamt aus acht Gebirgsstöcken zusammen: Alpen, Karpaten, Dinarisches Gebirge, Apennin, Pyrenäen, Fennoskandische Gebirge, Ural und Kaukasus. Nur die Alpen und der Kaukasus steigen über 4000 m an. Als **Alpen** bezeichnen die Geologen nur die Gebirge Mitteleuropas, die von Nizza bis knapp vor Wien reichen und einen 1200 km langen Bogen aus unzähligen Ketten und Gipfeln bilden. Die maximale

**Abb. 445:** Hochgebirgsszenerie mit dem Einblütigen Hornkraut (*Cerastium uniflorum*).

Breite beträgt 240 km und befindet sich etwa auf der Höhe Verona-Bozen-Innsbruck. Fast die gesamten Alpen liegen nördlich des 46. Breitengrades. Sie setzen sich aus West- und Ostalpen zusammen. Die östlichen Teile zeigen eine deutliche Längssymmetrie: Die zentralen Silikatgebirge aus der ursprünglichen magmatischen Erdkruste werden nördlich wie südlich von Kalkketten flankiert, die sich aus Meeressedimenten (Kieselalgen, Korallen, Krustentiere) zusammensetzen. Diese lagerten sich im tropischen Urmeer der Triaszeit ab und wuchsen zu mächtigen Felsgebirgen empor.

An manchen Orten drangen vulkanische Aktivitäten durch die Erdkruste und störten die bislang ruhige Entwicklung des Alpenbogens. Eine der bekanntesten Stellen ist die Bozner Porphyrplatte mit dem auffälligen rötlichen Gestein. Eine weitere herausragende Formation stellen die Südtiroler Dolomiten dar, die aus einem großen Riffgebiet des Erdmittelalters entstanden sind. Spezielle Anpassungen und Überlebensstrategien haben es den Alpenpflanzen ermöglicht, den extremen klimatischen Anforderungen der Hochgebirge zu widerstehen, und ganz charakteristische Pflanzengesellschaften auszubilden.

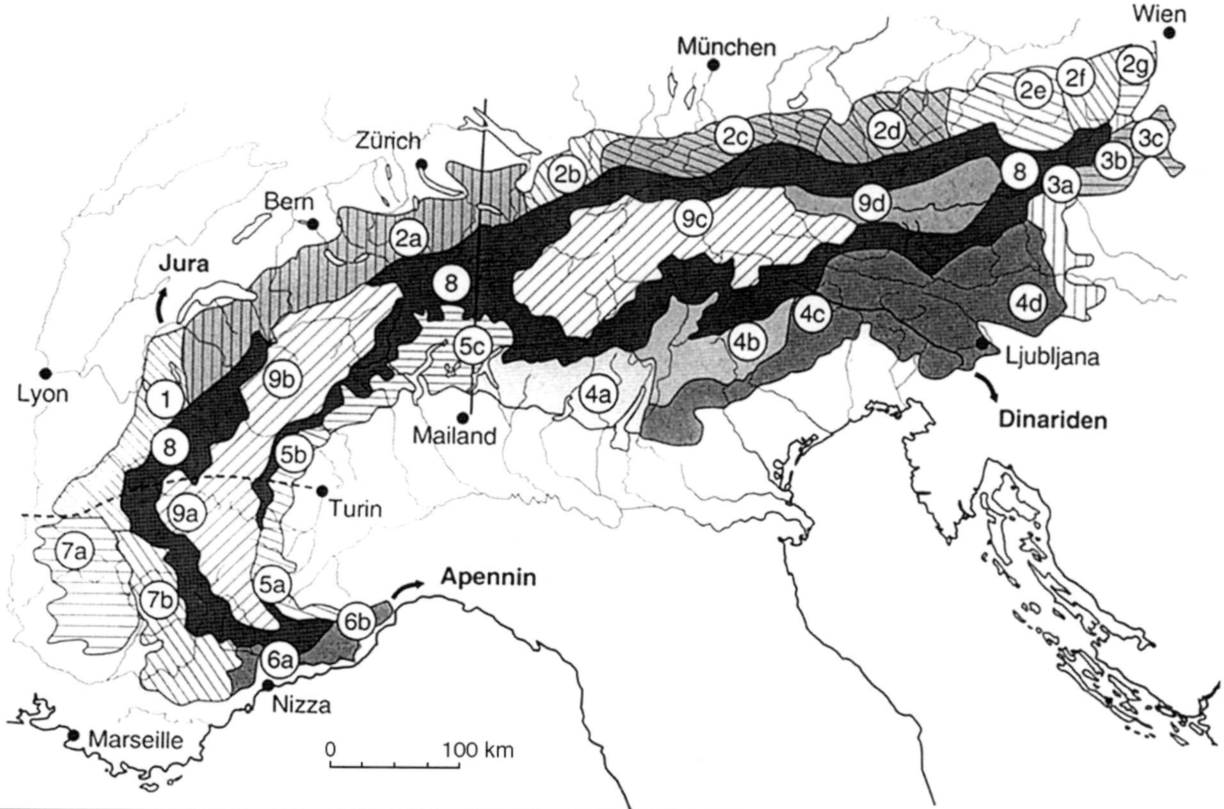


Abb. 446: **Geographische Gliederung der Alpen** nach OZENDA (1985, 1988), aus ELLENBERG (1996): 1 – 7 Randalpen: 1 Dauphiné, an die sich der Jura anschließt; 2 nördliche und östliche Voralpen; 3 östliche Randalpen; 4 illyrisch-gardesische Randalpen; 5 insubrisch-piemontesische Randalpen; 6 vorligurische Randalpen, die sich in den Apennin fortsetzen; hochprovençalischer Sektor. 8 u. 9 Inneralpen (Silikatgestein, Kontinentales Klima): 8 Zwischenalpen, 9 extrem kontinentale Zentralalpen. (Die Buchstaben deuten floristische Unterschiede an.)

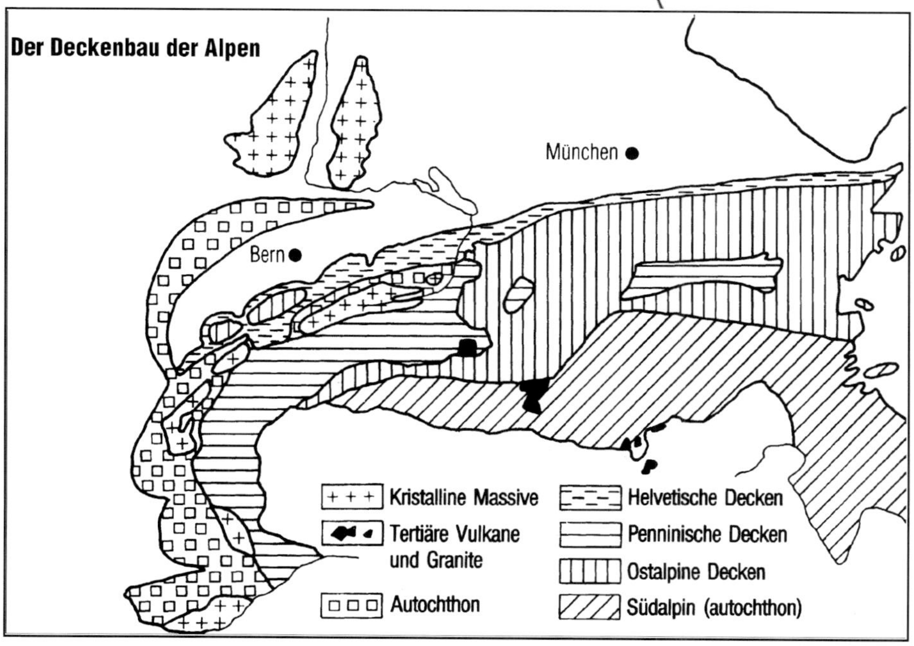


Abb. 447: Der Deckenbau der Alpen in schematischer Darstellung, aus DOLDER (1995).

**Höhenstufen**
Die Verteilung über die Höhenstufen ist nicht beliebig, sondern folgt strengen Gesetzmäßigkeiten. Exposition und Gesteinsunterlage führen zu weiteren Differenzierungen. Pflanzenarten wie der Gletscher-Hahnenfuß steigen weit über 4000 m bis in die **Nivale Stufe**. Diese Sonderstandorte werden von extremen klimatischen Faktoren geprägt, hohe Temperaturen im Sommer, extreme Kälte im Winter und zu allen Jahreszeiten übermäßige Trockenheit. Die Gesellschaften der **Geröll-und Schutthalden** sowie der **Felsspalten** besiedeln die schroffen, stark erodierten Gipfelregionen und Felswände, wo ein extrem geringes Maß an Boden zur Verfügung steht. Auch hier müssen die Pflanzen durch Mechanismen vor allem mit Kälte, Trockenheit und scharfen Winden fertig werden. Die **Schneebodengesellschaften** kommen im Vorfeld der Gletscher und Schneefelder vor und stellen Sonderstandorte mit sehr kurzen Vegetationszeiten dar. Darunter folgen die **subalpinen Rasengesellschaften**, die aus natürlich baumfreien Wiesen und grasigen Halden bestehen. Gebüschformationen der **Zwergstrauchheiden** kommen im Umfeld der Alpinrasen meist auf sauren Böden vor und beinhalten zahlreiche Polsterpflanzen und Zwergsträucher. Sie vermitteln zu den **Legföhren-** und **Alpenrosengebüschen**, die oberhalb des Schlußwaldes ins baumfreie Gelände überleiten. **Hochstauden** und **Grünerlengebüsche** besiedeln feuchtere Standorte, die auf wasserzügigen Schutthängen oder in der Nähe von Gebirgsbächen liegen. Darunter folgen die hochmontanen **Bergwaldgesellschaften.**

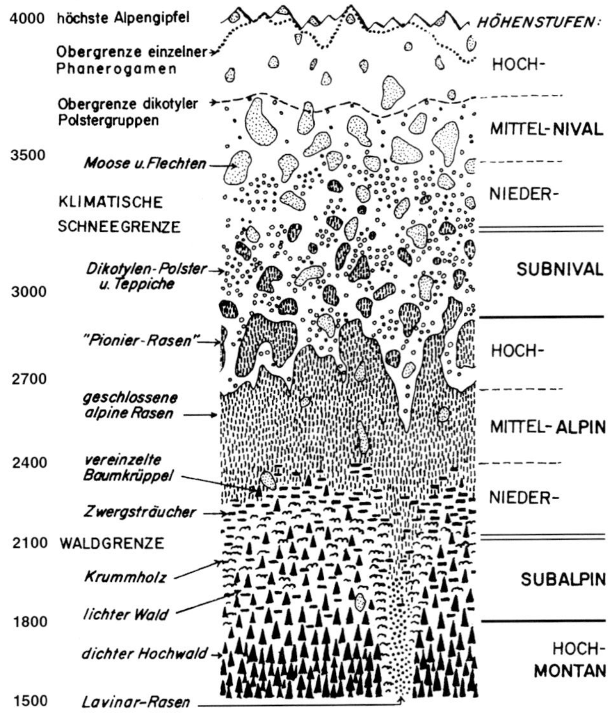


**Abb. 448:** Vegetationsprofil der Alpen von der hochmontanen bis zur nivalen Stufe nach Reisigl/Pitschmann (1958) und Strasburger (1978).

**Höhenstufenverteilung im Kalk**

1300 – 1500 m
**Hochmontane Stufe:** Fichtenwälder (*Piceetum subalpinum*) und Buchenwälder (*Aceri-Fagetum*), Kryptogamenfluren

1500 – 1800 m
**Subalpine Stufe:** Waldgrenze, meist mit Fichtenwald , Bürstlingsrasen (*Nardetum alpigenum*), Legföhrengebüsch, Fels: *Potentilletum caulescentis*

1800 – 2300 m
**Untere alpine Stufe:** Alpenrosen-Legföhrengebüsch, Bürstlingsrasen, Rostseggenrasen (*Caricetum ferruginei*), Violettschwingelrasen, Schutt: *Rumicetum scutati*

2300 – 2500 m
**Mittlere alpine Stufe:** Blaugras-Horstseggenrasen, Gemsheiden-Spaliere, Nacktriedrasen (Kalk-Silikat)

2500 – 2800 m
**Obere alpine Stufe:** Polsterseggenrasen (*Firmetum*), Schneeböden: Blaukressenflur, Netzweidenflur, Schutt: *Thlaspietum rotundifolii*, Fels: *Androsacetum helveticae*

2700 – 3000 m
**Subnivale Stufe:** Rasenfragmente *Caricetum firmae*

ab 3000 m
**Nivale Stufe:** Polsterpflanzen (*Saxifraga aphylla, Poa minor*), Kryptogamen

**Höhenstufenverteilung im Silikat**

1800 – 2000 m
**Hochmontane Stufe:** Bereich unterhalb der Waldgrenze, Zirben-Lärchenwälder

1800 – 2000 m
**Subalpine Stufe:** Bereich der Waldgrenze, Zirben-Lärchenwälder, Grünerlen, Weiderasen (*Nardetum alpigenum*), Feuchtrasen (*Caricetum ferruginei*)

2000 – 2400 m
**Untere alpine Stufe:** Zwergstrauchheiden (Bären-trauben-Heide), Alpenrosengebüsche, Schutt: *Cryptogrammetum crispae*, Felsfluren: *Primuletum hirsutae*

2400 – 2600 m
**Mittlere alpine Stufe:** Gemsheiden-Spaliere, Hochlagen-Weiderasen (*Curvulo-Nardetum*).

2600 – 2800 m
**Obere alpine Stufe:** Schneeböden (*Salicetum herbaceae*), Krummseggenrasen (*Curvuletum*), Schutt: Säuerlingsfluren (*Oxyrietum*), Fels: *Androsacetum vandelii*

2800 – 3200 m
**Subnivale Stufe:** Rasenfragmente: *Curvuletum*, *Elynetum*, Fels:*Androsacetum alpinae*, Moos-Schneeböden

ab 3200 m
**Nivale Stufe:** Polsterpflanzen, Kryptogamenfluren

**Die Waldgrenze**

Mit der Entstehung dieser neuen Lebensräume wurde auch ein neuer ökologischer Faktor eingeführt, der nachhaltig auf das Verhalten der Lebewesen wirkt: die Höhenlage oder die Höhenstufen. Damit eng verbunden ist eine physiologische und klimatische Grenzlinie, die als **Waldlinie** bezeichnet wird. Darunter ist ein etwa 600 m breiter Streifen der hochmontanen und subalpinen Stufe zu verstehen, der in den Westalpen zwischen 1800 und 2400 m, in den Ostalpen zwischen 1500 und 2100 m angesiedelt ist. Innerhalb dieses Streifens werden die klimatischen Bedingungen für die Baumarten so extrem, daß ihr Aufkommen nicht mehr möglich ist. Die durchschnittliche Jahrestemperatur liegt knapp über dem Gefrierpunkt, der Niederschlag ist sehr hoch, zwischen 1000 und 3000 mm, 50% davon fallen als Schnee. Feuchtigkeit und Kälte bewirken bei allen Grundgesteinen eine Bodenversauerung. Dazu schaffen der oft starke Wind und die erhöhte Strahlungsintensität zusätzliche ungünstige Standortbedingungen. Köstler und Mayer (1970) haben 4 Ursachen für diese markante Grenze unterschieden: 1. allgemeinklimatische, 2. lokalklimatische (z.B. Schneeanhäufung, Wind, Kaltluft), 3. edaphische (z.B. Grobblockschutt, Fels), 4. orographische (z.B. Lawinenbahnen, Bachanrisse, Felswände). Carbiener (1964) nimmt an, daß die Waldgrenze auch durch Auftau- und Friervorgänge des Bodens zustande kommt.

**Das Kalk-Silikat-Phänomen**

Eine der vielen Besonderheiten der Pflanzenwelt oberhalb der Waldgrenze ist das Kalk-Silikat-Phänomen. Darunter wird zusammengefaßt, daß in den Alpen manche Pflanzen nur auf stark basischem Gestein wie Kalk, Dolomit und kalkreichem Mergel wachsen, andere nur auf Silikatstandorten über saurem Gestein wie Granit, Gneis, Sandstein und kalkfreiem Schiefer vorkommen können. Dieses Problem ist bis heute nicht gänzlich geklärt, hat aber mit Sicherheit mit dem vorhandenen Ausgangsgestein und der damit eng verbundenen unterschiedlichen Bodenentwicklung zu tun. Nach Reisigl/Keller (1987) scheint bewiesen zu sein, daß jede Pflanze ihre ganz besonderen Bodenansprüche und Stoffwechselreaktionen besitzt, mit denen sie sich gegenüber Konkurrenten durchsetzt. Kalkpflanzen können beispielsweise als Stoffwechselspezialisten den Überschuß an Kalziumionen unschädlich machen. Neben dem Kalziumgehalt des Bodens gibt vor allem der Säuregrad einen wichtigen Anhaltspunkt. Da in den Gebirgen eine Reihe von kalkhaltigen wie auch silikatischen Gesteinen eng nebeneinander liegen, treffen wir auf ein mosaikartiges Nebeneinander von Kalk- und Silikatpflanzengesellschaften. Die Unterscheidungen der beiden Gesteinsausbildungen setzt sich auch in der Verteilung der Höhenstufen fort.

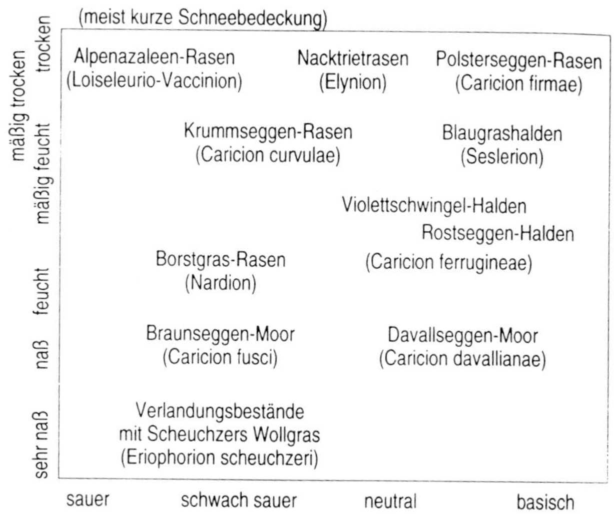


**Abb. 449:** Ökogramm der Rasengesellschaften in der alpinen Stufe, nach Landolt (1977), etwas verändert.

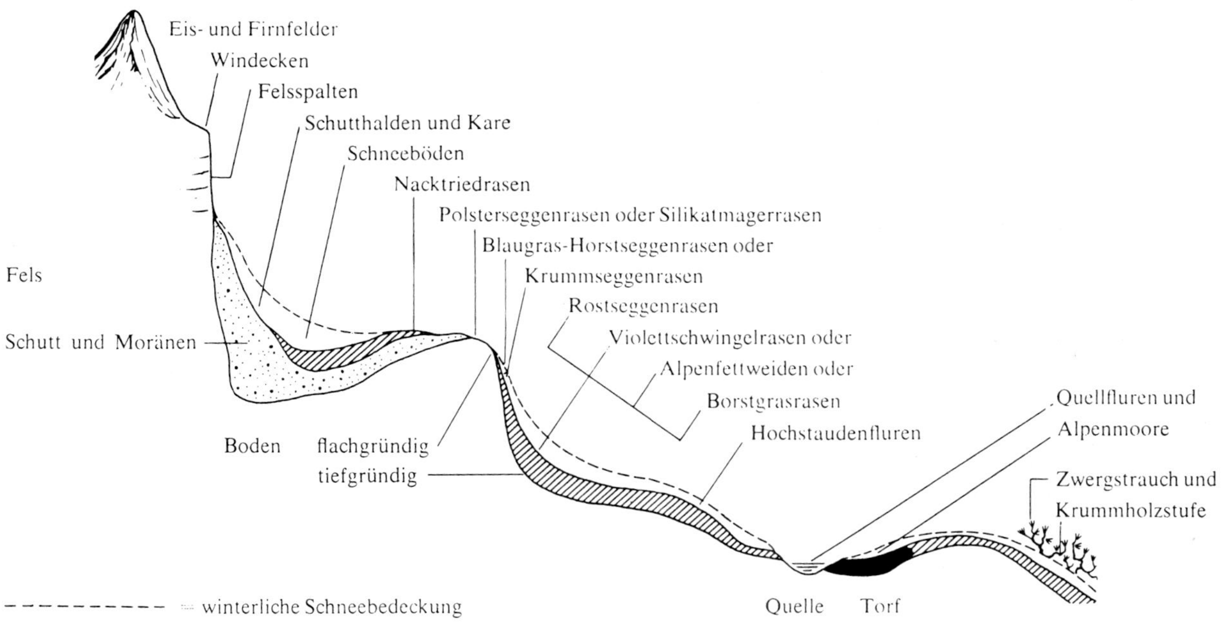


**Abb. 450:** Ökogramm der natürlichen Vegetation der subalpinen Stufe der Nordalpen, nach Ellenberg (1996) und Schauer (1975) verändert.

**Krummholzgesellschaften**
Zu den Krummholzgesellschaften gehören die Legföhrenbestände, die alpinen Zwergstrauchheiden, die Windkantenvegetation der Hochgebirge sowie die Alpenrosengebüsche. Diese Formationen kommen in den Alpen um die Waldgrenze vor und reichen von etwa 1500 m bis 2300 m. Zum Teil sind es Weiterentwicklungen von alpinen Rasengesellschaften, sie stellen Dauergesellschaften des baumfreien Geländes oberhalb der Waldgrenze dar. Alpenrosengebüsche können hingegen Reste von Lärchen-Zirbenwäldern sein (Silikat) sowie subalpiner Fichtenwälder (Kalk). Legeföhrenbestände werden hauptsächlich von der Legeföhre selbst (Latsche) gekennzeichnet. Der widerstandsfähige Baum vereint Genügsamkeit und größte Zähigkeit. Sie ist optimal an Schneerutschungen angepaßt und besitzt ein hohes Regenerationsvermögen. Tritt die Latsche in den Hintergrund, kommt es zur Ausbildung von Zwergstrauchheiden. Als Sonderstandort der bewegten Schuttkegel in der montanen und hochmontanen Stufe treten Spirkenwälder auf. Die Spirke kann am besten von allen Bäumen Schuttüberfüllungen des Stammbereiches ertragen. Die Krummholzbestände werden in 3 Verbände geteilt: 1. die bodensauren Alpenrosengebüsche und Heidelbeerheiden (*Rhododendro-Vaccinion*), 2. die subalpinen Latschengebüsche, Spirken- und Bergföhrenwälder (*Erico-Pinion mugi*) und 3. die Windkanten der Hochgebirge (*Loiseleurio-Vaccinion*).

**Abb. 451:** Verteilungsmuster der Schuttvegetation, Alpinrasen und Krummholzbestände unterhalb der Krottenköpfe im Gappenfelder Notländ, Naturschutzgebiet Vilsalpsee, Tannheimer Tal, Tirol.
**Schwarze Flächen** = Latschen-Alpenrosengebüsch
gepunktet = Schutthaldenstandorte
Ringel = Alpinrasen, Firmetum, Dryatetum
strichliert = Fels
aus Mertz (1994)

**Abb. 452: Schaubild Kalkalpen** in den Lechtaler Alpen: Gappenfelder Notland mit der Lailachspitze im NSG Vilsalpsee (1800 - 2400 m):
1 – Subalpiner Fichtenwald (*Piceetum subalpinum*) mit Alpenrosengebüschen (*Rhododendro-Pinetum mugi*)
2 – Subalpine Lägerflur (*Senecietum alpini*)
3 – Blaugras-Horstseggenrasen (*Seslerio-Caricetum sempervirentis*)
4 – Polsterseggenrasen (*Caricetum firmae*) mit Solifluktions-Bildungen
5 – Legföhren auf verfestigten Schuttkegeln (*Erico-Pinetum mugi*)
6 – Kalkschuttfelder mit Täschelkrauthalde (*Thlaspietum rotundifolii*)
7 – Polsterseggen- Initialrasen
8 – Kalkfelsspalten-Gesellschaften (*Potentillion caulescentis*)

**Die alpinen Rasengesellschaften**
Die alpinen Rasengesellschaften sind die einzigen natürlichen Wiesengesellschaften Mitteleuropas. Zu tiefe Temperaturen, zu hohe Windgeschwindigkeit, eine angespannte Wasserversorgung sowie zu hohe Schneelagen machen es den Bäumen unmöglich, aufzukommen. Auch unterhalb der Waldgrenze nehmen diese Rasen ähnliche Standorte wie Lawinenrinnen, Schuttkegel oder durch Steinschlag waldfrei gehaltenes Gelände ein. Sekundär kommen sie auf Rodungsflächen bis etwa 300 m unterhalb der Waldgrenze vor. Diese Wiesen sind anthropogen durch die Weidewirtschaft des Menschen entstanden.
Die alpine Waldgrenze stelle eine der schärfsten Grenzen in der Naturlandschaft Mitteleuropas dar, die physiognomisch zu großen Veränderungen führt. Bäume können aufgrund der herrschenden klimatischen Bedingungen nicht mehr aufkommen. Der entscheidende Faktor für die Entwicklung der jeweiligen Pflanzenformationen sind die Extremwerte der Temperaturen. Die Tiefstwerte des Winters, die Frosttrocknis des Frühjahrs und die hohe Strahlungsintensität des Sommers kommen zusammen mit dem Wind in der schutzlosen Region oberhalb der Baumgrenze viel stärker zur Geltung als in geschützten Tallagen. Dazu bleibt der Schnee viel länger liegen und erlaubt Vegetationsperioden von oft nur wenigen Wochen. Typische Verknüpfungen von lebenshemmenden Ereignissen wie Frost beim Laubaustrieb, lange sommerliche Trokkenperioden oder Bodentrockenheit unter der Schneedecke bei winterlichem Sonnenschein sind keine Seltenheit.
In der alpinen Stufe ist auch die **Bodenbildung** sehr verlangsamt. Am weitesten verbreitet sind Rohböden mit geringem Humusgehalt und hohem Anteil an organischer Substanz. Die Pflanzenwurzeln haben daher meist Kontakt mit dem Muttergestein. Die Zusammensetzung der Vegetation richtet sich in der Natur nirgends so stark nach der Beschaffenheit des Untergrundes wie im Gebirge (Kalk- oder Silikatgesteine):

**Die Pflanzengesellschaften**

**Kalkrasen:**
Polster-Seggenrasen
*Caricetum firmae* Br.-Bl. 1926 (= *Firmetum*)

Silberwurz-Polsterseggenrasen
*Dryadeto-Firmetum* Sillinger 1933

Blaugrasrasen
*Seslerio-Caricetum sempervirentis* Beger 1922 (= *Semperviretum*)

Rost-Seggenrasen
*Caricetum ferrugineae* Lüdi 1921 (= *Ferruginetum*)

Nacktrietrasen
*Elynetum myosuroides* Br.-Bl. 1913

**Silikatrasen:**
Krumm-Seggenrasen
*Caricetum curvulae* Rübel 1911 (= *Curvuletum*)

**Brostgrasrasen (beweidet):**
Bürstlings-Weiderasen
*Nardetum alpigenum* Br.-Bl. 1949 (= *Nardetum*)

**Abb. 453: Schaubild Zentralalpen** im Silvrettagebiet: Großvermunttal (1800 – 3000 m):
1 – Legföhrenbestände (*Pinetum mugi*)
2 – Zwerg-Wacholder-Bärentraubenheidegebüsch (*Junipero-Arctostaphylletum*)
3 – Weiderasen mit Bürstlingsgras (*Curvulo-Nardetum*)
4 – Lärchen-Zirbenwald der Kampfzone (*Larici-Cembretum*)
5 – Alpinrasen mit Krummsegge (*Caricetum curvulae*)
6 – Felsspaltengesellschaften Silikat (*Androsacion multiflorae*)
7 – Offene Schuttkare (*Androsacion alpinae*)
8 – Lückige Gebüsche der Rostroten Alpenrose (*Rhododendro ferruginei-Vaccinietum*)

**Hochstaudenfluren**

Subalpine Hochstauden und Lägerfluren gehören zu den auffälligsten, attraktivsten und buntesten alpinen Pflanzengesellschaften. Sie kommen um die Waldgrenze zwischen 1500 und 2000 m vor und überziehen feuchte Gräben, steinige Rinnen, Kare, Schluchten und wasserzügige Hänge. Meist sind die bis zu 1 m hohen krautigen Fluren eng mit den Legföhren- oder Grünerlengebüschen verzahnt oder reichen in lokal schattseitige Wälder. Stets müssen die Standorte über genügend Feuchtigkeit sowie feinerde- und nährstoffreiche Böden verfügen. Zudem ist genügend Wärme vorhanden, so daß die Schneedecke im Frühjahr sehr rasch schmilzt. In den Zentralalpen kommen sie häufiger vor als auf Kalk, weil die Kalkböden zu wasserdurchlässig sind. Die subalpinen Hochstaudenfluren werden in zwei Verbänden zusammengefaßt: 1. Hochstaudenfluren und Grünerlengebüsche der Gebirge (*Adenostylion alliariae*), 2. subalpine und alpine Lägerfluren (*Rumicion alpini*). Im zweiten Verband sind besonders stickstoffliebende Arten am Aufbau der Gesellschaften beteiligt, die meist in der Nähe von Almen oder Hütten vorkommen.

**Abb. 454: Schaubild Alpine Hochstaudenfluren** an nordexponierten Hängen auf der Gappenfelder Alm im NSG Vilsalpsee (1700 m Seehöhe):
1 – Alpine Lägerflur (*Senecietum alpini*)
2 – Alpendost-Hochstaudenflur (*Adenostylo alliariae-Cicerbitetum*)
3 – Legföhrengebüsche (*Pinetum mugi*)
4 – Alpine Milchkraut-Fettweide (*Crepido aureae-Festucetum rubrae*)
5 – Alpinrasen mit der Rostsegge (*Caricetum ferruginei*)
6 – Schuttkare mit Gemswurz (Doronicetum grandiflori)

**Abb. 456 (S. 357): Schaubild Subnivale Stufe** im Silikat, Taschachtal im Tiroler Pitztal (2400 – 3700 m):
1 – Alpen-Kratzdistel-Gesellschaft mit Eisenhut (*Cirsietum spinosissimi*)
2 – Krummseggenrasen (*Caricetum curvulae*)
3 – Silikat-Schneeböden (*Salicion herbaceae*)
4 – Alpines Braunseggen-Flachmoor an Bachufern (*Caricetum fuscae-subalpinum*)
5 – Silikatschutthalden (*Androsacion alpinae*)
6 – Säuerlingsfluren (*Oxyrietum digynae*)
7 – Silikat-Felsflur mit Pelzprimel (*Asplenio-Primuletum hirsutae*)
8 – Nivale Stufe der Firnfelder und Gletscher

**Vegetation der Schutthalden und Felsspalten**

Das Vegetationsmuster der **alpinen Stufe** wird aus Fels- und Schuttfluren und Schneebodenvegetation gebildet. In der nivalen Stufe oberhalb der Schneegrenze können keine Blütenpflanzen mehr aufkommen, hier dominieren an günstigen Stellen Flechten und Moose. Schuttfluren stellen Pioniergesellschaften auf mehr oder weniger geneigten, beweglichen bis stark bewegten Schutt- und Blockhalden dar. Infolge des ständigen Materialnachschubes müssen die Pflanzen, um sich festhalten zu können, ein besonderes Wurzelsystem ausbilden, das sehr regenerationsfähig sein muß. Die nicht beruhigten Standorte bewirkten die Ausbildung verschiedener Pflanzenwuchsformen wie Schuttwanderer, Schuttüberkriecher, Schuttstrecker, Schuttdekker und Schuttstauer. In den Gesellschaften dominieren ausdauernde Rhizompflanzen wie der Gletscher-Hahnenfuß, ferner Polsterpflanzen, Spalierstauden und kleinwüchsige Horstgräser, die mit sauren, humusarmen Rohböden auskommen müssen.

Es bestehen deutliche Unterschiede zwischen Kalk- und Silikatschutthalden, vor allem in der Pflanzenzusammensetzung. Der Gesteinsuntergrund strahlt unterschiedliche Wirkungen auf die Pflanzen aus. Kalkböden sind wasserdurchlässiger, trockener und wärmer, jedoch sind die Mineralstoffe schwer verfügbar, weil sie schwer auswaschbar sind. Der Überschuß an Calcium und Magnesium sowie der Mangel an Kalium, Phosphor und Eisen führt zu Mangelkrankheiten wie dem Vergilben der Blätter. **Silikatgesteine** enthalten meist schwer verwitterbare Mineralien, so daß mächtigere Böden ausgebildet sind als über Kalk. Deshalb sind die Rasengesellschaften meist dichter und krautreicher. Die Böden sind feuchter und kühler, so daß die wichtigsten Mineralstoffe wasserlöslich und daher leicht verfügbar sind. In stark sauren Böden stellt der Stickstoff den Minimumfaktor dar. Je nach dem Grad der Störungen bilden die Gesellschaften Dauergesellschaften, vorübergehende Sukzessionsstadien oder Klimaxgesellschaften aus. **Karbonatgesteine** weisen oberhalb der Waldgrenze meist ein reiches Vegetationsmosaik auf, weil sich die Standortbedingungen auf kleinstem Raum ändern. In den Rasen sind viele, bunt blühende Alpenblumen enthalten. Die Schuttfluren gehören zu den wenigen Flächen natürlicher Vegetation Mitteleuropas.

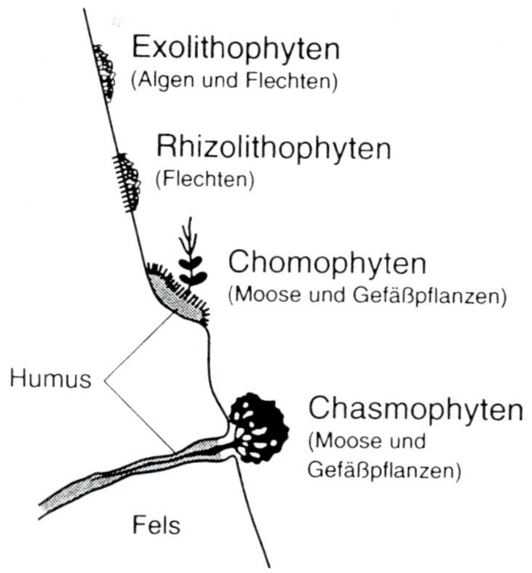


**Abb. 455:** Schema der Pflanzengesellschaften und deren Standorte in der alpinen Stufe, nach Ellenberg (1996) verändert. Es gibt 4 Typen von Felsspaltenpflanzen: **Exolithophyten** haften auf der Oberfläche der Felsen an (Algen und Flechten); **Rhizolithophyten** (Flechten) dringen wenige Millimeter in das Gestein ein; **Chomophyten** siedeln auf einer geringen Humusschicht, die sich im Laufe der Zeit in kleinen Mulden bilden konnte. **Chasmophyten** (Spaltenpflanzen) dringen mit ihren Wurzeln in Felsspalten ein, wo geringfügig Feinerde vorhanden sein kann.

# 16 Krummholz- und Zwergstrauchgesellschaften

## 16.1 Subalpine Latschengebüsche, Spirken- und Bergföhrenwälder

*Erico-Pinion mugi* Leibundgut 1948

### 16.1.1 Kalk-Schneeheide-Latschengebüsch

*Erico-Pinetum mugi* Br.-Bl. 1939

**Verband:** *Erico-Pinion mugi* Leibundgut 1948, Subalpine Latschengebüsche, Spirken- und Bergföhrenwälder
**Ordnung:** *Erico-Pinetalia* Horvat 1959, Schneeheide-Föhrenwälder, Subalpine Latschengebüsche, Bergföhren-, Arven- und Lärchenwälder
**Klasse:** *Erico-Pinetea* Horvat 1959, Schneeheide-Kiefernwälder

**Kennzeichen**
Ausgedehnte Legföhrenbestände gehören ab der hochmontanen Stufe der Kalkalpen zu den landschaftsbeherrschenden Formationen. Die dichten Gebüsche überziehen exponierte Felskanten, Lawinenrinnen, Schutthalden und mischen sich auch in alpine Grashänge. Vor allem die Schuttkare der schroffen und zerklüfteten Grate der nördlichen Kalkalpen sind bevorzugte Standorte. Die Legföhre (Latsche) ist durch den grundlegenden wellenförmigen und hangabwärtsgerichteten Wuchs bestens an Schneedruck und Lawinen angepaßt und vermag deshalb extrem steile und exponierte Wuchsorte einzunehmen. Sie erreichen ihre Höhebegrenzungen ungefähr bei 2200 m, können aber entlang von Schuttrinnen bis zum Talboden reichen und dort auf überrieselten Schuttfächern aufkommen. Die Böden der Krummholzbestände bestehen meist aus Rendsinen mit Rohhumusauflagen.

**Vorkommen und Höhenverbreitung**
In den nördlichen Kalkalpen bis Westschweiz, nimmt in den Westalpen ab und wird durch die aufrecht wachsende Spirke ersetzt, hauptsächliches Verbreitungsareal in den Ostalpen. Reicht hangunterseits bis an die Lärchen-Fichtenwaldstufe heran.

**Ökologie**
Die Legföhre (Latsche) besiedelt als immergrünes Nadelgehölz Standorte innerhalb des Waldgürtels, an denen andere Bäume aus verschiedenen Gründen nicht aufkommen können. Dazu gehören mechanische Einflüsse wie Wind, Erosion, Steinschlag und Schuttüberrieselung, ferner ein extremes Mikroklima mit Trockenheit und starker Sonneneinstrahlung im Sommer, Kälte und hoher Schneedruck im Winter sowie flachgründige Böden. Deshalb muß die Legföhre äußerst genügsam sein. Sie ist bestens an die extremen Standortbedingungen angepaßt. Die wasserzügigen Schuttböden verlangen nach einem ausgeprägten Wurzelsystem, das weit in die Tiefe reicht, um an wasserstauende Bodenschichten zu gelangen.

**Gefährdung, Pflege, Naturschutz**
Latschenbestände sind oft schwer zugänglich und undurchdringlich. Trotzdem wurden sie in früherer Zeit zur Brennholzgewinnung genutzt oder zu Weidelandgewinnung gerodet. Beeinträchtigungen bestehen oft von Natur aus. Aktuelle Eingriffe sind Freizeiterschließungen, die Anlage von Skipisten und Bergstraßen sowie zu hohe Wildbestände. Auch Schadstoffimmisionen können möglicherweise zu Schäden führen.

**Artenliste**

| | |
|---|---|
| Carex sempervirens | Horst-Segge |
| Daphne striata | Steinröschen |
| Dicranum scoparium | Besenmoos |
| Dryas octopetala | Silberwurz |
| Erica herbacea | Schneeheide |
| Homogyne alpina | Grüner Alpenlattich |
| Juniperus communis | Gewöhnlicher Wacholder |
| Melampyrum pratense | Wiesen-Wachtelweizen |
| Pinus mugo | Echte Legföhre (Latsche) |
| Rhytidiadelphus triquetrus | Großes Kranzmoos |
| Sesleria albicans | Kalk-Blaugras |
| Sorbus aucuparia | Eberesche |
| Sorbus chamaemespilus | Zwerg-Mehlbeere |
| Tortella tortuosa | Gekräuseltes Drehzahnmoos |
| Vaccinium vitis-idaea | Preiselbeere |
| Valeriana saxatilis | Felsen-Baldrian |

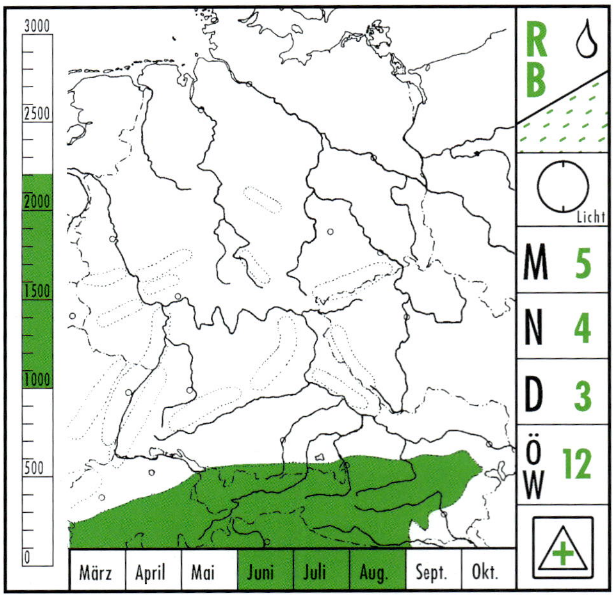

**Abb. 458:** Latschengebüsch am Weg zum Hölltörl in den Mieminger Bergen, im Hintergrund die Marienbergspitzen.

**Abb. 459:** Latschengebüsch mit Felsenbirne im Frühjahr.

**Abb. 460:** Legföhre oder Latsche (*Pinus mugo*).

**Abb. 461:** Latschengebüsch am Weg zur Notkarspitze bei Ettal.

## 16.1.2 Karbonat-Alpenrosen-Latschengebüsch
*Rhododendro-Pinetum mugi* BR.-BL. et al. 1939

**Verband:** *Erico-Pinion mugi* LEIBUNDGUT 1948, Subalpine Latschengebüsche, Spirken- und Bergföhrenwälder
**Ordnung:** *Erico-Pinetalia* HORVAT 1959, Schneeheide-Föhrenwälder, Subalpine Latschengebüsche, Bergföhren-, Arven- und Lärchenwälder
**Klasse:** *Erico-Pinetea* HORVAT 1959, Schneeheide-Kiefernwälder

**Kennzeichen**
Innerhalb von Legföhrenbeständen tritt oftmals die Bewimperte Alpenrose auf, die zusammen mit Alpinrasenarten ein vielfältiges Vegetationsmosaik auf feuchteren und kühleren Hängen ausbildet. Die Bewimperte Alpenrose wächst auf Bulten, die unterhalb der Latschen durch Substratanstauung entstanden sind und über ein feuchteres Mikroklima verfügen. Hier kommen Torfmoose und Etagenmoos häufig vor. Auf trockenem Kalkschutt ist die Schneeheide als Begleiter typisch, während auf Nordhängen Lärchen innerhalb des Buschwaldes enthalten sein können. Das Initialstadium dieser Gesellschaft ist am Vorkommen der Polster-Segge zu erkennen. Alpenrosen-Latschengebüsche stellen meist Vorstufen des reinen Legföhrenbestandes dar, als Zwischenstadium kann die Zwerg-Alpenrose enthalten sein.

**Vorkommen und Höhenverbreitung**
In den nördlichen Kalkalpen bis Westschweiz, hauptsächliches Verbreitungsareal in den Ostalpen.

**Artenliste**

| | |
|---|---|
| Biscutella laevigata | Brillenschote |
| Calamagrostis varia | Buntes Reitgras |
| Carex firma | Polster-Segge |
| Daphne striata | Steinröschen |
| Erica herbacea | Schneeheide |
| Pinus mugo | Echte Legföhre (Latsche) |
| Potentilla erecta | Blutwurz |
| Rhododendron hirsutum | Bewimperte Alpenrose |
| Rhodothamnus chamaecistus | Zwerg-Alpenrose |
| Sesleria albicans | Kalk-Blaugras |
| Vaccinium vitis-idaea | Preiselbeere |

**Abb. 462:** Karbonat-Alpenrosengebüsch im Karwendeltal mit Bewimperter Alpenrose.

## 16.1.3 Silikat-Rostblättrige Alpenrosen-Latschengebüsch
*Rhododendro ferruginei-Pinetum rostratae* Zöttl 1951

**Verband:** *Erico-Pinion mugi* Leibundgut 1948, Subalpine Latschengebüsche, Spirken- und Bergföhrenwälder
**Ordnung:** *Erico-Pinetalia* Horvat 1959, Schneeheide-Föhrenwälder, Subalpine Latschengebüsche, Bergföhren-, Arven- und Lärchenwälder
**Klasse:** *Erico-Pinetea* Horvat 1959, Schneeheide-Kiefernwälder

**Kennzeichen**
Auch in den Silikat-Inneralpen kommen Legföhren-Alpenrosengebüsche vor, jedoch ist die Verbreitung viel lückenhafter, als in den Kalkalpen. Felsige Standorte an der Waldgrenze im Kontakt zum Lärchen-Zirbenschlußwald beinhalten die Rostblättrige Alpenrose über flachgründigen und felsigen Böden, die mächtige Rohhumusauflagen aufweisen. Ist der Boden tiefgründiger, wird die Gesellschaft durch die Lärche und Zirbe verdrängt, während sie auf Felskuppen und Blockschutt mit der Grün-Erle konkurriert. Auf Lawinenhängen können Vegetationsmuster ausgebildet sein, wobei die Rostblättrige Alpenrose stets auf den feuchten, die Grün-Erle auf den flachgründigen und die Latsche auf den trockenen Abschnitten angesiedelt sind.

**Vorkommen und Höhenverbreitung**
Silikatische Zentralalpen Österreichs und der Schweiz, Alpensüdrand; Böhmerwald und Bayerischer Wald; in den Kalkalpen auf mächtigen sauren Rohhumusböden möglich.

**Artenliste**

| | |
|---|---|
| Calamagrostis villosa | Wolliges Reitgras |
| Deschampsia flexuosa | Draht-Schmiele |
| Juniperus communis | Gewöhnlicher Wacholder |
| Pinus mugo | Echte Legföhre (Latsche) |
| Pleurozium schreberi | Rotstengelmoos |
| Rhododendron ferrugineum | Rostblättrige Alpenrose |
| Vaccinium myrtillus | Heidelbeere |
| Vaccinium uliginosum | Moorbeere |

**Abb. 463:** Gebüsch der Rostblättrigen Alpenrose im hinteren Radurschtal bei Pfunds.

## 16.1.4 Bewimperte Alpenrosenheide
*Rhodothamno-Rhododendretum hirsuti* Br.-Bl. 1939

**Verband:** *Erico-Pinion mugi* Leibundgut 1948, Subalpine Latschengebüsche, Spirken- und Bergföhrenwälder
**Ordnung:** *Erico-Pinetalia* Horvat 1959, Schneeheide-Föhrenwälder, Subalpine Latschengebüsche, Bergföhren-, Arven- und Lärchenwälder
**Klasse:** *Erico-Pinetea* Horvat 1959, Schneeheide-Kiefernwälder

**Kennzeichen**
Die Bewimperte Alpenrose wird auch als Almrausch bezeichnet und kommt ausschließlich auf kalkhaltigem Boden der mitteleuropäischen Gebirge vor. Sie bildet in der subalpinen Stufe einen Strauchgürtel oberhalb des Schlußwaldes und steigt etwa so hoch wie die Legföhrengebüsche. Meist kommen innerhalb der Alpenrosengebüsche Legföhren vor, da in den stark erodierten Gipfelbereichen der Kalkalpen Zwergstrauchgesellschaften generell selten sind. Reine Alpenrosengebüsche kommen meist in beweideten Almgebieten oder in tieferen Lagen bis etwa 1000 m vor, dort stellen sie klimatisch bedingte dauerhafte Standorte dar, die sich wegen zu langer Schneebedeckung nicht zu Latschengebüschen weiterentwickeln können.

**Vorkommen und Höhenverbreitung**
Kalkgebirge der Ostalpen vom Genfer See bis Nördliche Kalkalpen Oberösterreichs, von der hochmontanen bis zur subalpinen Stufe.

**Ökologie**
Reine Alpenrosengebüsche sind als Initialstufe des Zwergstrauchgürtels oberhalb des Schlußwaldes anzusehen. Die Bodenentwicklung schreitet an den typischen Standorten nur langsam voran, zudem sind die Böden infolge ständiger Schuttüberrieselung noch nicht zur Ruhe gekommen. Gegenüber den Latschengebüschen sind sie jedoch feuchter und etwas humusreicher, eine ausgeprägte Rohhumusauflage fehlt. Zusammen mit der Bewimperten Alpenrose kommen zahlreiche alpine Rasenelemente vor wie die Polster-Segge auf trockenen Nordhängen und die Rost-Segge auf feuchteren, reiferen Böden. Unter günstigen Bedingungen findet eine Weiterentwicklung zum Legföhrengebüsch statt. Ein Zwischenstadium zeigt das Vorkommen der Zwerg-Alpenrose an, die im Halbschatten von Alpenrosen oder Latschengebüschen auf modrig-humosen Böden vorkommt und im Juni zartrosa blüht. Hält die Schneebedeckung im Frühjahr zu lange an, kann es nach Thimm (1953) zur Versauerung des Bodens und zum Einwandern der Rostblättrigen Alpenrose auch über Kalk kommen.

**Gefährdung, Pflege, Naturschutz**
Alpenrosengebüsche sind vor allem durch Erschließungen, Freizeitaktivitäten und Beweidung gefährdet. Nicht selten können Büsche in schafbeweideten Berggebieten zu niederliegenden Krüppelsträuchern abgefressen worden sein. Auch das Pflücken der Alpenrosen in Hüttennähe trägt zu deren Verschwinden bei, da bedingt durch die Höhenlage die Regeneration der Sträucher sehr lange dauert.

**Artenliste**

| | |
|---|---|
| Carex firma | Polster-Segge |
| Daphne striata | Steinröschen |
| Dryas octopetala | Silberwurz |
| Erica herbacea | Schneeheide |
| Homogyne alpina | Grüner Alpenlattich |
| Hylocomium splendens | Etagenmoos |
| Pinguicula alpina | Alpen-Fettkraut |
| Pleurozium schreberi | Rotstengelmoos |
| Rhodothamnus chamaecistus | Zwerg-Alpenrose |
| Sesleria albicans | Kalk-Blaugras |
| Sorbus chamaemespilus | Zwerg-Mehlbeere |
| Vaccinium vitis-idaea | Preiselbeere |

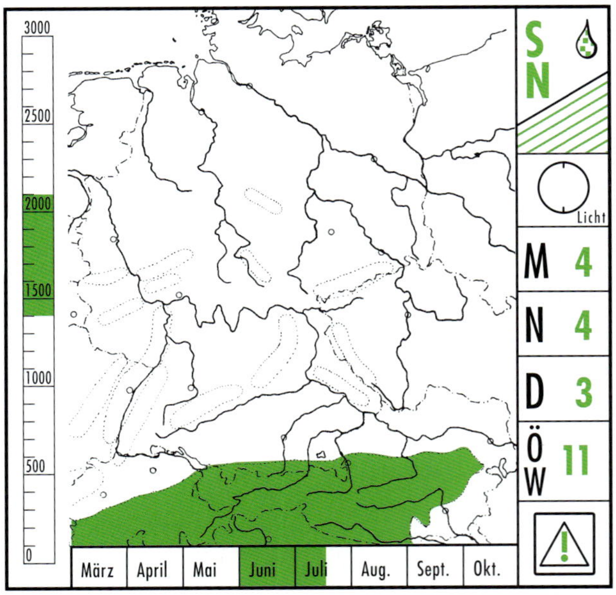

**Abb. 464:** Zwergstrauchgebüsch mit der Bewimperten Alpenrose als Reinbestand auf der Wankspitze, Mieminger Berge.

**Abb. 465:** Lückiges Alpenrosengebüsch am Hahntennjoch.

**Abb. 466:** Die seltene Zwergalpenrose (*Rhodothamnus chamaecistus*).

**Abb. 467:** Steinröschchen (*Daphne striata*).

## 16.1.5 Schneeheide-(Bergföhren-)Spirkenwald
*Erico carneae-Pinetum uncinatae* Br.-Bl. 1939

**Verband:** *Erico-Pinion mugi* Leibundgut 1948, Subalpine Latschengebüsche, Spirken- und Bergföhrenwälder
**Ordnung:** *Erico-Pinetalia* Horvat 1959, Schneeheide-Föhrenwälder, Subalpine Latschengebüsche, Bergföhren-, Arven- und Lärchenwälder
**Klasse:** *Erico-Pinetea* Horvat 1959, Schneeheide-Kiefernwälder

### Kennzeichen
Die Wälder mit der aufrechten Haken-Bergföhre oder Spirke kommen in den Kalkalpen auf noch nicht zur Ruhe gekommenen Schuttrinnen und Schuttfächern über flachgründigen Böden in der oberen montanen bis subalpinen Stufe vor. Da die Spirke gegenüber der Legföhre (Latsche) und der Wald-Kiefer am besten Stammeinschüttungen durch Geröll ertragen kann, besiedelt sie diese Standorte innerhalb der Wuchsareale der beiden anderen Baumarten. Die systematische Stellung der Spirke ist nicht eindeutig, wodurch es zu Verwechslungen mit der Bergkiefer kommt. Im Unterwuchs herrschen trocken- und lichtliebende Arten wie die Schneeheide vor. Im Gegensatz zu den ähnlichen Schneeheide-Kiefernwäldern sind Elemente der Legföhrengebüsche wie Steinröschen und Alpen-Maßliebchen vorhanden.

### Vorkommen und Höhenverbreitung
Die Spirke hat in den Westalpen die Hauptverbreitung und strahlt von dort auf die Ostalpen aus. Im Schweizer Nationalpark und im Engadin bildet sie großflächige Wälder aus; kleinräumig am Alpennordrand bis zum Nationalpark Berchtesgaden (Wimbachgries); Vorarlberg, Tiroler Lechtal, Fernpaßgebiet, Mieminger Berge, Mittenwalder Becken; in Höhen zwischen 800 und 1500 m mit einem Verbreitungsmaximum zwischen 1100 und 1400 m.

### Ökologie
Spirkenwälder besiedeln extreme, meist süd- bis südwestexponierte Standorte, die sich durch ein heißes, lichtreiches Kleinklima auszeichnen. Die Wuchsleistung der Spirke gegenüber der Latsche ist größer, steht aber um ein Vielfaches hinter dem der Wald-Kiefer. Die Wälder zeigen sowohl regionale als auch standortsbedingte Unterschiede, die auch durch die räumliche Isolation der kleinflächigen Standorte zu erklären sind. Den Wäldern kommt als Pioniergesellschaft eine hohe Schutzfunktion zu, da sie im Stande sind, instabile Schutthänge allmählich zu festigen und für nachfolgende Waldgesellschaften aufzubereiten.

### Gefährdung, Pflege, Naturschutz
Wegen der Kleinräumigkeit ihres Vorkommens werden sie kaum forstlich genutzt, der lockere Bewuchs der Spirkenwälder eignet sich dazu kaum. Waldweidenutzung kann zur Beeinträchtigung des Unterwuchses und zur Erhöhung der Erosion führen. Die Wälder sollten ohne Zutun des Menschen belassen werden. Sie können orchideenreich sein und als Rückzugsgebiet für seltene oder geschützte Arten dienen, die durch forstliche Übernutzung aus angrenzenden Wäldern verdrängt wurden.

### Ähnliche Gesellschaft
**Spirkenwaldgesellschaft,** *Pinetum uncinatae* Uhlig 1933; Die Spirke ist befähigt, neben den kargen Schuttstandorten auch Hochmoore und Moorränder zu besiedeln, wo der Luftstickstoff der minimierende Faktor ist. Damit leicht verwechselt werden kann der **Bergkiefern-Moorwald,** *Vaccinio uliginosi-Pinetum rotundatae* Oberd. 1934 (siehe Moorgesellschaften). Die Spirke bildet in Kalk-Bergsturzgebieten eine Variante mit der Bewimperten Alpenrose aus, *Rhododendro hirsuti- Pinetum uncinatae* Oberd. 1954, die im Unterwuchs zusammen mit anderen Zwergsträuchern dichte Gebüsche ausbildet.

### Artenliste

| | |
|---|---|
| Arctostaphylos uva-ursi | Bärentraube |
| Calamagrostis varia | Buntes Reitgras |
| Carex firma | Polster-Segge |
| Carex flacca | Blaugrüne Segge |
| Crepis alpestris | Alpen-Pippau |
| Cladonia rangiformis | Gesprenkelte Becherflechte |
| Erica herbacea | Schneeheide |
| Hylocomium splendens | Etagenmoos |
| Leontodon incanus | Grauer Löwenzahn |
| Pinus mugo | Echte Legföhre (Latsche) |
| Pinus sylvestris | Wald-Kiefer |
| Pinus uncinata | Spirke |
| Pleurozium schreberi | Rotstengelmoos |
| Rhytidiadelphus triquetrus | Großes Kranzmoos |
| Sorbus chamaemespilus | Zwerg-Mehlbeere |
| Vaccinium uliginosum | Moorbeere |
| Valeriana saxatilis | Felsen-Baldrian |

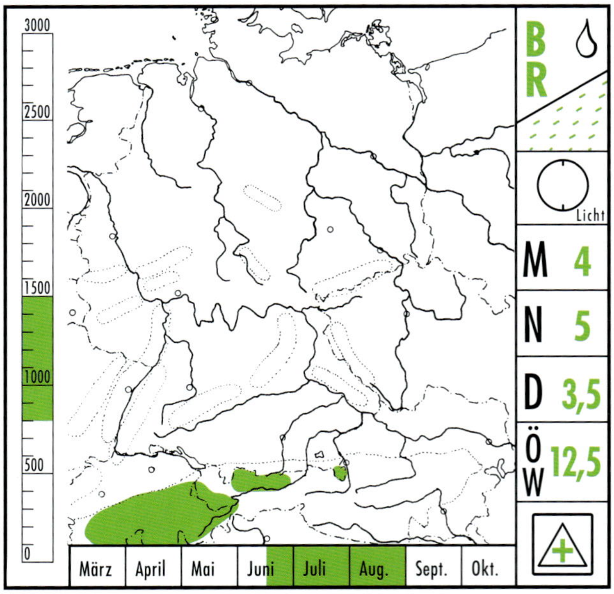

**Abb. 468:** Spirkenwald (*Pinus uncinata*) auf schuttüberfüllten Hangkegeln im Karwendeltal.

**Abb. 469:** Spirkenwald auf Moorstandort, Saloberalpe, Füssen.

**Abb. 470:** Spirkenwald mit Schnee-Hainsimse im Hinterautal.

**Abb. 471:** Spirkenwald mit Alpen-Pestwurz bei Scharnitz/Giessenbach.

## 16.2 Windkanten der Hochgebirge
*Loiseleurio-Vaccinion* Br.-Bl. in Br.-Bl. et Jenny 1926

### 16.2.1 Windkanten-Gemsheide
*Loiseleurio-Cetrarietum* Br.-Bl. et al. 1939

**Verband:** *Loiseleurio-Vaccinion* Br.-Bl. in Br.-Bl. et Jenny 1926, Windkanten der Hochgebirge
**Ordnung:** *Loiseleurio-Vaccinietalia* Br.-Bl. in Br.-Bl. et Jenny 1926, Saure arktische und boreale Zwergstrauchheiden
**Klasse:** *Loiseleurio-Vaccinietea* Eggler 1952 ex Schubert 1960, Frostharte Gesellschaften und Naturheiden der unteren alpinen Stufe auf Windstandorten

**Kennzeichen**
Die Windkanten-Gemsheide bildet dicht am Boden aufliegende Spalierteppiche aus und bevölkert windgefegte Kanten, Felsen und Grate an extrem ausgesetzten Standorten über Silikatfelsen. Voraussetzung für die Enstehung der Gesellschaft ist jedoch, daß ein zumindest flachgründiger Boden vorhanden ist. Die Gamsheide ist extremen Standortbedingungen ausgesetzt (Larcher 1977). Der Wind stellt den Hauptfaktor dar, mit dem der Zwergstrauch fertig werden muß. Da die Standorte im Winter kaum mit Schnee bedeckt sind, müssen die Gamsheiden extrem frostresistent sein und Temperaturen zwischen –35 bis –60 °C aushalten. Wind bedeutet aber auch Wasserentzug. Diesen bewältigt die Gemsheide mit speziellen Anpassungen und baut ein eigenes Bestandesklima auf. Innerhalb der Spaliersträucher kommen noch Strauchflechten vor, aber auch Moorbeere und Heidelbeere. Burtscher (1982) konnte ein Alter der Zwergstrauchheiden von bis zu 1500 Jahren nachweisen.

**Vorkommen und Höhenverbreitung**
In den Zentralalpen zwischen 2100 und 2400 m, also zwischen den tieferwüchsigen Alpenrosengebüschen und den oberhalb anschließenden Alpinrasen, an der anthropogen veränderten Waldgrenze. In Nordeuropa kommt diese Gesellschaft großflächig auf den baumfreien Fjellgebieten der Gebirge (Rondane, Dovrefjell, Femundsmarka und nördliche Gebirge) vor, in Südnorwegen beginnt die Verbreitung ab 800 m, im Norden steigt die Gesellschaft bis 450 m herab.

**Ökologie**
Zwergsträucher sind aufgrund ihrer physiologischen und morphologischen Ausbildung befähigt, ungünstige Standorte zu besiedeln. Besonders die Gemsheide zeigt durch ihre flache, an den Boden gepreßte Wuchsform extreme Anpassungen an die windgefegten Kanten, die sie zu überwuchern vermag. Die zahllosen winzigen Blätter erzeugen einen dicht schließenden Schutzmantel, der den Strauch nahezu völlig nach außen abschließt und ihn sein eigenes, wesentlich günstigeres Mikroklima aufbauen läßt. So entstehen Bestandestemperaturen, die beinahe als „subtropisch" zu bezeichnen sind und dem eines geschlossenen Waldes entsprechen. Wasserdampf und Wärme werden gespeichert und bewirken auch bei starkem Wind eine Luftfeuchtigkeit von 80 %. Die Wasserversorgung zur Vegetationszeit ist durch den Boden, der wie ein Schwamm wirkt, ausreichend gewährleistet. Im Winter assimiliert die Pflanze praktisch nicht, im Frühjahr nimmt sie Schmelzwasser durch Rillen auf der Blattunterseite auf, Frosttrocknis kann daher nur dort auftreten, wo sich Äste über nackten Felsen ausbreiten. Zusätzliche Stickstoffreserven werden über Symbiosen mit Mykorrhizapilzen erschlossen. Mit diesen Strategien gelingt es der Gemsheide als Holzgewächs, auf Standorten aufzukommen, die eigentlich den alpinen Rasen vorbehalten sind (Larcher 1977).

**Gefährdung, Pflege, Naturschutz**
Gefährdungen bestehen durch Freizeitnutzungen, Wanderwege und Skipistenerschließungen; die Regeneration gestörter Spaliere dauert extrem lang.

**Artenliste**

| | |
|---|---|
| Agrostis rupestris | Felsen-Straußgras |
| Alectoria ochroleuca | Windbartflechte |
| Arctostaphylos alpinus | Alpen-Bärentraube |
| Cetraria cucullata | Hüllen-Moosflechte |
| Cetraria islandica | Isländisches Moos |
| Cetraria nivalis | Schnee-Moosflechte |
| Cladonia arbuscula | Einseitswendige Rentierflechte |
| Cladonia gracilis | Schlanke Rentierflechte |
| Cladonia rangiformis | Gesprenkelte Becherflechte |
| Empetrum nigrum ssp. hermaphroditum | Zwittrige Krähenbeere |
| Homogyne alpina | Grüner Alpenlattich |
| Loiseleuria procumbens | Gemsheide |
| Phyteuma hemisphaericum | Halbkugelige Teufelskralle |
| Thamnolia vermicularis | Wurmflechte |
| Vaccinium uliginosum | Moorbeere |
| Vaccinium vitis-idaea | Preiselbeere |

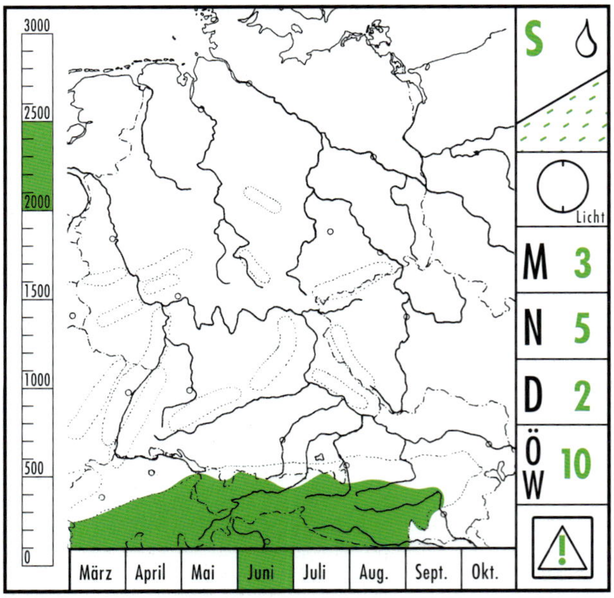

**Abb. 472:** Gemsheideflur auf der Angeralpe im hinteren Ötztal bei Hochgurgl.

**Abb. 473:** Gemsheideflur im Rondane NP in Norwegen.

**Abb. 474:** Detail der Gemsheide (*Loiseleuria procumbens*).

## 16.3 Bodensaure Alpenrosengebüsche und Heidelbeerheiden
*Rhododendro-Vaccinion* J.Br.-Bl. et G.Br.-Bl. 1931

### 16.3.1 Bodensaure Alpenrosenheiden
*Rhododendro ferruginei-Vaccinietum* Br.-Bl. 1927

**Verband:** *Rhododendro-Vaccinion* J. Br.-Bl. et G. Br.-Bl. 1931, Bodensaure Alpenrosengebüsche und Heidelbeerheiden
**Ordnung:** *Loiseleurio-Vaccinietalia* Br.-Bl. in Br.-Bl. et Jenny 1926, Saure arktische und boreale Zwergstrauchheiden
**Klasse:** *Loiseleurio-Vaccinietea* Eggler 1952 ex Schubert 1960, Frostharte Gesellschaften und Naturheiden der unteren alpinen Stufe auf Windstandorten

**Kennzeichen**
Die ausgeprägte Zwergstrauchgesellschaft oberhalb der Waldgrenze in den Silikatalpen wird von der Rostblättrigen Alpenrose gebildet. Diese beherrscht die Gebüsche fast ausschließlich, daneben sind andere Zwergsträucher enthalten, vor allem die Heidelbeere und die Moorbeere. Der Zwerg-Wacholder wechselt sich in windgefegten Stellen als niederliegender Strauch mit den Zwergsträuchern ab. Das Alpenrosengebüsch zeigt eine enge Verwandtschaft zum direkt anschließenden Zirben-Schlußwald, in dem es in der Übergangszone den Unterwuchs ausbildet. Auch die Artengarnitur unterstreicht diese Verknüpfung. Die Böden bestehen meist aus mittelgründigen Rohhumus-Rankern oder über Flysch aus feuchten Braunerden.

**Vorkommen und Höhenverbreitung**
Häufig in den Silikat-Innenalpen zwischen 2200 – 2400 m, in den Außenketten zwischen 1900 – 2100 m, vielfach großflächig und landschaftsprägend. In den Kalkalpen auf sauren Böden mit mächtiger Rohhumusauflage vorkommend (Thimm 1953), die Bewimperte Alpenrose bildet mit der Rostblättrigen Alpenrose Bastarde (*Rhododendron intermedium*). Man ist jedoch der Ansicht, daß alle baumfreien Gebüsche der Rostblättrigen Alpenrose potentielles Waldgebiet seien und aufgeforstet werden könnten. Nur ein schmaler Streifen oberhalb der Baumgrenze, wo die Schneebedeckung für die Zirbe zu lange andauert, wird als eigenständiges Wuchsgebiet der Gesellschaft angesehen.

**Ökologie**
Alpenrosen sind äußerst lichtbedürftige Pflanzen. Deshalb bilden sie Gebüsche oberhalb der Waldgrenze aus, wo die Beschattung durch Bäume wegfällt. Wandern sie in Waldbereiche ein, müssen diese licht und lückig sein, so wie die Zirbenwälder an der Waldgrenze. Hier kommen die Alpenrosengebüsche oftmals im Unterwuchs vor. Dieser Waldtyp wurde von Braun-Blanquet (1964) als eigene Subassoziation *Rhododendro-Vaccinietum cembretosum* beschrieben. Die Ökologie der Alpenrosensträucher wurde von Cernusca (1977) genau untersucht und die gute Anpassung an den Standort erkannt. Demnach liegt die optimale Bestandestemperatur im Sommer zwischen 5 und 25°C, wo der Biomassezuwachs 80% beträgt. Trockene Föhnluft wird von den dürreempfindlichen Sträuchern gut ertragen, solange die Wasserversorgung gewährleistet ist. Das ist für die offenen Gebüsche sehr wichtig, da sie stets vom Wind durchblasen werden. Wegen der geringen Resistenz gegenüber Kälte und Frosttrocknis benötigt die Gesellschaft im Winter ausreichenden Schneeschutz.

**Gefährdung, Pflege, Naturschutz**
Die Standorte sind durch Freizeitaktivitäten und Erschließungen für Skipisten und Lifte/Seilbahnen gefährdet; Pflegemaßnahmen sind nicht notwendig.

**Artenliste**

| | |
|---|---|
| Calamagrostis villosa | Wolliges Reitgras |
| Cladonia arbuscula | Einseitswendige Rentierflechte |
| Deschampsia flexuosa | Draht-Schmiele |
| Juniperus sibirica | Zwerg-Wacholder |
| Lonicera caerulea | Blaue Heckenkirsche |
| Luzula sylvatica | Wald-Hainsimse |
| Melampyrum pratense | Wiesen-Wachtelweizen |
| Pleurozium schreberi | Rotstengelmoos |
| Rhododendron ferrugineum | Rostblättrige Alpenrose |
| Rhytidiadelphus triquetrus | Großes Kranzmoos |
| Solidago virgaurea ssp. minuta | Alpen-Goldrute |
| Vaccinium myrtillus | Heidelbeere |
| Vaccinium uliginosum | Moorbeere |
| Vaccinium vitis-idaea | Preiselbeere |

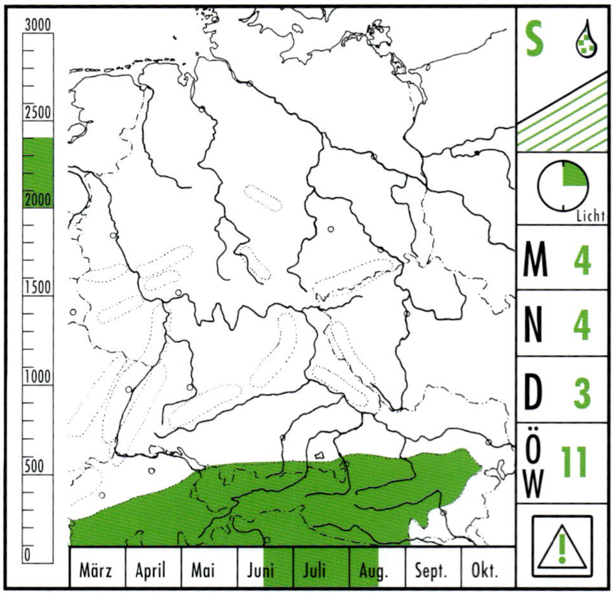

**Abb. 475:** Bodensaure Zwergstrauchheide mit Rauschbeere, Rostroter Alpenrose und Alpen-Bärentraube.

**Abb. 476:** Blühendes Heidekraut am Wetterkreuz im Zillertal.

**Abb. 477:** Zwergstrauchheide im Spätsommer am Patscherkofel.

## 16.3.2 Krähenbeerenheide
*Empetro-Vaccinietum uliginosi* Br.-Bl. 1926

**Verband:** *Rhododendro-Vaccinion* J. Br.-Bl. et G. Br.-Bl. 1931, Bodensaure Alpenrosengebüsche und Heidelbeerheiden
**Ordnung:** *Loiseleurio-Vaccinietalia* Br.-Bl. in Br.-Bl. et Jenny 1926, Saure arktische und boreale Zwergstrauchheiden
**Klasse:** *Loiseleurio-Vaccinietea* Eggler 1952 ex Schubert 1960, Frostharte Gesellschaften und Naturheiden der unteren alpinen Stufe auf Windstandorten

**Kennzeichen**
In den Silikatalpen kommen in Höhenlagen zwischen 1700 und 2500 m echte Zwergstrauchheiden vor, die hauptsächlich von Zwittriger Krähenbeere, Moorbeere und Heidelbeere gebildet werden. Die Heide zeigt das ganze Jahr über interessante und zum Teil farbenreiche Aspekte. Im späten Frühjahr, je nach der Dauer der Schneebedeckung, beginnen die Pflanzen mit der Blatt- und Blütenbildung. Im Hochsommer setzt die Fruchtreife mit den dunkel-schwarzen Beeren ein, wobei lediglich die Heidelbeere genießbar ist. Im Herbst färben sich die Heidelbeersträucher gelb-rot-braun, die Alpen-Bärentraube leuchtend rot und lassen die Bestände wie Feuer erstrahlen. Bevorzugte Standorte sind Blockfelder, Felsterrassen und subalpine Plateaus über wassergesättigten, kalten Böden mit schwarzbrauner Humusauflage.

**Vorkommen und Höhenverbreitung**
Im gesamten Alpenbogen von den Pyrenäen bis zu den Karpaten zwischen 1700 und 2400 m.

**Ökologie**
Je höher die Zwergstrauchheiden angesiedelt sind, umso stärker ändert sich das Mikroklima und die damit verbundenen Lebensbedingungen. Vor allem die schneefreie Zeit ist entscheidend und kann auf engstem Raum zu großen Unterschieden führen. Friedel (1961) konnte nachweisen, daß nicht die Sonneneinstrahlung, sondern der Wind verantwortlich ist, wie schnell eine Schneedecke schmilzt. In der ökologischen Abfolge nimmt die Beerenheide eine Übergangsstellung zwischen dem Alpenrosengebüsch und der Gemsheiden-Windkante ein. In tieferen Lagen wächst sie auch im Unterwuchs der Alpenrosengebüsche, andererseits können die Moorbeeren, die am besten an das extreme Klima der Hochlagen angepaßt sind, bis zu den stark exponierten Windkanten vordringen. Larcher (1971) fand heraus, daß das Mikroklima einer Zwergstrauchheide bedingt durch die Bestandesstruktur wesentlich extremer ist, als das der Umgebung. In Wirklichkeit ist es für die Pflanzen innerhalb der Beerenheide weit windiger und kühler, als auf den exponierten Windkanten.

**Gefährdung, Pflege, Naturschutz**
Durch Freizeitnutzungen, Erschließungen (Skipisten) und Beweidung gefährdet, wird in manchen Skigebieten großflächig durch Abmähen und nachfolgender Einsaat vernichtet. Die Gesellschaft ist wie alle Zwergstrauchheiden sehr empfindlich gegenüber mechanischen Störungen (Befahren mit Maschinen und Baufahrzeugen).

**Artenliste**

| | |
|---|---|
| Arctostaphylos alpinus | Alpen-Bärentraube |
| Cetraria islandica | Isländisches Moos |
| Cladonia rangiformis | Gesprenkelte Becherflechte |
| Empetrum nigrum ssp. hermaphroditum | Zwittrige Krähenbeere |
| Huperzia selago | Tannenbärlapp |
| Juniperus sibirica | Zwerg-Wacholder |
| Luzula sylvatica | Wald-Hainsimse |
| Lycopodium alpinum | Alpen-Bärlapp |
| Rhytidiadelphus triquetrus | Großes Kranzmoos |
| Solidago virgaurea ssp. minuta | Alpen-Goldrute |
| Vaccinium myrtillus | Heidelbeere |
| Vaccinium uliginosum | Moorbeere |
| Vaccinium vitis-idaea | Preiselbeere |

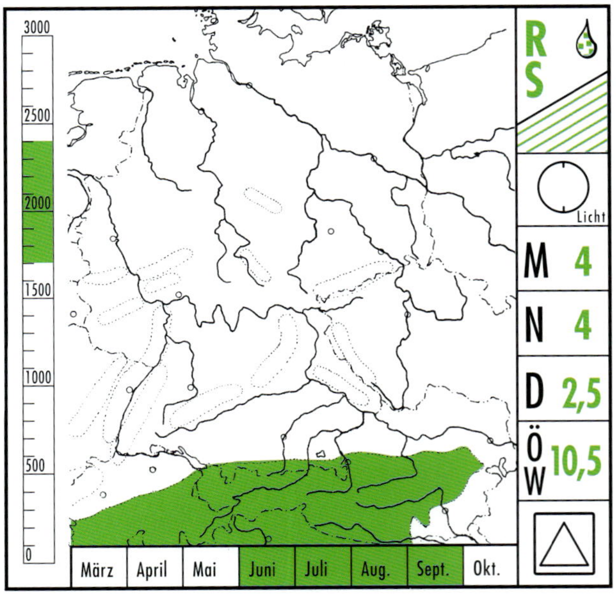

**Abb. 478:** Krähenbeerenheide auf Silikat im Rotmoostal bei Obergurgl.

**Abb. 479:** Alpen-Bärentraube (*Arctostaphylos alpinus*).

**Abb. 480:** Krähenbeerenheide, Herbstaspekt.

**Abb. 481:** Krähenbeere (*Empetrum nigrum*).

## 16.3.3 Zwerg-Wacholder-Bärentraubenheide
### *Junipero-Arctostaphylletum* HAFFT. in BR.-BL. et al. 1939

**Verband:** *Rhododendro-Vaccinion* J. BR.-BL. et G. BR.-BL. 1931, Bodensaure Alpenrosengebüsche und Heidelbeerheiden
**Ordnung:** *Loiseleurio-Vaccinietalia* BR.-BL. in BR.-BL. et JENNY 1926, Saure arktische und boreale Zwergstrauchheiden
**Klasse:** *Loiseleurio-Vaccinietea* EGGLER 1952 ex SCHUBERT 1960, Frostharte Gesellschaften und Naturheiden der unteren alpinen Stufe auf Windstandorten

**Kennzeichen**
Das niederliegende und dichte Gebüsch der Zwerg-Wacholder-Bärentraubenheide stellt neben der Krähenbeerenheide die zweite bedeutende Zwergstrauchformation der Silikatalpen dar. Sie kommt meist auf warmen, süd- oder ostexponierten Hängen vor, die eigentlich potentielles Waldgebiet sind. Schon in früher Zeit wurden diese begünstigten Hänge durch Herausschlagen der Zirben und Lärchen entwaldet und als Weideflächen genutzt. Auch heute werden zahlreiche Standorte im Sommer beweidet und somit das Aufkommen des Hochwaldes unterbunden. Die Gesellschaft, die die artenreichste aller Zwergstrauchheiden darstellt, benötigt saure, trockene und rohhumusreiche Böden. Zwerg-Wacholder, Heidekraut und Schwarze Krähenbeere dominieren in den Beständen. Infolge der Beweidung stehen die Zwergsträucher jedoch stets lückig und wechseln mit Raseninseln ab, die Elemente der alpinen Schwingelwiesen beinhalten.

**Vorkommen und Höhenverbreitung**
In den zentralen Ketten der österreichischen Silikatalpen häufig, Graubünden; die typische Ausprägung kommt nur in den kontinentalen Inneralpen vor, in den niederschlagsreicheren Zwischenalpen wurde ein Gesellschaftstyp beschrieben, in dem das Heidekraut stärker zur Geltung kommt. In fast allen Fällen stellt diese Heide Ersatzstandorte von hochmontanen und subalpinen Mischwäldern dar (AICHINGER 1957).

**Ökologie**
Der Zwerg-Wacholder vermag am besten heiße Standorte über Silikatfelsen zu erschließen und so den Standort für die Ausbildung der Gesellschaft vorzubereiten. In seiner Nadelstreu kann die Bärentraube Fuß fassen. Hat sich im Laufe der Zeit genügend Humus entwickelt, treten die Heidekraut-Zwergstraucharten hinzu. Ab dieser Phase können auch Nadelbäume aufkommen und die Entwicklung in Richtung Hochwald einleiten. Deshalb stellt die Zwerg-Wacholderheide oft ein Übergangsstadium dar. Die Schlußgesellschaft bildet sie nur an der obersten Verbreitungsgrenze aus und wird in den beweideten Regionen als Dauergesellschaft angesehen. Innerhalb der Heiden können im Sommer enorme Bestandestemperaturen von bis zu 80 °C herrschen. Im Winter tritt eine starke Beanspruchung durch Schneeschub auf.

**Gefährdung, Pflege, Naturschutz**
Die anthropogenen Standorte werden heute mancherorts durch Mahd oder Brandrodung bewirtschaftet. Die Bauern müssen von Zeit zu Zeit die agressiven Zwergsträucher reduzieren, um die Raseninseln zu erhalten. Viele Flächen gehen oberhalb der Waldgrenze durch Skipistenerschließungen verloren. In den Beständen sind seltene Arten wie Anemonen, Pannonischer Enzian, Berg-Hauswurz und Silberdistel enthalten.

**Gesellschaften**
Entsprechend dem Vorherrschen der Leitpflanze werden zwei Gruppierungen unterschieden, eine **wacholderreiche** auf extremeren und steileren Hängen und eine **heidekrautreiche Subassoziation** auf tiefgründigeren, flacheren Standorten.

**Artenliste**

| | |
|---|---|
| Antennaria dioica | Gewöhnliches Katzenpfötchen |
| Arctostaphylos uva-ursi | Bärentraube |
| Avena versicolor | Bunt-Hafer |
| Calluna vulgaris | Heidekraut |
| Deschampsia flexuosa | Draht-Schmiele |
| Empetrum nigrum | Schwarze Krähenbeere |
| Gentiana acaulis | Koch's Enzian |
| Hieracium intybaceum | Weißliches Habichtskraut |
| Juniperus sibirica | Zwerg-Wacholder |
| Phyteuma orbiculare | Kugel-Rapunzel |
| Pulsatilla vernalis | Frühlings-Küchenschelle |
| Vaccinium myrtillus | Heidelbeere |
| Vaccinium uliginosum | Moorbeere |
| Vaccinium vitis-idaea | Preiselbeere |

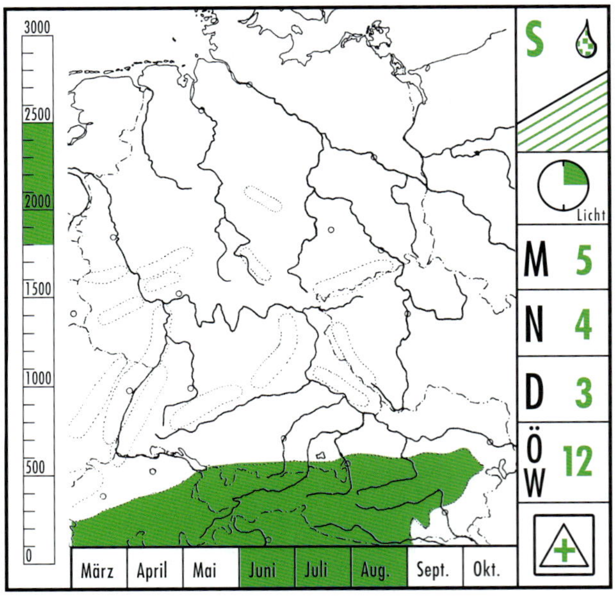

**Abb. 482:** Zwerg-Wacholder-Bärentraubenheide am Fuldaer Höhenweg auf der Taschachalpe (mit Blauem Eisenhut).

**Abb. 483:** Zwergstrauchflur mit Zwerg-Wacholder am Faltegartenkögele, Stubaier Alpen, Herbstaspekt.

# 17 Alpine Hochstaudenfluren

## 17.1 Hochstaudenfluren und Grünerlengebüsche der Gebirge
*Adenostylion alliariae* Br.-Bl. 1926

### 17.1.1 Grün-Erlengebüsch
*Alnetum viridis* Br.-Bl. 1918

**Verband:** *Adenostylion alliariae* Br.-Bl. 1926, Hochstaudenfluren und Grünerlengebüsche der Gebirge
**Ordnung:** *Adenostyletalia* G. Br.-Bl. et Br.-Bl. 1931, Hochstaudenfluren und Gebüsche der Alpen
**Klasse:** *Betulo-Adenostyletea* Br.-Bl. et R. Tx. 1943, Subalpine Hochstaudengesellschaften und Gebüsche

**Kennzeichen**
Grün-Erlengebüsche kommen in den Alpen in der subalpinen Stufe überall dort vor, wo es für die Bäume wegen der Gefahr des Schneeschimmels zu naß ist. Dies sind Standorte ab 1200 m mit tonigen, nährstoff- und feinerdereiche Böden auf gut durchfeuchtetem Hangschutt. Die Gesellschaft wird durch die Dominanz der Grün-Erle gekennzeichnet, die bis zu 4 m hohe Gebüsche ausbildet und im Unterwuchs von feuchtliebenden alpinen Hochstauden sowie verschiedenen Sträuchern begleitet wird. Varianten mit der Heidelbeere, dem Alpen-Frauenfarn und mit Hochstauden der Alpen-Milchlattich-Fluren wurden unterschieden. An der Grenze zur alpinen Stufe kann die Grün-Erle nur mehr 1 m hoch werden und zeigt einen legföhrenähnlichen hangabwärtsgerichteten Wuchs.

**Vorkommen und Höhenverbreitung**
In den Nord-, Zentral- und Ostalpen zwischen 1200 und 2200 m an beschatteten Nordhängen; auch in den Karpaten. Häufig auch in Mulden mit langer Schneebedeckung und in Lawinenbahnen zu finden, wo die Gesellschaft bis in die hochmontane Stufe herabsteigen kann. Wegen der höheren Bodenfeuchtigkeit liegt der Verbreitungsschwerpunkt in den Silikatalpen, in den Kalkalpen ist die Grün-Erle an das Vorhandensein wasserstauender Schichten wie Mergel oder Ton gebunden.

**Ökologie**
Richard (1969) hat die ökologischen Ansprüche der Grün-Erlen erforscht und herausgefunden, daß die Wasserversorgung des Bodens für das Aufkommen der Gebüsche entscheidend ist und der ständige Wassernachschub infolge der hohen Transpiration gewährleistet sein muß. Im Boden bewirken symbiotische Pilze, daß der Luftstickstoff zur besseren Versorgung der Grün-Erlen gebunden wird. Somit kommt es innerhalb des Bestandes zu einer natürlichen „Düngung". Die starke Auswaschung des Bodens bewirkt über Kalkgestein eine sehr saure Bodenreaktion. Die Grün-Erle erträgt Schneerutschungen wesentlich besser als Bäume und bildet daher in Lawinenrinnen Dauergesellschaften aus.

**Gefährdung, Pflege, Naturschutz**
Die Grün-Erle erfüllt wichtige Funktionen als Bodenfestiger und als Pioniergehölz und kann als Erosionsschutz in steilen Hängen gepflanzt werden. Eine direkte Gefährdung besteht an den meisten Standorten nicht.

**Artenliste**

| | |
|---|---|
| Adenostyles alliariae | Grauer Alpendost |
| Alnus viridis | Grün-Erle |
| Athyrium distentifolium | Alpen-Frauenfarn |
| Chaerophyllum hirsutum ssp. villarsii | Berg-Kälberkropf |
| Cicerbita alpina | Alpen-Milchlattich |
| Geranium sylvaticum | Wald-Storchschnabel |
| Peucedanum osthrutium | Meisterwurz |
| Rumex alpestris | Berg-Sauer-Ampfer |
| Salix glabra | Glanz-Weide |
| Salix hastata | Spieß-Weide |
| Salix waldsteiniana | Bäumchen-Weide |
| Saxifraga rotundifolia | Rundblättriger Steinbrech |
| Senecio fuchsii | Fuchs' Kreuzkraut |
| Vaccinium myrtillus | Heidelbeere |
| Veratrum album | Weißer Germer |
| Viola biflora | Zweiblütiges Veilchen |

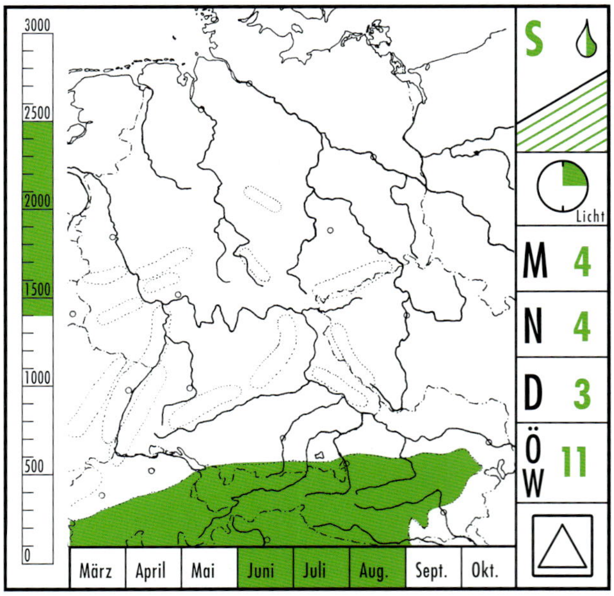

**Abb. 484:** Grün-Erlengebüsch mit alpiner Hochstaudenflur am Weg zur Landsberger Hütte im NSG Vilsalpsee, Tannheimer Tal.

**Abb. 485:** Grün-Erlengebüsch mit Meisterwurz im Radurschltal bei Pfunds.

## 17.1.2 Schlucht-Weidengebüsch
*Salicetum appendiculatae* OBERD. 1957

**Verband:** *Adenostylion alliariae* BR.-BL. 1926, Hochstaudenfluren und Grünerlengebüsche der Gebirge
**Ordnung:** *Adenostyletalia* G. BR.-BL. et BR.-BL. 1931, Hochstaudenfluren und Gebüsche der Alpen
**Klasse:** *Betulo-Adenostyletea* BR.-BL. et R. TX. 1943, Subalpine Hochstaudengesellschaften und Gebüsche

**Kennzeichen**
Feuchte Steilhänge der subalpinen Stufe werden vom Schlucht-Weidengebüsch eingenommen, das vor allem in Lawinenrinnen, auf Bergsturzgelände und in Grobblockhalden auf gut durchlüfteten, steinigen Lehmböden vorkommt. Die Schlucht-Weide dominiert diese Pionierformationen und wird in höheren Lagen vom Grün-Erlengebüsch abgelöst. Die Begleitarten wechseln je nach angrenzender Kontaktgesellschaft und Höhenlage, jedoch fehlen meist Hochstaudenarten. Die bogenartige Wuchsform der Schlucht-Weide erinnert an die „Legbuche", die auf ähnlichen Standorten in der hochmontanen Stufe vorkommt und das Legbuchengebüsch ausbildet (*Allium victorialis-Fagetum*). Von OBERDORFER (1957) wurde eine Gesellschaft mit dem Berg-Ahorn (*Salici appendiculatae-Aceretum*) für schuttreiche Hänge beschrieben, das dem Legbuchengebüsch ähnlich ist.

**Vorkommen und Höhenverbreitung**
In den Alpen zwischen 1300 bis 2500 m Seehöhe; im Schwarzwald nur zusammen mit dem Bergahorn.

**Artenliste**

| | |
|---|---|
| Adenostyles alliariae | Grauer Alpendost |
| Dryopteris filix-mas | Männlicher Wurmfarn |
| Epilobium montanum | Berg-Weidenröschen |
| Geranium sylvaticum | Wald-Storchschnabel |
| Lamium galeobdolon ssp. montanum | Berg-Goldnessel |
| Oxalis acetosella | Wald-Sauerklee |
| Salix appendiculata | Schlucht-Weide |
| Saxifraga rotundifolia | Rundblättriger Steinbrech |
| Senecio hercynicus | Hain-Kreuzkraut |
| Sorbus aucuparia | Eberesche |
| Sorbus chamaemespilus | Zwerg-Mehlbeere |

**Abb. 486:** Schlucht-Weidengebüsch an den Hängen des Geierköpfle oberhalb des Vilsalpsees, Tannheimer Tal.

## 17.1.3 Bäumchen-Weidengebüsch
*Salicetum waldsteinianae* Beger 1922

**Verband:** *Adenostylion alliariae* Br.-Bl. 1926, Hochstaudenfluren und Grünerlengebüsche der Gebirge
**Ordnung:** *Adenostyletalia* G. Br.-Bl. et Br.-Bl. 1931, Hochstaudenfluren und Gebüsche der Alpen
**Klasse:** *Betulo-Adenostyletea* Br.-Bl. et R. Tx. 1943, Subalpine Hochstaudengesellschaften und Gebüsche

**Kennzeichen**
Das Bäumchen-Weidengebüsch wächst in der subalpinen Stufe im Anschluß an Grün-Erlenfluren oder mosaikartig zwischen den Legföhren. Es bevorzugt besonders frische, kalkhaltige Böden entlang von Bachufern oder an feuchten, skelettreichen Hängen und kommt überwiegend auf Dolomit vor. Im Bestand sind Arten aus den Grün-Erlengebüschen und den alpinen Hochstauden anzutreffen. Die oft kleinflächigen Ausbildungen auch innerhalb von kleinen, geschützten Mulden setzen sich ferner aus der Glanz-Weide und der Bewimperten Alpenrose zusammen. Die Gesellschaft nimmt meist Übergangsstadien zu den Grün-Erlengebüschen und Hochstaudenfluren ein und ist oft mit Kontaktgesellschaften vermischt.

**Vorkommen und Höhenverbreitung**
In den gesamten Kalkalpen zwischen 1400 bis 2600 m Seehöhe.

**Artenliste**

| | |
|---|---|
| Adenostyles alliariae | Grauer Alpendost |
| Daphne mezereum | Seidelbast |
| Geranium sylvaticum | Wald-Storchschnabel |
| Homogyne alpina | Grüner Alpenlattich |
| Peucedanum osthrutium | Meisterwurz |
| Polystichum lonchitis | Lanzen-Schildfarn |
| Salix waldsteiniana | Bäumchen-Weide |
| Saxifraga rotundifolia | Rundblättriger Steinbrech |
| Vaccinium myrtillus | Heidelbeere |
| Viola biflora | Zweiblütiges Veilchen |

**Abb. 487:** Bäumchen-Weidengebüsch im Ködnitztal in der Randzone des NP Hohe Tauern, Osttirol.

## 17.1.4 Alpendost-Hochstaudenflur
*Adenostylo alliariae-Cicerbitetum alpinae* Br.-Bl. 1950

**Verband:** *Adenostylion alliariae* Br.-Bl. 1926, Hochstaudenfluren und Grünerlengebüsche der Gebirge
**Ordnung:** *Adenostyletalia* G. Br.-Bl. et Br.-Bl. 1931, Hochstaudenfluren und Gebüsche der Alpen
**Klasse:** *Betulo-Adenostyletea* Br.-Bl. et R. Tx. 1943, Subalpine Hochstaudengesellschaften und Gebüsche

### Kennzeichen
In den Alpen fallen auf feuchten und nährstoffreichen Standorten sehr bunte und hochwüchsige Hochstaudenfluren auf, die waldfreie Standorte in der subalpinen und alpinen Stufe einnehmen. Primäre, natürliche und sekundäre anthropogen bedingte Standorte sind zu unterscheiden. Kare, Schuttkegel, Lawinenrinnen und Bachufer innerhalb des subalpinen Fichtenwaldes sind die primären und bevorzugten Wuchsorte, die über feinerdereiche Böden auf lockerem, wasserzügigem Hangschutt verfügen. Die großblättrigen Hochstauden bilden eine dicht stehende Krautschicht, am stark beschatteten Boden wachsen kleinere Pflanzen wie Zweiblütiges Veilchen und Wald-Sternmiere. Sekundäre Hochstauden folgen der hohen Stickstoffdüngung, die auf sogenannten Lägerfluren, also Weideflächen und Almwiesen entstehen. Hier bilden jene Arten die Fluren, die vom Weidevieh verschmäht werden.

### Vorkommen und Höhenverbreitung
Westalpen über Ostalpen bis zu den Karpaten zwischen 1500 und 2200 m; in Österreich in den Zentralalpen häufig, in den Kalkalpen an mergelige, bodenfeuchte Schichten gebunden; Lechtaler Alpen, Tiroler und Salzburger Kalkalpen, Hohe Tauern; in den Karnischen Alpen mit der Reliktart Wulfenie (*Wulfenia carinthiaca*).

### Ökologie
Hochstauden sind Anpassungsformen an die stets feuchten und mechanisch beanspruchten Standorte. Die meisten Pflanzenarten sind „Geophyten", die in den großen Rhizomen und Wurzelknospen den Winter überdauern. Die Nährstoffe und Feinerde werden in diesen Böden durch den Wasserdurchfluß eingeschwemmt. Gegenüber den Schneetälchen apern die Standorte aber viel früher aus und ermöglichen eine für die Höhenlage relativ lange Vegetationszeit. Sie verfügen auch während der heißen Jahreszeit über genügend Feuchtigkeit. Dadurch ist die üppige Vegetationsentwicklung zu erklären. Rohhumus wird nicht produziert, deswegen fehlen im Gegensatz zum Grün-Erlengebüsch säureliebende Arten. Die sekundär entstandenen Hochstaudengesellschaften, denen „künstlich" Nährstoffe zugeführt werden, sind schwer zu gliedern, eine Trennung nach dem Ausgangsgestein ist nicht möglich.

### Gefährdung, Pflege, Naturschutz
Primäre Standorte sind wegen der Steilheit und Unzugänglichkeit meist nur durch Beweidung gefährdet; in Almgebieten sind durch Intensivierung und Erholungsbetrieb Beeinträchtigungen möglich.

### Artenliste

| | |
|---|---|
| Aconitum napellus | Blauer Eisenhut |
| Adenostyles alliariae | Grauer Alpendost |
| Alchemilla vulgaris | Gewöhnlicher Frauenmantel |
| Carduus personata | Berg-Distel |
| Carex ferruginea | Rost-Segge |
| Chaerophyllum hirsutum ssp. villarsii | Berg-Kälberkropf |
| Cicerbita alpina | Alpen-Milchlattich |
| Doronicum austriacum | Österreichische Gemswurz |
| Geranium phaeum | Brauner Storchschnabel |
| Geranium sylvaticum | Wald-Storchschnabel |
| Heracleum sphondylium | Wiesen-Bärenklau |
| Hypericum maculatum | Geflecktes Johanniskraut |
| Melandrium rubrum | Tag-Lichtnelke |
| Ranunculus platanifolius | Platanenblättriger Hahnenfuß |
| Rosa pendulina | Alpen-Heckenrose |
| Veratrum album | Weißer Germer |

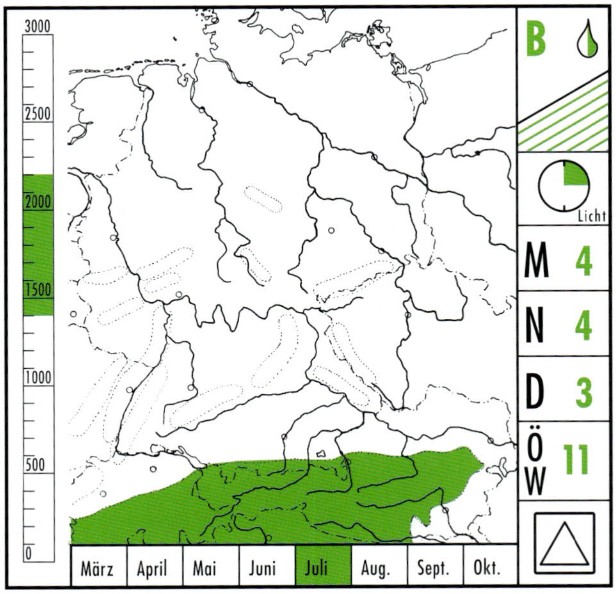

**Abb. 488:** Alpendost-Hochstaudenflur bei der Oberen Gappenfeldalm im NSG Vilsalpsee, Tannheimer Tal.

**Abb. 489:** Grauer Alpendost am Traualpsee, NSG Vilsalpsee.

**Abb. 490:** Kahler Alpendost (*Adenostyles glabra*).

## 17.1.5 Alpenlattich-Gesellschaft
*Adenostylo-Cicerbitetum alpini* Br.-Bl. 1950

**Verband:** *Adenostylion alliariae* Br.-Bl. 1926, Hochstaudenfluren und Grünerlengebüsche der Gebirge
**Ordnung:** *Adenostyletalia* G. Br.-Bl. et Br.-Bl. 1931, Hochstaudenfluren und Gebüsche der Alpen
**Klasse:** *Betulo-Adenostyletea* Br.-Bl. et R. Tx. 1943, Subalpine Hochstaudengesellschaften und Gebüsche

**Kennzeichen**
An kalten, klaren Bächen an etwas beschatteten, nördlichen Hängen kommt eine krautige Hochstaudenflur vor, in der die Weiße Pestwurz vorherrscht. Weitere Begleiter sind der Alpen-Milchlattich und der Behaarte Kälberkropf. Die Böden bestehen aus mergel- und feinerdereichem Dolomitschutt. Die Weiße Pestwurz, die eigentlich in feuchten Schluchtwäldern vorkommt, nützt den durch Sickerwasser stets feuchten Boden aus.

**Vorkommen und Höhenverbreitung**
Buchenwaldstufe des Harz, Rheinisches Schiefergebirge, in der hochmontanen bis subalpinen Stufe der nördlichen Kalkalpen und in den Zentralalpen.

**Artenliste**

| | |
|---|---|
| Adenostyles alliariae | Grauer Alpendost |
| Alchemilla vulgaris | Gewöhnlicher Frauenmantel |
| Carduus personata | Berg-Distel |
| Carex ferruginea | Rost-Segge |
| Chaerophyllum hirsutum ssp. villarsii | Berg-Kälberkropf |
| Cicerbita alpina | Alpen-Milchlattich |
| Geranium sylvaticum | Wald-Storchschnabel |
| Petasites albus | Weiße Pestwurz |
| Ranunculus platanifolius | Platanenblättriger Hahnenfuß |
| Veratrum album | Weißer Germer |

**Abb. 491:** Alpenlattich-Flur am Felbertauern-Nordrand im Salzburger Land.

## 17.1.6 Alpine Hochstaudenflur mit Gelbem Eisenhut
*Adenostylo-Cicerbitetum alpini* Br.-Bl. 1950

**Verband:** *Adenostylion alliariae* Br.-Bl. 1926, Hochstaudenfluren und Grünerlengebüsche der Gebirge
**Ordnung:** *Adenostyletalia* G. Br.-Bl. et Br.-Bl. 1931, Hochstaudenfluren und Gebüsche der Alpen
**Klasse:** *Betulo-Adenostyletea* Br.-Bl. et R. Tx. 1943, Subalpine Hochstaudengesellschaften und Gebüsche

**Kennzeichen**
Der Gelbe Eisenhut kann als Begleiter der alpinen Hochstaudenfluren im Juli durch eine Massenentfaltung hervortreten. Dieser Aspekt stellt lediglich eine der zahlreichen Varianten dieser vielgestaltigen Dauergesellschaften dar, die Sutter (1978) zu gliedern versucht hat. Wendelberger (1962) und Lippert (1966) geben diesen Ausbildungen den Rang einer Fazies. Es kann vorkommen, daß der Alpen-Milchlattich völlig ausfällt und andere Hochstauden wie der Graue Alpendost zur Vorherrschaft gelangen (Smettan 1981). Das Aufkommen des Gelben Eisenhutes kann durch Beweidung verstärkt werden.

**Vorkommen und Höhenverbreitung**
Buchenwaldstufe des Harz, Rheinisches Schiefergebirge, in der hochmontanen bis subalpinen Stufe der nördlichen Kalkalpen und in den Zentralalpen.

**Artenliste**

| | |
|---|---|
| Aconitum vulparia | Gelber Eisenhut |
| Adenostyles alliariae | Grauer Alpendost |
| Alchemilla vulgaris | Gewöhnlicher Frauenmantel |
| Chaerophyllum hirsutum ssp. villarsii | Berg-Kälberkropf |
| Cicerbita alpina | Alpen-Milchlattich |
| Geranium sylvaticum | Wald-Storchschnabel |
| Petasites albus | Weiße Pestwurz |
| Peucedanum osthruthium | Berg-Haarstrang |
| Ranunculus platanifolius | Platanenblättriger Hahnenfuß |
| Rumex alpestre | Alpen-Ampfer |
| Senecio fuchsii | Fuchs' Kreuzkraut |
| Saxifraga rotundifolia | Rundblättriger Steinbrech |
| Tozzia alpina | Alpenrachen |
| Veratrum album | Weißer Germer |

**Abb. 492:** Alpine Hochstaudenflur mit Gelbem Eisenhut am Weg zur Oberen Gappenfeldalm, NSG Vilsalpsee.

## 17.2 Subalpine und alpine Lägerfluren
*Rumicion alpini* Scharfetter 1938

### 17.2.1 Subalpine Lägerflur
*Senecietum alpini* Bolleter 1921

| | |
|---|---|
| **Verband:** | *Rumicion alpini* Beger, Scharfetter 1938, Subalpine und alpine Lägerfluren |
| **Ordnung:** | *Artemisietalia vulgaris* Lohmeyer in R. Tx. 1947, Klettengesellschaften und Lägerfluren |
| **Klasse:** | *Artemisietea vulgaris* Lohmeyer, Preising et R. Tx. ex von Rochow 1951, Ruderale Säume, halbruderale Halbtrockenrasen und Uferstauden-Gesellschaften |

**Kennzeichen**
Bergweiden in der montanen-subalpinen Stufe können von den hochwüchsigen sogenannten Lägerfluren eingenommen werden. Damit bezeichnet man beweidete und gedüngte, feuchtzügige Standorte, die über einen erhöhten Stickstoffhaushalt und frische, feinerdereiche Böden verfügen. Sie kommen in humiden Lagen über kalkreichem Untergrund vor. Diese Gesellschaft wird von Wörz (1989) als Variante der Alpen-Ampferflur angesehen, die jedoch in höheren Lagen anzutreffen ist. Diese Lägerflur fällt durch das Vorherrschen des Blauen Eisenhutes und des Fuchs' Kreuzkrautes auf, das bis zu 1,5 m hohe, dichte Bestände ausbildet.

**Vorkommen und Höhenverbreitung**
In den westlichen Teilen der Ostalpen, östliche und nördliche Ränder der Westalpen, Südalpen; Lechtaler Alpen, Allgäu, Mieminger Gebirge; zwischen 1000 und 1500 m Seehöhe.

**Artenliste**

| | |
|---|---|
| Aconitum napellus | Blauer Eisenhut |
| Chaerophyllum hirsutum | Behaarter Kälberkropf |
| Cirsium oleraceum | Kohldistel |
| Mentha longifolia | Roßminze |
| Rumex alpestris | Berg-Sauer-Ampfer |
| Rumex alpinus | Alpen-Ampfer |
| Senecio fuchsii | Fuchs' Kreuzkraut |
| Stellaria nemorum | Wald-Sternmiere |
| Urtica dioica | Große Brennessel |

**Abb. 493:** Subalpine Lägerflur auf einer verbrachten Alpweide bei der Oberen Gappenfeldalm, NSG Vilsalpsee.

## 17.2.2 Alpen-Ampfer-Flur
*Rumicetum alpini* BEGER 1922

**Verband:** *Rumicion alpini* BEGER, SCHARFETTER 1938, Subalpine und alpine Lägerfluren
**Ordnung:** *Artemisietalia vulgaris* LOHMEYER in R. TX. 1947, Klettengesellschaften und Lägerfluren
**Klasse:** *Artemisietea vulgaris* LOHMEYER, PREISING et R. TX. ex VON ROCHOW 1951, Ruderale Säume, halbruderale Halbtrockenrasen und Uferstauden-Gesellschaften

**Kennzeichen**
Die Hochstaudenflur mit dem Alpen-Ampfer ist in den Gebirgen vor allem in der näheren Umgebung von Almhütten, Viehtränken und auf Viehweiden zu finden, die über frische, nährstoffreiche und verdichtete Böden verfügen. Die besten Standorte der Gesellschaft befinden sich an Orten, wo Mist liegen bleibt oder Gülle austritt. Dann kann der Alpen-Ampfer ein üppiges Wachstum mit hoher Individuenzahl und mächtigen Blättern entwickeln und zum ungeliebten Weideunkraut werden. Der Alpen-Ampfer kann auf einem gedüngten Standort bis zu 70 Jahre lang nach der letzten Düngung überdauern, da der Stickstoff nur sehr langsam abgebaut wird. Weitere Hochstauden wie Große Brennessel, Blauer Eisenhut und Behaarter Kälberkropf kommen vor, am Boden sind schattenliebende Arten wie Wald-Sternmiere und Läger-Rispengras zu finden.

**Vorkommen und Höhenverbreitung**
Gesamter Alpenraum und Alpenvorland zwischen 1400 und 2500 m; in den höchsten Lagen des Fichtelgebirges und im Hochschwarzwald.

**Artenliste**

| | |
|---|---|
| Aconitum napellus | Blauer Eisenhut |
| Alchemilla vulgaris | Gewöhnlicher Frauenmantel |
| Chaerophyllum hirsutum ssp. villarsii | Berg-Kälberkropf |
| Deschampsia caespitosa | Rasen-Schmiele |
| Poa supina | Läger-Rispengras |
| Ranuculus repens | Kriechender Hahnenfuß |
| Rumex alpestris | Berg-Sauer-Ampfer |
| Rumex alpinus | Alpen-Ampfer |
| Senecio alpinus | Alpen-Kreuzkraut |
| Stellaria nemorum | Wald-Sternmiere |
| Urtica dioica | Große Brennessel |

**Abb. 494:** Alpen-Ampfer-Flur auf nährstoffreichen Bergwiesen am Oberen Traualpsee im NSG Vilsalpsee.

## 17.2.3 Alpen-Kratzdistel-Gesellschaft
*Cirsietum spinosissimi* Br.-Bl. 1931

**Verband:** *Rumicion alpini* Beger, Scharfetter 1938, Subalpine und alpine Lägerfluren
**Ordnung:** *Artemisietalia vulgaris* Lohmeyer in R. Tx. 1947, Klettengesellschaften und Lägerfluren
**Klasse:** *Artemisietea vulgaris* Lohmeyer, Preising et R. Tx. ex von Rochow 1951, Ruderale Säume, halbruderale Halbtrockenrasen und Uferstauden-Gesellschaften

**Kennzeichen**
Die Alpen-Kratzdistelflur ersetzt in der alpinen Stufe die Alpen-Ampferflur und fällt durch die bizarren, sparrigen gelb-grünen Disteln auf. Diese nehmen feuchtere Standorte entlang von Gebirgsbächen und auf Moränenschuttböden ein, die über eine gute Wasserversorgung verfügen. Gerne tritt die Gesellschaft auch in der Nähe von Almhütten auf. Die Standorte sind stickstoffreich und verfügen stets über frische und sogar durchsickerten Böden mit gutem Feinerdeanteil. Die Alpen-Kratzdistel wird wegen ihrer stacheligen Ausbildung vom Weidevieh verschmäht und gilt als Entwertung des alpinen Weidelandes (Dietl 1977). In tieferen Lagen kommt die Alpen-Kratzdistel häufig mit der Meisterwurz vor, dies wurde als „Tieflagenausbildung" der Gesellschaft beschrieben und ist unter dem Synonym *Peucedano ostruthii-Cirsietum spinosissimi* G. et J. Br.-Bl. 1931 bekannt.

**Vorkommen und Höhenverbreitung**
In den Alpen in der alpinen Stufe zwischen 1300 und 2500 m.

**Ökologie**
Die Alpen-Kratzdistel besitzt eine breite Standortsamplitude. Sie ist ebenso im Bereich von Almhütten wie auch in alpinen Mooren und Urwiesen (Bürstlingsrasen) zu finden. Sie bevorzugt stets frische, nährstoffreiche, humos-steinige Lehmböden und gilt sowohl als Stickstoffzeiger als auch als Bodenverfestiger. Die Distel wird in Viehweiden nicht gerne gesehen, da sie diese allmählich zuwächst und für die Beweidung unbrauchbar macht.

**Gefährdung, Pflege, Naturschutz**
Die Gesellschaft ist weit verbreitet und verschwindet im Hochgebirge lediglich im Zuge von Skipisten-Planierungen. Pflegemaßnahmen sind nicht erforderlich. Der naturschutzfachliche Wert ergibt sich aus dem hochalpinen Lebensraum und der Verzahnung mit anderen alpinen Pflanzengesellschaften wie etwa Bürstlingsrasen, Krummseggenrasen, Schneetälchen, Braunseggensümpfen oder Quellfluren.

**Artenliste**

| | |
|---|---|
| Aconitum napellus | Blauer Eisenhut |
| Alchemilla glabra | Kahler Frauenmantel |
| Chaerophyllum hirsutum ssp. villarsii | Berg-Kälberkropf |
| Cirsium spinosissimum | Alpen-Kratzdistel |
| Deschampsia caespitosa | Rasen-Schmiele |
| Myosotis alpestris | Alpen-Vergißmeinnicht |
| Peucedanum osthrutium | Meisterwurz |
| Poa alpina | Alpen-Rispengras |
| Rumex alpestris | Berg-Sauer-Ampfer |
| Taraxacum officinale | Wiesen-Löwenzahn |
| Urtica dioica | Große Brennessel |

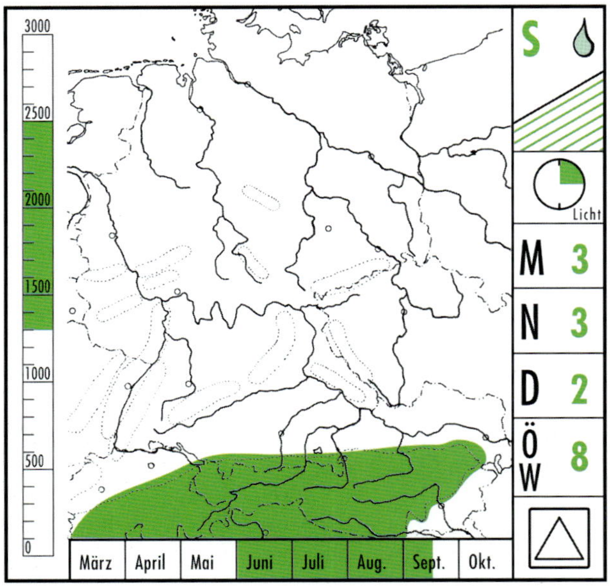

**Abb. 495:** Alpen-Kratzdistel-Flur im Rotmoostal bei Obergurgl.

**Abb. 496:** Alpen-Kratzdistel auf nährstoffreichen Bergweiden, zusammen mit Blauem Eisenhut (*Aconitum napellus*).

## Aspekte der Alpinen Hochstaudenfluren

**Abb. 497:** Hochstauden-Lägerflur mit dem Gelben Enzian (*Gentiana lutea*), der in Bürstlingsrasen zusammen mit Alpendost in wechselfeuchten Mulden über frischen Blockhalden vorkommt.

**Abb. 498:** Subalpine Lägerflur mit Wald-Kreuzkraut und Blauem Eisenhut (*Aconitum napellus*) auf nährstoffreichen Bergweiden über humosen Lehm- und Tonböden.

**Abb. 499:** Montane Hochstaudenflur mit *Chaerophyllum hirsutum* ssp. *villarsii, Peucedanum osthrucium* und *Veratrum album* auf bachnahen Schuttfächern. Im Frühjahr beginnen diese Fluren mit einem Aspekt aus *Viola biflora, Primula elatior* und *Tozzia alpina.*

**Abb. 500:** Nährstoffreiche Lägerflur mit Wald-Kreuzkraut in unmittelbarer Hüttennähe und mit Düngeeintrag durch abgelagerten Stallmist bei der Marienbergalm in den Mieminger Bergen.

# 18 Alpine Rasengesellschaften

## 18.1 Polster-Seggenrasen
*Caricion firmae* Gams 1936

### 18.1.1 Polster-Seggenrasen
*Caricetum firmae* Br.-Bl. 1926 (= „*Firmetum*")

**Verband:** *Caricion firmae* Gams 1936, Polster-Seggenrasen
**Ordnung:** *Seslerietalia variae* Br.-Bl. 1926, Alpin-subalpine Steinrasen
**Klasse:** *Elyno-Seslerietes albicantis* Br.-Bl. 1948 corr. Oberd. 1983, Blaugras-Rasen

**Kennzeichen**
Die Pioniergesellschaft des Polster-Seggenrasens ist in den Alpen in der subalpinen und alpinen Stufe auf wind- und kälteexponierten, früh ausapernden Felsrücken und Graten zu finden, die aus Kalk oder Dolomit bestehen. Der Rasen kann auch auf steilen Felswänden und Schluchten innerhalb der montanen Stufe siedeln. Die sehr lückigen Rasen bilden auf nackten Felskuppen und Graten mit extremer Feinerdearmut und großer Trockenheit Dauergesellschaften aus, die ganz charakteristische Treppenformen aufweisen können. Je nach Standort und Entwicklungsstadium begleiten zahlreiche Blütenpflanzen die Polster-Segge, vor allem polster- und spalierbildende Arten wie die Silberwurz, Steinbrech-Arten und Stengelloses Leimkraut.

**Vorkommen und Höhenverbreitung**
Im gesamten Alpenbogen über Kalk zwischen 1700 und 2000 m lückenlos zu finden; in den Französischen Alpen von Theurillat & Farille 1986 beschrieben; in den Zentralalpen inselartig verbreitet, in den Westalpen häufig durch den Grat-Schwingelrasen ersetzt; in den Südalpen sehr endemitenreich und daher als eigene Gesellschaft aufgefaßt.

**Ökologie**
Die Polster-Segge ist aufgrund der Wuchsform am besten befähigt, extreme Standorte zu besiedeln. Die halbkugelförmigen Polster bestehen aus sparrigen dunkelgrünen Blättern und wurzeln am Fels nur sehr oberflächig. Deshalb kann sie durch Steinschlag oder Lawinen leicht entwurzelt und verfrachtet werden. Auf neu besiedelten Standorten leitet die Polster-Segge die Bodenbildung ein und bereitet den Standort für weitere Pflanzenformationen vor. Sobald sie den Gesteinsuntergrund mit den Wurzeln nicht mehr erreichen kann, stirbt die Pflanze auf dem von ihr gebildeten Boden ab und andere Gesellschaften folgen nach. Der tägliche Wechsel von Frost und Auftauen im Frühjahr läßt zusammen mit der Wirkung des oft scharfen Windes sogenannte Solifluktionsformen enstehen. Diese gebänderten Anordnungen der Polster, die mit vegetationslosen Schotterflächen abwechseln, werden auch durch das vektorielle Wachstum der Segge mitbestimmt. Sicheltreppen und Girlanden sind die Folge, die durch Viehtritt noch verstärkt werden.

**Gefährdung, Pflege, Naturschutz**
Die Rasen werden ab und zu schafbeweidet, wodurch sich die Vegetation verändern kann. Weitere Nutzungen aufgrund der Standorte liegen selten vor. Der Blumenreichtum ist infolge des kargen Bodens weit geringer als in den Rost-Seggen- und Blaugrasrasen.

**Ähnliche Gesellschaft**
**18.1.2 Silberwurz-Polster-Seggen-Gesellschaft,** *Dryadeto-Firmetum* Sillinger 1933, von Thimm (1953) und Aichinger (1957) als Gesellschaft belegt, dichte Silberwurzspaliere kennzeichnen diese primäre Pioniergesellschaft, die Silberwurz-Polster sind dicht mit der Polster-Segge verwoben.

**Artenliste**

| | |
|---|---|
| Androsace chamaejasme | Bewimperter Mannsschild |
| Anthyllis vulneraria ssp. alpestris | Alpen-Wundklee |
| Carex firma | Polster-Segge |
| Crepis jacquinii | Jacquins Pippau |
| Dryas octopetala | Silberwurz |
| Festuca quadriflora | Niedriger Schwingel |
| Gentiana clusii | Clusius' Enzian |
| Helianthemum alpestre | Alpen-Sonnenröschen |
| Pinguicula alpina | Alpen-Fettkraut |
| Primula auricula | Alpen-Aurikel |
| Rhododendron hirsutum | Bewimperte Alpenrose |
| Rhodothamnus chamaecistus | Zwerg-Alpenrose |
| Saxifraga caesia | Blaugrüner Steinbrech |
| Selaginella selaginoides | Dorniger Moosfarn |
| Sesleria albicans | Kalk-Blaugras |
| Silene acaulis | Stengelloses Leimkraut |
| Tortella tortuosa | Gekräuseltes Spiralzahnmoos |

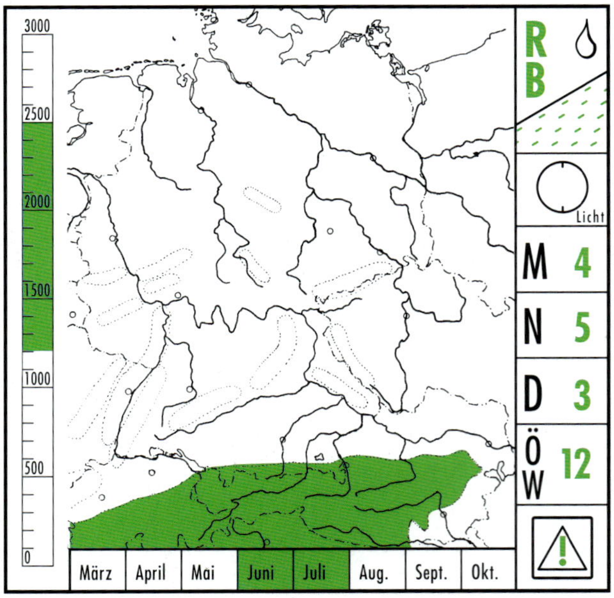

**Abb. 501:** Polster-Seggenrasen mit Alpen-Hahnenfuß (*Ranunculus alpestris*) am Blaser bei Steinach im Tiroler Wipptal

**Abb. 502:** Typische Solifluktion eines Polster-Seggenrasens auf den Kämmen der Schochenspitze NSG Vilsalpsee.

## Charakteristische Pflanzen der Polster-Seggenrasen

**Abb. 503:** Blaugrüner Steinbrech, *Saxifraga caesia*

**Abb. 504:** Silberwurz, *Dryas octopetala*

**Abb. 505:** Alpen-Aurikel, *Primula auricula*

**Abb. 506:** Fleischrotes Läusekraut, *Pedicularis rostratocapitata*

**Abb. 507:** Alpenhelm, *Bartsia alpina*

**Abb. 508:** Zwergorchis, *Chamorchis alpina*

## 18.2 Alpine Nacktriedrasen
*Elynion myosuroides* Gams 1936

### 18.2.1 Nacktriedrasen
*Elynetum myosuroides* Br.-Bl. 1913

**Verband:** *Elynion myosuroides* Gams 1936, Alpine Nacktriedrasen
**Ordnung:** *Elynetalia myosuroides* Oberd. 1957, Nacktriedrasen
**Klasse:** *Carici rupestris-Kobresietalia bellardii* Ohba 1974, Zirkumpolare Nacktriedsteppen, hochalpine Windkantenrasen

**Kennzeichen**
Der selten vorkommende und kleinflächige Nacktrietrasen ist auf windexponierten Felskanten und Graten der Kalkalpen zu finden. Die Standorte gleichen von der ökologischen Position her dem der Windkanten-Gemsheiden und sind durch ein fein ausgewogenes Gleichgewicht der Umweltbedingungen und der Konkurrenzkraft aller beteiligter Arten gekennzeichnet. Optisch fallen die Grasheiden von weitem durch die rote Färbung des Nacktriedes auf. Dieses Gras stammt aus den Bergsteppen Innerasiens und hat sich vermutlich während der Eiszeiten rund um die Arktis ausgebreitet. Es hat die größte Widerstandsfähigkeit gegenüber Wind und verträgt extreme Kälte, die Standorte sind im Winter selten mit Schnee bedeckt.

**Vorkommen und Höhenverbreitung**
Nur auf humusreichen, mäßig sauren bis neutralen Böden, am idealsten in Kalkschiefergebieten zu finden, niemals auf rohem Schutt, subalpine und alpine Stufe der Alpen zwischen 2100 bis 2800 m.

**Artenliste**

| | |
|---|---|
| Androsace chamaejasme | Bewimperter Mannsschild |
| Aster alpinus | Alpen-Aster |
| Cetraria islandica | Isländisches Moos |
| Dryas octopetala | Silberwurz |
| Elyna myosuroides | Nacktriet |
| Erigeron uniflorus | Einköpfiges Berufkraut |
| Ligusticum mutellinoides | Kleine Mutterwurz |
| Minuartia verna | Frühlings-Miere |
| Oxytropis halleri | Seidenhaar-Spitzkiel |
| Polygonum viviparum | Knöllchen-Knöterich |
| Potentilla crantzii | Zottiges Berg-Fingerkraut |
| Sesleria albicans | Kalk-Blaugras |

**Abb. 509:** Nacktriedrasen auf Steilhängen am Weg zum Hochwildehaus im Gurgler Tal, hinteres Ötztal.

## 18.3 Rost-Seggenrasen
*Caricion ferrugineae* G. et J. Br.-Bl. 1931

### 18.3.1 Rost-Seggenrasen
*Caricetum ferrugineae* Lüdi 1921

**Verband:** *Caricion ferrugineae* G. et J. Br.-Bl. 1931, Rost-Seggenrasen
**Ordnung:** *Seslerietalia variae* Br.-Bl. 1926, Alpin-subalpine Steinrasen
**Klasse:** *Elyno-Seslerietes albicantis* Br.-Bl. 1948 corr. Oberd. 1983, Blaugras-Rasen

**Kennzeichen**
Die Rost-Seggenrasen gehören zu den blumenreichsten und farbigsten Urwiesen der Alpen. Der gute Wuchs des Rasens rührt von den frischen Standorten her, die stets auf wasserzügigen, mergeligen und tiefgründigen Böden zu finden sind, die im Sommer nie austrocknen. Tonige, mergelige, verwitternde Kalke werden daher bevorzugt, über Dolomitgestein zieht sich die Gesellschaft auf die nordexponierten Steilhänge zurück. Der Rasen geht von der subalpinen Stufe, von etwa 2000 m, aus, reicht bis in die Gipfelregion und hat bei 2500 m seine Höhenbegrenzung. Auch mäßig steile Mulden, die durch lange Schneelage feucht gehalten werden, und waldfreie Stellen in der unteren subalpinen Stufe beinhalten die langhalmige Rost-Segge. Im Rasen sind zahlreiche Schmetterlingsblütler und Alpenkräuter vorhanden, die den günstigen Wasserhaushalt und die gute Nährstoffversorgung anzeigen.

**Vorkommen und Höhenverbreitung**
Ozeanisch getönte Randketten der Alpen, besonders Allgäuer und Lechtaler Alpen, Karwendel; in der unteren alpinen Stufe, Schweizer Jura; fehlt in den kontinentalen Inneralpen fast zur Gänze, typisch in den Lawinenbahnen der Kalkalpen auf schneereichen Standorten; kann entlang von Wildbächen bis an den montanen Buchen-Tannenwald heranreichen.

**Ökologie**
Die ausläuferbildende Rost-Segge kann auf den Standorten optimal zur Geltung kommen, die nach dem Ausapern im Frühjahr durch keine scharfen Fröste mehr beeinträchtigt werden, und die kurze sommerliche Vegetationsperiode voll ausnützen. Die Rost-Segge ist leicht mit der Horst-Segge zu verwechseln, jedoch an den roten Blattscheiden zu erkennen, die ihr auch den Namen gaben. Ferner ist keine Strohtunika an der Blattscheide ausgebildet, weshalb die Einzeltriebe enger zusammenstehen als bei der Horst-Segge.

**Gefährdung, Pflege, Naturschutz**
Rost-Seggenrasen sind produktive Bergweiden, die früher auch gemäht wurden. Durch künstliche Düngung kann zwar die Produktivität etwas gesteigert werden, es gehen dadurch aber vor allem die bunten, wertvollen Alpenkräuter verloren. Die Aufgabe der Mahd bewirkt, daß durch höheren Schneedruck und Scherkräfte bei Schneerutschungen verstärkt Anrißstellen entstehen und die Erosion gefördert wird. Es kann auch der Hochwald allmählich aufkommen und die Flächen beginnen zuzuwachsen. Auf Stickstoffdüngung sollte daher gänzlich verzichtet werden, der einjährige Pflegeschnitt im Spätsommer ist beizubehalten. Die Rasen enthalten zahlreiche seltene und gefährdete Alpenpflanzen, ebenso Pionier- und Reliktarten.

**Artenliste**

| | |
|---|---|
| Anemone narcissiflora | Narzissen-Windröschen |
| Anthyllis vulneraria ssp. alpestris | Alpen-Wundklee |
| Astragalus alpinus | Alpen-Tragant |
| Astragalus frigidus | Gletscher-Tragant |
| Carex ferruginea | Rost-Segge |
| Crepis bocconi | Berg-Pippau |
| Erigeron alpinus | Alpen-Berufkraut |
| Festuca violacea | Violetter Schwingel |
| Hedysarum hedysaroides | Süßklee |
| Leontodon hispidus | Rauher Löwenzahn |
| Ligusticum mutellina | Alpen-Mutterwurz |
| Pedicularis foliosa | Vielblättriges Läusekraut |
| Pedicularis rostratocapitata | Kopfiges Läusekraut |
| Phyteuma orbiculare | Kugel-Rapunzel |
| Pulsatilla alpina | Alpen-Anemone |
| Sesleria albicans | Kalk-Blaugras |
| Traunsteinera globosa | Kugelorchis |

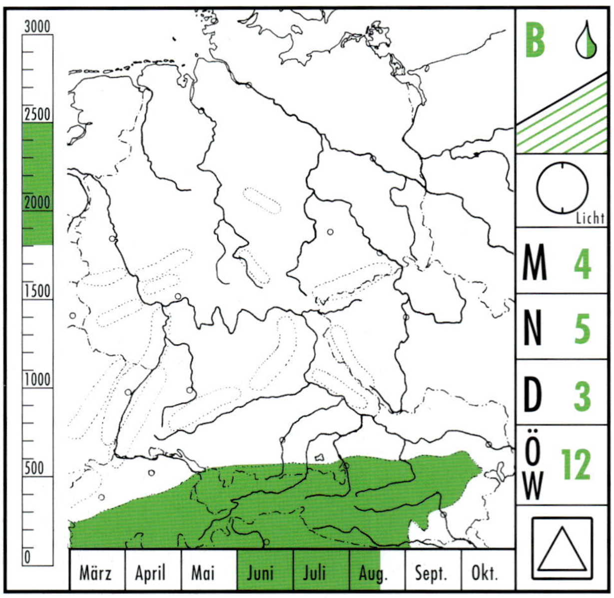

**Abb. 510:** Rost-Seggenrasen auf den Hängen der Steinkarspitze im NSG Vilsalpsee.

**Abb. 511:** Reichblättriges Läusekraut (*Pedicularis foliosa*).

**Abb. 512:** Detail eines Rost-Seggenrasens am Timmelsjoch.

**Abb. 513:** Süßklee (*Hedysarum hedysaroides*)

## 18.4 Blaugrasrasen
*Seslerion albicantis* Br.-Bl. in Br.-Bl. et Jenny 1926

### 18.4.1 Alpiner Blaugras-Horst-Seggenrasen
*Seslero variae-Caricetum sempervirentis* Beger 1922

**Verband:** *Seslerion albicantis* Br.-Bl. in Br.-Bl. et Jenny 1926, Blaugrasrasen
**Ordnung:** *Seslerietalia variae* Br.-Bl. 1926, Alpin-subalpine Steinrasen
**Klasse:** *Elyno-Seslerietes albicantis* Br.-Bl. 1948 corr. Oberd. 1983, Blaugras-Rasen

**Kennzeichen**
Der Blaugras-Horst-Seggenrasen bildet auf warmen, sonnigen Gebirgshängen den Inbegriff blumenreicher Urwiesen und stellt zugleich den am weitesten verbreiteten Rasentyp in den Alpen dar. Die wärmebedürftige Gesellschaft kommt über Kalk auf bis zu 40° geneigten und südexponierten Hängen vor. Die Pflanzen erhalten hier intensive Sonneneinstrahlung, die auch zur raschen Schneeschmelze im Frühjahr und zum Abtrocknen der Hänge führt. Die mäßig dichten, halbhohen Rasen überdecken meist ruhende Schutthalden oder Felsmulden und enthalten zahlreiche seltene bemerkenswerte Alpenpflanzen wie Edelweiß, Enzian, Alpenaster und Läusekrautarten. Zwischen den dominanten Horst-Seggen setzen sich vor allem noch Rosettenpflanzen durch. Im Anschluß an Latschengebüsche können auch Zwergsträucher wie Schneeheide, Bewimperte Alpenrose und Steinröschen enthalten sein.

**Vorkommen und Höhenverbreitung**
Gesamtes Nordalpengebiet, auch über Kalksilikat und Triaskalken der Hohen und Niederen Tauern zwischen 1600 und 2400 m. Können in Lawinenbahnen auch unterhalb der Waldgrenze gefunden werden.

**Ökologie**
Aufgrund des besonnten Standortes erwärmen sich die Grashänge im Sommer mehr als die Schuttkare der Umgebung. Deshalb weisen manche Pflanzen einen Bau auf, wie er für Arten der Steppenrasen typisch ist. Das Kalk-Blaugras bildet wie die Krumm-Segge und das Nacktriet eine Strohtunika am Grund aus, die aus alten Blattscheiden besteht und mithilft, ein feuchtes Mikroklima aufzubauen. Auch die Bestandesstruktur des Rasens ist auffällig. Während die Horst-Seggen immer dicht zusammen stehen, bildet das Kalk-Blaugras lockere Horste mit dünnen, verzweigten kriechenden Einzeltrieben aus. Dadurch entstehen die Zwischenräume, die von den zahlreichen Blütenpflanzen genützt werden und den Artenreichtum des Rasens ergeben. Die Bestände zeigen auch eine deutliche Schichtung. Der Bodengrund wird von ehemaligen Schuttsiedlern wie Silberwurz und Steinbrech-Arten beherrscht, darüber folgt eine Schicht mit mittelhohen Kräutern und den noch höheren Gräsern sowie Hochstaudenarten wie Gelber Enzian und Gemswurz-Kreuzkraut.

**Gefährdung, Pflege, Naturschutz**
Die Magerrasen leiden besonders, wenn sie als Skipisten erschlossen werden. Der Schneedruck und ausapernde Stellen, die von Skikanten abgeschliffen werden, erhöhen die Erosion und führen zu Hanganbrüchen. Eine Beweidung der wenig produktiven Rasen ist meist nicht sinnvoll.

**Artenliste**

| | |
|---|---|
| Alchemilla alpina | Alpen-Frauenmantel |
| Androsace chamaejasme | Bewimperter Mannsschild |
| Aster alpinus | Alpen-Aster |
| Biscutella laevigata | Brillenschote |
| Carduus defloratus | Alpen-Distel |
| Carex sempervirens | Horst-Segge |
| Dryas octopetala | Silberwurz |
| Gentiana clusii | Clusius' Enzian |
| Gentiana lutea | Gelber Enzian |
| Gentiana verna | Frühlings-Enzian |
| Helianthemum nummularium | Gewöhnliches Sonnenröschen |
| Leontopodium alpinum | Edelweiß |
| Oxytropis jaquinii | Berg-Fahnenwicke |
| Pedicularis verticillata | Quirlblättriges Läusekraut |
| Phyteuma orbiculare | Kugel-Rapunzel |
| Primula auricula | Alpen-Aurikel |
| Pulsatilla alpina | Alpen-Anemone |
| Selaginella selaginoides | Dorniger Moosfarn |
| Sesleria albicans | Kalk-Blaugras |

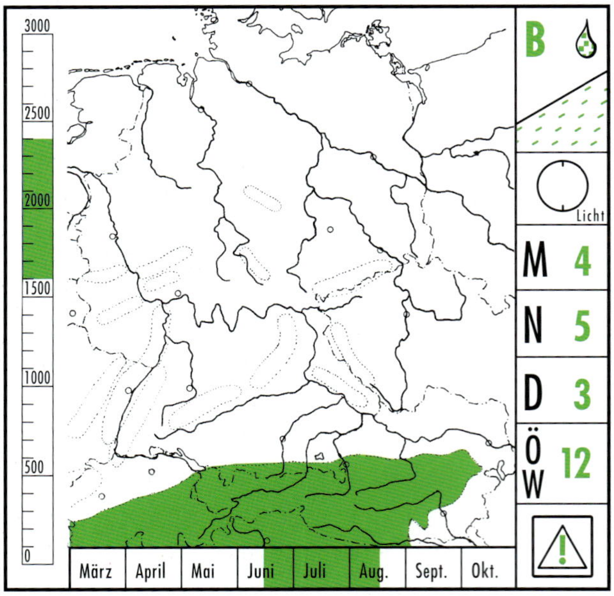

**Abb. 514:** Blaugras-Horst-Seggenrasen mit Edelweiß (*Leontopodium alpinum*) am Knappenkopf im NSG Vilsalpsee.

**Abb. 515:** Blaugras-Horst-Seggenrasen am Knappenkopf am Westrand des NSG Vilsalpsee im Tannheimer Tal.

## Charakteristische Pflanzen der Blaugras-Horst-Seggenrasen

**Abb. 516:** Edelweiß, *Leontopodium alpinum*

**Abb. 517:** Kugelorchis, *Traunsteinera globosa*

**Abb. 518:** Frühlings-Küchenschelle, *Pulsatilla vernalis*

**Abb. 519:** Berghähnlein, *Anemone narcissiflora*

**Abb. 520:** Schwefelanemone, *Pulsatilla alpina* ssp. *apiifolia*

**Abb. 521:** Alpen-Anemone, *Pulsatilla alpina*

## 18.5 Almweiden
*Poion alpinae* Gams ex Oberd. 1950

### 18.5.1 Alpiner Violettschwingelrasen
*Trifolio thalii-Festucetum violaceae* Br.-Bl. 1926

**Verband:** *Poion alpinae* Gams ex Oberd. 1950, Almweiden
**Ordnung:** *Arrhenatheretalia* R. Tx. 1931, Gedüngte Frischwiesen und Weiden
**Klasse:** *Molinio-Arrhenatheretea* R. Tx. 1937 em. R. Tx. 1970, Gesellschaften des Wirtschaftsgrünlandes

**Kennzeichen**
Die auch als Urfettweide bezeichnete Gesellschaft wächst in den Alpen oberhalb der Waldgrenze zwischen 1800 – 2600 m auf nährstoffreichen, tiefgründigen Böden und ersetzt dort die Milchkrautweide der Tallagen. Sie fällt durch die dichten Rasen des dunklen Violetten Schwingels auf, der zusammen mit Schmetterlingsblütlern und krautreichen Pflanzen eine saftiggrüne ertragsreiche Bergweide bildet. Diese wird von Gemse und Steinbock genauso geschätzt wie vom Murmeltier, das seine Bauten im lockeren Boden leicht anlegen kann. Der Violettschwingelrasen ist häufig eng mit dem Blaugras-Horst-Seggenrasen verzahnt, mit dem er sich auf steileren, schneefreien Hängen und Bergrippen abwechselt. Bevorzugte Standorte sind ferner alte Schutthalden im Kalkschiefer. Der Violette Schwingel mit den überhängenden Blütenrispen gilt als Bodenfestiger, die Bestände wurden früher gemäht. Durch Düngung können Hochstauden wie Eisenhut, Kratzdistel und Wald-Storchschnabel aufkommen.

**Vorkommen und Höhenverbreitung**
Gesamter Alpenraum zwischen 1700 und 2600 m, sogar bis 3000 m möglich.

**Artenliste**

| | |
|---|---|
| Campanula barbata | Bärtige Glockenblume |
| Crepis aurea | Gold-Pippau |
| Festuca violacea | Violetter Schwingel |
| Gentiana acaulis | Koch's Enzian |
| Gentiana punctata | Tüpfel-Enzian |
| Juncus trifidus | Dreiblatt-Binse |
| Leontodon helveticus | Schweizer Löwenzahn |
| Ligusticum mutellina | Alpen-Mutterwurz |
| Plantago alpina | Alpen-Wegerich |
| Potentilla aurea | Gold-Fingerkraut |
| Ranunculus montanus | Berg-Hahnenfuß |
| Trifolium badium | Alpen-Braun-Klee |
| Trifolium thallii | Thals Klee |

**Abb. 522:** Violettschwingelrasen auf einem wasserzügigen Hang zu Füßen des Rauh-Horn im NSG Vilsalpsee.

## 18.6 Borstgrasrasen
*Nardion strictae* BR.-BL. in BR.-BL. et JENNY 1926

### 18.6.1 Bürstlings-Weiderasen
*Nardetum alpigenum* BR.-BL. 1949

**Verband:** *Nardion strictae* BR.-BL. in BR.-BL. et JENNY 1926, Borstgrasrasen
**Ordnung:** *Nardetalia strictae* OBERD. ex PREISING 1949, Borstgrasrasen
**Klasse:** *Calluno-Ulicetea* BR.-BL. et R. TX. 1943, Borstgrasrasen, Zwergstrauchheiden und Ginsterheiden

**Kennzeichen**
Der Bürstlingsrasen nimmt eine Zwischenstellung zwischen den alpinen Rasengesellschaften und anthropogenen Wirtschaftsweiden ein. Er beherrscht die Almgebiete und Weideregionen der Gebirgslagen, unabhängig ob diese über Kalk- oder Silikatgestein vorkommen, und nimmt im Gelände keine bevorzugte Exposition, Neigung oder Lage ein. Nur flachgründige, skelettreiche Böden werden gemieden. Das auffällige Bürstlingsgras, das von den Weidetieren nur in jungem Zustand gefressen wird, dominiert in den Beständen. Daneben sind Zwergsträucher und mehrjährige Rosettenpflanzen beigemischt. Obwohl die Artenzahl geringer ist, als im Blaugrasrasen, sind die Alpenkräuter hochwüchsiger, vor allem Arnika, Alpen-Klee und Enzian.

**Vorkommen und Höhenverbreitung**
Der Bürstling (= Borstgras) zeigt ein eigenartiges Areal, das durch die menschliche Siedlungstätigkeit beeinflußt wurde. Die Alpinrasen sind, wie der Name sagt, auf die Zentralalpen beschränkt, jedoch treten montane Rasenformen auch in den Mittelgebirgen und sogar in atlantisch geprägten Heidegebieten auf.

**Ökologie**
Das Borstgras stellt wenig Ansprüche an den Boden und ist gegenüber Viehtritt resistent. In Kalkgebieten bildet es meist Mischbestände mit der Horstsegge über sauren Bodenauflagen. Charakteristisch sind die sparrigen Stämmchen, die oft nach dem ersten Schnee noch nicht abgefallen sind. Da die toten Blätter hart und schwer zersetzbar sind, bauen sie rund um den Horst eine dichte Streuschicht auf, die für andere Pflanzen kaum durchdringbar ist. Eine Bürstlingspflanze wächst stets in eine Hauptrichtung, abgestorbene Pflanzen werden durch Pilzbefall verrottet. Die Rasen zeigen hinsichtlich der Artenzusammensetzung und der geographischen Lage zahlreiche Unterschiede in der Ausbildung. Daneben bestehen sogenannte Weidemosaike aus Bürstlingsrasen und Zwergstrauchheiden, die schwer differenzierbar sind.

**Gefährdung, Pflege, Naturschutz**
Weideauflassung, Veränderungen der Hochlagennutzung, aber auch großflächige Intensivierungen führten zu tiefgreifenden Veränderungen der Bürstlingsrasen.

**Ähnliche Gesellschaft**
**18.6.2 Subalpine Bortsgrasmatte,** *Aveno versicoloris-Nardetum* OBERD. 1957; blumenreiche Höhenform mit großer Zahl an arktisch-alpinen Elementen; der Verbreitungsschwerpunkt liegt in der subalpinen Stufe oberhalb der Waldgrenze und schließt dort an den Krumm-Seggenrasen an; mit Grüner Hohlzunge, Bunt-Hafer, Gewöhnlichem Ferkelkraut.

**Artenliste**

| | |
|---|---|
| Anthoxanthum odoratum | Gewöhnliches Ruchgras |
| Arnica montana | Arnika |
| Avenula versicolor | Bunt-Hafer |
| Calluna vulgaris | Heidekraut |
| Carex pallescens | Bleiche Segge |
| Carex sempervirens | Horst-Segge |
| Crepis aurea | Gold-Pippau |
| Deschampsia flexuosa | Draht-Schmiele |
| Euphrasia minima | Zwerg-Augentrost |
| Gentiana acaulis | Koch's Enzian |
| Gentiana punctata | Tüpfel-Enzian |
| Geum montanum | Berg-Nelkenwurz |
| Homogyne alpina | Grüner Alpenlattich |
| Luzula campestris | Feld-Hainsimse |
| Nardus stricta | Borstgras |
| Potentilla aurea | Gold-Fingerkraut |
| Pseudorchis albida | Weißzüngel |
| Trifolium alpinum | Alpen-Klee |
| Vaccinium myrtillus | Heidelbeere |
| Veratrum album | Weißer Germer |

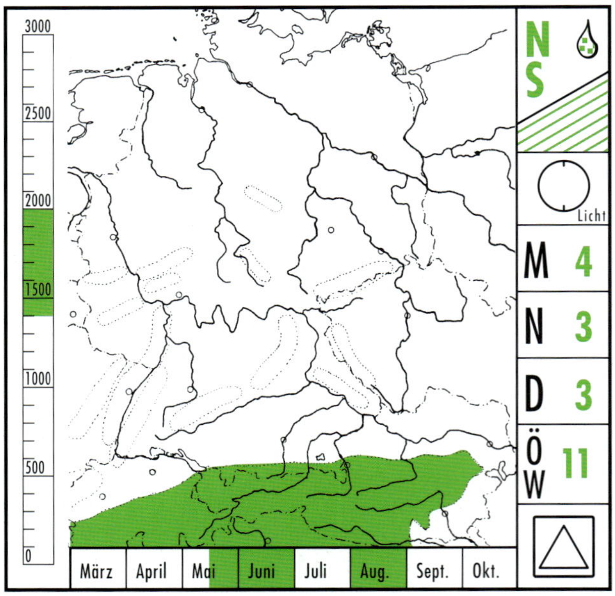

**Abb. 523:** Bürstlings-Weiderasen mit Arnika (*Arnica montana*) oberhalb der Lache im NSG Vilsalpsee, im Hintergrund die Steinkarspitze.

**Abb. 524:** Detail eines blumenreichen Bürstlingsrasen an den Osthängen des Knappenkopfes im NSG Vilsalpsee.

## Charakteristische Pflanzen der Borstgrasrasen

**Abb. 525:** Borstgras, *Nardus stricta*

**Abb. 526:** Kleiner Klappertopf, *Rhinanthus minor*; Kohlröschen, *Nigritella nigra*

**Abb. 527:** Mondraute, *Botrychium lunaria*

**Abb. 528:** Arnika, *Arnica montana*

**Abb. 529:** Bärtige Glockenblume, *Campanula barbata*

**Abb. 530:** Punktierter Enzian, *Gentiana punctata*

## 18.7 Südalpine Blaugrashalden
*Caricion austroalpinae* Sutter 1962

**Ordnung:** *Seslerietalia variae* Br.-Bl. 1926, Alpin-subalpine Steinrasen
**Klasse:** *Elyno-Seslerietes albicantis* Br.-Bl. 1948 corr. Oberd. 1983, Blaugras-Rasen

**Kennzeichen**
Die südalpinen Blaugrashalden kommen als arten- und krautreiche Bergweiden endemisch in Bereichen zwischen dem Tessin, Comosee und Venezianischen Alpen vor. *Carex austroalpina* ist anstelle der Rostsegge enthalten, daneben kommen endemische Begleiter der Blaugras-Horstseggenrasen vor. Meist werden steile Hänge über Kalk bewachsen von den Rasen eingenommen. Diese Stellen dürften während der Eiszeit gletscherfreie Refugien gewesen sein.

**Vorkommen und Höhenverbreitung**
Innerhalb des insubrischen Klimabereiches zwischen Tessin und Venezianischen Alpen, auch in den Dolomiten, Julischen und Karnischen Alpen, Karawanken und Steiner Alpen vorwiegend in der subalpinen Stufe.

**Artenliste**

| | |
|---|---|
| Anthericum ramosum | Astlose Graslilie |
| Buphthalmum salicifolium | Ochsenauge |
| Carex austroalpina | Südalpine Segge |
| Festuca alpestris | Berg-Schwingel |
| Helictotrichon parlatorei | Parlatores Staudenhafer |
| Knautia baldensis | Monte Baldo-Witwenblume |
| Paradisia liliastrum | Trichterlilie |
| Primula spectabilis | Pracht-Primel |
| Scabiosa vestina | – |
| Sesleria varia | Blaugras |
| Tulipa sylvestris ssp. australis | Wilde Tulpe |

**Abb. 531:** Blaugrashalde am Monte di Comino, Centovalli, Tessin.

**Abb. 532:** Trichterlilie, *Paradisia liliastrum*.

## 18.8 Krummseggenrasen
*Caricion curvulae* Rübel 1911

### 18.8.1 Krumm-Seggenmatte
*Caricetum curvulae* Rübel 1911 (= „*Curvuletum*")

**Verband:** *Caricion curvulae* Rübel 1911, Krummseggenrasen
**Ordnung:** *Caricetalia curvulae* Br.-Bl. in Br.-Bl. et Jenny 1926, Europäisch-arktische Urwiesen
**Klasse:** *Caricetea curvulae* Br.-Bl. 1948, Subalpin-alpine Krummseggenrasen

**Kennzeichen**
Die alpinen Bereiche der gletschergeformten Hochtäler der Silikatalpen werden von den Urwiesen, dem Krumm-Seggenrasen beherrscht. Der sehr eintönig strukturierte Rasen bildet den höchststeigenden Wiesentyp der Alpen und ist zwischen 2400 – 2800 m auf sauren Böden über Silikatgestein zu finden. Er folgt auf wenig geneigten Hangschultern auf den Bürstlings-Weiderasen und reicht nach oben bis an die nivale Stufe heran. Die kurzwüchsige Krumm-Segge, die fast das ganze Jahr fahl grünlich bis ocker-gelb gefärbt ist und niemals frisch grün wirkt, beherrscht diesen Rasentyp, Ellenberg bezeichnete ihn als stets herbstlich gefärbt. Nur wenige Blütenpflanzen kommen zwischen den Seggen vor, hauptsächlich sind verschiedene Strauchflechten enthalten, die die gelbliche Färbung noch zusätzlich unterstreichen und die Urwiese schon von weitem erkennen lassen. Unterteilungen in Bezug auf die Begleitarten folgen den verschiedenen Höhenlagen und der Dauer der Schneebedeckung. Die Krumm-Segge meidet jedoch Stellen, die im Winter schneefrei sind.

**Vorkommen und Höhenverbreitung**
Auf den Alpenraum beschränkt, hauptsächlich in den mitteleuropäischen Gebirgen, aber auch in den Pyrenäen, Karpaten und am Balkan; eigene Variante in den Hohen Tauern.

**Ökologie**
Die Krumm-Segge bevölkert annähernd extreme Standorte wie die Gemsheide. Da aber bedingt durch die Bestandesstruktur der Rasenpflanzen kein eigenes, wärmeres Bestandsklima aufgebaut werden kann, meidet die Krumm-Segge extrem exponierte Windkanten und überläßt diese Standorte dem Nacktriet oder der Gemsheide. Die sparrigen, gedrehten Pflanzen wirken jedoch windbremsend und erhöhen damit den Verdunstungswiderstand. Die gelbliche Färbung geht auf die Wuchsdynamik des Grases zurück. Das Rhizom bildet pro Jahr 2 Blätter aus, die bald von der Spitze her abzusterben beginnen, weil sie von einem Pilz befallen werden. Dadurch entsteht auch die Krümmung der toten Blattenden. Die Wachstumsrate ist äußerst gering. Durch Ausläufer kann sich der Rasen lediglich um 1 m in 1000 Jahren ausbreiten, wobei ein Einzelhorst 15 – 20 Jahre alt werden kann. Der Stoffzuwachs beträgt pro $m^2$ und Jahr nur 100 - 160 g.

**Gefährdung, Pflege, Naturschutz**
Die äußerst langsamwüchsigen Urwiesen sind gegen mechanische Störungen und Erschließungstätigkeit äußerst empfindlich. Hier kommen vor allem die Skipisten in Frage, die auch die Hauptgefährdungsquelle darstellen. Durch den Skibetrieb können exponierte Rasenstellen abgeschliffen werden, wodurch die Erosion gefördert wird. Die beste Pflege besteht darin, die Rasen in ihrem natürlichen Zustand zu belassen.

**Ähnliche Gesellschaft**
**Windkantenrasen mit der Krummsegge,** *Loiseleurio-Caricetum curvulae* Pitschmann et al 1980; Rasenmischform mit Zwergsträuchern und der Gemsheide auf windexponierten Kanten.

**Artenliste**

| | |
|---|---|
| Avena versicolor | Bunt-Hafer |
| Carex curvula | Krumm-Segge |
| Cetraria cucullata | Hüllen-Moosflechte |
| Cetraria ericetorum | Moosflechte |
| Cetraria islandica | Isländisches Moos |
| Cetraria nivalis | Schnee-Moosflechte |
| Chrysanthemum alpinum | Alpen-Wucherblume |
| Festuca halleri | Hallers Schwingel |
| Hieracium piliferum | Grauzottiges Habichtskraut |
| Leontodon helveticus | Schweizer Löwenzahn |
| Luzula lutea | Gelbe Hainsimse |
| Pedicularis kerneri | Kerners Läusekraut |
| Phyteuma globulariifolium | Armblütige Teufelskralle |
| Polygonum viviparum | Knöllchen-Knöterich |
| Primula minima | Zwerg-Primel |
| Pulsatilla vernalis | Frühlings-Küchenschelle |
| Saponaria pumilio | Zwerg-Seifenkraut |
| Sesleria disticha | Zweizeiliges Blaugras |

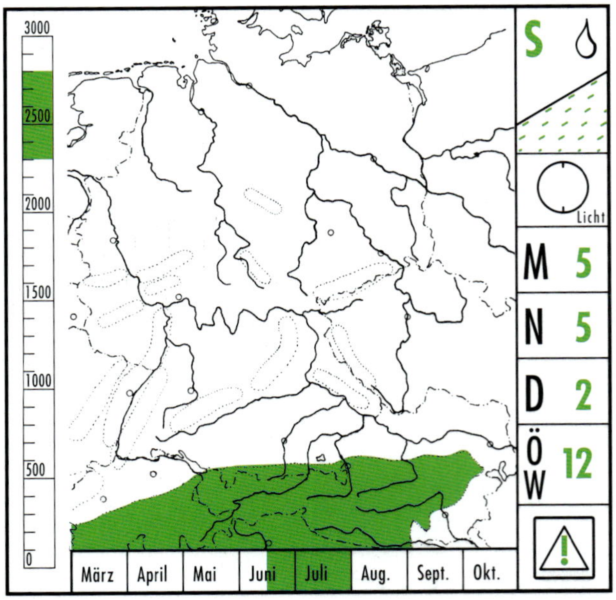

**Abb. 533:** Krumm-Seggenmatte mit Alpen-Wucherblume am Timmelsjoch im Tiroler Ötztal.

**Abb. 534:** Krumm-Seggenmatte am Fuldaer Höhenweg, Taschachtal.

**Abb. 535:** Krumm-Seggenmatte mit Blauem Speik (*Primula glutinosa*) am Timmelsjoch im Ötztal.

## Aspekte der Krumseggenrasen

**Abb. 536:** Krummseggenrasen und Flechtenheiden (meist Windbartflechte, *Alectoria ochroleuca*, Islandmoos, *Cetraria islandica* und Sternflechte, *Cladonia stellaris*) bilden einen Variante des Krummseggenrasen, das *Curvuletum cetrarietosum*, beim Schönwieshaus im hinteren Ötztal.

**Abb. 537:** Windkantenrasen mit Gemsheide und Horsten der Krumm-Segge auf der Angeralpe im Ötztal. Diese Gesellschaftsvariante *Loiseleurio-Caricetum curvulae* PITSCHMANN 1956 bevölkert Geländekanten in Krummseggenrasen, die im Winter infolge starken Windes schneefrei sein können.

**Abb. 538:** Herbstaspekt eines Krummseggenrasens bei der Schönwieshütte im Gurgltal, hinteres Ötztal.

## 18.9 Alpine Kleinbinsenrasen
*Juncion trifidi* KRAJINA 1933

### 18.9.1 Gesellschaft der Dreispaltigen Binse
*Juncetum trifidi* SZAFER et al. 1923 em. KRAJINA 1933

**Verband:** *Juncion trifidi* KRAJINA 1933, Alpine Kleinbinsenrasen
**Ordnung:** *Caricetalia curvulae* BR.-BL. in BR.-BL. et JENNY 1926, Europäisch-arktische Urwiesen
**Klasse:** *Caricetea curvulae* BR.-BL. 1948, Subalpin-alpine Krummseggenrasen

**Kennzeichen**
Die azonale Dauergesellschaft der Dreispaltigen Binse kommt in der subalpinen Stufe in Verzahnung mit dem Krummseggenrasen vor. Sie besiedelt neutrale bis mäßig saure Tonböden über Silikatgestein, aber auch in den Kalkalpen auf kalkfreien Standorten. Die extrem Wind- und frostresistente Binse kommt nicht selten auf Kanten oder Felsbändern vor und ist daher auch in Gemsheidespalieren zu finden. Dort behauptet sie sich nach REISIGL/KELLER 1987 mit dichten Horsten und breitet sich mit Ausläufern aus. Die Gesellschaft ist artenarm und hauptsächlich von der Binse geprägt, die girlandenartige, dichte Rasen ausbilden kann.

**Vorkommen und Höhenverbreitung**
In den Alpengebieten in Höhen zwischen 1800 und 2500 m; von OBERDORFER im Arbergebiet im Bayerischen Wald beschrieben

**Artenliste**

| | |
|---|---|
| Agrostis rupestris | Felsen-Straußgras |
| Avenula versicolor | Bunt-Hafer |
| Homogyne alpina | Alpen-Lattich |
| Juncus jaquini | Gemsen-Binse |
| Juncus trifidus | Dreispaltige Binse |
| Leontodon helveticus | Schweizer Löwenzahn |
| Primula minima | Zwerg-Primel |
| Sesleria disticha | Zweizeiliges Blaugras |

**Abb. 539:** Gesellschaft der Dreispaltigen Binse auf Silikatschutthängen am Weg zur Hochgangscharte in der Texelgruppe, Südtirol.

# 19 Schutthaldengesellschaften

## 19.1 Kalkschuttfluren
*Thlaspion rotundifolii* Br.-Bl. 1926 em. Zollitsch 1966

### 19.1.1 Alpine Täschelkrauthalde
*Thlaspietum rotundifolii* Br.-Bl. 1926

**Verband:** *Thlaspion rotundifolii* Br.-Bl. 1926 em. Zollitsch 1966, Kalkschuttfluren
**Ordnung:** *Thlaspietalia rotundifolii* Br.-Bl. ap. Br.-Bl. et Jenny 1926, Alpine Kalkschuttgesellschaften
**Klasse:** *Thlaspietea rotundifolii* Br.-Bl. 1947, Steinschutt- und Geröllgesellschaften

**Kennzeichen**
Die Täschelkrauthalde bildet oft ein Dauerpionierstadium auf feinerdearmen Kalkgrobschutthalden und Blockhalden mit offener und lückiger Vegetationsausbildung. Sie stellt die typischste Gesellschaft der alpinen Stufe der nördlichen Kalkalpen dar und bevorzugt bewegte Schuttböden mit langer Schneebedekkung (6 – 8 Monate). Das Täschelkraut (= Hellerkraut) keimt auch bei sehr geringem Feinerdeanteil in tieferen Spalten des Schutts und gehört zu Schuttwanderern; es durchzieht den Schutt mit langen Kriechtrieben, die sich wieder bewurzeln können. Die Gesellschaft weist eine geringe Bodendeckung von ungefähr 10 % auf. Von Ost nach West sind verschiedene Varianten ausgebildet, als Besonderheit kann die weißblühende Unterart des gelben Alpenmohns enthalten sein (*Papaver sendtneri*).

**Vorkommen und Höhenverbreitung**
Auf subalpinen und alpinen beweglichen Kalk- und Dolomitschutthalden, zwischen 1500 bis 3000 m in den Nördlichen Kalkalpen.

**Ökologie**
Im Durchschnitt sind knapp 10 Arten am Aufbau der Schuttflur beteiligt, obwohl insgesamt 33 Arten innerhalb der Täschelkrautflur registriert wurden. Die Schuttsiedler haben regional bedingt ein vielfältiges Aussehen. Die Staufähigkeit der Wurzeln entscheidet über die Artenzusammensetzung, da diese die Beweglichkeit des Gerölls mitbestimmt. Daneben ist die Dauer der Schneebedeckung ausschlaggebend, die bis zu 7 – 8 Monate dauern kann. Dazu kommt noch die extreme Nährstoffarmut der Rohböden. Sobald sich innerhalb des Gerölls etwas Feinerde angelagert hat, folgt in der natürlichen Sukzession die Berg-Löwenzahnhalde. Das Täschelkraut sendet als Schuttwanderer vom Wurzelhals zahlreiche Triebe durch die Schuttdecke, bis sie ans Licht gelangen. Dort produzieren sie Blätter und Triebe. Werden sie überschüttet, verlängern sie einfach ihre Triebe, um wieder an die Oberfläche zu gelangen. Das Täschelkraut durchspinnt den Schutt und wandert bei der Bewegung des Gerölls mit. Das Alpen-Leinkraut ist hingegen ein Schuttüberkriecher. Es liegt mit schlaffen, streckungsfähigen, oberirdischen Teilen lose auf dem Schutt auf.

**Gefährdung, Pflege, Naturschutz**
In der Regel gering bis nicht vorhandene Gefährdungen; eventuell durch Skipistenerschließung, Forststraßen, Speicherkraftwerke. Pflegemaßnahmen sind weder notwendig noch möglich. Die Täschelkrautflur gehört zu den wenigen noch absolut natürlichen Pflanzengesellschaften.

**Artenliste**

| | |
|---|---|
| Achillea atrata | Schwarze Schafgarbe |
| Arabis alpina | Alpen-Gänsekresse |
| Campanula cochleariifolia | Zwerg-Glockenblume |
| Cerastium latifolium | Breitblättriges Hornkraut |
| Galium megalospermum | Schweizer Labkraut |
| Linaria alpina | Alpen-Leinkraut |
| Moehringia ciliata | Wimper-Nabelmiere |
| Papaver sendtneri | Weißer Alpen-Mohn |
| Pritzelago alpina | Gemskresse |
| Saxifraga aphylla | Blattloser Steinbrech |
| Thlaspi rotundifolium | Rundblättriges Täschelkraut |
| Valeriana elongata | Ostalpen-Baldrian |

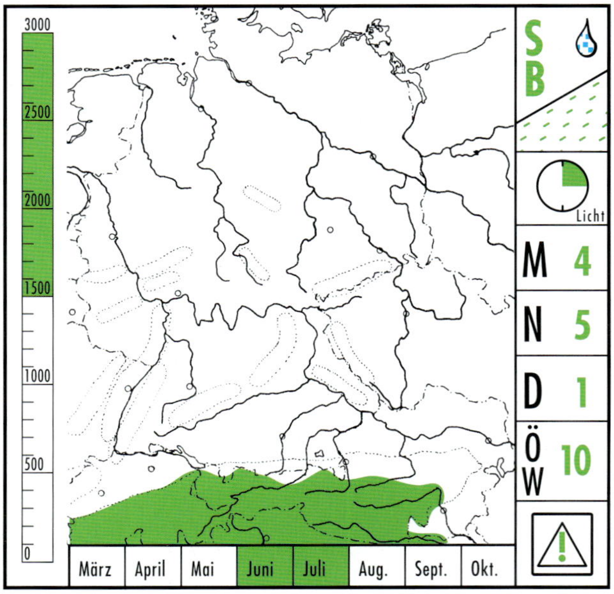

**Abb. 540:** Alpine Täschelkrauthalde am Hahntennjoch in den Lechtaler Alpen.

**Abb. 541:** Alpen-Leinkraut (*Linaria alpina*).

**Abb. 542:** Fetthennen-Steinbrech (*Saxifraga aizoides*).

**Abb. 543:** Täschelkrauthalde unterhalb des Geiseck im NSG Vilsalpsee.

## 19.1.2 Berg-Löwenzahnhalde
*Leontodonetum montani* JENNY-LIPS 1930

**Verband:** *Thlaspion rotundifolii* BR.-BL. 1926 em. ZOLLITSCH 1966, Kalkschuttfluren
**Ordnung:** *Thlaspietalia rotundifolii* BR.-BL. ap. BR.-BL. et JENNY 1926, Alpine Kalkschuttgesellschaften
**Klasse:** *Thlaspietea rotundifolii* BR.-BL. 1947, Steinschutt- und Geröllgesellschaften

**Kennzeichen**
Die Berg-Löwenzahnhalde bildet auf frischen Moränenböden eine Pioniergesellschaft, auf feuchten, feinerdereichen, mäßig bewegten Feinschuttströmen sowie auf Schiefer-, Kalkmergelgeröll und Tonschieferschutt eine Dauergesellschaft aus. Die Standorte sind eher südexponiert und häufig wasserdurchtränkt, weisen eine kürzere Schneebedeckung auf und apern früher aus. Der Berg-Löwenzahn gilt als Schuttstauer, der mit kräftigen Pfahlwurzeln und dichten Feinwurzeln ein kompaktes Hindernis gegenüber dem fließenden Schutt ausbildet. Die Gesellschaft zeigt in den Nordalpen eine geringere Artenzusammensetzung als in den Südalpen.

**Vorkommen und Höhenverbreitung**
Alpine Stufe der Allgäuer und Berchtesgadener Alpen zwischen 1700 – 3000 m; voralpin verbreitete Gesellschaft, die in zahlreiche geographische Varianten zerfällt.

**Artenliste**

| | |
|---|---|
| Achillea atrata | Schwarze Schafgarbe |
| Chrysanthemum atratum | Schwarzrand-Wucherblume |
| Leontodon montanus | Berg-Löwenzahn |
| Linaria alpina | Alpen-Leinkraut |
| Moehringia ciliata | Wimper-Nabelmiere |
| Ranunculus parnassifolius | Herzblättriger Hahnenfuß |
| Saxifraga aizoides | Bach-Steinbrech |
| Saxifraga oppositifolia | Gegenblättriger Steinbrech |
| Sedum atratum | Schwarze Fetthenne |
| Taraxacum apenninum | Alpen-Löwenzahn |
| Valeriana supina | Zwerg-Baldrian |

**Abb. 544:** Berg-Löwenzahnhalde auf Schutthängen unterhalb der Freyung im Eppzirler Tal.

## 19.1.3 Gesellschaft der Großblütigen Gemswurz
*Doronicetum grandiflori* Thimm 1953

**Verband:** *Thlaspion rotundifolii* Br.-Bl. 1926 em. Zollitsch 1966, Kalkschuttfluren
**Ordnung:** *Thlaspietalia rotundifolii* Br.-Bl. ap. Br.-Bl. et Jenny 1926, Alpine Kalkschuttgesellschaften
**Klasse:** *Thlaspietea rotundifolii* Br.-Bl. 1947, Steinschutt- und Geröllgesellschaften

**Kennzeichen**
Die Gesellschaft der Großblütigen Gemswurz kommt auf mehr oder weniger befestigten Schuttfluren, aber auch zwischen Geröllblöcken vor, wo die Schneebedeckung bis in den Juli oder gar August andauern kann (Thimm 1953). Die Böden verfügen über etwas mehr Feinerde. Die Gemswurz verschwindet, sobal der Schutt gefestigt ist und die Halden von alpinen Rasengesellschaften besiedelt werden. Die Gesellschaft wurde von Thimm (1953) aus dem Tiroler Rofan beschrieben, heute wird diese auch als *Doronicum grandiflorum-Arabis alpina*-Gesellschaft aufgefaßt. Lippert (1966) hat eine Übersicht der in den Ostalpen beschriebenen Gesellschaften vorgenommen.

**Vorkommen und Höhenverbreitung**
In den Kalkalpen zwischen 1800 und 2200 m mit einem Schwerpunkt zwischen den Lechtaler und Berchtesgadener Alpen; Glarner Alpen; im Dachstein nur mehr fragmentarisch, in den Südalpen fehlend.

**Artenliste**

| | |
|---|---|
| Achillea atrata | Schwarze Schafgarbe |
| Arabis alpina | Alpen-Gänsekresse |
| Cirsium spinosissimum | Alpen-Kratzdistel |
| Doronicum grandiflorum | Große Gemswurz |
| Poa alpina | Alpen-Rispengras |
| Pritzelago alpina | Gemskresse |
| Ranunculus montanus | Berg-Hahnenfuß |
| Viola biflora | Zweiblütiges Veilchen |

**Abb. 545:** Gesellschaft der Großblütigen Gemswurz am Südhang der Lachenspitze.

**Abb. 546:** Großblütige Gemswurz, *Doronicum grandiflorum*.

## 19.2 Montane Gesellschaften auf trocken-warmen Kalkschuttstandorten
*Stipion calamagrostis* JENNY-LIPS *ex* BR.-BL. *et al. 1952*

### 19.2.1 Trockene Pioniergesellschaft auf Kalk
*Stipetum calamagrostis* BR.-BL. 1918

**Verband:** *Stipion calamagrostis* JENNY-LIPS ex BR.-BL. et al. 1952, Montane Gesellschaften auf trocken-warmen Kalkschuttstandorten
**Ordnung:** *Galio-Parietalia officinalis* BOSCAIU *et al. 1966,* Wärmeliebende Kalkschutt-Gesellschaften
**Klasse:** *Thlaspietea rotundifolii* BR.-BL. 1947, Steinschutt- und Geröllgesellschaften

**Kennzeichen**
Schutthalden in montanen Bereichen können von einer trockenheitsliebenden Krautflur bewachsen sein, die im Sommer durch einen bunten Blumenflor aus Ochsenauge, Berg-Gamander, Rauh-Löwenzahn und Stinkendem Storchschnabel gekennzeichnet ist. Die Schuttunterlage ist schwach bewegt oder verfestigt, die Gesellschaft wird durch bewegte Rinnen scharf begrenzt. Ist der Schutt gänzlich gefestigt, beginnt die Weiterentwicklung zu alpinen Rasengesellschaften und schließlich zu Legföhrenbeständen. Die Böden weisen einen hohen Feinerdeanteil auf. Die Assoziation wurde von BRAUN-BLANQUET auch aus den Ostalpen beschrieben.

**Vorkommen und Höhenverbreitung**
In den Zentralalpen von der kollinen bis zur montanen Stufe mit Schwergewicht in der montanen Stufe innerhalb des inneralpinen Föhrenbezirkes; Allgäuer Alpen, Mieminger Gebirge, Nordkette, Karawanken, Ober- und Niederösterreich.

**Artenliste**

| | |
|---|---|
| Achnatherum calamagrostis | Rauhgras |
| Brachypodium pinnatum | Fieder-Zwenke |
| Buphthalmum salicifolium | Ochsenauge |
| Epilobium donadei | Rosmarin-Weidenröschen |
| Galeopsis angustifolia | Schmalblättriger Hohlzahn |
| Galium album | Weißes Labkraut |
| Geranium robertianum | Stinkender Storchschnabel |
| Origanum vulgare | Gewöhnlicher Dost |
| Rumex scutatus | Schild-Ampfer |
| Teucrium montanum | Berg-Gamander |
| Vincetoxicum hirundinaria | Schwalbenwurz |

**Abb. 547:** Verfestigte Schutthalde bei der Rumer Alm, Innsbruck.

**Abb. 548:** Berg-Gamander, *Teucrium montanum.*

## 19.2.2 Schwalbenwurzflur
*Vincetoxietum hirundinariae* KAISER 1926

**Verband:** *Stipion calamagrostis* JENNY-LIPS ex BR.-BL. et al. 1952, Montane Gesellschaften auf trocken-warmen Kalkschuttstandorten
**Ordnung:** *Galio-Parietalia officinalis* BOSCAIU et al. 1966, Wärmeliebende Kalkschutt-Gesellschaften
**Klasse:** *Thlaspietea rotundifolii* BR.-BL. 1947, Steinschutt- und Geröllgesellschaften

**Kennzeichen**
Die Schwalbenwurzflur kommt auf südexponierten, wärmebegünstigten Kalkschutthalden in der montanen Stufe vor. Diese Schutthalden zeichnen sich durch einen erhöhten Feinerdegehalt aus. Die Schwalbenwurz gilt als Schuttkriecher und kann durch Überwachsen des Gerölls dieses festigen. Nach HERTER (1990) kommt die Schwalbenwurzflur in Kontakt mit dem Reitgras-Föhrenwald *Calamagrostio variae-Pinetum sylvestris* vor. Auch sekundäre Standorte sind bekannt. Die Gesellschaft kann über Jahre hinweg Pionierstadien einnehmen, aber auch saumähnliche Strukturen aufbauen, die Arten der Thermophilen Säume des Blutstorchschnabels (*Geranion sanguinei*) enthalten können.

**Vorkommen und Höhenverbreitung**
Allgäuer Alpen, nördliche Kalkalpen, Dachstein, Hochschwab; Mitteldeutschland (Saalegebiet, Vogtland), Elsaß, Mainfranken, Schwäbische Alb, Wiehengebirge.

**Artenliste**

| | |
|---|---|
| Acinos alpinus | Alpen-Steinquendel |
| Anthericum ramosum | Astlose Graslilie |
| Brachypodium pinnatum | Fieder-Zwenke |
| Calamagrostis varia | Buntes Reitgras |
| Campanula rapunculoides | Acker-Glockenblume |
| Galium album | Weißes Labkraut |
| Vincetoxicum hirundinaria | Schwalbenwurz |

**Abb. 549:** Schwalbwurzflur auf Dolomitschutt an den Hängen der Karwendelspitze im Karwendeltal.

## 19.3 Schnee-Pestwurz-Gesellschaften
*Petasition paradoxi* ZOLLITSCH ex LIPPERT 1966

### 19.3.1 Alpen-Pestwurz-Flur
*Petasitetum paradoxi* BEGER 1922

**Verband:** *Petasition paradoxi* ZOLLITSCH ex LIPPERT 1966, Schnee-Pestwurz-Gesellschaften
**Ordnung:** *Thlaspietalia rotundifolii* BR.-BL. ap. BR.-BL. et JENNY 1926, Alpine Kalkschuttgesellschaften
**Klasse:** *Thlaspietea rotundifolii* BR.-BL. 1947, Steinschutt- und Geröllgesellschaften

**Kennzeichen**
Die offene bis lückige Pioniergesellschaft der Alpen-Pestwurz kommt auf frischen bis feuchten, feinerdereichen Schuttströmen in Schuttkaren, Lawinenbahnen und Wildbachbetten vor. Ein großer Anteil an hochwüchsigen Stauden, ein höherer Dekkungsgrad von bis zu 40 % sowie das Auftreten zahlreicher Farne kennzeichnen die Alpen-Pestwurzfluren. Die Böden bestehen aus Feinschuttmaterial mit hoch tonigen und gut wasserspeichernden, sickerfeuchten, humusarmen Anteilen. Die Alpen-Pestwurz bildet ein tiefreichendes und stark verzweigtes Wurzelsystem aus und gilt als einer der besten Schuttfestiger. Je nach der Höhenlage entwickelt sie sich zu Rostseggenrasen, Blaugrashalden, Weiden-, Latschengebüschen oder subalpinen Waldgesellschaften wie dem subalpinen Lärchenwald.

**Vorkommen und Höhenverbreitung**
Hochmontan bis subalpin zwischen 1500 – 2500 m; im Alpenraum weit verbreitet; Schweizer Alpen, Bayerische Kalkalpen, Allgäuer Alpen, Ammergebirge und Berchtesgadener Gebiet, Nördliche Kalkalpen und südöstliche Kalkalpen.

**Ökologie**
Die Pestwurz ist ein Schuttkriecher. Sie legt schlaffe, streckungsfähige oberirdische Triebe über den losen Schutt und reagiert somit gegenüber Schuttbewegungen sehr flexibel. Der Rohbodenpionier trägt zum Verfestigen des Bodens bei und stellt ein wichtiges Initialstadium in der natürlichen Sukzessionsabfolge hin zum subalpinen Lärchenwald dar. Als Alpenschwemmling kommt die Pestwurz auch in den Schotterweidenröschen-Fluren vor.

**Gefährdung, Pflege Naturschutz**
Pestwurzfluren besiedeln extreme Standorte und sind in der Regel anthropogen kaum gefährdet. Sie unterliegen der natürlichen Sukzession und der Dynamik dieses ungefestigten Standortes. Gefährdungen treten daher eher durch natürliche Ereignisse wie Muren, Rutschungen oder Felsstürze auf.

**Artenliste**

| | |
|---|---|
| Adenostyles alpina | Kahler Alpendost |
| Campanula cochleariifolia | Zwerg-Glockenblume |
| Doronicum glaciale | Gletscher-Gemswurz |
| Doronicum grandiflorum | Großblütige Gemswurz |
| Gypsophila repens | Kriechendes Gipskraut |
| Moehringia muscosa | Moos-Nabelmiere |
| Petasites paradoxus | Alpen-Pestwurz |
| Saxifraga aizoides | Bach-Steinbrech |
| Tolpis staticifolium | Grasnelken-Habichtskraut |
| Valeriana montana | Berg-Baldrian |
| Viola biflora | Zweiblütiges Veilchen |

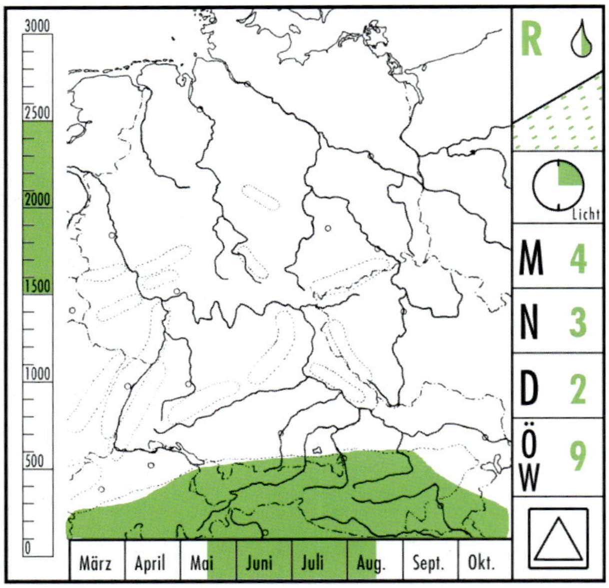

**Abb. 550:** Alpen-Pestwurz-Flur auf saisonal überrieselten Kalkschuttstandorten in der Arzler Scharte oberhalb von Innsbruck.

**Abb. 551:** Flur der Alpen-Pestwurz zusammen mit Kahlem Alpendost auf Dolomitschutt in der „Hölle", Mieminger Berge.

## 19.3.2 Subalpine Ruprechtsfarnflur
*Moehringio-Gymnocarpietum robertianae* Lippert 1966

**Verband:** *Petasition paradoxi* Zollitsch ex Lippert 1966, Schnee-Pestwurz-Gesellschaften
**Ordnung:** *Thlaspietalia rotundifolii* Br.-Bl. ap. Br.-Bl. et Jenny (1926), Alpine Kalkschuttgesellschaften
**Klasse:** *Thlaspietea rotundifolii* Br.-Bl. 1947, Steinschutt- und Geröllgesellschaften

### Kennzeichen
Die Ruprechtsfarnflur kommt auf beweglichem und bisweilen stark bewegten Schutt vor, der in der Tiefe über Feinerde verfügt. Die Deckung ist etwas höher als bei der Täschelkrautflur und kann 30 % erreichen. Die Gesellschaft bevorzugt Kare, in denen der Schnee besonders lange liegen bleibt. Der Ruprechtsfarn besitzt eine schuttstabilisierende Wirkung. Die Flur gelangt bei hoher Luftfeuchtigkeit in Nordlagen zur Dauergesellschaft. Auf weniger bewegtem Schutt folgt auf die Farnflur eine Gebüschvegetation aus Legföhre oder Weiden-Arten. Die Gesellschaft gilt als fraglich. Kaiser (1926) beschreibt ein *Gymnocarpietum robertiani*, von dem die Ruprechtsfarnflur eine Höhenvariante sein könnte.

### Vorkommen und Höhenverbreitung
In der subalpinen Stufe in feucht-schattigen Lagen der Nordalpen; in den nordöstlichen Kalkalpen weit verbreitet, Allgäuer Alpen.

### Artenliste

| | |
|---|---|
| Adenostyles glabra | Alpen-Dost |
| Campanula cochleariifolia | Zwerg-Glockenblume |
| Geranium robertianum | Stinkender Storchschnabel |
| Gymnocarpium robertianum | Ruprechtsfarn |
| Moehringia muscosa | Moos-Nabelmiere |
| Silene pusilla | Strahlensame |

**Abb. 552:** Subalpine Ruprechtsfarnflur in einer Schuttrinne der Schütt, Dobratsch-Felssturz bei Villach.

## 19.3.3 Wundklee-Rauh-Löwenzahn-Gesellschaft
### *Anthyllido-Leontodetum hyoseroides* ZOLLER 1951

**Verband:** *Petasition paradoxi* ZOLLITSCH ex LIPPERT 1966, Schnee-Pestwurz-Gesellschaften
**Ordnung:** *Thlaspietalia rotundifolii* BR.-BL. ap. BR.-BL. et JENNY 1926, Alpine Kalkschuttgesellschaften
**Klasse:** *Thlaspietea rotundifolii* BR.-BL. 1947, Steinschutt- und Geröllgesellschaften

**Kennzeichen**
Die Initialflur mit Rauh-Löwenzahn und Wundklee kommt auf zur Ruhe gekommenen und nur bei extremen Hochwässern überschwemmten wechselfeuchten Kalk- oder Mergelschuttfluren an Alpenbächen vor. Die Standorte können zeitweise austrocknen. Im Juni und Juli überziehen gelb leuchtende Fluren des Wundklees den offenen Schutt, dazwischen siedelt sich der Rauh-Löwenzahn mit Blattrosetten an. Ein geschlossener Rasen ist nicht ausgebildet, die Deckung beträgt etwa 30 %. Weitere Standorte sind instabile, rieselfeuchte Kalkschuttfluren.

**Vorkommen und Höhenverbreitung**
In nördlicher Exposition zwischen 1200 und 1600 m; seltene Gesellschaft; Vorarlberg, Nordkette, Leutascher Tal; hohe Schwäbische Alb; dort in Zusammenhang mit trockenen Kiefernwäldern und Blaugrashalden (POTT 1996); bedeutendes Vorkommen in den Allgäuer Alpen.

**Artenliste**

| | |
|---|---|
| Anthyllis vulneraria | Wundklee |
| Calamagrostis varia | Buntes Reitgras |
| Carduus defloratus | Alpen-Distel |
| Leontodon hispidus ssp. hyoseroides | Rauh-Löwenzahn |
| Linum catharticum | Purgier-Lein |
| Petasites paradoxus | Alpen-Pestwurz |
| Tussilago farfara | Huflattich |

**Abb. 553:** Wundklee-Rauh-Löwenzahn-Gesellschaft am Hahntennjoch in den Lechtaler Alpen.

## 19.4 Subalpine und alpine Silikatschuttgesellschaften
*Androsacion alpinae* Br.-Bl. in Br.-Bl. et Jenny 1926

### 19.4.1 Säuerlingsflur
*Oxyrietum digynae* (Lüdi 1921) Br.-Bl. 1926

**Verband:** *Androsacion alpinae* Br.-Bl. in Br.-Bl. et Jenny 1926, Subalpine und alpine Silikatschuttgesellschaften
**Ordnung:** *Thlaspietalia rotundifolii* Br.-Bl. ap. Br.-Bl. et Jenny 1926, Alpine Kalkschuttgesellschaften
**Klasse:** *Thlaspietea rotundifolii* Br.-Bl. 1947, Steinschutt- und Geröllgesellschaften

**Kennzeichen**
Die artenarme Gesellschaft ist typisch für frische, junge und humusarme Moränenböden auf Silikatschutt, die auf Gletschervorfeldern vorkommen. Der Alpen-Säuerling bevorzugt frische, kalkarme, aber meist basenreiche, offene Steinschuttböden. Mit zunehmendem Abstand wird die Gesellschaft artenreicher und steht häufig in Kontakt mit der Schneetälchen-Vegetation. Bei längerer Schneebedeckung entwickelt sich die Säuerlingsflur, eine Weiterentwicklung zum Braun-Hainsimsen-Rasen oder sogar zum Kraut-Weiden-Schneetälchen ist möglich. Die Pflanzenarten treten häufig nur einzeln in Erscheinung und bilden eine äußerst lückige Vegetationsdecke aus, die Initialstadien gleichkommt.

**Vorkommen und Höhenverbreitung**
Häufigste und am weitesten verbreitete Pioniergesellschaft in den Zentralalpen zwischen 2000 – 2700, im Allgäu auf kalkarmen Schieferschuttböden nur fragmentarisch.

**Ökologie**
Der Säuerling gehört zu den Schuttstreckern, die sich durch Verlängerung und Erstarkung aufrechter Triebe durch die Schuttdecke arbeiten und diese dadurch festigen. Während im Kalk die Schuttbewegung hauptsächlich durch die Schwerkraft stattfindet, übernimmt im Urgestein das Wasser diese Aufgabe. Das Gestein wird auch durch die Kraft des Eises zermahlen. Der Zerfall der Silikate geht viel schneller vor sich als bei Kalk, wodurch die Bodenbildung beschleunigt wird. Zwischen dem Rohschutt entsteht Feinerde, die von den Pflanzen besiedelt werden kann. Die Säuerlingsflur entspricht vom Standort her der Berg-Löwenzahn-Halde der Kalkschuttgebiete.

**Gefährdung, Pflege, Naturschutz**
siehe Täschelkrauthalde; praktisch keine anthropogenen Gefährdungen.

**Artenliste**

| | |
|---|---|
| Arabis alpina | Alpen-Gänsekresse |
| Cardamine resedifolia | Resedenblättriges Schaumkraut |
| Cerastium pedunculatum | Langstieliges Hornkraut |
| Chrysanthemum alpinum | Alpen-Wucherblume |
| Doronicum clusii | Zottige Gemswurz |
| Epilobium fleischeri | Fleischers Weidenröschen |
| Geum reptans | Kriechende Nelkenwurz |
| Gnaphalium supinum | Zwerg-Ruhrkraut |
| Oxyria digyna | Säuerling |
| Ranunculus glacialis | Gletscher-Hahnenfuß |
| Soldanella pusilla | Zwerg-Troddelblume |

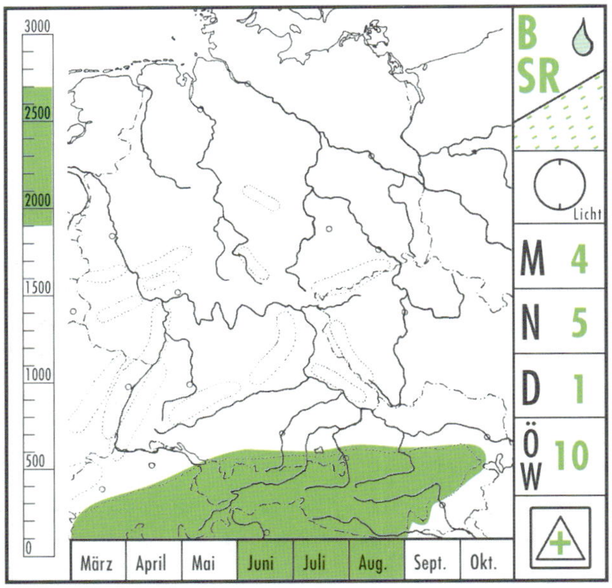

**Abb. 554:** Schuttflur des Alpen-Säuerling auf einem Schuttkar im Riesernock, Bachertal, Naturpark Rieserferner Gruppe, Südtirol.

**Abb. 555:** Säuerlingsflur mit Moschus-Schafgarbe (*Achillea erba-rotta*) im hinteren Taschachtal, Ötztaler Alpen.

## 19.4.2 Rollfarnflur
*Cryptogrammetum crispae* Jenny-Lips 1930

**Verband:** *Androsacion alpinae* Br.-Bl. in Br.-Bl. et Jenny 1926, Subalpine und alpine Silikatschuttgesellschaften
**Ordnung:** *Thlaspietalia rotundifolii* Br.-Bl. ap. Br.-Bl. et Jenny 1926, Alpine Kalkschuttgesellschaften
**Klasse:** *Thlaspietea rotundifolii* Br.-Bl. 1947, Steinschutt- und Geröllgesellschaften

**Kennzeichen**
Die Gesellschaft entspricht der alpinen Säuerlingsflur in hochmontanen Lagen. Ruhende Silikat-Blockhalden ähneln standörtlich den Felsspalten und weisen auch gemeinsame Arten auf. Je nach Blockgröße und Feinerdeeintrag bilden sich schüttere bis dichte, krautige Pflanzenbestände in feinerdigen Nischen und in Blockmeeren aus, die aufgrund der Mächtigkeit der Blöcke nicht vom Wald erobert werden konnten. Bis auf den Rollfarn, der ein typischer Schuttstrecker ist, sind die Begleiter nicht an Schutthaldenstandorte gebunden. Der Rollfarn selbst kann in den Schuttfluren fehlen.

**Vorkommen und Höhenverbreitung**
Hochmontane bis subalpine Stufe der Mittelgebirge, bis 2400 m. Glazialrelikt im südlichen Schwarzwald, den Vogesen, im Bayerischen Wald und im Hohen Venn. Verwandte Gesellschaften im Riesengebirge und in den südlichen Zentralalpen (Silvretta, Ötztaler Alpen, Niedere Tauern).

**Artenliste**

| | |
|---|---|
| Anthoxantum odoratum | Gewöhnliches Ruchgras |
| Deschampsia flexuosa | Draht-Schmiele |
| Cryptrogramma crispa | Krauser Rollfarn |
| Cystopteris fragilis | Zerbrechlicher Blasenfarn |
| Silene rupestris | Felsen-Leimkraut |
| Teucrium scorodonia | Salbei-Gamander |

**Abb. 556:** Rollfarnflur in humusreichen Lücken auf Silikatschutt am Weg zur Hochgallscharte, Texelgruppe.

## 19.4.3 Alpen-Mannsschild-Flur
*Androsacetum alpinae* Br.-Bl. 1918

**Verband:** *Androsacion alpinae* Br.-Bl. in Br.-Bl. et Jenny 1926, Subalpine und alpine Silikatschuttgesellschaften
**Ordnung:** *Thlaspietalia rotundifolii* Br.-Bl. ap. Br.-Bl. et Jenny 1926, Alpine Kalkschuttgesellschaften
**Klasse:** *Thlaspietea rotundifolii* Br.-Bl. 1947, Steinschutt- und Geröllgesellschaften

**Kennzeichen**
Die artenarme, offene Polsterpflanzengesellschaft kommt auf schwach sauren bis sauren Gneisen und Schiefern vor und ist oft auf Gipfeln und Graten inselartig isoliert aufzufinden. Wegen der äußerst kurzen Vegetationszeit, die den Pflanzen zur Verfügung steht, werden die Knospen schon im Herbst angelegt, damit die Pflanze nach dem Ausapern sofort aufblühen kann. Der Gletscher-Hahnenfuß, der dieser Gesellschaft angehört, wurde am Finsteraarhorn zusammen mit der Schwarzen Schafgarbe in einer Höhe von 4270 m gefunden und hält damit den Höhenrekord der Blütenpflanzen in den Alpen. Der Alpen-Mannsschild gehört zu den Schuttstauern, die sich mit ihren kräftigen, unterirdisch bergauf gerichteten Pfahlwurzeln fest verankern und ein Hindernis für den wandernden Schutt aufbauen.

**Vorkommen und Höhenverbreitung**
Hochalpin-nivale Schuttböden ab 2400 m, auf schattig-steinigen Nordflanken zwischen 2700 – 3400 m, vor allem in den Zentralalpen.

**Artenliste**

| | |
|---|---|
| Androsace alpina | Alpen-Mannsschild |
| Cerastium uniflorum | Einblütiges Hornkraut |
| Eritrichium nanum | Himmelsherold |
| Gentiana bavarica | Bayerischer Enzian |
| Minuartia sedoides | Zwerg-Miere |
| Ranunculus glacialis | Gletscher-Hahnenfuß |
| Saxifraga bryoides | Moos-Steinbrech |
| Saxifraga moschata | Moschus-Steinbrech |
| Silene acaulis | Stengelloses Leimkraut |

**Abb. 557:** Alpen-Mannsschild-Flur mit typischem Polsterseggenbewuchs beim Hochwildehaus im hinteren Ötztal.

## 19.5 Pionierrasen auf Kalksilikatschutt
*Drabion hoppeanae* ZOLLITSCH 1968

### 19.5.1 Ähren-Goldhafer-Flur
*Drabetum hoppeanae* FRIEDEL 1956
(= *Trisetetum spicati* OBERD. 1955)

**Verband:** *Drabion hoppeanae* ZOLLITSCH 1968, Pionierrasen auf Kalksilikatschutt
**Ordnung:** *Drabetalia hoppeanae* ZOLLITSCH 1968, Artenreiche Pionierrasengesellschaften auf Kalksilikatschutt
**Klasse:** *Thlaspietea rotundifolii* BR.-BL. 1947, Steinschutt- und Geröllgesellschaften

**Kennzeichen**
Die Flur des Ähren-Goldhafers bevorzugt trockenere, feinschuttreiche bis grobe Standorte über Kalkschiefer oder Moränenschutt, die zeitweise stark bewegt sein können. Die Böden sind mäßig stark durchfeuchtet oder sogar trocken. Die Gesellschaft wird vor allem aus polsterbildenden Arten und Kryptogamen aufgebaut, die Schneebedeckung kann 5 – 7 Monate andauern. Auch der Ähren-Goldhafer bildet Polster aus. Nach KARRER 1980 kann sich die Gesellschaft zum Nacktriedrasen (*Elynetum*) weiter entwickeln.

**Vorkommen und Höhenverbreitung**
Auf südexponierten Hängen über Moränenkalkschiefern und in Gletschertrögen zwischen 1800 und 2700 m, Samnaungruppe, Ötztaler Alpen, Nord- und Osttirol; Allgäuer Alpen, Berchtesgadener Alpen.

**Artenliste**

| | |
|---|---|
| Artemisia genipi | Schwarze Edelraute |
| Artemisia muttelina | Echte Edelraute |
| Cerastium uniflorum | Einblütiges Hornkraut |
| Draba hoppeana | Hoppes Felsenblümchen |
| Erigeron uniflorus | Einblütiges Berufskraut |
| Gentianella nana | Zwerg-Enzian |
| Minuartia sedoides | Polster-Miere |
| Saxifraga oppositifolia | Gegenblättriger Steinbrech |
| Silene acaulis | Stengelloses Leimkraut |
| Trisetum spicatum | Ähren-Goldhafer |

**Abb. 558:** Lückige Ähren-Goldhafer-Flur rund um die Spronser Seenplatte in der Texelgruppe.

## Die Nivale Stufe

Die nivale Stufe, also die Bereiche oberhalb 3000 m Seehöhe, bedeutet für pflanzliches Leben einen extremen Standort, der jedoch keineswegs artenarm oder einfältig ist. Bis zu 250 Phanerogamen wagen sich in Höhen um 3000 – 3500 m vor, dazu kommen noch eine ganze Reihe von Flechten und anderen Kryptogamen, die Felsen und Blöcke überziehen. Diese Felsstandorte sind die meiste Zeit des Jahres schneefrei und sonnenexponiert, die Niederschläge fallen hauptsächlich in Form von Schnee und stehen daher den Pflanzen nicht zur Verfügung. Die Nivale Stufe beginnt dort, wo im Laufe vieler Jahre mehr Schnee fällt als schmilzt. Diese gedachte Grenze ist sehr schwankend und von der Exposition, der Hangneigung und Oberflächenform abhängig. Aufgrund der tiefen Durchschnittstemperaturen, der langen Frostdauer und der großen Reliefenergie kommt es in der nivalen Stufe kaum zu einer Bodenbildung. Um die extremen klimatischen Verhältnisse zu bewältigen, haben die Pflanzen 5 Arten von Polstern „erfunden“: Rosettenpolster (z.B. *Saxifraga paniculata*), Kriechpolster (z.B. *Saxifraga oppositifolia*), Rasenpolster (z.B. *Carex firma*), Radial-Flachpolster (z.B. *Silene acaulis, Minuartia sedoides*), Radial-Halbkugelpolster (*Androsace helvetica*).

REISIGL/KELLER (1987) sehen den Übergang von der alpinen zur nivalen Stufe als subnivale Stufe an und charakterisieren diese durch das Vorkommen von Rasenfragmenten. Die häufigste vorkommende Rasenart ist die Krummsegge, die von Arten der Krummseggenrasen (*Caricetum curvulae*) begleitet wird. Der Krummseggenrasen ist in der nivalen Stufe im Winter einerseits auf Schneeschutz angewiesen, benötigt aber andererseits drei Monate Vegetationszeit. Vom Wind freigefegte Kanten bleiben dem Nacktried überlassen, bis in die untere nivale Stufe reichen fragmentarisch die Blaugras-Horstseggenhalden. Daran beteiligt sich als einziges Holzgewächs die Quendelblättrige Teppichweide, die nach BRAUN mehr als 100 Jahre alt werden kann. Zu den Lebensgemeinschaften der Nivalstufe zählt neben den zahlreichen Kryptogamen wie Flechten und Algen auch das von HUBER-PESTALOZZI (1926) als „eigenartige Flora von Schnee und Eis“ bezeichnete Kryptoplankton. Der bekannteste Organismus dieser Schwebflora ist *Chlamydomonas nivalis*, der auf der ganzen Welt in der nivalen Stufe vorkommt und den Schnee auffällig rot färbt. Im Himalaya reicht die nivale Stufe bis auf 6000 m, die absolute Obergrenze einer Blütenpflanze (Moossandkraut, *Arenaria bryophylla*) liegt bei 6180 m.

**Abb. 559:** Die Pasterze ist Österreichs größte Gletscherzunge, darüber ragt der Großglockner, Österreichs höchster Berg, auf.

## 19.5.2 Gesellschaft des Gegenblättrigen Steinbrechs
*Saxifraga oppositifolia*-Gesellschaft

**Verband:** *Drabion hoppeanae* ZOLLITSCH 1968, Pionierrasen auf Kalksilikatschutt
**Ordnung:** *Drabetalia hoppeanae* ZOLLITSCH 1968, Artenreiche Pionierrasengesellschaften auf Kalksilikatschutt
**Klasse:** *Thlaspietea rotundifolii* BR.-BL. 1947, Steinschutt- und Geröllgesellschaften

**Kennzeichen**
Die Gesellschaft des Gegenblättrigen Steinbrechs ist floristisch uneinheitlich und soziologisch fraglich. Es werden die alpin-nivalen Polsterpflanzenfluren zusammengefaßt, die auf Kalkschiefern sowie feinsandigen bis grusigen, nährstoffreichen Schuttböden vorkommen. Die Schneebedeckung kann bis zu 9 Monate dauern, starke Winde und Fröste sind auch im Sommer nicht selten. Insgesamt weist die Vegetation nur mehr schwachen Pioniercharakter auf. ZOLLITSCH (1966) hat eine Gliederung dieser Gesellschaft vorgenommen und mehrere Subassoziationen und Varianten ausgegliedert. Eine Subassoziation kommt auf Ruhschuttböden, eine im Übergang zu den Schneetälchen vor. Der Gegenblättrige Steinbrech ist auch in Skandinavien und in der kanadischen Arktis auf Felsstandorten zu finden.

**Vorkommen und Höhenverbreitung**
Tritt in den Zentralalpen im Felsbereich der höchsten Gipfel und im Gletschervorfeld auf.

**Artenliste**

| | |
|---|---|
| Cerastium uniflorum | Einblütiges Hornkraut |
| Draba hoppeana | Hoppes Felsenblümchen |
| Minuartia sedoides | Polster-Miere |
| Pedicularis aspleniifolia | Farnblättriges Läusekraut |
| Salix serpyllifolia | Quendelblättrige Teppich-Weide |
| Saxifraga biflora | Zweiblütiger Steinbrech |
| Saxifraga oppositifolia | Gegenblättriger Steinbrech |

**Abb. 560:** Der Gegenständige Steinbrech bildet purpurrote Blütenpolster aus, Jostedalsbreen, Norwegen.

**Abb. 561:** Gletscherhahnenfuß, *Ranunculus glacialis*

**Abb. 562:** Polster-Miere, *Minuartia sedoides*

**Abb. 563:** Stengelloses Leimkraut, *Silene acaulis*

**Höhenrekorde von Blütenpflanzen in den Westalpen**
(nach Ellenberg 1996):

Nach Pitschmann und Reisigl (1958) sowie Klebelsberg (1949) steigen 102 Angiospermen-Arten über 3000 m, 60 über 3200 m, 34 über 3400 m und 3 über 3500 m. Die obersten 3 sind Gräser, nämlich *Poa laxa*, *Festuca halleri* und eine Kleinart von *Festuca rubra*. In den westlichen Zentralalpen liegt die Schneegrenze noch etwas höher, etwa bei 3200 m. Nach Braun (1913) sind folgende Arten als höchststeigende Blütenpflanzen zu betrachten:

| | | |
|---|---|---|
| 4270 m | *Ranunculus glacialis* | Finsteraarhorn |
| | *Achillea atrata* | |
| 4200 m | *Androsace alpina* | Matterhorn |
| 4150 m | *Poa alpina* | Rimppfischhorn |
| 4010 m | *Phyteuma globuliferum ssp. pedemontanum* | Matterhorn |
| 4000 m | *Saxifraga bryoides*, *Saxifraga moschata* | Finsteraarhorn |
| 3800 m | *Saxifraga oppositifolia* | Weismies |
| | *Artemisia genipi* | |
| | *Trisetum spicatum* | Grivola |
| 3750 m | *Erigeron uniflorus* | Grivola |
| 3600 m | *Draba hoppeana* | Zinalgrat |

# 20 Felsspaltengesellschaften

Die Gipfelregionen und freien Grate der Hochgebirge, aber auch steile bis senkrechte Felswände bis zum montanen Bereich (Sonderstandorte), werden von lückigen Pflanzengesellschaften besiedelt, die zu der Großgruppe der Felsspaltengesellschaften zusammengefaßt werden. Offene Felspartien im Hochgebirge wie windgepeitschte Grate, senkrechte Steilwände oder extrem exponierte Kanten konfrontieren die Pflanzen aber mit extremen Umweltbedingungen. Felsen tragen nur dann Vegetation, wenn die Standorte ein paar Monate im Jahr eis- und schneefrei sind. Bis zu den höchsten Gipfeln vermögen nur austrocknungsbeständige und frostresistente Flechten vorzudringen. Sehr häufig ist dies die Landkartenflechte (*Rhizocarpon sp.*), die stets auf nacktem Fels aufwächst, während die Flechten und Algen auf Kalkgestein meist inkrustierend sind. Blütenpflanzen können sich hingegen nur dort ansiedeln, wo Ritzen oder Spalten wenigstens geringfügige Mengen an Erde ansammeln. Sie wachsen extrem langsam und benötigen spezielle Mechanismen, um den extremen klimatischen Bedingungen widerstehen zu können. Die Pflanzen werden *Chasmophyten* genannt und siedeln meist an der Sonnseite, wo im Spätfrühjahr an Sonnentagen bis zu 35 °C herrschen können. Weil das Gestein die Wärme speichert und in der Nacht abgibt, sind diese Standorte im Tagesrhythmus stets wärmebegünstigt. Die Pflanzen müssen aber auch extreme Fröste ertragen, da im Winter die schützende Schneeschicht fehlt und bis zu –50 °C auftreten. Der hauptsächliche Konkurrenzfaktor ist aber der Kampf um den wenigen Wurzelraum. Manche Pflanzen haben Kugel- oder Polsterformen entwickelt, um im Inneren ein wenig Feinerde anzusammeln. Eine der auffälligsten ist das Stengellose Leimkraut. Bei anderen Pflanzen treten Rosetten zu polsterartigen Gemeinschaften zusammen wie zum Beispiel beim Trauben-Steinbrech oder Moschus-Steinbrech. Auf Silikatgestein bildet der gelbgrüne Furchen-Steinbrech drüsig-klebrige Polsterrasen, auf Kalkgestein übernehmen verschiedene Primel-Arten diese Aufgaben. Kalkfelsfluren weisen generell ein vielfältigeres Artenspektrum auf als die Silikatfelsspalten, beide sind aber reich an seltenen Arten. Silikatfelsspaltenvegetation entwickelt sich dort zur Dauergesellschaft, wo sie an nahezu senkrechten Wänden vorkommt. Bereits bei einer Neigung von weniger als 60 ° werden sie in der unteren alpinen Stufe von Zwergsträuchern wie dem Zwergwacholder verdrängt. Auch Kalkfelsspaltengesellschaften sind Dauergesellschaften, die oft Hunderte von Jahren unverändert bleiben können.

**Abb. 564:** Das Stengellose Leimkraut bildet einen Polster aus tausenden Blüten, auf der Wankspitze in den Mieminger Bergen.

## 20.1 Kalk-Felsspalten-Gesellschaften
*Potentillion caulescentis* Br.-Bl. in Br.-Bl. et Jenny 1926

### 20.1.1 Schweizer Mannsschild-Gesellschaft
*Androsacetum helveticae* Lüdi ex Br.-Bl. 1926

**Verband:** *Potentillion caulescentis* Br.-Bl. in Br.-Bl. et Jenny 1926, Kalk-Felsspalten-Gesellschaften
**Ordnung:** *Potentilletalia caulescentis* Br.-Bl. 1926, Kalk-Felsspalten- und Mauergesellschaften
**Klasse:** *Asplenietea trichomanis* (Br.-Bl. in Meier et Br.-Bl. 1934) corr. Oberd. 1977, Felsspalten- und Mauerfugen-Gesellschaften

**Kennzeichen**
Diese artenarme Charaktergesellschaft besteht aus Polsterpflanzen der alpin-nivalen Spaltenvegetation und kommt bevorzugt an strahlungs- und windexponierten Felsspalten der Kalk- und Dolomitfelsen vor. In Südosteuropa bilden Varianten mit eigenen Kennarten einen Unterverband (Südalpine Kalkfelsfluren: *Androsaco-Drabion tomentosa* T. Wraber 1970). Da der Mannsschild zu den Halbkugelpolsterpflanzen gehört, kann er große Temperatur- und Feuchtigkeitsschwankungen ertragen. Der Polsterwuchs stellt eine besondere Anpassungsform an den Standort dar und dient zusammen mit der Behaarung als Wind- und Transpirationsschutz.

**Vorkommen**
Alpin-nival, 2300 bis über 3000 m, in den Berchtesgadener Alpen und im Allgäu in der alpinen Stufe, in den nördlichen Kalkalpen bis in die nivale Stufe reichend.

**Artenliste**

| | |
|---|---|
| Androsace helvetica | Schweizer Mannsschild |
| Carex mucronata | Stachelspitze Segge |
| Draba tomentosa | Filziges Felsenblümchen |
| Festuca alpina | Alpen-Schwingel |
| Minuartia rupestris | Felsen-Miere |
| Primula auricula | Alpen-Aurikel |
| Saxifraga caesia | Blaugrüner Steinbrech |
| Saxifraga muscoides | Flachblatt-Steinbrech |
| Saxifraga paniculata | Trauben-Steinbrech |

**Abb. 565:** Der Schweizer Mannsschild ist ein Spezialist für Kugelpolster, die im Inneren Humus ansammeln.

## 20.1.2 Felsen-Fingerkrautflur
*Hieracio humilis-Potentilletum caulescentis* Br.-Bl. in Meier & Br.-Bl. 1934

**Verband:** *Potentillion caulescentis* Br.-Bl. in Br.-Bl. et Jenny 1926, Kalk-Felsspalten-Gesellschaften
**Ordnung:** *Potentilletalia caulescentis* Br.-Bl. 1926, Kalk-Felsspalten- und Mauergesellschaften
**Klasse:** *Asplenietea trichomanis* (Br.-Bl. in Meier et Br.-Bl. 1934) corr. Oberd. 1977, Felsspalten- und Mauerfugen-Gesellschaften

### Kennzeichen
Kalk-Felsspalten-Gesellschaften sind stets artenreicher als die Gesellschaften auf Silikatgesteinen, da im Kalkgestein durch die leichtere Verwitterung mehr Spalten entstehen können. Spalten und Verwitterungsnischen werden als Sonderstandorte bezeichnet und sind durch eine geringe Ansammlung von Feinerde gekennzeichnet, Wurzelraum und Wasservorrat sind gegenüber der vom Sproßsystem bedeckten Oberfläche äußerst gering. Südexponierte Standorte weisen auch im Winter und Frühling starke Temperaturschwankungen im Tagesgang auf und sind aufgrund fehlender Schneebedeckung Frost und Wind ungeschützt ausgesetzt. Die in Felsspalten wachsenden Pflanzen mußten daher verdunstungshemmende Maßnahmen entwickeln wie Sukkulenz beim Trauben-Steinbrech, Rosettenbildung bei den Hauswurzarten oder extrem lange Wurzelsysteme. Diese folgen dem Sickerwasser und können, wie bei der Moschus-Schafgarbe, bis zu 1,5 m lang werden.
Die Felsen-Fingerkrautflur, nach der auch der Verband der Kalk-Felsspalten benannt ist, ist eine der häufigsten Felsspaltengesellschaften. Sie kommt in trockenen, sonnenexponierten Lagen auf Kalk- und Dolomit vor, die im Winter nicht von Schnee bedeckt sind. Die Gesellschaft ist durch die auffällige hängende Wuchsform des Stengel-Fingerkrauts charakterisiert, das oft von Felsvorsprünge hervorragt. In den Südalpen können verwandte Gesellschaften zahlreiche Endemiten enthalten wie das Dolomiten-Fingerkraut (*Potentilla nitida*), die Schopfige Teufelskralle (*Physoplexis comosa*) oder Zoys Glockenblume (*Campanula zoysii*).

### Vorkommen und Höhenverbreitung
Montane bis subnivale Stufe, 500 – 3000 m; von den Berchtesgadener Alpen und dem Allgäu über den gesamten Alpenraum, in Spalten und Verwitterungsnischen senkrechter oder überhängender Felswände, oberhalb 3000 m ausschließlich auf den wärmeren südseitigen Gipfeln; Leitgesellschaft der Berchtesgadener Alpen und im Allgäu, weiters im Schwarzwald, im Hegau, Jura, Schwäbische Alb, Alpennordrand.

### Ökologie
In den höheren Regionen herrscht trotz der warmen trockenen, Oberfläche innerhalb der Spalten ein hoher Feuchtigkeitsgehalt. Die Feinwurzeln des Stengel-Fingerkrautes dringen in allerfeinste Haarrisse der Kalkfelsen ein und bilden ein dicht verzweigtes Wurzelsystem aus. Das Fingerkraut kann an ähnlichen Standorten auch in tieferen Lagen vorkommen, etwa an steilen Felswänden in engen Tälern. Dort muß es auf schattige und sonnenabgewandte Stellen ausweichen, um der Austrocknung zu entgehen.

### Artenliste

| | |
|---|---|
| Achillea clavennae | Bittere Schafgarbe |
| Arabis pumila | Zwerg-Gänsekresse |
| Asplenium ruta-muraria | Mauerraute |
| Carex mucronata | Stachelspitze Segge |
| Hieracium humile | Niedriges Habichtskraut |
| Kernera saxatilis | Kugelschötchen |
| Potentilla caulescens | Stengel-Fingerkraut |
| Primula auricula | Alpen-Aurikel |
| Saxifraga paniculata | Trauben-Steinbrech |
| Sesleria albicans | Kalk-Blaugras |
| Valeriana saxatilis | Felsen-Baldrian |

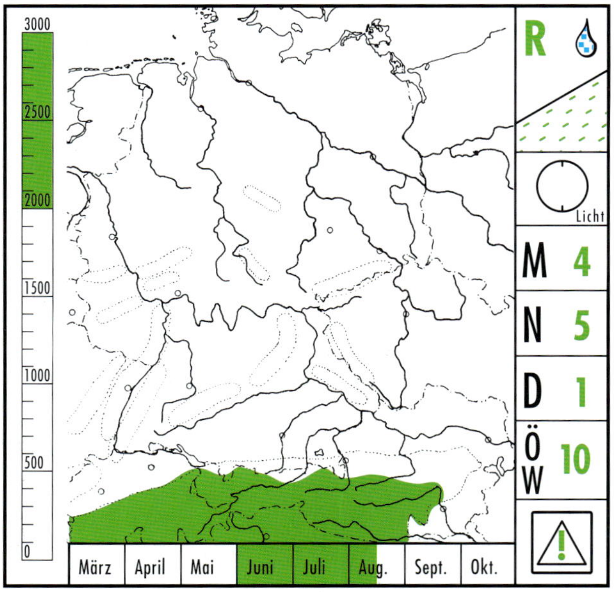

**Abb. 566:** Felsen-Fingerkrautflur am Weg zur Alfuzalpe bei Starkenbach im Tiroler Oberland.

**Abb. 567:** Rotes Seifenkraut (*Saponaria ocymoides*).

**Abb. 568:** Felsen-Baldrian (*Valeriana saxatilis*).

**Abb. 569:** Das Felsen-Fingerkraut bildet traubige Blütenstände.

## 20.2 Silikat-Felsfluren der mitteleuropäischen Gebirge
*Androsacion multiflorae* Br.-Bl. in Br.-Bl. et Jenny 1926

### 20.2.1 Pelzprimel-Felsflur
*Asplenio-Primuletum hirsutae* Br.-Bl. in Meier et Br.-Bl. 1934

**Verband:** *Androsacion multiflorae* Br.-Bl. in Br.-Bl. et Jenny 1926, Silikat-Felsfluren der mitteleuropäischen Gebirge
**Ordnung:** *Androsacetalia vandellii* Br.-Bl. in Meier et Br.-Bl. 1934 corr. Br.-Bl. 1948, Acidophytische Farngesellschaften in Mittelgebirgen
**Klasse:** *Asplenietea trichomanis* (Br.-Bl. in Meier et Br.-Bl. 1934) corr. Oberd. 1977, Felsspalten- und Mauerfugen-Gesellschaften

**Kennzeichen**
In der oberen montanen und subalpinen Stufe kommt die Silikatfelsspalten-Flur der Pelzprimel vor, die im Tessin sogar bis in die Niederungen reichen kann (um 300 m). Die farbenprächtige Flur ist von der rotblühende Pelzprimel, dem blauen Himmelsherold und dem prächtig weiß blühenden Strauß-Steinbrech gekennzeichnet. Daneben kommen andere Steinbrech-Arten vor. Diese Gesellschaft ist vor allem in den Westalpen weit verbreitet.

**Vorkommen und Höhenverbreitung**
Montane bis subalpine Stufe (2500 m) in den Zentralalpen der Schweiz und Österreichs; deutsche Standorte sind bisher nicht bekannt.

**Ökologie**
Die Silikatfelsspaltenvegetation ist ärmer an Arten als die der Kalkfelsspalten. Dies könnten auch die eiszeitlichen Gletscher bewirkt haben, weil das Zentrum des Alpenkammes am längsten vereist war und die Vegetationsentwicklung erst sehr spät eingesetzt hat. Am frühesten konnten sich Flechten ansiedeln, deshalb sind die Silikatfelsen reich an Krusten- und Blattflechten (*Rhizocarpon, Umbilicaria, Parmelia, Ramalina*). Diese wachsen extrem langsam, 1 – 10 mm in hundert Jahren. Ebenso lange dauert es, bis Felsen nach dem Abschmelzen des Eises besiedelt werden. Moose steigen bis weit über 4000 m.

**Verwandte Gesellschaft**
Vandelli's Mannsschild-Gesellschaft, *Androsacetum multiflorae* Br.-Bl. 1926; diese Gesellschaft stellt eine Höhenvariante der Silikatfelsspaltengesellschaften dar und kommt in der subalpinen bis alpinen Stufe vor. Vandelli's Mannsschild ist in den westlichen Alpen weit verbreitet, in den Ostalpen wird die Gesellschaft durch das *Androsacetum wulfeniana* ersetzt (Reisigl/Keller 1987).

**Artenliste**

| | |
|---|---|
| Androsace vandellii | Vandellis Mannsschild |
| Artemisia genipi | Schwarze Edelraute |
| Artemisia muttelina | Echte Edelraute |
| Eritrichium nanum | Himmelsherold |
| Minuartia sedoides | Polster-Miere |
| Primula hirsuta | Pelzprimel |
| Ranunculus glacialis | Gletscher-Hahnenfuß |
| Rhizocarpon geographicum | Landkartenflechte |
| Saxifraga bryoides | Moos-Steinbrech |
| Saxifraga cotyledon | Strauß-Steinbrech |
| Saxifraga exarata | Furchen-Steinbrech |
| Saxifraga seguieri | Seguiers Steinbrech |

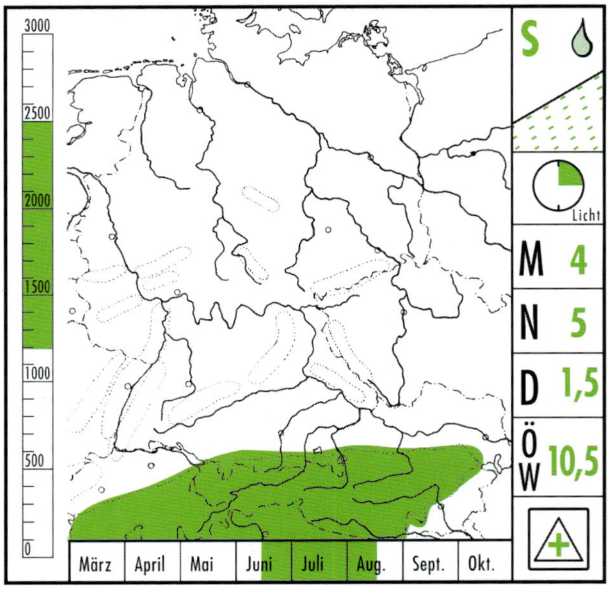

**Abb. 570:** Trauben-Steinbrech (*Saxifraga cotyledon*) auf Silikatfels am Besseggen-Grat im Joutunheimen NP, Norwegen.

**Abb. 571:** Moos-Steinbrech (*Saxifraga bryoides*).

**Abb. 572:** Berghauswurz (*Sempervivum montanum*).

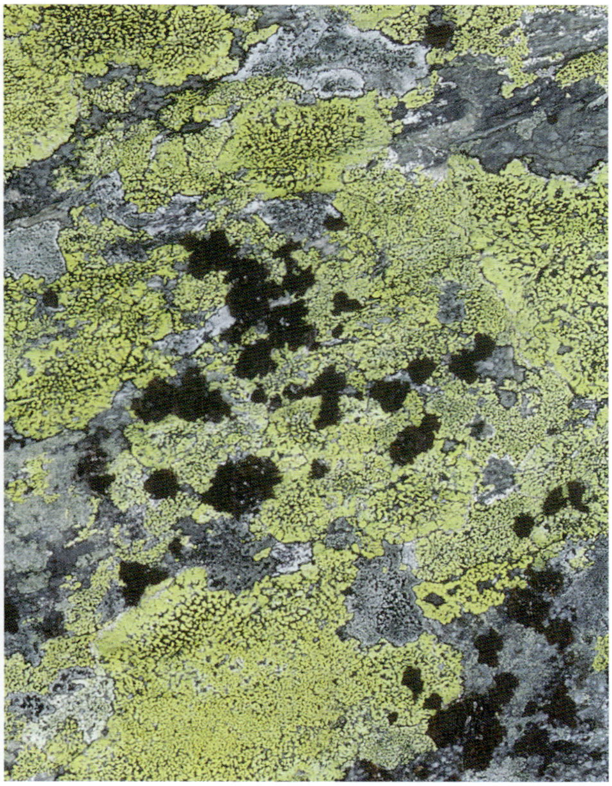

**Abb. 573:** Landkartenflechte (*Rhizocarpon geographicum*).

# 21 Schneebodengesellschaften

## 21.1 Mitteleuropäische Silikatschneebodengesellschaften
*Salicion herbaceae* Br.-Bl. in Br.-Bl. et Jenny 1926

### 21.1.1 Krautweidenflur
*Salicetum herbaceae* Rübel 1912

**Verband:** *Salicion herbaceae* Br.-Bl. in Br.-Bl. et Jenny 1926, Mitteleuropäische Silikatschneebodengesellschaften
**Ordnung:** *Salicetalia herbaceae* Br.-Bl. 1926, Silikatschneebodengesellschaften
**Klasse:** *Salicetea herbaceae* Br.-Bl. 1948, Schneeboden- und Schneetälchen-Gesellschaften

**Kennzeichen**
Die zentrale Gesellschaft der Schneeböden über Silikat ist die Kraut-Weiden-Flur, die auf sauren und ständig nassen Böden mit mächtigen Feinerdeauflagen vorkommt. Die durchschnittliche Schneebedeckung der Standorte beträgt 8 – 9 Monate. Flache Senken und Mulden, die 7 – 10 Monate von Schnee bedeckt sind und spät ausapern, werden von kleinflächigen Moos-, Zwergrasen- und Kriechstauden-Gesellschaften eingenommen. Vor allem Initialböden im Vorfeld von Gletschern und an Schneefeldrändern, die auch während der Vegetationszeit kühl und feucht bleiben, sind typische Standorte. Extreme Standortsfaktoren wie kurze Vegetationsperioden von nur wenigen Wochen, ganzjährige Bodenfeuchte, Rohhumusauflagen sowie Pseudogley-Böden mit pH-Werten zwischen 4,5 und 6,5 sind für Schneeböden charakteristisch. Die Gesellschaften kommen in Kalkgebirgen seltener vor als über Silikatgestein, weil die größere Durchlässigkeit des Kalkschutts zuwenig Staunässe aufkommen läßt. Deshalb trocknen sie nach dem Ausapern rasch aus, während die Gesellschaften über Silikatgestein viel feuchtere Böden zur Verfügung haben und dadurch moosreicher sind. Die artenarme Gesellschaft beinhaltet Pflanzen mit sehr kleinem Wuchs. Floristisch wie ökologisch zeigen die europäischen Ausprägungen dieser Gesellschaft große Ähnlichkeiten mit den Schneebodengesellschaften Nordeuropas und der Arktis.

**Vorkommen und Höhenverbreitung**
Obere alpine Stufe der Zentralalpen zwischen 2000 – 2800 m; nord- bis ostexponierte Hänge, in höheren Lagen auch südexponiert; in deutschen Alpen fragmentarisch.

**Ökologie**
Die Kraut-Weide wurde von Linné als „kleinster Baum der Erde" bezeichnet. Die fingerdicken Stämmchen stecken tief im Boden, die Äste kriechen knapp unter der Bodenoberfläche dahin, nur die rundlichen Blattpaare und die Blütenstände ragen über die Bodenoberfläche. Die Krautweide vermehrt sich wie fast alle Schneebodenarten vegetativ, sie blüht und fruchtet nur dort, wo der Schnee den Boden länger als 3 Monate freigibt. Sturmwinde und die aufsteigende warme Luft transportieren ihre behaarten Samen. Wie bei anderen Weiden auch, muß der Same sofort auf ein durchfeuchtetes, sauerstoffreiches und zugleich durchwärmtes Substrat fallen. Als „Frühjahrsaspekt" dieser Gesellschaft kommt rasenartig die Zwerg-Troddelblume vor, die sogar in der Lage ist, noch die letzte dünne Eisdecke bzw. Schneeschicht zu durchwachsen, um an die Oberfläche zu gelangen.

**Ähnliche Gesellschaften**
In den nördlichen Kalkalpen gibt es mehrere Gesellschaftsausbildungen, zum Beispiel mit Arten der Gänsekresse-Flur; mit dem Zwerg-Ruhrkraut oder mit Arten des Bürstlingsrasen. Der **Borstgras-Schneerasen**, *Nardo-Gnaphalietum supini* Müller 1948 kommt vor allem in den Nord- und Zentralalpen sowie in den silikatreichen Mittelgebirgen Deutschlands vor.

**Artenliste**

| | |
|---|---|
| Arenaria biflora | Zweiblütiges Sandkraut |
| Cardamine alpina | Alpen-Schaumkraut |
| Gnaphalium supinum | Zwerg-Ruhrkraut |
| Poa alpina | Alpen-Rispengras |
| Polygonum viviparum | Knöllchen-Knöterich |
| Potentilla aurea | Gold-Fingerkraut |
| Primula minima | Zwerg-Primel |
| Salix herbacea | Kraut-Weide |
| Sedum alpestre | Alpen-Fetthenne |
| Sibbaldia procumbens | Gelbling |
| Soldanella pusilla | Zwerg-Troddelblume |
| Taraxacum alpinum | Alpen-Löwenzahn |
| Veronica alpina | Alpen-Ehrenpreis |

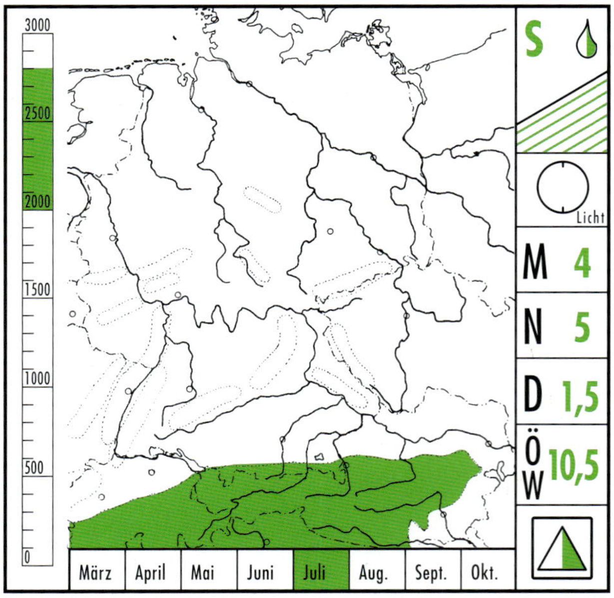

**Abb. 574:** Krautweidenflur mit Zwerg-Troddelblume unterhalb des Timmelsjoch im hinteren Ötztal.

**Abb. 575:** Die Zwerg-Troddelblume durchbricht den letzten Schnee.

**Abb. 576:** Krautweiden-Teppich (*Salix herbacea*).

**Abb. 577:** Blühende Krautweiden.

## 21.1.2 Hornkraut-Schneeboden-Gesellschaft

*Poo supinae-Cerastietum cerastioides* Oberd. 1957

**Verband:** *Salicion herbaceae* Br.-Bl. in Br.-Bl. et Jenny 1926, Mitteleuropäische Silikatschneebodengesellschaften
**Ordnung:** *Salicetalia herbaceae* Br.-Bl. 1926, Silikatschneebodengesellschaften
**Klasse:** *Salicetea herbaceae* Br.-Bl. 1948, Schneeboden- und Schneetälchen-Gesellschaften

**Kennzeichen**
In der alpinen Stufe kommt in kleinen Mulden, die über etwas mehr Feinerde und Humus verfügen, die Hornkrautgesellschaft vor. Die Mulden sind infolge von Schmelzwasser leicht versumpft oder verfügen über mehr Staunässe, als das Umfeld. Der erhöhte Nährstoffeintrag wird durch das Schmelzwasser eingebracht und durch das Hornkraut angezeigt, ferner sind als Nährstoffzeiger *Poa supina* und *Deschampsia caespitosa* enthalten. Die Krautweide fehlt häufig. An alpinen Wanderwegen kann die Gesellschaft durch Betritt gestört sein, was *Poa supina* begünstigt (Englisch 1993).

**Vorkommen und Höhenverbreitung**
Von der oberen subalpinen bis zur alpinen Höhenstufe in den Silikatalpen, karbonatreiche Schiefer der Nordostalpen, Bayerische Kalkalpen, Rofan, Allgäuer Alpen, Montafon, Dachstein.

**Artenliste**

| | |
|---|---|
| Cerastium cerastoides | Dreigriffeliges Hornkraut |
| Deschampsia caespitosa | Rasen-Schmiele |
| Poa supina | Läger-Rispengras |
| Sagina saginoides | Alpen-Mastkraut |
| Sibbaldia procumbens | Gelbling |
| Taraxacum alpinum | Alpen-Löwenzahn |
| Taraxacum apenninum | Apenninen-Löwenzahn |
| Veronica alpina | Alpen-Ehrenpreis |

**Abb. 578:** Schneetälchen-Gesellschaft mit Dreigriffeligem Hornkraut und Gletscherhahnenfuß beim Hochwildehaus.

## 21.1.3 Widertonmoos-Gesellschaft
*Polytrichetum sexangularis* Frey 1922

**Verband:** *Salicion herbaceae* Br.-Bl. in Br.-Bl. et Jenny 1926, Mitteleuropäische Silikatschneebodengesellschaften
**Ordnung:** *Salicetalia herbaceae* Br.-Bl. 1926, Silikatschneebodengesellschaften
**Klasse:** *Salicetea herbaceae* Br.-Bl. 1948, Schneeboden- und Schneetälchen-Gesellschaften

**Kennzeichen**
An Plätzen im alpinen Gelände, auf denen die kürzeste Aperzeit herrscht – etwa 1–3 Monate – kommt die beinahe reine Moosgesellschaft des Widertonmooses vor. Die deutlich reiferen Böden weisen einen pH-Wert um 5 auf. Die Krautweidenflur, die diese Standorte eigentlich besiedeln würde, kommt wegen der langen Schneebedeckung nicht auf. Braun-Blanquet (1964) bezeichnet die Widertonmoos-Gesellschaft als eine der artenärmsten und gleichförmigsten Assoziationen der Alpen. Sie kann schon in kleinsten Vertiefungen entwickelt sein, das Widertonmoos fällt durch seine frisch-grüne Farbe auf. Die Gesellschaft kommt auch in den skandinavischen Gebirgen vor.

**Vorkommen und Höhenverbreitung**
Alpine Stufe (2300 – 3000 m) der silikatischen Zentralalpen in Mulden mit langer Schneebedeckung.

**Artenliste**

| | |
|---|---|
| Arenaria biflora | Zweiblütiges Sandkraut |
| Gnaphalium supinum | Zwerg-Ruhrkraut |
| Poa alpina | Alpen-Rispengras |
| Polytrichum sexangulare | Widertonmoos |
| Soldanella pusilla | Zwerg-Troddelblume |
| Taraxacum alpinum | Alpen-Löwenzahn |

**Abb. 579:** Schneetälchen mit Widertonmoos in einer Silikatsenke auf der Angeralpe im hinteren Ötztal.

## 21.1.4 Lebermoos-Schneeboden
*Anthelietum juratzkanae* RÜBEL 1911

**Verband:** *Salicion herbaceae* BR.-BL. in BR.-BL. et JENNY 1926, Mitteleuropäische Silikatschneebodengesellschaften
**Ordnung:** *Salicetalia herbaceae* BR.-BL. 1926, Silikatschneebodengesellschaften
**Klasse:** *Salicetea herbaceae* BR.-BL. 1948, Schneeboden- und Schneetälchen-Gesellschaften

**Kennzeichen**
Stellen im Hochgebirge, auf denen beinahe das gesamte Jahr, mindestens aber 10 Monate Schnee liegt, können von der Lebermoos-Gesellschaft bewachsen werden, die meist in Anschluß an Krummseggen-Rasen oder Schneebodenvegetation auf offenem Silikatschutt, auf Geröll- und Moränenböden vorkommt. Meist besteht die Gesellschaft nur aus feuchteliebenden Moosen und Flechten, an Blütenpflanzen kommen *Soldanella pusilla, Cardamine amara* und *Gnaphalium supinum* vor. Auf Gletschervorfeldern bildet die Gesellschaft erste Pionierstadien.

**Vorkommen und Höhenverbreitung**
In der alpinen bis subnivalen Stufe (2200 – 3000 m) der Zentralalpen, Karpaten, Pyrenäen; auch in Skandinavien.

**Artenliste**

| | |
|---|---|
| Anthelia juratzkana | – |
| Gnaphalium supinum | Zwerg-Ruhrkraut |
| Pohlia drummondii | – |
| Polytrichum sexangulare | Widertonmoos |
| Soldanella pusilla | Zwerg-Troddelblume |
| Solorina crocea | Ziegelrote Sackflechte |

**Abb. 580:** Lebermoos-Schneeboden Mitte Juli am Timmelsjoch; die Gesellschaft erhält die Feuchtgkeit durch den schmelzenden Schnee.

## Pflanzen der Schneeböden und Schutthalden

**Abb. 581:** Zwerg-Primel, *Primula minima*.

**Abb. 582:** Alpen-Leinkraut, *Linaria alpina*.

**Abb. 583:** Alpen-Wucherblume, *Chrysanthemum alpinum*.

**Abb. 584:** Gletscher-Nelkenwurz, *Geum reptans*.

**Abb. 585:** Zwerg-Seifenkraut, *Saponaria pumilla*.

**Abb. 586:** Blattloser Ehrenpreis, *Veronica aphylla*.

## 21.2 Kalkschneeböden
*Arabidion caeruleae* Br.-Bl. in Br.-Bl. et Jenny 1926

### 21.2.1 Spalierweiden-Rasen
*Salicetum retuso-reticulatae* Br.-Bl. in Br.-Bl. et Jenny 1926

**Verband:** *Arabidion caeruleae* Br.-Bl. in Br.-Bl. et Jenny 1926, Kalkschneeböden
**Ordnung:** *Salicetalia herbaceae* Br.-Bl. 1926, Silikatschneebodengesellschaften
**Klasse:** *Salicetea herbaceae* Br.-Bl. 1948, Schneeboden- und Schneetälchen-Gesellschaften

**Kennzeichen**
Die fragmentarisch entwickelte Pioniergesellschaft ist meist von der Gänsekresse-Flur schwer abzugrenzen, kommt jedoch auf wärmeren Grobschuttböden mit einer längeren Aperzeit von 3 bis 4 Monaten vor. Größere Kalksteine in Schneemulden werden von den beiden gesellschaftsbildenden Weiden spalierartig überwachsen. Der Laubfall der Weiden bewirkt die Ausbildung einer mächtigen Humusschicht. Die Gesellschaft nimmt meist ostexponierte, flache Hänge mit einer Neigung bis 10° ein und bedeckt stellenweise 95 % des Bodens. Die Stumpfblättrige Weide ist mit den meterlangen Wurzeln ein ausgezeichneter Schuttstauer. Die artenreiche Gesellschaft mit einer mittleren Artenzahl von 30 Pflanzen entwickelt sich bei kürzerer Schneebedeckung zum Blaugras-Horst-Seggen-Rasen.

**Vorkommen und Höhenverbreitung**
Subalpin-alpine Stufe der Ost- und Westalpen, zwischen 2400 – 2800 m; bis 3400 m möglich.

**Ökologie**
Generell kommen Schneemulden in den Kalkalpen weniger häufig vor, als in den Silikatgebirgen. Schuttgesellschaften oder Schneebodenvegetation kann nur dort Fuß fassen, wo sich ein wenig Feinerde ansammelt. Die Standorte weisen zwar eine höhere Aperzeit auf, sind aber für mesomorphe Kräuter und Moose zu trocken. Die Stumpfblättrige Weide weist eine große ökologische Höhenamplitude auf und kann auf Dolomitschutt oder Kalkschiefernordhängen bis auf 500 Höhenmeter ins Tal steigen (Dolomitphänomen). Die Quendelblättrige Weide (*Salix serpyllifolia*), eine echte Pionierpflanze, ist noch wesentlich klimahärter und kommt sogar bis 3400 m vor. Die dritte in dieser Gesellschaft vorkommende Weidenart, die Netz-Weide, besiedelt eher trockene Stellen und kommt zusammen mit Kalkschutt- und Felspflanzen vor. Der Spalierweiden-Rasen bildet zahlreiche regionale Unterschiede aus.

**Artenliste**

| | |
|---|---|
| Carex atrata | Schwarze Segge |
| Dryas octopetala | Silberwurz |
| Polygonum vivipara | Knöllchen-Knöterich |
| Ranunculus alpestris | Alpen-Hahnenfuß |
| Salix reticulata | Netz-Weide |
| Salix retusa | Stumpfblättrige Weide |
| Salix serpyllifolia | Quendelblättrige Weide |
| Saxifraga androsace | Mannsschild-Steinbrech |
| Selaginella selaginoides | Dorniger Moosfarn |
| Sesleria albicans | Kalk-Blaugras |
| Soldanella alpina | Alpen-Troddelblume |
| Tortella tortuosa | Gekräuseltes Spiralzahnmoos |
| Veronica alpina | Alpen-Ehrenpreis |

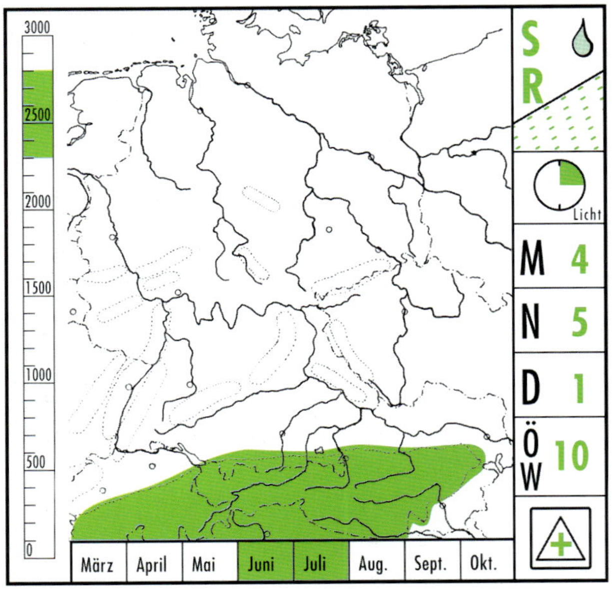

**Abb. 587:** Spalierweiden-Rasen mit fruchtender Kraut-Weide (*Salix herbacea*) beim Grünsee im Naturpark Texelgruppe.

**Abb. 588:** Netzweide (*Salix reticulata*).

**Abb. 589:** Alpen-Troddelblume (*Soldanella alpina*).

**Abb. 590:** Alpen-Hahnenfuß (*Ranunculus alpestris*).

## 21.2.2 Gänsekresse-Flur
*Arabidetum caeruleae* Br.-Bl. 1918

**Verband:** *Arabidion caeruleae* Br.-Bl. in Br.-Bl. et Jenny 1926, Kalkschneeböden
**Ordnung:** *Salicetalia herbaceae* Br.-Bl. 1926, Silikatschneebodengesellschaften
**Klasse:** *Salicetea herbaceae* Br.-Bl. 1948, Schneeboden- und Schneetälchen-Gesellschaften

**Kennzeichen**
Die Gänsekresse-Flur stellt eine artenarme Pioniergesellschaft dar, die nur wenige Blütenpflanzen enthält, vor allem zwergwüchsige Rosettenpflanzen und Moose. Die bevorzugten Standorte sind hochgelegene Kare, Schwemmschutt, dolinenartige Vertiefungen und kleinflächige Mulden der Kalkgebirge. Die Böden bestehen aus mineralischer Feinerde mit einer Mächtigkeit von 10 bis 20 cm, die durch Schmelz- oder Rieselwasser eingeschwemmt wurden. Die schneefreie Zeit beträgt maximal 2 – 3 Monate. Bei stärkerer Versauerung der Böden können Arten der Krautweidenfluren eindringen. Diese Flur hat in bezug auf Aperzeit und Nährstoffzufuhr durch den Schnee Parallelen zu den Krautweidenfluren der Silikatgebirge

**Vorkommen und Höhenverbreitung**
Alpine bis subnivale Stufe der Kalkalpen zwischen 2400 – 2900 m; in den nördlichen Kalkalpen nur fragmentarisch ausgebildet, Verbreitungsschwerpunkte in den Schweizer Alpen (Graubünden, Glarus), Totes Gebirge, Dachstein.

**Artenliste**

| | |
|---|---|
| Achillea atrata | Schwarze Schafgarbe |
| Arabis caerulea | Blaue Gänsekresse |
| Carex parviflora | Kleinblütige Segge |
| Gnaphalium hoppeanum | Hoppes Ruhrkraut |
| Pritzelago alpina ssp. brevicaulis | Kurzstengel-Gemskresse |
| Ranunculus alpestris | Alpen-Hahnenfuß |
| Rumex nivalis | Schnee-Ampfer |
| Saxifraga androsace | Mannsschild-Steinbrech |
| Sedum atratum | Schwarze Fetthenne |
| Veronica alpina | Alpen-Ehrenpreis |

**Abb. 591:** Gänsekresse-Flur mit Alpen-Hahnenfuß am Steinkarjoch im NSG Vilsalpsee.

## 21.2.3 Schneeampfer-Flur
*Arabido-Rumicetum nivalis* OBERD. 1957

**Verband:** *Arabidion caeruleae* BR.-BL. in BR.-BL. et JENNY 1926, Kalkschneeböden
**Ordnung:** *Salicetalia herbaceae* BR.-BL. 1926, Silikatschneebodengesellschaften
**Klasse:** *Salicetea herbaceae* BR.-BL. 1948, Schneeboden- und Schneetälchen-Gesellschaften

**Kennzeichen**
Die Schneeampfer-Gesellschaft wird von OBERDORFER 1950 als die Schneebodengesellschaft bezeichnet. Sie kommt über feuchten, feinerdereichen Schuttböden mit langer Schneebedekkung vor. Der Schneeampfer bildet bei begünstigten Muldenlagen Massenbestände aus. Daneben kommen einige Arten der Gänsekresse-Fluren vor. Die Gesellschaft ist auch über kalkhaltigem Schiefergestein zu finden.

**Vorkommen und Höhenverbreitung**
In unteren und mittleren Lagen der alpinen Stufe der Kalkalpen; besonders in den Lechtaler und Allgäuer Alpen, häufiger in der Schweiz, Berner Alpen, Glarner Alpen, Säntis.

**Artenliste**

| | |
|---|---|
| Achillea atrata | Schwarze Schafgarbe |
| Moehringia ciliata | Wimper-Nabelmiere |
| Arabis caerulea | Blaue Gänsekresse |
| Doronicum grandiflorum | Großköpfige Gemswurz |
| Myosotis alpestris | Alpen-Vergißmeinnicht |
| Poa alpina | Alpen-Rispengras |
| Rumex nivalis | Schnee-Ampfer |
| Saxifraga stellaris | Stern-Steinbrech |
| Taraxacum alpinum | Alpen-Löwenzahn |

**Abb. 592:** Schneeampfer-Flur auf Schutthalden beim Hochgallhaus im Bachertal, Naturpark Rieserfernergruppe, Südtirol.

# VI Watt-, Dünen- und Salzbodengesellschaften der Meeresküsten und im Binnenland

## 22 Watt-, Dünen- und Salzwiesengesellschaften der Meeresküsten

## 23 Salzböden des Binnenlandes

### Wattenmeer

An den Nord- und Ostseeküsten, auf den ost- und westfriesischen Inseln, an holländischen und dänischen Küsten kommen zwischen dem niederländischen Den Helder und dem dänischen Esbjerg auf wenigen hundert Meter breiten Streifen entlang der Küste die Watt- und Salzbodengesellschaften des Wattenmeeres vor, die mit einer Gesamtfläche von 30000 ha zu den flächenärmsten Ökosystemen der Welt gehören. Mit dem Begriff „Wattenmeer" bezeichnen wir einen äußerst seltenen Lebensraum, der eigentlich auf der ganzen Welt nur einmal vorkommt. Die äußerst flachen Küstenlandschaften erhalten ihr Aussehen durch den steten Wechsel der Gezeiten. Alle zwölf Stunden zieht sich das Wasser bei Ebbe weit zurück und gibt kilometerbreite Schlammflächen frei. Sechs Stunden später werden diese bei Flut wieder überspült. Das Schauspiel, das durch die Anziehungskräfte des Mondes in Gang gehalten wird, vollzieht sich jahraus, jahrein mit gleichbleibendem Rhythmus. Das Wattenmeer wird wegen dieses Wechsels auch als Auftauch- und Wechselflutgebiet bezeichnet. Es gehört zusammen mit den Hochgebirgen zu den ursprünglichsten und großartigsten Landschaften Europas.

Wenn das Wasser zurückweicht, beginnt das Watt interessant zu werden. Die feuchtglänzenden Schlamm- und Schlickflächen stellen die ersten Zonen dar, wo sich hochspezialisiertes Leben einfindet. An Eintiefungen bleiben kleine Wassertümpel zurück, Priele durchziehen als tiefe Abflußrinnen die grauen Ebenen, die restlichen Flächen sind durch den Wellenschlag mit feinsten Strukturen versehen. Beim genauen Betrachten der Schlickflächen tritt vielfältigstes Leben zutage. An der Oberfläche werden die Fraß- und Kriechspuren der Wattwürmer sichtbar, Schlickflöhe bauen U-förmige Röhren, der Pierwurm schiebt ständig fadenförmige Kotschnüre aus seiner Röhre und ist daran gut zu erkennen. Pflanzliches Leben kann hier nur in Form von Seetang bestehen, da der Salzgehalt für höhere Arten zu groß ist. Diese tauchen erst im Wattvorland auf.

### Ökologie des Wattenmeeres

Die Pflanzen- und Tiergemeinschaften des Watts sind Lebensräume zwischen Land und Meer und müssen mehreren hundert Überschwemmungen pro Jahr standhalten. Aus dieser Anforderung entstanden spezialisierte Pflanzengemeinschaften, die vor allem den Salzgehalt des Wassers und die erhöhte Salzkonzentration der Luft bewältigen müssen. Dazu haben die Pflanzen spezielle physiologische Anpassungen entwickelt: Sukkulenz, das Abwerfen der Blätter, das Ausscheiden des Salzes durch spezielle Salzdrüsen.

Die Höhenlage der verschiedenen Vorlandareale, von der die Zahl der jährlichen Überflutungen abhängt, ist der entscheidende Faktor für die charakteristische Verteilung der Pflanzenarten. Der **Andelrasen** beginnt meerwärts in der unteren, tiefer gelegenen Zone und reicht etwa bis zur Mittelhochwasserlinie. Er wird bis zu 200mal pro Jahr überschwemmt. Im Übergangsbereich zur Salzwiese finden wir die **Queller-Fluren**, die von 30 cm unterhalb bis zur Mittelhochwasserlinie reichen. An zahlreichen Stellen ist das Quellerwatt durch den **Schlickgrasrasen** verdrängt worden. Daran schließen die **Salzwiesen** an, die infolge der Ablagerung von Sedimenten höher liegen als die Mittelhochwasserlinie (zwischen 35 und 135 cm) und nur mehr bei Sturmfluten überschwemmt werden. Die vielfältigen **Salzwiesengesellschaften** werden aber meist nur durch sehr wenige Arten aufgebaut, die dafür massenhaft auftreten. Unbeweidete Salzwiesen sind blüten- und strukturreich, am bekanntesten ist der Sommeraspekt, wenn der Strandflieder die Wiesen großflächig violett färbt. Entlang der **Sandstrände** und **Sandbänke** bestimmt ebenfalls der Salzgehalt des Sandes über das Vorkommen der entsprechenden Pflanzengemeinschaft. Der Strandhafer und der Strandweizen sind hauptsächlich dafür verantwortlich, daß wir heute noch die Ostfriesischen Inseln besuchen können. Ohne diese Pflanzen, die als Bodenfestiger wirken und die Sukzession einleiten, wäre der Sand längst ins Meer verweht worden. Entsprechend der Nähe zur Küste treffen wir auf Abstufungen der **Dünengesellschaften**, die meist vom Strandhafer beherrscht sind und als Primär- und Sekundärdünen bezeichnet werden. Darauf folgen die Tertiärdünen, die von einer geschlossenen Pflanzendecke eingenommen werden. Im Hinterland treffen wir entsprechend der Sukzession Zwergstrauchheiden, Weidengebüsche und geschlossene Birkenwälder an.

Wegen des Nahrungsreichtums wird das Watt jährlich von Millionen von Seevögeln als Brut- und Futterplatz besucht. Für Wasservögel stellen die Salzwiesen während der Zugzeit lebenswichtige Nahrungs- und Rasthabitate dar. Rund 100 Vogelarten lassen sich im Watt nieder, zu den prächtigsten zählen Austernfischer, Seeschwalben, Strandläufer, Brandgänse und Kiebitze. Die größten Tiere des Watts sind die Seehunde, die die Sandbänke in den Flachwasserbereichen bevorzugen.

**Abb. 593:** Initiale Andelgras-Gesellschaft mit Queller.

**Abb. 594: Schaubild Salzwiesen** auf Norderney in NP Niedersächsisches Wattenmeer:
1 – Salzwiese mit Strandflieder (*Plantagini-Limonietum*)
2 – Queller-Flur (*Salicornietum strictae*)
3 – Andelrasen (*Puccinellietum maritimae*)
4 – Salzmeldengesellschaft (*Halimonietum portulacoides*)

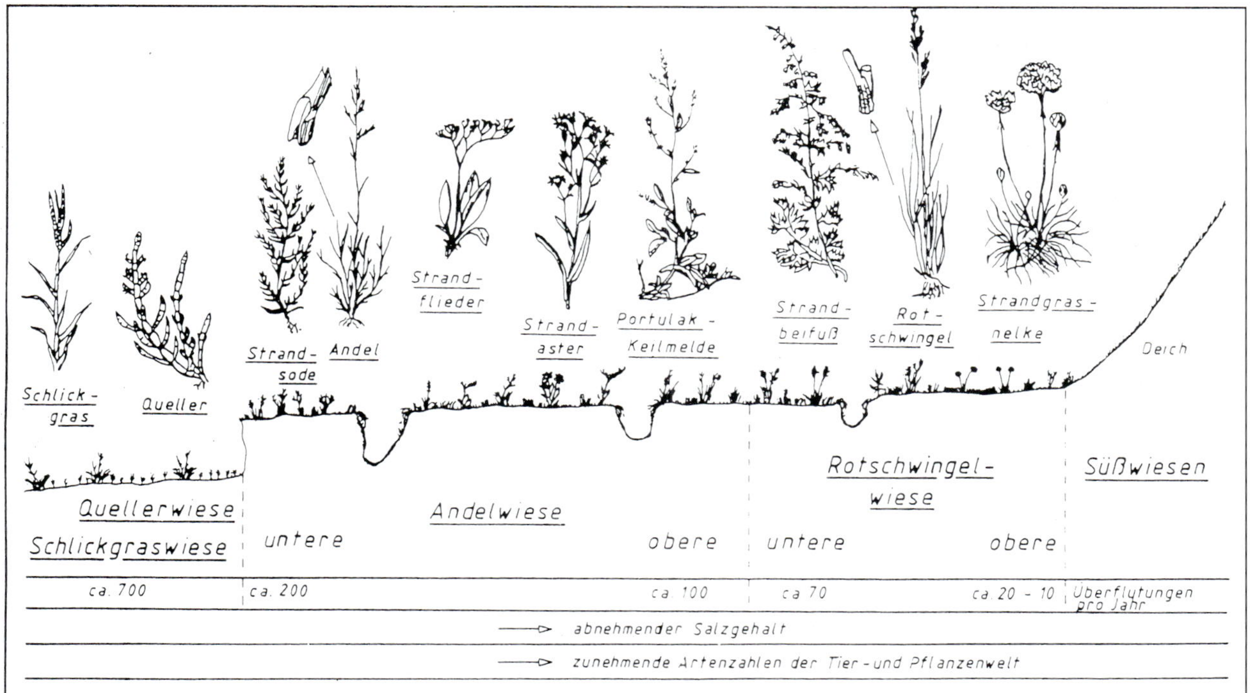


**Abb. 595:** Typische Zonierung der Wattenmeer-Salzwiese und wichtiger Salzpflanzen der einzelnen Zonen, nach Heydemann u. Müller-Karch (1980).

**Abb. 596: Schaubild Düne** auf Norderney in NP Niedersächsisches Wattenmeer:
1 – Meersenf-Spülsaum (*Caciletum maritimae*)
2 – Vordüne mit Strandquecke (*Elymus farctus*)
3 – Weißdüne (*Elymus-Ammophiletum*)

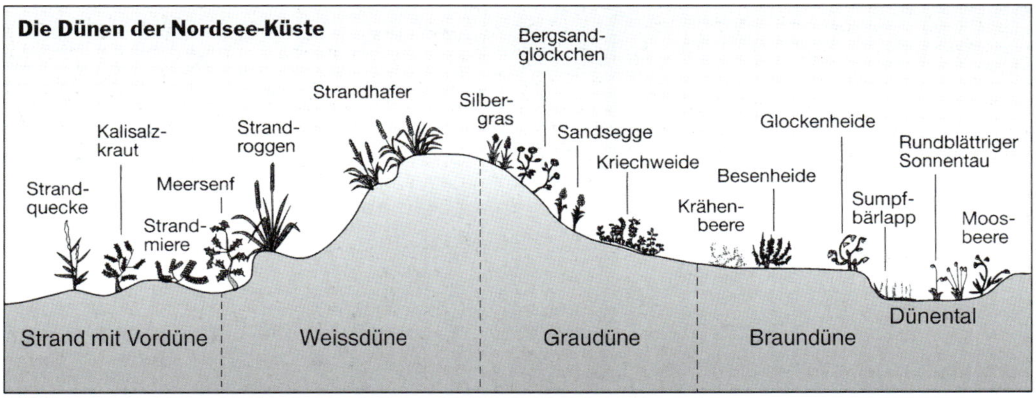


**Abb. 597:** Die Zonierung der Dünen samt charakteristischer Pflanzen; Hecker (1999).

**Abb. 598 (S. 443): Schaubild Salzböden des Binnenlandes,** Seewinkel am Neusiedler See:
1 – Oberer Salzüberschwemmungswiesenbereich (trokken), *Lepidietum crassifolii*
2 – Tieferliegender Salzwiesenbereich (überschwemmt)
3 – Salz-Sumpfwiese mit Meerstrands-Dreizack, Kleinblüten-Schwarzwurzel, Kleinkopf-Kratzdistel und Weißem Straußgras
4 – Brack-Röhricht mit Schilf und Knollen-Binse

**Gefährdung**

Die Eindeichung der Küste, die die für die Pflanzen lebensnotwendigen Überflutungen verhindert, ist ein Grund dafür, daß die Salzwiesen zu den am meisten gefährdeten Ökosystemen Mitteleuropas zählen. Auch die Beweidung in den Salzwiesen müßte deutlich reduziert werden. Eindeichungen dürften in Zukunft nicht mehr stattfinden. Durch die hohen Schadstoffkonzentrationen, die zunehmende Verschmutzung der Nordsee und durch Erschließungen und Nutzungen für Erholungszwecke gehen die Watt- und Dünengesellschaften immer weiter verloren. 1986 wurde das Wattenmeer zwar zum Nationalpark erklärt, doch muß damit unbedingt ein Abbau der Belastungen und Beeinträchtigungen verbunden sein, will man diesen einzigartigen Lebensraum nachhaltig schützen.

Lebensraum Salzwiese:
1: Langähren-Queller (*Salicornia dolichostachya*)
2: Englisches Schlickgras (*Spartina anglica*)
3: Andel (*Puccinellia maritima*)
4: Keilmelde (*Halimione portulacoides*)
5: Strand-Aster (*Aster tripolium*)
6: Strand-Wegerich (*Plantago maritima*)
7: Strandflieder (*Limonium vulgare*)
8: Strand-Dreizack (*Triglochin maritimum*)
9: Strand-Rotschwingel (*Festuca rubra ssp. litoralis*)
10: Spießblättrige Melde (*Atriplex prostrata*)
11: Dünen-Quecke (*Agropyron pungens*)
12: Strand-Beifuß (*Artemisia maritima*)
13: Strand-Grasnelke (*Armeria maritima*)

**Salzböden des Binnenlandes**
Auch im Binnenland können Salzbodengesellschaften gefunden werden. Diese kommen in Ostösterreich im vom pannonischen Klima getönten Bereich des Burgenlandes, im Marchfeld und im östlichen Niederösterreich im Pulkautal vor. Das Hauptverbreitungsgebiet ist der sogenannten „Seewinkel", ein Gebiet östlich des Neusiedlersees, das unmittelbar an die ungarische Pußta grenzt. Alle drei Gebiete gehören zum osteuropäischen Typ der binnenländisch-europäischen Gruppe der Salzgebiete. Grundsätzlich sind die Salzstandorte des Binnenlandes durch die Eigenschaften des Bodens in Kombination mit den Klimafaktoren bedingt. Damit Salzvegetation im Binnenland vorkommen kann, müssen die Jahresmitteltemperatur etwa 10°C betragen und die Jahressumme der Niederschläge über 500 mm liegen. Häufige Winde und starke Sonneneinstrahlung fördern auch das Entstehen von Salzböden. Der heute baumlose Seewinkel wurde ursprünglich von lockeren Eichenwäldern und kleinen Trockenrasenstellen eingenommen (Soó 1936, Wendelberger 1950). Dazwischen lagen kleinere Salzpfannen. Entwaldung und Beweidung haben die Entwicklung der heutigen Salzbodenvegetation maßgeblich beeinflußt. Darin befinden sich die charakteristischen „Lacken", die flache Senken ausfüllen und von den typischen Zonationssystemen der Salzvegetation umgeben sind.

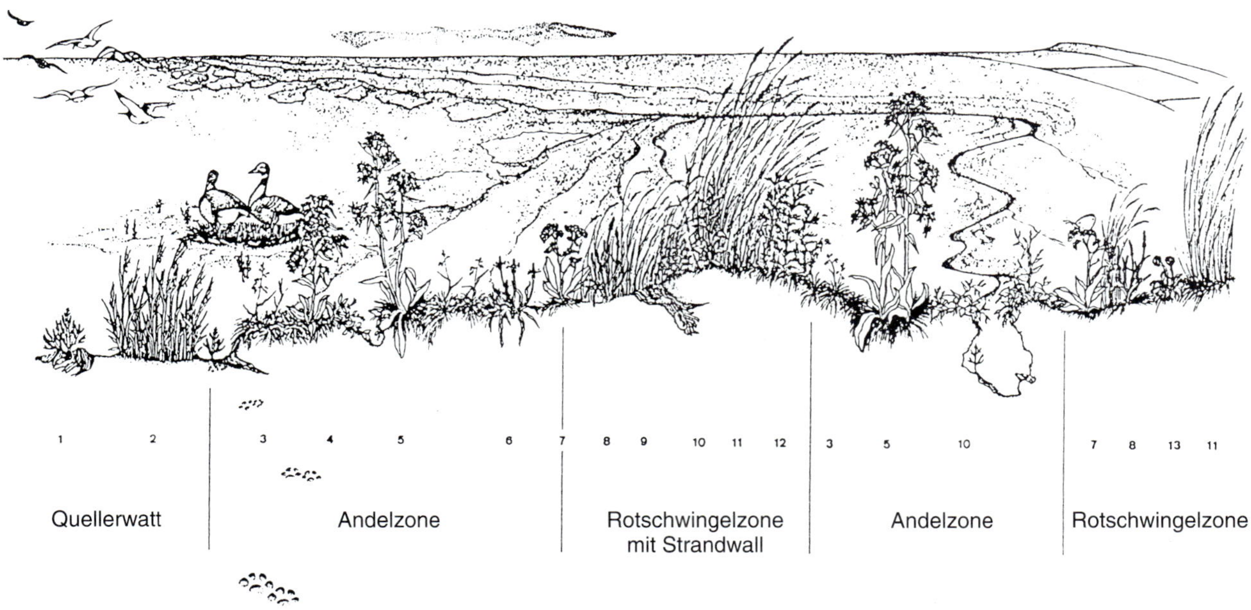


**Abb. 599:** Die einzelnen Zonen des Watts vom Initialstadium bis zum Beginn der Salzwiesen samt Charakterarten 1 – 13 (siehe linke Seite); aus Helbing und Wonneberger, Nationalparkverwaltung Niedersächsisches Wattenmeer (1992).

# 22 Watt-, Dünen- und Salzwiesengesellschaften der Meeresküsten

## 22.1 Schlickqueller-Gesellschaften
*Salicornion strictae* CHRISTIANSEN 1955 ex. R. TX. 1974

### 22.1.1 Queller-Flur
*Salicornietum strictae* KNAUER 1952

**Verband:** *Salicornion strictae* CHRISTIANSEN 1955 ex. R. TX. 1974, Schlickqueller-Gesellschaften
**Ordnung:** *Thero-Salicornietalia* PIGNATTI 1953 em. R. TX. 1954 in R. TX. et OBERD. 1958
**Klasse:** *Thero-Salicornietea* PIGNATTI 1953 em. R. TX. in R. TX. et OBERD. 1958, Quellergesellschaften

**Kennzeichen**
Die Schlickqueller-Gesellschaft, auch Queller-Flur genannt, kommt auf grauen Schlick- und Tonböden, auf grauem, schlickigem Sand, aber auch auf Prielen im Vorland der Nordseeküsten vor. Die meerseitig lockeren Bestände verdichten sich zum Strand hin. Diese Bereiche werden zweimal täglich vollkommen überspült. Die auffällige, formenreiche Pflanze mit den fleischig verdickten Stengeln entwickelt keine Blätter, eine Maßnahme zur Bewältigung des Salzgehaltes, der sich mit jeder Flut erhöht. Zwischen den verzweigten Stengeln lagern sich Sinkstoffe an, wodurch die Landgewinnung langfristig gefördert wird. Innerhalb der Queller-Flur kommen außer fleckigen Grünalgen (*Ulva*-Arten, *Enteromorpha*-Arten) keine weiteren Pflanzenarten vor. Im Herbst wird die Queller-Flur oft von den Sturmfluten weggespült.

**Vorkommen und Höhenverbreitung**
Nordsee zwischen Den Helder und der dänischen Wattenmeerküste; Von etwa 40 cm unterhalb bis zur Mittelhochwasserlinie.

**Ökologie**
Den Queller könnte man auch als amphibisch bezeichnen. Sein Lebensraum wird täglich zweimal überspült und fällt anschließend wieder trocken. Jede Tide erhöht den Chloridgehalt der Pflanze, was die Pflanze durch ihre Stammsukkulenz abpuffert und dadurch keinen Schaden nimmt. Zwischen den armleuchterartigen Stengeln lagert der Queller Sinkstoffe ein, wodurch die Auflandung gefördert wird. So trägt der Queller als erste Pflanze neuen Landgewinn ein. Wird eine hinter dem Queller liegende Salzwiese bei einer höher auflaufenden Flut überschwemmt, kann die Salzwiese ausgeschwemmt werden. Es entstehen Salzseen, in denen sich der Queller ansiedelt und das Spiel der beginnenden Auflandung von neuem beginnt, bis die Lücke in der Salzwiese wieder geschlossen ist. Zusätzlich mindert die aufkommende Vegetation die Bewegungsenergie des Wassers. Innerhalb des Quellerwatts lagern sich später das Andelgras, die Strandaster oder der Strandflieder an, die alle zur Festigung des Schlickbodens beitragen.

**Gefährdung, Pflege, Naturschutz**
Zu den allgemein im Wattenmeer herrschenden Gefahren (siehe Einführung) sind Quellerfluren durch Wattwanderer und erhöhten Bootsverkehr (Wellenschlag) gefährdet.

**Artenliste**

| | |
|---|---|
| Puccinellia maritima | Andelgras |
| Salicornia europaea | Europäischer Queller |
| Salicornia ramosissima | Ästiger Queller |
| Salicornia stricta | Flugsand-Queller |

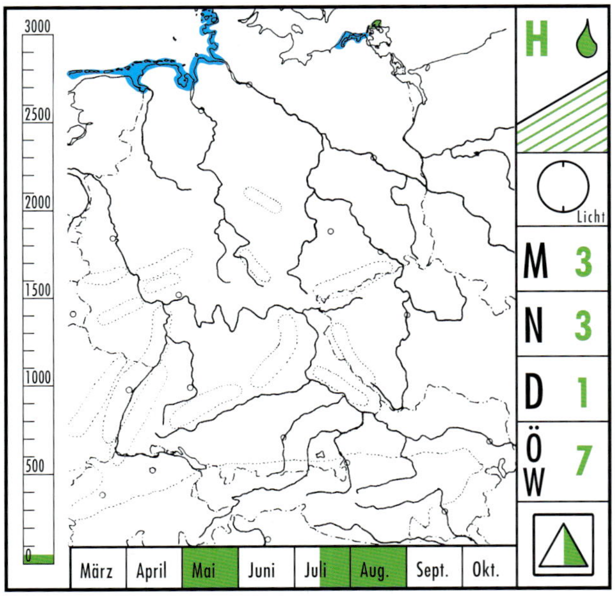

**Abb. 600:** Quellerwatt mit Queller in einem Priel bei Neßmersiel, Ostfriesland.

**Abb. 601:** Der Queller schießt direkt aus den Schlickflächen, der Schlick ist durch den Wellenschlag der Flut deutlich geformt.

## 22.2 Schlickgras-Gesellschaften
*Spartinion maritimae* CONARD 1952

### 22.2.1 Schlickgras-Gesellschaft
*Spartinetum anglicae* CORILLION 1953

**Verband:** *Spartinion anglicae* CORILLION 1953, Schlickgras-Gesellschaften
**Ordnung:** *Spartinetalia maritimae* CONARD 1935, Schlickgras-Gesellschaften
**Klasse:** *Spartinetea maritimae* R. TX. 1961, Schlickgras-Gesellschaften

**Kennzeichen**
Artenarme, meist aus nur einer Art bestehende Gesellschaft (Schlickgras) auf Sand-, Schlick- und Tonböden. Das Schlickgras kann als Therophyt diesen extremen Lebensraum besiedeln. Horstartige, schüttere bis dichte Bestände des steif aufrecht stehenden Grases sind charakteristisch, in denen deutlich eine Bodenaufhöhung von bis zu 15 cm bemerkbar ist. Das Gras wurde 1927 als Schlickfänger an den Nordseeküsten angepflanzt und hat sich seither rasch ausgebreitet. Es verdrängt oft die einjährige Queller-Gesellschaft. Innerhalb der Gesellschaft kann auch der Andel vorkommen.

**Vorkommen und Höhenverbreitung**
Nordsee zwischen Den Helder und der dänischen Wattenmeerküste; Von etwa 40 cm unterhalb bis 15 cm oberhalb Mittelhochwasserlinie, im Bereich der Queller-Fluren.

**Artenliste**

| | |
|---|---|
| Puccinellia maritima | Andelgras |
| Salicornia europaea | Europäischer Queller |
| Spartina maritima | Niederes Schlickgras |
| Spartina x townsendii | Hohes Schlickgras |

**Abb. 602:** Schlickgras-Gesellschaft mit dem Hohen Schlickgras und Strandflieder, Norderney.

## 22.3 Sandstrand-Gesellschaften der Nordsee
*Atriplicion littoralis* NORDHAGEN 1940

### 22.3.1 Meersenf-Gesellschaft
*Caciletum maritimae* VAN DIEREN 1934

**Verband:** *Atriplicion littoralis* NORDHAGEN 1940, Sandstrand-Gesellschaften der Nordsee
**Ordnung:** *Cakiletalia maritimae* R. TX. ap. OBERD. 1959, Artenarme, nitrophile Halophytengesellschaften
**Klasse:** *Cakiletea maritimae* R. TX. et PRSG. 1950, Meersenf-Spülsäume und Tangwallgesellschaften

**Kennzeichen**
Diese wenig stabile Gesellschaft zeigt die Hochwassersäume an den Nord- und Ostseeküsten an und kommt auf feuchten, stickstoffhaltigen Böden vor. Auffallend sind die lückigen büschelförmigen Bestände des Meersenfs mit den lilafarbenen Blüten am Fuße der dem Meer zugewandten Vordünen zwischen Strandplate und Vorstrand sowie im Randdünenbereich. Die Pflanzen dieser kurzlebigen, einjährigen Pioniergesellschaft sterben nach der Fruchtreife im Herbst ab und entgehen damit den zerstörerisch wirkenden Kräften der Wintersturmfluten. Die Samen werden von Wind und Meer verdriftet und an andere Küstenabschnitten angespült, wo sie sich zu neuen Spülsaumfluren entwickeln. Die benötigte Stickstoffanreicherung erfolgt durch die Hochfluten oder durch Möwen.

**Vorkommen und Höhenverbreitung**
Nordsee zwischen Den Helder und der dänischen Wattenmeerküste; im Hochwassersaum der Meeresküsten bis in den Vordünenbereich.

**Artenliste**

| | |
|---|---|
| Atriplex prostrata | Spieß-Melde |
| Cakile maritima | Meersenf |
| Elymus farctus | Strand-Quecke |
| Salsola kali | Kali-Salzkraut |

**Abb. 603:** Meersenf-Gesellschaft im Spülsaum von Primärdünen in unmittelbarer Meeresnähe, Norderney.

## 22.4 Strandflieder-Weißdünen-Gesellschaften
*Agropyro-Honkenyion peploides* R. Tx. ap. Br.-Bl. et R. Tx. 1952

### 22.4.1 Strandhafer-Weißdünengesellschaft
*Elymo-Ammophiletum arenariae* Br.-Bl. et de Leeuw 1936

**Verband:** *Agropyro-Honkenyion peploides* R. Tx. ap. Br.-Bl. et R. Tx. 1952, Strandflieder-Weißdünen-Gesellschaften
**Ordnung:** *Ammophiletalia arenariae* Br.-Bl. 1933, Strandhaferdünen
**Klasse:** *Ammophiletea arenariae Br.-Bl. et R. Tx. 1943, Stranddünengesellschaften*

**Kennzeichen**
Die Gesellschaft bevorzugt salzarme, kalkreiche, trockene und windexponierte Sandstandorte auf lockeren Sandböden der Weißdünen, die vom Wind angeweht werden, sich in Küstennähe im Anschluß an die Sandstrände sammeln und vorerst aus rein physikalischen Gründen entstanden sind. Allmählich werden die Sandwälle von der Strandhafer-Weißdünengesellschaft bewachsen und später von dieser verfestigt. Die meist noch durch Windverfrachtung in Bewegung befindlichen Standorte kommen fast nur auf der dem Meer zugewandten Luvseite vor. Die Gesellschaftsentwicklung erfolgt in Abhängigkeit von der Bodenverfestigung und der Stärke der Windeinwirkung.

**Vorkommen und Höhenverbreitung**
An der Nordsee und stellenweise auch an der Ostsee (z. B. Kieler Förde) bilden sich entlang der flachen Meeresküsten von Ostfriesland und den vorgelagerten ostfriesischen Inseln sowie den nordfriesischen Inseln Amrum, Föhr und Sylt aus Flugsanden Sanddünen.

**Ökologie**
Die starke Selektion durch Salz und Windüberwehung wird vom Strandhafer besonders gut bewältigt. Die Abnahme der Salzeinwirkung durch die vom Meer landeinwärts wehenden Winde ist ausschlaggebend für das Aufkommen des Strandhafers. Ferner kann er durch die Ausbildung von Wurzeletagen Sandüberwehungen überstehen: Der Strandhafer durchzieht frisch angewehte Sande mit Wurzeln und hebt somit die Keimzonen ans Tageslicht. Gleichzeitig verfestigen sich die Dünen allmählich, weil ständig mineralische Nährstoffe zugeführt werden. In ruhigem Sand greifen Nematoden die Feinwurzeln des Strandhafers an und bringen die Pflanzen zum Absterben. Sobald eine Düne durch den Wind nicht mehr verändert wird und die maximale Sandüberwehung erreicht ist, beginnt die Substratfixierung. Standortsfaktoren und Vegetation ändern sich dann rasch und die mechanische Beanspruchung der Pflanzen läßt nach.

**Gefährdung, Pflege, Naturschutz**
Diese Gesellschaft ist vor allem durch Freizeitnutzungen und Verbauungen der Meeresküsten stark gefährdet. Zu häufiges Betreten führt zu Erosionswunden, wodurch die Flugsande wieder abgetragen werden und die Düne zerfällt. Dünenbereiche müssen zu Schutzzonen mit entsprechendem Betretungsschutz erklärt werden.

**Artenliste**

| | |
|---|---|
| Ammophila arenaria | Strandhafer |
| Calamagrostis epigejos | Land-Reitgras |
| Elymus arenarius | Strandroggen |
| Elymus farctus | Strand-Quecke |
| Eryngium maritimum | Stranddistel |
| Hieracium umbellatum | Doldiges Habichtskraut |
| Lathyrus maritimus | Strand-Platterbse |

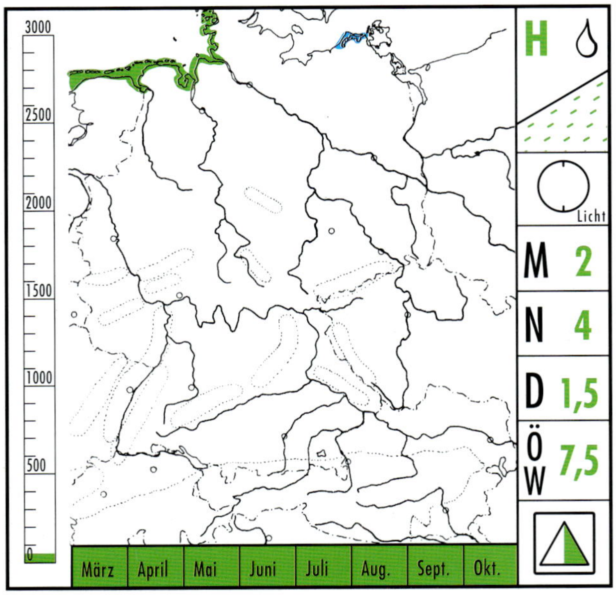

**Abb. 604:** Strandhafer-Weißdünen-Gesellschaft an einer dem Meer zugewandten Seite einer Weißdüne auf Norderney.

**Abb. 605:** Strandhafer-Weißdünen-Gesellschaft an einer dem Meer abgewandten Seite (Windschatten) einer Weißdüne auf Norderney.

## 22.4.2 Sand-Schwingel-Strandhafer-Gesellschaft
*Elymo-Ammophiletum festucetosum arenariae* Tx. 1937

**Verband:** *Agropyro-Honkenyion peploides* R. Tx. ap. Br.-Bl. et R. Tx. 1952, Strandflieder-Weißdünen-Gesellschaften
**Ordnung:** *Ammophiletalia arenariae* Br.-Bl. 1933, Strandhaferdünen
**Klasse:** *Ammophiletea arenariae* Br.-Bl. et R. Tx. 1943, Stranddünengesellschaften

**Kennzeichen**
Sobald auf den Weißdünen die Sandaufstauung beendet ist und die Verfestigung durch den Strandhafer zu einem stabileren Zustand geführt hat, lagert sich auf den beruhigten Sandböden durch den Abbau des Pflanzenmaterials ein leicht humoser Oberboden an. Die Strandhaferpflanzen rücken näher zusammen, weitere Arten treten hinzu, das Mikroklima wird ausgeglichener. Diese Gesellschaft entwickelt sich aus der Strandhafer-Gesellschaft und wird auch als Degenerationsphase der Weißdünengesellschaft bezeichnet. Der Boden ist bereits leicht gräulich, salzärmer, kalkreich und trocken.

**Vorkommen und Höhenverbreitung**
An den Meeresküsten der Nord- und Ostsee im Bereich des Wattenmeeres.

**Artenliste**

| | |
|---|---|
| Ammophila arenaria | Strandhafer |
| Convolvulus soldanella | Strand-Winde |
| Elymus arenarius | Strandroggen |
| Eryngium maritimum | Stranddistel |
| Festuca rubra ssp. arenaria | Sand-Schwingel |
| Galium mollugo | Wiesen-Labkraut |
| Hieracium umbellatum | Doldiges Habichtskraut |
| Oenothera ammophila | Sand-Nachtkerze |
| Sonchus arvensis var. maritima | Acker-Gänsedistel |

**Abb. 606:** Sand-Schwingel-Strandhafer-Gesellschaft auf Weißdünen, Norderney.

## 22.5 Andelrasen-Gesellschaften
*Puccinellion maritimae* CHRISTIANSEN 1927

### 22.5.1 Andelrasen
*Puccinellietum maritimae* CHRISTIANSEN 1927

**Verband:** *Puccinellion maritimae* CHRISTIANSEN 1927, Andelrasen-Gesellschaften
**Ordnung:** *Glauco-Puccinellietalia* BEEFTINK et WESTHOFF 1962, Atlantisch geprägte Salzwiesen
**Klasse:** *Asteretea tripolii* WESTHOFF et BEEFTINK ap. BEEFTINK 1965, Salzrasen und Salzwiesen-Gesellschaften

**Kennzeichen**
Der Andelrasen löst landeinwärts die Queller-Fluren ab und ist die erste Gesellschaft der Watt- oder Salzwiesen. Die am weitesten verbreitete und häufigste Gesellschaft der Salzwiesen bedeckt den grauen, schlickigen Sand an den Watträndern und bildet einen niedrigen, graugrünen, lückigen Rasen aus, in dem der Andel (= Strand-Salzschwaden) bestandsbildend vorherrscht. Der Boden ist leicht mit Wasser bedeckt und nur mehr bei Sturmfluten mit Salzwasser überschwemmt, wodurch diese Gesellschaft artenreicher ist als die Queller-Flur. An die Andelrasen schließen die Bottenbinsen- und die Strandbeifußgesellschaft an. Heute wird der Andelrasen als Weideland genutzt, wodurch die Gesellschaft nachhaltig beeinträchtigt wird.

**Vorkommen und Höhenverbreitung**
Nordsee zwischen Den Helder und der dänischen Wattenmeerküste, knapp oberhalb der Mittelhochwasserlinie.

**Artenliste**

| | |
|---|---|
| Artemisia maritima | Salz-Beifuß |
| Glaux maritima | Milchkraut |
| Plantago maritima | Strand-Wegerich |
| Puccinellia maritima | Andel |
| Salicornia europaea | Europäischer Queller |
| Suaeda maritima | Sode |

**Abb. 607:** Andelrasen am Übergang des Quellerwatts zum ersten Strandwall, beim Hilgenrieder Siel.

## 22.5.2 Salzmelden-Gesellschaft
*Halimionietum portulacoides* KUHNHOLTZ-LORDAT 1927

**Verband:** *Puccinellion maritimae* CHRISTIANSEN 1927, Andelrasen-Gesellschaften
**Ordnung:** *Glauco-Puccinellietalia* BEEFTINK et WESTHOFF 1962, Atlantisch geprägte Salzwiesen
**Klasse:** *Asteretea tripolii* WESTHOFF et BEEFTINK ap. BEEFTINK 1965, Salzrasen und Salzwiesen-Gesellschaften

**Kennzeichen**
Die Salzmelde bildet an den Prielkanten bei fehlender Störung einen überhängenden Bewuchs aus. Die kleinflächige Gesellschaft siedelt knapp über der Mittelhochwasserlinie und kann auch bis knapp unter diese Marke reichen. Die Salzmelde kommt im Sandmischwatt zusammen mit dem Strandflieder vor. Überschlickung fördert das Aufkommen dieser Gesellschaft. JENSEN (1985) hat für die Salzmelde einen positiven Zusammenhang zwischen Salztoleranz und guter Stickstoffversorgung nachgewiesen.

**Vorkommen und Höhenverbreitung**
Um die Mittelhochwasserlinie am Übergang vom Quellerwatt zu den Salzwiesen

**Artenliste**

| | |
|---|---|
| Halimione portulacoides | Salzmelde |
| Suaeda maritima | Sode |

**Abb. 608:** Salzmelden-Gesellschaft im Salzwiesenbereich, bei Neßmersiel.

**Abb. 609:** Salzmelde (*Halimione portulacoides*).

## 22.5.3 Strandaster-Initialgesellschaft
*Puccinellio-Asteretum tripolii* van Langendonck 1931

**Verband:** *Puccinellion maritimae* Christiansen 1927, Andelrasen-Gesellschaften
**Ordnung:** *Glauco-Puccinellietalia* Beeftink et Westhoff 1962, Atlantisch geprägte Salzwiesen
**Klasse:** *Asteretea tripolii* Westhoff et Beeftink ap. Beeftink 1965, Salzrasen und Salzwiesen-Gesellschaften

**Kennzeichen**
Auf frischen bis feuchten Salzböden am Prielrand oder bei Poldern kommt die Initialgesellschaft der Strandaster zusammen mit den niedrigen Rasen des Salzschwadens vor. Diese Assoziation nimmt aus soziologischer Sicht keine gesicherte Stellung ein und könnte auch eine Ausbildung des Andelrasens sein.

**Vorkommen und Höhenverbreitung**
Auf schlickig-sandigen Böden der Inselwattflächen.

**Artenliste**

| | |
|---|---|
| Aster tripolium | Strandaster |
| Puccinellia maritima | Andel |

**Abb. 610:** Die Strandaster (Aster tripolium) bildet mit dem Niederen Salzschwaden eine Initialgesellschaft im Vorfeld der Salzwiesen.

## 22.6 Brackwasserröhrichte
*Bolboschoenion maritimi* Dahl et Hadac 1941

### 22.6.1 Brackwasserröhricht
*Bolboschoenetum maritimi* Tx. 1937

**Verband:** *Bolboschoenion maritimi* Dahl et Hadac 1941, Brackwasserröhrichte
**Ordnung:** *Phragmitetalia australis* W. Koch 1926, Röhrichte und Großseggenriede
**Klasse:** *Phragmitetea australis* R. Tx. et Prsg. 1942, Schilfröhrichte, Brackwasser- und Süßwasserröhrichte, Großseggenriede

**Kennzeichen**
Brackwasserbereiche stellen floristisch und vegetationsökologisch eigene Standorte dar. In stehenden oder langsam fließenden Gewässern mit schwachem Salzgehalt zwischen 5–40 cm Tiefe entstehen dichte Röhrichtbestände, die zunehmend auch im Binnenland zu finden sind. Ursprünglich war diese Gesellschaft auf die Meeresküsten beschränkt. Im Verband mit der Meerbinse kommt die Graue Seebinse vor, die ebenfalls salztolerant ist. In den Röhrichten kann auch Schilf enthalten sein, so im Litoral der Ostsee sowie in schwach gezeitenbeeinflußten Binnengewässern des Nordseeraumes. Diese Mischbestände werden als Schilf-Brackwasserröhrichte bezeichnet. Das Synonym für diese Gesellschaft lautet: *Schoenoplecti triquetri-Bolboschoenetum maritimi* Zonnefeld 1960.

**Vorkommen und Höhenverbreitung**
In Tümpeln und Gräben der Küstenbereiche an der Nord- und Ostsee; im Binnenland an Schiffahrtskanälen und an Flußufern entlang landeinwärts ziehender Salzwasserströme; vor allem in den Mündungsdeltas der Weser, Elbe und Ems, aber auch in landeinwärtsliegenden Sickerwassergräben und Kanälen der Nord- und Ostseeküste, die bei Hochwasser oder Flut von Meerwasser überspült werden, kommen ausgedehnte Brackwasser-Röhrichte vor, in denen die Meerbinse vorherrscht.

**Ökologie**
Brackwasserröhrichte können auch in unversalztem Wasser vorkommen. In den Ästuarien der Flüsse stellen die flutbedingten Wasserstandsänderungen den lebenserhaltenden Standortsfaktor dar, ohne den er weder gegen Schilf, noch gegen Schwimmblatt-Pflanzen konkurrenzfähig wäre. Gerade letztere sind aber starken mechanischen Beanspruchungen und Strömungswechseln weit weniger gewachsen. An manchen Orten wie zum Beispiel auf Fehmarn übernimmt der Brackwasserröhricht die Rolle des Andelrasens an der Wasserfront und steigt bis unter das Mittelwasser hinab. Daran schließt landeinwärts der Meerbinsenrasen an, der wie auf den ostfriesischen Inseln einige bereits kaum salzertragende Pflanzen beinhaltet.

**Gefährdung, Pflege, Naturschutz**
Durch Übernutzung und Ausbau-Naßbaggerung der Schiffahrtsrinnen gefährdet; Sicherung des Salzgehaltes des umgebenden Wassers, Schutz vor mechanischen Beeinträchtigungen wie Erholungsbetrieb oder Beweidung.

**Artenliste**

| | |
|---|---|
| Agrostis stolonifera | Weißes Straußgras |
| Aster tripolium | Salz-Aster |
| Bolboschoenus maritimus | Meerbinse |
| Eleocharis palustris | Gewöhnliche Sumpfbinse |
| Phragmites australis | Schilf |
| Schoenoplectus tabernaemontani | Graue Seebinse |

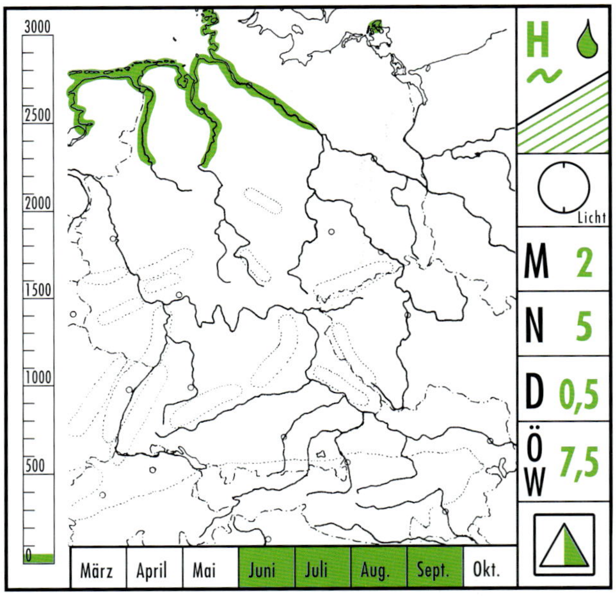

**Abb. 611:** Die Meerbinse besiedelt Verlandungsbereiche mit Brackwasser und bildet ähnlich dem Schilf im Süßwasser 1 m hohe Röhrichte.

**Abb. 612:** Strandsimse (*Scirpus maritimus*).

**Abb. 613:** Brackwasserröhricht in einem verlandenden Gezeitentümpel.

## 22.7 Strandnelken-Gesellschaften
*Armerion maritimae* Br.-Bl. et de Leeuw 1936

### 22.7.1 Strandfliederwiese
*Plantagini-Limonietum* Westhoff et Segal 1961

**Verband:** *Armerion maritimae* Br.-Bl. et de Leeuw 1936, Strandnelken-Gesellschaften
**Ordnung:** *Glauco-Puccinellietalia* Beeftink et Westhoff 1962, Atlantisch geprägte Salzwiesen
**Klasse:** *Asteretea tripolii* Westhoff et Beeftink ap. Beeftink 1965, Salzrasen und Salzwiesen-Gesellschaften

**Kennzeichen**
An den Nordseeküsten im Bereich des west- und ostfriesischen Wattenmeeres; am Wattrand und Inselwatt, insbesondere auf den ostfriesischen Inseln bildet die Strandfliederwiese den auffälligsten Typ der Ordnung der Salzwiesen und schließt landeinwärts an den Andelrasen an. Auf nur bei Sturmflut überschwemmten Standorten fallen im Sommer die leuchtend violetten Bestände des Strandflieders auf, die etwa auf Norderney, Wangerooge oder Spiekeroog großflächig werden können. Sie bevorzugen schlickigen Sand oder nasse, tonige Schlickböden, die leicht sandüberdeckt sind. Die Gesellschaft kennzeichnet die Grenze des Höchstwasserstandes. Die Strandfliederwiesen werden häufig extensiv durch Schafe beweidet.

**Vorkommen und Höhenverbreitung**
Nordsee zwischen Den Helder und der dänischen Wattenmeerküste; ab 25 cm oberhalb der Mittelhochwasserlinie.

**Ökologie**
Der Strandflieder bildet die auffälligste Ausprägung der Salzwiesen und tritt im August und September massenhaft in Erscheinung. Die Wiesen werden pro Jahr nur mehr etwa 40 – 70 mal überschwemmt, der Salzgehalt des Bodens liegt bei 15 Promille Chlorid pro Liter Bodenlösung. Nach Westhoff & Segal entwickeln sich die Strandfliederwiesen, sobald in Salzwiesen die Beweidung eingestellt wird. Beeftink (1985) belegte eine sogenannte Nischenstellung, die das Aufkommen des Strandflieders zusammen mit dem Strand-Wegerich ermöglicht. *Plantago* besitzt für monophage Tiere eine große Bedeutung. *Limonium* braucht Sandanteile und fehlt auf reinem Schlick. Die Rhizome des ausgeprägten Wurzelsystems benötigen eine regelmäßige Durchlüftung. Die Wuchsform des Strandflieders erscheint für den Standort Watt eigentlich ungünstig, sie läßt aber ihre Herkunft von den Spritzwasserklippen des mediterranen Raumes erkennen.

**Gefährdung, Pflege, Naturschutz**
Die Salzwiesen sind besonders durch Eindeichung, Gewässerverschmutzung durch industrielle Anlagen, Entwässerungen, intensive Beweidung, Jagd und Massertourismus gefährdet. Die Eindeichungen, die vor Jahrzehnten durchgeführt wurden, haben vor allem zu einem drastischen Flächenverlust geführt. Durch die Eindeichung der Nordstrander Bucht 1987 sind beispielsweise 760 Hektar Salzwiesen verloren gegangen. Die Entwässerung und Beweidung der Watt-Vorländer durch Rinder und Schafe tragen insgesamt zu einer starken Einschränkung des natürlichen Charakters bei.

**Artenliste**

| | |
|---|---|
| Armeria maritima | Strandnelke |
| Aster tripolium | Strand-Aster |
| Glaux maritima | Milchkraut |
| Limonium vulgare | Strandflieder |
| Plantago maritima | Strand-Wegerich |
| Puccinellia maritima | Andel |
| Salicornia europaea | Europäischer Queller |
| Spergularia media | Flügel-Schuppenmiere |
| Suaeda maritima | Sode |
| Triglochin maritimum | Salz-Dreizack |

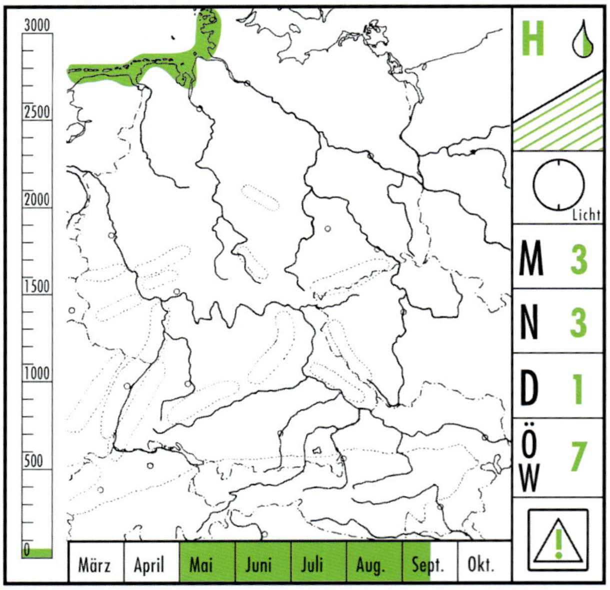

**Abb. 614:** Klassische Strandfliederwiese im Ostland von Norderney im Sommeraspekt

**Abb. 615:** Strandflieder (*Limonium vulgare*).

**Abb. 616:** Salz-Dreizack (*Triglochin maritimum*).

**Abb. 617:** Strandnelke (*Armeria maritima*).

## 22.7.2 Bottenbinsenwiese
*Juncetum gerardii* NORDHAGEN 1923

**Verband:** *Armerion maritimae* BR.-BL. et DE LEEUW 1936, Strandnelken-Gesellschaften
**Ordnung:** *Glauco-Puccinellietalia* BEEFTINK et WESTHOFF 1962, Atlantisch geprägte Salzwiesen
**Klasse:** *Asteretea tripolii* WESTHOFF et BEEFTINK ap. BEEFTINK 1965, Salzrasen und Salzwiesen-Gesellschaften

**Kennzeichen**
Die Bottenbinsengesellschaft schließt landeinwärts an die Andelgraszone an. Die Standorte werden seltener überflutet, höchstens 40 bis 70 mal pro Jahr, deshalb ist der Salzgehalt des Bodens geringer. Die vielgestaltige Gesellschaft kommt weit verbreitet an den Außengroden (Heller) bzw. den hohen Salzmarschen des Außendeichlandes vor und bevorzugt frische bis feuchte graue Schlick- oder schlickige Sandböden. Die Bottenbinse bildet dichte, grüne Rasen, in denen auch das Milchkraut in teppichartigen Beständen gedeihen kann. Gute Viehweide, daher sind zahlreiche Flächen beeinträchtigt oder zerstört. Kann auch an Salzstellen im Binnenland vorkommen.

**Artenliste**

| | |
|---|---|
| Agrostis stolonifera | Weißes Straußgras |
| Armeria maritima | Strandnelke |
| Carex extensa | Strand-Segge |
| Festuca rubra ssp. litoralis | Rot-Schwingel |
| Glaux maritima | Milchkraut |
| Juncus gerardii | Bottenbinse |
| Limonium vulgare | Strandflieder |
| Plantago maritima | Strand-Wegerich |
| Triglochin maritimum | Salz-Dreizack |

## 22.7.3 Strand-Beifußwiese
*Artemisietum maritimae* BR.-BL. et DE LEEUW 1936

**Verband:** *Armerion maritimae* BR.-BL. et DE LEEUW 1936, Strandnelken-Gesellschaften
**Ordnung:** *Glauco-Puccinellietalia* BEEFTINK et WESTHOFF 1962, Atlantisch geprägte Salzwiesen
**Klasse:** *Asteretea tripolii* WESTHOFF et BEEFTINK ap. BEEFTINK 1965, Salzrasen und Salzwiesen-Gesellschaften

**Kennzeichen**
Innerhalb der Salzwiesen des Wattenmeeres an der Nord- und Ostsee, vor allem auf den ostfriesischen Inseln, kommt im Bereich der Außengroden (Heller) die Salz-Beifußwiese vor, wo sie als spezialisierte Gesellschaft die Priele innerhalb der Salzwiesengelände bevorzugt. Diese stickstoff- und salzreichen Rinnen werden vom auffällig silbergrauen Salz-Beifuß eingenommen. Er wächst auf den erhöhten, sandigen Wällen, die vom einströmenden Wasser am Rand der Priele aufgeschüttet werden. Die frischen, leicht stickstoffreichen, sandigen Böden bestehen aus humosem, dunkelgrauem, sandigem Ton und werden nur bei Sturmfluten überschwemmt. Besonders dünennahe, beweidete Standorte sind infolge positiver Weideselektion bevorzugt.

**Artenliste**

| | |
|---|---|
| Armeria maritima | Strandnelke |
| Artemisia maritima | Salz-Beifuß |
| Aster tripolium | Strand-Aster |
| Cochlearia anglica | Englisches Löffelkraut |
| Halimione portulacoides | Strand-Salzmelde |
| Limonium vulgare | Strandflieder |
| Plantago maritima | Strand-Wegerich |
| Triglochin maritimum | Salz-Dreizack |

## 22.7.4 Meerstrand-Binsen-Ried
*Juncetum maritimi* BILIK 1956

**Verband:** *Armerion maritimae* BR.-BL. et DE LEEUW 1936, Strandnelken-Gesellschaften
**Ordnung:** *Glauco-Puccinellietalia* BEEFTINK et WESTHOFF 1962, Atlantisch geprägte Salzwiesen
**Klasse:** *Asteretea tripolii* WESTHOFF et BEEFTINK ap. BEEFTINK 1965, Salzrasen und Salzwiesen-Gesellschaften

**Kennzeichen**
Der Meerstrand-Binsenrasen folgt auf den Brackwasserröhricht und kann bereits kaum Salz ertragende Pflanzen beinhalten. Deshalb bevorzugen die Bestände der Meerstrand-Binse gerne vernäßte, mäßig salzige, flache Vertiefungen der ebenen Grünländer in Anschluß an die Salzwiesen, aber auch schwarze, schlickige Sandböden oder reinen Schlick. Die Meerstrand-Binse bildet dichte Bestände, die vom Vieh verschmäht werden. Die Gesellschaft steht in Kontakt zum salzliebenden Brackwasserröhricht der Meerbinse, zum Beispiel am Südpolder auf Norderney. Die Rasen sind oft durch die Weidetätigkeit beeinträchtigt, weil die Bestände von den Hufen der Tiere zerstampft werden.

**Artenliste**

| | |
|---|---|
| Agrostis stolonifera | Weißes Straußgras |
| Aster tripolium | Strand-Aster |
| Atriplex prostrata | Spieß-Melde |
| Festuca rubra | Rot-Schwingel |
| Glaux maritima | Milchkraut |
| Juncus gerardii | Bottenbinse |
| Juncus maritimus | Meerstrand-Binse |
| Oenanthe lachenalii | Lachenals Wasserfenchel |

**Abb. 618:** Die Bottenbinsenwiese ist eine weit verbreitete Gesellschaft des Außendeichlandes bei Carolinensiel.

**Vorkommen und Höhenverbreitung**
Nordsee zwischen Den Helder und der dänischen Wattenmeerküste; 10 – 20 cm über der Mittelhochwasserlinie.

**Abb. 619:** Strand-Beifußwiese beim Carolinensiel.

**Vorkommen und Höhenverbreitung**
Nordsee zwischen Den Helder und der dänischen Wattenmeerküste; im Bereich der Salzwiesen oberhalb der Mittelhochwasserlinie.

**Abb. 620:** Meerstrand-Binsen-Ried am Südpolder auf Norderney.

**Vorkommen und Höhenverbreitung**
Nordsee zwischen Den Helder und der dänischen Wattenmeerküste; etwa 20 – 40 cm über der Mittelhochwasserlinie.

## 22.8 Silbergras-Gesellschaften
*Corynephorion canescentis* KLIKA 1931

### 22.8.1 Meerstrand-Silbergras-Flur
*Corynephoretum canescentis maritimum* WESTHOFF 1943

**Verband:** *Corynephorion canescentis* KLIKA 1931, Silbergras-Gesellschaften
**Ordnung** *Corynephoretalia canescentis* KLIKA 1934, Silbergras-Gesellschaften und Sandrasen
**Klasse:** *Koelerio-Corynephoretea* KLIKA in KLIKA et NOWAK 1941, Gesellschaften der Graudünen, Sandtrockenrasen, Mauerpfeffer- und Felsbandgesellschaften

**Kennzeichen**
Dieser halboffene bis geschlossene Trockenrasen kommt als Pioniergesellschaft auf bodensauren Flugsanden vor und ist vor allem an der Leeseite der Meeresdünen im Anschluß an die Sekundärdünen auf entkalkten, trockenen, graugelben Sanden zu finden; auf Graudünen oft großflächig. Alle Arten der Gesellschaft zeigen die Nährstoffarmut und die Bodenversauerung des Standortes an. Der eigentümliche Schimmer dieser Grasflur rührt von den rotbraunen Blattscheiden des Silbergrases her, die kurz vor der Blütezeit intensiv gefärbt sind.

**Artenliste**

| | |
|---|---|
| Aira praecox | Früher Schmielenhafer |
| Carex arenaria | Sand-Segge |
| Cerastium semidecandrum | Sand-Hornkraut |
| Corynephorus canescens | Silbergras |
| Festuca rubra ssp. arenaria | Sand-Schwingel |
| Galium mollugo | Wiesen-Labkraut |
| Hypochoeris radicata | Gewöhnliches Ferkelkraut |
| Jasione montana | Berg-Sandrapunzel |
| Trifolium arvense | Hasen-Klee |
| Viola canina var. dunensis | Dünenveilchen |

## 22.9 Glockenheide-Feuchtgesellschaften
*Ericion tetralicis* SCHWICKERATH 1933

### 22.9.1 Krähenbeere-Glockenheide-Gesellschaft
*Empetro-Ericetum tetralicis* WESTHOFF & DE SMIDT 1975

**Verband:** *Ericion tetralicis* SCHWICKERATH 1933, Glockenheide-Feuchtheidengesellschaften
**Ordnung** *Erico-Sphagnetalia papillosi* SCHWICKERATH 1940 em. BR.-BL. 1949, Moorgesellschaften außerhalb der humiden Mittelgebirge Zentraleuropas
**Klasse:** *Oxycocco-Sphagnetea* BR.-BL. et R. TX. 1943, Feuchtheide- und Hochmoorbult-Gesellschaften

**Kennzeichen**
Im Anschluß an die Weiß- und Graudünen kommen landeinwärts braune Tertiärdünengesellschaften auf den zur Ruhe gekommenen kalkärmeren Sandböden vor. Die braune Farbe des Bodens rührt von Auswaschungen eisenhaltiger Fulvosäuren her. Vor allem auf den ostfriesischen Inseln werden nordwärts exponierte Hänge älterer Braundünen eingenommen. Weiter kommen die teppichartigen Bestände in feuchten Dünentälern der Ostseeküsten sowie der Nord- und Ostfriesischen Inseln vor, die im Winter öfters überflutet werden, wo das Grundwasser im Sommer jedoch bis an die Oberfläche reicht. Entwickelt sich weiter zu einem Gagelstrauch-Gebüsch oder Birkenwald.

**Artenliste**

| | |
|---|---|
| Carex trinervis | Dreinervige Segge |
| Empetrum nigrum | Schwarze Krähenbeere |
| Erica tetralix | Moor-Glockenheide |
| Juncus arcticus | Arktische Binse |

## 22.10 Dünenweiden-Gebüsche
*Salicion arenariae* R. TX. 1952

### 22.10.1 Dünenweiden-Sanddorn-Gebüsch
*Salici arenariae-Hippophaetum rhamnoides* BR.-BL. & DE LEEUW 1936

**Verband:** *Salicion arenariae* R. TX. 1952, Dünenweiden-Gebüsche
**Ordnung:** *Prunetalia spinosae* R. TX. 1952, Schlehengebüsche, Hecken, Gebüsche und Waldmäntel
**Klasse:** *Rhamno-Prunetea* RIVAS-GODAY et BORJA 1961, Kreuzdorn-Schlehen-Brombeergebüsche

**Kennzeichen**
Dünenweidengesellschaften kommen als artenarme, lückige bis flächige Pioniergebüsche in der Übergangszone zwischen nicht entkalkten grauen und braunen Tertiärdünen auf südexponierten Hängen vor. Den Unterwuchs kennzeichnen dichte Teppiche der Kriech-Weide, Gebüsche wie Sanddorn und Bibernell-Rose, dazwischen kommen im Anschluß an die Dünen Strandhafer und Strandroggen vor. Die Böden sind noch nicht entkalkt, können zum Teil frisch und mit einer dünnen Streuschicht bedeckt sein. Die Kriech-Weide ist gegenüber den Winden resistent und kann daher auch die Dünenkuppen erklimmen. In windgeschützteren Lagen fallen die Gebüsche der Kartoffel-Rose auf.

**Artenliste**

| | |
|---|---|
| Ammophila arenaria | Strandhafer |
| Carex arenaria | Sand-Segge |
| Elymus arenarius | Strandroggen |
| Empetrum nigrum | Schwarze Krähenbeere |
| Festuca rubra | Rot-Schwingel |
| Galium mollugo | Wiesen-Labkraut |
| Hippophae rhamnoides | Sanddorn |
| Rosa pimpinellifolia | Bibernell-Rose |
| Rosa rugosa | Kartoffel-Rose |
| Salix repens | Kriech-Weide |

**Abb. 621:** Meerstrand-Silbergras-Flur auf Graudünen auf Norderney.

**Vorkommen und Höhenverbreitung**
In Tertiärdünengebieten des Wattenmeeres Norddeutschlands, südliches Dänemark.

**Abb. 622:** Krähenbeeren-Glockenheide-Gesellschaft auf Tertiärdünen auf Norderney.

**Vorkommen und Höhenverbreitung**
Auf den Nordseeinseln und Ostseeküsten im Bereich des Wattenmeeres, auf Meeresniveau.

**Abb. 623:** Dünenweiden-Sanddorn-Gebüsch im Zentrum von Norderney.

**Vorkommen und Höhenverbreitung**
Meeresküsten Nord- und Ostdeutschlands im Bereich des Wattenmeeres.

# 23 Salzböden des Binnenlandes

## Klasse: *Puccinellio-Salicornietaea* Topa 1939

**Kennzeichen**

Salzbodengesellschaften des Binnenlandes, fern ab jeder Meere, sind obligat-halophile Salzpflanzengesellschaften der trockenen Salzwiesen und -steppen mit pannonischer Verbreitung, die sich auf zweierlei Böden entwickeln: **Solonetz** ist ein schwerer toniger Boden mit dreischichtiger Struktur, der bei andauernder Hitze aufspringt und von der **Kampferkraut-Flur,** *Camphorosmetum annuae* Wenzl 1934, bewachsen wird. **Solontschakböden** sind flache, ungeschichtete sandige und kalkreiche Böden, die im Frühling regelmäßig überschwemmt werden. Bei großer Hitze trocknen sie ebenfalls aus, die Salze kristallisieren an der Oberfläche. Die typische Gesellschaft ist die **Neusiedler-Zickgras-Flur,** *Atropidetum peisonis* Franz et al. 1937 (mit *Aster tripolium* ssp. *pannonicum*, Strandaster und *Puccinellia peisonis*, Neusiedler-Salzschwaden), die nur im burgenländischen Seewinkel bekannt ist. Die Hauptverbreitung dieser Gesellschaft liegt im Überschwemmungsraum der Sodalachen im Anschluß an den oberen Wellenraum (Mucina et al. 1993). Die **Gesellschaft der Salz-Kresse auf Solontschak,** *Lepidietum crassifolii* Wenzl 1934 kommt in enger Verbindung mit dem Neusiedlersee-Salzschwaden vor und ist von der Salz-Kresse praktisch dominiert. Gegen den Wasserrand wird das Zickgras jedoch immer häufiger. Die Gesellschaft siedelt auf extremen Sodaflächen oder in flachen Pfannen höherliegender Stellen (Wendelberger 1950); wurde unter anderem von Köllner (1983) für Ostösterreich belegt.

**Ökologie**

Salzböden des Binnenlandes werden von anderen Arten bewachsen, als salzhaltige Böden entlang der Meeresküsten. Dies hängt vor allem mit der anderen chemischen Zusammensetzung der Böden zusammen, die nämlich vorwiegend Soda (primäres Natriumkarbonat), Natrium-, Magnesium- und Kaliumsulfat enthalten. Die pH-Werte des Bodens liegen zwischen 8,6 und 10. Werden die Standorte feuchter, tritt die ähnliche Artenzusammensetzung auf, wie in den Salzwiesen des Wattenmeeres. Die pannonische Unterart der Strand-Aster zum Beispiel hüllt die Wiesen im Spätsommer in ein violettes Blütenkleid, weiter können der Salz-Dreizack und der Strand-Wegerich vorkommen. Die Salzbodengesellschaften stellen ähnlich der Pußta eine Ersatzvegetation für früher vorkommende Eichenwälder dar, in denen bereits Trockenrasenstellen und kleinere Salzpfannen vorhanden waren. Charakteristisch sind kleinere und größere Salzlacken, die in flacheren Senken entstanden sind und durch Niederschlag oder Grundwasser gespeist werden (Löffler 1959). Die Vegetation selbst ist edaphisch bedingt.

**Gefährdung, Pflege, Naturschutz**

Viele Flächen der Salzsteppen wurden umgewidmet und zu Mülldeponien oder Viehweiden umgewandelt; Standorte sind oft durch den Abtrag der obersten Bodenschicht gestört, wodurch der stark salzhaltige Anreicherungshorizont zutage kommt. Der Erhalt dieser Flächen muß wegen der Kleinräumigkeit der Verbreitung und der Besonderheit der Artenzusammensetzung vorrangig betrieben werden.

**Vorkommen und Höhenverbreitung**

Das Hauptverbreitungsgebiet ist der sogenannte „Seewinkel" im Burgenland östlich des Neusiedlersees. Kleinere Vorkommen wurden auch im Marchfeld und im Pulkautal im nördlichen Niederösterreich registriert.

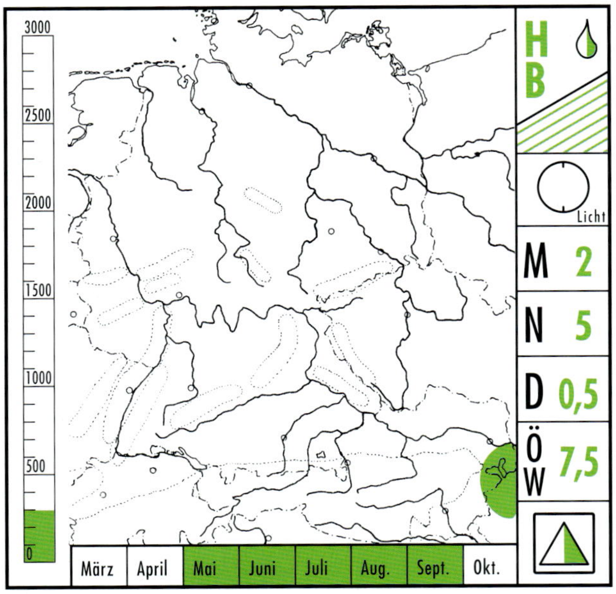


### 23.1 Kampferkraut-Flur
*Camphorosmetum annuae* Wenzl 1934

**Verband:** *Puccinellion limosae* Klika et Vlach 1937, Gestörte Solonetz-Fluren
**Ordnung:** *Puccinellietalia* Soó 1947 em. Vicherek 1973, Binnenländische Salzpußta auf Solonetzböden

**Artenliste**

| | |
|---|---|
| Camphorosma annua | Kampferkraut |
| Pholiurus pannonicus | Schuppenschwanz |
| Puccinellia limosa | Zickgras |

### 23.2 Solontschak mit Salz-Kresse
*Lepidietum crassifolii* Wenzl 1934

**Verband:** *Puccinellion peisonis* Wendelberger 1943 corr. Soó 1957, Zickgraswiesen auf Solontschakböden
**Ordnung:** *Crypsidetalia aculeatae* Vicherek 1973, Solontschak-Gesellschaften

**Artenliste**

| | |
|---|---|
| Lepidium cartilagineum | Salz-Kresse |
| Puccinellia peisonis | Neusiedlersee-Salzschwaden |

**Abb. 624:** Typische Solonetz-Pußta mit *Camphorosma annua* im Nationalpark Kiskunság in Mittelungarn.

**Abb. 625:** Portrait der Salz-Kresse (*Lepidium cartilagineum*) auf nassem, schottrigem Solontschak in der Verlandungszone des Neusiedler Sees.

# Anhang

- Tabelle zur Interpretation der Ergebnisse der Bewertungsverfahren
- Tabelle häufig verwendeter Zeigerpflanzen
- Zeigerwerte nach Landolt
- Übersicht über das System der Pflanzengesellschaften
- Formulare für die Erstellung einer Vegetationsaufnahme
- Glossar und Abkürzungen
- Literatur
- Stichwortverzeichnis

# Tabelle zur Interpretation der Ergebnisse der Bewertungsverfahren

## (zu 4.5 Synopsis)

Zur Quantifizierung der einzelnen Kriterien wird bei den meisten Teilverfahren ein fünfstellige Skala angewandt. Die Summe aller Bewertungen gibt Auskunft über die ökologische Bedeutung einer Pflanzengesellschaft bzw. deren Schutzwürdigkeit. Die einzelnen Bewertungsergebnisse müssen gemäß der Synopsis prozentuell gewichtet werden. Die nachfolgende Tabelle stellt die Umrechnungswerte zusammen, um sie im Rahmen der Summenbildung direkt ablesen zu können.

| | 3,33 % | 6,66 % | 9,99 % | 13,33 % | 16,66 % |
|---|---|---|---|---|---|
| 1 | 0,033 | 0,066 | 0,099 | 0,133 | 0,166 |
| 2 | 0,066 | 0,133 | 0,199 | 0,266 | 0,333 |
| 3 | 0,099 | 0,199 | 0,299 | 0,399 | 0,499 |
| 4 | 0,133 | 0,266 | 0,399 | 0,533 | 0,666 |
| 5 | 0,166 | 0,333 | 0,499 | 0,666 | 0,833 |

Die Summen bedeuten gemäß einer Liste von Adam, Nohl & Valentin (leicht verändert):

| Summe | Bedeutung | Wertstufe |
|---|---|---|
| 0,0 – 0,2 | Pfla.-Ges. ohne Bedeutung | 0 |
| 0,3 – 0,7 | Pfla.-Ges. mit sehr geringer Bedeutung | 1 |
| 0,8 – 1,7 | Pfla.-Ges. mit geringer Bedeutung | 2 |
| 1,8 – 2,2 | Pfla.-Ges. mit mäßiger Bedeutung | 2 |
| 2,3 – 2,7 | Pfla.-Ges. mit mittlerer Bedeutung | 3 |
| 2,8 – 3,2 | Pfla.-Ges. mit mittelgroßer Bedeutung | 3 |
| 3,3 – 3,7 | Pfla.-Ges. mit großer Bedeutung | 4 |
| 3,8 – 4,2 | Pfla.-Ges. mit sehr großer Bedeutung | 4 |
| 4,3 – 4,7 | Pfla.-Ges. mit außerordentlich großer Bedeutung | 5 |
| 4,8 – 5,0 | Tabufläche | 5 |

Wird bei der Bewertung ein Gesamtwert zwischen 4,3 und 5,0 erreicht, muß bzw. sollte jeglicher Eingriff ausgeschlossen werden.

# Tabelle häufig verwendeter Zeigerpflanzen

## Erfahrungswerte ohne Zahlenwertermittlung

**Acker-Gänsedistel** – Lehmzeiger
**Adlerfarn** – Saurer Boden
**Aufrechte Trespe** – Halbtrockenrasen, Basenzeiger
**Ausdauerndes Bingelkraut** – Schattenzeiger, Buchenwaldart
**Bleichsegge** – Magere Moorwiesen
**Blutwurz** – Magerkeitszeiger
**Brennessel** – Nährstoffzeiger, Stickstoffreicher Boden
**Christophskraut** – Schluchtwaldart
**Drahtschmiele** – Störzeiger
**Esparsette** – Kalkreicher Boden
**Fadensegge** – Mineralboden- und wasserzeigende Art
**Färberscharte** – Art der Pfeifengraswiesen und wechselfeuchten Streuwiesen
**Fieberklee** – Basenzeiger in sauren bis schwach sauren Mooren
**Filzsegge** – wechselfeuchte, basenreiche Standorte
**Flatterbinse** – Störzeiger
**Flaumhafer** – magere Glatthaferwiesen
**Frühlings-Fingerkraut** – Trockener Boden
**Gekielter Lauch** – Wechselfeuchte Streuwiesen (Molinion), Halbtrockenrasen
**Gemeine Hainsimse** – Magerkeitszeiger
**Gemeine Küchenschelle** – Trockenzeiger
**Gewöhnliches Ruchgras** – Magerkeitszeiger, Molinionart, Magerrasen-Begleiter, Störzeiger in Pfeifengraswiesen
**Giersch** – Stickstoffreicher Boden
**Goldhafer** – magere Glatthaferwiesen
**Grausegge** – Mineralboden- und wasserzeigende Art
**Große Braunelle** – mäßig nährstoffreiche Standorte
**Großer Wiesenknopf** – Art der Sumpfdotterblumenwiesen
**Hain-Gilbweiderich** – Feuchtigkeitszeiger
**Hainmiere** – Feuchtigkeitszeiger
**Hartriegel** – wärmeliebende Art in Gebüschsäumen
**Hasenlattich** – Buchenwaldart
**Hasensegge** – Art der Sumpfdotterblumenwiesen, Zeiger gestörter Naßwiesen
**Heide-Ginster** – Sandreicher Boden
**Heidekraut** – Magerkeitszeiger, Säurezeiger
**Heidelbeere** – Säurezeiger
**Heilziest** – Magerkeitszeiger, Wechselfeuchtigkeitszeiger, mäßig nährstoffreiche, wechselfeuchte Moorwiesen
**Igelsegge** – Zwischenmoorstadium, saurer Torfboden
**Klebriger Salbei** – Schluchtwaldart
**Kleeblättriges Schaumkraut** – sickerfrische krautreiche Erlen-Ulmenwälder
**Kleine Bibernelle** – Trockener Boden
**Kleine Teichlinse** – Nährstoffreichtum
**Kleiner Klappertopf** – mäßig nährstoff- u. artenreiche Glatthafer-Fettwiesen
**Kleiner Sauerampfer** – Saurer Boden
**Kleiner Wiesenknopf** – Trockener Boden
**Kohldistel** – Art der Sumpfdotterblumenwiesen
**Kuckuckslichtnelke** – Art der Sumpfdotterblumenwiesen, Naßwiesenart
**Lanzen-Schildfarn** – Kalkschuttzeiger
**Liguster** – wärmeliebende Gebüsche
**Mädesüß** – Art der Sumpfdotterblumenwiesen
**Nickendes Perlgras** – Buchenwaldart
**Nordisches Labkraut** – Art der wechselfeuchten Streuwiesen (Molinion)
**Ochsenauge** – Magere Moorwiesen
**Pastinak** – Lehmzeiger
**Pfeifengras** – Flachmoorart
**Prachtnelke** – Naßwiesenart
**Quirlblättriger Salomonssiegel** – Schluchtwaldart
**Rasenbinse** – saure Torfböden bzw. Zwischenmoorstadien
**Rauschbeere** – Hochmoorzeiger
**Roßminze** – Hochstaudenart als Nährstoffzeiger
**Roter Hartriegel** – wärmeliebende Gebüsche
**Roter Schwingel** – magere Glatthaferwiesen
**Rotes Straußgras** - Magerrasen-Begleiter
**Rundblättriger Sonnentau** – Übergangsmoorbildung
**Ruprechtskraut** – Nährstoffzeiger im Waldbereich
**Schafschwingel** - Magerrasen-Begleiter
**Scharbockskraut** – Feuchter Boden
**Scheidiges Wollgras** – Hochmoorzeiger
**Schlehe** – wärmeliebende Art in Gebüschsäumen
**Schmalblättriges Wollgras** – Flachmoorart
**Schnabelsegge** – Mineralboden- und wasserzeigende Art
**Schwarze Teufelskralle** – Kennart des Geranio-Trisetetum
**Spitzblättriger Wegerich** – Molinionart
**Sumpfdistel** – Naßwiesenart
**Sumpfdotterblume** – Naßwiesenart
**Sumpfläusekraut** – saure Torfböden bzw. Zwischenmoorstadien
**Sumpfpippau** – Feuchtigkeitszeiger, Naßwiesenart
**Sumpfveilchen** – Feuchtezeiger
**Sumpfvergißmeinnicht** – Naßwiesenart
**Teufelsabbiß** – Flachmoorart
**Trollblume** – Naßwiesenart
**Wald-Geißbart** – Schluchtwaldart
**Waldmeister** – Buchenwaldart
**Waldschachtelhalm** – Säurezeiger, Vernässungszeiger
**Wasserdost** – Kalkschuttzeiger
**Weiden-Alant** – Art der wechselfeuchten Streuwiesen (Molinion), wechselfeuchter Standort, Pfeifengraswiesen
**Weiße Pestwurz** – Kalkschuttzeiger
**Weiße Taubnessel** – Stickstoffreicher Boden
**Weißsegge** – Magerkeitszeiger
**Wiesen-Storchschnabel** – Kalkreicher Boden, Fettwiesenart
**Wiesenflockenblume** – mäßig nährstoffreiche Standorte
**Wiesenlabkraut** – Fettwiesenart
**Wohlriechender Lauch** – Molinionart
**Wolliger Schneeball** – wärmeliebende Art in Gebüschsäumen
**Wundklee** – Kalkreicher Boden
**Zittergras** – Magerrasen-Begleiter

## Zeigerarten sortiert nach ökologischen Parametern

**Glatthaferfettwiese, artenreich** – Kleiner Klappertopf
**Basenzeiger** – Aufrechte Trespe, Filzsegge
**Basenzeiger in sauren bis schwach sauren Mooren** – Fieberklee
**Buchenwaldart** – Hasenlattich, Nickendes Perlgras, Waldmeister, Ausdauerndes Bingelkraut
**Fettwiesenart** – Wiesenlabkraut, Wiesenstorchschnabel
**Feuchtigkeitszeiger** – Scharbockskraut, Sumpfveilchen, Hain-Gilbweiderich, Hainmiere, Sumpfpippau
**Flachmoorart** – Pfeifengras, Schmalblättriges Wollgras, Teufelsabbiß
**Halbtrockenrasen** – Aufrechte Trespe, Gekielter Lauch
**Hochmoorzeiger** – Rauschbeere, Scheidiges Wollgras
**Hochstaudenart** – Roßminze
**Kalkreicher Boden** – Esparsette, Wiesen-Storchschnabel, Wundklee
**Kalkschuttzeiger** – Lanzen-Schildfarn, Wasserdost, Weiße Pestwurz
**Lehmzeiger** – Acker-Gänsedistel, Pastinak
**Magere Glatthaferwiese** – Flaumhafer, Goldhafer, Roter Schwingel
**Magere Moorwiesen** – Bleichsegge, Ochsenauge
**Magerkeitszeiger** – Blutwurz, Gemeine Hainsimse, Gewöhnliches Ruchgras, Heidekraut, Heilziest, Weißsegge
**Magerrasen-Begleiter** – Gewöhnliches Ruchgras, Rotes Straußgras, Schafschwingel, Zittergras
**Mäßig nährstoffreiche Glatthaferfettwiese** – Kleiner Klappertopf
**Mäßig nährstoffreiche Standorte** – Große Braunelle, Wiesenflockenblume
**Mäßig nährstoffreiche, wechselfeuchte Moorwiesen** – Heilziest
**Mineralbodenwasserzeigende Art** – Grausegge, Schnabelsegge, Fadensegge
**Nährstoffreichtum in Teichen** – Kleine Teichlinse
**Nährstoffzeiger** – Brennessel, Roßminze
**Nährstoffzeiger im Waldbereich** – Ruprechtskraut
**Naßwiesenart** – Kuckuckslichtnelke, Prachtnelke, Sumpfdistel, Sumpfdotterblume, Sumpfpippau, Sumpfvergißmeinnicht, Trollblume
**Pfeifengraswiesen-Art** – Gewöhnliches Ruchgras, Spitzblättriger Wegerich, Wohlriechender Lauch, Weidenalant, Färberscharte
**Sandreicher Boden** – Heide-Ginster
**Saurer Boden** – Adlerfarn, Kleiner Sauerampfer, Rasenbinse
**Saurer Torfboden** – Igelsegge, Sumpfläusekraut
**Säurezeiger** – Heidekraut, Heidelbeere, Waldschachtelhalm
**Schattenzeiger** – Ausdauerndes Bingelkraut
**Schluchtwaldart** – Christophskraut, Klebriger Salbei, Quirlblättriger Salomonssiegel, Waldgeisbart
**Sickerfrische krautreiche Erlen-Ulmenwälder** – Kleeblättriges Schaumkraut
**Stickstoffreicher Boden** – Brennessel, Giersch, Weiße Taubnessel
**Störzeiger** – Drahtschmiele, Flatterbinse
**Störzeiger in Pfeifengraswiesen** – Gewöhnliches Ruchgras
**Sumpfdotterblumenwiesen-Art** – Hasensegge, Kohldistel, Kuckuckslichtnelke, Mädesüß, Großer Wiesenknopf
**Trockener Boden** – Frühlings-Fingerkraut, Kleine Bibernelle, Kleiner Wiesenknopf
**Trockenzeiger** – Gemeine Küchenschelle
**Übergangsmoorbildung** – Rundblättriger Sonnentau
**Vernässungszeiger** – Waldschachtelhalm
**Wärmeliebende Arten in Gebüschsäumen** – Hartriegel, Schlehe, Wolliger Schneeball, Liguster, Roter Hartriegel
**Wechselfeuchte Streuwiesen- (Molinion) Art** – Färberscharte, Nordisches Labkraut, Weiden-Alant, Gekielter Lauch
**Wechselfeuchtigkeit** – Filzsegge, Heil-Ziest
**Zeiger gestörter Naßwiesen** – Hasensegge
**Zwischenmoorstadien** – Rasenbinse, Sumpfläusekraut, Igelsegge

## Ökologische Kennarten

Nach Laubner, Flora Helvetica, 1996, gemäß der Eidgenössichen Verordnung über den Natur- und Heimatschutz von 1991.

**Sch Schluchtwälder, Wälder an Steilhängen**
Breitblättrige Glockenblume, Campanula latifolia
Christophskraut, Actea spicata
Eibe, Taxus baccata
Wilde Mondviole, Lunaria rediviva

**Ho Hochmoore, Zwischenmoore**
Behaartfrüchtige Segge, Carex lasiocarpa
Blumenbinse, Scheuchzeria palustris
Blutauge, Potentilla palustris
Fieberklee, Menyanthes trifoliata
Gemeine Moosbeere, Vaccinium oxycoccus
Kleinfrüchtige Moosbeere, Vaccinium microcarpum
Moorbirke, Betula pubescens
Rosmarinheide, Andromeda polyfolia
Rotbraune Schnabelbinse, Rhynchospora fusca
Scheidiges Wollgras, Eriophorum vaginatum
Weiße Schnabelbinse, Rhynchospora alba
Zwergbirke, Betula nana

**Tw Trockenwälder (Föhren, Flaumeichen usw.) und Gebüsche**
Acker-Rose, Rosa agrestis
Berg-Kronwicke, Coronilla coronata
Erika, Erica carnea
Felsen-Fingerkraut, Potentilla rupestris
Felsen-Kreuzdorn, Rhamnus saxatilis
Felsenbirne, Alemanchier ovalis
Felsenkirsche, Prunus mahaleb
Filzige Rose, Rosa tomentosa
Filzige Steinmispel, Cotoneaster tomentosa
Föhre, Pinus sylvestris
Gemeines Alpenveilchen, Cyclamen purpurascens
Grünlichblütiges Wintergrün, Pyrola chlorantha
Hügel-Erdbeere, Fragaria viridis
Kleines Mädesüß, Filipendula vulgaris
Mehlbeerbaum, Sorbus aria
Kriech-Klee, Trifolium repens
Schwarze Platterbse, Lathyrus niger
Weißes Fingerkraut, Potentilla alba

**Tr Trockenrasen, magere Wiesen und Weiden**
Ähriger Ehrenpreis, Veronica spicata
Aufrechter Augentrost, Euphrasia stricta
Aufrechtes Heideröschen, Fumana ericoides
Behaarter Ginster, Genista pilosa
Berg-Anemone, Pulsatilla montana
Berg-Gamander, Teucrium montanum
Berg-Klee, Trifolium montanum
Blaugras, Sesleria caerulea
Blutroter Storchschnabel, Geranium sanguineum
Deutscher Enzian, Gentiana germanica
Dornige Hauhechel, Ononis spinosa
Erdsegge, Carex humilis
Frühlings-Enzian, Gentiana verna
Gefranster Enzian, Gentiana ciliata
Gemeine Kugelblume, Globularia punctata
Gemeines Sonnenröschen, Helianthemum nummularia
Großblütige Braunelle, Prunella grandiflora
Kartäuser-Nelke, Dianthus carthusianorum
Kleine Bibernelle, Pimpinella saxifraga
Niederliegendes Heideröschen, Fumana procumbens
Schopfiger Hufeisenklee, Hippocrepis comosa
Seguiers Wolfsmilch, Euphorbia seguieriana
Taube Trespe, Bromus sterilis
Wiesen-Salbei, Salvia pratensis
Zottiger Spitzkiel, Oxytropis pilosa
Zwerg-Schneckenklee, Medicago minima

**Au Auenvegetation**
Akeleiblättrige Wiesenraute, Thalictrum aquilegiifolium
Deutsche Tamariske, Myricaria germanica
Fleischers Weidenröschen, Epilobium fleischeri
Flutender Hahnenfuß, Ranunculus fluitans
Grauerle, Alnus incana
Haarblättriger Wasserhahnenfuß
Lavendel-Weide, Salix eleagnos
Mandelweide, Salix triandra
Sanddorn, Hippophae rhamnoides
Schwarzerle, Alnus glutinosa
Silber-Weide, Salix alba

**Fl Flachmoore, Uferbereiche, Verlandungszonen**
Alpen-Fettkraut, Pinguicula alpina
Alpen-Laichkraut, Potamogeton alpinus
Bewimperter Steinbrech, Saxifraga aizoides
Blasensegge, Carex vesicaria
Braune Segge, Carex nigra
Breitblättriger Rohrkolben, Typha latifolia
Davallsegge, Carex davalliana
Dreifurchige Wasserlinse, Lemna trisulca
Gelbe Wiesenraute, Thalictrum flavum
Gemeiner Wasserhahnenfuß, Ranunculus aquatilis
Gemeiner Wasserschlauch, Utricularia vulgaris
Gemeines Fettblatt, Pinguicula vulgaris
Glattes Hornblatt, Ceratophyllum submersum
Grasartiges Laichkraut, Potamogeton gramineus
Großer Sumpf-Hahnenfuß, Ranunculus lingua
Hirsen-Segge, Carex panicea
Horstsegge, Carex hostiana
Kammförmiges Laichkraut, Potamogeton pectinatus
Kelch-Liliensimse, Tofieldia calyculata
Kleiner Rohrkolben, Typha minima
Krauses Laichkraut, Potamogeton crispus
Mehlprimel, Primula farinosa
Moorenzian, Swertia perennis
Natternzunge, Ophioglossum vulgatum
Pfeifengras, Molinia caerulea
Quirlblättriges Tausendblatt, Myriophyllum verticillatum
Rauhes Hornblatt, Ceratophyllum demersum
Rispensegge, Carex paniculata
Schilf, Phragmites communis
Schlamm-Schachtelhalm, Equisetum fluviatile
Schlamm-Segge, Carex limosa
Schlanke Segge, Carex acuta
Schneidried, Cladium mariscus
Schwimmendes Laichkraut, Potamogeton natans
See-Flechtbinse, Schoenoplectus lacustris
Silge, Selinum carvifolia
Sonderbare Segge, Carex appropinquata
Starrer Wasserhahnenfuß, Ranunculus circinatus
Steife Segge, Carex elata
Sumpf-Haarstrang, Peucedanum palustre
Sumpf-Helmkraut, Scutellaria galericulata
Sumpf-Herzblatt, Parnassia palustris
Sumpf-Läusekraut, Pedicularis palustris
Sumpf-Veilchen, Viola palustris
Sumpffarn, Thelypteris palustris
Tannenwedel, Hippuris vulgaris
Teufelsabbiß, Succisa pratensis
Wasserkresse, Rorippa amphibia

# Zeigerwerte nach Landolt

Erläuterungen hierzu siehe S. 41f.

Acker-Gauchheil U.333-443-t.
Acker-Glockenblume P.243-344-g.
Acker-Hundskamille U.232-434-t.
Acker-Kratzdistel U.334+343-g.
Acker-Lichtnelke U.244-444-t.
Acker-Quecke U.3w34+433-g.
Acker-Rittersporn U.252-344-t.
Acker-Schachtelhalm U.3w33-433-g.
Acker-Senf U.344-443-t.
Acker-Stiefmütterchen U.333-333-u.
Acker-Vergißmeinnicht U.233-433-u.
Acker-Winde U.234-443-g,wi.
Ackerröte U.243-443-t.
Ähren-Goldhafer F.334-433-h.
Ährige Teufelskralle W.333-233-h.
Ähriger Ehrenpreis T.132-444-h.
Ähriges Tausendblatt G.5u42+433-a.
Akeleiblättrige Wiesenraute S.4w33-322-h.
Alpen-Ampfer B.435-423-h.
Alpen-Anemone B.343-423-h.
Alpen-Aster B.242-524-h.
Alpen-Aurikel B.3w52-423-h.
Alpen-Bärentraube B.332-322-z.
Alpen-Bärlapp B.221-423-c.
Alpen-Berufkraut B.232-423-h.
Alpen-Distel B.344-422-h.
Alpen-Ehrenpreis B.423-412-g.
Alpen-Fetthenne B.322-513-c.
Alpen-Fettkraut B.4w42-424-h,iv.
Alpen-Frauenmantel B.322-423-h.
Alpen-Gänsekresse B.352-423-c.
Alpen-Goldrute B.323-323-h.
Alpen-Hahnenfuß B.242-412-h.
Alpen-Heckenkirsche W.3w43-223-n.
Alpen-Hexenkraut W.4w22-233-g.
Alpen-Klee B.222-423-h.
Alpen-Knorpelsalat P.3fw42-444-h.
Alpen-Kratzdistel B.4w34-423-h.
Alpen-Kreuzkraut B.4w45-322-h.
Alpen-Lattich B.434-322-h.
Alpen-Leinkraut B.442-513-c.
Alpen-Löwenzahn B.434-412-h.
Alpen-Maßliebchen F.334-433-h.
Alpen-Mastkraut B.3w33-422-c.
Alpen-Milchlattich B.434-322-h.
Alpen-Mutterwurz B.333-422-h.
Alpen-Pestwurz B.4w53-523-g.
Alpen-Pippau B.242-424-h.
Alpen-Rispengras B.334-423-h.
Alpen-Schaumkraut B.422-412-h.
Alpen-Schwingel B.251-414-h.
Alpen-Sonnenröschen B.252-514-z.
Alpen-Steinquendel B.232-434-c.
Alpen-Thymian B.242-424-c.
Alpen-Tragant B.243-414-h.
Alpen-Troddelblume B.433-422-h.
Alpen-Vergißmeinnicht B.333-413-h.
Alpen-Wegerich B.322-423-h.
Alpen-Wucherblume B.322-513-h.
Alpen-Wundklee B.242-514-h.
Alpendistel B.344-422-h.
Alpenhelm B.4w33-423-g,hp.
Alpenlattich B.332-323-h.
Ampfer-Knöterich U.4w44-543-t.
Arktische Binse B.4f31-523-g.
Armblütige Sumpfbinse S.442+433-h.
Arnika B.3w22-423-h.
Arznei-Schlüsselblume T.3w42-433-h.
Ästige Graslilie W.2w42-334-h.
Ästiger Igelkolben G.5wi34-443-g.

Astlose Graslilie T.132-444-h.
Aufrechte Trespe T.242-444-h.
Augentrost B.222-514-t,hp.
Ausdauerndes Bingelkraut W.343-132-g.

Bach-Kratzdistel S.4w33-433-h.
Bach-Nelkenwurz S.4w34-333-h.
Bach-Steinbrech B.4w52-423-c.
Bach-Weidenröschen B.4w43-523-c.
Bachbunge G.5fw34-334-h.
Bärentraube B.332-322-z.
Bartgras T.242-554-h.
Bärtige Glockenblume B.322-423-h.
Bärwurz B.322-422-h.
Bäumchen-Weide B.4fw32-422-n.
Bayerischer Enzian B.4w32-412-c.
Behaarte Hainsimse W.322-132-h.
Behaarter Ginster W.222-442-z.
Behaarter Kälberkropf B.3w33-323-h.
Berberitze W.242-334-n.
Berg-Ahorn W.4w34-232-p.
Berg-Baldrian B.352-323-g.
Berg-Distel B.243-423-h.
Berg-Fahnenwicke B.252-513-h.
Berg-Gamander T.142-434-z.
Berg-Goldnessel W.333-133-c.
Berg-Haarstrang T.132-344-h.
Berg-Hahnenfuß B.3w44-323-h.
Berg-Kälberkropf B.3w33-323-h.
Berg-Klee T.2w42-433-h.
Berg-Laserkraut B.242-434-h.
Berg-Löwenzahn B.352-512-h.
Berg-Nelkenwurz B.322-423-h.
Berg-Reitgras B.322-323-h.
Berg-Sandrapunzel T.122-453-u.
Berg-Sauer-Ampfer B.434-323-h.
Berg-Ulme W.4w34-242-p.
Berg-Weidenröschen U.333-333-h.
Berghaarstrang T.132-344-h.
Berghauswurz B.221-422-c.
Bergküchenschelle T.142-435-h.
Berglauch T.142-434-g.
Bergwiesen-Frauenmantel F.334-323-h.
Besenginster W.223-342-n.
Besenheide W.311-323-z.
Bewimperte Alpenrose B.342-322-j.
Bewimperter Mannsschild B.242-414-h.
Bienen-Ragwurz T.2w52-443-g.
Bingelkraut U.234-442-u.
Bittere Schafgarbe B.252-514-h.
Bitteres Schaumkraut S.5f33-323-g.
Bittersüßer Nachtschatten W.4w34-343-z.
Blasenbinse S.5wi43-443-g.
Blattloser Steinbrech B.352-412-c.
Blaue Gänsekresse B.442-512-h.
Blaue Heckenkirsche B.322-323-n.
Blauer Eisenhut B.434-322-h.
Blauer Gauchheil U.243-344-t.
Blaugras B.242-424-h.
Blaugrüne Binse S.4w34-433-h.
Blaugrüne Segge S.3w42-333-g.
Blaugrüner Steinbrech B.251-514-c.
Bleiche Segge F.3w23-333-h.
Blut-Weiderich S.4w33-343-h.
Blutauge S.522-433-g.
Blutwurz S.3wx2-433-h.
Borstgras B.322-423-h.
Brand-Knabenkraut S.5w32-433-g.
Braun-Klee B.343-423-h.
Braune Schnabelbinse S.5w12-432-h.

Braune Segge S.522-323-h.
Brauner Storchschnabel F.434-334-h.
Breitblättriger Hohlzahn U.232-424-u.
Breitblättriger Rohrkolben G.5wi34-443-g.
Breitblättriges Hornkraut B.342-513-c.
Breitblättriges Knabenkraut S.5w33-433-g.
Breitblättriges Laserkraut B.2w43-334-h.
Breitblättriges Wollgras S.5w42-433-h.
Brennender Hahnenfuß S.5w32-433-h.
Brennessel U.3w35-333-h.
Brillenschötchen B.242-423-h.
Brombeere W.4w34-243-n.
Bruch-Weide W.4w33-443-p.
Buchsblättrige Kreuzblume B.2w42-323-z.
Bunt-Hafer F.334-433-h.
Bunter Hohlzahn U.435-334-t.
Buntes Reitgras P.2w42-333-h.
Busch-Windröschen W.333-232-g.

Christophskraut W.434-133-h.
Clusius' Enzian B.252-524-h.

Davall-Segge S.5w42-532-h.
Deutsche Tamariske P.3w42-434-j.
Deutscher Backenklee T.152-453-z.
Deutscher Enzian P.3w42-432-u.
Deutscher Ginster T.212-333-z.
Dorniger Hauhechel T.2w43-444-c.
Draht-Schmiele W.222-233-h.
Dreiblatt-Binse B.221-514-h.
Dreiblättriger Baldrian B.332-323-g.
Dreiblättriger Ehrenpreis U.132-444-t.
Dreigriffeliges Hornkraut B.424-412-c.
Dreispaltige Binse B.221-514-h.
Dreiteiliger Zweizahn S.5w35-443-t.
Dreizahn S.3w22-433-h.
Dreizähniges Knabenkraut T.2w42-452-g.
Duftlauch S.4w42-453-g.

Eberesche W.322-333-p.
Echte Brunnenkresse G.5fi44-333-g.
Echte Edelraute B.332-514-c.
Echte Kamille U.333-443 -t.
Echte Legföhre, Latsche B.2x2-424-j.
Echte Nelkenwurz W.334-243-h.
Echter Baldrian W.4w44-343-h.
Echter Kreuzdorn B.242-334-n.
Echter Salomonssiegel T.233-334-g.
Echter Schaf-Schwingel T.222-434-h.
Echter Steinklee P.132-424-u.
Echtes Johanniskraut T.3w33-343-h.
Echtes Labkraut S.3w42-434-g.
Echtes Löffelkraut P.4w33+442-u.
Echtes Lungenkraut W.343-242-h.
Edelgamander T.142-344-z.
Edelweiß B.242-414-h.
Efeu W.333-242-i,wi.
Einblütiges Berufskraut B.232-514-h.
Einblütiges Hornkraut B.322-513-c.
Einblütiges Wintergrün B.322-223-h.
Einfacher Igelkolben G.5wi34-443-g.
Eingriffeliger Weißdorn W.3w42-444-p.
Einjähriges Rispengras U.334-433-u.
Eis-Segge B.5f42-422-g.
Eisenhutblättriger Hahnenfuß S.5w34-322-h.
Elsbeerbaum W.242-352-p.
Englisches Raygras F.3w34-433-h.
Erd-Segge W.142-344-h.
Erdbeer-Fingerkraut W.333-342-h.
Esparsetten-Tragant T.142-444-h.

Faden-Binse B.4w22-523-g.
Faden-Segge S.5w21-433-g.
Färber-Scharte S.4w42-444-h.
Farnblättriges Läusekraut B.342-512-h,hp.
Faulbaum W.4w32-343-n.
Feld-Ahorn W.343-342-p.
Feld-Ehrenpreis U.234-344-t.
Feld-Hainsimse T.322-433-h.
Feld-Klee U.232-443-u.
Feld-Kresse U.244-433-u.
Feld-Ulme W.3w43-353-p.
Feldsimse T.322-433-h.
Felsen-Baldrian B.252-423-h.
Felsen-Leimkraut B.222-424-h.
Felsen-Miere B.241-514-c.
Felsen-Nelke T.142-444-c.
Felsen-Straußgras B.222-514-h.
Felsenbirne P.242-433-n.
Feuerlilie B.232-434-g.
Fichte W.3x3-123-i.
Fieberklee G.532-433-g.
Fieder-Zwenke T.243-333-h.
Filzige Klette U.245-434-h.
Filzige Zwergmispel B.242-322-h.
Filziges Felsenblümchen B.252-514-c.
Finger-Segge W.232-233-h.
Flatter-Binse S.4w23-333-h.
Flatter-Ulme K.4w34-253-p.
Flattergras W.333-233-g.
Flaum-Eiche W.142-353-p.
Flaum-Fingerkraut T.132-534-c.
Flaumhafer F.243-433-h.
Flaumiger Seidelbast T.152-455-z.
Fleischers Weidenröschen B.3w43-523-c.
Fliegen-Ragwurz W.3w51-333-g.
Flutender Hahnenfuß G.5fu33-342-a.
Flutender Schwaden G.5fwi33-433-g.
Föhre W.xx2-434-i.
Frühblühender Thymian T.132-544-c.
Frühlings-Enzian B.3w42-423-h.
Frühlings-Fingerkraut T.232-542-c.
Frühlings-Hungerblümchen U.3w43-443-t.
Frühlings-Küchenschelle B.222-423-h.
Frühlings-Miere B.241-523-c.
Frühlingssegge T.232-433-h.
Fuchs' Kreuzkraut W.334-332-h.
Fuchs' Knabenkraut S.3w33-334-g.
Furchen-Steinbrech B.322-513-c.
Futter-Esparsette T.242-444-h.

Gamander-Ehrenpreis F.334-333-g.
Gänse-Fingerkraut U.3w34-433-h.
Gänseblümchen F.334-433-h.
Gebirgs-Binse S.5w42-432-h.
Gefleckte Taubnessel U.334-333-n.
Geflecktes Johanniskraut S.4w34-323-h.
Gefranster Enzian P.3w42-333-u.
Gegenblättriger Steinbrech B.442-513-c.
Gekielter Lauch U.2w42-434-g.
Gelappter Schildfarn W.433-232-h.
Gelbe Hainsimse B.222-413-h.
Gelbe Resede U.244-443-u.
Gelbe Schwertlilie S.5wi34-343-g.
Gelbe Segge S.4w32-333-h.
Gelbe Skabiose T,N.142-455-h.
Gelbe Teichrose G.5v33-433-a.
Gelbe Wiesenraute S.4w43-343-h.
Gelber Eisenhut W.434-232-h.
Gelber Enzian B.343-422-h.
Gelber Mauerpfeffer P.141-454-c.
Gelbling B.423-412-h.
Gelbscheidiges Federgras T.142-353-h.
Gemeine Brunelle F.333-433-h.
Gemeine Kammschmiele T.232-434-h.
Gemeine Kratzdistel U.334-333-h.
Gemeiner Dornfarn W.333-233-h.
Gemeiner Frauenhaarfarn W.323-232-h.
Gemeiner Froschlöffel G.5wi33-443-g.
Gemeiner Tüpfelfarn P.322-243-h.
Gemeines Bartgras T.242-554-h.
Gemsen-Binse B.422-413-h.
Gemsheide B.221-514-z.
Gewimpertes Perlgras T.152-444-h.
Gewöhnliche Esche W.4w44-242-p.
Gewöhnliche Eselsdistel U.245-444-h.
Gewöhnliche Felsennelke T.122-453-t.
Gewöhnliche Goldrute W.333-243-h.
Gewöhnliche Kratzdistel U.334-333-h.
Gewöhnliche Kreuzblume T.3w32-444-h.
Gewöhnliche Küchenschelle T.142-444-h.
Gewöhnliche Moosbeere S.511-432-z.
Gewöhnliche Nachtkerze U,N.2w33-443-u.
Gewöhnliche Ochsenzunge U.234-444-h.
Gewöhnliche Pestwurz S.4w34-343-g.
Gewöhnliche Schafgarbe F.233-433-h.
Gewöhnliche Simsenlilie S.4w42-433-h.
Gewöhnliche Sumpfbinse S.5wi42-433-g.
Gewöhnliche Waldrebe W.343-332-p,wi.
Gewöhnliche Wegwarte U.243-543-h.
Gewöhnlicher Beifuß U.3w34-444-h.
Gewöhnlicher Beinwell S.3w34-343-h.
Gewöhnlicher Berg-Bärlapp W.312-123-c.
Gewöhnlicher Dost T.233-343-g.
Gewöhnlicher Frauenmantel F.434-322-h.
Gewöhnlicher Gilbweiderich S.4w33-343-h.
Gewöhnlicher Hohlzahn U.335-333-t.
Gewöhnlicher Odermennig T.243-443-h.
Gewöhnlicher Teufelsabbiß S.3w32-333-h.
Gewöhnlicher Wacholder W.2w32-434-i.
Gewöhnlicher Wundklee T.132-444-h.
Gewöhnliches Bitterkraut F.244-443-h.
Gewöhnliches Ferkelkraut F.323-432-h.
Gewöhnliches Fettkraut S.4w42-433-h,iv.
Gewöhnliches Hexenkraut W.4w22-233-g.
Gewöhnliches Hornkraut B.334-322-c.
Gewöhnliches Katzenpfötchen B.222-423-c.
Gewöhnliches Pfaffenhütchen W.3w43-332-n.
Gewöhnliches Rispengras F.3w34-333-h.
Gewöhnliches Ruchgras F.323-433-h.
Gewöhnliches Sonnenröschen T.142-544-z.
Giersch F.334-333-h.
Gilbweiderich S.4w33-343-h.
Glanz-Weide B.253-433-n.
Glänzendes Laichkraut G.5u44-343-a.
Glanzfrüchtige Binse S.4w33-433-h.
Glatthafer F.334-343-h.
Gletscher-Hahnenfuß B.422-413-h.
Gletscher-Tragant B.343-413-g.
Gold-Aster T.142-454-h.
Gold-Fingerkraut B.322-423-h.
Gold-Kälberkropf F.344-334-h.
Gold-Pippau B.334-423-h.
Goldhafer F.334-433-h.
Goldnessel W.333-134-c.
Goldrute B.323-323-h.
Gras-Laichkraut G.5u42-433-a.
Gras-Sternmiere F.3w23-333-h.
Grau-Erle B.4fwi44-333-p.
Grauer Alpendost B.434-222-h.
Grauer Löwenzahn B.152-424-h.
Grauscheidiges Federgras T.132-535-h.
Grausegge S.5w23-433-h.
Grauzottiges Habichtskraut B.222-514-h.
Großblütige Gemswurz B.343-513-h.
Großblütiger Fingerhut B.334-333-h.
Große Brennessel U.3w35-333-h.
Große BrunelleT.242-434-h.
Große Gemswurz B.343-513-h.
Große Klette U.335-345-h.
Große Pimpernelle F.334-333-h.
Große Sterndolde B.343-323-h.
Große Sternmiere W.323-252-c.
Großer Ehrenpreis T.243-343-c.
Großer Wegerich U.3w34-433-h.
Großer Wiesenknopf S.3w33-433-h.
Großes Laserkraut B.2w43-434-h.
Großes Springkraut W.4w34-232-t.
Großes Zweiblatt S.3w33-333-g.
Großköpfige Gemswurz B.343-513-h.
Grün-Erle B.4w24-422-n.
Grünliches Wintergrün W.242-334-h.
Gundermann F.333-343-h.
Guter Heinrich U.235-434-h.

Haar-Federgras T.142-545-h.
Haarpfriemengras T.142-545-h.
Hain-Gilbweiderich W.4w23-232-c.
Hain-Kreuzkraut B.434-322-h.
Hain-Rispengras W.233-333-h.
Hain-Sternmiere W.424-232-h.
Hainbuche W.333-243-p.
Hainklette U.335-333-h.
Halbkugelige Teufelskralle B.222-413-h.
Hallers Schwingel B.222-424-h.
Hänge-Birke W.xx2-433-p.
Hasel W.333-333-n.
Hasen-Segge S.3w22-333-h.
Hasenlattich W.333-233-h.
Heckenkirsche W.3w43-223-n.
Heidekraut W.311-323-z.
Heidelbeere W.312-233-z.
Heil-Ziest S.3w33-443-h.
Heilwurz T.142-434-h.
Hellgelbe Sommerwurz T.242-444-g,p.
Helm-Knabenkraut T.2w52-443-g.
Herzblättrige Glockenblume W.242-354-h.
Herzblättriger Hahnenfuß B.252-513-h.
Himbeere W.334-333-n.
Himmelsherold B.322-513-c.
Hirschzungenfarn W.343-232-n.
Hirsensegge S.4w32-433-h.
Hirtentäschel U.234-423-u.
Hopfen W.4w34-343-h.
Hopfenbuche W.243-253-p.
Hopfenklee F.243-343-u.
Hornklee B.333-513-h.
Horst-Segge B.232-414-h.
Hufeisenklee T.242-434-c.
Huflattich P.3w43-433-a.
Hunds-Quecke W.4w44-333-h.
Hunds-Rose W.232-333-n.
Hunds-Veilchen T.322-433-h.

Indisches Springkraut U,N.4w44-342-t.

Kahler Alpen-Dost B.443-223-h.
Kahler Frauenmantel F.4w33-322-h.
Kalk-Blaugras B.242-424-h.
Kamm-Laichkraut G.5fu44+333-a.
Kanadische Goldrute U,N.333-343-g.
Kanadische Wasserpest G,N.5u43-343-a.
Kanten-Lauch S.4w43-443-g.
Karthäusernelke T.232-434-h.
Katzenpfötchen B.222-423-c.
Kerners Läusekraut B.222-514-h,hp.
Keulen-Bärlapp W.211-323-c.
Klatsch-Mohn U.243-444-u.
Klebriger Salbei W.344-233-h.
Kleinblütige Königskerze U.234-543-u.
Kleinblütige Segge B.442-412-h.
Kleinblütiges Springkraut W,N.334-342-t.
Kleine Braunelle F.333-433-h.
Kleine Klette U.335-434-h.
Kleine Mutterwurz B.333-422-h.
Kleine Wasserlinse G.5s33-332-a.
Kleine Wolfsmilch U.253-453-t.
Kleiner Ampfer U.212-543-h.
Kleiner Sauer-Ampfer U.212-543-h.

Kleiner Wiesenknopf T.242-433-h.
Kleines Habichtskraut B.312-413-h.
Kleines Knabenkraut T.2w42-443-g.
Kleinfrüchtiger Acker-Frauenmantel U.222-452-t.
Kletten-Labkraut U.335-343-t.
Knäuel-Binse S.4w23-432-h.
Knäuel-Glockenblume T.243-443-h.
Knoblauchhederich W.335-243-u.
Knöllchen-Knöterich B.332-413-h.
Knolliger Hahnenfuß T.242-433-h.
Knotige Braunwurz W.434-233-h.
Kochs Enzian B.322-423-h.
Kohl-Gänsedistel U.344-443-u.
Kohldistel S.4w44-333-h.
Kompaß-Lattich T.243-454-u.
Kopf-Geißklee T.142-353-z.
Kopfiges Läusekraut B.252-414-h,hp.
Korb-Weide W.4fw43-444-p.
Kornelkirsche W.243-352-p.
Kratzbeere W.4w34-243-n.
Krauser Ampfer U.3w34+433-h.
Kraut-Weide B.422-512-h.
Kreuz-Labkraut W.334-343-g.
Kriechende Nelkenwurz B.322-512-h.
Kriechende Quecke U.3w34+433-g.
Kriechender Günsel F.333-332-h.
Kriechender Hahnenfuß U.4w34-333-h.
Kriechendes Gipskraut B.3w52-523-c.
Kronenlattich S.4w33-422-h.
Krumm-Segge B.222-514-h.
Kuckucks-Lichtnelke S.4w33-433-h.
Kugel-Rapunzel B.3w42-423-h.
Kugelige Teufelskralle B.3w42-423-h.
Kugelorchis B.343-423-g.
Kugelschötchen B.252-524-h.
Kümmel-Silge S.4w32-443-h.
Kurzstengel-Gemskresse B.432-513-h.

Lämmersalat P.3fw42-444-h.
Land-Reitgras P.3wx3-333-h.
Langblättriger Sonnentau S.5w31-433-h,iv.
Langstieliges Hornkraut B.322-513-c.
Lanzen-Schildfarn W.343-322-h.
Lärche B.332-424-p.
Lavendel-Weide P.4w32-433-p.
Leberblümchen W.242-244-h.
Liguster W.3w42-343-n.
Lorbeer-Weide B.4wi33-424-p.
Lungen-Enzian S.4w32-443-h.

Mädesüß S.4w34-333-h.
Maiglöckchen W.2w32-333-g.
Mandel-Weide W.4fw43-443-n.
Mannaesche W.242-352-p.
Männlicher Wurmfarn W.423-222-h.
Mannsschild-Steinbrech B.442-412-c.
Margerite F.333-433-h.
Mauerlattich W.334-243-h.
Mauerraute P.242-433-h.
Mäusegerste U.234-444-t.
Mehlprimel S.4w42-423-h.
Meisterwurz B.334-323-h.
Mierenblättriges Weidenröschen B.5f33-422-h.
Milder Mauerpfeffer P.242-534-c.
Mittlerer Klee W.233-343-h.
Möhren-Haftdolde U.242-344-t.
Mondviole W.344-232-h.
Moor-Birke S.xx2-433-p.
Moor-Glockenheide S,N.412-431-z.
Moorbeere B.312-323-z.
Moos-Nabelmiere W.324-332-c.
Moos-Steinbrech K.322-321-c.
Moschus-Steinbrech B.342-513-c.
Mücken-Handwurz S.3w32-433-g.

Nacktriet B.231-514-h.
Natterkopf T.134-434-h.
Nesselblättrige Glockenblume W.333-243-h.
Nesselblättriger Ehrenpreis W.333-233-g.
Netz-Weide B.342-412-z.
Netzblatt W.231-234-g.
Nickende Distel U.244-443-u.
Nickender Zweizahn S.5w35-443-t.
Nickendes Perlgras W.232-233-g.
Nickendes Weidenröschen B.5f22-422-h.
Nickendes Wintergrün B.332-233-h.
Niedriges Habichtskraut P.252-433-h.
Nordisches Labkraut T.3w42-334-a.

Österreichische Schwarzwurzel T.2w42-354-h.

Pastinak F.2w42-443-u.
Persischer Ehrenpreis U,N.344-443-u.
Perücken-Flockenblume B.333-423-h.
Pfeifengras S.4wx2-433-h.
Pfennigkraut W.434-342-c.
Pfirsichblättrige Glockenblume W.242-344-h.
Pillen-Segge W.2w13-332-h.
Pimpernuß W.243-352-n.
Platanenblättriger Hahnenfuß W.3w23-223-h.
Polster-Miere B.251-513-c.
Polster-Segge B.251-514-h.
Pracht-Nelke B.3w32-423-h.
Preiselbeere W.322-323-z.
Purgier-Lein S.3w41-333-u.
Purpur-Fingerhut W.324-342-h.
Purpur-Weide P.3w33-443-p.
Purpurblauer Steinsame W.242-353-c.

Quell-Hornkraut B.334-322-c.
Quell-Sternmiere S.4w23-333-h.
Quendel-Sandkraut U.133-443-u.
Quendelblättrige Weide B.242-514-z.
Quirlblättrige Zahnwurz W.344-232-g.
Quirlblättriges Läusekraut B.442-423-h,hp.
Quirlblütiges Tausendblatt G.5u33-442-a.

Rainfarn U.233-444-h.
Rainkohl W.334-243-u.
Rasen-Schmiele S.4w34-333-h.
Rasenbinse S.4w22-423-h.
Rauher Alant T.142-354-g.
Rauher Löwenzahn F.333-433-h.
Rauhes Hornblatt G.5u45-34x-a.
Rauhhaariger Fuchsschwanz U,N.334-443-t.
Rauhhaariges Veilchen W.243-343-h.
Reif-Weide P.4wi42-433-p.
Resedenblättriges Schaumkraut B.322-413-h.
Riesen-Schwingel W.4w33-343-h.
Riesenschachtelhalm W.5w43-342-g.
Rippenfarn W.322-323-h.
Rispen-Flockenblume P.133-453-h.
Rispen-Segge S.5w43-432-h.
Rohr-Glanzgras S.5fwi34-443-g.
Rosmarin-Weidenröschen P.133-444-c.
Rosmarinheide S.411-432-z.
Roßminze S.4w44-333-g.
Rost-Segge B.443-422-h.
Rostblättrige Alpenrose B.322-322-j.
Rostrote Kopfbinse S.4w32-433-h.
Rot-Schwingel F.333-4x3-h.
Rotbeerige Zaunrübe W.344-452-h,wi.
Rotbraune Stendelwurz W.2w41-334-g.
Rotbuche W.3x3-132-p.
Rote Heckenkirsche W.333-333-n.
Rote Taubnessel U.344-433-u.
Roter Hartriegel W.343-343-n.
Roter Schwingel F.333-4x3-h.
Rotes Seifenkraut T.242-434-c.
Rotes Straußgras F.322-333-h.
Rotes Waldvöglein W.242-344-g.
Rundblättrige Glockenblume T.232-443-h.
Rundblättriger Sonnentau S.521-433-h,iv.
Rundblättriger Steinbrech W.434-222-h.
Rundblättriges Labkraut W.322-133-g.
Rundblättriges Täschelkraut B.352-513-c.
Runder Lauch U.243-454-g.
Ruprechtsfarn P.343-322-g.

Saat-Mohn U.223-444-u.
Sal-Weide W.3w33-333-p.
Salbei-Gamander W.222-422-g.
Sand-Fingerkraut T.142-554-c.
Sand-Labkraut S,N.3w12-432-c.
Sand-Mohn U.233-344-u.
Sand-Veilchen P.131-334-h.
Sanddorn P.2w42-434-n.
Sauer-Ampfer F.333-433-h.
Säuerling B.332-512-h.
Schaf-Schwingel T.222-434-h.
Scharbockskraut W.4w34-332-g.
Scharfer Hahnenfuß B.3w33-334-h.
Scharfer Mauerpfeffer P.131-534-c.
Schattenblümchen W.322-133-g.
Scheidiges Wollgras S.4w11-423-h.
Scheuchzers Glockenblume B.333-423-h.
Scheuchzers Wollgras B.5wi22-513-g.
Schild-Ampfer B.232-423-h.
Schilf G.5wi33+333-g.
Schlamm-Segge S.5wi11-433-g.
Schlanke Segge S.5w33-333-h.
Schlehe W.243-443-n.
Schlucht-Weide B.4w33-323-p.
Schmalblättriger Hohlzahn P.252-434-u.
Schmalblättriger Rohrkolben G.5wi43+443-g.
Schmalblättriges Weidenröschen P.334-334-h.
Schmalblättriges Wollgras S.5w22-523-g.
Schnabelsegge S.5wi32-433-g.
Schnee-Ampfer B.442-512-h.
Schnee-Hainsimse W.222-233-h.
Schneeheide B.242-324-z.
Schöllkraut U.334-343-h.
Schotter-Weidenröschen B.3w43-523-c.
Schwalbenwurz T.242-333-g.
Schwalbwurz-Enzian W.343-333-h.
Schwarz-Erle W.5wi34+343-p.
Schwarz-Pappel W.4wi44-343-p.
Schwarz-Weide W.4wi33-423-p.
Schwarze Edelraute B.232-514-c.
Schwarze Fetthenne B.342-513-u.
Schwarze Flockenblume T.323-442-h.
Schwarze Krähenbeere S.322-332-z.
Schwarze Schafgarbe B.352-513-h.
Schwarze Segge B.4w33-322-h.
Schwarzer Holunder W.343-342-n.
Schwarzes Kopfriet S.4fw42-443-h.
Schwarzföhre K.242-444-i.
Schwarznessel U.235-454-g.
Schwarzwerdender Geißklee W.232-353-n.
Schweizer Labkraut B.352-513-h.
Schweizer Löwenzahn B.322-413-h.
Schweizer Mannsschild B.241-514-c.
Schwimmendes Laichkraut G.5v32-433-a.
Seebinse G.5i33-543-a.
Seguiers Steinbrech B.422-412-c.
Seidelbast W.343-233-n.
Sibirische Schwertlilie S.4w42-444-g.
Sichelklee T.242-444-h.
Siebenstern W.422-322-g.
Silber-Weide W.4wi44-343-p.
Silberdistel B.222-433-h.
Silberwurz B.242-514-z.
Silge S.4w32-443-h.
Sommer-Adonisröschen U.252-344-t.
Sommer-Linde W.343-242-p.
Spargel U.233-453-g.
Späte Goldrute S,N.4w33-343-g.
Spieß-Weide B.433-323-n.

Spinnweb-Hauswurz B.121-524-c.
Spirke B.xx2-424-i.
Spitz-Ahorn W.343-242-p.
Spitz-Wegerich F.233-433-h.
Spitzblütige Binse S.4w23-442-h.
Stachelspitze Segge B.241-524-h.
Stechpalme W.333-354-n.
Steife Rauke U.344-344-h.
Steife Segge S.5wi33-442-h.
Steinröschen B.242-323-z.
Stengel-Fingerkraut B.252-423-h.
Stengellose Silberdistel B.222-433-h.
Stengelloses Leimkraut B.221-514-c.
Steppen-Lieschgras T.132-445-h.
Steppen-Wolfsmilch P.142-445-c.
Stern-Segge S.5w22-332-h.
Stern-Steinbrech B.5f32-522-c.
Stiel-Eiche W.3wx3-343-p.
Stinkender Storchschnabel U.334-233-u.
Strahlensame B.442-322-h.
Strahllose Kamille U,N.335-443-t.
Strauß-Steinbrech B.322-433-c.
Stumpfblättrige Weide B.333-523-z.
Stumpfblättriger Ampfer F.3w34-433-h.
Stumpfblütige Binse S.4w42-542-g.
Sumpf-Baldrian S.4w33-333-h.
Sumpf-Dreizack S.4w42+533-h.
Sumpf-Fetthenne S.4w21-422-u.
Sumpf-Haarstrang S.5w32-343-h.
Sumpf-Hornklee S.4w33-342-h.
Sumpf-Knöterich S.5ws34-433-g.
Sumpf-Kratzdistel S.4w33-343-h.
Sumpf-Labkraut S.4w32-333-g.
Sumpf-Läusekraut S.5w32-433-h,hp.
Sumpf-Pippau S.4w33-332-h.
Sumpf-Rispengras S.5w43-443-h.
Sumpf-Schachtelhalm S.4w32-433-g.
Sumpf-Segge S.5w44-343-g.
Sumpf-Stendelwurz S.4w42-433-g.
Sumpf-Veilchen S.522-333-h.
Sumpf-Vergißmeinnicht S.4w34-322-g.
Sumpf-Wasserstern G.5wv33-433-a.
Sumpf-Weidenröschen S.522-433-h.
Sumpfbärlapp S.5w21-432-c.
Sumpfbinse S.5wi42-433-g.
Sumpfdotterblume S.533-333-h.
Sumpfherzblatt S.4w42-423-h.
Sumpfkalla G,N.5wi32-343-g.
Süßklee B.343-423-h.

Tag-Lichtnelke U.434-333-u.
Tanne W.4wx3-132-i.
Tannenbärlapp W.322-323-c.
Tannenwedel G.5i43-433-g.
Tauben-Skabiose T.242-444-h.
Taubenkropf W.4w44-352-g.
Taumel-Kälberkropf W.344-342-u.
Teich-Schachtelhalm S.4w32-433-g.
Teichlinse G.5s34-353-a.
Tollkirsche W.344-342-h.
Trauben-Eiche W.2x2-343-p.
Trauben-Holunder W.334-333-n.
Trauben-Steinbrech B.242-523-c.
Traubenkirsche W.4w43-242-p.
Traubige Graslilie T.132-444-h.
Trichterlilie B.333-423-h.
Trollblume S.4w33-423-h.
Tüpfel-Enzian B.312-423-h.
Tüpfelfarn P.322-243-h.
Türkenbund W.343-333-g.

Ufer-Reitgras S.3w43-343-h.
Ufer-Segge S.5w43-443-g.
Ufer-Wolfstrapp S.5w33-343-g.

Vandellis Mannsschild B.221-514-c.
Venushaar P.452-341-h.
Vielblättriges Läusekraut B.444-322-h,hp.
Vielblütige Weißwurz W.333-233-g.
Violette Königskerze K.143-454-h.
Violetter Schwingel B.323-424-h.
Vogel-Knöterich U.334-442-t.
Vogelfuß-Segge W.242-333-h.
Vogelkirsche W.333-343-p.
Vogelknöterich U.334-442-t.
Vogelmiere U.334-333-u.

Wacholder W.2w32-434-i.
Wald-Engelwurz S.4w33-333-h.
Wald-Erdbeere W.333-333-h.
Wald-Frauenfarn P.452-341-h.
Wald-Geißbart W.434-232-h.
Wald-Geißblatt W.323-342-n,wi.
Wald-Gelbstern W.3w44-233-g.
Wald-Habichtskraut W.233-233-h.
Wald-Hainsimse W.322-242-h.
Wald-Kiefer W.xx2-434-i.
Wald-Kreuzkraut W.324-343-u.
Wald-Labkraut W.233-242-g.
Wald-Sanikel W.333-232-h.
Wald-Sauerklee W.333-133-g.
Wald-Schaumkraut W.4w34-332-u.
Wald-Schwingel W.3w23-232-h.
Wald-Segge W.333-133-h.
Wald-Sternmiere W.424-232-h.
Wald-Storchschnabel B.334-323-h.
Wald-Trespe W.3w33-342-h.
Wald-Wachtelweizen W.312-223-t,hp.
Wald-Witwenblume W.333-333-h.
Wald-Ziest W.434-243-g.
Wald-Zwenke W.434-343-h.
Waldmeister W.333-132-h.
Waldsimse S.4fw34-333-g.
Walliser-Schwingel T.132-445-h.
Wasser-Minze S.5w33-343-g.
Wasserdost S.4w44-343-h.
Wasserknöterich S.5ws34-433-g.
Wasserschwaden G.5wi45-443-g.
Wechselblättriges Milzkraut W.5w34-233-h.
Weg-Distel U.134-452-h.
Weg-Rauke U.234-433-u.
Weiches Honiggras U.322-333-h.
Weichhaariger Hohlzahn U.334-342-t.
Weichhaariger Pippau F.3w33-332-h.
Weiden-Alant S.3w42-443-g.
Weidenblättriges Ochsenauge W.2w42-334-h.
Weiß-Klee F.3w34+433-h.
Weiße Hainsimse W.222-233-h.
Weiße Pestwurz W.4w34-233-g.
Weiße Schnabelbinse S.5w22-433-h.
Weiße Seerose G.5v33-442-a.
Weiße Segge W.232-334-h.
Weiße Taubnessel U.335-344-h.
Weißer Alpen-Mohn B.342-513-h.
Weißer Gänsefuß U.234-433-t.
Weißer Germer B.434-423-h.
Weißer Mauerpfeffer P.132+534-c.
Weißer Steinklee P.132-424-u.
Weißes Labkraut W.334-333-h.
Weißes Straußgras B.242-514-h.
Weißliches Habichtskraut B.222-424-h.
Weißzüngel B.321-423-g.

Wenigblütige Segge S.4w11-422-g.
Wiesen-Bärenklau F.334-333-h.
Wiesen-Flockenblume F.333-433-h.
Wiesen-Fuchsschwanz F.4w34-433-h.
Wiesen-Glockenblume T.333-434-u.
Wiesen-Kammgras F.333-433-h.
Wiesen-Kerbel F.334-333-h.
Wiesen-Klee F.333-333-h.
Wiesen-Knäuelgras F.334-343-h.
Wiesen-Knöterich B.4w34-323-h.
Wiesen-Kümmel F.333-433-u.
Wiesen-Labkraut W.3w34-342-h.
Wiesen-Lieschgras F.334-433-h.
Wiesen-Löwenzahn W.334+443-h.
Wiesen-Platterbse F.333-333-g,wi.
Wiesen-Rispengras F.334-433-h.
Wiesen-Salbei T.242-444-h.
Wiesen-Schaumkraut F.434-332-h.
Wiesen-Schwingel F.334-433-h.
Wiesen-Storchschnabel T.344-453-h.
Wiesen-Wachtelweizen W.312-333-t,hp.
Wilde Malve U.234-443-u.
Wilde Möhre T.232-443-u.
Wilde Resede U.244-443-u.
Wilde Sumpfkresse U.4w34-443-h.
Wildes Stiefmütterchen T.333-333-u.
Wimper-Nabelmiere B.342-513-c.
Wimper-Perlgras T.152-444-h.
Winkelsegge W.4w33-243-h.
Winter-Linde W.232-243-p.
Winterlieb W.222-234-c.
Wirbeldost T.232-343-g.
Wohlriechender Salomonssiegel T.233-334-g.
Wolliger Schneeball W.242-343-n.
Wolliges Honiggras F.3w33-442-h.
Wolliges Reitgras W.322-232-h.
Wollköpfige Kratzdistel B.242-423-h.
Wundklee T.132-444-h.

Zartblättriger Lein T.141-454-h.
Zaun-Wicke F.333-333-h,wi.
Zaunwinde U.4w44-343-g,wi.
Zierliches Federgras T.132-535-h.
Zimbelkraut P,N.343-342-c.
Zirbel-Kiefer B.322-325-i.
Zittergras T.2w32-433-h.
Zitterpappel W.323-433-p.
Zottige Gemswurz B.323-513-h.
Zottiges Berg-Fingerkraut B.242-424-h.
Zungen-Hahnenfuß G.5i33-443-g.
Zweiblütiger Steinbrech B.442-513-c.
Zweiblütiges Sandkraut B.422-412-c.
Zweiblütiges Veilchen B.4w34-222-h.
Zweizeiliges Blaugras B.242-424-h.
Zwerg-Augentrost B.322-413-t,hp.
Zwerg-Baldrian B.352-413-g.
Zwerg-Gänsekresse B.352-514-h.
Zwerg-Glockenblume B.4w42-423-h.
Zwerg-Holunder W.344-342-g.
Zwerg-Laichkraut G.5u44-433-a.
Zwerg-Mehlbeere B.242-322-n.
Zwerg-Miere B.331-514-c.
Zwerg-Ruhrkraut B.422-512-h.
Zwerg-Seifenkraut B.242-414-h.
Zwerg-Sonnenröschen T.142-444-z.
Zwerg-Troddelblume B.422-511-h.
Zwerg-Wacholder B.222-424-j.
Zwergbuchs W.242-352-j.
Zwittrige Krähenbeere B.122-423-z.
Zypressen-Wolfsmilch T.232-433-n.

# Übersicht über das System der Pflanzengesellschaften

## eingearbeitet in das System von OBERDORFER 1994 in Kombination mit der Gliederung nach POTT 1995

Die systematische Nomenklatur der Pflanzengesellschaften ist weder einheitlich noch eindeutig. Derzeit existiert noch keine gültige Nomenklatur, die für die 73 Klassen der mitteleuropäischen Vegetation verbindlich verwendet werden könnte. LADISLAV MUCINA unternahm in seiner Studie „Conspectus of Classes of European Vegetation" (in: *Folia Geobotanica* 32/1997, 117–172) einen ersten Versuch, ein gültiges Schema bzw. eine Struktur für das pflanzensoziologische System vorzulegen. Gleichzeitig will der Beitrag die Nomenklatur standardisieren und einen gültigen Code der pflanzensoziologischen Nomenklatur (CPN; BARKMAN et al. 1986) vorlegen. Die nachfolgende Liste stellt das System der Pflanzengesellschaften von OBERDORFER 1994 vor, das mit der Gruppierung von POTT 1995 kombiniert ist. Assoziations-, Verbands- und Ordnungsebenen folgen weitgehend dem System von OBERDORFER. Von POTT wurde hauptsächlich die Einteilung der 11 Großgruppen übernommen. Jede in diesem Handbuch besprochene Gesellschaft ist in der nachfolgenden Auflistung mit der entsprechenden Kennziffer am Ende des Assoziationsnamen versehen, wodurch ein rasches Auffinden bzw. eine unmittelbare Zuordnung gewährleistet wird. Dabei wird deutlich, daß sich das System von OBERDORFER nicht mit dem im Buch verwendeten deckt, das weitgehend eine Kombination der Einteilung von POTT 1995 (Pfla.-Ges. für Deutschland) und GRABHERR/MUCINA 1993 (Pfla.-Ges. für Österreich) darstellt.

## I. Wasserpflanzen-Gesellschaften

### 1. Klasse: Lemnetea minoris Tx. 55, Wasserlinsendecken

**1. Ordnung:** Lemnetalia minoris Tx. 55
**Verband:** Lemnion minoris Tx. 55
**Assoziationen:** Hydrocharitetum morsus-ranae Van Langend. 35
Lemnetum gibbae Miyaw. et J. Tx. 60 (**11.1.2**)
Lemnetum minoris Müll. et Görs 60
Lemnetum trisulcae Knapp et Stoffers 62 (**11.1.3**)
Lemno-Spirodeletum polyrhizae W. Koch 54 (**11.1.1**)
Lemno-Utricularietum vulgaris Soo 38
Riccietum fluitantis Slavn. 56 (**11.1.4**)
Riccietum rhenanae Knapp et Stoff. 62
Spirodelo-Salvinietum natantis Slavn. 56
Utricularietum australis Müll. et Görs 60

### 2. Klasse: Charetea fragilis (Fuk. 61) Krausch 64, Armleuchteralgen-Gesellschaften

**1. Ordnung:** Nitelletalia flexilis W. Krause 69
**Verband:** Nitellion flexilis (Corill. 57) W. Krause 69
**Assoziationen:** Charetum braunii Corill. 57
Nitelletum flexilis Corill. 57
**Verband:** Nitellion syncarpo-tenuissimae W. Krause 69
**Assoziationen:** Nitello-Vaucherietum dichotomae Krausch 64
Nitelletum syncarpo-tenuissimae W. Krause 69
**2. Ordnung:** Charetalia hispidae Sauer 37
**Verband:** Charion asperae W. Krause 69
**Assoziationen:** Charetum vulgaris W. Krause 69
Charetum asperae Corill. 57 (**11.2.1**)
Charetum hispidae Corill. 57
Charetum intermediae A. Melz. 77
Charetum strigosae A. Melz. 77
Charetum tomentosae Corill. 57
Charo-Tolypelletum glomeratae Corill. 57
Charo-Tolypelletum intricatae W. Krause 69
Nitellopsietum obtusae Dambska 61

### 3. Klasse: Zosteretea marinae Pign. 53, Seegraswiesen

**1. Ordnung:** Zosteretalia marinae Beguinot 41
**Verband:** Zosterion marinae Christians. 34
**Assoziationen:** Zosteretum marinae Harms. 36
Zosteretum noltii Harms. 36

### 4. Klasse: Ruppietea J. Tx. 60, Meersalde-Gesellschaften

**1. Ordnung:** Ruppietalia J. Tx. 60
**Verband:** Ruppion maritimae Br.-Bl. 31 em. Den Hart. et Seg. 64
**Assoziationen:** Ruppietum maritimae Hocq. 27
Ruppietum cirrhosae Ivers. 41
Zannichellietum pedicellatae Nordh.54
Eleocharitetum parvulae (Libb. 40) Gilln. 60
Ranunculetum baudotii Br.-Bl. 52
Ceratophylletum demersi Hild 1956 (**11.3.1**)

### 5. Klasse: Potamogetonetea pectinati Tx. et Prsg. 42 corr. Oberd. 79, Wasserpflanzen-Gesellschaften

**1. Ordnung:** Potamogetonetalia pectinati W. Koch 26 corr. Oberd. 79
**Verband:** Ranunculion fluitantis Neuh. 59, Fluthahnenfuß-Ges.
**Assoziationen:** Ranunculetum fluitantis Allorge 22 (**11.6.1**)
Ranunculo-Sietum erecto-submersi Th. Müll. 62
Callitrichetum obtusangulae Seib. 62 (**11.6.2**)
Callitrichetum hamulatae Oberd. (57) 70 em.
Veronico beccabungae-Callitrichetum stagnalis Th. Müll. 62
Potamogeton coloratus-Ges.
Potamogeton densus-Ges. (Korn. 62)
**Verband:** Potamogetonion pectinati W. Koch 26 em. Oberd. 57
**Assoziationen:** Potamogetonetum filiformis W. Koch 28
Potamogetonetum graminei Passarge 66 (**11.4.5**)
Najadetum intermediae Lang 73
Zannichellietum palustris Lang 67
Zannichellietum polycarpae (Markgraf 81)
Potamogetonetum lucentis Hueck 31 (**11.4.2**)
Potamogetoneto-Najadetum marinae Horv.c et Mic. in Horv.c 63
Potamogetonetum trichoidis Freit. et al. 56
Ranunculo circ.-Elodeetum nuttalli de Lange 72
Elodeetum canadensis Pignatti 1953 (**11.4.6**)
Potamogeton perfoliatus-Ges. (**11.4.4**)
Potamogeton pectinatus- Ges. (**11.4.3**)
Potamogeton obtusifolius-Ges.
Potamogeton alpinus-Ges. Koch (**11.4.1**)
**Verband:** Nymphaeion albae Oberd. 57 corr.
**Assoziationen:** Hottonietum palustris Tx. 37
Myriophyllo-Nupharetum W. Koch 26 (**11.5.2**)
Nymphoidetum peltatae Bell. 51
Trapetum natantis Müll. et Görs 60
Nymphaeetum albo-candidae Pass. 57
Nymphaeetum albae Vollm. 47 (**11.5.2**)
Nupharetum pumilae Oberd. 57 (**11.5.2**)
Ranunculetum peltati Sauer 47
Hippuris vulgaris-Ges. (**11.5.1**)
Potamogeton natans-Ges.
Polygonum amphibium-Ges. (**11.5.3**)
Ranunculus aquatilis-Ges.

### 6. Klasse: Utricularietea intermedio-minoris Den H. et Seg. 64 em. Pietsch 65, Moortümpel-Wasserschlauch-Gesellschaften

**1. Ordnung:** Utricularietalia intermedio-minoris Pietsch 65
**Verband:** Sphagno-Utricularion Müll. et Görs 60
**Assoziationen:** Sparganietum minimi Schaaf 25
Scorpidio-Utricularietum minoris Müll. et Görs 60 (**11.7.1**)
Sphagno-Utricularietum ochroleucae Oberd. 57

### 7. Klasse: Littorelletea Br.-Bl. et Tx. 43, Strandling-Gesellschaften

**1. Ordnung:** Littorelletalia W. Koch 26
**Verband:** Deschampsion littoralis Oberd. et Dierß. in Dierß. 75
**Assoziation:** Deschampsietum rhenanae Oberd. 57
**Verband:** Isoetion lacustris Nordh. 37 (Littorellion W. Koch 26 )
**Assoziationen:** Isoetetum echinosporae W. Koch 26
Sparganium angustifolium-Ges.
**Verband:** Lobelion Tx. et Dierß. in Dierß. 72
**Assoziation:** Isoeto-Lobelietum Tx. 37 em. Dierß. 75 (**11.8.1**)
**Verband:** Eleocharition acicularis Pietsch 66 em. Dierß. 75
**Assoziationen:** Eleocharitetum acicularis W. Koch 26 em. Oberd. 57
Littorella uniflora-Ges.
**Verband:** Hydrocotylo-Baldellion Dierß. et Tx. in Dierß. 72
**Assoziationen:** Eleocharitetum multicaulis All. 22
Pilularietum globuliferae Tx. et Müll. et Görs 60
Hyperico-Potamogetonetum oblongi Br.-Bl. et Tx. 52
Samolo-Littorelletum Westh. 43 (Küste)
Ranunculetum ololeuci Segal ex Weber 88
Myriophyllum alterniflorum-Ges.
Juncus bulbosus-Ges.

## II. Schuttfluren, Felsspalten- und Mauerfugen-Gesellschaften

### 8. Klasse: Thlaspietea rotundifolii Br.-Bl. et al. 47, Steinschutt- u. Geröll-Gesellschaften

**1. Ordnung:** Androsacetalia alpinae Br.-Bl. in Br.-Bl. et Jenny 26, subalpine u. alpine Silikatschutt-Ges.
**Verband:** Androsacion alpinae Br.-Bl. in Br.-Bl. et Jenny 26
**Assoziationen:** Cryptogrammetum crispae Jenny-Lips 30 (**19.4.2**)
Oxyrietum digynae Br.-Bl. in Br.-Bl. et Jenny 26 (**19.4.1**)
Androsacetum alpinae Br.-Bl. in Br.-Bl. et Jenny 26 (**19.4.3**)
**2. Ordnung:** Drabetalia hoppeanae Zoll. 66, Schieferschutt-Ges.
**Verband:** Drabion hoppeanae Zoll. 66
**Assoziationen:** Trisetetum spicati Oberd. 59 (**19.5.1**)
Saxifragetum biflorae Zoll. 66
Herniarietum alpinae Zoll. 66
Campanulo-Saxifragetum Zoll. 66
Drabo-Saxifragetum Br.-Bl. 49
Saxifraga-oppositifolia-Ges. (**19.5.2**)
**3. Ordnung:** Thlaspietalia rotundifolii Br.-Bl. in Br.-Bl. et Jenny 26, Kalkschutt-Ges.
**Verband:** Thlaspion rotundifolii Br.-Bl. in Br.-Bl. et Jenny 26
**Assoziationen:** Thlaspietum rotundifolii Br.-Bl. in Br.-Bl. et Jenny 26 (**19.1.1**)
Crepidetum terglouensis Oberd. 50
Leontodontetum montani Jenny-Lips 30
**Verband:** Petasition paradoxi Zoll. 66, hochmontane Feinschutt-Ges.
**Assoziationen:** Moehringio-Gymnocarpietum robertiani Lipp. 66
Petasitetum paradoxi Beg. 22(**19.3.1**)
Athamanto-Trisetetum distichophylli (Jenny-Lips 30) Lipp. 66
Valeriano-Dryopterideturn villarii Aich. 33
Anthyllido-Leontodontetum hyoseroidis Zoller 51 (**19.3.3**)
Cystopterideturn montanae Hoepfl. 57
Polystichetum lonchitidis (Oberd. 57) Beguin 72
**4. Ordnung:** Epilobietalia fleischeri Moor 58 (Myricarietalia germanicae G. u. J. Br.-Bl. 31), Flußgeröll-Fluren
**Verband:** Epilobion fleischeri Br.-Bl. in J. u. G. Br.-Bl. 31
**Assoziationen:** Chondrilletum chondrilloidis Br.-Bl. in Volk 39 em. Moor 58 (**15.1.2**)
Calamagrostietum pseudophragmitae Kop. 68 (**15.1.3**)
Epilobio-Scrophularietum caninae W. Koch et Br.-Bl. in Br.-Bl. 49
Epilobietum fleischeri Br.-Bl. 23 (**15.1.1**)
**5. Ordnung:** Stipetalia (Achnatheretalia) calamagrostis Oberd. et Seib. in Oberd. 77, wärmeliebende Kalkschutt-Ges.
**Verband:** Stipion (Achnatherion) calamagrostis Jenny-Lips 30
**Assoziationen:** Stipetum (Achnatheretum) calamagrostis Br.-Bl. 18 (**19.2.1**)
Gymnocarpietum robertiani Kuhn 37, Tx. 37 (**19.3.2**)
Rumicetum scutati Fab. 36 em. Kuhn, 37
Galeopsietum angustifoliae (Libb. 38) Bük. 42 (**6.11.1**)
Vincetoxicum hirundinaria-Ges. (**19.2.2**)
**6. Ordnung:** Galeopsietalia segetum Oberd. et Seib. 77, submontane Silikatschutt-Ges.
**Verband:** Galeopsion segetum Oberd. 57
**Assoziationen:** Galeopsietum segetum Bük. 42, Anarrhinetum (Korn. 74) Oberd. 77

### 9. Klasse: Asplenietea trichomanis Br.-Bl. in Meier et Br.-Bl. 34 corr. Oberd. 77, Felsspalten- und Mauerfugen-Gesellschaften

**1. Ordnung:** Potentilletalia caulescentis Br.-Bl. in Br.-Bl. et Jenny 26 Kalkgebundene Ges.
**Verband:** Potentillion caulescentis Br.-Bl. in Br.-Bl. et Jenny 26
**Assoziationen:** Androsacetum helveticae Br.-Bl. 18 (**20.1.1**)
Minuartietum rupestris Trepp 78
Potentilletum clusianae Höpfl. 57
Potentilletum caulescentis (Br.-Bl. 26) Aich. 33 (**20.1.2**)
Primula auricula-Hieracium humile-Ges.
Drabo- Hieracietum humilis Oberd. 77
Cardaminopsietum petraeae Thorn 58
Potentilletum nitidae Wikus 59
Asplenietum trichomano-rutae-murariae Kuhn 37 (**6.13.1**)
**Verband:** Cystopteridion fragilis J. L. Rich. 72, Ges. feuchter Kalksteinfugen
**Assoziationen:** Asplenio-Cystopterideturn fragilis Oberd. 49
Heliospermo-Cystopterideturn regiae J. L. Rich. 72
Caricetum brachystachyos Lüdi 21
**2. Ordnung:** Androsacetalia vandellii Meier et Br.-Bl. 34, Silikatfels-Ges.
**Verband:** Androsacion vandellii Br.-Bl. in Br.-Bl. et Jenny 26
**Assoziationen:** Androsacetum vandellii Br.-Bl. 26 (**20.2.1**)
Asplenio-Primuletum hirsutae (Lüdi 21) Br.-Bl. 34 (**20.2.1**)
Woodsio-Asplenietum septentrionalis Tx. 37
Biscutello-Asplenietum septentrionalis Korn. 74
Saxifraga sponhemica-Ges.
Asplenietum septentrionali-adianti-nigri Oberd. 38
**Verband:** Asarinion procumbentis Br.-Bl. in Meier et Br.-Bl. 34
**Assoziation:** Crocynio-Asplenietum billotii Schulze et Korn. 71
**Verband:** Asplenion serpentini Br.-Bl. et Tx. 43
**Assoziation:** Asplenietum serpentini Gauckl. 54
**3. Ordnung:** Parietarietalia judaicae Riv. (Mart. 60) Oberd. 77
**Verband:** Centrantho-Parietarion Riv. Mart. 60
**Assoziationen:** Parietarietum judaicae Aren. 28
Cymbalarietum muralis Görs 66 (**6.12.1**)

## III. Therophytenreiche Pionierfluren *(abseits des unmittelbaren Küstenbereiches)*

### 10. Klasse: Bidentetea tripartitae Tx., Lohm. et Prsg. in Tx. 50, Zweizahn-Melde-Gesellschaften

**1. Ordnung:** Bidentetalia tripartitae Br.-Bl. et Tx. 43
**Verband:** Bidention tripartitae Nordh. 40, Zweizahn-Ges.
**Assoziationen:** Bidentetum tripartitae W. Koch 26
Polygono laphatifolii-Bidentetum Klika 35 (**6.1.1**)
Alopecuretum aequalis Runge 66
Ranunculetum scelerati Tx. 50 ex Pass. 59
Rumicetum maritimi Siss. in Westh. et al. 46 em. Pass. 59
Rumicetum palustris (Timar 50) W. Fisch. 78
Polygonum mite-Ges.
**Verband:** Chenopodion rubri Tx. in Poli et J. Tx. 60, Fluß-Meldefluren
**Assoziationen:** Chenopodietum rubri Timar 50
Chenopodio-Polygonetum brittingeri Lohm. 50
Xanthio albino-Chenopodietum rubri Lohm. et Walth. 50
Bidenti-Brassicetum nigrae All. 22
Rorippo-Corrigioletum littoralis Malc. 29

### 11. Klasse: Isoeto-Nanojuncetea Br.-Bl. et Tx. 43, Zwergbinsengesellschaften

**1. Ordnung:** Cyperetalia fusci Pietsch 63 (Nanocyperetalia Klika 35 n. n.)
**Verband:** Nanocyperion W. Koch 26
**Unterverband:** Elatino-Eleocharitenion ovatae Pietsch et Müll.-St. 68
**Assoziationen:** Cypero-Limoselletum (Oberd. 57) Korn. 60
Eleocharito-Caricetum bohemicae Klika 35
Eleocharito- Lindernietum Pietsch 73
Elatino-Juncetum tenageiae Libb. 32
Peplis portula-Ges.
**Unterverband:** Juncenion bufonii Phil. 68
**Assoziationen:** Cyperetum flavescentis W. Koch 26 ex Aich. 33
Stellario uliginosae-Scirpetum setacei (W. Koch 26) Libb. 32
Centunculo-Anthocerotetum W. Koch 26
Erythraeo-Blackstonietum Oberd. 57

Samolo-Cyperetum fusci Müll.- St. et Pietsch 85
Juncus bufonius-Ges.
**Unterverband:** Radiolenion linoidis Pietsch 73
**Assoziationen:** Ranunculo-Radioletum linoidis Libb. 40
Cicendietum filiformis All. 22
Spergulario-Illecebretum verticillati Diem., Siss. et Westh. 40

### 12. Klasse: Stellarietea mediae R. Tx., Lohmeyer et Preising in R. Tx. 50, Ackerwildkrautgesellschaften und ruderale Einjährigen-Gesellschaften

**1. Ordnung:** Polygono-Chenopodietalia albi J. Tx. 61, Hackunkraut-Ges.
**Verband:** Polygono-Chenopodion W. Koch 26 em. Siss. et Westh. in Westh. et al. 46
**Unterverband:** Polygono-Chenopodienion Oberd. 57
**Assoziationen:** Spergulo-Chrysanthemetum segetum Tx. 37
Setario-Stachyetum arvensis Oberd. 57
Lycopsietum arvensis Raabe 44 ex Pass. 64
Chenopodio-Oxalidetum fontanae Siss. 50 n. inv.
Galeopsio-Sperguletum arvensis Pass. in Pass. et Jurko 75
Galeopsietum speciosae Krusemann et Vlieger 39 (**6.4.1**)
**Unterverband:** Digitario-Setarienion Oberd. 57
**Assoziationen:** Setario-Galinsogetum parviflorae Tx. 50 em. Müll. et Oberd. in Oberd. 83
Spergulo-Echinochloetum crus-galli Tx. 50
Digitarietum ischaemi Tx. et Prsg in Tx. 50
**Verband:** Eragrostion Tx. in Slavn. 44
**Assoziation:** Digitario-Eragrostietum Tx. 50
**Verband:** Fumario-Euphorbion Müll. ex Görs 66, Kalkacker-Ges.
**Assoziationen:** Soncho-Veronicetum agrestis Br.-Bl. 48 em. Müll.et Oberd. in Oberd. 83
Mercurialietum annuae Krus. et Vlieg. 39
(Setario-Veronicetum politae Oberd. 57 p. p.)
Thlaspio-Veronicetum politae Görs 66.
Geranio-Allietum vinealis Tx. SO
Thlaspio-Fumarietum officinalis Görs in Oberd. et al. 67 ex Pass. et Jurko 75
Veronico politae-Lamietum incisi Krus. et Vlieg. 39
**2. Ordnung:** Sisymbrietalia J. Tx. 62, kurzlebende Ruderal-Ges.
**Verband:** Sisymbrion Tx. et al. in Tx. 50
**Assoziationen:** Urtico-Malvetum neglectae Lohm. in Tx 50
Chenopodietum vulvariae Gutt. et Pys. 76
Chenopodietum ruderale (stricti) Oberd. 57
Atriplicetum nitentis Knapp 48
Sisymbrio-Atriplicetum oblongifoliae Oberd. 57
Conyzo- Lactucetum serriolae Lohm. in Oberd. 57 (**6.6.1**)
Descurainietum sophiae Kreh 35
Lactuco-Sisymbrietum altissimi Lohm. in Tx. 50
Sisymbrio-Asperuginetum Rebh. 31
Lappulo-Asperuginetum Br.-Bl. 19
Hordeetum murini Libb. 32 (**6.6.2**)
Linaria vulgaris-Bromus tectorum-Ges.
Bromus sterilis-Ges.
**3. Ordnung:** Centaureetalia cyani Tx. 50, Kornblumenäcker
**Verband:** Aperion spicae-venti Tx. 50
**Unterverband:** Aphanenion arvensis (J. et R. Tx. in Mal.-Bel. 60), Windhalmäcker
**Assoziationen:** Alchemillo-Matricarietum Tx. 37 (**6.3.1**)
Vicietum tetraspermae Kornas 50
Galeopsio-Aphanetum arvensis (Oberd. 57) Meis. 62
Papaveretum argemonis (Libb. 32) Krus. et Vlieg. 39 (**6.3.2**)
**Unterverband:** Arnoseridenion (Mal.-Be. et al. 60), Lämmerkrautäcker
**Assoziation:** Scleranto-Arnoseridetum minimae Tx. 37 (**6.2.1**)
**Verband:** Caucalidion lappulae Tx. 50, Mohnäcker
**Assoziationen:** Caucalido-Adonidetum flammeae Tx. 50 (ex Oberd. 57)(**6.5.1**)
Sedo-Neslietum paniculatae Oberd. 57
Adonido-Iberidetum amarae (All. 22) Tx. 50
Linarietum (Kickxietum) spuriae Krusem. et Vlieg. 39
Apero-Lathyretum aphacae Tx. et v. Roch. in v. Roch. 51 n. inv.
Papaveri-Melandrietum noctiflori Wassch. 41
**4. Ordnung:** Lolio remotae-Linetalia J. et R. Tx. in Lohm. et al. 62
**Verband:** Lolio remotae-Linion Tx. SO, Leinäcker-Ges.
**Assoziation:** Sileno linicolae-Linetum Tx. 50 (ex Oberd. 57)

## IV. Eutraphente Röhrichte und Großseggenriede

### 13. Klasse: Phragmitetea Tx. et Prsg. 42, Schilfröhrichte, Brackwasser- und Süßwasser-Röhrichte sowie Großseggenriede

**1. Ordnung:** Phragmitetalia W. Koch 26
**Verband:** Phragmition australis W. Koch 26, Röhrichte
**Assoziationen:** Scirpetum lacustris Chouard 24
Typhetum angustifoliae (Soó 27) Pign. 53
Typhetum latifoliae (Soó 27) Lang 73 (**12.1.2**)
Glycerietum maximae Hueck 31 (**12.1.5**)
Phragmitetum australis Schmale 39 (**12.1.1**)
Cladietum marisci All. 22
Glycerio-Sparganietum neglecti W. Koch 26 em. Phil. 73
Sparganietum erecti Roll 38
Acoretum calami Knapp et Stoff. 62
Cicuto-Caricetum pseudocyperi Boer et Siss. in Boer 42
Butometum umbellati (Koncz. 68) Phil. 73
Sagittario-Sparganietum emersi Tx. 53
Oenantho-Rorippetum amphibiae Lohm. 50
Scirpetum radicantis Zahlh. 79
Equisetum fluviatile-Ges. (**12.1.6**)
Sium latifolium-Ges.
Hippuris vulgaris-Ges.
Eleocharis palustris-Ges. (**12.1.4**)
**Verband:** Bolboschoenion maritimi Dahl et Had. 41, Brack-Röhrichte
**Assoziationen:** Bolboschoenetum maritimi van Langend. 31 (**22.6.1**)
Scirpus tabernaemontanus-Ges.
Eleocharitetum uniglumis Almq. 29
**Verband:** Magnocaricion W. Koch 26, Großseggen-Ges.
**Assoziationen:** Caricetum elatae W. Koch 26 (**12.3.1**)
Caricetum appropinquatae Soó 38
Caricetum paniculatae Wang. 16 (**12.3.2**)
Caricetum ripariae Knapp et Stoff. 62 (**12.3.5**)
Caricetum oenensis Seib. 62
Caricetum vesicariae Br.-Bl. et Den. 26
Caricetum rostratae Rübel 12(**12.3.3**)
Carici-Menyanthetum Soó 55 (**12.3.6**)
Caricetum gracilis Tx. 37 (**12.3.4**)
Caricetum vulpinae Now. 27
Caricetum buekii Hejny et Kop. 65
Caricetum cespitosae Stoff. 31
Calletum palustris VanDen Berghen 52 (**12.3.7**)
Drepanoclado-Caricetum aquatilis Nordh. 28
Calamagrostis canescens-Ges.
Carex acutiformis-Ges. (Sauer 37)
Carex buxbaumii-Ges. (Issl. 32)
Juncus subnodulosus-Ges. (Jeschke 59)
Iris pseudacorus-Ges. (**12.1.3**)
**Verband:** Phalaridion arundinacae Kopecky 61
**Assoziationen:** Phalaridetum arundinaceae Libb. 31(**12.4.1**)
Rorippo-Phalaridetum arundinaceae Kopecky 61 (**15.3.1**)
**Verband:** Sparganio-Glycerion fluitantis Br.-Bl. et Siss. in Boer 42 n. inv. (Glycerion Br.-Bl. et Tx. 43)
**Assoziationen:** Glycerietum fluitantis Now. 30 (**12.2.1**)
Glycerietum plicatae Kulcz. 28 em. Oberd. 54
Apietum nodosi (Heliosciadietum) Br.-Bl. 52
Nasturtietum officinalis (Seib. 62) Oberd. et al. 67 (**12.2.2**)
Nasturtietum microphylli Phil. in Oberd. 77
Leersietum oryzoidis Pass. 57
Catabrosetum aquaticae Rüb. 12
Glycerietum nemoraliplicatae Kop. 72
Veronico-Sietum erecti (Phil. 73) Pass. 82

## V. Quellflur- und Niedermoor-Gesellschaften, Hochmoorschlenken- und Bulten-Gesellschaften

### 14. Klasse: Montio-Cardaminetea Br.-Bl. et Tx. ex Klika et Had. 44, Quellfluren, Waldsümpfe

**1. Ordnung:** Montio-Cardaminetalia Pawl. 28
**Verband:** Cardamino-Montion Br.-Bl. 25, Quellfluren kalkarmer Standorte
**Unterverband:** Montienion Den H. et Westh. 69
**Assoziationen:** Scapanietum paludosae K. Müll. 38
Montio-Bryetum schleicheri Br.-Bl. 26 (**14.2.2**)

Montio-Philonotidetum fontanae Bük. et Tx. in Bük. 42
Philonoto-Saxifraginetum stellaris Nordhagen 43 (**14.1.1**)
**Unterverband:** Cardaminenion Den H. et Westh. 69
**Assoziationen:** Ranunculetum hederacei Libb. 40
Chrysosplenietum oppositifolii Oberd. et Phil. in Oberd. 77 (**14.4.1**)
Cardamine amara-flexuosa-Ges. (Oberd. 57)
Cardamine amara-Chrysosplenium alternifolium-Ges. (**14.4.1**)
**Verband:** Cratoneurion commutati W. Koch 28
**Assoziationen:** Cratoneuretum filicino-commutati (Kuhn 37) Oberd. 77 (**14.3.1**)
Cochleario pyrenaicae-Cratoneuretum commutati Th. Müll. 61
Cratoneuretum falcati Gams 27 (**14.3.1**)
Eucladium verticillatum-Ges.
Catoscopium nigritum-Ges. (W. Braun 68)
Gymnostomum recurvirostre-Ges.
Cratoneuron filicinum-Ges.
**2. Ordnung:** Cardamino-Chrysosplenietalia Hinterlang 92
**Verband:** Caricion remotae Kästner 41
**Assoziationen:** Chrysosplenietum oppositifolii Oberd. 77
Caricetum remotae Schwickerath 44 (**14.4.2**)

### 15. Klasse: Scheuchzerio-Caricetea fuscae (Nordh. 36) Tx. 37, Niedermoor-Gesellschaften und Hochmoorschlenken

**1. Ordnung:** Scheuchzerietalia palustris Nordh. 36, Zwischenmoor- u. Schlenken-Ges.
**Verband:** Rhynchosporion albae W. Koch 26
**Assoziationen:** Caricetum limosae Br.-Bl. 21 (**13.2.3**)
Rhynchosporetum albae W. Koch 26 (**13.2.2**)
Sphagnum cuspidatum-Ges.
**Verband:** Caricion lasiocarpae Vanden Bergh. in Lebr. et al. 49
**Assoziationen:** Caricetum lasiocarpae W. Koch 26 (**13.4.1**)
Caricetum diandrae Jon. 32 em. Oberd. 57
Drepanocladо-Caricetum chordorrhizae Osv. 25
Caricetum heleonastae Waren 26
Calamagrostis neglecta-Ges.
Trichophorum alpinum-Ges.
**2. Ordnung:** Caricetalia fuscae W. Koch 26 em. Nordh. 37, Flachmoore kalkarmer Standorte
**Verband:** Caricion fuscae W. Koch 26 em. Klika 34
**Assoziationen:** Eriophoretum scheuchzeri Rüb. 12 (**13.5.2**)
Caricetum fuscae Br.-Bl. 15 (**13.5.1**)
Parnassio-Caricetum fuscae Oberd. 57 em. Görs in Oberd. 77
Bartsio-Caricetum fuscae Bartsch 49
Caricetum trinervi-fuscae Westh. 47
Eriophorum angustifolium-Ges.
Pediculario palustris-Juncetum filiformis Prsg. 52 (**13.5.3**)
**3. Ordnung:** Tofieldietalia Prsg. in Oberd. 49 (Caricetalia davallianae Br.- Bl. 49) Kalk-Flachmoore
**Verband:** Caricion davallianae Klika 34
**Assoziationen:** Schoenetum nigricantis W. Koch 26 em. Oberd. 57 (**13.6.1**)
Primulo- Schoenetum ferruginei Oberd. 57 (**13.6.3**)
Caricetum davallianae Dut. 24 (**13.6.2**)
Astero bellidiastri-Saxifragetum mutatae Us. et Wigg. 61
Caricetum frigidae Rüb. 12 (**13.6.4**)
Eleocharis quinqueflora-Ges. (Lüdi 21)
Trichophorum alpinum-Ges.
**Verband:** Caricion bicolori-atrofuscae Nordh. 37, arkt.-alpine Schwemmufer-Ges.
**Assoziationen:** Kobresietum simpliciusculae Nordh. 28
Caricetum maritimae Br.-Bl. 18
Carici maritimae-Juncetum baltici Vand. Bergh. 69
Juncetum alpini Phil. 60
Equiseto-Typhetum minimae Br.-Bl. in Volk 39
Carex lepidocarpa-Ges.
Equisetum trachyodon-Ges.
Juncus arcticus-Ges.

### 16. Klasse: Oxycocco-Sphagnetea Br.-Bl. et Tx. 43, zwergstrauchreiche Hochmoor-Torfmoos-Gesellschaften

**1. Ordnung:** Erico-Sphagnetalia papillosi Schwick. 40
**Verband:** Ericion tetralicis Schwick. 33, Feuchtheiden
**Assoziationen:** Ericetum tetralicis Jonas 32 (**13.3.1**)
Sphagno compacti-Trichophoretum germanici (Oberd. 38) Bartsch 40
Empetro-Ericetum tetralicis Westhoff & De Smidt 75 (**22.9.1**)
**2. Ordnung:** Sphagnetalia magellanici (Pawl. 28) Kästn. et Flößn. 33
**Verband:** Sphagnion magellanici Kästn. et Flößn. 33
**Assoziationen:** Sphagnetum magellanici Kästn. et Flößn. 33 (**13.1.1**)
Sphagnetum magellanici pinetosum rotundatae (Pino-Sphagnetum Kuoch 54 p. p.)
Eriophoro-Trichophoretum cespitosi Rüb. 33 em. Tx. 37 (**13.1.2**)
Ledo-Sphagnetum magellanici Suk. 59 (N-Europa)
Sphagnum imbricatum-Ges.
Eriophoro vaginati-Sphagnetum recurvi Hueck 25 (**13.2.1**)
Vaccinium uliginosum-Ges.
**Verband:** Oxycocco-Empetrion hermaphroditi Nordh. 36 (N-Europa)

## VI. Meerstrand-, Spülsaum-, Dünen- und Salzwiesen-Gesellschaften *(mit Ausnahme der Vegetation auf Grau- und Braundünen)*

### 17. Klasse: Thero-Salicornietea Pign. 53 em. Tx. 55, Queller-Gesellschaften

**1. Ordnung:** Thero-Salicornietalia europapaeae Pign. 53 em. Tx. 55
**Verband:** Salicornion strictae Br.-Bl. 33 em. Tx. 50
**Assoziationen:** Salicornietum strictae Knauer 52 (**22.1.1**)
Salicornietum decumbentis Schwabe et Tx. 77
Suaeda flexilis-Ges. (Schwabe u. Kratochw. 84)
**Verband:** Salicornion ramosissimae Tx. 74
**Assoziationen:** Salicornietum ramosissimae Christians. 55 em. Tx. 74
Puccinellio distantis-Salicornietum Tx. 74
Suaeda maritima-Ges.

### 18. Klasse: Spartinetea maritimo-anglicae Tx. 61, Salzschlickgras-Gesellschaften

**1. Ordnung:** Spartinetalia maritimae Conard 35
**Verband:** Spartinion maritimae Conard 35
**Assoziation:** Spartinetum anglicae Corill. 53 (**22.2.1**)

### 19. Klasse: Saginetea maritimae Westh. et al. in Tx. et Westh. 63, Strand-Mastkraut-Gesellschaften

**1. Ordnung:** Saginetalia maritimae Westh. et al. in Tx. et Westh. 63
**Verband:** Saginion maritimae Westh. et al. in Tx. et Westh. 63
**Assoziation:** Sagino-Cochlearietum danicae Tx. et Gilln. 57

### 20. Klasse: Cakiletea maritimae Tx. et Prsg. 50, Meersenf-Spülsaum-Gesellschaften

**1. Ordnung:** Cakiletalia maritimae Tx. in Oberd. 49 (apud Tx. 50)
**Verband:** Salsolo-Honckenyion peploidis Tx. 50
**Assoziationen:** Cakiletum maritimae Van Dier. 34 (**22.3.1**)
Polygono raii-Atriplicetum glabriusculae Tx. 50 (Nordsee)
Atriplicetum glabriusculo-calothecae Tx. 50 (Ostsee)
Beto-Atriplicetum sabulosae Tx. (50) 67 (Nordsee)
Suaedo-Bassietum hirsutae Br.-Bl. 28
**Verband:** Atriplicion littoralis Tx. 50
**Assoziation:** Atriplicetum littoralis Tx. 37 em. Westh. et Beeft. 50

### 21. Klasse: Ammophiletae arenariae Br.-Bl. et Tx. 43, Strandhafer-Dünen-Gesellschaften

**1. Ordnung:** Ammophiletalia Br.-Bl. 33
**Verband:** Agropyrion junceiformis (Elymion farcti) Gehu 75 (Agropyro-Minuarti on peploidis Tx. 55 p. p.), Vordünen-Ges.
**Assoziation:** Agropyretum juncei (Elymetum farcti) Tx. 37 corr. (**22.4.1**)
**Verband:** Ammophilion arenariae (Br.-Bl. 33) Tx. 55, Weißdünen-Ges.
**Assoziation:** Elymo-Ammophiletum Br.-Bl. et De L. 36
Elymo-Ammophiletum festucetosum arenariae Tx. 37 (**22.4.2**)
**Verband:** Honckenyo-Elymion Tx. 66 em. Gehu et Tx. in Gehu 75
**Assoziation:** Atriplici-Elymetum arenariae (Nordh. 40) Dahl et Had. 41
**Verband:** Honckenyo-Crambion J. M. et J. Gehu 69
**Assoziation:** Crambetum maritimae Ekl. 32 (Ostsee)

### 22. Klasse: Asteretea tripolii Westh. et Beeft. in Westh. et al. 62 (Juncetea maritimae Br.-Bl. 31 p. p.), Salzwiesen

**1. Ordnung:** Glauco-Puccinellietalia Westh. et Beeft. in Westh. et al. 62
**Verband:** Puccinellion maritimae Christians. 27 em. Tx. 37
**Assoziationen:** Puccinellietum maritimae Christians. 27 (**22.5.1**)
Halimionetum portulacoidis Kuhnh.-Lord. 27 (**22.5.2**)
Pucinellio-Asteretum tripolii Van Langendonck 31 (**22.5.3**)
Plantagini-Limonietum Westh. et Segal 61 (**22.7.1**)

**Verband:** Armerion maritimae Br.-Bl. et De L. 36
**Assoziationen:** Juncetum gerardi (Warming 06) Du Rietz 23
Artemisietum maritimae Br.-Bl. et De L. 36 (**22.7.3**)
Junco-Caricetum extensae Br.-Bl. et De L. 36
Blysmetum rufi Du Rietz 25 em. Gilln. 60
Juncus maritimus-Ges. (**22.7.4**)
**Verband:** Puccinellio-Spergularion salinae Beeft. 65
**Assoziation:** Spergulario-Puccinellietum distantis Feek. 43
**2. Ordnung:** Crithmo-Limonietalia Br.-Bl. 42
**Verband:** Crithmo-Armerion maritimae Géhu 64
**Assoziation:** Brassicetum oleraceae Géhu 62 (Helgoland)

# VII. Tritt- und Flutrasen, Rasen-Gesellschaften des Wirtschaftsgrünlandes, Graudünen, Halbtrockenrasen und Magerrasen, Hochgebirgsrasen

## 23. Klasse: Agropyretea intermedii-repentis Müll. et Görs 69, halbruderale Quecken- Trockenrasen

**1. Ordnung:** Agropyretalia intermedio-repentis (Elymetalia hispido-repentis) (Oberd. et al. 67) Müll. et Görs 69
**Verband:** Convolvulo-Agropyrion (Elymion) Görs 66
**Assoziationen:** Diplotaxio-Agropyretum (Phil.) Müll. et Görs 69
Convolvulo arvensis-Agropyretum repentis Felf. 43
Cardario-Agropyretum Müll. et Görs 69
Falcario-Agropyretum repentis Müll. et Görs 69
Melico-Agropyretum repentis Müll. in Görs 66
Poo-Anthemidetum tinctoriae Müll. et Görs in Oberd. 70
Poo-Tussilaginetum Tx. 31
Poetum ancepiti-compressae Bornk. 61
Saponario-Petasitetum spurii Pass. 64
Galeopsis tetrahit-Agropyron repens-Ges. (Görs 68)

## 24. Klasse: Agrostietea stoloniferae Oberd. et Müll. ex Görs 68, Flutrasen, feuchte Weiden

**1. Ordnung:** Agrostietalia stoloniferae Oberd. in Oberd. et al. 67
**Verband:** Agropyro(Elymo)-Rumicion Nordh. 40 em. Tx. 50 (Agrostion stoloniferae Görs 66)
**Assoziationen:** Ranunculo-Alopecuretum geniculati Tx. 37 em. 50
Poo-Cerastietum dubii Libb. 39
Rorippo-Agrostietum Oberd. et Müll. in Müll. 61
Agropyro (Elymo)- Rorippetum austriacae (Timar 47) Tx. 50
Potentillo-Festucetum arundinaceae Nordh. 40
Mentho longifoliae-Juncetum inflexi Lohm. 53
Potentillo-Menthetum suaveolentis Oberd. 57
Juncetum compressi Br.-Bl. 18 ex Libb. 32
Myosuro-Ranunculetum sardoi Oberd. 57
Potentillo-Deschampsietum mediae Oberd. 57
Holoschoenetum Br.-Bl. 31
Poa trivialis-Rumex obtusifolius-Ges.
Ranunculus repens-Ges.
Potentilla anserina-Ges.
Ranunculus repens-Agropyron (Elymus) repens-Ges. (Tx. 77)
Apium repens-Ges.

## 25. Klasse: Molino-Arrhenatheretea Tx. 37, Grünland-Gesellschaften

**1. Ordnung:** Molinietalia caeruleae W. Koch 26
**Verband:** Juncion acutiflori Br.-Bl. et al. 47, Waldbinsen-Ges.
**Assoziationen:** Anagallido tenellae-Juncetum acutiflori (Phil. 63) Oberd. 83
Caro verticillati-Juncetum acutiflori (Korn. 62) Oberd. 83
Molinietum atlanticum Lemee 37
Cirsio dissecti-Molinietum Siss. et De Vries 42
Juncetum acutiflori Br.- Bl. 15
Juncus-Molinia-Ges. (Junco-Molinietum Prsg. 51 p. p.)
**Verband:** Calthion Tx. 37, eutrophe Naßwiesen-Ges. (**10.2.4, 10.2.9**)
**Assoziationen:** Sanguisorbo-Silaetum (Klapp 51) Vollr. 65 (**10.1.8**)
Sanguisorbo-Polygonetum bistortae Bal.-Tul. 83 (**10.2.5**)
Senecionetum aquatici Seib. in Oberd. et al. 67 ex Bergm. et al. 84
Scirpetum sylvatici Maloch 35 em. Schwick. 44 (**10.2.3**)
Angelico-Cirisetum oleracei Tx. 37 em. Tx. in Tx. et Prsg. 51 (**10.2.1, 10.2.7**)
Cirsietum rivularis Now. 27 (**10.3.4**)
Cirsietum cani Tx. et Prsg. 51 ex Klapp 65
Juncetum subnodulosi W. Koch 26 em. Oberd. 57 (**13.6.5**)
Epilobio-Juncetum effusi Oberd. 57 (**10.2.6**)
Juncetum filiformis Tx. 37
Allietum schoenoprasi (**10.2.8**)
Chaerophyllo-Ranunculetum aconitifolii Oberd. 52 (**10.2.2**)
Geranio sylvatici-Chaerophylletum hirsuti Niem. et al. 73
Senecio subalpinus-Ges.
**Verband:** Filipendulion Seg. 66, Staudenfluren nasser Standorte
**Assoziationen:** Filipendulo-Geranietum palustris W. Koch 26
Valeriano-Polemonietum Rossk. 71
Valeriano- Filipenduletum Siss. in Westh. et al. 46 (**10.3.1**)
Veronico longifoliae-Euphorbietum palustris Korn. 63
Veronico longifoliae-Euphorbietum lucidae Bal.-Tul. et Knez 75
Thalictrum flavae-Filipenduletum R.Tx. et Hülbusch 68 (**10.3.2**)
Euphorbia palustris-Ges.
Lysimachia vulgaris-Lythrum salicaria-Ges. (**10.3.3**)
**Verband:** Molinion caeruleae W. Koch 26, Pfeifengraswiesen
**Assoziationen:** Molinietum caeruleae W. Koch 26 (**10.1.1, 10.1.5, 10.1.6**)
Gentiano asclepiadeae-Molinietum Oberd. et al. 67 (**10.1.2**)
Allio suaveolentis-Molinietum caeruleae Görs in Oberd. 83 (**10.1.7**)
Junco-Molinietum Prsg. ap. R.Tx. & Prsg. 53 (**10.1.3**)
**Verband:** Cnidion dubii Bal.-Tul. 65, Brenndoldenwiesen
**Assoziationen:** Violo-Cnidietum Walth. (in Tx. 55) ex Phil. 60
Oenantho lachenalii-Molinietum Phil. 60
Allium angulosum-Ges.
Iris sibirica-Ges. (**10.1.4**)
**2. Ordnung:** Arrhenatheretalia elatioris Pawl. 28
**Unterordnung:** Trisetenalia flavescentis
**Verband:** Arrhenatherion elatioris W. Koch 26, Tal-Fettwiesen
**Assoziationen:** Arrhenatheretum Br.-Bl. 15 (**7.1.1**)
Pastinaco-Arrhenatheretum Pass. 64
Alchemillo-Arrhenatheretum Sougnez et Limb. 63, montan (**7.1.4**)
Poo-Trisetetum (Knapp 51) Oberd. 57
Galio molluginis-Alopecuretum pratensis Hundt 58
Alopecuretum pratensis Regel 25 (**7.1.2**)
Ranunculo bulbosi-Arrhenatheretum Ellmauer 93 (**7.1.3**)
Anthrisco-Agrostietum giganteae Jahns in Tx. 55
Salvio-Arrhenatheretum Hundt 58 (**7.1.5**)
Chrysanthemo-Rumicetum thyrsiflori Walth. in Tx. 55
**Verband:** Polygono-Trisetion Br.-Bl. et Tx. ex Marsch. 47, Gebirgs-Fettwiesen
**Assoziationen:** Geranio-Trisetetum Knapp 51
Trisetetum flavescentis Rübel 11 (**7.2.1**)
Meo-Festucetum Bartsch 40 (**7.2.2**)
Cardaminopsio halleri-Agrostietum Morav. 65
Astrantio-Trisetetum flavescentis Knapp 52 (**7.2.3**)
**Unterordnung:** Trifolienalia
**Verband:** Cynosurion Tx. 47, Fettweiden
**Assoziationen:** Lolio-Cynosuretum Br.-Bl. et De L. 36 em. Tx. 37 (**7.3.1**)
Festuco-Cynosuretum Tx. in Bük. 42 em. Meis. 66 (**7.4.1**)
incl. Alchemillo-Cynosuretum Müll. ex Görs 68 (**7.3.1**)
Crepido-Cynosuretum Knapp 62 (**7.4.2**)
Trifolium repens-Plantago major- Ges. (Oberd. 71)
**Verband:** Poion alpinae Oberd. 50, alpine Milchkrautweiden
**Assoziationen:** Crepido-Festucetum Lüdi 48 (**7.3.2**)
Prunello-Poetum alpinae Oberd. 50
Trifolio-Festucetum violaceae Br.-Bl. in Br.-Bl. et Jenny 26 (**18.5.1**)
**3. Ordnung:** Plantaginetalia majoris Tx. 50 em. Oberd. et al. 67
**Verband:** Lolio-Plantaginion R.Tx. 47
**Assoziationen:** Polygonetum calcati Lohm. 75
Lolio-Polygonetum arenastri Br.-Bl. 30 em. Lohm. 75
Sclerochloo-Polygonetum avicularis Soó 40
Juncetum tenuis (Diem., Siss. et Westh. 40) Schwick. 44
Lolio-Plantaginetum majoris Beger 30 (**7.5.1**)
Alchemillo-Poetum supinae Aich. 33 (Gebirge)
Cichorietum intybi Siss. 69 (**7.5.2**)
Poa annua-Ges.
Prunella vulgaris-Plantago major-Ges.

## 26. Klasse: Koelerio-Corynephoretea Klika in Klika et Novak 41, Gesellschaften der Graudünen, Sandtrockenrasen, Mauerpfeffer- und Felsband-Gesellschaften

**1. Ordnung:** Thero-Airetalia Oberd. in Oberd. et al. 67, Kleinschmielen-Fluren, Sand- u. Felsgrus-Ges.
**Verband:** Thero-Airion Tx. 51
**Assoziationen:** Airetum praecocis Krausch 67
Airo caryophylleae-Festucetum ovinae Tx. 55
Agrostio-Tuberarietum Schub. 74

Filagini-Vulpietum Oberd. 38
Narduretum lachenalii Korn. 75
**2. Ordnung:** Corynephoretalia canescentis Klika 34, Silbergrasreiche Ges., Sandboden-Ges.
**Verband:** Corynephorion canescentis Klika 31
**Assoziationen:** Corynephoretum Tx. 28 (Spergulo-Corynophoretum Tx. 55) (**22.8.1**)
Violo-Corynephoretum Westh. in Westh. et al. 46 (Küste)
Agrostis coarctata-Stadium (Kob. 30)
**Verband:** Sileno conicae-Cerastion semidecandri Korn. 74
**Assoziationen:** Bromo-Phleetum arenarii Korn. 74
Sileno conicae-Cerastietum semidecandri Korn. 74
**Verband:** Koelerion glaucae Volk 31, Sandsteppen
**Assoziationen:** Jurineo cyanoidis-Koelerietum glaucae Volk 31
Alyssum gmelinii-Jurinea cyanoides-Ges. Korn. 78
Festuco-Koelerietum glaucae Klika 31
**Verband:** Koelerion albescentis Tx. 37
**Assoziationen:** Tortulo-Phleetum arenarii Br.-Bl. et De L. 36
Agrostio-Poetum subcaeruleae (humilis) (Tx. 55)
**3. Ordnung:** Sedo-Scleranthetalia Br.-Bl. 55, Felsgrus- u. Felsband-Ges.
**Verband:** Sedo-Scleranthion Br.-Bl. 55
**Assoziationen:** Sileno rupestris-Sedetum annui Oberd. 57
Scleranthо-Sempervivetum arachnoidei Br.-Bl. 55 (**8.5.1**)
**Verband:** Sedo albi-Veronicion dillenii (Oberd. 57) Korn. 74
**Assoziationen:** Allio montani-Veronicetum vernae Korn. 74
Gageo saxatilis-Veronicetum dillenii Korn. 74
**Verband:** Alysso-Sedion albi Oberd. et Müll. in Th. Müll. 61
**Assoziationen:** Cerastietum pumili Oberd. et Müll. in Th. Müll. 61
Alysso-Sedetum albi Oberd. et Müll. 61 (**8.6.1**)
Poo badensis-Allietum montani Gauckl. 57
Saxifrago tridactylitae-Poetum compressae Gehu et Ler. 57
Sempervivetum soboliferae Korn. 75
Sedo-Poetum badensis Mahn 65
**Verband:** Seslerio-Festucion pallescentis Klika 31 em. Korn. 74
**Assoziationen:** Diantho-Festucetum pallentis Gauckl. 38
Artemisio-Melicetum ciliatae Korn. 74
Teucrio botryos- Melicetum ciliatae Volk 37
Asteretum alpini Stök. 62
Sedo-Festucetum pallentis Marst. 69

## 27. Klasse: Festuco-Brometea Br.-Bl. et Tx. 43, Trocken- und Halbtrockenrasen

**1. Ordnung:** Festucetalia valesiacae Br.-Bl. et Tx. 43, kontinentale Steppenrasen
**Verband:** Festucion valesiacae Klika 31
**Assoziationen:** Potentillo-Stipetum capillatae Hueck 31 em. Krausch 59 (**8.7.1**)
Allio-Stipetum capillatae Korn. 74
**Verband:** Cirsio-Brachypodion Had. et Klika 44
**Assoziationen:** Adonido-Brachypodietum Krausch 59
Stipetum stenophyllae Podp. 30 s. 1.
**Verband:** Stipo-Poion xerophilae Br.-Bl. et Tx. 43
**Assoziation:** Achnathero-Stipetum capillatae Br.-Bl. ex Kielhauser 54 (**8.4.1**)
**2. Ordnung:** Brometalia erecti Br.-Bl. 36, submediterrane Trocken- u. Halbtrockenrasen
**Verband:** Mesobromion erecti Br.-Bl. et Moor 38 em. Oberd. 57
**Assoziationen:** Mesobrometum Br.-Bl. in Scherr. 25 (**8.1.1**)
Gentiano vernae- Brometum Kuhn 37
Koelerio-Seslerietum Oberd. 57 n. inv. (**8.1.2**)
Carlino-Caricetum sempervirentis Lutz 47 (**8.2.1**)
Onobrychido-Brometum T. Müller 66 (**8.1.3**)
Gentiano-Koelerietum Knapp 42 ex Bornk. 60
Viscario-Avenetum pratensis Oberd. 49
**Verband:** Koelerio-Phleion phleoidis Korn. 74
**Assoziationen:** Viscario-Festucetum Br.-Bl. 39 ex Oberd. 57
Agrostio-Brometum Issl. 29
Armerio-Festucetum trachyphyllae Knapp 48
**Verband:** Xerobromion Br.-Bl. et Moor 38 em. Morav. in Holub et al. 67
**Assoziationen:** Xerobrometum Br.-Bl. 15 em. 31 (**8.3.1**)
Trinio-Caricetum humilis Volk in Br.-Bl. et Moor 38
Pulsatillo-Caricetum humilis Gauckl. 38 (**8.3.2**)
Helianthemo-Brometum Schub. 74
Teucrio-Seslerietum Volk 37
Bromo-Seslerietum (Kuhn 37) Oberd. 57
Artemisio-Koeleretum vallesianae (**8.3.3**)
Teucrio-Caricetum humilis Rich. 72

## 28. Klasse: Violetea calaminariae Tx. in Lohm. et al. 62, Schwermetall-Gesellschaften

**1. Ordnung:** Violetalia calaminariae Br.-Bl. et Tx. 43
**Verband:** Thlaspion calaminariae Ernst 65
**Assoziation:** Violetum calaminariae Schwick. 31 s. l.
**Verband:** Armerion halleri Ernst 65
**Assoziationen:** Armerietum halleri Libb. 30
Armerietum bottendorfensis Schub. 52
Armerietum hornburgensis Schub. 74

## 29. Klasse: Seslerietea albicantis Br.-Bl. 48 em. Oberd. 78, Blaugras-Kalk-Steinrasen

**1. Ordnung:** Seslerietalia albicantis Br.-Bl. in Br.-Bl. et Jenny 26
**Verband:** Seslerion albicantis Br.-Bl. in Br.-Bl. et Jenny 26
**Assoziationen:** Caricetum firmae Br.-Bl. in Br.-Bl. et Jenny 26 (**18.1.1**)
Seslerio-Caricetum sempervirentis Beg. 22 em. Br.-Bl. in Br.-Bl. et Jenny 26 (**18.4.1**)
Laserpitio-Seslerietum Moor 57
Dryadeto-Firmetum Sillinger 33 (**18.1.2**)
Valeriana tripteris-Sesleria albicans-Ges. (Oberd. 57)
Genista pilosa-Sesleria albicans-Ges.
Carduo deflorati-Seslerietum Knapp 71
**Verband:** Caricion ferrugineae Br.-Bl. 31
**Assoziationen:** Caricetum ferrugineae Lüdi 21 (**18.3.1**)
Laserpitio-Calamagrostietum variae (Kuhn 37) Moor 57
Agrostietum agrostiflorae Br.-Bl. 49
Luzulo-Festucetum violaceae G. et J. Br.-Bl. 31

## 30. Klasse: Carici rupestris-Kobresietea bellardii Ohba 74, Nacktried Gesellschaften

**1. Ordnung:** Elynetalia Oberd. 57
**Verband:** Elynion Gams 36
**Assoziation:** Elynetum myosuroides Br.-Bl. 13 (**18.2.1**)

## 31. Klasse: Caricetea curvulae Br.-Bl. 48, Krummseggenrasen

**1. Ordnung:** Caricetalia curvulae Br.-Bl. in Br.-Bl. et Jenny 26
**Verband:** Caricion curvulae Br.-Bl. 25
**Assoziationen:** Primulo-Caricetum curvulae Oberd. 59 (**18.8.1**)
Sesleria disticha-Ges.
Agrostis rupestris-Juncus trifidus-Ges.
**Verband:** Juncion trifidi Krajina 33
**Assoziation:** Juncetum trifidi Szafer et al. 23 em. Krajina 33 (**18.9.1**)

# VIII. Nitrophytische, ruderale Stauden-, Saum- und Verlichtungs-Ges., Uferstaudenfluren und anthropogene Gehölz-Gesellschaften, halbruderale Halbtrockenrasen.

## 32. Klasse: Artemisietea vulgaris Lohm., Prsg. et Tx. in Tx. 50, Zwei- bis mehrjährige Ruderal-Ges. an Schuttplätzen, Wegen, Wald- und Ufer-Rändern

**1. Ordnung:** Artemisietalia vulgaris Lohm. in Tx. 47 em. Th. Müll. 83
**Verband:** Arction lappae Tx. 37 em. 50
**Assoziationen:** Lamio albi-Ballotetum albae Lohm. 70
Leonuro-Ballotetum nigrae Slavn. 51
Chenopodietum boni-henrici Th. Müll. in Seyb. et Müll. 72 (**6.10.2**)
Arctio-Artemisietum vulgaris Oberd. ex Seyb. et Müll. 72 (**6.10.1**)
Lamio albi-Conietum maculati Oberd. 57 (**6.10.3**)
Cirsium arvense-C. vulgare-Ges.
**Verband:** Rumicion alpini Klika et Had. 44, alpine und subalpine Läger-Ges.
**Assoziationen:** Senecietum alpini Bolleter 21 (**17.2.1**)
Rumicetum alpini Beg. 22 (**17.2.2**)
Peucedano-Cirsietum spinosissimi G. et J. Br.-Bl. 31 (**17.2.3**)
**2. Ordnung:** Onopordetalia acanthii Br.-Bl. et Tx. 43 em. Görs 66
**Verband:** Onopordion acanthii Br.-Bl. 26
**Assoziationen:** Onopordetum acanthii Br.-Bl. ex Br.-Bl. et al. 36 (**6.7.1**)
Resedo-Carduetum nutantis Siss. 50
Cirsietum eriophori Oberd. 57 (**6.7.2**)
Cynoglossum officinalis-Ges.
**Verband:** Dauco-Melilotion Görs 66
**Assoziationen:** Artemisio-Tanacetum vulgaris Br.-Bl. 31 corr. 49 n. inv.
Tanaceto-Artemisietum vulgaris Sissingh 50 (**6.8.2**)
Berteroetum incanae Siss. 50

Dauco-Picridetum hieracioidis Görs 66 (**6.8.3**)
Echio-Melilotetum Tx. 47 (**6.8.1**)
Artemisia vulgaris-Ges. (**6.8.4**)

### 33. Klasse: Galio-Urticetea Passarge ex Kopecky 69, Nitrophile Säume, Uferstaudengesellschaften

**1. Ordnung:** Lamio-Chenopodietalia boni-henrici Kopecky 69 (= Glechometalia hederaceae Tx. in Tx. et Brun-Hool 75)
**Verband:** Aegopodion podagrariae Tx. 67
**Assoziationen:** Chaerophylletum bulbosi Tx. 37
Phalarido-Petasitetum hybridi Schwick. 33
Chaerophyllo-Petasitetum hybridi Gams ap. Hegi 29 (**5.1.3**)
Chaerophylletum aurei Oberd. 57 (**5.1.2**)
Chaerophylletum aromatici Neuh. et Hejny 69
Urtico-Aegopodietum (Tx. 63) Oberd. 64 n. inv. Görs 68 (**5.1.1**)
Aegopodio-Anthriscetum nitidae Kop. 74
Urtico-Cruciatetum Dierschke 73 (**5.3.4**)
Sambucetum ebuli Felf. 42 (**5.3.2**)
Anthriscus sylvestris-Ges. (**5.1.5**)
**Verband:** Petasition officinalis Sillinger 33
**Assoziationen:** Phalarido-Petasitetum officinalis Kaiser 26 (**5.1.4**)
Arunco-Petasitetum albi Br.-Bl. et Sutter 77 (**5.2.1**)
**Verband:** Impatienti noli-tangere-Stachyion sylvaticae Görs ex Mucina 93, Frische Waldsäume
**Assoziationen:** Galio aparine-Impatientetum noli-tangere R.Tx. 75 (**5.4.1**)
Senecioni ovati-Impatientetum noli-tangere R.Tx. 75
Impatiens parviflora-Ges. (**5.4.2**)
**Verband:** Galio-Alliarion Oberd. (57) 62 em. Siss. 73
**Assoziationen:** Dipsacetum pilosi Tx. 42 ex Oberd. 57
Alliario-Chaerophylletum temuli (Kreh 35) Lohm. 49 (**5.3.3**)
Chaerophyllo-Geranietum lucidi Oberd. 57
Alliario-Cynoglossetum germanici Gehu 72
Torilidetum japonicae Lohm. ex Görs et Müll. 69
Euphorbietum strictae (Oberd. in Oberd. et al. 67) Th. Müll. in Oberd. 83
Epilobio-Geranietum robertiani Lohm. ex Görs et Müll. 69 (**5.3.1**)
Chelidonio-Parietarietum officinalis Brand. 35
Alliaria petiolata-Ges.
Geum urbanum-Festuca gigantea-Ges.
Chelidonium-Ges. (**5.3.5**)
**2. Ordnung:** Convolvuletalia sepium Tx. 50
**Verband:** Senecion fluviatilis Tx. 50 em. Tx. 67 (Calystegion sepium Tx. 47)
**Assoziationen:** Convolvulo-Angelicetum archangelicae litoralis Pass. 59
Senecionetum fluviatilis (Zahlh. 79) Th. Müll. in Oberd. 83
Convolvuletum sepium Tx. 47
Equisetum telmateja-Ges. (**5.5.5**)
Solidago canadensis-Ges. (**5.5.2**)
Impatiens glandulifera-Ges. (**5.5.1**)
Urtica dioica-Ges. (**5.5.4**)
**Verband:** Convolvulion sepium Tx. 47 em. Th. Müll. in Oberd. 83
**Assoziationen:** Convolvulo-Eupatorietum cannabini Görs 74 n. inv. (**5.5.3**)
Convolvulo-Epilobietum hirsuti Hilbig et al. 72
Angelico-Sonchetum palustris Tx. 37 n. inv.
Urtica-Convolvulus sepium-Ges. (**5.6.1**)

### 34. Klasse: Trifolio-Geranietea sanguinei Th. Müll. 61, thermophile Saum-Gesellschaften und Staudenfluren

**1. Ordnung:** Origanetalia vulgaris Th. Müll. 61
**Verband:** Geranion sanguinei Tx. in Th. Müll. 61
**Assoziationen:** Geranio-Peucedanetum cervariae Th. Müll. 61
Bupleuro longifolii-Laserpitietum latifolii Th. Müll. in Oberd. 78
Geranio-Dictamnetum Wendelb. 54
Calamintho-Laseretum trilobi Knapp 76 n. inv.
Geranio-Anemonetum sylvestris Th. Müll. 61
Campanulo-Vicietum tenuifoliae Krausch in Th. Müll. 62
Geranio-Trifolietum alpestris Th. Müll. 61
Trifolio-Laserpitetum latifolii Gils et Gilissen 76 (**5.7.1**)
Teucrio-Polygonatetum odorati Korn. 74 em. Th. Müll. 78
Peucedanum alsaticum-Ges.
Vincetoxicum hirundinaria-Ges.
**Verband:** Trifolion medii Th. Müll. 61
**Assoziationen:** Trifolio-Agrimonietum eupatorii Th. Müll. 62 (**5.8.1**)
Agrimonio-Vicietum cassubicae Pass. 67
Stachyo-Melampyretum nemorosi Pass. 67
Vicietum sylvatico-dumetorum Oberd. et Th. Müll. in Th. Müll. 62
Knautietum dipsacifoliae Oberd. 71
Teucrio-Centaureetum nemoralis Th. Müll. 62
Trifolio-Vicietum orobi Riv. M. et May. in Mayor 65
Teucrio-Campanuletum baumgartenii Knapp 76 n. inv.
Holcus mollis-Teucrium scorodonia-Ges.
Melampyrum pratense-Hieracium-Ges.
Valeriana wallrothii-Ges.

### 35. Klasse: Epilobietea angustifolii Tx. et Prsg. in Tx. 50, Schlagfluren u. Vorwald-Gesellschaften

**1. Ordnung:** Atropetalia Vlieg. 37 (Epilobietalia angustifolii Tx. 50)
**Verband:** Epilobion angustifolii (Rüb. 33) Soó 33
**Assoziationen:** Epilobio-Digitalietum purpureae Schwick (33) 44 (**4.1.2**)
Senecioni-Epilobietum angustifolii Tx. 37 (**4.1.1**)
Calamagrostio-Digitalietum grandiflorae Sill. 33 em. Oberd. 57
**Verband:** Atropion Br.-Bl. 30 em. Oberd. 57
**Assoziationen:** Atropo-Digitalietum luteae Oberd. 57 n. inv.
Calamgrostietum epigeji Juraz. 28 (**4.2.1**)
Atropetum bellae-donnae Br.-Bl. 30 em. Tx. 37 (**4.2.2**)
Arctietum nemorosi Tx. 50 ex Oberd. 57 (**4.2.4**)
Eupatorietum cannabini R. Tx. 37 (**4.2.3**)
**Verband:** Sambuco-Salicion capreae Tx. 50
**Assoziationen:** Senecionetum fuchsii Pfeiff. 36 em. Oberd. 73 (**4.3.1**)
Rubetum idaei Pfeiff. 36 em. Oberd. 73 (**4.3.2**)
Sambucetum racemosae (Noirf. in Lebr. et al. 49) Oberd. 73 (**4.3.3**)
Atropa-Sambucus nigra-Ges. (Oberd. 73) (**4.3.5**)
Piceo-Sorbetum aucupariae Oberd. 73
Epilobio-Salicetum capreae Oberd. 57 (**4.3.4**)

### 36. Klasse: Betulo-Adenostyletea Br.-Bl. et Tx. 43 (Mulgedio-Aconitetea Had. et Klika 44), hochmontan-subalpine Hochstaudenfluren und -gebüsche

**1. Ordnung:** Adenostyletalia G. et J. Br.-Bl. 31
**Verband:** Adenostylion alliariae Br.-Bl. 26, Hochstaudenfluren
**Assoziationen:** Salicetum appendiculatae Oberd. 57 em. 62 (**17.1.2**)
Alnetum viridis Br.-Bl. 18 (**17.1.1**)
Adenostylo-Cicerbitetum Br.-Bl. 50 (**17.1.4, 17.1.6**)
Petasito albi-Cicerbitetum alpinae Tx. 31 (**17.1.5**)
Epilobio-Adenostyletum (Issl. 36) Carb. 69
Delphinietum elatae (Beg. 22) Sutt. 82
Luzuletum desvauxii Issl. 36
**Verband:** Salicion waldsteinianae Oberd. 78
**Assoziationen:** Salicetum waldsteinianae Beg. 22 (**17.1.3**)
Salicetum glabrae prov.
Salicetum caesio-foetidae Br.-Bl. 50
Salicetum helveticae Br.-Bl. in Br.-Bl. et al. 54
**Verband:** Calamagrostion (arundinaceae) Luq. 26, Hochgrasfluren
**Assoziationen:** Sorbo-Calamagrostietum arundinaceae Oberd. 57
Hieracium aurantiacum-Calamagrostis villosa-Ges. Lipp. 66
Aconitum vulparia-Geranium sylvaticum-Ges. Müll. in Oberd. 78
Athyrium distentifolium-Ges.

## IX. Zwergstrauch-Gesellschaften und Borstgras-Triften

### 37. Klasse: Calluno-Ulicetea Br.-Bl. et R. Tx. 43, Borstgrasrasen, Zwergstrauchheiden und Ginsterheiden

**1. Ordnung:** Nardetalia Oberd. 49 em. Prsg. 49, Borstgras-Ges.
**Verband:** Nardion Br.-Bl. in Br.-Bl. et Jenny 26
**Assoziationen:** Aveno versicoloris-Nardetum Oberd. 57
Curvulo-Nardetum Oberd. 59
Geo montani-Nardetum Lüdi 48
Nardetum alpigenum Br.-Bl. 49 em. Oberd. 50 (**18.6.1**)
Leontodonto helvetici-Nardetum Bartsch 40
Violo-Nardetum Issl. 27
Lycopodio-Nardetum Prsg. 53
Pulsatillo micranthae- Nardetum Tx. 37
**Verband:** Violion caninae Schwick. 44 (planar bis montan)
**Assoziationen:** Festuco-Genistetum sagittalis Issl. 27
Aveno-Genistetum sagittalis Oberd. 57
Polygono vivipari-Genistetum sagittalis (Kuhn 37) Th. Müll. in Oberd. 78
Polygalo-Nardetum Oberd. 57 (**9.3.1**)
Galio-Festucetum Oberd. 57
**Verband:** Juncion squarrosi (Nordh. 37) Oberd. 57
**Assoziationen:** Juncetum squarrosi Nordhag. 22
Gentiano pneumonanthe-Nardetum Prsg. 50 em. Westh. 69
**Verband:** Festucion variae Br.-Bl. 25 (zentral-südalpin)

**2. Ordnung:** Vaccinio-Genistetalia Schub. 60 (Calluno-Ulicetalia Tx. 37 p. p.) Heidekraut-Ges.
**Verband:** Genistion pilosae Duv. 42 em. Schub. 60
**Assoziationen:** Genisto pilosae-Callunetum Oberd. 38 (**9.1.1**)
Vaccinio-Callunetum Bük. 42 (**9.2.1**)
Genisto germanicae-Callunetum Oberd. 57
Cytiso supini-Callunetum Oberd. 57
Cytiso supini-Antennarietum Preising 53 (**9.2.2**)
Genisto anglicae-Callunetum Schwick. 33 em. Tx. 75
**Verband:** Empetrion nigri Böch. 43, Küstenheiden
**Assoziation:** Hieracio-Empetretum Libb. 40

### 38. Klasse: Salicetea herbaceae Br.-Bl. et al. 47, Schneeboden-Gesellschaften

**1. Ordnung:** Salicetalia herbaceae Br.-Bl. in Br.-Bl. et Jenny 26
**Verband:** Salicion herbaceae Br.-Bl. in Br.-Bl. et Jenny 26
**Assoziationen:** Salicetum herbaceae Br.-Bl. 13 (**21.1.1**)
Luzuletum alpino-pilosae Br.-Bl. in Br.-Bl. et Jenny 26
Poo-Cerastietum cerastioidis (Söyr. 54) Oberd. 57 (**21.1.2**)
Polytrichetum sexangularis Br.Bl. in Br.-Bl. et Jenny 26 (**21.1.3**)
Nardo-Gnaphalietum supini Bartsch 40
Anthelietum juratzkanae Rübel 11 (**21.1.4**)
**2. Ordnung:** Arabidetalia caeruleae Rüb. 33
**Verband:** Arabidion caeruleae Br.-Bl. in Br.-Bl. et Jenny 26
**Assoziationen:** Salicetum retuso-reticulatae Br.-Bl. in Br.-Bl. et Jenny 26 (**21.2.1**)
Arabidetum caeruleae Br.-Bl. 18 (**21.2.2**)
Arabido-Rumicetum nivalis (Jenny-Lips 30) Oberd. 57 (**21.2.3**)

### 39. Klasse: Loiseleurio-Vaccinietea Eggler 1952 ex Schubert 1960, Arktisch-alpine Windheiden

**1. Ordnung:** Loiseleurio-Vaccinietalia Eggl., arkt-alp. Zwergstrauch-Ges.
**Verband:** Loiseleurio-Vaccinion Br.-Bl. in Br.-Bl. et Jenny 26
**Assoziationen:** Vaccinio-Empetretum hermaphroditi Br.-Bl. in Br.-Bl. et Jenny 26 (**16.3.2**)
Arctostaphylo alpinae-Loiseleurietum Oberd. 50
Cetrario-Loiseleurietum Br.-Bl. in Br.-Bl. et Jenny 26 (**16.2.1**)
**Verband:** Rhododendro -Vaccinion Br.-Bl. ex G. Br.-Bl. et J. Br.-Bl. 31
**Assoziationen:** Calamagrostio villosae-Pinetum mugi Pawl. 27 corr. Hartm. 57 (Erzg.)
Vaccinio-Rhododendretum ferruginei Br.-Bl. 27 (**16.3.1**)
Vaccinio-Pinetum cembrae (Pallm. et Hafft. 33) Oberd. 62
**Verband:** Juniperion nanae Br.-Bl. in Br.-Bl. et al. 39, Zentralalpen
**Assoziation:** Arctostaphylo-Juniperetum nanae Haffl. in Br.-Bl. et al. 39 (**16.3.3**)

## X. Gebüsche und Vorwälder

### 40. Klasse: Franguletea alni Doing ex Westhoff 69, Faulbaum-Gebüschgesellschaften

**1. Ordnung:** Rubetalia plicati Weber ord. nov. hoc loco
**Verband:** Lonicero-Rubion silvatici R.Tx. et Neumann ex Wittig 77
**Assoziationen:** Rubo plicati-Sarothamnetum Weber 67
Sarothamnetum (Malc. 29) Oberd. 79
Calluno-Sarothamnetum Malc. 29
Frangulo-Rubetum plicati comb. nov.
Rubetum grati Tx. et Neum. ex Web. 76
Rubetum silvatici Weber ass. nov. hoc loco
**2. Ordnung:** Salicetalia auritae Doing ex Westhoff 69
**Verband:** Salicion cinereae Müll. et Görs 58
**Assoziationen:** Myricetum gale Jonas 32
Betulo humilis-Salicetum repentis Oberd. 64
Salicetum pentandro-cinereae Pass. 61
Salici-Betuletum pubescentis Görs 61
Salicetum cinereae Zol. 31
Salicetum auritae Jonas 35
Salicetum pentandro-cinerae Passarge 61
Frangulo-Salicetum auritae R.Tx. 37

### 41. Klasse: Salicetea purpureae Moor 58, Weidengebüsche, Weidenwälder

**1. Ordnung:** Salicetalia purpureae Moor 58
**Verband:** Salicion elaeagni Aich. 33, praealpine Ges.
**Assoziationen:** Salici-Myricarietum Moor 58 (**15.2.1**)
Salicetum elaeagni Hag. 16 ex. Jenik 55 (**15.2.2**)
**Verband:** Salicion albae Soó 30 em. Moor 58
**Assoziationen:** Salicetum triandrae (Malc. 29), Noirf. 55
Salicetum albae Issl. 26 (**1.9.1**)
Salicetum fragilis Pass. 57
Salix purpurea-Ges.

### 42. Klasse: Rhamno-Prunetea Rivas-Goday et Borja 1961, Kreuzdorn-Schlehen-Brombeer-Gebüsche

**1. Ordnung:** Prunetalia Tx. 52, Schlehengebüsch
**Verband:** Berberidion Br.-Bl. 50, Gebüsche basenreicher Standorte
**Assoziationen:** Cotoneastro-Amelanchieretum (Fab. 36) Tx. 52
Prunetum mahaleb Nevole 31 ex. Th. Müll. 86
Rubo-Pruno-Ligustretum Tx. 52 (**3.1.1**)
Corylo-Rosetum vosagiacae Oberd. 57 n. inv. Oberd. 70 (montan)
Salici-Hippophaetum rhamnoidis Br.-Bl. 28 ex Eckm. 40
Hippophae-Berberidetum Moor 58 (**3.1.3**)
Berberido-Rosetum Br.-Bl. 61 (**3.1.2**)
Salici-Viburnetum opuli Moor 58
Roso-Juniperetum R.Tx. 64 (**3.1.4**)
Rhamno-Cornetum sanguinei Pass. 62
**Verband:** Salicion arenariae Tx. 52, Dünenweiden-Gebüsch
**Assoziationen:** Thalictro-Salicetum arenariae Tx. 37
Roso spinosissimae-Salicetum arenariae Tx. 55
Hippophaeo-Salicetum arenariae Br.-Bl. et De L. 36 (**22.10.1**)
**Verband:** Prunion fruticosae Tx. 52, pannonische Zwergkirschen-Gebüsche
**Assoziationen:** Prunetum fruticosae Klika 28
**Verband:** Pruno-Rubion fruticosi Tx. 52 corr. Doing 62, Gebüsche meist basenarmer Standorte
**Assoziationen:** Rubo-Prunetum Web. 74 em. (**3.3.1**)
Carpino-Prunetum Tx. 52 (**3.2.1**)
Rubo-Coryletum Oberd. 57
**Verband:** Sarothamnion (Tx. in Prsg. 49), Besenginster-Gebüsche
**Assoziationen:** Sarothamnetum (Malc. 29) Oberd. 79 (**3.3.2**)
Frangulo-Rubetum plicati comb. nov.
Rubetum grati Tx. et Neum. ex Web. 76

## XI. Wald-Gesellschaften

### 43. Klasse: Alnetea glutinosae Br.-Bl. et Tx. 43, Bruchwälder u. -gebüsche

**1. Ordnung:** Alnetalia glutinosae Tx. 37
**Verband:** Alnion glutinosae Malc. 29
**Assoziationen:** Carici elongatae-Alnetum glutinosae W. Koch 26 (**1.5.1**)
Sphagno-Alnetum Lemee 37
Blechno-Alnetum Oberd. 57
Carici laevigate-Alnetum Schwickerath 38

### 44. Klasse: Pulsatillo-Pinetea (E. Schmid 36) Oberd. in Oberd. et al. 67, Kiefern-Steppenwälder

**1. Ordnung:** Pulsatillo-Pinetalia Oberd. in Th. Müll. 66 (kont)
**Verband:** Cytiso ruthenici-Pinion Krausch 62
**Assoziationen:** Pyrolo-Pinetum sylvestris E. Schmidt 36 (**2.4.4**)
Diantho-Pinetum Krausch 62

### 45. Klasse: Erico-Pinetea Horvat 59, Schneeheide-Kiefernwälder

**1. Ordnung:** Erico-Pinetalia Horvat 59
**Verband:** Erico-Pinion Br.-Bl. in Br.-Bl. et al. 39
**Assoziationen:** Cytiso nigricantis-Pinetum Br.-Bl. 32
Coronillo vaginalis-Pinetum Rich. 72
Calamagrostio variae-Pinetum Oberd. 57
Molinio-Pinetum E. Schmid 36 (**2.3.3**)
Erico-Pinetum sylvestris Br.-Bl. in Br.-Bl. et al. 39 (**2.3.1**)
Dorycnio-Pinetum Oberd. 57 (**2.3.2**)
Seslerio-Pinetum nigrae Wagner 41 (**2.3.5**)
**Verband:** Fraxino orni-Ostryion carpinifoliae Tomazic 40
**Assoziationen:** Ostryo carpinifoliae-Fraxinetum orni Aichinger 33 (**1.8.1**)
Fraxino orni-Pinetum nigrae Martin-Bosse 67
**Verband:** Erico-Pinion mugi Leibundgut 48
**Assoziationen:** Erico-Rhododendretum hirsuti Oberd. in Oberd. et al. 67
Rhododendro-Mugetum Br.-Bl. 39 em. Oberd. 57 (**16.1.2**)
Erico-Pinetum mugi Br.-Bl. 39 (**16.1.1**)
Rhodothamno-Rhododendretum hirsuti Br.-Bl. 39 (**16.1.4**)
Erico carneae-Pinetum uncinatae Br.-Bl. 39 (**16.1.5**)
Rhododendro ferruginei-Pinetum prostratae Zöttl 51 (**16.1.3**)

## 46. Klasse: Vaccinio-Piceetea Br.-Bl. in Br.-Bl. et al. 39, Boreale Nadelwälder und Zwergstrauch-Gebüsche

**1. Ordnung:** Piceetalia Pawl. in Pawl. et al. 28
**Verband:** Dicrano-Pinion (Libb. 33) Matuszk. 62 em. Oberd. 79, Bodensauere Kiefernwälder und Moorwälder
**Unterverband:** Dicrano-Pinenion Seib. in Oberd., bodensaure Kiefern- und Birkenwälder
**Assoziationen:** Leucobryo-Pinetum Matuszk. 62
Leucobryo-Pinetum ericetosum herbaceae
Betulo-Sorbetum aucupariae Lohm. et Bohn 72
**Unterverband:** Piceo-Vaccinienion uliginosi Seib. in Oberd., Moorwälder
**Assoziationen:** Vaccinio uliginosi-Betuletum pubescentis Libb. 33 (**13.8.1**)
Betuletum pubescentis Tx. 37
Betuletum carpaticae Lohmeyer u. Bohn 72 (**13.8.2**)
**Verband:** Ledo-Pinion Tx. 55, Kiefernbruch- und Hochmoorwälder
**Assoziationen:** Vaccinio uliginosi- Pinetum rotundatae Oberd. 34 em. Seib. in Oberd. (**13.7.1**)
Vaccinio uliginosi-Pinetum sylvestris de Kleist 29 em. Matuszk. 62
**Verband:** Vaccinio-Piceion Br.-Bl. 38 em. Koch 54 (Oberd. 57), Mitteleuropäische montane Fichtenwälder
**Assoziationen:** Luzulo-Abietetum Oberd. 57 (mit Periclymeno-Abietetum Oberd. 57)
Melampyro-Abietetum Oberd. 57
Calamagrostio villosae-Fagetum Mik. 72
Calamagrostio villosae-Piceetum Hartm. 53 ex Schlüter 66 (**2.1.1, 2.1.3, 2.1.4**)
Bazzanio-Piceetum Br.-Bl. et Siss. in Br.-Bl. et al. 39 (**2.1.6**)
Homogyne-Piceetum Zukr. 73 (= Piceetum subalpinum Br.-Bl. 38) (**2.1.8**)
Adenostyles glabrae-Piceetum H. Mayer 69 (**2.1.7**)
Asplenio-Piceetum Kuoch 54 (**2.1.5**)
Oxalido-Piceetum sensu Smettan 81 (**2.1.2**)
Larici-Cembretum Ellenberg 63 (**2.1.11**)
Larici-Piceetum Ellenberg et Klötzli 72(**2.1.9**)
Laricetum molietosum-coeruleae Br.-Bl. 26 (**2.1.10**)
**Verband:** Abieti Piceion Soó 64
**Assoziationen:** Vaccinio-Abietetum Oberd. 57
Luzulo-Abietum Oberd. 57
Galio rotundifolii-Abietum Wraber 59 (**2.2.1**)

## 47. Klasse: Quercetea robori-petraeae Br.-Bl. et R. Tx. 1943, Birken- Eichenwälder

**1. Ordnung:** Quercetalia robori-petraeae Br.-Bl. 32, Eichen-Birken-Wälder
**Verband:** Quercion robori-petraeae Br.-BI. 32
**Unterverband:** Quercenion robori-petraeae Riv. Mart. 78, westeuropäische Eichen-Birkenwälder
**Assoziationen:** Holco-Quercetum robori-petraeae Lemee 37 em.
Violo-Quercetum Oberd. 57
Querco roboris-Betuletum Tx. 37 (**1.2.1**)
Hieracio-Quercetum Lohm. 78
**Unterverband:** Genisto tinctoriae-Quercenion robori-petraeae (Neuh. 67) Oberd., ost-mitteleuropäische Eichen-Birkenwälder
**Assoziationen:** Genisto tinctoriae-Quercetum petraeae Klika 32
Vaccinio vitis-idaeae-Quercetum Oberd. 57
Calamagrostio-Quercetum Scam. 61 (**1.2.3**)
**Unterverband:** Ilici-Fagenion (Br.-Bl. 67) Tx. 79 em. Oberd. 84
**Assoziation:** Deschampsia flexuosa-Fagus sylvatica-Ges.
Deschampsio-Fagetum Pass. 56
Ilici-Fagetum Br.-Bl. 67

## 48. Klasse: Querco-Fagetea Br.-Bl. et Vlieg. in Vlieg. 37, Sommergrüne Laubwälder u. Sommergebüsche außerhalb der Naßstandorte

**1. Ordnung:** Quercetalia pubescenti-petraeae Br.-Bl. 31, wärmegebundene Eichenmischwälder
**Verband:** Quercion pubescenti-petraeae Br.-Bl. 32
**Assoziationen:** Lithospermo-Quercetum petraeae Br.-Bl. 32
Quercetum pubescenti-petraeae Heinis 33 (**1.7.1**)
Buxo-Quercetum Br.-Bl. 31
Aceri monspessulani-Quercetum petraeae Oberd. 57
Potentillo-Quercetum petraeae Libb. 33
Fago-Quercetum petraeae Tx. 55 (**1.2.2**)
**2. Ordnung:** Fagetalia sylvaticae Pawl. 28, frische Sommerwälder
**Verband:** Alno-Ulmion minoris Br.-Bl. et Tx. 43, Auenwälder
**Unterverband:** Alnenion glutinoso-incanae Oberd. 53, Erlen-Eschen-Auenwälder
**Assoziationen:** Alnetum incanae Lüdi 21 (**1.4.1**)
Stellario nemorum-Alnetum glutinosae Lohm. 57
Pruno-Fraxinetum Oberd. 53
Carici remotae-Fraxinetum W. Koch ex Faber 36
Equiseto telmateiae-Fraxinetum Oberd. 57 ex Seibert
**Unterverband:** Ulmenion minoris Oberd. 53, Eichen-Ulmen-Auenwälder
**Assoziation:** Fraxino-Ulmetum Tx. 52 (**1.4.2**)
**Verband:** Carpinion betuli Issl. 31 em. Oberd. 53, Eichen-Hainbuchenwälder
**Assoziationen:** Galio-Carpinetum Oberd. 57 (mitteleurop.) (**1.3.2**)
Stellario-Carpinetum Oberd. 57 (west-mitteleurop.) (**1.3.1, 1.3.3**)
Tilio-Carpinetum Traczyk 62 (osteurop.)
Carici-Tilietum cordatae Müll. et Görs 58
**Verband:** Tilio-Acerion Klika 55, Schlucht- und Steinschutthalden-Wälder
**Assoziationen:** Fraxino-Aceretum pseudoplatani (W. Koch 26) Tx. 37 em. Th. Müll. 66 (**1.6.2**)
Phyllitido-Fraxinetum Schwick. 38 (**1.6.3**)
Arunco-Aceretum Moor 52 (**1.6.5**)
Tilio-Ulmetum Rühl 67
Lunario-Aceretum Grünberg & Schlüter 57 (**1.6.4**)
Ulmo-Aceretum (Beg. 22) Issl. 26 (Hochlagen)
Aceri-Tilietum Fab. 36 (**1.6.1**)
**Verband:** Fagion sylvaticae Pawl. 28, Buchen- und Buchenmischwälder
**Unterverband:** Luzulo-Fagenion (Lohm. ex Tx. 54) Oberd. 57, Hainsimsen-Buchenwälder
**Assoziationen:** Luzulo-Fagetum Meus. 37 (**1.1.1**),
incl. Melampyro-Fagetum Oberd. 57 (collin-submontan)
Luzulo-Fagetum montanum Oberd. 57 (montan)
Polygonato verticillati-Fagetum Oberd. 57 (hochmontan)
**Unterverband:** Galio odorati-Fagenion (Tx. 55) Th. Müll. in Oberd., meist reine Buchenwälder, örtl. auch mit Tanne oder Fichte
**Assoziationen:** Galio odorati-Fagetum Rübel 30 ex Soug. et Thill 59 (**1.1.5**)
Cardamino bulbiferae-Fagetum Lohm. 62
Seslerio-Fagetum Moor 52 (**1.1.4**)
Festuco altissimae-Fagetum Schlüt. in Grüneb. et Schlüt. 57
Hordelymo-Fagetum Kuhn 37 em. Th. Müll. in Oberd. (**1.1.9**)
Lathyro-Fagetum Hartm. 53 (**1.1.2**)
Melico-Fagetum Lohm. et Seib. 54
Mercuriali-Fagetum Zukrigl et Kilian 66 (**1.1.6**)
Allio ursini-Fagetum Zukrigl et Kilian 66 (**1.1.7**)
**Unterverband:** Lonicero alpigenae-Fagenion Borhidi 65 em. Oberd. et Müll. 84, Praealpine Buchenwälder, meist mit Tanne und Fichte
**Assoziationen:** Lonicero alpigenae-Fagetum Oberd. et Müll. 84 (= Abieti-Fagetum Kuoch 54) (**1.1.8**)
Aposeri-Fagetum Oberd. 57 (**1.1.11**)
Dentario heptaphyllidi-Fagetum (Moor 52) Th. Müll. 66
Cardamino trifoliae-Fagetum Oberd. 79 ex Oberd. et Müll. 84
Dentario enneaphyllidi-Fagetum Oberd. 57
Helleboro-Fagetum Zukrigl 73 (**1.1.10**)
**Unterverband:** Aceri-Fagenion Ellenb. 63, Hochmontane u. hochstaudenreiche Buchenmischwälder
**Assoziation:** Aceri-Fagetum Bartsch 40 (**1.1.12**)
**Unterverband:** Galio rotundifolii-Abietenion Oberd. 62, Krautreiche Tannen-Fichtenmischwälder
**Assoziationen:** Galio rotundifolii-Abietetum O. de Bolos 57 (**2.2.1**)
Pyrolo-Abietetum Oberd. 57
**Unterverband:** Cephalanthero-Fagenion (Tx. 55) Tx. et Oberd. 58, Orchideen-Buchenwälder
**Assoziation:** Carici-Fagetum Moor 52 (**1.1.3**)

# Formulare für die Erstellung einer Vegetationsaufnahme

## VEGETATIONSAUFNAHME Nr.

**Name des Kartierers:** **Datum:** **KartenNr.:**

**Fundortbeschreibung:**

**Großlebensraum:**________________

________________

________________

________________

**Meereshöhe:**________________

**Hanglage:**________________

**Neigung:**________________

**Schichtung**

| | Höhe | Deckung |
|---|---|---|
| **B 2** | | |
| **B 1** | | |
| **Str.** | | |
| **Kr.** | | |
| **Moos** | | |

**Lage im Gelände**

Abbruch, Altwasser, Aufschüttung, Bach, Bachaue, Böschung
Damm,Delle, Düne, Ebene, Einschnitt, Hang, Steilhang
Fluß, Flußaue, Graben, Hangmulde
Hochfläche, Plateau, Höhle, Kuppe
Moor (Hochmoor, Übergangsmoor, Niedermoor), Ober-, Mittel-, Unterhang, Quelle
Quellgebiet, Rippe, Rücken, Schlucht, Schwemmfächer, See, Senke
Mulde, Steinhaufen, Tal, Talraum, Teich, Terrasse
Torfstich, Toteisloch, Trockental, Wall, Weg, Weiher

**Wertbestimmende Merkmale**

Artenschutz, Ausgeprägte Zonation, Biotopverknüpfung
Bodenschutz, Erholungsfunktion, Großflächiges Biotop
Hohe Artenvielfalt, Hohe Strukturvielfalt, Immissionsschutz
Inselbiotop, Kulturhistorische Bedeutung, Landschaftsbild
Naturnaher Zustand, Ökologischer Ausgleich, Pufferfunktion
Seltene Biozönose, Seltener Pflanzenbestand, Sichtschutz
Uferschutz, Wasserhaushalt, Wertvoller Biotopkomplex

**Bewirtschaftungsart/Nutzungform**

Abbau, Aufschüttung; Beweidung; Einzelholznutzung
Fischerei, Teichwirtschaft; Wasserwirtschaft; Freizeitnutzungen, Sportnutzungen
Gewerbe, Industrie; Grünanlagen, Gärten; Keine Nutzung
Mahd; Plenterholznutzung; Stockhieb
Siedlung, Einzelhäuser; Schuppen, Scheune; Straße, Feldweg, Schotterweg
Streuwiese; Weinbau, Obstbau

**Beeinträchtigungen**

Aufforstung, Gehölzumbau, Rodung; Abholzung
Beweidung; Biozideinsatz
Einebnung, Abgrabung, Auffüllung, Ablagerung; Eutrophierung, Erosion
Freizeit, Erholung, Sport; Gewässerabsenkung
Gewässerbau, Gewässerentnahme; Jagd, Wildschäden
Keine Beeinträchtigung; Nutzungsauflassung
Nutzungsintensivierung; Standortsfremde Gehölze
Überbauung, Verinselung; Verbuschung, Gehölzanflug
Verdichtung, Tritt, Befahren; Streusalzschäden

**Bodenkundliche Angaben**

Bodenart:__________ Bodentyp(Horizontabfolge):__________

Humusform:__________

pH-Wert:__________ Kalkgehalt:__________

Geologische Formation:__________

# ARTENLISTE

| Name | Menge | Name | Menge |
|---|---|---|---|
| | | | |
| | | | |
| | | | |
| | | | |
| | | | |
| | | | |
| | | | |
| | | | |
| | | | |
| | | | |
| | | | |
| | | | |
| | | | |
| | | | |
| | | | |
| | | | |
| | | | |
| | | | |
| | | | |
| | | | |
| | | | |
| | | | |
| | | | |
| | | | |
| | | | |
| | | | |
| | | | |
| | | | |
| | | | |
| | | | |
| | | | |
| | | | |
| | | | |
| | | | |
| | | | |
| | | | |
| | | | |
| | | | |
| | | | |
| | | | |

# Glossar und Abkürzungen

**Abundanz** Individuenzahl pro Flächenenheit (= Dichte).

**Areal** Verbreitungsgebiet einer Pflanze, Sippe oder anderen systematischen Einheit im biogeografischen Sinne.

**Assoziation** Grundeinheit des soziologischen Systems.

**autochthon** bodenständig; an einem Fundort, an einem Standort, in einer Gesellschaft „ureinheimisch".

**Autökologie** Erforscht die Beziehungen zwischen (Einzel-)Organismus und Umwelt; Gegensatz zur Synökologie.

**azonal** Dauergesellschaft, steht im Gleichgewicht mit den speziellen Bodeneigenschaften z.B. besonders große Nässe oder Trockenheit (Beispiel: Erlenbruchwald, Hochmoore).

**Bal.-Tul.** Abkürzung für Botaniker Emílie Balátová-Tuláčková.

**Biotop** Lebensraum einer Lebensgemeinschaft (pflanzlicher und tierischer Organismen) von bestimmter Mindestgröße und einheitlicher, gegenüber seiner Umgebung abgrenzbarer Beschaffenheit; nicht zu verwechseln mit Habitat, Fundort oder Standort.

**Biotopvernetzung** Schaffung eines vernetzten Systems von Ökosystemen zur Erhaltung und Förderung der biologischen Diversität der Landschaft und ihres ökologischen Grundmusters.

**Bodenart** Bodenmaterialien durch Korngröße und Mengenverhältnisse unterschieden; nicht zu verwechseln mit -> Bodentyp.

**Bodentyp** Bodenzusammensetzungen aus verschiedenen Horizonten, die ähnliche Eigenschaften und ähnliche Entwicklungen aufweisen; werden durch das Bodenprofil aufgeschlossen.

**Br.-Bl.** Abkürzung für den namhaften Pflanzensoziologen Josias Braun-Blanquet.

**Charakterart** Kennart einer Pflanzengesellschaft, sie kommt (fast) ausschließlich in einer einzigen Pflanzengesellschaft vor.

**Dauergesellschaft** Form einer Klimax- oder Schlußgesellschaft, die jedoch außerhalb des von Natur aus typischen Verbreitungsareales liegt.

**Deckungsgrad** Fläche, die bedeckt würde, wenn alle oberirdischen Pflanzenteile senkrecht auf den Boden projiziert würden.

**Differentialart** Trennart einer Pflanzengesellschaft, die sie von anderen, ähnlichen Gesellschaften unterscheidet. Differentialarten sind weiter verbreitet, aber nur in einer von zweien oder mehreren einander ähnlichen Gesellschaften zu finden.

**Dominanz** Raumbedarf einer Population wie Deckung, Kronendurchmesser, Phytomasse, Strammdurchmesser von Bäumen.

**dystroph** extrem nährstoffarm.

**Endemit** Pflanze, die nur in einem bestimmten, abgrenzbaren geografischen Raum vorkommt, Gegensatz zum Kosmopolit, der weltweit vertreten ist.

**eutroph** nährstoffreich.

**Evaporation** Verdunstung von Wasser aus Pflanzen, dessen Menge stets proportional dem Dampfdruckgefälle zwischen der verdunstenden Oberfläche und der angrenzenden Luft ist.

**exponiert** Einem dominaten Umweltfaktor ausgesetzt (Beispiel: Wind).

**Exposition** Ausrichtung in eine bestimmte Himmelsrichtung.

**extensiv** Bewirtschaftungsform, die ohne oder mit nur geringen mechanischen und chemischen Hilfsmitteln erfolgt, geringerer quantitativer Ertrag, dafür höhere ökologische Qualität.

**extrazonal** Schlußgesellschaft, die im Einklang mit dem regionalen, Geländeklima steht (Beispiel: thermophiler Eichenwald an Südhängen).

**Flora** Gesamtheit der Pflanzenarten eines Gebietes.

**Florengebiet** Einheit der floristischen Gliederung der Erde, mit hierarchischer Gliederung: Florenreich-Florenregion.

**Florenzone** Gebiet innerhalb des gesamten Florenreiches; arktische Florenzone - Arten mit der Hauptverbreitung in den nordischen Ländern Europas, aber auch in den Gebirgen der südlicheren Zonen (arktisch-alpin); boreale Zone - Hauptverbreitung im nördlichen Teil der gemäßigten Zone, aber auch in Berglagen der südlicheren Zonen (Beispiel: Waldkiefer, Krähenbeere); temperate Florenzone- Hauptverbreitung im mittleren Teil der gemäßigten Breiten, gelegentlich auch in Berglagen der südlich anschließenden Zone (Beispiel: Rotbuche, Traubeneiche); submeridionale Florenzone - Arten der wärmeliebenden Laubwälder (Beispiel: Flaumeiche).

**Frosttrocknis** Frieren des Bodenwassers, während die Lufttemperatur die Pflanze zum Assimilieren veranlaßt; dadurch kommt es zu Austrocknungserscheinungen von Pflanzenteilen, die zum Absterben der gesamten Pflanze führen können (Beispiel: ein warmer Frühlingstag im Gebirge mit noch andauernder Schneelage und Bodenfrost in der Nacht und in den Morgenstunden.

**Fundort** geografische oder topografische Angabe, Ort; nicht zu verwechseln mit Standort oder Biotop.

**Geobotanik** Teilgebiet der Botanik, das die Pflanzen als Elemente der Biosphäre der Erde erforscht.

**Geophyten** „Erdpflanzen", Pflanzen, die in verdickten, speichernden Überdauerungsorganen im Boden überwintern und dadurch besonders gut geschützt sind.

**Glazialrelikt** Arten mit weiter Verbreitung in der Tundrenzeit, heutiges Hauptareal arktisch, alpin (Beispiele: Zwergbirke, Zwillingsblume, Alpenaster, Alpen-Küchenschelle).

**Gradient** mehr oder weniger kontinuierliche Veränderung eines ökologischen Faktors entlang einer gewissen Strecke.

**Habitat** Wohnort oder Standort einer Art, im Gegensatz zum Biotop ein autökologischer Begriff; wird verwendet, wenn manden Lebensraum einer Einzelart benennt. Der Lebensraum einer Art kann auch aus mehreren Habitaten bestehen (z.B. Winterquartier, Nahrungshabitat, Brutplatz, Schlafplatz).

**halophil** salzliebend, Halophyt = Salzpflanze.

**Hochstauden** Meist breitblättrige, mindestens 80 cm hohe Pflanzen auf nährstoffreichen und zugleich frischen bis feuchten Standorten (z. B. hochmontane bis subalpine Hochstaudenfluren in den Gebirgen).

**Höhenstufen** Verbreitungsräume gemäß der Höhenlage von Meeresniveau bis zu den höchsten Berggipfeln; 7 Höhenstufen sind unterschieden: collin-planar, submontan, hoch-montan, subalpin, alpin, nival.

**Humus** Organische Anteile des Bodens, die durch chemischen Ab- und Umbau entstanden sind.

**Hutweide** Hutung; Viehweide, die von einem Hirten betreut wird.

**Initialstadium** Pionierstadium, beginnende Vegetationsentwicklung einer Pflanzenformation auf offenen Böden.

**Inneralpen** Täler in Österreich, Oberes Inntal, Virgental, mittleres Mölltal, oberes Murtal, Lungau (inneralpidische Trockengebiete).

**intensiv** Bewirtschaftungsform zur quantitativen Ertragssteigerung auf Kosten der ökologischen Vielfalt durch Einsatz mechanischer und chemischer Hilfsmittel.

**Klasse** Höchste Hierarchiestufe des soziologischen Systems, das die Ordnungen zusammenfaßt.

**Klimaxgesellschaft** Endstadium einer Vegetationsentwicklung in einer Landschaft unter bestimmten Klimaverhältnissen, charakterisiert durch relativ große Stabilität; auch als Schlußgesellschaft bezeichnet; es findet keine gerichtete Weiterentwicklung mehr statt, nur noch zyklische Prozesse.

**kontinental** Klimatypisierung: Vegetationsperiode halbjährlich im Sommer; Winterliche Abkühlung bis - 20 °C, Niederschlagsmaximum im sehr warmen Sommer; Jahrestemperatur-Amplitude bis zu 40 °C. Fehlende oder nur schwach ausgebildete Übergangsjahreszeiten; Längere Trockenperioden möglich.

**Kryptogamen** "Versteckstsamer"; Moose, Flechten, Farne.

**Landschaftsbild** Visueller Eindruck der Landschaftsstruktur, emotionales Erfassen der subjektiv wahrnehmbaren Gegebenheiten.

**mesophil** = Mesophytisch; mittlere Feuchtigkeitsverhältnisse bevorzugend (z. B. mesophiler Laubwald).

**mesotroph** Mittlere Nährstoffversorgung; im Unterschied zu oligotroph, eutroph.

**Mikroklima** Bestandesklima; Klimatische Verhältnisse innerhalb eines Pflanzenbestandes, auch im Umfeld einer einzigen Pflanze.

**Mitteleuropa** Geografischer Raum von den Meeresküsten der Nord- und Ostsee bis zum Alpenhauptkamm, zw. deutsch-französischer Grenze und westl. Tschechei bzw. Oder-Neisse-Linie. Übergangszone zwischen ozeanischer und kontinentaler Prägung.

**Nährstoffversorgung** Gehalt der pflanzenverfügbaren Nährstoffe, besonder Stickstoff und Phosphor, an einem Wuchsort.

**Naturhaushalt** Wirkungsgefüge aus den naturbedingten abiotischen und biotischen Faktoren wie Gesteinsuntergrund, Boden, Relief, Gewässer, Bodenwasserhaushalt, Klima, Vegetation, Tiere in ihren gegenseitigen Wechselbeziehungen und Beeinflussungen.

**Niederwald** Bewirtschaftungsform; Schlägerung in relativ kurzen Abständen, etwa 20 - 30 Jahre, vor allem zur Brennholzgewinnung.

**Oberd.** Abkürzung für den Pflanzensoziologen Erich Oberdorfer.

**Ökogramm** Die Abhängigkeit der floristischen Zusammensetzung eines Pflanzenbestandes vom Wasser-, Nährstoff- und Strahlungshaushalt seines Standortes kann anhand von Vergleichen mehrerer Bestände eines Syntaxons in Form von Kleiner/Größer-Relationen (Wasser von trocken bis naß, Bodenreaktion von stark sauer bis alkalisch) annähernd beschrieben werden. Diese Gradienten werden in quadratischen Koordinatensystemen dargestellt und als Ökogramme bezeichnet.

**Ökosystem** Setzt sich aus Lebensgemeinschaften (Biozönosen) und ihren Biotopen (Lebensraum) zusammen, wobei die Lebewesen untereinander und mit ihrem Lebensraum ein komplexes Wirkungsgefüge bilden. Ökosysteme sind durch einen gewissen Grad an Selbstregulation charakterisiert.

**oligotroph** Nährstoffarm.

**Ordnung** Zweithöchste Stufe des soziologischen Systems, die die Verbände zusammenfaßt.

**ozeanisch** Klimatypisierug: Vegetationsperiode ganzjährig; sehr milde Winter mit Monatsmitteln oberhalb 0 °C; Kühle, wolkenreiche Sommer; Jahrestemperatur-Amplitude oft nur 10 °C; Niederschlagsmaximum im Winter; Ausgedehnte Übergangsjahreszeiten (Frühjahr, Herbst).

**Ozeanität** Bildung von Zonen innerhalb der Biosphäre, die die großräumigen Florengürtel hinsichtlich der tages- und jahreszeitlichen Ausgeglichenheit von Feuchtigkeit und Temperatur in Sektoren unterteilt und die Areale nach der diesbezüglichen Lage ordnet: ozeanisch, subozeanisch, subkontinental, kontinental.

**Pflanzengesellschaft** Gesetzmäßige, von ihrer Umwelt abhängige konkurrenzbedingte Kombination von Pflanzenindividuen.

**pH-Wert** Säuregrad, Wasserstoffionenkonzentration.

**Phänologie** Wissenschaftliche Betrachtung der jahreszeitlichen Erscheinungen an Pflanzen und an der Vegetation.

**Population** Gesamtheit der Individuen einer Art eines bestimmten Gebietes, wobei die Abgrenzung der Population nicht scharf sein muß.

**R. Tx.** Abkürzung für den Pflanzensoziologen Reinhard Tüxen.

**Renaturierung** Rückversetzung von Landschaftsteilen in einen naturnahen Zustand mit der Möglichkeit zu einer natürlichen, ungestörten Weiterentwicklung, nachdem die zuvor erfolgten Beeinträchtigungen gestoppt wurden.

**Rohhumus** Nur sehr schwach ab- und umgebauter organischer Bestandesabfall, der sauer, für das Pflanzenwachstum sehr ungünstig ist.

**Standort** (= Ökotop, Habitat) einheitlicher Abschnitt in einem Lebensraum unter gleichen ökologischen Verhältnissen; nicht zu verwechseln mit Fundort oder Biotop.

**Subassoziation** Untereinheit einer Assoziation oder Pflanzengesellschaft, die durch Trenn(Differenzial-)arten unterschieden wird und oft der regionalen Häufung einer Pflanzenart folgt.

**subkontinental** Schwach kontinentales Klima wie in den Inneralpen und in der pannonischen Tiefebene.

**submers** Im Wasser untergetaucht.

**Sukzession** Zeitliche Aufeinanderfolge von Arten oder Lebensgemeinschaften eines Biotops, die von einem Pionierstadium zu einem sich selbst erhaltenden Stadium (-> Klimax) des dynamischen Gleichgewichtes führt. Natürliche Neu- und Wiederbesiedelung eines Standortes nach Beendigung einer Nutzung; Primäre Sukzession aufgrund eine erstmaligen Besiedelung; sekundäre Sukzession aufgrund starker Eingriffe, Sukzession aufgrund von Abbauvorgängen

**Synökologie** Erforscht die Beziehungen zwischen den Organismen.

**thermophil** Wärmeliebend.

**Therophyt** Einjährige Pflanze

**Übergangsstadium** Zwischenstadium einer Pflanzengesellschaft in der Vegetationsentwicklung vom Pionierstadium bis zum Endstadium.

**Vegetation** Gesamtheit der Pflanzengesellschaften eines Gebietes

**Vegetationsperiode** Die für das Pflanzenwachstum günstigste Zeit innerhalb eines Jahres.

**Verband** Soziologische Einheit, die die einzelnen Assoziationen zusammenfaßt.

**vikariieren** Einander gegenseitig geografisch stellvertretend (Beispiel: Kalk-, Silikatausbildungen von Pflanzengesellschaften in den Gebirgen); Vikariismus.

**Zeigerwerte** Zahlenmäßige Angaben über das ökologische Verhalten einzelner Pflanzen. Sie stellen die ökologischen Kennkarten der Arten dar.

**zonal** Schlußgesellschaft, die im Gleichgewicht mit dem Großklima steht (Beispiel: Borealer Nadelwald).

# Literatur


ADAM, K. – NOHL, W. – VALENTIN, W.: Bewertungsgrundlagen für Kompensationsmaßnahmen bei Eingriffen in die Landschaft. Hrsg. Minister für Umwelt, Raumordnung und Landwirtschaft des Landes Nordrhein-Westfalen, Düsseldorf 1986.

ADLER, W. – OSWALD, K. – FISCHER, R.: Exkursionsflora von Österreich. Stuttgart; Ulmer 1994.

AICHELE, D. und R. – SCHWEGLER, H.-W. und A.: Blumen der Alpen und der nordischen Länder. Stuttgart; Kosmos 1977.

AICHINGER, E.: Vegetationskunde der Karawanken. Pflanzensoziologie 2, Jena 1933.

AICHINGER, E.: Die Zwergstrauchheiden als Vegetationsentwicklungstypen. Angew. Pflanzensoziol. (Wien) 12, 13 u. 14 (1957)

AUER, C.: Untersuchungen über die natürliche Verjüngung der Lärche im Arven-Lärchenwald des Oberengadins. Mitt. Schweiz. Anst. Forstl. Versuchsw. 25 (1947), 3 – 140.

AUGUSTIN, H.: Die Waldgesellschaften des Oberpfälzer Waldes (= Denkschriften der Regensburgischen Botanischen Gesellschaft 51). Regensburg: Verlag der Gesellschaft 1991.

BAIER, B. et al.: Hohlwege. Entstehung, Geschichte und Ökologie der Hohlwege im westlichen Kraichgau. Karlsruhe; Verlag Regionalkultur 1993.

BAUMANN, H. – KÜNKELE, S.: Die Orchideen Europas. Stuttgart; Kosmos 1988.

BAYER, F. J.: Feuchtgebiete. Vergessene Kulturdenkmäler. Essen; Verlag Beleke 1989.

BAYERISCHER FORSTVEREIN (Hrsg.): Bäume und Wälder in Bayern. Geschichtliche, naturkundliche und kulturelle Darstellung der Baumarten und Waldlandschaften. Landsberg; ecomed 1997.

BEEFTINK, A.: Interactions between Limonium vulgare and Plantago maritima in the Plantagini-Limonietum on the Boschplaat, Terschelling, The Netherlands. Vegetatio 61 (1985), 33 – 44.

BÖCKER, R. et al. (Hrsg.): Gebietsfremde Pflanzenarten. Auswirkungen auf einheimische Arten, Lebensgemeinschaften und Biotope. Kontrollmöglichkeiten und Management. Landsberg; ecomed 1995.

BOHN, U.: Vegetationskarte der BRD, Potentielle natürliche Vegetation, Schriftenreihe Vegetationskunde 15, Bonn 1981.

BRAUN-BLANQUET, J.: Die inneralpine Trockenvegetation. Geobotanica selecta 1 (1961).

BRAUN-BLANQUET, J.: Pflanzensoziologie. Grundzüge der Vegetationskunde. Wien; Springer Verlag 1. Auflage 1928, 2. Auflage 1951, 3. Auflage 1964.

BUNDESFORSCHUNGSANSTALT FÜR NATURSCHUTZ UND LANDSCHAFTSÖKOLOGIE (Hrsg.): Rote Listen von Pflanzengesellschaften, Biotopen und Arten (= Schriftenreihe für Vegetationskunde 18). Bonn/Bad Godesberg; Landwirtschaftsverlag 1986.

BURRICHTER, E., POTT, R.: Begleittext zum Doppelblatt potentielle natürliche Vegetation aus dem Themenbereich II Landesnatur. Geogr.-landeskundl. Atlas von Westfalen. Münster; Aschendorff 1988.

BURTSCHER, M.: Zur Vegetation und Flora zweier Gletschervorfelder im Venedigergebiet, Diss. Univ. Innsbruck 1982.

CARBIENER, R.: La détermination de la limite naturelle de la forêt par de critères pédologiques et géomorphologiques dans les hautes Vosges et dans le Massif Central. Compt. Rend. Acad. Sc. Paris 258 (1964), 4136 – 4138.

CERNUSCA, A. (Hrsg.): Alpine Grasheide Hohe Tauern. Ergebnisse der Ökosystemstudie 1976. Innsbruck; Wagner 1977.

COLDITZ, G.: Auen, Moore, Feuchtwiesen. Gefährdung und Schutz von Feuchtgebieten. Basel; Birkhäuser 1994.

DIERRSEN, K.: Rote Liste der Pflanzengesellschaften Schleswig-Holsteins. Schriftenreihe Landesamt Naturschutz und Landschaftspflege Schleswig-Holstein 6, Kiel 1983.

DIERSCHKE, H.: Die Vegetation des Langholter- und Rhauder Meeres und seiner Randgebiete. Mitteilungen der floristisch-soziologischen Arbeitsgemeinschaft 18 (1975), 157 – 202.

DIERSSEN, K.: Einführung in die Pflanzensoziologie. Vegetationskunde. Darmstadt; Wissenschaftliche Buchgesellschaft 1990.

DIERSSEN, K.: Vegetation Nordeuropas. Stuttgart; Ulmer 1996.

DOLDER, U. und W.: Lebensraum Alpen. Zürich; Silva Verlag 1995.

ELLENBERG, H. et al.: Zeigerwerte von Pflanzen in Mitteleuropa (= Scripta Geobotanica XVIII). Göttingen; Verlag Erich Goltze 1991.

ELLENBERG, H.: Stickstoff als Standortsfaktor, insbesondere für mitteleuropäische Pflanzengesellschaften. Oecol. Plant. 12 (1977), 1 – 22.

ELLENBERG, H.: Vegetation Mitteleuropas mit den Alpen. Stuttgart; Ulmer 1996.

ELLENBERG, H.: Zeigerwerte der Gefäßpflanzen Mitteleuropas, 1. Aufl. 1974, 2. Aufl. 1979, 3. Aufl. 1991.

ENGEL, F.-M.: Alpenpflanzen. Hannover; Landbuch 1990.

FISCHER, A.: Forstliche Vegetationskunde (= Pareys Studientexte 82). Berlin/Wien; Blackwells Wissenschaftsverlag 1995.

FRANKENBERG, P.: Vegetation und Raum (= UTB 1177). Paderborn/München/Wien/Zürich; Schöningh 1982.

FREY, W. – LÖSCH, R.: Lehrbuch der Geobotanik. Pflanze und Vegetation in Raum und Zeit. Stuttgart/Jena/Lübeck/Ulm; Gustav Fischer Verlag 1998.

GERKEN, B.: Auen, verborgene Lebensadern der Natur. Freiburg; Rombach 1988.

GLAVAC, V. – GRILLENBERGER, C. – HAKES, W. – ZIEZOLD, H.: On the nature of vegetation boundaries, undisturbed flood plain forest communities as an example – a contribution to the continuum/discontinuum controversy. Vegetatio 101 (1992), 123 – 144.

GLAVAC, V.: Vegetationsökologie: Grundfragen, Aufgaben, Methoden. Jena/Stuttgart/Lübeck/Ulm; Gustav Fischer Verlag 1996.

GÖRS, S.: Beiträge zur Kenntnis basiphiler Flachmoorgesellschaften. (Tofieldietalia Preisg. apud Oberd. 49). I. Teil. Das Davallseggen-Quellmoor (Caricetum davallianae W. Koch 28) Veröff. Württ. Landesst. Naturschutz und Landschaftspflege Baden-Württemberg 31 (1963), 7 – 30.

GRABHERR, G.: Heiden in den Alpen. Berichte der Reinhold-Tüxen-Gesellschaft 5 (1993), 167–181.

GRAU, J. – KREMER, B. P. – MÖSELER, B. M. et al.: Gräser. Steinbachs Naturführer. München; Mosaik Verlag 1990.

GREY-WILSON, C. – BLAMEY, M.: Pareys Bergblumenbuch. Übersetzt, bearbeitet und ergänzt von H. REISIGL. Hamburg/Berlin; Parey 1980.

HAKES, W.: On the predictive power of numerical and Braun-Blanquet classification, an example from beechwoods. J. Veg. Science 5 (1994), 153 – 160.

HANF, M.: Farbatlas Feldflora. Wildkräuter und Unkräuter. Stuttgart; Ulmer 1990.

HAUSER, K.: Pflanzengesellschaften der mehrschürigen Wiesen (Molinio-Arrenatheretea) Nordbayerns (= Dissertationes Botanicae 128). Berlin/Stuttgart; Cramer 1988.

HECKER, K. UND F.: Nordsee. Naturwanderführer. München; Bruckmanns 1999.

HEILIG, H.: Untersuchungen über Klima, Boden und Pflanzenleben des Zentralkaiserstuhls. Z. Botan. 24 (1931), 225 – 279.

HERTER, W.: Zur aktuellen Vegetation der Allgäuer Alpen: Die Pflanzengesellschaften des Hintersteiner Tales. Diss. Bot. 147 (1990).

HEYDEMANN, B. – MÜLLER-KARCH, J.: Biologischer Atlas von Schleswig-Holstein. Lebensgemeinschaften des Landes. Neumünster; Wachholtz 1980.

HOFMEISTER, H.: Lebensraum Wald. München; J.F. Lehmanns Verlag 1977.

HONDONG, H. – LANGNER, S. – COCH, T.: Untersuchungen zum Naturschutz an Waldrändern (= Bristol-Schriftenreihe 2). Zürich; Bristol-Stiftung 1993.

HÖPFNER, B.: Ökophysiologische Untersuchungen in einem extrem sauren Calamagrostidetum epigeios. Diss. Univ. Gießen 1966.

HORNSTEIN, F. VON: Wald und Mensch. Ravensburg; O. Maier Verlag 1951.

HUBER-PESTALOZZI, G. (Begr.): Das Phytoplankton des Süßwassers. Systematik und Biologie. Stuttgart; Schweizerbart 1926.

HUNDT, R.: Beiträge zur Wiesenvegetation Mitteleuropas- I. Die Auewiesen an der Elbe, Saale und Mulde. Nova Acta Leopoldina N. F. 20 (1958), 135 – 206.

HUTTER, C.-P. (Hrsg.) – BLESSNIG, K. – KOZINA, U.: Wälder, Hekken und Gehölze. Stuttgart/Wien; Weitbrecht 1995.

HUTTER, C.-P. (Hrsg.) – BRIEMLE, G. – FINK, C.: Wiesen, Weiden und anderes Grünland. Stuttgart/Wien; Weitbrecht 1993.

HUTTER, C.-P. (Hrsg.) – KAPFER, A. – KONOLD, W.: Seen, Teiche, Tümpel und andere Stillgewässer. Stuttgart/Wien; Weitbrecht 1993.

HUTTER, C.-P. (Hrsg.) – KNAPP, H.-D. – WOLF, R.: Dünen, Heiden, Felsen und andere Trockenbiotope. Stuttgart/Wien; Weitbrecht 1994.

HUTTER, C.-P. (Hrsg.) – KONOLD, W. – SCHREINER, J.: Quellen, Bäche, Flüsse und andere Fließgewässer. Stuttgart/Wien; Weitbrecht 1996.

JAUCH, E. – BENZING, A. (Hrsg.): Das Schwenninger Moos – ein naturkundlicher Führer, Band 12 der Führer durch Natur- und Landschaftsschutzgebiete in Baden-Württemberg. Karlsruhe: Landesanstalt für Umweltschutz 1986.

JEDICKE, E. – FREY, W. – HUNDSDORFER, M. – STEINBACH, E.: Praktische Landschaftspflege. Grundlagen und Maßnahmen. Stuttgart; Ulmer 1992.

JENSEN, A.: On the ecophysiology of Halimione portulacoides. Vegetatio 61 (1985), 231 – 240.

KAULE, G. – SCHALLER, J. – SCHOBER, H.-M.: Auswertung der Kartierung schutzwürdiger Biotope in Bayern. Allgemeiner Teil – außeralpine Naturräume. München/Wien Verlag R. Oldenbourg 1979.

KINDEL, K.-H.: Kiefern in Europa. Jena/Stuttgart/New York; Gustav Fischer Verlag 1995.

KNAPP, R.: Einführung in die Pflanzensoziologie. Stuttgart; Verlag Eugen Ulmer 1971.

KNAUER, N.: Vegetationskunde und Landschaftsökologie (= UTB 941). Heidelberg; Quelle & Meyer 1981.

KORNECK, D. – SUKOPP, H.: Rote Liste der in der Bundesrepublik Deutschland ausgestorbenen, verschollenen und gefährdeten Farn- und Blütenpflanzen und ihre Auswertung für den Arten- und Biotopschutz. Bad Godesberg, Schriftenreihe Vegetationskunde 1988.

KÖSTLER, J. N. – MAYER, H.: Waldgrenzen im Berchtesgadener Land. Jahrb. Verein zum Schutz der Alpenpflanzen und -tiere 35 (1970), 1 – 35.

KOVACS, M.: Die Acerion pseudoplatani-Wälder (Mercuriali-Tilietum und Phyllitido-Aceretum) des Matra-Gebirges. Acta Agron. Acad. Sci. Hung. 14 (1968), 331 – 350.

KRAUSE, W.: Ruderalpflanzen. Handbuch der Pflanzenphysiologie 4 (1958), 737 – 754.

LANDOLT, E.: Ökologische Zeigerwerte zur Schweizer Flora. Veröff. Geobot. Inst. ETH 64, Zürich 1977.

LANDOLT, E.: Probleme der Höhenstufen in den Alpen. Bot. Helv. 93 (1982), 255 – 268.

LANG, G.: Quartäre Vegetationsgeschichte Europas. Jena/Stuttgart/New York; Gustav Fischer Verlag 1994.

LARCHER, W.: Ergebnisse des IBP-Projekts "Zwergstrauchheide Patscherkofel". Sit.ber. Österr. Akad. Wiss., Math.-Nat. Kl., Abt. I, 186 (1977), 301 – 371.

LAUBER, K. – WAGNER, G.: Flora Helvetica. Bern/Stuttgart/Wien; Verlag Paul Haupt, 2. Aufl. 1998.

LIPPERT, W.: Die Pflanzengesellschaften des Naturschutzgebietes Berchtesgaden. Ber. Bayer. Botan. Ges. 39 (1966), 67 – 122 und Anhang 1 – 70.

LÖTHER, R.:Vergleich, Klassifikation und Analogie. In: LAITKO, H. – BELLMANN, R.:Wege des Erkennens, Philosophische Beiträge zur Methodologie der naturwissenschaftlichen Erkenntnis. Berlin; VEB Deutscher Verlag der Wissenschaften 1969, 91 – 106.

LÜDI, W.: Die Pflanzengesellschaften des Lauterbrunnentales und ihre Sukzession. Beitr. Geobot. Landesaufn. Schweiz 9 (1921).

MAHN, G.: Über die Vegetations- und Standortverhältnisse einiger Porphyrkuppen bei Halle. Wiss. Z. Univ. Halle, Math.-Nat. R. 6 (1957), 177 – 208.

MARGALEF, R.: On certain unifying principles in ecology. American Naturalist 97 (1963).

MARGULES, C-R. – USHER, M-B.: Criteria used in assessing wildlife conservation potential: a review. Biological Conservation 21 (1981), 79 – 109.

MARTI, F. – NANN, S. – WALCHER, J. – ZOPFI, H.-J.: Geschützte Pflanzen und ihre Lebensräume (= Mitteilungen der Naturforschenden Gesellschaft des Kantons Glarus Bd. XVII). Glarus 1997.

MARTI, K.: Zum Standort von Magnocaricion-Gesellschaften in der Schweiz (= Veröffentlichungen des Geobotanischen Institutes der Eidg. Tech. Hochschule, Stiftung Rübel, Zürich 120). Zürich 1994.

MATZNER, E.: Untersuchungen zum Elementhaushalt eines Heide-Ökosystems (Calluna vulgaris) in Nordwestdeutschland. Göttinger Bodenkundl. Ber. 63 (1980), 1 – 120.

MAYER, H.: Wälder des Ostalpenraumes. Stuttgart; Gustav Fischer Verlag 1974.

MAYER, H.: Wälder Europas. Stuttgart/New York; Gustav Fischer Verlag 1984.

MERTZ, P.: Das Vorkommen und die Verbreitung der Spirke in Nordtirol. Innsbruck, unveröffl. Diplomarbeit 1986.

MOOR, M.: Pflanzengesellschaften schweizerischer Flußauen. Mitt. Schweiz. Anst. Forstl. Versuchswesen 34 (1958), 221 – 360.

MUCINA, L. – GRABHERR, G. – ELLMAUER, T. (Hrsg.): Die Pflanzengesellschaften Österreichs. 3 Bde. Jena/Stuttgart/New York; Gustav Fischer Verlag 1993.

NACHTIGALL, W.: Lebensräume. Mitteleuropäische Landschaften und Ökosysteme. München/Wien/Zürich; BLV 1986.

OBERDORFER, E. (Hrsg.): Süddeutsche Pflanzengesellschaften. Teil I. Bearbeitet von K. DIERSSEN et al. Jena/Stuttgart/New York; Gustav Fischer Verlag, 2. Aufl. 1977.

OBERDORFER, E. (Hrsg.): Süddeutsche Pflanzengesellschaften. Teil II. Bearbeitet von D. KORNECK et al. Jena/Stuttgart/New York; Gustav Fischer Verlag, 2. Aufl. 1978.

OBERDORFER, E.: Pflanzensoziologische Exkursionsflora. Stuttgart; Ulmer 1990, 7. Aufl. 1994.

OBERDORFER, E.: Süddeutsche Pflanzengesellschaften. Pflanzensoziologie 10, Jena 1957.

OBERDORFER, E.: Süddeutsche Pflanzengesellschaften. Teil III. Bearbeitet von E. OBERDORFER und T. MÜLLER. Jena/Stuttgart/New York; Gustav Fischer Verlag, 2. Aufl. 1983.

OBERDORFER, E.: Süddeutsche Pflanzengesellschaften. Teil IV. 2 Bde. Bearbeitet von T. MÜLLER et al. Jena/Stuttgart/New York; Gustav Fischer Verlag, 2. Aufl. 1992.

OZENDA, P.: Die Vegetation der Alpen im europäischen Gebirgsraum. Stuttgart/New York; Gustav Fischer Verlag 1988, Franz. Ausgabe 1985.

PASSARGE, H.: Die Ufervegetation des Briesener Sees. Mitteilungen der floristisch-soziologischen Arbeitsgemeinschaft 5 (1955), 91 – 98.

PFADENHAUER, J.: Vegetationsökologie – ein Skriptum. Eching; IHW-Verlag 1993.

PILS, G.: Die Wiesen Oberösterreichs. Linz; Forschungsinstitut für Umweltinformatik 1994.

POTT, R.: Biotoptypen. Schützenswerte Lebensräume Deutschlands und angrenzender Regionen. Stuttgart; Ulmer 1996.

POTT, R.: Die Pflanzengesellschaften Deutschlands. Stuttgart; Ulmer, 2. Aufl. 1995.

POTT, R.: Farbatlas Nordseeküste und Nordseeinseln. Stuttgart; Ulmer 1995.

POTT, R.: Farbatlas Waldlandschaften. Stuttgart; Ulmer 1993.

PREISING, E. – VAHLE, H.-C. – BRANDES, D. – HOFMEISTER, H. – TÜXEN, J. – WEBER, H. E.: Die Pflanzengesellschaften Niedersachsens – Bestandesentwicklung, Gefährdung und Schutzprobleme. Naturschutz und Landschaftspflege Niedersachsen 20 (1990), 1 – 161.

PUTZER, J.: Pflanzengesellschaften im Raum von Brixen unter besonderer Berücksichtigung der Trockenvegetation. Diss. Univ. Innsbruck 1967.

REISIGL, H. – KELLER, R.: Alpenpflanzen im Lebensraum. Alpine Rasen, Schutt- und Felsvegetation. Stuttgart/New York; Gustav Fischer Verlag 1987.

REISIGL, H. – KELLER, R.: Lebensraum Bergwald. Alpenpflanzen in Bergwald, Baumgrenze und Zwergstrauchheide. Stuttgart/New York; Gustav Fischer Verlag 1989.

REISIGL, H. – PITSCHMANN, H.: Obere Grenzen von Flora und Vegetation in der Nivalstufe der zentralen Ötztaler Alpen (Tirol). Vegetatio 8 (1958), 93 – 128.

REMMERT, H.: Ökologie. Berlin, Heidelberg, New York; Springer Verlag 1976.

RICHARD, L.: Une interprétation éco-physiologique de la répartition de l'aune verte (Alnus viridis Chaix). Docum. Carte Végét. Alpes 7, Grenoble 1969.

RIELEY, J. – PAGE, S.: Ecology of plant communities. A phytosociological account of the British vegetation. New York; Longman Scientific & Technical 1990.

RÖSER, B.: Grundlagen des Biotop- und Artschutzes. Arten- und Biotopgefährdung, Gefährdungsursachen, Schutzstrategien, Rechtsinstrumente. Landsberg; ecomed 1990.

RÖSER, B.: Saum- und Kleinbiotope. Ökologische Funktion, wirtschaftliche Bedeutung und Schutzwürdigkeit von Agrarlandschaften. Landsberg; ecomed 1988.

RÜBEL, E.: Pflanzengeographische Monographie des Berninagebietes. Leipzig 1912.

RUBNER, K. – REINHOLD, F.: Das natürliche Waldbild Europas. Hamburg-Berlin 1953.

RUNGE, F.: Die Pflanzengesellschaften Mitteleuropas. Münster; Aschendorff Verlag, 13. Aufl. 1994.

SCHAUER, T. – CASPARI, C.: Der große BLV Pflanzenführer. München/Wien/Zürich; BLV 1989.

SCHAUER, T. – CASPARI, C.: Pflanzen- und Tierwelt der Alpen. BLV Bestimmungsbuch. München/Bern/Wien; BLV 1975.

SCHLÜPMANN, M.: Die Odonatenfauna stehender Kleingewässer im Raum Hagen. Faunistik, Ökologie und bioökologische Bewertung. Hagen. unveröffentl. Diplomarbeit Uni Bochum 1989.

SCHMIDER, P. – BURNAND, J.: Die Waldgesellschaften (= Naturkundliche Forschungen im Fürstentum Liechtenstein 10). Vaduz; Regierung des Fürstentum Liechtenstein 1988.

SCHMIDT, H.: Die Wiese als Ökosystem. Köln; Aulis Verlag Deubner & CoKG 1988.

SCHMITHÜSEN, J.: Was ist eine Landschaft? Erdkundl. Wissen 9 (1964), 8 – 24.

SCHRÖTER, C.: Das Pflanzenleben der Alpen. Zürich; Verlag Albert Raustein, 1. Aufl. 1912, 2. Aufl. 1926.

SCHUBERT, R. – HILBIG, W. – KLOTZ, S.: Bestimmungsbuch der Pflanzengesellschaften Mittel- und Nordostdeutschlands. Jena/Stuttgart; Gustav Fischer Verlag 1995.

SCHULTE, G. – WOLFF-STRAUB, R.: Vorläufige Rote Liste der in Nordrhein-Westfalen gefährdeter Biotope. Schriftenreihe Landesanstalt Ökol. Landschaftsentw. Forstpl. 4, Recklinghausen (1986), 19 – 27.

SCHWERDTFEGER, F.: Ökologie der Tiere. Bd.III: Synökologie. Hamburg-Berlin; Verlag Paul Parey 1975.

SCHWERTNER, P.: Heimische Biotope. Ein Arbeitsbuch für den Naturschutz. Augsburg; Naturverlag 1991.

SEIBERT, P.: Ökologische Bewertung von homogenen Landschaftsteilen, Ökosystemen und Pflanzengesellschaften. Berichte der Akademie für Naturschutz und Landschaftspflege 4, Laufen (1980, 1982), 10 – 23.

SISSINGH, G.: Dänische Buchenwälder. Vegetatio 21 (1970), 245 – 254.

SLOBODDA, S.: Pflanzengemeinschaften und ihre Umwelt. Heidelberg/Wiesbaden; Quelle & Meyer, 2. Aufl. 1988.

SMETTAN, H. W.: Die Pflanzengesellschaften des Kaisergebirges/ Tirol. Jb. Ver. Schutz Bergwelt, Jubiläumsbd., München 1981.

SOMMERHALDER, R.: Natürliche Wälder der Waldföhre (Pinus silvestris) in der Schweiz – eine pflanzensoziologische Analyse mit Hilfe eines vegetationskundlichen Informationssystems (= Mitteilungen der Eidgenössischen Forschungsanstalt für Wald, Schnee und Landschaft 67). Birmensdorf 1992.

STEIGER, P.: Wälder der Schweiz. Von Lindengrün zu Lärchengold. Vielfalt der Waldbilder und Waldgesellschaften in der Schweiz. Thun; Ott Verlag 1994.

STRASBURGER, E.: Lehrbuch der Botanik für Hochschulen. Stuttgart/New York; Gustav Fischer Verlag, 31. Aufl. 1978.

SUKOPP, H. – KRAUSS, M. (Hrsg.): Ökologie, Gefährdung und Schutz von Röhrichtpflanzen (= Schriftenreihe des Fachbereichs Landschaftsentwicklung der TU Berlin 71). Berlin; TU Berlin 1990.

SUKOPP, H. – TRAUTMANN, W. – KORNECK, D.: Auswertung der Roten Liste gefährdeter Farn- und Blütenpflanzen in der Bundesrepublik Deutschland für den Arten- und Biotopschutz. Schr.-R. Vegetationskunde 12 (1978), 1 – 138.

THIMM, I.: Die Vegetation des Sonnwendgebirges (Rofan) in Tirol (subalpine und alpine Stufe). Schlern-Schriften 118, Innsbruck; Wagner 1953.

TISCHLER, W.: Ökologie der Lebensräume (= UTB 1535). Stuttgart; Gustav Fischer Verlag 1990.

TISCHLER, W.: Ökologie. Jena, Verlag Gustav Fischer 1975.

USHER, M.B. – ERZ, W. (Hrsg.): Erfassen und Bewerten im Naturschutz. Heidelberg/Wiesbaden; Quelle & Meyer 1994.

USHER, M-B.: An assessment of conservation values within a large Site of Special Scientific Interest in North Yorkshire. Field Studies 5 (1980), 323 – 348.

VERBÜCHELN et al: Rote Liste der Pflanzengesellschaften Nordrhein-Westfalens. Schriftenreihe LÖBF, Band 5, Recklinghausen 1995.

WALENTOWSKI, H. – RAAB, B. – ZAHLHEIMER, W. A.: Vorläufige Liste der in Bayern nachgewiesenen oder zu erwartenden Pflanzengesellschaften. Ber. Bayer. Bot. Ges., Beih. 61, München 1990.

WALLTHOR, A-G.v. – QUIRIN, H. (Hrsg.): "Landschaft" als interdisziplinäres Forschungsproblem. Veröff. Provinzialinstitut f. westfälische Landes- und Volksforschung des Landschaftsverbandes Westfalen-Lippe, Reihe 1, Heft 21, 1977.

WALTER, H. – STRAKA, H.: Arealkunde. Floristisch-historische Geobotanik. Stuttgart; Verlag Eugen Ulmer 1970.

WALTER, H.: Allgemeine Geobotanik (= UTB 284). Stuttgart; Ulmer, 2. Aufl. 1979, 3. Aufl. 1996.

WALTER, H.: Standortslehre (Einführung in die Phytologie, Bd. III, Teil1). Stuttgart; Verlag Eugen Ulmer 1960.

WALTER, H.: Vegetation und Klimazonen (= UTB 14). Stuttgart; Ulmer, 5. Aufl. 1984.

WEISSER, H. – KOHLER, A. (Hrsg.): Feuchtgebiete. Ökologie, Gefährdung, Schutz. Weikersheim; Verlag Josef Margraf, 2. Aufl. 1990.

WENDELBERGER, G.: Die Pflanzengesellschaften des Dachstein-Plateaus (einschließlich des Grimming-Stockes). Mitt. Naturw. Ver. Steiermark 92 (1962), 120 – 178.

WENDELBERGER, G.: Die Relikt-Schwarzföhrenwälder des Alpenostrandes. Vegetatio 11 (1963), 265 – 287.

WENDELBERGER, G.: Zur Soziologie der kontinentalen Halophytenvegetation Mitteleuropas unter besonderer Berücksichtigung der Salzpflanzengesellschaften am Neusiedler See. Österr. Akadem. Wissensch., Math.-Nat. Kl., Denkschr. 108, 5 (1950)

WESTHOFF, V. – HOBOHM, C. – SCHAMINÉE, J. H. J.: Rote Liste der Pflanzengesellschaften des Naturraumes Wattenmeer unter Berücksichtigung der ungefährdeten Vegetationseinheiten Tuexenia 13 (1993), 109 – 140.

WESTHOFF, V.: De plantengroei van het Nationale Park Veluwezoom. Kon. Nederl. Natuurhist. Ver., Wetensch. Med. 26 (1958), 1 – 40.

WESTHOFF,V. – MAAREL, E. V. D.: The Braun-Blanquet-Approach. In: WHITTAKER, R. H. (Hrsg.): Ordination and Classification of Communities (=Handbookof Science 5).Den Haag, Junk 1973, 619 – 726.

WESTHUS – HEINRICH, W. – KLOTZ, S. – KORSCH, H. – MARSTALLER, R. – PFÜTZENREUTER, S. – SAMIETZ, R.: Die Pflanzengesellschaften Thüringens. Gefährdung und Schutz. Naturschutzreport Heft 6 (1); Jena 1993.

WHITTAKER, R. H.: Direct gradient analysis. In: WHITTAKER, R. H. (Hrsg.): Ordination and Classification of Communities (=Handbook of Vegetation Science 5). Den Haag; Junk 1973, 7 – 31.

WILLMANNS, O.: Ökologische Pflanzensoziologie (= UTB 269). Heidelberg/Wiesbaden; Quelle & Meyer, 5. Aufl. 1993.

WINTERHOFF, W.: Die Pflanzenwelt des NSG Eriskircher Ried am Bodensee. Beiheft zu den Veröffentlichungen für Naturschutz und Landschaftspflege in Baden-Württemberg 69, Karlsruhe 1993.

WÖRZ, A.: Zur geographischen Gliederung hochmontaner und subalpiner Hochstaudenfluren und Goldhaferwiesen. Tuexenia 9 (1989), 317 – 340.

ZOLLHÖFER, J. M.: Quellen, die unbekannten Biotope: erfassen, bewerten, schützen (= Bristol-Schriftenreihe 6). Zürich; Bristol-Stiftung 1997.

ZOLLITSCH, B.: Soziologische und ökologische Untersuchungen auf Kalkschiefern in hochalpinen Gebieten. Teil I. Die Steinschuttgesellschaften der Alpen. Ber. Bayer. Botan. Ges. 40 (1966).

ZUKRIGL, K.: Montane und subalpine Waldgesellschaften unter mitteleuropäischem, pannonischem und illyrischem Einfluß. Mitt. Forstl. Bundesversuchsanstalt Wien 101 (1973).

# Stichwortverzeichnis

Dieses Stichwortverzeichnis enthält die Namen der im Buch aufgeführten Pflanzengesellschaften und Pflanzenarten.


Abies alba 66, 70, 72, 73, 108, 118, 119
Abieti-Fagetum 62, 70
Abieto-Piceion 118
Acer campestre 80, 92, 100
Acer platanoides 92
Acer pseudoplatanus 66, 72, 74, 86, 92, 94, 96, 98, 99
Aceri pseudoplatani-Fagetum 62, 74
Aceri pseudoplatani-Fraxinetum excelsioris 94
Aceri-Fagetum 352
Aceri-Tilietum 92
Achillea atrata 406, 408, 409, 423, 438, 439
Achillea clavennae 426
Achillea erba-rotta 417
Achillea millefolium 174, 185, 186, 189, 192, 204, 205, 212, 214, 219, 221
Achnathero-Stipetum capillatae 234, 238
Achnatherum calamagrostis 234, 410
Acidophytische Farngesellschaften in Mittelgebirgen 428
Acinos alpinus 411
Acker-Frauenmantel 178
Ackerfrauenmantel-Kamillen-Gesellschaft 178
Acker-Gänsedistel 450
Acker-Gauchheil 178
Acker-Glockenblume 411
Acker-Hundskamille 179, 180,
Acker-Kratzdistel 149, 168, 178, 184, 188, 190
Acker-Lichtnelke 182
Acker-Quecke 190
Acker-Rittersporn 182
Ackerröte 182
Acker-Schachtelhalm 190
Acker-Senf 181, 182
Acker-Stiefmütterchen 181
Acker-Vergißmeinnicht 178, 180
Ackerwildkrautgesellschaften und ruderale Einjährigen-Gesellschaften 177, 178, 180, 181, 182
Acker-Winde 170, 178, 181, 182, 190
Ackerwinden-Queckenrasen 190
Aconitum napellus 74, 156, 378, 382, 383, 384, 385, 386
Aconitum vulparia 381
Actea spicatum 96
Adenostyles alliariae 74, 150, 374, 376, 377, 378, 380, 381
Adenostyles alpina 110, 112, 412
Adenostyles glabra 379, 414
Adenostyletalia 374, 376, 377, 378, 380, 381
Adenostylion alliariae 356, 374, 374, 376, 377, 378, 380, 381
Adenostylo alliariae-Abietum 118
Adenostylo alliariae-Cicerbitetum alpinae 378
Adenostylo glabrae-Piceetum 112
Adenostylo-Cicerbitetum alpini 380, 381
Adlerfarn 64
Adonis aestivalis 182, 183
Aegopodio-Menthetum longifoliae 156
Aegopodium podagraria 84, 86, 141, 152, 154, 155, 156, 160, 161, 167, 168, 170, 192
Aegopodion podagrariae 154–156
Agrimonia eupatoria 174
Agropyretalia repentis 190
Agropyro-Honkenyion peploides 448, 450
Agropyron pungens 442
Agropyron repens 190, 349
Agrostis canina 250
Agrostis capillaris 213, 216, 244
Agrostis gigantea 345
Agrostis rupestris 366, 405
Agrostis sp. 197
Agrostis stolonifera 220, 338, 349, 454, 458
Ähren-Goldhafer 420
Ähren-Goldhafer-Flur 420
Ährige Graslilie 233
Ährige Teufelskralle 66, 213
Ähriger Ehrenpreis 234
Ähriges Tausendblatt 280
Aira praecox 460
Ajuga reptans 149
Akeleiblättrige Wiesenraute 84, 332
Alchemilla alpina 394
Alchemilla arvensis 178
Alchemilla glabra 384
Alchemilla monticola 154, 206
Alchemilla vulgaris 213, 214, 216, 218, 378, 380, 381, 383
Alchemilla xanthochlora 206, 210
Alchemillo arvensis-Matricarietum 178
Alchemillo-Arrhenatheretum elatioris 198, 206
Alectoria ochroleuca 366, 404
Alisma plantago-aquatica 292, 294
Alliaria petiolata 100, 164
Alliario-Chaerophylletum temuli 164
Alliarion 141
Allietum schoenoprasi 268
Allio suaveolentis-Molinietum 258
Allio ursini-Fagetum 62, 68
Allio-Stipetum capillatae 238
Allium angulosum 258
Allium carinatum 114
Allium montanum 234, 235
Allium rotundum 237
Allium schoenoprasum 268
Allium suaveolens 254, 258, 333
Allium ursinum 63, 68
Allium victorialis-Fagetum 376
Almweiden 397
Alnetalia glutinosae 88
Alnetum incanae 84, 249
Alnetum viridis 374
Alnion glutinosae 59, 88
Alno-Ulmion 59, 84, 86
Alnus glutinosa 86, 88, 292
Alnus incana 84, 160, 348
Alnus viridis 374
Alopecuretum pratensis 204
Alopecurus pratensis 170, 197, 202, 204, 206, 259
Alpen-Ampfer 381, 382, 383
Alpen-Ampfer-Flur 383
Alpen-Anemone 392, 394, 396
Alpen-Aster 124, 391, 394
Alpen-Aurikel 388, 390, 394, 425, 426
Alpen-Bärentraube 366, 369, 370, 371
Alpen-Bärlapp 370
Alpen-Berufkraut 392
Alpen-Binse 327
Alpen-Braun-Klee 216, 397
Alpen-Distel 114, 394, 415
Alpen-Dost 348, 386, 414
Alpendost-Hochstaudenflur 378
Alpen-Ehrenpreis 430, 432, 436, 438
Alpen-Fetthenne 430
Alpen-Fettkraut 321, 324, 362, 388
Alpen-Fettweiden 214
Alpen-Fettwiesen 216
Alpen-Frauenfarn 374
Alpen-Frauenmantel 394
Alpen-Gänsekresse 406, 409, 416
Alpen-Goldrute 368, 370
Alpen-Hahnenfuß 389, 436, 438
Alpen-Heckenkirsche 70, 72, 74, 99
Alpen-Heckenrose 378
Alpenhelm 326, 327, 390
Alpen-Hexenkraut 99
Alpen-Klee 398
Alpen-Knorpelsalat 344
Alpen-Knorpelsalat-Kiesbettflur 344
Alpen-Kratzdistel 384, 409
Alpen-Kratzdistel-Gesellschaft 384
Alpen-Kreuzkraut 383
Alpenlaichkrautgesellschaft 280
Alpen-Lattich 73, 114, 405
Alpenlattich-Gesellschaft 380
Alpen-Leinkraut 342, 346, 406, 407, 408
Alpen-Löwenzahn 408, 430, 432, 433, 439
Alpen-Mannsschild 419
Alpen-Mannsschild-Flur 419
Alpen-Maßliebchen 114, 324, 326
Alpen-Mastkraut 337, 432
Alpen-Milchlattich 74, 374, 378, 380, 381
Alpen-Mutterwurz 216, 326, 392, 397
Alpen-Pestwurz 159, 412, 415
Alpen-Pestwurz-Flur 159, 412
Alpen-Pippau 364
Alpenrachen 381
Alpen-Rispengras 216, 219, 342, 384, 409, 430, 433, 439
Alpen-Schaumkraut 430
Alpen-Schwingel 425
Alpen-Sonnenröschen 388
Alpen-Steinquendel 114, 411
Alpen-Thymian 122, 236
Alpen-Tragant 392
Alpen-Troddelblume 216, 326, 436, 437
Alpenveilchen 66, 129
Alpen-Vergißmeinnicht 384, 439
Alpen-Wegerich 213, 397
Alpen-Wucherblume 402, 403, 416
Alpen-Wundklee 342, 388, 392
Alpine Fetthennen- und Hauswurzgesellschaften 236
Alpine Hochstaudenflur mit Gelbem Eisenhut 381

Alpine Hochstaudenfluren 350, 374–387
Alpine Kalkschuttgesellschaften 406, 408, 409, 412, 414, 415, 418, 419
Alpine Kleinbinsenrasen 405
Alpine Milchkraut-Fettweide 216
Alpine Nacktriedrasen 391
Alpine Rasengesellschaften 388–405
Alpine Schwemmlingsfluren 342, 344, 345
Alpine Täschelkrauthalde 391, 406, 416
Alpiner Blaugras-Horst-Seggenrasen 394
Alpiner Braune Seggen-Sumpf 316
Alpiner Kopfwollgras-Sumpf 318
Alpiner Violettschwingelrasen 397
Alpin-subalpine Steinrasen 388, 392, 394, 401
Alysso alyssoidis-Sedetum albi 237
Alysso sedion 237
Alyssum alyssoides 237
Amaranthus retroflexus 182
Amelanchier ovalis 102, 120, 126
Ammophila arenaria 448, 450, 460
Ammophiletalia arenariae 448, 450
Ammophiletea arenariae 448, 450
Ampfer-Knöterich 176
Ampferknöterich-Zweizahnflur 176
Anagallis arvensis 178
Anagallis foemina 182
Anchusa officinalis 186
Andelgras 444, 446, 451, 453, 456
Andelrasen-Gesellschaften 451–453
Andromeda polifolia 306, 308, 309, 312, 314, 328
Androsace alpina 419, 423
Androsace chamaejasme 388, 391, 394
Androsace helvetica 421, 425
Androsace vandellii 428
Androsacetalia vandellii 428
Androsacetum alpinae 352, 419
Androsacetum helveticae 352, 425
Androsacetum multiflorae 428
Androsacetum vandelii 352
Androsacetum wulfeniana 428
Androsacion alpinae 355, 356, 416, 418, 419
Androsacion multiflorae 355, 428
Androsaco-Drabion tomentosa 425
Anemone narcissiflora 392, 396
Anemone nemorosa 66, 68, 71, 80, 82, 86, 100
Anemone ranunculoides 68, 71
Angelica sylvestris 84, 88, 104, 148, 248, 260, 262, 264, 266, 274
Angelico-Cirsietum oleracei 247, 260, 268
Antennaria dioica 114, 122, 243, 372
Anthelia juratzkana 434
Anthelietum juratzkanae 434
Anthemis arvensis 180
Anthericum liliago 172, 233, 234
Anthericum ramosum 102, 122, 125, 134, 232, 401, 411
Anthoxanthum odoratum 202, 210, 213, 214, 216, 244, 254, 274, 398, 418
Anthoxanthum aristatum 177
Anthriscus sylvestris 156, 164, 184, 190, 209, 210, 270
Anthriscus sylvestris-Gesellschaft 156
Anthropogene Heiden 196, 240–245
Anthropogener Lärchenwald 114
Anthyllido-Leontodetum hyoseroides 415
Anthyllis vulneraria 207, 222, 227, 342, 344, 388, 392, 415
Apenninen-Löwenzahn 432
Apfel-Rose 132
Aposerido-Fagetum 62, 70, 73
Aquilegia atrata 228
Arabidetum caeruleae 438
Arabidion caeruleae 436, 438, 439
Arabido-Rumicetum nivalis 439
Arabis alpina 406, 409, 416
Arabis caerulea 438, 439
Arabis pumila 426
Arabis soyeri 338
Arctietum nemorosi 149
Arctio-Artemisietum vulgaris 190
Arction lappae 190, 192
Arctium lappa 190
Arctium minus 190
Arctium nemorosum 149
Arctium tomentosum 192
Arctostaphylos alpinus 366, 370, 371
Arctostaphylos uva-ursi 364, 372
Arenaria biflora 430, 433
Arenaria bryophylla 421
Arenaria serpyllifolia 189, 237
Arktische Binse 460
Armblütige Sumpfbinse 321
Armblütige Teufelskralle 402
Armeria maritima 442, 456–458
Armerion maritimae 456, 458
Armleuchteralgen 288
Armleuchteralgengesellschaften 278
Arnica montana 114, 244, 398, 399, 400
Arnika 114, 244, 398, 399, 400
Arnoseridion minimae 177
Arnoseris minima 177
Arrhenatheretalia 202–207, 210, 212–214, 216, 218, 219, 397
Arrhenatheretum alopecuretosum 209
Arrhenatheretum elatioris 61, 202, 247, 249, 141
Arrhenatherion 202–207, 259, 268
Arrhenatherum elatius 155, 163, 164, 186, 188, 189, 197, 202, 205, 206, 207, 266
Artemisia genipi 420, 423, 428
Artemisia maritima 442, 451, 458
Artemisia muttelina 420, 428
Artemisia vulgaris 163, 164, 182, 188, 190, 192, 221
Artemisia vulgaris-Gesellschaft 190
Artemisietalia vulgaris 382, 383, 384
Artemisietea vulgaris 140, 184, 185–190, 192, 382, 383, 384
Artemisietum maritimae 458
Artemisio albae-Koelerietum vallesianae 233
Artenarme, nitrophile Halophytengesellschaften 447
Artenreiche Pionierrasengesellschaften auf Kalksilikatschutt 420, 422
Artenreiche Schwimmblatt-Gesellschaften 283–286
Arum maculatum 129
Arunco-Aceretum 99
Arunco-Petasitetum albi 160
Aruncus dioicus 94, 99, 118, 160
Arznei-Schlüsselblume 100
Arznei-Thymian 222, 224
Asarum europaeum 66
Asparagus officinalis 234
Asperula cynanchica 114, 230
Asperulo-Fagetum (→ Galio odorati-Fagetum) 62
Asplenietea trichomanis 194, 195, 425–428
Asplenietum trichomano-rutae-murariae 195
Asplenio-Piceetum 110
Asplenio-Primuletum hirsutae 356, 428
Asplenium ruta-muraria 195, 426
Asplenium trichomanes 195
Aster alpinus 391, 394
Aster amellus 232
Aster bellidiastrum 114, 324, 326
Aster linosyris 233, 238
Aster tripolium 442, 453–458, 462
Asteretea tripolii 451, 452, 453, 456, 458
Ästige Graslilie 122, 125, 134
Ästiger Queller 444
Astlose Graslilie 102, 232, 401, 411
Astragalus alpinus 392
Astragalus frigidus 392
Astragalus glycyphyllos 174
Astragalus onobrychis 226
Astrantia major 114, 210, 213
Astrantio-Trisetetum 198, 213
Athyrium distentifolium 374
Athyrium filix-femina 68, 70, 74, 88, 94, 106, 160
Atlantisch geprägte Salzwiesen 451, 452, 453, 456, 458
Atlantische Zwergstrauchheiden 240–243
Atriplex patula 182
Atriplex prostrata 442, 447, 458
Atriplicion littoralis 447
Atropa belladonna 146
Atropetalia belladonnae 142–152
Atropidetum peisonis 462
Atropion belladonnae 141, 145–149
Aufrechte Trespe 126, 172, 207, 222, 224, 230, 232
Aufrechter Igelkolben 290, 296
Aufrechter Merk 286, 297
Aufrechter Ziest 172
Augentrost 114, 252
Ausdauernde Armleuchteralgen-Gesellschaften 278
Avena pratensis 172
Avena versicolor 372, 402
Aveno versicoloris-Nardetum 398
Avenochloa pubescens 114
Avenula pubescens 207
Avenula versicolor 398, 405


## B


Bachbunge 296, 297
Bach-Kratzdistel 264, 270, 274
Bach-Kratzdistel-Wiese 274
Bach-Kurzbüchsenmoos 336, 340
Bach-Nelkenwurz 264, 268, 270, 333
Bach-Steinbrech 326, 408, 412
Bach-Weidenröschen 296
Ballota nigra 192
Barbarea vulgaris 349
Barbenkraut 349
Bärenschote 174
Bärentraube 364, 372
Bärlauch 68
Bärlauch-Buchenwald 68
Bartgras 226
Bärtige Glockenblume 397, 400

Bartsia alpina 326, 327, 390
Bärwurz 210, 212
Bärwurz-Wiese 212
Bauernsenf 177
Bäumchenmoos 252, 319
Bäumchen-Weide 374, 377
Bäumchen-Weidengebüsch 377
Bayerischer Enzian 419
Bazzania trilobata 111
Bazzanio-Piceetum 111
Bedeutende Pflanzen der Laub- und Nadelwälder 128
Behaarte Hainsimse 76
Behaarter Ginster 240
Behaarter Kälberkropf 84, 156, 160, 170, 262, 272, 348, 382
Beifuß-Dominanz-Gesellschaft 190
Beifuß-Rainfarn-Flur 188
Bellis perennis 202, 214, 218
Bemerkenswerte Pflanzen der Waldrandsäume 175
Berberidion vulgaris 130–134
Berberido-Rosetum 132
Berberis vulgaris 122, 126, 130, 132, 133, 172
Berberitze 122, 126, 130, 132, 133, 172
Berg-Ahorn 66, 72, 74, 86, 92, 94, 96, 98, 99
Berg-Baldrian 412
Berg-Distel 156, 378, 380
Berg-Fahnenwicke 394
Bergföhren-, Arven- und Lärchenwälder 102, 120, 122, 126, 358, 360–364
Berg-Gamander 122, 230, 232, 234, 410
Berg-Glatthaferwiese 206
Berg-Goldnessel 376
Berg-Haarstrang 102, 120, 172, 234, 381
Berg-Hahnenfuß 216, 397, 409
Berghauswurz 236, 429
Berg-Kälberkropf 74, 374, 378, 380, 381, 383, 384
Bergkiefern-Moorwald 328, 364
Berg-Klee 114, 205, 227
Bergküchenschelle 234
Berg-Laserkraut 172
Berglauch 234, 235
Berg-Löwenzahn 408
Berg-Löwenzahnhalde 408
Berg-Nelkenwurz 398
Berg-Pippau 392
Berg-Reitgras 114
Berg-Sandrapunzel 460
Berg-Sauer-Ampfer 213, 374, 382, 383, 384
Berg-Schwingel 401
Berg-Ulme 94, 98, 99
Berg-Weidenröschen 94, 160, 162, 376
Bergwiesen-Frauenmantel 154
Berula erecta 286
Besenginster 138
Besenginsterheiden 240
Besenmoos 76, 110, 111, 112, 134, 142, 358
Besenmoos-Wacholdergebüsch 134
Betula pendula 76, 78, 82, 142, 152, 330
Betula pubescens 76, 88, 309, 312, 328, 330, 331
Betula pubescens-Gesellschaft 59
Betuletum carpaticae 331
Betulion pubescentis 247, 330, 331
Betulo-Adenostyletea 374, 376, 377, 378, 380, 381
Betulo-Quercetum robori 76
Bewimperte Alpenrose 360, 363, 388
Bewimperte Alpenrosenheide 362
Bewimperter Mannsschild 388, 391, 394
Bibernell-Rose 460
Bidens cernua 176
Bidens tripartitus 176
Bidentalia tripartiti 176
Bidentetea tripartiti 176
Bidention tripartiti 176
Bienen-Ragwurz 226
Bingelkraut 66, 68, 70, 71, 73, 92, 94, 96, 98, 100, 108
Bingelkraut-Buchenwald 68
Binnenländische Salzpußta auf Solonetzböden 462
Binsen-Pfeifengraswiese 255
Binsen-Weide 268
Birkenbruch- und Kiefernwälder 106–118, 328–331
Birkenbruchwälder 330, 331
Birken-Eichenmischwald 76
Birken-Eichenwälder 76, 79
Birken-Schwarzerlen-Bruchwald 90
Biscutella laevigata 114, 226, 360, 394
Bittere Schafgarbe 426
Bitteres Schaumkraut 266, 297, 336, 340, 341
Bittersüßer Nachtschatten 88, 134
Blasenbinse 310, 311, 312
Blattloser Steinbrech 406
Blaue Gänsekresse 438, 439
Blaue Heckenkirsche 368
Blauer Eisenhut 74, 373, 378, 382, 383, 384, 385, 386
Blauer Gauchheil 182
Blaugras 401
Blaugras-Buchenwald 66
Blaugras-Halbtrockenrasen 227
Blaugras-Rasen 355, 388, 392, 394, 401
Blaugras-Schwarzföhrenwald 126
Blaugrüne Binse 156
Blaugrüne Rose 132
Blaugrüne Segge 66, 122, 364
Blaugrüner Steinbrech 122, 388, 390, 425
Blechnum spicant 64, 118
Bleiche Segge 398
Bleicher Gauchheil-Ehrenpreis 297
Blutauge 300
Blutstorchschnabelsäume 140, 172
Blut-Weiderich 272, 274, 292, 300, 302, 332
Blutwurz 120, 122, 227, 242–244, 252–258, 300, 306, 308, 310, 312, 316, 321, 324, 326, 328, 360
Bodensaure Alpenrosengebüsche und Heidelbeerheiden 354, 368, 370, 372
Bodensaure Alpenrosenheiden 368
Bodensaure Eichen-Birkenwälder 76, 79
Bodensaure Eichenmischwälder 76, 79
Bolboschoenetum maritimi 454
Bolboschoenion maritimi 454
Bolboschoenus maritimus 454
Boreal-subalpine Nadelwälder 106–118, 328, 330, 331
Borstgras 240, 244, 316, 398, 400
Borstgrasrasen 244, 398, 400
Borstgrasrasen auf trockenen Standorten 244
Borstgrasrasen, Zwergstrauchheiden und Ginsterheiden 240–244, 398
Borstgras-Schneerasen 430
Borstige Armleuchteralge 278
Bothriochloa ischaemum 226, 234
Botrychium lunaria 400
Bottenbinse 458
Bottenbinsenwiese 458
Brachypodium pinnatum 114, 120, 122, 133, 174, 201, 222, 224, 410, 411
Brachypodium sylvaticum 84, 149, 150
Brachythecium rivulare 336, 340
Brackwasser- und Süßwasserröhrichte 290–305, 349
Brackwassergesellschaften 279
Brackwasserröhrichte 454
Brand-Knabenkraut 207, 222, 223, 227
Braune Schnabelbinse 310
Braune Segge 268, 300, 302, 316, 318, 322
Brauner Storchschnabel 378
Braunes Torfmoos 308
Braunstieliger Streifenfarn 195
Breitblättriger Dornfarn 74
Breitblättriger Hohlzahn 177
Breitblättriger Rohrkolben 290, 292
Breitblättriges Hornkraut 406
Breitblättriges Laserkraut 172
Breitblättriges Wollgras 321, 322, 324
Brenndolden-Überschwemmungswiesen 258, 259
Brennender Hahnenfuß 264, 268, 302
Brennessel-Flur 170
Brennessel-Giersch-Gesellschaft 154
Brillenschötchen 114
Brillenschote 226, 360, 394
Briza media 205, 222, 244, 254, 322
Brombeer-Besenginster-Gebüsch 138
Brombeere 142, 145, 146, 150
Brombeergebüsche 138
Brombeergebüsche auf sauren Böden 138
Brombeer-Geißblattgesellschaften 138
Brometalia erecti 222–234, 237, 238
Bromion erecti 222–226
Bromus erectus 126, 172, 207, 222, 224, 230, 232
Bromus inermis 197
Bromus racemosus 264
Bromus ramosus 146, 149
Bromus sterilis 163, 182
Bromus tectorum 182, 237
Bruch-Weide 104
Bruchweiden-Auenwald 104
Bruchweidenwald 104
Brunnenkressenflur 297
Brunnenmoos 286
Bryo schleicheri-Montietum rivularis 337
Bryonia dioica 164
Bryum schleicheri 334, 337
Bryum schleicheri-Cirsium spinosissimum 337
Bryum weigelii 337
Buchen- und Edellaubmischwälder 73, 79–86, 92–99
Buchen-Eichenmischwald 76, 78
Buchen-Tannenwald 70
Buchenwälder 62, 73
Buchsblättrige Kreuzblume 102, 114
Buckellinsen-Rasen 276
Bunter Hohlzahn 152, 181

Buntes Reitgras 66, 110, 120, 122, 331, 360, 364, 411, 415
Bunt-Hafer 372, 398, 402, 405
Buphthalmum salicifolium 66, 102, 114, 122, 232, 401, 410
Bürstlings-Weiderasen 355, 398
Büschel-Glockenblume 172
Busch-Rose 132
Busch-Windröschen 66, 68, 71, 80, 82, 86, 100

## C

Caciletum maritimae 442, 447
Cakile maritima 447
Cakiletalia maritimae 447
Cakiletea maritimae 447
Calamagrostietum epigeji 145
Calamagrostietum pseudophragmitae 345
Calamagrostio arundinaceae-Digitalietum-grandiflorae 145
Calamagrostio arundinaceae-Quercetum petraeae 79
Calamagrostio variae-Pinetum sylvestris 411
Calamagrostio villosae-Piceetum 106, 108
Calamagrostio-Piceetum 61
Calamagrostio-Quercetum 76
Calamagrostis arundinacea 79, 145
Calamagrostis epigejos 145, 146, 150, 189, 448
Calamagrostis pseudophragmites 345, 346
Calamagrostis varia 66, 110, 114, 120, 122, 331, 360, 364, 411, 415
Calamagrostis villosa 106, 108, 112, 116, 361, 368
Calamintha acinos 237
Calamintha alpina 114
Calamintha clinopodium 174
Calla palustris 304
Calletum palustris 298, 304
Callitriche obtusangula 286
Callitriche palustris 279, 282
Callitrichetum obtusangulae 286
Calluna vulgaris 78, 114, 201, 227, 240–244, 248, 306, 308, 328, 330, 372, 398
Calluno-Nardetum 251
Calluno-Quercetum 76
Calluno-Ulicetalia 240, 242, 243
Calluno-Ulicetea 240–244, 398
Caltha palustris 260–264, 268, 270, 300, 302, 340
Calthenion 264
Calthion 260–270
Calycocorsus stipitatus 326
Calystegia sepium 148, 168, 170, 274
Campanula barbata 397, 400
Campanula cochleariifolia 344, 406, 412, 414
Campanula glomerata 172, 207
Campanula latifolia 175
Campanula patula 202
Campanula persicifolia 100
Campanula rapunculoides 411
Campanula rotundifolia 194, 218
Campanula scheuchzeri 213, 227
Campanula trachelium 82
Campanula zoysii 426
Camphorosma annua 462, 463
Camphorosmetum annuae 462
Capsella bursa-pastoris 178, 180, 182, 220
Cardamine alpina 430
Cardamine amara 266, 297, 336, 340, 341, 434
Cardamine flexuosa 341
Cardamine pratensis 204, 263, 268, 270, 274
Cardamine resedifolia 416
Cardaminetum amarae 336
Cardamino-Chrysosplenietalia 340, 341
Cardamino-Chrysosplenietum alternifolii 340
Cardamino-Montion 334–337
Carduus acanthoides 184
Carduus defloratus 114, 394, 415
Carduus nutans 185
Carduus personata 156, 378, 380
Carex acuta 294, 302
Carex acutiformis 300, 302
Carex alba 66, 68, 120, 122, 133
Carex arenaria 460
Carex atrata 436
Carex austroalpina 401
Carex brizoides 266
Carex canescens 319
Carex caryophyllea 234
Carex chordorhiza 311
Carex curta 316
Carex curvula 402
Carex davalliana 322, 323
Carex digitata 82
Carex echinata 300, 302, 311, 316, 326
Carex elata 88, 89, 268, 290, 292, 300, 304
Carex elongata 88
Carex extensa 458
Carex ferruginea 378, 380, 392
Carex firma 122, 360, 362, 364, 388, 421
Carex flacca 66, 122, 364
Carex flava 322, 326, 327
Carex frigida 326, 338
Carex fusca 268, 300, 302, 316, 318, 322
Carex gracilis 299
Carex humilis 102, 122, 126, 232, 233
Carex lasiocarpa 312
Carex limosa 312, 313
Carex mucronata 425, 426
Carex nigra 327
Carex ornithopoda 120
Carex ovalis 145, 328
Carex pallescens 398
Carex panicea 252, 258, 316, 319, 322, 327
Carex paniculata 300
Carex parviflora 438
Carex pauciflora 308
Carex pilulifera 76, 142, 240
Carex pseudocyperus 248
Carex remota 170, 341
Carex riparia 302
Carex rostrata 248, 295, 299, 300, 312
Carex sempervirens 122, 227, 358, 394, 398
Carex supina 234
Carex sylvatica 66, 68, 73, 80, 150
Carex trinervis 460
Carex vesicaria 250
Caricetalia curvulae 402, 405
Caricetalia davallianae 309–327
Caricetea curvulae 402, 405
Caricetum curvulae 355, 356, 402, 421
Caricetum davallianae 247, 320, 322
Caricetum elatae 249, 298, 300
Caricetum ferrugineae 355, 392
Caricetum ferruginei 270, 352, 356
Caricetum firmae 352, 354, 355, 388
Caricetum frigidae 320, 326
Caricetum fuscae-subalpinum 316, 356
Caricetum gracilis 247, 298, 302
Caricetum lasiocarpae 312
Caricetum limosae 312
Caricetum paniculatae 298, 300
Caricetum remotae 341
Caricetum ripariae 298, 302
Caricetum rostratae 247, 249, 251, 298, 300
Caricetum vesicariae 251, 352
Carici albae-Fagetum 62, 66
Carici elatae-Alnetum glutinosae 88
Carici elongatae-Alnetum glutinosae 88
Carici laevigatae-Alnetum glutinosae 88
Carici remotae-Fraxinetum 170
Carici rostratae-Menyanthetum 298, 302
Carici rupestris-Kobresietalia bellardii 391
Carici supinae-Festucetum valesiacae 236
Caricion austroalpinae 401
Caricion curvulae 402
Caricion davallianae 320–327
Caricion ferrugineae 392
Caricion firmae 388
Caricion fuscae 247, 316, 318, 319
Caricion lasiocarpae 312
Caricion remotae 340, 341
Carlina acaulis 114, 222
Carlina vulgaris 224
Carlino acaulis-Brometum 224
Carlino acaulis-Caricetum sempervirentis 227
Carpinetum betuli 83
Carpinion betuli 80, 82, 83, 59
Carpino-Prunetum 136
Carpino-Prunion 136
Carpinus betulus 66, 80, 82, 83, 136
Carum carvi 204, 210
Caucalidion lappulae 182
Caucalido-Adonietum 182
Caucalis platycarpos 182
Centaurea jacea 254
Centaurea nigra 212
Centaurea pseudophrygia 212, 213
Centaurea rhenana 226
Centaurea scabiosa 172
Centaureetalia cyani 182
Centrantho-Parietarion 194
Cephalanthera damasonium 71, 128
Cephalanthera longifolia 66
Cephalanthera rubra 66, 71, 82, 128
Cephalanthero-Fagenion 59
Cerastium cerastoides 432
Cerastium fontanum 262
Cerastium holosteoides 204, 274
Cerastium latifolium 406
Cerastium pedunculatum 342, 416
Cerastium semidecandrum 460
Cerastium uniflorum 350, 419, 420, 422
Ceratophyllum demersi 279
Ceratophyllum demersum 276, 279, 284
Cerinthe minor 239
Cetraria cucullata 366, 402

Cetraria ericetorum 402
Cetraria islandica 116, 240, 366, 370, 391, 402, 404
Cetraria nivalis 366, 402
Chaenorrhinus majus 192
Chaerophylletum aurei 155
Chaerophyllo hirsuti-Ranunculetum aconitifolii 262
Chaerophyllo-Petasitetum hybridi 161
Chaerophyllum aureum 155
Chaerophyllum hirsutum 84, 156, 160, 170, 262, 272, 348, 382
Chaerophyllum hirsutum ssp. villarsii 374, 378, 380, 381, 383, 384, 387
Chaerophyllum termulum 164
Chaerophyllum villarsii (→ Chaerophyllum hirsutum ssp. villarsii) 74
Chamorchis alpina 390
Chara aspera 278
Chara contraria 278
Chara fragilis 278
Chara hispida 278, 280
Chara sp. 288
Chara strigosa 278
Chara tomentosa 278
Charakteristische Pflanzen der Blaugras-Horstseggenrasen 396
Charakteristische Pflanzen der Borstgrasrasen 400
Charakteristische Pflanzen der Polsterseggenrasen 390
Charetalia hispidae 278
Charetea fragilis 278
Charetum asperae 278
Charion fragilis 249, 278
Chasmophyten 424
Chelidonium majus 164, 192, 194, 195
Chenopodietalia albi 177, 178, 180
Chenopodietum boni-henrici 192
Chenopodio-Oxalidetum fontanae 181
Chenopodium album 182, 184
Chenopodium bonus-henricus 192
Chimaphila umbellata 122
Chlamydomonas nivalis 421
Chondrilla chondrilloides 344
Christophskraut 96
Chrysanthemum alpinum 402, 416, 435
Chrysanthemum atratum 408
Chrysanthemum leucanthemum 207, 210, 218
Chrysanthemum vulgare 188
Chrysosplenietum alternifolii 340
Chrysosplenium alternifolium 85, 96, 99, 161, 336, 340, 341
Cicerbita alpina 74, 374, 378, 380, 381
Cichorietum intybi 221
Cichorium intybus 190, 221
Cicranella palustris 337
Circaea alpina 99
Circaea lutetiana 68, 86, 167, 341
Cirsietum eriophori 185
Cirsietum rivularis 274
Cirsietum spinosissimi 356, 384
Cirsium acaule 222
Cirsium arvense 149, 168, 178, 184, 188, 190
Cirsium eriophorum 184, 185
Cirsium oleraceum 84, 148, 156, 166, 167, 168, 170, 260, 261, 264, 270, 382
Cirsium palustre 255, 264
Cirsium rivulare 264, 270, 274
Cirsium spinosissimum 384, 409
Cirsium vulgare 146, 149, 184, 185, 190, 192
Cladonia arbuscula 366, 368
Cladonia gracilis 366
Cladonia rangiformis 116, 364, 366, 370
Cladonia sp. 242
Cladonia stellaris 404
Clematis alpina 175
Clematis vitalba 86, 130, 168
Climacium dendroides 252, 319
Clusius' Enzian 114, 388, 394
Cnidion dubii 258, 259
Cochlearia anglica 458
Cochlearia officinalis 340
Comarum palustre 248, 250, 300
Conocephalum conicum 340
Consolida regalis 182
Convallaria majalis 92
Convolvuletalia sepium 141, 158, 160, 170
Convolvulion 170
Convolvulo arvensis-Agropyretum repentis 190
Convolvulo-Agropyrion repentis 190
Convolvulo-Eupatorietum cannabini 168
Convolvulus arvensis 170, 178, 181, 182, 190
Convolvulus soldanella 450
Conyza canadensis 182
Conyzo-Lactucetum serriolae 182
Corallorhiza trifida 112
Cornetum sanguinei 136
Cornus mas 100
Cornus sanguinea 130, 136
Corydalis cava 68
Corylus avellana 80, 92, 94, 130, 136
Corynephoretalia canescentis 460
Corynephoretum canescentis maritimum 460
Corynephorion canescentis 460
Corynephorus canescens 460
Cotoneaster tomentosus 120
Crataegus monogyna 80, 100, 126, 130–133
Cratoneuretum commutati 247, 338
Cratoneuretum falcati 338
Cratoneurion commutati 334, 338
Cratoneuron commutatum 321, 337, 338
Cratoneuron falcatum 338
Crepido aureae-Festucetum rubrae 216, 356
Crepido-Cynosuretum 219
Crepis alpestris 364
Crepis aurea 216, 219, 397, 398
Crepis bocconi 392
Crepis jacquinii 388
Crepis mollis 210
Crepis paludosa 74, 264, 270
Crocus albiflorus 196
Cruciata laevipes 155, 164
Crypsidetalia aculeatae 462
Cryptogrammetum crispae 352, 418
Cryptrogramma crispa 418
Curvuletum cetrarietosum 404
Curvuletum 251, 352, 355, 402
Curvulo-Nardetum 352, 355
Cyclamen purpurascens 66, 129
Cymbalaria muralis 194
Cymbalarietum muralis 194
Cynosurion cristati 218, 219
Cynosurus cristatus 213, 214, 218, 219
Cypripedium calceolus 128
Cystopteris fragilis 195, 418
Cytiso nigricantis-Pinetum sylvestris 122
Cytiso supini-Antennarietum 243
Cytisus nigricans 243
Cytisus supinus 243

## D

Dach-Trespe 182, 237
Dactylis glomerata 136, 149, 154–156, 162, 163, 164, 170, 174, 184, 185, 186, 188, 190, 192, 197, 202, 213, 221, 260, 262, 268
Dactylorhiza incarnata 332
Dactylorhiza majalis 327
Danthonia decumbens 243, 244
Daphne cneorum 126
Daphne mezereum 66, 72, 112, 377
Daphne striata 358, 360, 362, 363
Dauco-Melilotion 186, 188, 189, 190
Dauco-Picridetum hieracioides 189
Daucus carota 184, 185, 186, 189, 190, 221
Davall-Segge 322, 323
Davall-Seggen-Quellmoor 320, 322
Dentaria enneaphyllos 68, 72, 73, 74, 75, 128
Dentario enneaphylli-Fagetum 68
Derber Schwingel 238
Deschampsia caespitosa 64, 80, 84, 146, 148, 216, 259, 260, 268, 316, 318, 340, 348, 383, 384, 432
Deschampsia flexuosa 64, 76, 78, 111, 112, 116, 134, 138, 145, 240, 242, 244, 331, 361, 368, 372, 398, 418
Deschampsio flexuosae-Quercetum sessiliflorae 78
Deutsche Tamariske 344, 346
Deutscher Backenklee 120, 122, 126, 232
Deutscher Enzian 224
Deutscher Ginster 243
Dianthus carthusianorum 205, 207, 230, 238
Dianthus superbus 229, 264
Dichtästiges Torfmoos 306
Dichtblütige Kresse 182
Dickblättrige Fetthenne 236
Dicranella palustris 334
Dicranium scoparium 111
Dicrano-Juniperetum 134
Dicrano-Pinion 59, 134
Dicranum scoparium 76, 110, 112, 134, 142, 358
Digitali-Epilobietum angustifolii 144
Digitalis grandiflora 145
Digitalis purpurea 144
Doldiges Habichtskraut 448, 450
Dolomiten-Fingerkraut 426
Dorniger Hauhechel 224
Dorniger Moosfarn 324, 326, 388, 394, 436
Doronicetum grandiflori 356, 409
Doronicum austriacum 378
Doronicum clusii 416
Doronicum glaciale 412

Doronicum grandiflorum 409, 412, 439
Doronicum grandiflorum-Arabis alpina-Gesellschaft 409
Dorycnio-Pinetum sylvestris 122
Dorycnium germanicum 120, 122, 123, 126, 232
Draba hoppeana 420, 422, 423
Draba tomentosa 425
Drabetalia hoppeanae 420, 422
Drabetum hoppeanae 420
Drabion hoppeanae 420, 422
Draht-Schmiele 64, 76, 78, 111, 112, 116, 138, 145, 148, 240, 242, 331, 361, 368, 372, 398, 418
Drahtschmielen-Eichenwald 78
Dreiblatt-Binse 397
Dreiblättriger Baldrian 110, 112
Dreiblättriger Ehrenpreis 180
Dreifurchige Wasserlinse 276, 279
Dreigriffeliges Hornkraut 432
Dreinervige Segge 460
Dreispaltige Binse 405
Dreiteiliger Zweizahn 176
Dreizahn 243, 244
Dreizähniges Knabenkraut 226
Drepanocladus exannulatus 318
Drosera anglica 324
Drosera intermedia 310
Drosera rotundifolia 306, 308, 310, 312
Dryadeto-Firmetum 355, 388
Dryas octopetala 122, 344, 358, 362, 388, 390, 391, 394, 436
Dryopteris carthusiana 88, 106, 116, 118, 248, 331
Dryopteris dilatata 74, 90
Dryopteris filix-mas 94, 110, 150, 376
Duftlauch 254, 258, 333
Duftlauch-Pfeifengras-Wiese 258
Dünenveilchen 460
Dünenweiden-Gebüsche 460
Dünenweiden-Sanddorn-Gebüsch 460
Durchwachsenes Laichkraut 280

## E

Eberesche 64, 76, 106, 108, 111, 112, 142, 331, 358, 376
Echio-Melilotetum 186
Echium vulgare 184, 186
Echte Brunnenkresse 297
Echte Edelraute 420, 428
Echte Kamille 178, 180
Echte Legföhre (Latsche) 328, 358, 359, 360, 361, 364
Echte Nelkenwurz 84, 132, 162, 185
Echter Baldrian 99, 175, 272, 273, 274
Echter Kreuzdorn 83, 132, 134
Echter Schaf-Schwingel 237, 243, 244
Echter Steinklee 185, 186, 187
Echtes Johanniskraut 149, 174, 188, 192
Echtes Labkraut 172, 174, 256
Echtes Löffelkraut 340
Echtes Lungenkraut 146
Edel-Gamander 102, 126, 230, 232
Edelweiß 394, 395, 396
Efeu 82
Eichen-Hainbuchenwald 80
Eichen-Hainbuchenwald mit Stechpalme 83
Eichen-Hainbuchenwälder 80, 82, 83
Einblütiger Strandling 289
Einblütiges Berufskraut 420
Einblütiges Hornkraut 350, 419, 420, 422
Einblütiges Perlgras 68
Einblütiges Wintergrün 112
Einfacher Igelkolben 280
Eingriffeliger Weißdorn 80, 100, 126, 130, 131, 132, 133, 137
Einjährige Ruderalgesellschaften 182
Einjähriges Knäuelkraut 180
Einjähriges Rispengras 220, 349
Einköpfiges Berufkraut 391
Einseitswendige Rentierflechte 366, 368
Eisenhut 156
Eisenhutblättriger Hahnenfuß 262, 264, 266, 268
Eis-Segge 326, 338
Eis-Seggen-Rieselflur 320, 326
Eleocharidetum palustris 292
Eleocharis palustris 248, 283, 292, 454
Eleocharis quinqueflora 321
Elodea canadensis 280, 282
Elodeetum canadensis 282
Elsässer Volltrockenrasen 233
Elsbeere 71, 100
Elsbeeren-Eichen-Hainbuchenwald 80, 82
Elymo-Ammophiletum arenariae 448
Elymo-Ammophiletum festucetosum arenariae 450
Elymus arenarius 448, 450, 460
Elymus farctus 442, 447, 448
Elymus repens 164, 170, 186, 188, 214
Elymus-Ammophiletum 442
Elyna myosuroides 391
Elynetalia myosuroides 391
Elynetum myosuroides 352, 355, 391, 420
Elynion myosuroides 391
Elyno-Seslerietes albicantis 388, 392, 394, 401
Empetro-Betulo carpaticae 331
Empetro-Ericetum tetralicis 460
Empetro-Vaccinietum uliginosi 370
Empetrum nigrum 308, 366, 370, 371, 372, 460
Englischer Ginster 240
Englisches Löffelkraut 458
Englisches Raygras 164, 182, 190, 214, 220, 221
Enteromorpha 444
Epilobi-Atropetum belladonnae 146
Epilobietalia angustifolii 144, 145, 148–152
Epilobietalia fleischeri 342, 344, 345
Epilobietea angustifolii 142, 146, 152
Epilobietum fleischeri 342
Epilobio angustifolii-Salicetum capreae 152
Epilobio hirsuti-Filipenduletum 272
Epilobio-Geranietum robertiani 162
Epilobio-Juncetum effusi 268
Epilobion angustifolii 142–144
Epilobion fleischeri 141, 342, 344, 345
Epilobium alsinifolium 334, 338
Epilobium angustifolium 138, 142–146, 152
Epilobium donadei 410
Epilobium fleischeri 342, 416
Epilobium montanum 94, 160, 162, 376
Epilobium nutans 334, 337
Epilobium palustre 268
Epilobium parviflorum 296
Epipactis atrorubens 120, 122
Epipactis microphylla 71
Epipactis palustris 321, 332
Equisetetum fluviatilis 249, 295
Equiseto sylvatici-Abietetum 118
Equisetum arvense 190
Equisetum fluviatile 283, 284, 290, 292, 295, 300, 302, 312
Equisetum palustre 260, 263, 268, 300, 322
Equisetum telmateja 170
Equisetum telmateja-Gesellschaft 170
Erdbeer-Fingerkraut 80
Erd-Segge 102, 122, 126, 232, 233
Erd-Seggen-Trockenrasen 232
Erica carnea 114
Erica herbacea 120, 122, 358, 360, 362, 364
Erica tetralix 310, 312, 460
Ericetum tetralicis 312
Ericion tetralicis 312, 460
Erico carneae-Pinetum uncinatae 364
Erico-Pinetalia 102, 120, 122, 126, 358, 360, 361, 362, 364
Erico-Pinetea 102, 120, 122, 126, 358, 360, 361, 362, 364
Erico-Pinetum mugi 354, 358
Erico-Pinetum sylvestris 120
Erico-Pinion 120, 122, 126, 354, 358, 360, 364
Erico-Sphagnetalia papillosi 460
Erigeron acer ssp. angulosus 342
Erigeron alpinus 392
Erigeron uniflorus 391, 420, 423
Eriophoretum scheuchzeri 318
Eriophoro vaginati-Sphagnetum recurvi 309
Eriophoro-Trichophoretum caespitosi 251, 308
Eriophorum angustifolium 250, 302, 308, 310, 312, 316
Eriophorum latifolium 321, 322, 324
Eriophorum scheuchzeri 318
Eriophorum vaginatum 306, 307, 309, 328
Eritrichium nanum 419, 428
Erlen- und Moorbirkenbruchwälder 88
Erlenbruchwälder 88
Erophila verna 237
Eryngium maritimum 448, 450
Erythronium dens-canis 129
Eschen-Ahorn-Schluchtwald 54, 94
Eschen-Eichen-Schwarzerlen-Auenwald 91
Eschen-Erlenwälder 84, 86
Eschen-Ulmen-Auenwald 86
Eselsdistel-Fluren 184, 185
Eselsdistel-Gesellschaft 184
Esparsetten-Tragant 226
Etagenmoos 110, 112, 116, 120, 122, 362, 364
Euonymus europaea 86, 134, 136
Eupatorium cannabini 148
Eupatorium cannabinum 146, 148, 166, 168, 274, 348
Euphorbia cyparissias 100, 102, 126, 146, 174, 222, 230, 238
Euphorbia exigua 182
Euphorbia seguierana 233

Euphorbio saxatilis-Pinetum nigrae 126
Euphrasia minima 398
Euphrasia rostkoviana 114, 252
Europäisch-arktische Urwiesen 402, 405
Europäische Feuchtwiesen 252–274
Europäische Haselwurz 66
Europäische Wirtschaftswiesen 196, 202–221
Europäischer Queller 444, 446, 451, 456
Eurosibirische Fichtenwälder 106–118


## F


Faden-Binse 263, 266, 302, 319
Faden-Segge 312
Faden-Seggen-Übergangsmoor 312
Fagetalia sylvaticae 62–74, 80–86, 92–99
Fagion sylvaticae 59, 62–74
Fago-Quercetum 76, 78
Fagus sylvatica 64, 66, 68, 70, 71, 72, 74, 80, 94, 96, 99
Falsches Alpen-Lieschgras 216
Färber-Scharte 252, 256, 258, 259, 274
Farnähnliches Starknervmoos 338
Farnblättriges Läusekraut 422
Faulbaum 76, 138, 292, 328, 330
Federgras 233
Federmoos 112
Feld-Ahorn 80, 92, 100
Feld-Ehrenpreis 178
Feld-Hainsimse 398
Feld-Klee 182
Feldsimse 218
Feld-Ulme 86
Felsbandgesellschaften 460
Felsen-Baldrian 358, 364, 426, 427
Felsen-Bibernelle 126
Felsenbirne 102, 120, 126, 359
Felsen-Fingerkrautflur 426
Felsen-Leimkraut 418
Felsen-Miere 425
Felsen-Nelke 235, 236
Felsen-Straußgras 366, 405
Felsenwolfsmilch-Schwarzföhrenwald 126
Felsflur mit Spinnweb-Hauswurz 236
Felsgrusfluren und Felsband-Gesellschaften 236
Felsgrus-Mauerpfeffer-Trockenrasen 237
Felsspalten- und Mauerfugen-Gesellschaften 194, 195, 425, 426, 428
Felsspaltengesellschaften 350, 424–429
Ferruginetum 355
Festuca alpestris 401
Festuca alpina 425
Festuca altissima 64, 70, 118
Festuca gigantea 86, 162, 166, 167
Festuca halleri 402, 423
Festuca heteropachys 238
Festuca ovina 237, 243, 244
Festuca pratensis 197, 202, 204, 262, 268
Festuca quadriflora 388
Festuca rubra 114, 197, 212, 216, 218, 244, 274, 423, 458, 460
Festuca rubra ssp. arenaria 450, 460
Festuca rubra ssp. litoralis 442, 458
Festuca rupicola 238
Festuca valesiaca 102, 103, 234
Festuca violacea 392, 397
Festucion valesiacae 238
Festuco commutatae-Cynosuretum 198, 218
Festuco-Brometea 222–234, 237, 238
Fetthennen-Steinbrech 338, 343, 407
Fettwiese mit Knollenhahnenfuß 205
Feuchte Sandginster – Heide 240
Feuchtheide- und Hochmoorbult-Gesellschaften 306, 308, 312, 460
Feuchtwiesen, Naßwiesen, Mädesüßfluren 246, 252–275
Feuerlilie 114
Fichte 66, 70,72, 73, 74, 106–112, 118, 122
Fichtenwald 106
Fieberklee 288, 300, 302, 312
Fieberklee-Gesellschaft 298, 302
Fieder-Zwenke 114, 120, 122, 133, 174, 222, 224, 410, 411
Filipendula ulmaria 84, 88, 156, 260, 263, 272, 274
Filipendulion 272, 274
Filipendulo-Geranietum palustris 272
Filzige Armleuchteralge 278
Filzige Klette 192
Filzige Zwergmispel 120
Filziges Felsenblümchen 425
Fingerhut-Gesellschaft 144
Finger-Segge 82
Firmetum 352, 355, 388
Flachblatt-Steinbrech 425
Flaches Rispengras 189, 190, 192
Flatter-Binse 145, 255, 263, 268, 274
Flattergras 64, 68, 78, 80, 118
Flatter-Ulme 86
Flaum-Eiche 100, 101
Flaumeichen-Elsbeerenwald 100
Flaumeichenwälder 100
Flaum-Fingerkraut 232, 236
Flaumhafer 114
Flaumiger Wiesenhafer 207
Fleischers Weidenröschen 416
Fliegen-Ragwurz 128, 222, 224
Fließwasserröhrichte 305, 349
Floh-Knöterich 176
Flügel-Schuppenmiere 456
Flugsand-Queller 444
Flur der Kanadischen Goldrute 168
Flußkiesgesellschaften an Gebirgsflüssen 342, 344, 345
Flußkreuzkraut-Schleiergesellschaften 168, 170
Flutender Hahnenfuß 286
Flutender Schwaden 283, 296
Flutendes Laichkraut 286
Fluthahnenfuß-Gesellschaft 286
Flutschwaden-Röhricht 296
Fontinalis antipyretica 286
Fragaria vesca 66, 92, 145, 146, 149, 150, 160
Frangula alnus 76, 292, 328, 330
Frauenhaarfarn 68
Frauenmantel 206
Fraxino excelsioris-Ulmetum 86
Fraxino excelsioris-Alnetum glutinosae 91
Fraxino orni-Ostryion carpinifoliae 102
Fraxinus excelsior 66, 68, 80, 86, 92, 94, 96, 98, 99
Fraxinus ornus 102
Frische Waldsäume und Schlagfluren 166, 167
Frostharte Gesellschaften und Naturheiden der unteren alpinen Stufe auf Windstandorten 366, 372
Frühlings-Fingerkraut 230
Frühblühender Thymian 237
Früher Schmielenhafer 460
Frühlings-Enzian 394
Frühlings-Hungerblümchen 237
Frühlings-Küchenschelle 372, 396, 402
Frühlings-Miere 391
Frühlingssegge 234
Fuchs' Kreuzkraut 74, 94, 149, 150, 151, 152, 374, 381, 382
Fuchsschwanz-Wiese 204
Fumana procumbens 226, 233, 234
Furchen-Schwingel 238
Furchen-Steinbrech 428
Futter-Esparsette 222, 230


## G


Gagea lutea 86
Galeopsietum angustifolii 192
Galeopsietum speciosae 181
Galeopsis angustifolia 192, 410
Galeopsis ladanum 177
Galeopsis pubescens 192
Galeopsis speciosa 152, 181
Galeopsis tetrahit 149, 181, 185
Galio aparine-Impatientetum noli-tangere 167
Galio odorati-Fagenion 59
Galio odorati-Fagetum 68
Galio rotundifolii-Abietetum 118
Galio sylvatici-Carpinetum betuli 80, 82
Galio-Alliarietalia 154, 155, 156
Galio-Alliarion 162–164, 167
Galio-Parietalia officinalis 410, 411
Galio-Urticetea 154–170
Galium album 155, 168, 186, 188, 192, 410, 411
Galium aparine 104, 152, 154, 156, 161–164, 167, 168, 170, 178, 181, 192
Galium boreale 252, 256, 259
Galium harcynicum 212, 242
Galium lucidum 245
Galium megalospermum 406
Galium mollugo 132, 172, 348, 450, 460
Galium odoratum 66, 68, 71, 73, 83, 162
Galium palustre 88, 248, 268, 290, 292, 300, 302
Galium rotundifolium 118
Galium sylvaticum 82
Galium uliginosum 250
Galium verum 172, 174, 228, 256
Gamander-Ehrenpreis 100, 204, 205, 213
Gänseblümchen 202, 214, 218
Gänse-Fingerkraut 164
Gänsekresse-Flur 438
Gauchheil-Ehrenpreis 297
Gebirgs-Binse 316, 322, 326
Gedüngte Frischwiesen und Weiden 202, 219, 397
Gefleckte Taubnessel 84, 98, 154, 155, 156, 161, 164, 166, 170, 192
Geflecktes Johanniskraut 210, 244, 378
Geflecktes Knabenkraut 327
Gefranster Enzian 222, 224
Gegenblättriger Steinbrech 408, 420, 422

Geißklee-Heide 243
Gekielter Lauch 114
Gekräuseltes Drehzahnmoos 358
Gekräuseltes Spiralzahnmoos 110, 388, 436
Gekrümmtästiges Torfmoos 309, 330, 331
Gekrümmtes Torfmoos 306
Gelappter Schildfarn 94, 96
Gelbe Hainsimse 402
Gelbe Resede 164
Gelbe Schwertlilie 88, 290, 292, 294, 302
Gelbe Segge 322, 326, 327
Gelbe Skabiose 226
Gelbe Teichrose 284
Gelbe Wiesenraute 274
Gelber Eisenhut 381
Gelber Enzian 386, 394
Gelber Mauerpfeffer 234
Gelbes Windröschen 68, 71
Gelbling 430, 432
Gelbscheidiges Federgras 233
Gemeine Kammschmiele 234
Gemeine Kratzdistel 185, 190, 192
Gemeine Quecke 349
Gemeiner Froschlöffel 292
Gemeiner Tüpfelfarn 195
Gemeines Bartgras 234
Gemsen-Binse 405
Gemsheide 366, 367
Gemskresse 406, 409
Genista anglica 240
Genista germanica 243
Genista pilosa 240
Genistion pilosae 240
Genisto pilosae-Callunetum 240
Genisto-Callunetum molinietosum 240
Genisto-Callunetum typicum 201
Gentiana acaulis 372, 397, 398
Gentiana asclepiadea 114, 218, 254, 258, 322, 324
Gentiana bavarica 419
Gentiana ciliata 222, 224
Gentiana clusii 114, 388, 394
Gentiana lutea 386, 394
Gentiana pneumonanthe 252, 255, 256, 258, 312
Gentiana punctata 397, 398, 400
Gentiana verna 394
Gentianella germanica 224
Gentianella nana 420
Gentiano asclepiadeae-Molinietum 254
Gentiano-Koelerietum pyramidatae 201, 224
Geranion sanguinei 140, 172, 411
Geranio-Peucedanetum cervariae 172
Geranio-Trisetetum flavescentis 210
Geranium phaeum 378
Geranium pratense 164, 202, 209
Geranium robertianum 94, 112, 146, 160, 162, 167, 194, 195, 341, 410, 414
Geranium sylvaticum 154, 175, 210, 212, 213, 262, 374, 376, 377, 378, 380, 381
Gesellschaft der Dreispaltigen Binse 405
Gesellschaft der Großblütigen Gemswurz 409
Gesellschaft der Kanadischen Wasserpest 282
Gesellschaft der Kleinen Teichrose 284
Gesellschaft der Untergetauchten Wasserlinse 276
Gesellschaft des Bitteren Schaumkrautes 336
Gesellschaft des Durchwachsenen Laichkrautes 280
Gesellschaft des Gegenblättrigen Steinbrechs 422
Gesellschaft des Gemeinen Hornblatts 279
Gesellschaft des Glänzenden Laichkrautes 280
Gesellschaft des Indischen Springkrautes 168
Gesellschaft des Kammlaichkrautes 280
Gesellschaft des Nußfrüchtigen Wassersterns 286
Gesellschaft des Schmalblättrigen Hohlzahnes 192
Gesellschaften der Graudünen, Sandtrockenrasen, Mauerpfeffer- und Felsbandgesellschaften 460
Gesellschaften der Kleinen Wasserlinse 276
Gesellschaften der Meeresküsten 444–461
Gesellschaften der Sommerfruchtäcker 181
Gesellschaften des Wirtschaftsgrünlandes 202–221, 252–274, 397
Gesprenkelte Becherflechte 116, 364, 366, 370
Gestörte Solonetz-Fluren 462
Geum montanum 398
Geum reptans 416, 435
Geum rivale 264, 268, 270, 333
Geum urbanum 84, 132, 162, 185
Gewimpertes Perlgras 234
Gewöhnliche Esche 66, 68, 80, 86, 92, 94, 96, 98, 99
Gewöhnliche Eselsdistel 184
Gewöhnliche Felsennelke 232, 234
Gewöhnliche Goldrute 64, 66, 70, 72, 73, 106, 108, 110, 112
Gewöhnliche Kratzdistel 146, 149, 184
Gewöhnliche Kreuzblume 244
Gewöhnliche Küchenschelle 230, 232
Gewöhnliche Moosbeere 306, 310
Gewöhnliche Nachtkerze 186
Gewöhnliche Ochsenzunge 186
Gewöhnliche Pestwurz 156, 161, 348
Gewöhnliche Schafgarbe 174, 185, 186, 189, 192, 204, 205, 212, 214, 219, 221
Gewöhnliche Simsenlilie 322, 324
Gewöhnliche Sumpfbinse 283, 454
Gewöhnliche Sumpfkresse 292
Gewöhnliche Waldrebe 86, 130, 168
Gewöhnliche Wegwarte 190, 221
Gewöhnlicher Beifuß 163, 164, 182, 188, 189, 190, 192, 221
Gewöhnlicher Beinwell 170, 190
Gewöhnlicher Dornfarn 88, 106, 116, 118, 331
Gewöhnlicher Dost 174, 410
Gewöhnlicher Frauenmantel 206, 210, 213, 214, 216, 218, 378, 380, 381, 383
Gewöhnlicher Froschlöffel 294
Gewöhnlicher Gilbweiderich 88, 272, 274, 300
Gewöhnlicher Hohlzahn 149, 181, 185
Gewöhnlicher Odermennig 174
Gewöhnlicher Teufelsabbiß 252, 254, 255, 256, 258, 322, 324, 333
Gewöhnlicher Wacholder 120, 122, 134, 231, 358, 361
Gewöhnlicher Wundklee 222, 344
Gewöhnliches Bitterkraut 189
Gewöhnliches Ferkelkraut 213, 460
Gewöhnliches Fettkraut 322, 324, 326
Gewöhnliches Hexenkraut 68, 86, 167, 341
Gewöhnliches Hornkraut 204, 274
Gewöhnliches Katzenpfötchen 243, 372
Gewöhnliches Pfaffenhütchen 86, 134, 136
Gewöhnliches Rispengras 154, 155, 156, 161, 162, 164, 192, 204, 259, 260, 262, 268
Gewöhnliches Ruchgras 202, 206, 210, 213, 214, 216, 244, 254, 274, 398, 418
Gewöhnliches Sonnenröschen 227, 233, 238, 394
Giersch 84, 86, 152, 154, 155, 156, 160, 161, 167, 168, 170, 192
Giersch-Saum-Gesellschaften 154, 155, 156, 162, 163, 164
Gilbweiderich 148, 292, 330
Ginster-Sommerwurz 138
Gladiolus palustris 333
Glänzende Gänsekresse 338
Glänzendes Laichkraut 280
Glanzfrüchtige Binse 268
Glanz-Weide 374
Glatthafer 155, 163, 164, 186, 188, 189, 202, 205, 206, 207, 266
Glatthafer-Wiese 202
Glatthaferwiesen 202, 204, 205, 206, 207
Glauco-Puccinellietalia 451, 452, 453, 456, 458, 458
Glaux maritima 451, 456, 458
Glechoma hederacea 161, 163
Glechometalia hederaceae 140, 162, 163, 164
Gletscher-Gemswurz 412
Gletscher-Hahnenfuß 416, 419, 423, 428
Gletscher-Tragant 392
Globularia cordifolia 232
Glockenheide-Feuchtgesellschaften 312, 460
Glockenheide-Gesellschaft 312
Glyceria fluitans 283, 296
Glyceria maxima 294
Glycerietum maximae 294
Glycerio-Sparganion 296, 297
Gnaphalium hoppeanum 438
Gnaphalium supinum 416, 430, 433, 434
Gold-Aster 233, 238
Gold-Fingerkraut 216, 397, 398, 430
Goldhafer 206, 210, 212, 213
Goldhaferwiese 210, 212, 213
Gold-Kälberkropf 155
Gold-Kälberkropf-Flur 155
Goldnessel 66, 68, 70, 71, 72, 74, 80, 94, 129
Gold-Pippau 216, 219, 397, 398
Goodyera repens 122
Grannen-Ruchgras 177
Gras-Laichkraut 280
Graslaichkrautgesellschaft 280
Graslilie 234
Grasnelken-Habichtskraut 346, 412
Gras-Sternmiere 272
Graue Seebinse 454
Grauer Alpendost 74, 150, 374, 376, 377, 378, 379, 380, 381
Grauer Löwenzahn 364

Grau-Erle 84, 160, 348
Grau-Erlenwald 84
Graues Zackenmützenmoos 342
Grauscheidiges Federgras 233, 238
Grau-Segge 316, 319
Grauweiden- und Weiden-Tamariskengebüsch 346, 348
Grauzottiges Habichtskraut 402
Großblütige Gemswurz 412
Großblütiger Fingerhut 145
Große Brennessel 84, 86, 88, 94, 98, 104, 142, 146, 148, 149, 152, 154, 155, 156, 161–164, 167, 168, 170, 184, 185, 188, 190, 192, 272, 274, 305, 382, 383, 384
Große Brunelle 122
Große Gemswurz 409
Große Klette 190
Große Pimpernelle 205, 210
Große Springkraut-Flur 166
Große Sterndolde 210
Große Sternmiere 80, 82, 83, 136
Großer Ehrenpreis 132
Großer Wegerich 192, 214, 220, 221, 349
Großer Wiesenknopf 252, 256, 258, 259, 266
Großes Federgras 238
Großes Kranzmoos 111, 112, 358, 364, 368, 370
Großes Laserkraut 114
Großes Leinkraut 192
Großes Peitschenmoos 111
Großes Springkraut 94, 96, 98, 162, 166, 341
Großes Zweiblatt 86, 112, 114
Großköpfige Gemswurz 439
Großseggenriede 290–304, 349
Grünalge 279
Grüner Alpenlattich 112, 116, 358, 362, 366, 377, 398
Grün-Erle 374
Grün-Erlengebüsch 374
Grünliches Wintergrün 122
Gundermann 161, 163
Guter Heinrich 192
Gymnadenia conopsea 256
Gymnadenio-Nardetum 244
Gymnocarpietum robertiani 414
Gymnocarpium robertianum 110, 414
Gypsophila repens 344, 346, 412

## H

Haarmützenmoos 328, 330, 331
Haar-Pfriemengras 233, 234, 238
Haftdolden-Adonisröschen-Gesellschaft 182
Haftdolden-Gesellschaften 182
Hainbuche 66, 80, 82, 83, 136
Hainbuchen-Schlehen-Gebüsch 136
Hain-Gilbweiderich 146, 341
Hainklette 149
Hainkletten-Schlagflur 149
Hain-Kreuzkraut 146, 152, 376
Hain-Rispengras 68, 92, 130, 132, 194
Hainsimse 64
Halbkugelige Teufelskralle 366
Halbruderale Halbtrockenrasen 190
Halbtrockenrasen 222, 234
Halimione portulacoides 442, 452, 458
Halimonietum portulacoides 441, 452
Halimonium portulacoides 452
Hallers Schwingel 402
Hang- und Schluchtwälder 92–99
Hänge-Birke 76, 78, 82, 142, 152, 330
Hartholzauenwälder 84, 86
Hartwasser-Armleuchter-Gesellschaften 278
Hasel 80, 92, 94, 130, 136
Hasen-Klee 460
Hasenlattich 64, 66, 70, 72, 73, 74, 99
Hasen-Segge 145, 328
Hecken und anthropogene Gebüsche 130–139
Heckenkirsche 98, 149
Hedera helix 82
Hedysarum hedysaroides 392, 393
Heidekraut 78, 114, 227, 240–244, 306, 308, 328, 330, 369, 372, 398
Heidelbeere 76, 106–114, 116, 119, 240, 242, 243, 328, 330, 331, 361, 368, 370, 372, 374, 377, 398
Heidelbeer-Heide 242
Heideröschen 126, 234
Heide-Schlafmoos 240
Heilwurz 172
Heil-Ziest 252, 256, 274
Helianthemum alpestre 388
Helianthemum nummularium 227, 233, 238, 394
Helictotrichon parlatorei 401
Heliosperma quadridentatum 338
Helleboro-Fagetum 62, 72
Helleborus niger 70, 72
Hellgelbe Sommerwurz 161
Helm-Knabenkraut 222, 256
Hepatica nobilis 66, 71, 72, 100
Heracleum sphondylium 136, 154–156, 161, 163, 192, 202, 209, 378
Herbst-Sternhyazinthe 233
Herzblatt 268, 321, 322, 326, 327
Herzblatt-Braunseggen-Sumpf 316
Herzblättrige Glockenblume 232
Herzblättriger Hahnenfuß 408
Herzförmige Sumpfkalla 304
Herz-Zweiblatt 112
Hieracio humilis-Potentilletum caulescentis 426
Hieracium humile 426
Hieracium intybaceum 372
Hieracium murorum 108, 112
Hieracium piliferum 402
Hieracium pilosella 114, 224, 238, 240
Hieracium umbellatum 448, 450
Hieracium sylvaticum 64
Himbeere 74, 118, 142, 144, 145, 146, 148, 149, 151, 152
Himbeer-Gestrüpp 151
Himmelsherold 419, 428
Hippocrepis comosa 114, 227
Hippophae rhamnoides 122, 133, 460
Hippophae-Berberidetum 133
Hippuridetum vulgaris 283
Hippurus vulgaris 283
Hirschzungenfarn 96
Hirschzungen-Schluchtwald 96
Hirsen-Segge 252, 258, 319, 322, 327
Hirtentäschel 178, 180, 182, 220
Hochmoorbult-Gesellschaften 306, 308
Hochmoor-Torfmoosgesellschaften 306, 308
Hochstauden mit Blut- und Gilbweiderich 274
Hochstauden-Fichten-Tannenwald 118
Hochstaudenflur mit Weißer Pestwurz 160
Hochstaudenfluren und Gebüsche der Alpen 374, 376, 377, 378, 380, 381
Hochstaudenfluren und Grünerlengebüsche der Gebirge 356, 374–381
Hohes Schlickgras 446
Hohler Lerchensporn 68
Hohlzahn-Äcker 181
Holcus lanatus 202, 210, 212, 214, 260, 262, 268
Holcus mollis 78
Holundergebüsch 152
Homogyne alpina 73, 112, 114, 116, 358, 362, 366, 377, 398, 405
Homogyno alpinae-Piceetum 112
Hopfen 86
Hopfenbuche 102
Hopfenbuchen-Mannaeschenwald 102
Hopfenklee 186, 189, 192, 207
Hoppes Felsenblümchen 420, 422
Hoppes Ruhrkraut 438
Hordeetum murini 182
Hordelymo-Fagetum 62, 71
Hordeum murinum 182
Hornklee 114, 122, 214, 218, 222, 227
Hornkraut-Schneeboden-Gesellschaft 432
Horst-Segge 122, 227, 358, 394, 398
Hufeisenklee 114, 227
Huflattich 189, 415
Hügel-Meister 114, 230
Hüllen-Moosflechte 366, 402
Humulus lupulus 86
Hunds-Rose 130, 134, 136
Hunds-Veilchen 244
Huperzia selago 370
Hydrocharition morsus-ranae 249
Hylocomium splendens 110, 112, 116, 120, 122, 362, 364
Hypericum maculatum 210, 244, 378
Hypericum perforatum 149, 174, 188, 192
Hypnum ericetorum 312
Hypnum jutlandicum 240
Hypochoeris radicata 213, 460

## I

Ilex aquifolium 83
Illyrische Föhrenwälder 102
Impatiens glandulifera 104, 168
Impatiens noli-tangere 94, 96, 98, 162, 166, 341
Impatiens parviflora 84, 146, 164, 166, 167
Impatiens parviflora-Gesellschaft 167
Impatientetum noli-tangere 166
Impatienti noli-tangere – Stachyion sylvaticae 166, 167
Indisches Springkraut 104, 168
Initialgesellschaft der Rauhen Armleuchteralge 278
Inneralpiner Laserkrautsaum 172
Inneralpiner Trockenrasen 234
Innsbrucker Küchenschelle 232
Inula hirta 226
Inula salicina 252, 256
Iridetum sibiricae 256

Iris germanica 291, 333
Iris pseudacorus 88, 290, 292, 294, 302, 332
Iris pseudacorus-Gesellschaft 292
Iris pumila 226
Iris sibirica 256
Isländisches Moos 116, 240, 366, 370, 391, 402, 404
Isoetes lacustre 289
Isoeto-Lobelietum 289

## J

Jacquins Pippau 388
Jasione montana 460
Juncetum gerardii 458
Juncetum maritimi 458
Juncetum subnodulosi 320, 327
Juncetum trifidi 405
Juncion trifidi 405
Junco-Molinietum 255
Juncus acutiflorus 255, 264, 327
Juncus alpinoarticulatus 316, 322, 326, 327
Juncus arcticus 460
Juncus articulatus 268
Juncus conglomeratus 255
Juncus effusus 145, 255, 263, 268, 274
Juncus filiformis 263, 266, 302, 316, 319
Juncus gerardii 458
Juncus inflexus 156
Juncus jaquini 405
Juncus maritimus 458
Juncus subnodulosus 327
Juncus trifidus 397, 405
Junipero-Arctostaphylletum 355, 372
Juniperus communis 120, 122, 134, 358, 361
Juniperus sibirica 368, 370, 372

## K

Kahler Alpendost 110, 112, 379, 412
Kahler Frauenmantel 384
Kahlschlag- und Waldlichtungsgesellschaften 142–146, 152
Kälberkropfwiese 262
Kali-Salzkraut 447
Kalk- und wärmebedürftige Strauchgesellschaften 130–134
Kalk-Aster 232
Kalk-Binsen-Wiese 320, 327
Kalk-Blaugras 102, 114, 122, 126, 227, 358, 360, 362, 388, 391, 392, 394, 426, 436
Kalkblock-Fichtenwald 110
Kalk-Buchenwald 66
Kalk-Felsspalten- und Mauerfugen-Gesellschaften 195
Kalk-Felsspalten- und Mauergesellschaften 425, 426
Kalk-Felsspalten-Gesellschaften 425, 426
Kalkmagerweiden 224
Kalk-Quellmoos 338
Kalk-Quelltuff-Gesellschaften 334, 338
Kalkschneeböden 436, 438, 439
Kalk-Schneeheide-Latschengebüsch 358
Kalkschuttfluren 406, 408, 409
Kamm-Laichkraut 280
Kammschmiele 224
Kampferkraut 462
Kampferkraut-Flur 462
Kanadische Goldrute 168, 188, 189
Kanadische Wasserpest 280, 282
Kanadischer Katzenschweif 182
Kanten-Lauch 258
Karbonat-Alpendost-Fichtenwald 112
Karbonat-Alpenrosen-Latschengebüsch 360
Karbonat-Lärchenwald 116
Karbonat-Lärchen-Zirbenwald 116
Karpaten-Birke 331
Karpatenbirkenwald 331
Karthäusernelke 205, 207, 230, 238
Kartoffel-Rose 460
Katzenpfötchen 114, 122
Kegelkopfmoos 340
Kelch-Steinkraut 237
Kernera saxatilis 426
Kerners Läusekraut 402
Keulen-Bärlapp 242
Kiefernbruchwald 91
Kiefernbruch- und Hochmoorwälder 328
Kiefern-Eichenwald 79
Kiefern-Fichten-Wälder 328, 330, 331
Klatsch-Mohn 178, 181, 182
Klebriger Salbei 66, 68, 146, 150, 166, 341
Klee-Odermennig-Saum 174
Klee-Saumgesellschaften 174
Kleinblättrige Stendelwurz 71
Kleinblütige Königskerze 146
Kleinblütige Segge 438
Kleinblütiges Springkraut 84, 146, 164, 166, 167
Kleine Brunelle 206, 216, 220
Kleine Klette 190
Kleine Mutterwurz 391
Kleine Wasserlinse 276, 277, 279, 280
Kleine Wolfsmilch 182
Kleiner Ampfer 176
Kleiner Baldrian 327
Kleiner Sauer-Ampfer 138, 142
Kleiner Wasserschlauch 288
Kleiner Wiesenknopf 224, 232
Kleines Habichtskraut 114, 224, 238, 240
Kleines Knabenkraut 222, 256
Kleinfrüchtiger Acker-Frauenmantel 177
Kleinseggengesellschaften basenreicher Standorte 309–327
Kleinseggenmoore kalkarmer Standorte 316, 318, 319
Kleinseggenmoore kalkreicher Standorte 320–327
Kleinseggenmoore, Hochmoore, Bruchwälder 246, 306–331
Kletten-Beifuß-Gestrüpp 190
Klettengesellschaften und Lägerfluren 382, 383, 384
Kletten-Gesellschaften 190, 192
Kletten-Labkraut 104, 152, 154, 156, 161–164, 167, 168, 170, 178, 181, 192
Knäuel-Binse 255
Knäuel-Glockenblume 207
Knautia baldensis 401
Knautia dipsacifolia 74, 84, 154
Knoblauch-Pfriemengras-Gesellschaft 238
Knoblauchsrauke 100, 164
Knöllchen-Knöterich 391, 402, 430, 436
Knolliger Hahnenfuß 205
Knotige Braunwurz 149, 150
Koch's Enzian 372, 397, 398
Koeleria macrantha 232, 234, 238
Koeleria pyramidata 172, 224
Koelerio-Corynephoretea 236, 460
Kohldistel 84, 148, 156, 166, 167, 168, 170, 260, 261, 264, 270, 382
Kohldistelwiese mit Kuckucks-Lichtnelke 268
Kohl-Gänsedistel 182
Kompaß-Lattich 182
Kompaß-Lattich-Gesellschaft 182
Kontinentale Pfriemengras-Gesellschaften 238
Kontinentaler Karst-Flaumeichen-Buschwald 100
Kopf-Geißklee 243
Kopfiges Läusekraut 392
Korallenwurz 112
Korb-Weide 104
Korbweidengebüsch 104
Kornelkirsche 100
Krähenbeere-Glockenheide- Gesellschaft 460
Krähenbeerenheide 370
Krähenbeeren-Karpatenbirkenwald 331
Krainer Thymian 233
Kratzbeere 84, 88, 104, 130, 136, 152, 168, 272, 348
Krauser Ampfer 349
Krauser Rollfarn 418
Krauses Laichkraut 282
Krautige Säume an Wald- und Wiesenrändern 140, 154–175
Kraut-Weide 430, 437
Krautweidenflur 430
Kreuzdorn-Schlehen-Brombeer-Gebüsche 130–138, 460
Kreuzkraut-Schlag 150
Kreuz-Labkraut 155, 164
Kreuzlabkraut-Saum 164
Kriechende Nelkenwurz 416
Kriechende Quecke 164, 170, 186, 188, 214
Kriechender Günsel 149
Kriechender Hahnenfuß 204, 214, 296, 305, 349, 383
Kriechendes Gipskraut 344, 346, 412
Kriech-Weide 460
Kronenlattich 326
Krummholz- und Zwergstrauchgesellschaften 350, 358–373
Krumm-Segge 402
Krumm-Seggenmatte 402
Krummseggenrasen 355, 402
Kuckucks-Lichtnelke 210, 212, 259, 260, 264, 266, 268, 270, 274
Kugelige Teufelskralle 114
Kugelorchis 392, 396
Kugel-Rapunzel 206, 222, 372, 392, 394
Kugelschötchen 426
Kümmel-Silge 252, 259
Kurzstengel-Gemskresse 438

## L

Labkraut-Tannenmischwald 118
Lachenals Wasserfenchel 458
Lactuca serriola 182
Läger-Rispengras 383, 432
Laichkraut- und Schwimmpflanzengesellschaften 279–286

Lamio albi-Chenopodietalia boni-henrici 164–170
Lamio albi-Conietum 192
Lamio-Chenopodietalia boni-henrici 154–156
Lamium album 152, 155, 190, 192
Lamium galeobdolon 66, 68, 70, 71, 72, 74, 80, 94, 129, 376
Lamium maculatum 84, 98, 154, 155, 156, 161, 164, 166, 170, 192
Lamium purpureum 178
Lämmersalat 177
Lämmersalat-Äcker 177
Lämmersalat-Gesellschaft 177
Landkartenflechte 424, 428, 429
Land-Reitgras 146, 150, 189, 448
Langblättriger Sonnentau 324
Langstieliges Hornkraut 342, 416
Lanzen-Schildfarn 377
Lapsana communis 162, 181
Lärche 112, 114, 116
Lärchen-Zirbenwald 116
Laricetum brachipodietosum pinnati 114
Laricetum deciduae 116
Laricetum molinietosum coeruleae 114
Larici-Cembretum 251, 355
Larici-Piceetum 112
Larici-Pinetum cembrae 116
Larix decidua 112, 114, 116
Laserpitium latifolium 114, 172
Laserpitium siler 172
Lathyro-Fagetum 62, 66
Lathyrus maritimus 448
Lathyrus pratensis 155, 174, 259, 274
Latschen-Bergföhren-Moorwald 328
Latschengebüsche 102, 120, 122, 122, 126
Laubwälder, Nadelmischwälder, Gebüsche 58–61
Laubwälder, Schluchtwälder und Auenwälder 62–105
Lavendel-Weide 122, 133, 344–348
Lavendel-Weiden-Gebüsch 348
Lebensräume oberhalb der Waldgrenze 351–357
Leberblümchen 66, 71, 72, 100
Lebermoos-Schneeboden 434
Ledo-Pinetum 91
Ledo-Pinion 328
Ledum palustre 91, 328
Legbuchengebüsch 376
Lemna minor 276, 277, 279, 280
Lemna trisulca 276, 279
Lemnetalia minoris 276
Lemnetea minoris 276
Lemnetum gibbae 276
Lemnetum trisulcae 276
Lemnion minioris 276
Lemno-Spirodeletum polyrhizae 276
Leontodon helveticus 397, 402, 405
Leontodon hispidus 202, 205, 216, 218, 219, 254, 322, 392, 415
Leontodon incanus 364
Leontodon montanus 408
Leontodonetum montani 408
Leontopodium alpinum 394, 395, 396
Lepidietum crassifolii 442, 462
Lepidium cartilagineum 462, 463
Lepidium densiflorum 182
Leucojum vernum 85
Liguster 130, 133, 137
Liguster-Schlehen-Gebüsch 130
Ligusticum mutellina 216, 326, 392, 397
Ligusticum mutellinoides 391
Ligustro-Prunetum spinosae 130, 201
Ligustrum vulgare 130, 133
Lilium bulbiferum 114
Lilium carniolicum 128
Lilium martagon 114, 128
Limonium vulgare 442, 456, 457, 458
Linaria alpina 342, 346, 406, 407, 408
Lindenmischwald 92
Linum catharticum 205, 227, 415
Linum tenuifolium 230, 233
Listera cordata 112
Listera ovata 86, 114
Lithospermum purpurocaeruleum 100
Littorella uniflora 289
Littorelletalia uniflorae 289
Littorelletea uniflorae 289
Littorellion uniflorae 289
Lobelia dortmanna 289
Loiseleuria procumbens 366, 367
Loiseleurio-Caricetum curvulae 402, 404
Loiseleurio-Cetrarietum 366
Loiseleurio-Vaccinietalia 366, 368, 370, 372
Loiseleurio-Vaccinietea 366, 368, 370, 372
Loiseleurio-Vaccinion 354, 366
Lolio-Cynosuretum 214, 251
Lolio-Plantaginetum majoris 141, 220
Lolio-Plantaginion 220, 221
Lolium perenne 164, 182, 190, 197, 214, 220, 221
Lonicera alpigena 70, 72, 74, 99
Lonicera caerulea 368
Lonicera nigra 74
Lonicera periclymenum 78
Lonicera xylosteum 84, 92, 98, 133, 149
Lonicero-Rubion sylvatici 138
Lorbeer-Weide 86
Lotus corniculatus 114, 122, 214, 218, 222, 227
Lotus uliginosus 255, 260, 268, 270, 272, 274, 319
Lunaria rediviva 96, 98
Lunario-Aceretum 98
Lungen-Enzian 252, 255, 256, 258, 312
Luzula albida 64
Luzula campestris 218, 398
Luzula lutea 402
Luzula luzuloides 64, 82, 112, 118, 142, 145
Luzula nivea 118, 125
Luzula pilosa 76
Luzula sylvatica 73, 106, 108, 116, 118, 331, 368, 370
Luzulo luzuloidis-Quercetum petraeae 76
Luzulo-Fagenion 59
Luzulo-Fagetum milietosum 64
Luzulo-Fagetum typicum 62, 64
Lychnis flos-cuculi 210, 212, 259, 260, 264, 266, 268, 270, 274
Lycopodiella inundata 310
Lycopodium alpinum 370
Lycopodium annotinum 64, 110, 112
Lycopodium annotinum-Fagus sylvatica-Assoziation 64
Lycopodium clavatum 242
Lycopus europaeus 88, 248
Lysimachia nemorum 146, 341
Lysimachia nummularia 74, 204, 274
Lysimachia vulgaris 88, 148, 272, 274, 292, 300
Lysimachia vulgaris-Lythrum salicaria-Gesellschaft 274
Lysimachio vulgaris-Filipenduletum 272
Lythrum salicaria 272, 274, 292, 300, 302, 332

## M

Mädesüß 84, 88, 156, 260, 263, 272, 273, 274
Mädesüß-Assoziation mit Gilbweiderrich 272
Mädesüß-Assoziation mit Eisenhutblättrigem Hahnenfuß 272
Mädesüß-Assoziation mit Weidenröschen 272
Mädesüß-Assoziation mit Sumpf-Storchschnabel 272
Mädesüßfluren 272
Mädesüß-Hochstauden mit der Gelben Wiesenraute 274
Mädesüß-Hochstaudenfluren 272, 274
Magerer Kalk-Halbtrockenrasen 226
Magnocaricion elatae 298–304
Maianthemum bifolium 64, 78, 106, 108, 118
Maiglöckchen 92
Malva sylvestris 185
Mandel-Weide 104
Mannaesche 102
Männlicher Wurmfarn 94, 110, 150, 376
Mannsschild-Steinbrech 436, 438
Margarite 202, 207, 210, 218
Matricaria discoidea 220
Matricaria recutita 178, 180
Mauerlattich 68, 70, 96, 99, 162, 195
Mauerraute 426
Mauerrauten-Gesellschaft 195
Mauer-Streifenfarn 195
Mäusegerste 182
Mäusegerste-Rasen 182
Medicago falcata 172
Medicago lupulina 186, 189, 192, 207
Meerbinse 454
Meersenf 447
Meersenf-Gesellschaft 447
Meersenf-Spülsäume und Tangwallgesellschaften 447
Meerstrand-Binse 458
Meerstrand-Binsen-Ried 458
Meerstrand-Silbergras-Flur 460
Mehlbeere 66, 122, 126
Mehlprimel 317, 322, 323, 324
Mehrjährige Ruderalfluren 184–192
Meisterwurz 374, 375, 377, 384
Melampyrum pratense 76, 122, 358, 368
Melampyrum sylvaticum 73, 78, 106, 108, 112, 114, 116
Melandrium noctiflorum 182
Melandrium rubrum 378
Melica ciliata, 102, 103, 234, 235
Melica nutans 72, 79, 92, 106, 133
Melica uniflora 68
Melico-Fagetum 68
Melilotus albus 186
Melilotus officinalis 185, 186, 187
Mentha aquatica 268, 294, 296, 297, 300, 305
Mentha longifolia 156, 164, 382

Menyanthes trifoliata 288, 300, 302, 312
Meo-Trisetetum flavescentis 212
Mercuriali-Fagetum 62, 68
Mercurialis perennis 66, 68, 70, 71, 73, 92, 94, 96, 98, 100, 108
Meso- und thermophile Krautsäume 172, 174
Mesobrometum erecti 201, 222
Mesobromion 200
Mesophile Trittpflanzengesellschaften 220, 221
Mesotrophe Niedermoore 312
Meum athamanticum 210, 212
Mierenblättriges Weidenröschen 334, 338
Milchkraut 451, 456, 458
Milder Mauerpfeffer 236
Milium effusum 64, 68, 78, 80, 118
Milzkraut-Quellflur 340
Minuartia rupestris 425
Minuartia sedoides 419, 420, 421, 422, 423, 428
Minuartia verna 391
Mitteleuropäische montane Fichtenwälder 106–116
Mitteleuropäische Schlag- und Vorwald-Gesellschaften 145, 148–152
Mitteleuropäische Silikatschneebodengesellschaften 430–434
Mittelhohe Bach- und Flußröhricht-Gesellschaften 296, 297, 305, 349
Mittlerer Klee 174
Mittlerer Sonnentau 310
Mittlerer Wasserschlauch 288
Mittlerer Wegerich 222
Mnium punctatum 336, 340
Mnium undulatum 133
Moehringia ciliata 406, 408, 439
Moehringia muscosa 412, 414
Moehringia trinervia 162
Moehringio-Gymnocarpietum robertianae 414
Möhren-Haftdolde 182
Möhren-Steinklee-Ruderalfluren 186–190
Molinia caerulea 114, 120, 122, 240, 248, 252–258, 300, 309, 310, 312, 322, 324, 328, 330, 331
Molinietalia caeruleae 252-274
Molinietum caeruleae 247, 251, 256
Molinio litoralis-Pinetum 122
Molinio-Arrhenatheretea 202–221, 252–274, 397
Molinion 252–259
Mondviole 96, 98
Mondviolen-Schluchtwald 98
Montane bodensaure Tannen-Fichtenwälder 118
Montane Gesellschaften auf trocken-warmen Kalkschuttstandorten 410, 411
Montane Heiden 242, 243
Montane Quellmoos-Quellkraut-Gesellschaft 334
Montaner Fichtenwald mit Bingelkraut 108
Montaner Fichtenwald mit Siebenstern 108
Montaner Fichtenwald mit Wald-Sauerklee 108
Montaner Kreuzblumen-Borstgrasrasen 244
Monte Baldo-Witwenblume 401
Montia fontana 334
Montio-Bryetum schleicheri 337
Montio-Cardaminetalia 334–338
Montio-Cardaminetea 334–341
Montio-Philonotidetum fontanae 334
Moorbeere 116, 308, 328, 330, 361, 364, 366, 368, 370, 372
Moor-Berg-Kiefer 328, 329
Moor-Birke 76, 88, 309, 312, 328, 330
Moorgesellschaften außerhalb der humiden Mittelgebirge Zentraleuropas 460
Moor-Glockenheide 310, 312, 460
Moor-Seerosen-Gesellschaft 284
Moorseggen-Erlenbruch 88
Moosbeere 308, 312, 328
Moosflechte 402
Moos-Nabelmiere 412, 414
Moos-Sandkraut 421
Moos-Steinbrech 419, 428, 429
Moschus-Steinbrech 419
Mücken-Handwurz 256
Mycelis muralis 68, 70, 96, 99, 162, 195
Myosotis alpestris 384, 439
Myosotis arvensis 178, 180
Myosotis palustris 260, 263, 264, 270, 274, 296
Myricaria germanica 344, 346, 347
Myricario-Chondrilletum 344
Myriophyllo-Nupharetum luteae 284
Myriophyllum spictaum 280
Myriophyllum verticillatum 284

## N

Nacktriedrasen 355, 391, 420
Nadelwälder und Nadelmischwälder 106–127
Nährstoffreiche Feucht- und Naßwiesen 260–270
Nährstoffreiche Kohldistelwiese 260
Nardetalia strictae 244, 398
Nardetum alpigenum 244, 352, 355, 398
Nardion strictae 398
Nardo-Gnaphalietum supini 430
Nardus stricta 240, 244, 316, 398, 400
Narzissen-Windröschen 392
Nasturtietum officinalis 297
Nasturtio-Glycerietalia 296, 297, 305, 349
Nasturtium officinale 297
Natterkopf 184, 186
Natterkopf-Steinklee-Gestrüpp 186
Neottia nidus-avis 66, 129
Nesselblättrige Glockenblume 82
Nesselblättriger Ehrenpreis 118, 160
Netzblatt 122
Netz-Weide 436, 437
Neusiedlersee-Salzschwaden 462
Nickende Distel 185
Nickender Zweizahn 176
Nickendes Leimkraut 226
Nickendes Perlgras 72, 92, 106, 133
Nickendes Weidenröschen 334, 337
Nickendes Wintergrün 79, 112, 122
Niederes Schlickgras 446
Niedermoorgesellschaften und Hochmoorschlenken-Gesellschaften 309–327
Niedriger Schwingel 388
Niedriges Habichtskraut 426
Niedrigwüchsige Röhrichte 296, 297
Nigritella nigra 400
Nitella opaca 278
Nitrophile Säume und Uferstaudengesellschaften 154–170
Nitrophile Staudenfluren und Saumgesellschaften 164–170
Nitrophytische Stauden-, Saum- und Verlichtungsgesellschaften 154, 155, 156, 162, 163, 164
Nitrophytische Staudenfluren 162, 163, 164
Nivale Stufe 421
Nordalpine Goldhaferwiese 213
Nordalpiner Fichten-Tannen-Buchenwald 73
Nordisches Labkraut 252, 256, 259
Nordwesteuropäische Heidemoore 312
Nuphar lutea 284, 285
Nupharetum pumilae 284
Nußfrüchtiger Wasserstern 286
Nymphaea alba 284, 285
Nymphaeetum albo-minoris 284
Nymphaeion albae 249, 283, 284, 286

## O

Ochsenauge 66, 102, 114, 122, 232, 401, 410
Oenanthe lachenalii 458
Oenonthera biennis 186
Oenothera ammophila 450
Onobrychido viciifoliae-Brometum 226
Onobrychis viciifolia 222, 230
Ononis spinosa 224
Onopordetalia acanthii 184–192, 141
Onopordetum acanthii 184
Onopordion acanthii 184, 185
Onopordum acanthium 184
Onosma arenarium 238
Ophrys apifera 226
Ophrys insectifera 128, 222, 224
Orchideen-Borstgrasmatte 244
Orchideen-Buchenwald 66
Orchis militaris 222, 256
Orchis morio 222, 256
Orchis tridentata 226
Orchis ustulata 207, 222, 223, 227
Origanetalia vulgaris 172, 174
Origanum vulgare 174, 410
Orobanche flava 161
Orobanche rapum-genistae 138
Ostalpen-Baldrian 406
Österreichische Gemswurz 378
Österreichische Schwarzwurzel 226
Ostrya carpinifolia 102
Ostryo carpinifoliae-Fraxinetum orni 102
Oxalido-Piceetum 108
Oxalis acetosella 64, 66, 72, 73, 74, 80, 96, 98, 106, 108, 110, 111, 112, 116, 118, 376
Oxycocco-Sphagnetea 306, 308, 312, 460
Oxycoccus microcarpus 315
Oxycoccus oxycoccus 306, 308, 310, 312, 328
Oxyria digyna 416
Oxyrietum 352
Oxyrietum digynae 356, 416
Oxytropis halleri 391
Oxytropis jaquinii 394

## P

Papaver argemone 180
Papaver dubium 180

Papaver rhoeas 178, 181, 182
Papaver sendtneri 406
Papaveretalia rhoeadalis 141
Papaveretum argemones 180
Papillöses Torfmoos 312
Paradisia liliastrum 401
Parietarietalia judaicae 194
Paris quadrifolia 68
Parlatores Staudenhafer 401
Parmelia 428
Parnassia palustris 268, 321, 322, 324, 326, 327
Parnassio-Caricetum nigrae 316
Pastinaca sativa 184, 187, 188, 202, 221
Pastinak 184, 187, 188, 202, 221
Pedicularió palustris-Juncetum filiformis 319
Pedicularis aspleniifolia 422
Pedicularis foliosa 392, 393
Pedicularis kerneri 402
Pedicularis palustris 319, 333
Pedicularis rostratocapitata 390, 392
Pedicularis verticillata 394
Peitschenmoos-Fichtenwald 111
Pelzprimel 428
Pelzprimel-Felsflur 428
Persischer Ehrenpreis 178
Perücken-Flockenblume 212, 213
Pestwurzfluren 158, 160
Pestwurz-Giersch-Flur 156
Petasites albus 99, 146, 160, 380, 381
Petasites hybridus 156, 161, 348
Petasites officinalis 156, 161, 348
Petasites paradoxus 159, 412, 415
Petasitetum paradoxi 412
Petasition officinalis 158, 160
Petasition paradoxi 412, 414, 415
Petrorhagia saxifraga 232, 234
Peucedano ostruthii-Cirsietum spinosissimi 384
Peucedanum oreoselinum 102, 120, 172, 234
Peucedanum osthrutium 374, 377, 381, 384, 387
Peucedanum palustre 88, 248, 312
Pfeifengras 114, 120, 122, 240, 252, 258, 300, 309, 310, 312, 322, 324, 328, 330, 331
Pfeifengras-Rotföhrenwald 122
Pfeifengraswiese mit Echtem Labkraut 256
Pfeifengraswiese mit Heil-Ziest 256
Pfeifengraswiese mit Sibirischer Schwertlilie 256, 252
Pfeifengraswiesen 252–259
Pfennigkraut 74, 204, 274
Pferde-Sesel 233
Pfirsichblättrige Glockenblume 100
Pflanzen der Moore 332
Pflanzen der Schneeböden und Schutthalden 435
Pfriemengrassteppe 238
Phalaridetum arundinacae 247
Phalaridetum arundinacei 249
Phalaridion arundinacae 305, 349
Phalarido-Petasitetum officinalis 156
Phalaris arundinacea 104, 156, 197, 272, 274, 305, 345, 349
Phalaritetum arundinacei 305
Philonotidion seriatae 334
Philonotis calcarea 338
Philonotis fontana 334, 335
Philonotis seriata 334, 337
Philonoto-Saxifragetum stellaris 334
Phleum alpinum 216
Phleum phleoides 230, 238
Phleum pratense 214
Pholiurus pannonicus 462
Phragmites australis 290, 292, 300, 454
Phragmites communis 283
Phragmitetalia 290–295, 298, 300, 302, 304, 454
Phragmitetea australis 290–305, 349, 454
Phragmitetum vulgaris 290
Phragmiti-Magnocaricetea 290–305, 349
Phragmition australis 290–295
Phragmition 283
Phyllitido-Aceretum 96
Phyllitis scolopendrium 96, 97
Physoplexis comosa 426
Phyteuma globulariifolium 402
Phyteuma globuliferum ssp. pedemontanum 423
Phyteuma hemisphaericum 366
Phyteuma orbiculare 114, 206, 222, 372, 392, 394
Phyteuma spicatum 66, 213
Picea abies 66, 70, 72, 73, 74, 106, 108, 110, 111, 112, 118, 122
Piceetum 249
Piceetum montanum – subalpinum 198
Piceetum subalpinum 112, 352, 354
Picris hieracioides 189
Pillen-Segge 76, 142, 240
Pimpernuß 92
Pimpinella major 205, 210
Pimpinella saxifraga 126
Pinetum cembrae 116
Pinetum mugi 251, 355, 356
Pinetum uncinatae 364
Pinguicula alpina 321, 324, 362, 388
Pinguicula vulgaris 322, 324, 326
Pinus cembra 116
Pinus mugo 328, 358, 361, 364
Pinus nigra 126
Pinus rotundata 328, 329
Pinus sylvestris 66, 76, 78, 79, 102, 120, 122, 328, 364
Pinus uncinata 122, 328, 364, 365
Pionierrasen auf Kalksilikatschutt 420, 422
Plagiothecium undulatum 110, 111
Plantaginetalia majoris 220, 221
Plantagini-Limonietum 441, 456
Plantago alpina 213, 397
Plantago lanceolata 186, 189, 202, 214, 218, 221, 244, 260
Plantago major 192, 214, 220, 221, 349
Plantago maritima 442, 451, 456, 458
Plantago media 222
Platanenblättriger Hahnenfuß 74, 378, 380, 381
Pleurozium schreberi 106, 108, 110, 111, 120, 122, 134, 240, 242, 243, 328, 361, 362, 364, 368
Poa alpina 216, 219, 342, 384, 409, 423, 430, 433, 439
Poa annua 197, 220, 349
Poa compressa 189, 190, 192
Poa laxa 423
Poa minor 352
Poa nemoralis 68, 92, 130, 132, 194
Poa palustris 197, 305
Poa pratensis 170, 197, 202, 204, 214, 220, 259
Poa supina 383, 432
Poa trivialis 154, 155, 156, 161, 162, 164, 192, 197, 204, 259, 260, 262, 268
Pohlia drummondii 434
Poion alpinae 214, 216, 397
Polster-Miere 420, 422, 423, 428
Polster-Segge 122, 360, 362, 364, 388
Polster-Seggenrasen 355, 388
Polygala chamaebuxus 66, 102, 114, 120, 122, 126, 243
Polygala vulgaris 244
Polygalo-Nardetum 244
Polygonatum multiflorum 68, 80, 175, 229
Polygonatum odoratum 102, 172, 232
Polygonatum verticillatum 64, 74, 175
Polygono lapathifolii-Bidentetum 176
Polygono-Chenopodietalia 141
Polygono-Chenopodion polyspermi 181
Polygonum amphibium 263, 284, 286, 305
Polygonum amphibium-Gesellschaft 286
Polygonum aviculare 184, 220
Polygonum bistorta 260, 263, 266, 267, 270, 272, 274
Polygonum convolvulus 178
Polygonum lapathifolium 176
Polygonum minus 176
Polygonum persicaria 176
Polygonum viviparum 391, 402, 430, 436
Polypodium vulgare 134, 195
Polystichum aculeatum 94, 96
Polystichum lonchitis 377
Polytrichetum sexangularis 433
Polytrichum commune 328, 330, 331
Polytrichum formosum 64, 76, 106, 108, 111, 142, 309
Polytrichum sexangulare 433, 434
Poo supinae-Cerastietum cerastioides 432
Populus nigra 104
Populus tremula 82, 152
Potamogeton crispus 282
Potamogeton gramineus 280, 281
Potamogeton lucens 280
Potamogeton natans 280, 281, 284, 286
Potamogeton nodosus 286
Potamogeton panormitanus 280
Potamogeton pectinatus 280, 281
Potamogeton pectinatus-Gesellschaft 280
Potamogeton perfoliatus 280
Potamogeton perfoliatus-Gesellschaft 280
Potamogetonetalia pectinati 279–286
Potamogetonetea pectinati 279–286
Potamogetonetum alpinus 280
Potamogetonetum graminei 280, 281
Potamogetonetum lucentis 280
Potamogetonion pectinati 249, 280, 282, 251
Potentilla anserina 164
Potentilla arenaria 238
Potentilla aurea 216, 397, 398, 430
Potentilla caulescens 426
Potentilla crantzii 391
Potentilla erecta 120, 122, 227, 242, 243, 244, 252–256, 258, 300, 306, 308, 310, 312, 316, 321, 324, 326, 328, 360

Potentilla nitida 426
Potentilla pusilla 232, 236
Potentilla sterilis 80
Potentilla tabernaemontani 230
Potentilletalia caulescentis 195, 425, 426
Potentilletum caulescentis 352
Potentillion caulescentis 195, 354, 425, 426
Potentillo albae-Quercetum petraeae 100
Präalpine Pfeifengraswiese 254
Präalpiner Blaugras-Halbtrockenrasen 227
Pracht-Nelke 264
Pracht-Primel 401
Preiselbeere 79, 112, 116, 120, 242, 243, 328, 358, 360, 362, 366, 368, 370, 372
Preiselbeer-Tannenmischwald 118
Prenanthes purpurea 64, 66, 70, 72, 73, 74, 99
Primula auricula 388, 390, 394, 425, 426
Primula elatior 387
Primula farinosa 317, 322, 324
Primula glutinosa 403
Primula hirsuta 428
Primula minima 402, 405, 430, 435
Primula spectabilis 401
Primula veris 100
Primulo-Schoenetum 324
Pritzelago alpina 406, 409, 438
Prunella grandiflora 122
Prunella vulgaris 197, 206, 216, 220
Prunetalia spinosae 130–136, 460
Pruno mahaleb-Quercetum pubescentis 100
Pruno spinosae-Crataegetum 136
Prunus avium 92
Prunus padus 84
Prunus spinosa 83, 130, 134, 136, 137, 233
Pseudorchis albida 398
Pteridium aquilinum 64
Ptilium crista-castrensis 112
Puccinellia limosa 462
Puccinellia maritima 442, 444, 446, 451, 453, 456
Puccinellia peisonis 462
Puccinellietalia 462
Puccinellietum maritimae 441, 451
Puccinellio-Asteretum tripolii 453
Puccinellion limosae 462
Puccinellion maritimae 451, 452, 453
Puccinellion peisonis 462
Puccinellio-Salicornietaea 462
Pulmonaria officinalis 146
Pulsatilla alpina 392, 394, 396
Pulsatilla montana 234
Pulsatilla oenipontana 232
Pulsatilla vernalis 372, 396, 402
Pulsatilla vulgaris 230, 232
Pulsatillo-Caricetum humilis 232
Punktiertes Sternmoos 336, 340
Purgier-Lein 205, 227, 415
Purpurblauer Steinsame 100
Purpur-Fingerhut 144
Purpur-Weide 104, 344, 345, 346, 348
Pyramiden-Schillergras 172
Pyrola chlorantha 122
Pyrola secunda 79, 112, 122
Pyrola uniflora 112
Pyrolo-Pinetum sylvestris 122

## Q

Queller-Flur 444
Quellergesellschaften 444
Quellflur des Abgeänderten Starknerv-mooses 338
Quellfluren 246, 334–341
Quell-Gesellschaften 334–341
Quell-Hornkraut 262
Quell-Kleingabelzahnmoos 334
Quellkraut 334
Quellmoos 334, 335
Quell-Sternmiere 334
Quendelblättrige Teppich-Weide 422
Quendelblättrige Weide 436
Quendel-Sandkraut 189, 237
Quercetalia pubescentis 100
Quercetalia roboris 76, 78, 79
Quercetea robori-petraeae 76, 78, 79
Quercetum pubescentis-petraeae 100
Quercion pubescentis 100
Quercion pubescentis-petraeae 59, 201
Quercion robori-petraeae 59
Quercion roboris 76, 78, 79
Querco-Fagetea 62–74, 80–88, 92–100
Quercus petraea 78, 79, 80
Quercus pubescens 100, 101
Quercus robur 76, 78, 79, 80, 82, 83, 86
Quirlblättrige Weißwurz 74
Quirlblättrige Zahnwurz 68, 72, 73, 74, 128
Quirlblättriges Läusekraut 394
Quirlblütiges Tausendblatt 284

## R

Racomitrium canescens 342
Rainfarn 188, 190
Rainkohl 162, 181
Ramalina 428
Ranunculetum fluitantis 286
Ranunculion aquatilis 249
Ranunculion fluitantis 249, 286
Ranunculo aconitifolii-Filipenduletum 272
Ranunculo bulbosi-Arrhenateretum 205
Ranunculus aconitifolius 262, 264, 266, 268
Ranunculus acris 192, 202, 252, 262, 263, 266
Ranunculus alpestris 389, 436, 437, 438
Ranunculus bulbosus 205
Ranunculus ficaria 80, 86
Ranunculus flammula 264, 268, 302
Ranunculus fluitans 286
Ranunculus glacialis 416, 419, 423, 428
Ranunculus lingua 290, 299
Ranunculus montanus 216, 397, 409
Ranunculus parnassifolius 408
Ranunculus platanifolius 74, 378, 380, 381
Ranunculus repens 204, 214, 296, 305, 349, 383
Rasenbinse 308, 316, 327
Rasenbinsen-Hochmoor 308
Rasen-Schmiele 64, 80, 84, 134, 146, 216, 244, 259, 260, 268, 316, 318, 340, 348, 383, 384, 432
Rauhe Armleuchteralge 278
Rauher Alant 226
Rauher Löwenzahn 202, 205, 216, 218, 219, 254, 322, 392
Rauhes Berufkraut 342
Rauhes Hornblatt 276, 279, 284
Rauhgras 410
Rauhhaariger Fuchsschwanz 182
Rauhhaariges Veilchen 174
Rauh-Löwenzahn 415
Raukengesellschaften 182
Rauschbeeren-Kiefern-Moorwald 328
Reif-Weide 348
Reitgras-Berg-Fichtenwald 106
Rentierflechte 242
Reseda lutea 164, 186
Resedenblättriges Schaumkraut 416
Rhamno-Prunetea 130–138, 460
Rhamnus cathartica 83, 132, 134
Rhamnus frangula 138
Rhinanthus minor 400
Rhinanthus alectorophOlus 208
Rhizocarpon geographicum 428, 429
Rhizocarpon sp. 424, 428
Rhododendro ferruginei-Pinetum rostratae 361
Rhododendro ferruginei-Vaccinietum 355, 368
Rhododendro hirsuti- Pinetum uncinatae 364
Rhododendron ferrugineum 116, 361, 368
Rhododendron hirsutum 360, 388
Rhododendron intermedium 368
Rhododendro-Pinetum mugi 354, 360
Rhododendro-Vaccinietum cembretosum 368
Rhododendro-Vaccinion 354, 368, 370, 372
Rhodothamno-Rhododendretum hirsuti 362
Rhodothamnus chamaecistus 360, 362, 363, 388
Rhynchospora alba 310, 311, 312
Rhynchospora fusca 310
Rhynchosporion albae 309, 310, 312
Rhytidiadelphus triquetrus 111, 112, 358, 364, 368, 370
Riccia fluitans 276
Riccietum fluitantis 276
Ricciocarpos natans 276
Riesenschachtelhalm 170
Riesen-Schwingel 86, 162, 166, 167
Ringloses Sichelmoos 318
Rippenfarn 118
Rispen-Flockenblume 226
Rispen-Segge 300
Rispen-Seggen-Sumpf 298, 300
Rohr-Glanzgras 104, 156, 272, 274, 305, 345, 349
Rohr-Glanzgras-Flußröhricht 305
Röhricht mit Gelber Schwertlilie 292
Röhrichte und Großseggenriede 454
Röhrichte und Großseggensümpfe 290–295, 298, 300–304
Röhricht-Gesellschaften und Großseggenriede 246, 290–305
Rohrkolben-Röhricht 292
Rollfarnflur 418
Rorippa amphibia 292
Rorippa sylvestris 305, 349
Rorippo-Phalaridetum arundinaceae 349
Rosa canina 130, 134, 136
Rosa corymbifera 132

Rosa pendulina 378
Rosa pimpinellifolia 460
Rosa rubiginosa 130
Rosa rugosa 460
Rosa villosa 132
Rosa vosagiaca 132
Rosen-Berberitzengebüsch 132
Rosen-Wacholder-Gebüsch 134
Rosmarinheide 306, 308, 309, 312, 328
Rosmarin-Weidenröschen 410
Roso-Juniperetum 134
Roßminze 156, 164, 382
Roßminzen-Staudenflur 156
Rostblättrige Alpenrose 116, 361, 368
Rostrote Kopfbinse 324, 325
Rost-Segge 378, 380, 392
Rost-Seggenrasen 355, 392
Rotbeerige Zaunrübe 164
Rotbraune Stendelwurz 120, 122
Rotbuche 64, 66, 68, 70, 71, 72, 74, 80, 94, 96, 99
Rote Heckenkirsche 84, 92, 133
Rote Lichtnelke 164
Rote Taubnessel 178
Roter Hartriegel 130, 136
Rotes Seifenkraut 234
Rotes Straußgras 213, 216, 244
Rotes Waldvöglein 66, 71, 82, 128
Rot-Schwingel 114, 212, 216, 218, 244, 274, 458, 460
Rot-Schwingel-Straußgras-Weide 218
Rotstengelmoos 106, 108, 110, 111, 120, 122, 134, 240, 242, 243, 328, 361, 362, 364, 368
Rubetalia plicati 138
Rubetum idaei 151
Rubetum silvatici 138
Rubo plicati-Sarothamnetum 138
Rubus caesius 84, 88, 104, 130, 136, 152, 168, 272, 348
Rubus fruticosus 142, 145, 146, 150
Rubus idaeus 74, 118, 142, 144, 145, 146, 148, 149, 151, 152
Rubus sylvaticus 138
Ruderale Beifuß- und Distelgesellschaften 184–192
Ruderale Mauerunkraut-Gesellschaften 194
Ruderale Säume, halbruderale Halbtrockenrasen und Uferstauden-Gesellschaften 382, 383, 384
Ruderale Schuttgesellschaften 192
Ruderalgesellschaft des Guten Heinrich 192
Ruderalgesellschaften 140, 176–195
Rumex acetosa 202, 204, 205, 260, 268, 272, 274
Rumex acetosella 138, 142
Rumex alpestris 213, 374, 381, 382, 383, 384
Rumex alpinus 382, 383
Rumex aquaticus 248
Rumex crispus 349
Rumex nivalis 438, 439
Rumex obtusifolius 164, 192, 349
Rumex scutatus 342, 410
Rumicetum alpini 383
Rumicetum scutati 352
Rumicion alpini 356, 382, 383, 384
Rundblättrige Glockenblume 194, 218
Rundblättriger Sonnentau 306, 308, 310, 312
Rundblättriger Steinbrech 74, 374, 376, 377, 381
Rundblättriges Labkraut 118
Rundblättriges Täschelkraut 406
Runder Lauch 237
Ruprechtsfarn 110, 414
Ruten-Melde 182
Rynchosporetum albae 310

## S

Saat-Mohn 180
Sagina saginoides 337, 432
Salbei-Gamander 418
Salicetalia herbaceae 430, 439
Salicetalia purpureae 104, 346, 348
Salicetea herbaceae 430–439
Salicetea purpureae 104, 346, 348
Salicetum albae 104
Salicetum albo-fragilis 104
Salicetum appendiculatae 376
Salicetum eleagni 251
Salicetum eleagno-pupureae 348
Salicetum fragilis 104
Salicetum herbaceae 352, 430
Salicetum retuso-reticulatae 436
Salicetum triandro-viminalis 104
Salicetum waldsteinianae 377
Salici appendiculatae-Aceretum 376
Salici arenariae-Hippophaetum rhamnoides 460
Salici-Myricarietum 346
Salicion albae 104
Salicion arenariae 460
Salicion eleagni 346, 348
Salicion herbaceae 356, 430, 432, 433, 434
Salicornia dolichostachya 442
Salicornia europaea 444, 446, 451, 456
Salicornia ramosissima 444
Salicornia stricta 444
Salicornietum strictae 441, 444
Salicornion strictae 444
Salix alba 84, 104
Salix appendiculata 376
Salix aurita 248
Salix caprea 145, 152
Salix daphnoides 348
Salix eleagnos 122, 133, 344, 345, 346, 348
Salix fragilis 104
Salix glabra 374
Salix hastata 374
Salix herbacea 430, 431, 437
Salix nigricans 84
Salix pentandra 86
Salix purpurea 104, 344, 345, 346, 348
Salix repens 460
Salix reticulata 436, 437
Salix retusa 436
Salix serpyllifolia 422, 436
Salix triandra 104
Salix viminalis 104
Salix waldsteiniana 374, 377
Salomonssiegel 172
Salsola kali 447
Salvia glutinosa 66, 68, 146, 150, 166, 341
Salvia pratensis 172, 205, 206, 207, 230
Salvio-Arrhenatheretum 207
Sal-Weide 145, 152
Sal-Weiden-Vorwaldgebüsch 152
Salz-Aster 454
Salz-Beifuß 451, 458
Salzböden des Binnenlandes 440, 462
Salz-Dreizack 456, 457, 458
Salz-Kresse 462, 463
Salzmelde 452
Salzmelden-Gesellschaft 452
Salzrasen und Salzwiesen-Gesellschaften 451, 452, 453, 456, 458
Sambucetum ebuli 163
Sambucetum nigrae 141, 152
Sambucetum racemosae 152
Sambuco-Salicion capreae 141, 150–152
Sambucus ebulus 163
Sambucus nigra 86, 152, 167
Sambucus racemosa 132, 144, 146, 151, 152
Sanddorn 122, 133, 460
Sanddorn-Berberitzengebüsch 133
Sand-Fingerkraut 238
Sandginsterheide 240
Sand-Hornkraut 460
Sand-Kiefernwälder 134
Sand-Labkraut 212, 242
Sand-Lotwurz 238
Sand-Mohn 180
Sand-Mohn-Gesellschaft 180
Sand-Nachtkerze 450
Sandrasen 236
Sand-Schwingel 450, 460
Sand-Schwingel-Strandhafer-Gesellschaft 450
Sand-Segge 460
Sandstrand-Gesellschaften der Nordsee 447
Sand-Thymian 134, 237
Sand-Veilchen 238
Sanguisorba minor 224, 232
Sanguisorba officinalis 252, 256, 258, 259, 266
Sanguisorbo-Polygonetum bistortae 266
Sanguisorbo-Silaetum pratensis 259
Sanicula europaea 66, 74, 118
Saponaria ocymoides 234, 427
Saponaria pumilio 402
Saponaria pumilla 435
Sarothamnus scoparius 138
Sauer-Ampfer 202, 204, 205, 260, 268, 272, 274
Säuerling 416
Säuerlingsflur 416
Saum des Kleinen Springkrauts 167
Saum des Riesenschachtelhalmes 170
Saure arktische und boreale Zwergstrauchheiden 366, 368, 370, 372
Saxifraga aizoides 326, 338, 343, 407, 408, 412
Saxifraga androsace 436, 438
Saxifraga aphylla 352, 406
Saxifraga biflora 422
Saxifraga bryoides 419, 423, 428, 429
Saxifraga caesia 122, 388, 425
Saxifraga cotyledon 428, 429
Saxifraga exarata 428
Saxifraga moschata 419, 423
Saxifraga muscoides 425

Saxifraga oppositifolia 408, 420–423
Saxifraga oppositifolia-Gesellschaft 422
Saxifraga paniculata 421, 425, 426
Saxifraga rotundifolia 74, 374, 376, 377, 381
Saxifraga seguieri 428
Saxifraga stellaris 316, 318, 334, 337, 338, 439
Scabiosa canescens 238
Scabiosa columbaria 222
Scabiosa ochroleuca 226
Scabiosa vestina 401
Scapania undulata 337
Schachtelhalm-Fichten-Tannenwald 118
Scharbockskraut 80, 86
Scharfer Hahnenfuß 192, 202, 252, 262, 263, 266
Scharfer Mauerpfeffer 134, 237, 344
Schattenblümchen 64, 78, 106, 108, 118
Scheidiges Wollgras 306, 307, 309, 328
Scheuchzeria palustris 310, 311, 312
Scheuchzerietalia palustris 312
Scheuchzerio-Caricetea nigrae 309, 310, 312, 316–327
Scheuchzers Glockenblume 213, 227
Scheuchzers Wollgras 318
Schiefbüchsenmoos 110, 111
Schild-Ampfer 342, 410
Schilf 283, 290, 292, 300, 454
Schilf-Röhricht 290
Schilfröhrichte, Brackwasser- und Süßwasserröhrichte, Großseggenriede 290–305, 349, 454
Schlaggesellschaften und Krautfluren 141
Schlaggesellschaften und Vorwald-Gehölze 140–153
Schlamm-Schachtelhalm-Gesellschaft 295
Schlamm-Segge 312, 313
Schlamm-Seggen-Schlenkengesellschaft 312
Schlanke Rentierflechte 366
Schlanke Segge 294, 299, 302
Schlanke Seggen-Ried 298, 302
Schlehe 83, 130, 134, 136, 137, 233
Schlehengebüsche, Hecken, Gebüsche und Waldmäntel 460
Schleichers Birnenmoos 334
Schleier-Gesellschaften 158, 160, 170
Schlickgras-Gesellschaften 446
Schlickqueller-Gesellschaften 444
Schlucht-Weide 376
Schlucht-Weidengebüsch 376
Schmalblättriger Hohlzahn 192, 410
Schmalblättriger Rohrkolben 290, 292
Schmalblättriges Torfmoos 302, 310, 312
Schmalblättriges Weidenröschen 138, 142, 144, 145, 146, 152, 308
Schmalblättriges Wollgras 302, 310, 312, 316, 317
Schnabelbinsengesellschaft 310
Schnabelried-Schlenken 309, 310, 312
Schnabel-Segge 295, 299, 300, 312
Schnabel-Seggen-Ried 298, 300
Schnee-Ampfer 438, 439
Schneeampfer-Flur 439
Schneeboden- und Schneetälchen-Gesellschaften 430–439
Schneebodengesellschaften 350, 430–439
Schnee-Hainsimse 118
Schneeheide 114, 120, 122, 358, 360, 362, 364
Schneeheide-(Bergföhren-)Spirkenwald 364
Schneeheide-Föhrenwälder 358, 360, 361, 362, 364
Schneeheide-Kiefernwald der Alpen 120
Schneeheide-Kiefernwälder 102, 120, 122, 126, 358, 360–364
Schnee-Moosflechte 366, 402
Schnee-Pestwurz-Gesellschaft 412, 414, 415
Schneerose 70, 72
Schneerosen-Buchenwald 72
Schnitt-Lauch 268
Schnittlauch-Sumpf 268
Schoenetum ferruginei 320, 324
Schoenetum nigricantis 320, 321
Schoenoplecti triquetri-Bolboschoenetum maritimi 454
Schoenoplectus lacustris 290, 292
Schoenoplectus tabernaemontani 248, 454
Schoenus ferrugineus 324, 325
Schoenus nigricans 321
Schöllkraut 164, 192, 194, 195
Schöllkraut-Saum 164
Schopfige Teufelskralle 426
Schotterfluren an Bächen und Flüssen 246, 342–349
Schotter-Weidenröschen 342
Schotterweidenröschen-Gesellschaft 342
Schuppenschwanz 462
Schutthaldengesellschaften 350, 406–423
Schwalbenwurz 92, 100, 102, 232, 234, 410, 411
Schwalbenwurz-Enzian 114, 218, 254, 258, 322, 324
Schwalbenwurzflur 411
Schwarze Edelraute 420, 428
Schwarze Fetthenne 408, 438
Schwarze Flockenblume 212
Schwarze Heckenkirsche 74
Schwarze Krähenbeere 308, 372, 460
Schwarze Schafgarbe 406, 408, 409, 438, 439
Schwarze Segge 436
Schwarzer Holunder 86, 152, 167
Schwarz-Erle 86, 88, 292, 330
Schwarz-Erlenbruchwald 88
Schwarzes Kopfriet 321
Schwarzes Kopfriet-Sumpf 320, 321
Schwarzföhre 126
Schwarznessel 192
Schwarz-Pappel 104
Schwarzrand-Wucherblume 408
Schwarz-Weide 84
Schwarzwerdender Geißklee 243
Schweizer Labkraut 406
Schweizer Löwenzahn 397, 402, 405
Schweizer Mannsschild 425
Schweizer Mannsschild-Gesellschaft 425
Schwertblättriges Waldvöglein 66
Schwimmendes Laichkraut 280, 281, 284, 286
Schwimm-Sternlebermoos 276
Schwingel-Steppen und Trespen-Rasen 222–234, 237, 238
Scilla autumnalis 233
Scirpetum sylvatici 263
Scirpo-Phragmitetum 247, 251, 290
Scirpus maritimus 455
Scirpus sylvaticus 260, 263, 266, 292
Scleranthion annui 178, 180
Scleranthо annui-Arnoseridetum minimae 177
Scleranthо-Sempervivetum arachnoidei 236
Scleranthus annuus 180
Scleranthus polycarpus 236
Scolopendrio-Fraxinetum 96
Scorpico-Utricularion minoris 288
Scorpidium scorpioides 288
Scorpido-Utricularion minoris 288
Scorzonera austriaca 226
Scrophularia nodosa 149, 150
Secalietalia 141
Sedo-Scleranthetalia 236
Sedo-Scleranthion biennis 236
Sedum acre 134, 237, 344
Sedum album 194, 236, 237
Sedum alpestre 430
Sedum atratum 408, 438
Sedum dasyphyllum 236
Sedum reflexum 234
Sedum sexangulare 236
Sedum villosum 337
Seebinse 290, 292
See-Brachsenkraut 289
Seerosen-Gesellschaft 284
Seguiers Steinbrech 428
Seidelbast 66, 72, 112, 377
Seidenhaar-Spitzkiel 391
Selaginella selaginoides 324, 326, 388, 394, 436
Selinum carvifolia 252, 259
Semperviretum 355
Sempervivum arachnoideum 236
Sempervivum montanum 236, 429
Senecietum alpini 354, 356, 382
Senecio alpinus 383
Senecio fuchsii 74, 94, 149–152, 374, 381, 382
Senecio hercynicus 146, 376
Senecio nemorensis 152
Senecio sylvaticus 142
Senecionetum fuchsii 150
Senecioni fuchsii-Sambucetum racemosae 152
Senecioni sylvatici-Epilobietum angustifolii 142
Senecionion fluviatilis 168–170
Serratula tinctoria 252, 256, 258, 259, 274
Sesili annuum 226
Sesili hippomaranthum 233
Sesili libanotis 172
Sesleria albicans 102, 122, 227, 358, 360, 362, 388, 391, 392, 394, 426, 436
Sesleria disticha 402, 405
Sesleria varia 114, 126, 401
Seslerietalia variae 388, 392, 394, 401
Seslerio-Caricetum sempervirentis 354, 355
Seslerio-Fagetum 62, 66
Seslerio-Mesobromion 227
Seslerion albicantis 394
Seslerio-Pinetum nigrae 126
Seslero variae-Caricetum sempervirentis 394
Sherardia arvensis 182
Sibbaldia procumbens 430, 432
Sibirische Schwertlilie 256
Sichelklee 172

Siebenstern 106, 108, 111, 129, 331
Silaum silaus 259, 266
Silberdistel 114, 224
Silbergras 460
Silgergrasgesellschaften 460
Silbergras-Gesellschaften und Sandrasen 460
Silber-Weide 84, 104
Silberweidenwald 104
Silberwurz 122, 344, 358, 362, 388, 390, 391, 394, 436
Silberwurz-Polster-Seggen-Gesellschaft 355, 388
Silene acaulis 388, 390, 419, 420, 421, 423
Silene dioica 164
Silene pusilla 338, 414
Silene rupestris 236, 418
Silene vulgaris 189
Silge 259, 266
Silgen-Auenwiese 259
Silikat-Felsfluren der mitteleuropäischen Gebirge 428
Silikat-Rostblättrige Alpenrosen-Latschengebüsch 361
Silikatschneebodengesellschaften 430–439
Sinapis arvensis 181, 182
Sipa pulcherrima 233
Sisymbrietalia 141, 182
Sisymbrion 182
Sisymbrium officinale 182
Sisymbrium strictissimum 132
Sium erectum 297
Skabiosen-Flockenblume 172
Skorpionsmoos 288
Sode 451, 452, 456
Solanum dulcamara 88, 134
Soldanella alpina 216, 326, 436, 437
Soldanella pusilla 434, 416, 430, 433, 434
Solidago canadensis 168, 188, 189
Solidago candensis-Gesellschaft 168
Solidago gigantea 168, 188
Solidago virgaurea 64, 66, 70, 72, 73, 106, 108, 110, 112, 368, 370
Solontschak mit Salz-Kresse 462
Solontschak-Gesellschaften 462
Solorina crocea 434
Sommer-Adonisröschen 182
Sommergrüne Laubwälder 73, 80–100
Sommerkühle Quellstandorte 334, 337, 338
Sommer-Linde 92
Sonchus arvensis var. maritima 450
Sonchus oleraceus 182
Sorbus aria 66, 122, 126
Sorbus aucuparia 64, 76, 106, 108, 111, 112, 142, 331, 358, 376
Sorbus chamaemespilus 358, 362, 364, 376
Sorbus torminalis 71, 100
Spalierweiden-Rasen 436
Sparganio-Glycerietum fluitantis 296
Sparganium emersum 280
Sparganium erectum 290, 296
Spargel 234
Spartina anglica 442
Spartina maritima 446
Spartina x townsendii 446
Spartinetalia maritimae 446
Spartinetea maritimae 446
Spartinetum anglicae 446
Spartinion anglicae 446
Spartinion maritimae 446
Späte Goldrute 168, 188
Spergularia media 456
Sperguletalia arvensis 141, 181
Sphagnetalia magellanici 306, 308, 314
Sphagnetum magellanici 251, 306
Sphagnion magellanici 306, 308
Sphagno girghensonii-Piceetum 328
Sphagno-Ericetalia 312
Sphagnum angustifolium 302
Sphagnum capillifolium 328
Sphagnum compactum 306
Sphagnum cuspidatum 310, 312
Sphagnum fallax 306
Sphagnum fuscum 308
Sphagnum girgensohnii 328
Sphagnum magellanicum 306
Sphagnum palustre 250
Sphagnum papillosum 312
Sphagnum quinquefarium 328
Sphagnum recurvum 309, 328, 330, 331
Sphagnum sp. 111, 250, 288, 307, 328
Spieß-Melde 447, 458
Spieß-Weide 374
Spinnweb-Hauswurz 236
Spirke 122, 328, 364, 365
Spirkenwald-Gesellschaft 364
Spirken- und Bergföhrenwälder 361, 362, 364
Spirodela polyrhiza 276, 279
Spitz-Ahorn 92
Spitzblütige Binse 255, 264, 327
Spitz-Wegerich 186, 189, 202, 214, 218, 219, 220, 221, 244, 260
Sprossender Bärlapp 110, 112
Stachelspitze Segge 425, 426
Stachys officinalis 252, 256, 274
Stachys recta 172
Stachys sylvatica 80, 84, 86, 99, 146, 150, 162, 166
Staphylea pinnata 92
Starknervmoos 321, 337, 338
Starknervmoos-Quellgesellschaft 338
Staudenflur der Gewöhnlichen Pestwurz 161
Staudengestrüpp-Gesellschaften und Vorwälder 150–152
Stechpalme 83
Steife Rauke 132
Steife Segge 88, 268, 290, 292, 300, 304
Steife Seggen-Ried 298, 300
Steifseggen-Schwarzerlenbruch 88
Steifhaarige Armleuchteralge 278, 280
Steinkrautfluren 237
Steinquendel 237
Steinröschen 358, 360, 362, 363
Steinschutt- und Geröllgesellschaften 192, 342, 344, 345, 406–422
Stellaria graminea 272
Stellaria holostea 80, 81, 82, 83, 136
Stellaria media 178, 180, 181
Stellaria nemorum 74, 161, 167, 336, 340, 382, 383
Stellaria palustris 248, 250
Stellaria uliginosa 334
Stellarietea cyani 177, 178, 180
Stellarietea mediae 181, 182
Stellario holosteae-Carpinetum betuli 80
Stellario-Carpinetum betuli 61
Stellario-Quercetum 76
Stengel-Fingerkraut 426
Stengellose Kratzdistel 222
Stengellose Silberdistel 222
Stengelloses Leimkraut 388, 419, 420, 423, 424
Steppenfenchel 226
Steppen-Lieschgras 230, 238
Steppenrasensegge 234
Steppen-Wolfsmilch 233
Sterndolde 114
Sternlebermoos-Gesellschaft 276
Sternmieren-Stiel-Eichenwald 76
Stern-Segge 300, 302, 316, 326
Stern-Steinbrech 316, 318, 334, 335, 337, 338, 439
Stern-Steinbrech-Quellflur 334
Stiel-Eiche 76, 78, 79, 80, 82, 86
Stinkender Storchschnabel 94, 112, 146, 160, 162, 167, 194, 195, 341, 410, 414
Stink-Storchschnabelflur 162
Stipa capillata 233, 234, 238, 239
Stipa joannis 233, 238
Stipa pennata 233
Stipa pulcherrima 238
Stipetalia calamagrostis 192
Stipetum calamagrostis 410
Stipetum capillatae 238
Stipion calamagrostis 192, 410, 411
Stipo-Poion xerophilae 234
Strahlensame 338, 414
Strahllose Kamille 220
Strand-Aster 453, 456, 458, 462
Strandaster-Initialgesellschaft 453
Strand-Beifußwiese 458
Stranddistel 448, 450
Stranddünengesellschaften 448, 450
Strandflieder 456–458
Strandflieder-Weißdünen-Gesellschaften 448, 450
Strandfliederwiese 456
Strandhafer 448, 450, 460
Strandhaferdünen 448, 450
Strandhafer-Weißdünengesellschaft 448
Strandlings-Gesellschaften auf Quarzsanduntergrund 289
Strandnelke 456–458
Strandnelken-Gesellschaften 456, 458
Strand-Platterbse 448
Strand-Quecke 447, 448
Strandroggen 448, 450, 460
Strand-Salzmelde 458
Strand-Segge 458
Strand-Wegerich 451, 456, 458
Strand-Winde 450
Strauß-Steinbrech 428
Stumpfblättrige Weide 436
Stumpfblättriger Ampfer 164, 192, 349
Stumpfblütige Binse 327
Suaeda maritima 451, 452, 456
Subalpin-alpine Krummseggenrasen 402, 405
Subalpine Borstgrasmatte 398
Subalpine Hochstaudengesellschaften und Gebüsche 374–381
Subalpine Kammgrasweide 219
Subalpine Lägerflur 382
Subalpine Latschengebüsche, Spirken- und Bergföhrenwälder 354, 358–364

Subalpine Quellmoos-Gesellschaft 337
Subalpine Ruprechtsfarnflur 414
Subalpine und alpine Lägerfluren 356, 382, 383, 384
Subalpine und alpine Silikatschuttgesellschaften 416, 418, 419
Subalpiner Bergahorn-Buchenwald 74
Subalpiner Fichtenwald 112
Subalpiner Silikat-Fichtenwald 112
Subalpines Kopfbinsenmoor 320, 324
Subatlantisch-montane Quellgesellschaften 336, 337
Subkontinentaler Eichen-Trockenwald 100
Submediterrane Trocken- und Halbtrockenrasen 222–233, 237, 238
Submediterrane Trockenrasen 230–233
Submerses Sternlebermoos 276
Submontaner Kiefern-Eichenwald 76
Succisa pratensis 252, 254, 255, 256, 258, 322, 324, 333
Südalpine Blaugrashalden 401
Südalpine Segge 401
Sumpf-Baldrian 274, 322
Sumpfbärlapp 310
Sumpfbinse 292
Sumpfbinsen-Röhricht 292
Sumpf-Distel 264
Sumpfdotterblume 260, 262, 263, 264, 265, 268, 270, 300, 302, 340
Sumpfdotterblumenwiesen 264
Sumpf-Dreizack 288
Sumpf-Fetthenne 337
Sumpf-Haarstrang 88, 312
Sumpfherzblatt 324
Sumpf-Hornklee 255, 260, 268, 270, 272, 274, 319
Sumpfkalla-Schwingrasen 298, 304
Sumpf-Kratzdistel 255
Sumpfkressen-Rohrglanzgras-Röhricht 349
Sumpf-Labkraut 88, 268, 290, 292, 300, 302
Sumpf-Läusekraut 319, 333
Sumpfläusekraut-Fadenbinsen-Sumpf 319
Sumpf-Pippau 74, 264, 270
Sumpf-Rispengras 305
Sumpf-Schachtelhalm 260, 263, 268, 295, 300, 322
Sumpf-Segge 300, 302
Sumpf-Stendelwurz 321, 332
Sumpf-Teichfaden 295
Sumpf-Veilchen 88, 302, 316
Sumpf-Vergißmeinnicht 260, 263, 264, 270, 274, 296
Sumpf-Wasserstern 279, 282
Sumpf-Weidenröschen 268
Südalpine Kalkfelsfluren 425
Süßklee 392, 393
Süßwasser-Röhrichte 290–295
Süßwasser-Schwimmpflanzengesellschaften 246, 276–289
Symphytum officinale 170, 190

## T

Tag-Lichtnelke 378
Tamariskenflur 346
Tanaceto-Artemisietum vulgaris 188
Tanacetum vulgare 190
Tanne 66, 70, 72, 73, 108, 118, 119
Tannenbärlapp 370
Tannenwedel 283
Tannenwedel-Gesellschaft 283
Taraxacum alpinum 430, 432, 433, 439
Taraxacum apenninum 408, 432
Taraxacum officinale 185, 192, 202, 204, 208, 214, 220, 221, 384
Taube Trespe 163, 182
Taubenkropf 189
Tauben-Skabiose 222
Taubnessel-Fluren 192
Taumel-Kälberkropf 164
Taumel-Kälberkropf-Flur 164
Teesdalia nudicaulis 177
Teichlinse 276, 279
Teichlinsen-Rasen 276
Teich-Schachtelhalm 283, 284, 290, 292, 300, 302, 312
Teucrium chamaedrys 102, 126, 230, 232
Teucrium montanum 122, 230, 232, 234, 410
Teucrium scorodonia 418
Thalictro flavae-Filipenduletum 274
Thalictrum aquilegiifolium 84, 332
Thalictrum flavum 274
Thals Klee 216, 397
Thamnolia vermicularis 366
Thelypteris phegopteris 330
Thermophile Säume des Blutstorchschnabels 411
Therophytenreiche synanthrope Gesellschaften 182
Thero-Salicornietalia 444
Thero-Salicornietea 444
Thlaspi rotundifolium 406
Thlaspietalia rotundifolii 406, 408, 409, 412–419
Thlaspietea rotundifolii 192, 342, 344, 345, 406–420, 422
Thlaspietum rotundifolii 352, 354, 406
Thlaspion rotundifolii 406, 408, 409
Thymus froelichianus 233
Thymus polytrichus 122, 236
Thymus praecox 237
Thymus pulegioides 222, 224, 244
Thymus serpyllum 134
Thyphetum latifoliae 248, 292
Tiefland-Trespenwiese mit Wiesen-Salbei 207
Tilia cordata 86, 92
Tilia platyphyllos 92
Tilio-Acerion pseudoplatani 92–99
Tofieldia calyculata 322, 324
Tofieldo-Schoenetum 324
Tollkirsche 146, 147
Tollkirschen- und Hainkletten-Schlagfluren 145, 146, 148, 149
Tollkirschen-Schlaggesellschaft 146
Tolpis staticifolium 346, 412
Torfmoos 111, 288, 306, 307
Torfmoos-Arten 328
Torfmoos-Fichtenbruch 328
Torfmoos-Gesellschaft 306
Torfmoos-Wollgras-Bultengesellschaft 309
Tortella tortuosa 110, 358, 388, 436
Tozzia alpina 381, 387
Trauben-Eiche 78, 79, 80
Traubeneichenwald 76
Trauben-Holunder 132, 144, 146, 151, 152
Trauben-Holunder-Gebüsch 152
Traubenkirsche 84
Trauben-Steinbrech 425, 426, 429
Traubige Graslilie 172
Traubige Trespe 264
Traunsteinera globosa 392, 396
Trespen-Halbtrockenrasen 222, 224, 226
Trespen-Trockenrasen 230
Trichophoro-Schoenetum 324
Trichophorum caespitosum 308, 316, 327
Trichterlilie 401
Trientalis europaea 106, 108, 111, 129, 331
Trifolio medii-Agrimonietum eupatoriae 174
Trifolio thalii-Festucetum violaceae 216, 397
Trifolio-Geranietea sanguinei 140, 172, 174
Trifolio-Laserpitetum latifolii 172
Trifolion medii 140, 174
Trifolio-Origanetalia 140
Trifolium alpinum 398
Trifolium arvense 460
Trifolium badium 216, 397
Trifolium campestre 182
Trifolium medium 174
Trifolium montanum 114, 205, 227
Trifolium pratense 202, 205, 214, 216
Trifolium repens 197, 202, 210, 214, 216, 218, 219, 220
Trifolium thalii 216, 397
Triften-Knäuelkraut 236
Trift-Hafer 172
Triglochin maritimum 442, 456, 457, 458
Triglochin palustre 288
Trisetetum flavescentis 198, 210
Trisetetum spicati 420
Trisetion 210, 212, 213
Trisetum flavescens 197, 206, 210, 212, 213
Trisetum spicatum 420, 423
Trockene Pioniergesellschaft auf Kalk 410
Trockenrasen der inneralpinen Täler der Ostalpen 234
Trockenrasengesellschaften 196, 222–239
Trollblume 114, 206, 210, 266, 270, 271, 274
Trollblumenwiesen 270
Trollius europaeus 114, 206, 210, 266, 270, 271, 274
Tulipa sylvestris ssp. australis 401
Tüpfel-Enzian 397, 398
Tüpfelfarn 134
Türkenbund 114, 128
Tussilago farfara 189, 415
Typha angustifolia 290, 292
Typha latifolia 248, 290, 292
Typhetum latifoliae 248, 292

## U

Übergangsmoor- und Schlenkengesellschaften 312
Ufer-Reitgras 345, 346
Ufer-Reitgrasflur 345
Ufer-Segge 302
Ufer-Seggen-Ried 298, 302
Uferweidengebüsche und Weidenwälder 346, 348

Ufer-Wolfstrapp 88
Ulmus glabra 94, 98, 99
Ulmus laevis 86
Ulmus minor 86
Ulva 444
Umbilicaria 428
Unkrautgesellschaften der Winter- und Sommerfruchtkulturen 182
Unterwasser-Laichkraut-Gesellschaften 280, 282
Urtica dioica 84, 86, 88, 94, 98, 104, 142, 146, 148, 149, 152, 154, 155, 156, 161, 162, 163, 164, 167, 168, 170, 184, 185, 188, 190, 192, 272, 274, 305, 382, 383, 384
Urtica dioica-Gesellschaft 170
Urtico-Aegopodietum podagrariae 141, 154
Urtico-Convolvuletum 170
Urtico-Crutiatetum laevipedis 164
Urtico-Lamietum albi 192
Utricularia intermedia 288
Utricularia minor 288
Utricularia vulgaris 332
Utricularietalia intermedio-minoris 288
Utricularietea intermedio-medioris 288
Utricularietum minori-intermediae 288

## V

Vaccinio myrtilli-Piceetum 106
Vaccinio uliginosi-Betuletum pubescentis 330
Vaccinio uliginosi-Pinetum mugo 328
Vaccinio uliginosi-Pinetum rotundatae 328, 364
Vaccinio uliginosi-Pinetum sylvestris 328
Vaccinio-Abietetum 118
Vaccinio-Callunetum 242
Vaccinion myrtilli 242, 243
Vaccinio-Piceetalia 106–118, 328, 330, 331
Vaccinio-Piceetea 106–118, 328, 330, 331
Vaccinio-Piceetum 251
Vaccinio-Piceion 106–116
Vaccinium myrtillus 76, 106, 108, 110, 111, 112, 114, 116, 240, 242, 243, 328, 330, 331, 361, 368, 370, 372, 374, 377, 398
Vaccinium uliginosum 116, 308, 328, 330, 361, 364, 366, 368, 370, 372
Vaccinium vitis-idaea 79, 112, 116, 120, 242, 243, 328, 358, 360, 362, 366, 368, 370, 372
Valeriana dioica 274, 322, 327
Valeriana elongata 406
Valeriana montana 412
Valeriana officinalis 99, 175, 272, 273, 274
Valeriana saxatilis 358, 364, 426, 427
Valeriana supina 408
Valeriana tripteris 110, 112
Valeriano officinalis-Filipenduletum ulmariae 272
Valeriano-Filipenduletum 251
Vandellis Mannsschild 428
Vandellis Mannsschild-Gesellschaft 428
Vaucheria dichotoma 279
Vegetationseinheiten von kalkreich-eutrophen Fließgewässern 286
Veratrum album 218, 254, 320, 374, 378, 380, 381, 387, 398
Verbascum phoeniceum 226
Verbascum thapsus 146
Veronica alpina 430, 432, 436, 438
Veronica anagallis-aquatica 297
Veronica aphylla 435
Veronica arvensis 178
Veronica beccabunga 296, 297
Veronica catenata 297
Veronica chamaedrys 100, 204, 205, 213
Veronica persica 178
Veronica spicata 234
Veronica teucrium 132
Veronica triphyllos 180
Veronica urticifolia 118, 160
Viburnum lantana 66, 102, 130
Viburnum opulus 137
Vicia sepium 149, 154, 155, 174
Vicia villosa 180
Vielblättriges Läusekraut 392
Vielblütige Weißwurz 68, 80
Vielsamengänsefuß-Sauerklee-Gesellschaft 181
Vierblättrige Einbeere 68
Vincetoxicum hirundinaria 92, 100, 102, 232, 234, 410, 411
Vincetoxietum hirundinariae 411
Viola arvensis 181
Viola biflora 112, 374, 377, 387, 409, 412
Viola canina 244, 460
Viola hirta 174
Viola palustris 88, 250, 302, 316
Viola reichenbachiana 66, 68, 70
Viola rupestris 238
Viola tricolor 180
Violette Königskerze 226
Violetter Schwingel 392, 397
Violion caninae 244
Vogelfuß-Segge 120
Vogelkirsche 92
Vogel-Knöterich 184, 220
Vogelmiere 178, 180, 181
Vogelnestwurz 66, 129
Vom Süßwasser geprägte Lebensräume 247–251

## W

Wacholdergebüsch 134
Wald-Brombeere 138
Waldbrombeer-Gebüsch 138
Wald-Engelwurz 84, 88, 104, 148, 260, 262, 264, 266, 274
Wald-Erdbeere 66, 92, 145, 146, 149, 150, 160
Wald-Frauenfarn 70, 74, 88, 94, 106, 160
Wald-Geißbart-Schluchtwald 99
Wald-Geißbart 94, 99, 118, 160
Wald-Geißblatt 78
Wald-Gelbstern 86
Waldgersten-Buchenwald 71
Wald-Gilbweiderich-Winkelseggen-Gesellschaft 341
Waldhaarmützenmoos 64, 76, 106, 108, 111, 142, 309
Wald-Habichtskraut 64, 108, 112
Wald-Hainsimse 73, 106, 108, 116, 118, 331, 368, 370
Wald-Hainsimsen-Buchenwald 64
Wald-Kiefer 66, 76, 78, 79, 102, 120, 122, 328, 364
Wald-Kiefer (Keimlinge) 346
Wald-Kiefern-Trockenauwald 122
Wald-Knautie 74, 84, 154
Wald-Kreuzkraut 142
Wald-Labkraut 82
Waldlichtungsgesellschaften 152
Waldmeister 66, 68, 71, 73, 83, 162
Waldmeister-Buchenwald 68
Wald-Nabelmiere 162
Waldquellgesellschaften 340, 341
Wald-Reitgras 79
Wald-Reitgras-Kiefern-Traubeneichenwald 76
Wald-Sanikel 66, 74, 118
Wald-Sauerklee 64, 66, 72, 73, 74, 80, 96, 98, 106, 108, 110, 111, 112, 116, 118, 376
Wald-Schaumkraut 341
Waldschilf (→ Land-Reitgras) 145
Waldschilf-Kahlschlagflur 145
Wald-Schwingel 64, 70, 118
Wald-Segge 66, 68, 73, 80, 150
Wald-Simse 260, 263, 266, 292
Wald-Simsen-Wiese 263
Wald-Sternmiere 74, 161, 167, 336, 340, 382, 383
Wald-Storchschnabel 154, 175, 210, 212, 213, 262, 374, 376, 377, 378, 380, 381
Waldsumpfgesellschaften 340, 341
Wald-Trespe 146, 149
Wald-Veilchen 66, 68, 70
Wald-Wachtelweizen 73, 78, 106, 108, 112, 114, 116
Wald-Ziest 80, 84, 86, 99, 146, 150, 162, 166
Wald-Zwenke 84, 149, 150
Walliser Schwingel 102, 103, 234
Walzen-Segge 88
Wärmebedürftige Eichenmischwälder 100
Wärmebedürftige nitrophytische Mauer-Unkrautgesellschaften 194
Wärmebegünstigte Kalkstandorte der submontan-montanen Lagen 192
Wärmeliebende Kalkschutt-Gesellschaften 410, 411
Wasserdost 146, 148, 166, 168, 274
Wasserdost-Flur 168
Wasserdost-Schlagflur 148
Wasser-Knöterich 263, 284, 286, 305
Wasser-Knöterich-Gesellschaft 286
Wasserlinsendecken 276
Wasserlinsengesellschaften 276, 279, 280–286
Wasserlobelie 289
Wasserlobelien-Gesellschaft 289
Wasser-Minze 268, 294, 296, 297, 300, 305
Wasserschlauch-Moortümpel-Gesellschaften 288
Wasserschlauch-Schlenken-Gesellschaft 288
Wasserschwaden 294
Wasserschwaden-Röhricht 294
Watt-, Dünen- und Salzbodengesellschaften 441, 442, 443
Watt-, Dünen- und Salzwiesengesellschaften der Meeresküsten 440, 444

Wechselblättriges Milzkraut 96, 99, 161, 336, 340, 341
Weg-Distel 184
Wegerich-Trittrasen 220
Weg-Rauke 182
Wegwarten-Wegrand-Gestrüpp 221
Weiches Honiggras 78
Weichhaariger Hohlzahn 192
Weichhaariger Pippau 210
Weichholzauen und Purpurweidengesellschaften 104
Weichholz-Auenwälder 104
Weichwasserquell-Gesellschaften der alpinen Stufe 334
Weidelgras-Breitwegerich-Trittrasen 220
Weidelgras-Weide 214
Weiden-Alant 252, 256
Weiden-Auengehölze 104
Weidenröschen-Schlagflur 142, 144
Weidenröschen-Schlagfluren 142
Weiden-Weichholzauen und Purpurweidengesellschaften 346, 348
Wein-Rose 130
Weiße Fetthenne 237
Weiße Hainsimse 64, 82, 112, 118, 142, 145
Weiße Pestwurz 99, 146, 160, 380, 381
Weiße Schnabelbinse 310–312
Weiße Seerose 284, 285
Weiße Segge 66, 68, 120, 122, 133
Weiße Taubnessel 152, 155, 190, 192
Weißer Alpen-Mohn 406
Weißer Gänsefuß 182, 184
Weißer Germer 218, 254, 320, 374, 378, 380, 381, 398
Weißer Mauerpfeffer 194, 236
Weißer Steinklee 186
Weißes Labkraut 155, 168, 186, 188, 192, 410, 411
Weißes Straußgras 220, 338, 345, 349, 454, 458
Weißes Waldvögelein 66, 71
Weiß-Klee 202, 210, 214, 216, 218, 219, 220
Weißklee-Weiden 218, 219
Weißliches Habichtskraut 372
Weißzüngel 398
Wellenblättriges Sternmoos 133
Wenigblütige Segge 308
Widertonmoos 433, 434
Widertonmoos-Gesellschaft 433
Wiesen, Weiden, Trockenrasen, Heiden 196–201
Wiesen-Bärenklau 136, 154, 155, 156, 161, 163, 192, 202, 378
Wiesen-Flockenblume 254
Wiesen-Fuchsschwanz 170, 202, 204, 206, 259
Wiesen-Glockenblume 202
Wiesen-Kammgras 213, 214, 218, 219
Wiesen-Kerbel 156, 164, 184, 190, 210, 270
Wiesen-Kerbel-Gesellschaft 156
Wiesen-Klee 202, 205, 214, 216
Wiesen-Knäuelgras 136, 149, 154, 155, 156, 162, 163, 164, 170, 174, 184, 185, 186, 188, 190, 192, 202, 213, 221, 260, 262, 268
Wiesenknopf-Knöterich-Wiese 266
Wiesen-Knöterich 260, 263, 266, 267, 270, 272, 274
Wiesen-Kümmel 204, 210
Wiesen-Labkraut 132, 172, 348, 450, 460
Wiesen-Lieschgras 214
Wiesen-Löwenzahn 185, 192, 202, 204, 214, 220, 221, 384
Wiesen-Platterbse 155, 174, 259, 274
Wiesen-Rispengras 170, 202, 204, 214, 220, 259
Wiesen-Salbei 172, 205, 206, 207, 230
Wiesen-Schaumkraut 204, 263, 268, 270, 274
Wiesen-Schwingel 202, 204, 262, 268
Wiesen-Segge 327
Wiesen-Storchschnabel 164, 202
Wiesen-Wachtelweizen 76, 122, 358, 368
Wilde Kresse 305
Wilde Malve 185
Wilde Möhre 184, 185, 186, 189, 190, 221
Wilde Resede 186
Wilde Sumpfkresse 349
Wilde Tulpe 401
Wildes Stiefmütterchen 180
Wildmöhren-Bitterkraut-Flur 189
Wimper-Nabelmiere 406, 408, 439
Wimper-Perlgras 102, 103
Windbartflechte 366, 404
Winden-Knöterich 178
Windhalm-Verband 178, 180
Windkanten der Hochgebirge 354, 366
Windkanten-Gemsheide 366
Windkantenrasen, hochalpin 391
Windkantenrasen mit Krummsegge 402
Winkelsegge 170, 341
Winter- und Sommerfruchtkulturen auf basenarmen Böden 181
Wintergrün-Föhrenwald 122
Winterlieb 122
Winter-Linde 86, 92
Wirbeldost 174
Wirbeldostgesellschaften 172, 174
Wohlriechende Skabiose 238
Wohlriechender Salomonssiegel 102, 172, 232
Wolliger Schneeball 66, 102, 130
Wolliges Honiggras 202, 210, 212, 214, 260, 262, 268
Wolliges Reitgras 106, 108, 112, 116, 361, 368
Wollköpfige Kratzdistel 184, 185
Wollköpfige Kratzdistel-Flur 185
Wulfenia carinthiaca 378
Wundklee 207, 227, 415
Wundklee-Rauh-Löwenzahn-Gesellschaft 415
Wurmflechte 366

## X

Xerobrometum erecti 230
Xerobromion 230, 232, 233

## Z

Zannichella palustris 295
Zannichellion pedicellatae 249, 279
Zartblättriger Lein 230, 233
Zaun-Wicke 149, 154, 155, 174
Zaunwinde 148, 168, 170, 274
Zaunwinden-Brennessel-Saumgesellschaft 170
Zerbrechliche Armleuchteralge 278
Zerbrechlicher Blasenfarn 195, 418
Zickgras 462
Zickgraswiesen auf Solontschakböden 462
Ziegelrote Sackflechte 434
Zierliche Kammschmiele 232, 238
Zimbelkraut 194
Zimbelkraut-Gesellschaft 194
Zirbel-Kiefer 116, 117
Zirkumpolare Nacktriedsteppen 391
Zittergras 205, 222, 244, 254, 322
Zittergras-Segge 266
Zitter-Pappel 82, 152
Zottel-Wicke 180
Zottige Gemswurz 416
Zottiges Berg-Fingerkraut 391
Zoys Glockenblume 426
Zungen-Hahnenfuß 290, 299
Zweiblütiger Steinbrech 422
Zweiblütiges Sandkraut 430, 433
Zweiblütiges Veilchen 112, 374, 377, 409, 412
Zweizahn-Knöterich-Melden-Ufersäume 176
Zweizeiliges Blaugras 402, 405
Zwerg-Alpenrose 360, 362, 363, 388
Zwerg-Augentrost 398
Zwerg-Baldrian 408
Zwergbuchs 66, 120, 122, 126, 243
Zwerg-Enzian 420
Zwerg-Gänsekresse 426
Zwerg-Glockenblume 344, 406, 412, 414
Zwerg-Holunder 163
Zwerg-Holunder-Gesellschaft 163
Zwerg-Laichkraut 280
Zwerg-Mehlbeere 358, 362, 364, 376
Zwerg-Miere 419
Zwerg-Primel 402, 405, 430, 435
Zwerg-Ruhrkraut 416, 430, 433, 434
Zwerg-Schwertlilie 226
Zwerg-Seifenkraut 435
Zwerg-Troddelblume 416, 430, 431
Zwerg-Wacholder 370, 372
Zwerg-Wacholder-Bärentraubenheide 372
Zwerg-Wasserschlauch-Gesellschaften 288
Zwittrige Krähenbeere 366, 370, 371
Zypressen-Wolfsmilch 100, 102, 146